U0907200

北京丰台年鉴

2020

北京市丰台区地方志编纂委员会

中华书局
2020

图书在版编目（CIP）数据

北京丰台年鉴. 2020 /北京市丰台区地方志编纂委员会编. -- 北京：中华书局，2020.12
ISBN 978-7-101-14929-6

Ⅰ.①北… Ⅱ.①北… Ⅲ.①丰台区—2020—年鉴
Ⅳ.①Z521.3

中国版本图书馆CIP数据核字（2020）第285976号

责任编辑：朱　慧

北京丰台年鉴2020
北京市丰台区地方志编纂委员会编
*
中 华 书 局 出 版
（北京市丰台区太平桥西里38号　100073）
http: // www. zhbc. com. cn
E-mail:zhbc@zhbc.com.cn
廊坊佰利得印刷有限公司印刷
*
787×1092　1/16　29.25印张　26插页　660千字
2020年12月第1版　　2020年12月第1次印刷
印数：1000册　　定价：200.00元

ISBN 978-7-101-14929-6

北京市丰台区地方志编纂委员会

顾　　问：徐贱云

主　　任：初军威

副 主 任：高　峰　李　岚　王建斌　张　鑫　连　宇

　　　　　杨　杰

委　　员：金其俊　宋锁妮　丁文辉　张永全　纪福平

　　　　　韩骏伟　翟光红　代国林　裴玉珍　郭晓一

　　　　　杨晓辉　张永梅　陈　燃　肖　敬　李大维

　　　　　芮元鹏　王　飞　姜东升　肖文燕　凌佩利

　　　　　樊　维　刘婉莹　李　伟　韩　伟　王世义

　　　　　马士有　梁彦梅　苏　军　李文忠　孙　睿

　　　　　颉换成　金志雄　苏爱军　乔晓鹏　孙小龙

　　　　　王　野　刘怀广

《北京丰台年鉴》编辑部

主　　编：刘怀广

副 主 编：卢华德

执行主编：孙红妹

编　　辑：邵爱丽　司瑞友　孙艳霞　欧阳煜　王艳梅

　　　　　金正东

编 辑 说 明

一、《北京丰台年鉴》是一部综合性资料性工具书和史料文献。在丰台区委、区政府领导下，由区地方志编纂委员会主持编纂。

二、本年鉴以马克思列宁主义、毛泽东思想、邓小平理论、“三个代表”重要思想、科学发展观、习近平新时代中国特色社会主义思想为指导，全面贯彻党的十九大精神，坚持实事求是的原则，与时俱进，开拓创新，科学地反映客观情况。

三、本年鉴从 2002 年开始，逐年编辑出版。当年出版的年鉴全面汇集上一年度丰台区各项事业、行业等诸方面新发生的重大事件、新情况和重要的文献信息，为各级领导提供可资参考的依据，为各个行业提供有价值的资料，为各方面人士了解和研究丰台提供信息。

四、本年鉴以详记区属各系统、各单位为主，略记驻区部分中央、市属单位的情况。

五、本年鉴采用文章、条目等体裁，以条目以主，用规范的语体文、记述体直陈其事，文字力求言简意赅。

六、本年鉴文字内容设有特载、专文、区情概览、大事记、中国共产党丰台区委员会、丰台区人民代表大会、丰台区人民政府、政协北京市丰台区委员会、民主党派、人民团体、法治、军事、农业与农村经济、工业、商贸服务业、科技、中关村科技园区丰台园、经济管理、金融、城乡规划与建设、城乡管理、交通邮政、文化、教育、卫生体育、社会生活、街乡（镇）、人物、统计资料、附录等一级栏目，一级栏目下设二级栏目，二级栏目下设条目。

七、本年鉴收有 2019 年内丰台区党、政、军、民主党派、团体、街乡（镇）、部分企业负责人名录及驻区部分单位负责人名录，所列职务均以 2019 年内任职为限，其中有任免情况的分别予以说明，同时收有获得国家（中央部委）、市奖励与荣誉称号的单位和个人名单以及获得高级职称的人员名单。

八、本年鉴选入的文章、条目均由各部门、各单位确定专人撰写，并经主管负责人审核。统计资料由区统计局提供，照片由各单位提供。

九、本年鉴反映 2019 年 1 月 1 日至 12 月 31 日期间的情况，文内一般直书月、日，不再写年份。

十、本年鉴由区地方志办公室《北京丰台年鉴》编辑部负责编辑、文字加工和版面设计。在编辑出版过程中得到了全区各单位及各方面的大力支持和热情帮助，在此一并表示感谢。由于编辑水平所限，疏漏和不足之处恳请读者批评指正。

居民人均可支配收入
65215元
同比增长8.4%

居民人均消费支出
43468元
同比增长6.2%

登记失业率1.29%
新增就业3.8万人

学校（幼儿园、小学、中学）个数：

幼儿园139所

在园幼儿数
41797人

小学75所

在校学生数
64663人

普通中学47所

在校学生数
2.4万人

中等职业学校5所

在校学生数
1696人

文化广场31个
体育场馆1275个

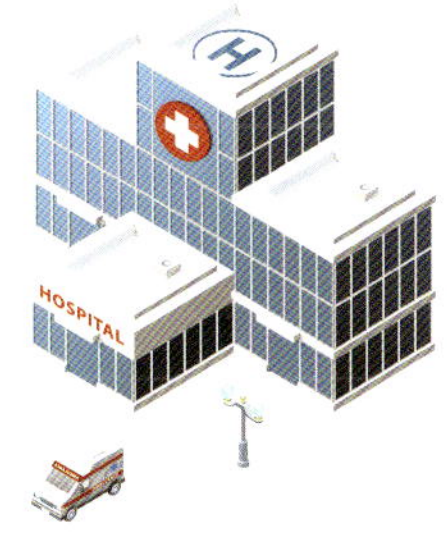

卫生机构个数535个
卫生技术人员数量
23329人

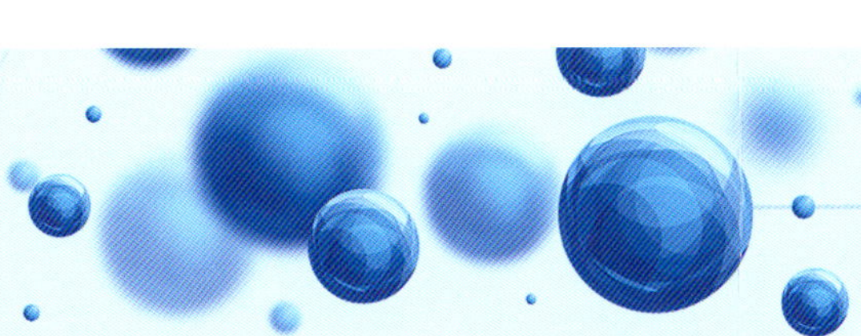

科技专利申请量12681件

数字丰台

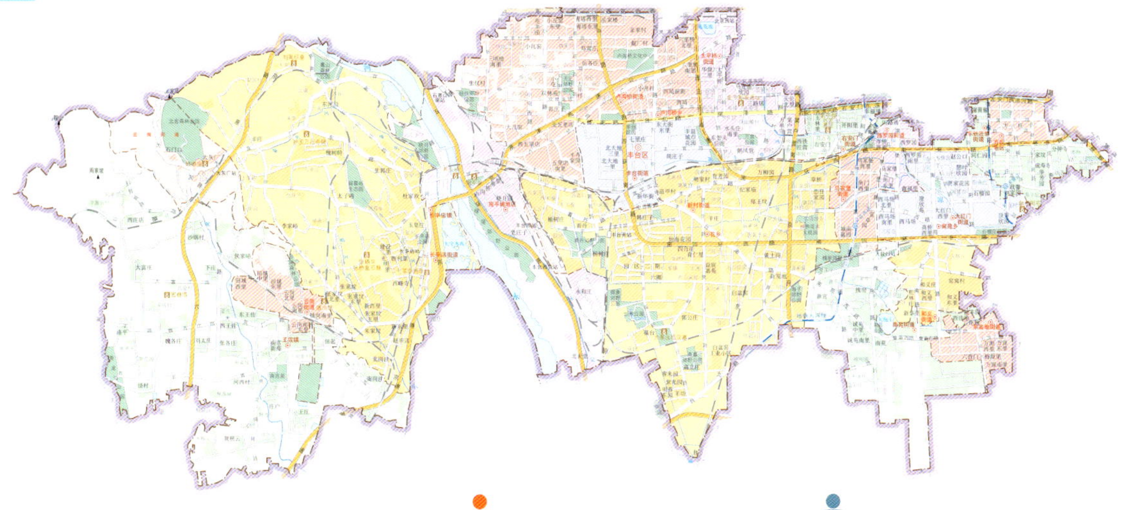

区域总面积：305.53平方公里

常住人口202.5万人

户籍人口116.6万人

地区生产总值**1829.6**亿元
（按不变价计算同比增长6.3%）

金融机构各项存款余额7437.7亿元，同比增长14.7%

居民人均住房建筑面积29.9平方米

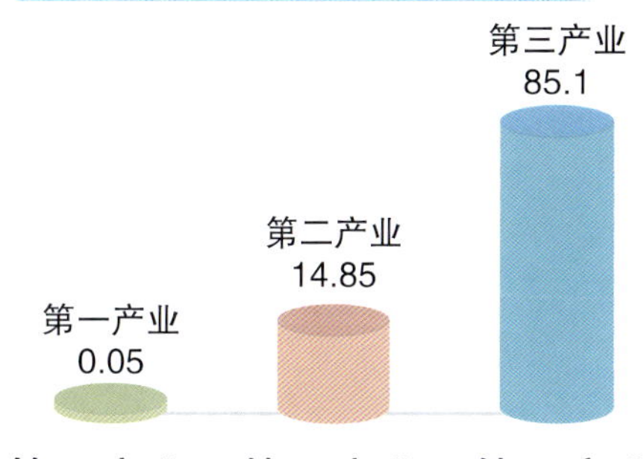

第一产业、第二产业、第三产业（比重）

第三产业增加值1557亿元

一般公共财政预算收入
127.7亿元

一般公共预算支出
252.7亿元

社会消费品零售额
1224亿元

农林牧渔业生产总值
2亿元

园区收入6250亿元
同比增长9%

规模以上工业总产值
303.7亿元

1月6日，中国人民政治协商会议北京市丰台区第十届委员会第四次会议开幕

1月7日，丰台区第十六届人民代表大会第七次会议开幕

1月21日，区直机关工委举办2018年度区直机关党组织党建工作述职评议会

2月12日，中共丰台区纪委十二届四次全会召开

3月19日，丰台区召开选举出席北京市工会第十四次代表大会代表会议

4月17日，区法院承办北京法院2019年第三次统一法律适用专业法官会议

5月29日，丰台区妇联赴十堰市张湾区开展妇女巧手培训活动

6月10日，丰台区年轻干部培训班开班仪式在区委党校举办

6月28日，丰台教育系统举办“砥砺杯”首届微党课大赛展演

7月1日，共产党员献爱心捐款启动仪式在区政府1号楼大厅举行

7月26日，中国共产党北京市丰台区第十二届委员会第九次全体会议召开

8月26日，区检察院开展"检察护航民企发展"主题公众开放日活动

9月6日，丰台区组织召开欢送新兵大会

10月24日，丰台区政协在丽泽金融商务区举办"推动北京丽泽金融商务区金融产业高质量发展"议政座谈会

11月11日，区法院审结全市首例"黑中介"恶势力团伙犯罪案

11月15日，"北京市第一个农村党支部——大瓦窑村党史馆"新馆开馆

11月28日，北京丰台全媒体客户端上线

1月18日，迎新春过大年欢乐美食节在银座和谐广场举行开幕仪式

1月30日，区住建委现场调研丰台火车站项目规划设计、征地拆迁、建设施工情况

3月1日，全市首张新版营业执照在丰台颁发

3月1日，丰台区工商分局注册大厅正式启用新版营业执照

3月8日，大红门6800个早市商户正式入驻河北沧州明珠早市

3月30日，区文化和旅游局在北宫国家森林公园召开2019丰台旅游踏青赏花季启动仪式

4月3日，“三区三州”贫困地区农产品产销对接专场活动在丰台新发地启动

4月21日，丰台站改建工程新建站房第一根钢柱吊装

4月25日，京津冀智能交通技术创新协同发展学术研讨会在丰台科技园举行

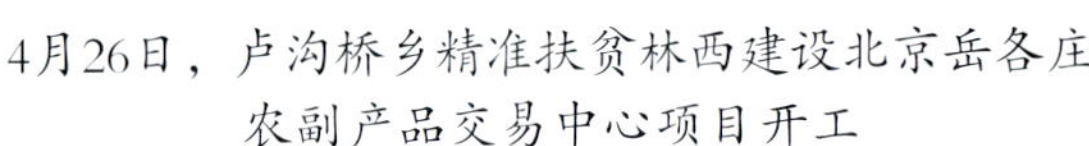
4月26日，卢沟桥乡精准扶贫林西建设北京岳各庄农副产品交易中心项目开工

5月17日，消费扶贫进社区系列活动启动仪式在西罗园街道举行

5月29日，在国家会议中心举办的2019年北京国际服务贸易交易会丰台展区

6月20日，区政务服务中心为新开办企业提供“丰台区新设企业政务服务包”

7月15日，北京值得买科技有限公司在深交所上市

9月2日，自动化院获2019世界人工智能大会(WAIC)黑客比赛——智能垃圾分类挑战赛三等奖

10月14日，丽泽SOHO 5G实验室首次对外开放

11月1日，区政务服务中心开展“办好一件事”主题事项服务

12月6日，丰台区在全市率先上线营业执照智能登记系统

1月16日，丰台区首家24小时阅读空间“晓阅时光”举行揭牌仪式

1月17日，北京首届地景艺术节在北京世界花卉大观园举办

3月4日，智慧家医项目启动会在北京天坛医院举行

3月28日，中国国防邮电职工技术协会在中国运载火箭技术研究院挂牌成立新时代工匠学院

4月12日，丰台区体育局主办的“冰雪大篷车”冬季冰雪项目宣讲及体验活动走进丰台区大红门街道合生广场

5月8日，丰台区举行北师大实验中学丰台学校揭牌仪式

5月9日，2019年“丰采杯”乒乓球比赛在九城盛唐乒羽俱乐部举行

5月18日，北京汽车博物馆荣获2019年“国际博物馆日”中国主会场“最具创新力博物馆”称号

6月5日，丰台区第九届青少年机器人竞赛在区少年宫举行

6月13日，丰台区职工第36届“五月的鲜花”文艺汇演在丰台青少年剧场举行

6月20日，第九届“首都新侨乡文化节合唱专场”比赛

7月7日，“中国寻根之旅”北京丰台华裔青少年国学冬奥体验之旅夏令营开营仪式

9月19日，全国科普日丰台主场活动在丰台花园举行

9月21日，丰台区体育后备人才学训启动仪式在北京市第十二中学体育分校举行

9月23日，北京十二中钱学森学校正式启用院士“1+X”领航室

9月25日，丰台区举办庆祝新中国成立70周年文艺演出活动

9月26日，首都医科大学附属北京口腔医院举行奠基仪式

10月2日，2019中国戏曲文化周在北京园博园举办

10月12日，“印记中国–印说汽车–红旗之夜”活动在北京汽车博物馆举办

10月20日,丰台区举办的北京国际铁人三项赛圆满完赛

11月7日，丰台区教育系统举办朱继文园长工作室幼教论坛

12月10日，国家冰雪运动训练科研基地速滑馆竣工并投入使用

12月27日晚8点45分，中国运载火箭技术研究院研制的长征五号运载火箭发射成功

1 月 14 日，丰台区餐饮协会、旅游联盟到涞源白石山斗军湾村开展“百企千店万人双向融合精准扶贫”大型公益活动

2 月 27 日，内蒙古扎赉特旗举办“春风行动”暨京蒙劳务协作专场招聘会

5月10日，区工商联组织民营企业招聘会

5月18日，丰台区第二十九次全国助残日主题宣传活动在园博园举行

5月28日，丰台区反恐办组织《反恐怖主义法》知识竞赛决赛暨反恐办实体化运行成果展示活动

5月30日，丰台区举行新时代文明实践中心揭牌仪式

6月10日，2019年区总工会职工志愿服务工作推进会暨个性化职工志愿服务队授旗仪式在北宫森林公园举行

10月12日，新村街道举行“侨之家”怡海社区命名仪式

9月1日，丰台区2019城市志愿者服务启动仪式在西局玉璞园丰台青年广场举行

10月16日，丰台法院通过ODR平台线上调解一起医疗纠纷案件

10月22日，西罗园街道举办主题为“勿忘初心 做自己”花椒树故事会

10月26日，丰台区举办首届“社区邻里节”

11月13日，区文联举办“文艺轻骑兵”走进北京泰颐春养老中心表演曲艺专场

11月20日，马家堡街道新时代文明实践站开展丰台区诚信建设万里行主题宣传活动

11月21日，太平桥街道东管头社区成立丰台区首个老兵志愿服务队

11月28日，全市首个社区交通警务站在丰台区东铁营街道蒲黄榆第一社区挂牌成立

12月23日，北京全市第一家打击欺诈骗保联合执法工作站在丰台区挂牌成立

1月11日，丰台区共有产权房项目正商明苑摇号仪式在北京西国贸大酒店举行

3月14日，蓝天下的丽泽金融商务区，本年度全区空气质量达标天数达到235天

3月21日，丰台区气象局在长安新城小学开展“3.23世界气象日”气象科普宣传活动

3月24日，永定河生态补水进入园博湖

4月9日，丰台完成首例取消网签企业间存量非住宅房屋买卖业务

5月20日，莲花池公园增彩延绿全景

6月16日，丰台区第18个安全生产月咨询日活动在红星美凯龙广场举办

7月，位于宛平城地区晓月苑内的晓月山体健身公园正式向居民开放

7月12日，区消防支队在莲石公园开展水域演练

9月9日，全市首批智能垃圾分类回收机在太平桥街道落地推广

9月23日，草桥地铁站周边绿化美化景观

9 月 25 日，留白增绿后的东高地公园

9月29日，代征地绿化项目
花香公园一隅

12月16日，区环卫中心在千灵山开展抛雪作业

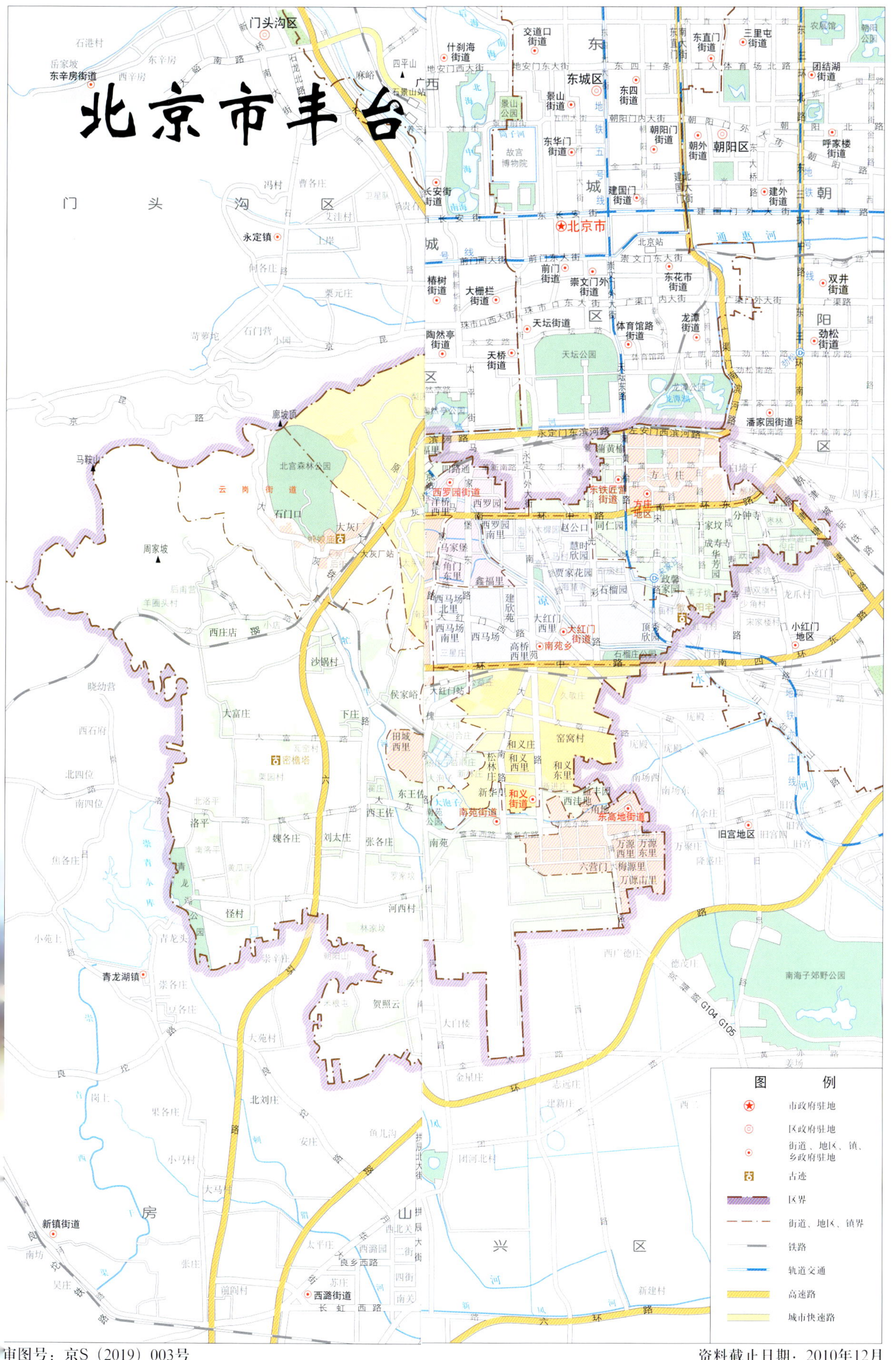

审图号：京S（2019）003号

资料截止日期：2010年12月

目 录

特 载

专 文

区情概览

大 事 记

中共丰台区委员会

丰台区人民代表大会

丰台区人民政府

政协丰台区委员会

纪检监察

民主党派

人民团体

法 治

军　　事

经济管理

工　业

农业与农村经济

商贸　服务业

旅 游 业

金　　融

城乡规划与建设

城乡管理

交通　邮政

科　　技

中关村科技园区丰台园

文　化

教　　育

卫生　体育

社会生活

街乡（镇）

人物　荣誉

附　　录

统计资料

索　　引

特　　载

在区委十二届十次全会上的工作报告

2019年12月27日

徐贱云

下面，我受区委常委会委托，向全会报告一年来主要工作。

2019年，区委常委会坚持以习近平新时代中国特色社会主义思想为指导，深入贯彻党的十九大和十九届二中、三中、四中全会精神，深入贯彻习近平总书记对北京重要讲话精神，深入贯彻党中央各项决策部署和市委各项工作要求，先后召开了49次区委常委会会议并主持召开两次区委全会，围绕“丰台区要上台阶”“未来风光看丰台”“妙笔生花看丰台”的要求，对全区各方面工作作出安排部署，各项事业都取得了新进展新成效。区委常委会突出抓了以下几项重点任务：

第一，深入学习贯彻习近平新时代中国特色社会主义思想。始终把学习贯彻习近平新时代中国特色社会主义思想作为首要政治任务，坚持以上率下、步步深入，开展区委常委会、理论中心组集体学习47次，指导督促全区各级党（工）委（党组）理论学习中心组持续抓好学习。系统研读《习近平关于“不忘初心、牢记使命”重要论述选编》《习近平新时代中国特色社会主义思想学习纲要》《习近平关于北京工作论述摘编》等文献，教育引导广大党员干部在学懂弄通做实上下功夫。组织“送理论、下基层、进家门、入人心”教育活动，加强“学习强国”学习平台推广使用。坚持学思用贯通、知信行合一，教育引导全区各级党员干部增强“四个意识”、坚定“四个自信”、做到“两个维护”。

第二，全力做好新中国成立70周年庆祝活动服务保障工作。牢牢把握中央和市委关于庆祝活动的指示和要求，高标准完成群众游行、联欢活动等重点专项任务，充分展现了丰台人民饱满的爱国热情和昂扬的精神状态。在北京园博园等8个公园开展国庆游园特色文化活动，接待游客50余万人次，为国庆增光添彩。精心装扮城市环境，做好轨道交通大兴机场线草桥站周边环境保障和绿化美化，全面做好交通组织、环境整治、主题宣传等工作，营造浓厚的节日氛围。加大社会面治安管控力度，每天投入警力3160人、治安志愿者6万人，保障了活动期间城市运行安全平稳有序。

全区人民识大体、顾大局，以主人翁姿态积极参与、甘于奉献，展示了新时代丰台人民良好风貌，增强了我们履行首都职责使命的信心和决心，为在首都发展新的历史起点上继续奋进凝聚了民心，注入了强大精神动力。

第三，精心组织开展“不忘初心、牢记使命”主题教育。按照“守初心、担使命，找差距、抓落实”总要求，统筹抓好各项教育任务，推动学习教育、调查研究、检视问题、整改落实有机融合、贯穿始终。把主题教育与解决实际问题结合起来，开展党员区领导大调研，深入全区392个社区村，发现并解决各类问题300余个。广大党员干部对照党章党规，紧扣“十八个是否”，深刻检视分析，找准差距不足。全力抓好“8+2”专项整治，梳理问题120余个，制定措施277项，切实把初心使命转化为埋头苦干、真抓实干的自觉行动。

坚决抓好规划自然资源领域问题整改，针对市委第五巡视组规划自然资源领域专项巡视反馈的意见，制定实施整改方案，基本完成“大棚房”、浅山区违法占地违法建设、绿地认建认养及公园配套用房出租清理整治。

第四，认真学习宣传贯彻党的十九届四中全会精神。四中全会闭幕后，市委召开了十二届十次全会学习宣传贯彻。按照中央和市委要求，区委常委会把学习宣传贯彻四中全会精神作为全区上下的重要政治任务，召开区委理论学习中心组会议，深入学习领会全会精神。区领导带头深入基层宣讲全会精神，组建宣讲团开展进企业、进农村、进机关、进校园等“九进”宣讲活动，构建“领导讲政策、专家讲理论、百姓讲故事”的宣讲体系，推动党的创新理论“飞入寻常百姓家”。通过深入学习领会，教育引导全区各级党组织和广大党员干部进一步提高政治站位，切实把思想和行动统一到全会精神上来，自觉维护制度权威，强化制度意识，增强制度自信，带动全社会自觉尊崇制度、严格执行制度、坚决维护制度。

一年来，区委常委会统筹推进全区各项事业发展，主要做了以下工作：

一、认真抓好“三件大事”

深入实施新版城市总体规划。成立了区委城市工作委员会，进一步加强区委对城市规划建设工作的统筹领导。编制完善《丰台分区规划（2017年—2035年）》，已获得市政府批复并发布实施，22个专题专项规划持续推进。南中轴及南苑—大红门地区概念性规划取得阶段性成果，在南中轴两侧建成城市公园5处，南苑森林湿地公园先行启动区实施绿化1500亩。丽泽金融商务区优化提升方案编制完成，先后通过市委常委会和首规委主任办公会审议。丰台站组团规划和综合实施方案编制工作有序推进。卢沟桥五里店地区、花乡中部组团等重点片区规划建设方案基本编制完成。落实“村地区管”要求，制定《丰台区关于加强农村集体土地和房屋管理工作的意见》，建立农村集体资产监管联席会议制度，审议集体资产处置事项34个。完成2018年度城市体检，建立责任规划师制度。坚持减量发展，完成市级下达的城乡建设用地减量目标。

扎实推进疏解整治促提升专项行动，年度18项任务全面完成。退出一般制造业企业21家，提升改造市场3家，拆除违法建设239.3万平方米，腾退土地246公顷，整治“开墙打洞”540处，新生违建、“散乱污”企业、违法群租房基本实现动态清零。持续深化南苑—大红门地区疏解整治工作，开展全产业链清理，加强与河北、天津多领域对接合作，服务外迁商户，防止传统业态回潮。建设提升便民商业网点106个，基本便民商业服务功能实现社区全覆盖，怡海花园社区被评为全市生活性服务业示范街区。创建精品示范大街5条，整治背街小巷50条。利用腾退空间留白增绿，建成百余处、百万平方米百姓家门口的公园绿地。

全力服务保障2022年北京冬奥会、冬残奥会筹办工作。服务保障国家冰雪运动训练科研基地建设，速滑馆、轮滑馆投入使用，提升项目周边环境水平。开展欢乐冰雪季、冰雪大篷车进基层等系列冰雪活动，营造良好冰雪文化氛围。

二、坚决打好三大攻坚战

坚决守住不发生系统性风险的底线，保持打击互联网金融违法活动、非法集资等高压态势，扎实推进P2P网贷风险专项整治，稳妥化解高风险企业存量。加强和规范政府债务管理，制定出台《丰台区地方政府专项债券资金使用管理暂行办法》，防范化解隐性债务风险。

认真开展精准扶贫工作。主动与河北省涞源县、内蒙古林西县及扎赉特旗、青海省治多县、湖北省十堰市张湾区、北京市房山区等地区开展扶贫协作、对口支援、对口协作对接。选派干部、人才117人到扶贫一线，4800万元帮扶资金全部拨付到位。引导15家企业开展产业帮扶，年度投资金额达到5.5亿元，带动贫困人口1.1万人，与河北省涞源县“两区同建、三金扶贫”的扶贫模式被评为全国东西协作与定点扶贫十大优秀案例。发挥我区农副产品市场优势开展消费扶贫，农副产品消费扶贫金额达到3.8亿元，新发地市场获全国脱贫攻坚奖“组织创新奖”。结对帮扶的内蒙古扎赉特旗正式退出国家级贫困县序列。

持续加大污染防治力度。落实蓝天保卫战行动计划，建立覆盖全区的空气质量监测网络，抓好柴油货车管控、扬尘污染整治和挥发性有机物减排，截至12月23日，PM2.5平均浓度为42微克/立方米，下降22.2%，空气质量持续改善。全面落实“河长制”，解决各类水环境问题700余件，水质监测考核断面稳定达标。推进新一轮百万亩造林绿化工程，新增造林4600亩。完成35个农村人居环境整治，实现农村地区公厕全面达标，村容村貌明显改善。

三、努力推动经济高质量发展

认真贯彻落实新发展理念，深入推进供给侧结构性改革，努力推动地区经济高质量发展。发挥消费和投资的拉动作用，推动产业和消费“双升级”。出台促消费政策，鼓励发展夜间经济和综合性体验式商业，打造了一批特色“深夜食堂”。积极推进促进城市南部地区加快发展行动计划，截至11月底，41项任务进展顺利，59个项目实现开复工，完成投资442.6亿元，提前完成全年投资任务。

推动中关村丰台园创新发展。轨道交通、航空航天两大千亿级产业集群蓬勃发展，与中关村管委会等3家单位签订促进轨道交通产业发展的战略合作协议，筹建北京中关村轨道交通产业发展有限责任公司，与北京交通大学签订科技创新发展合作协议。出台支持高精尖产业发展的“创新十二条”，支持资金约2.3亿元。引进高精尖企业100余家，13个项目纳入市级高精尖项目库，新增国家级技术中心2家。新增上市企业6家，其中2家登陆科创板，中国通号成为目前全国募集资金最多、市值最高的科创板企业。园区预计实现总收入6300亿元，增长10%；留区税收39亿元，增长7.5%；人均产出、地均产出位于全市前列。

推动丽泽金融商务区建设发展。丽泽SOHO、青海金融大厦等7个项目投入使用，累计释放产业空间89万平方米。启动南区D片区一体化综合开发。区域范围内3个地铁站主体结构完工，南区3条主干路建成通车，完成192亩绿地建设，丽泽SOHO实现5G全覆盖。引进北京融资担保投资集团有限公司、邦信资产管理公司等一批金融类企业，央行数字货币研究所入驻办公。加大在中央、市级媒体宣传力度，举办“金融机构丽泽行”“央地携手、走进丽泽”等高层次交流活动，持续扩大丽泽品牌影响力。

通过全区共同努力，经济发展稳中有进，预计实现地区生产总值1670亿元，增长6.1%左右；一般公共预算收入127.7亿元，增长5%；居民人均可支配收入增长8.3%左右，高于经济增速；万元地区生产总值能耗、水耗分别下降3.5%左右和8.8%左右，发展质量和效益进一步提高。

四、全面深化改革

坚持党对改革工作领导，全面落实中央和市委各项改革任务，推动重要领域和关键环节改革不断取得新突破。

持续改革优化营商环境。深化“一门一窗一次”改革，“一门办理”、“一窗办理”的比例分别提升到81.7%和81%，600个高频事项实现“最多跑一次”。推进福成大厦改造为区级政务服务中心，启动“互联网+政务服务”

一体化平台建设。在全市率先试点不动产登记下沉街道办理，推出错峰延时办理等便民举措，企业群众办事更加方便快捷。落实企业“服务包”制度，组织分领域“企业家早餐会”，累计举办31期，参加企业162家。严格落实减税降费政策，全年减轻税费67亿元。设立总规模50亿元的丰台新动能基金和40亿元的丰首产业基金，引进注册资本五千万元以上规模企业348家。

召开全区街道工作会议，建立改革专班工作制度，统筹推进全区街道工作和“吹哨报到”改革。顺利完成区级机构改革和街道机构综合设置改革，启动行政区划调整工作，完成7个村的撤村转居工作。创新服务群众响应机制，方庄“掌上四合院”、宛平“院儿长制”、太平桥“跨区执法”、新村街道将物业管理纳入社区自治等经验做法得到广泛认可和推广。把物业服务纳入基层治理体系，在20个试点小区探索党建引领物业企业和业委会参与社区治理。

五、稳步推进社会主义民主法治建设

加强区委对民主法治建设工作的领导。定期听取区人大常委会、政府、政协、法院、检察院工作汇报。

召开区委第五次人大工作会议，制定区委新时代加强和改进人大工作的意见，制定区委关于建立区政府向区人大常委会报告国有资产管理情况制度的意见。支持区人大常委会围绕“接诉即办”等中心工作开展“代表在倾听”活动，为地区发展建设管理凝聚智慧。

全面加强区政协党的建设，在政协组织中推进党的建设“两个全覆盖”。支持区政协建言资政，围绕丽泽金融商务区产业高质量发展等工作开展协商议政，对优化营商环境、棚户区改造等工作开展视察监督。

加强统一战线工作，成立区新联会，密切与各民主党派、民族宗教界的沟通联系，新发地市场获全国民族团结进步模范集体称号，怡海花园社区成立全市首个“侨之家”社区。加强法治政府建设，推进政法领域全面深化改革，深化司法体制综合配套改革。巩固发展军政军民团结，开展“双拥模范城”七连冠争创工作。

六、提高保障和改善民生水平

紧扣“七有”要求和“五性”需求改善民生，更好满足人民日益增长的美好生活需要。坚持“民有所呼、我有所应”，着力做好“接诉即办”工作，建立区级工作专班和督导工作机制，健全街乡镇“接诉即办”工作情况通报机制，加强对排名靠后和诉求量集中的街乡镇的督查指导，全面提升服务群众的能力和水平。1–11月，共受理群众诉求16.3万个，响应率始终保持100%，解决率、满意率由31.4%和30%分别上升到54.2%和73.5%。

促进就业增收，新增城镇就业3.5万人，城镇登记失业率控制在2%以内。加大政策性住房建设力度，实现保障房开工15617套、竣工8239套，完成棚户区签约搬迁675户，均超额完成年度任务。推进11个老旧小区改造，加装电梯47部。

召开全区教育工作会议，提出了建设现代化教育强区的奋斗目标。全面实施第三期学前教育行动计划，新增普惠性学前学位2100个。扩大优质教育资源供给，建设北师大实验中学丰台学校，与西城区教委、首师大、十一学校、中关村三小签署合作协议，中小学优质学位占比达到82.7%，提前完成“十三五”规划目标。

稳步推进医疗设施建设，北京口腔医院迁建项目实现开工，丰台医院提质改建工程推进顺利。利用天坛医院等优质资源，建立紧密型医联体。推广“智慧家医”工作模式，组建557个团队，为78万居民提供家庭医生签约服务，签约率达到37.5%。

深化居家和社区养老服务改革试点工作，开工建设3家街乡镇养老照料中心，15家社区养老服务驿站投入运营。开展养老“喘息服务”，累计服务7500余人次。

加快交通路网建设，轨道交通大兴机场线草桥站与大兴国际机场同步开通运行，宋家庄路、康庄北路等4条道路建成通车，黄陈路等

10 条道路完成大修。全力配合丰台站改建工程，启动万寿路南延等道路建设。推进路侧道路停车电子收费设施建设，完成 57 条道路、6500 余个停车位施划补划工作。加快市政设施建设，餐厨厨余垃圾处理厂投入运营，湿解处理厂项目竣工，河西再生水厂二期、河西第三水厂加快施工。广泛开展垃圾分类社会宣传动员，开展 9 个垃圾分类示范片区创建。

七、持续推进宣传文化工作

以“壮丽 70 年、丰台上台阶”为主题，持续做大做强正面宣传，组织重大网络宣传活动，推出丰台城市宣传片和“北京丰台”客户端，扎实推进区融媒体中心建设，持续营造正面舆论氛围。各类中央、市属媒体共刊发丰台区正面报道万余条，其中《人民日报》刊发 60 余条、《新闻联播》报道 7 次，新华社客户端发布丰台群众短视频 50 部，浏览量突破 1 亿次。

全面推进新时代文明实践中心建设，搭建新时代文明实践网络互动平台，打造邻里驿站 500 米志愿服务圈。扎实开展首都文明示范区和文明村镇、文明单位、文明校园、文明家庭等创建工作，推荐评选宣传“北京榜样·最美丰台人”“身边好人”等各类典型 130 人，区域文明程度和市民文明素质明显提升。

建成 4 个街乡镇级文化中心，实现街乡镇级文化中心全覆盖。开展各类文化活动 4500 余场次，惠及群众 320 余万人次。圆满完成全民族抗战爆发 82 周年首都各界群众纪念活动，成功举办 2019 中国戏曲文化周、2019（第四届）中国科幻大会。大力推动文促产业深度发展，北京汽车博物馆被评为“2019 年全国最具创新力博物馆”。原创文艺作品《赤子归心》获中国文化艺术政府奖—群星奖。完成长辛店二七大罢工旧址等部分修缮工程，开展“中国工人运动与党的初心和使命”主题展览。

八、切实维护地区安全稳定

坚决维护政治安全和社会稳定，圆满完成新中国成立 70 周年、第二届“一带一路”国际合作高峰论坛、亚洲文明对话大会、2019 年中国北京世界园艺博览会、纪念全民族抗战爆发 82 周年等重大活动的服务保障任务。

调整组建区委国家安全委员会，成立区委“平安丰台”建设领导小组，召开区委政法工作会议，统筹推动各领域安全工作。落实意识形态工作责任制，严格做好舆情管控。推进“雪亮工程”建设，构筑立体化、信息化治安防控体系，老旧小区公共区域视频覆盖率达到 80%，146 个社区实现零发案。深入开展“信访积案化解年”活动，持续推动社会矛盾排查化解，排查解决各类矛盾纠纷 700 余件。持续深化扫黑除恶专项斗争，抓好中央督导组反馈问题整改，深挖彻查石凤刚案，群众认可度排名全市第三。

严格落实安全生产责任制，深入推进城市安全隐患治理三年行动，安全生产死亡事故和死亡人数“双下降”，成功创建食品安全示范区，重点食品、药品合格率达到 98.5% 和 99.7%，公共安全水平不断提高。

九、推动全面从严治党向纵深发展

牢固树立抓好党建是最大政绩理念，认真落实全面从严治党主体责任。今年以来，区委常委会会议研究党建议题 159 个，占比 60%。召开区委深改委、财经委、审计委、城工委、依法治区委、生态文明委等全体会议，加强对地区重点工作的统筹与研究。将全面从严治党主体责任清单、党的政治建设落实情况纳入党建工作重点考核内容，推动管党治党政治责任向基层延伸。

始终把党的政治建设摆在首位。认真落实党中央关于加强党的政治建设的意见和市委贯彻措施，制定实施区委关于加强党的政治建设的任务分解方案。严格执行中央和市委关于加强和维护党中央集中统一领导的规定，完善保障“两个维护”的制度机制。严格执行请示报告制度，编制请示报告事项清单，年内向市委请示报告 37 件次。贯彻执行新形势下党内政治生活若干准则，认真开好专题民主生活会和组织生活会。严明政治纪律和政治规矩，教育引导全区党员干部做到“三个一”“四个决不允许”。

切实加强干部人才队伍建设。牢固树立基层和实践导向，新提拔和进一步使用的处级干部中具备街乡镇等基层一线经历的占比70.4%，选派500余名优秀干部参加国庆服务保障、世园会、冬奥筹办、对口帮扶等工作。把斗争精神、斗争本领作为重要内容，系统组织开展党员干部培训。扎实做好全区公务员职务与职级并行工作。坚持严管与厚爱相结合，对拟提拔和进一步使用的干部人选，严格执行“凡提四必”和廉洁自律情况“双签字”。制定了《丰台区村党组织书记选拔任用实施细则》《丰台区村党组织书记个人重大事项报告实施细则》《丰台区村干部管理监督细则（试行）》等系列文件，进一步加强对农村三套班子及各级控股企业主要负责人的监管。制定实施“丰泽计划”引才聚才办法，为地区发展集聚各方面优秀人才。

着力提升基层党组织组织力。高质量完成村和社区“两委”换届工作，选举一次性成功，书记、主任人选吻合度100%。对6个软弱涣散村、8个后进社区，“一村（社区）一策”持续整顿。建立街乡镇党（工）委书记月度工作点评会制度，把工作抓到街乡镇、抓到社区村。强化基层党组织政治属性、政治功能，统筹抓好城市社区、农村、机关、企事业单位等领域党建工作，持续打造和推广时代风帆楼宇党建和统战工作品牌。深化党支部标准化规范化建设，规范和加强党员教育管理。

持续深化作风建设。紧盯重点问题和重要节点，持之以恒纠正“四风”，查处违反中央八项规定精神案件25起,党纪政务处分20人，组织处理5人。持续开展作风建设专项治理行动，查处“为官不为、为官乱为”案件59起，党纪政务处分59人。认真落实中央和市委为基层减负要求，加大形式主义、官僚主义问题集中整治力度，出台为基层减负20条措施，1-11月，以区委、区政府名义下发文件减少54.3%，会议减少55.5%。整合各类考核事项，区级部门督查检查考核事项核定为20项，同比减少82.1%。开展社区挂牌集中整治。清理规范社区表格，区级事项精简94.9%。

深入推进党风廉政建设和反腐败斗争。召开全区警示教育大会，以案为鉴、以案促改，推动警示教育常态化。加大区委巡察力度，完成4轮对37个单位的巡察和规划自然资源领域专项巡察，推动社区村巡察全覆盖。深挖彻查涉黑涉恶腐败和“保护伞”，坚决查处群众身边的不正之风和腐败问题。深化运用监督执纪“四种形态”，进一步实现向“管住大多数”拓展。保持反腐败高压态势，截至12月20日，立案247件，党纪政务处分179人，留置12人，党内政治生态得到进一步净化。

加强区委常委会自身建设。各位常委同志带头增强“四个意识”、坚定“四个自信”、做到“两个维护”，为全区作出表率。带头落实民主集中制，认真执行领导班子议事决策规则。严格履行全面从严治党主体责任，加强对分管领域党建工作的指导督促。进一步形成眼睛向下、大抓基层导向，坚持完善“大调研”、重点工作现场推进会等工作机制，自觉当好“施工队长”。严格执行中央八项规定精神，驰而不息纠正“四风”，力戒形式主义、官僚主义。不断强化党委对各项工作的领导，坚持和完善党委决策、政府落实、人大和政协监督的工作机制，充分发挥各套班子作用。在区委领导下，各级党组织的凝聚力战斗力进一步增强，为推动丰台工作上台阶提供了坚强保障。

这些工作开展和成绩取得，是以习近平同志为核心的党中央统揽全局、科学决策的结果，是市委正确领导的结果，是全区各级党组织和广大党员、干部开拓进取的结果，是全区人民团结奋斗的结果。在此，我代表区委常委会，向同志们表示衷心的感谢！

与此同时，区委常委会也清醒认识到，工作中还存在一些困难和不足，主要是：地区经济发展质量效益有待提升；疏解整治促提升任务仍然艰巨；在城乡统筹发展方面，还有一些政策上、路径上的问题需要破解；城市治理水平与人民群众期盼还存在差距，基础设施、公共服务还存在短板；基层党组织建设不够扎实有效，整治形式主义、官僚主义还需要持续用力，等等。这些困难和问题，我们必须高度重视，在今后工作中切实加以解决。

对于 2020 年工作，区委常委会在认真学习贯彻市委十二届十次、十一次全会精神的基础上，围绕市委对丰台区工作的指示要求，谋划了十个方面的重点工作：

一是围绕加强“四个中心”功能建设、提高“四个服务”水平，组织实施好分区规划，推动重大项目规划建设，更好地服务保障首都发展大局。二是坚定不移疏解非首都功能，全面完成疏解整治促提升专项行动各项年度任务，持续巩固南苑—大红门地区疏解整治成果，不断提升区域发展品质。三是坚决打好精准脱贫、污染防治、防范化解重大风险三大攻坚战，确保完成中央、市委各项任务部署。四是加快丽泽金融商务区、中关村丰台园等重点功能区建设，持续改革优化营商环境，推动地区经济高质量发展。五是紧扣“七有”要求和“五性”需求，抓好“接诉即办”工作，全面提升服务群众和保障民生水平。六是加快城市化发展进程，构建简约高效的基层管理体制，加强农村地区管理和社区治理，提升基层治理水平。七是加强精神文明建设，推动文化事业繁荣发展。八是加强平安丰台建设，不断增强群众安全感。九是推进社会主义民主法治建设，凝聚推动区域发展的强大合力。十是推动全面从严治党向纵深发展，把党的政治建设摆在首位抓紧抓好，坚持不懈用习近平新时代中国特色社会主义思想武装头脑，加强领导班子和干部队伍建设，加强基层党组织建设，持之以恒正风肃纪反腐，营造风清气正的政治生态。

以上报告请大家结合全会决议草案进行审议。会议印发了《2019 年区委常委会抓党建工作情况报告》，请大家审议。同时，印发了《关于丰台区经济社会发展工作的报告》，供大家讨论。希望同志们对区委常委会工作提出意见和建议。

北京市丰台区人民政府工作报告

——2020年1月7日在丰台区第十六届人民代表大会第七次会议上

丰台区常务副区长 周新春

各位代表：

现在，我代表丰台区人民政府，向大会报告工作，请予审议，并请区政协各位委员提出意见。

一、2019年工作回顾

过去一年，在市委市政府和区委的坚强领导下，在区人大及其常委会和区政协的监督支持下，我们坚持以习近平新时代中国特色社会主义思想为指导，全面贯彻落实党的十九大和十九届二中、三中、四中全会精神，深入贯彻习近平总书记对北京重要讲话精神，坚持稳中求进工作总基调，坚持新发展理念，紧紧围绕新中国成立70周年庆祝活动主线，按照“丰台区要上台阶”“未来风光看丰台”“妙笔生花看丰台”的要求，全区上下团结一心、开拓进取，完成了区十六届人大六次会议确定的目标任务。全年预计实现地区生产总值1670亿元，增长6.1%左右；一般公共预算收入127.7亿元，增长5%；社会消费品零售额增长5%左右；居民人均可支配收入增长8.3%左右；万元地区生产总值能耗、水耗分别下降3.5%、8.8%；PM2.5平均浓度42微克/立方米，创监测以来最好水平。

（一）圆满完成新中国成立70周年庆祝活动服务保障任务

活动组织精益求精。按照“自由、生动、欢愉、活泼”的要求，组织党员群众、高校师生2200余人参加“不忘初心”方阵群众游行活动，组织部队官兵、公检法司、各界群众2700余人参加“鱼水情深”主题群众联欢活动。举办中国戏曲文化周、国庆游园等特色文化活动，接待游客50余万人次，为国庆增光添彩。

服务保障万无一失。精心装扮城市环境，做好新机场线草桥站周边环境保障和绿化美化，开展交通设施改造和环境整治，在99条大街等重要点位布置庆祝灯饰、主题灯光秀，营造浓厚的节日氛围。全面做好城市运行、安全稳定工作，每天投入警力3160人、治安志愿者6万人，保障了社会安全稳定。全区人民识大体、顾大局，以主人翁姿态积极主动参与，充分展现了丰台人民饱满的爱国热情和昂扬的精神状态，为丰台在新的历史起点上继续奋进凝聚了民心，注入了强大精神动力。

（二）落实城市总体规划扎实有力

规划体系不断完善。发布实施《丰台分区规划（国土空间规划）（2017年—2035年）》，22个专题专项规划初步实现落图落点。以五里店地区等5个区域为试点，划定控规编制单元，开展控制性详细规划编制工作。丽泽金融商务区规划优化提升方案获市政府批准。完成南中轴及南苑-大红门地区规划设计国际方案征集和综合工作。编制丰台站地区详细规划及启动区综合实施方案。开展卢沟桥国家文化公园规划研究。

规划执行更加严格。加强“村地区管”，建立农村集体资产监管联席会议制度，共联审集体资产处置事项34个，实施区级备案管理37处。认真推进规划自然资源领域专项巡视问题整改，以案为鉴、以案促改，基本完成“大棚房”及浅山区违法占地违法建设、绿地认建认养及公园配套用房出租清理整治。完成市级下达的城乡建设用地减量目标。

（三）经济发展质量不断提升

创新驱动步伐加快。积极培育新动能，储备高精尖产业项目150余个，纳入市级高精尖项目库13个，科创板首批上市企业数量并列全市第一。成立丰台区发展投资有限公司，设立总规模50亿元的丰台新动能基金和40亿元的丰首产业基金。国家高新技术企业保有量1550家，技术合同交易额首次突破1000亿元。

丽泽金融商务区发展势头强劲。建立丽泽市级协调机制，高位推动建设、招商工作。启动南区D片区一体化综合开发试点。3个地铁站主体结构完工，南区3条主干路建成通车，完成192亩绿地建设。丽泽SOHO、青海金融大厦等7个项目投入使用，累计释放产业空间89万平方米。加大在中央、市级媒体宣传力度，在京交会、文博会、进博会设立专项展区并进行专场推介，举办“金融机构丽泽行”“央地携手、走进丽泽”等高层次交流活动，丽泽品牌影响力不断扩大。

中关村丰台科技园创新活力凸显。持续推进轨道交通、航空航天产业集群发展，筹建北京中关村轨道交通产业发展公司，轨道交通全产业链条初步形成。落实支持高精尖产业发展“创新十二条”政策，新引进高精尖企业100余家，新增国家级技术中心2家、上市企业6家。预计全年实现总收入6300亿元，增长10%，留区税收39亿元，增长7.5%，人均、地均产出均位于中关村十六园前列。

消费潜力加速释放。新增9万平方米商业空间。打造方庄食街等一批特色“深夜食堂”。促进“互联网+商务”深度融合，预计网上零售额增长20%左右。推出节庆与季节系列主题旅游宣传活动，全年旅游产业接待游客1700余万人次，实现旅游综合收入336.5亿元，增长8.3%。

营商环境持续优化。深入落实“9+N”系列政策，在全市率先上线营业执照智能登记系统，率先发出带有NFC芯片的新版营业执照，率先对餐饮企业、重要民生项目实施容缺受理，率先试点不动产登记下沉街道办理。深化“一门一窗一次”改革，区级专业大厅数量由22个减少至12个，区级政务服务中心办理事项由125项增加至1331项，“一门”“一窗”办理率分别达到81.7%、81%，实现600个高频事项“最多跑一次”。落实重点企业“服务包”制度，走访重点企业1000余家次。举办企业家早餐会30余期，梳理企业需求近400条，并组织专班逐一对接。严格落实减税降费政策，全年为企业和个人减少税费75.7亿元。

（四）疏解整治促提升专项行动纵深推进

专项行动任务全面完成。全年拆除违法建设239.3万平方米，腾退土地246公顷。退出一般制造业企业21家。完成3家市场提升改造。整治群租房2202处、“开墙打洞”540处，实现“散乱污”企业、无证餐饮、违规地下空间动态清零。持续巩固南苑-大红门地区市场疏解成果。建设南苑森林湿地公园先行启动区，实施绿化1500亩。

腾退空间利用更加高效。超额完成新一轮百万亩造林目标任务，实现各类绿化面积4600亩，留白增绿59公顷，新建、改扩建群众身边的各类公园40个。利用地下人防空间提供便民停车位5600余个。利用腾退空间改造提升4个街乡镇级综合文化中心，实现街乡镇级公共文化中心全覆盖。建设提升便民商业网点106个，社区基本便民商业服务功能覆盖率达到100%，便利性指标全市排名第一。

（五）社会治理能力显著增强

用心用情做好“接诉即办”。坚持民有所呼、我有所应，以12345热线办理为主线，构建群众诉求征集系统。强化城市管理监督指挥中心体系建设，建立“月点评、周调度、日分析”工作机制和包片督导机制，全年共受理群众诉求18万件，响应率始终保持100%，解决率、满意率分别由1月份的40.3%和58.3%上升到12月份的74.8%和86.1%。

基层治理创新有序推进。深化“吹哨报到”改革，顺利完成街道机构综合设置和乡镇机构试点改革。推进社区减负，清理规范社区表格，区级事项精简94.9%。把物业服务纳入基层治理体系，在20个试点小区探索党建引领物业企业和业委会深度参与社区治理。扶持40个社会组织服务项目和100个社区志愿服务组织。新建2个一刻钟社区服务圈示范点和20个社区之家示范点，一刻钟社区服务圈覆盖率达到98%。

平安丰台建设成效明显。深入推进城市安全隐患治理三年行动，生产安全事故持续下降。完善区级防汛指挥体系，实现平安度汛。扎实推进金融风险整治工作。成功创建食品安全示范区，重点食品、药品检测合格率分别达到98.5%、99.7%，阳光餐饮工程覆盖率达到98%。深化矛盾纠纷多元化解机制，排查解决各类矛盾纠纷700余件。深入推进扫黑除恶专项斗争。继续推进雪亮工程，老旧小区公共区域视频覆盖率达到80%，实现146个社区零发案，群众安全感进一步提升。

（六）城市环境更加宜居

生态环境显著改善。严格管控重型柴油车，专项整治扬尘、挥发性有机物等各类污染源，空气质量达标天数235天，同比增加15天，空气质量改善率20.8%。全面落实河长制，发现并解决污水直排等各类问题700余件。完成永定河丰台段生态补水。完成6条小微黑臭水体治理，水质监测考核断面持续稳定达标。

城市管理更加精细。深入落实街巷长制，集中创建5条精品示范大街，整治50条背街小巷。完成南站地区环境整治和景观提升。大力推进路侧道路停车电子收费设施建设，完成57条道路6500余个停车位施划补划工作。完成科兴路、汽博西路等50公里自行车道和步道慢行系统改造。推进“厕所革命”，改造公共旱厕341座。开展9个生活垃圾分类示范片区创建，生活垃圾无害化处理率达到100%。

基础设施承载力显著提升。加快落实城南行动计划，实现60个项目开复工，完成投资464亿元。新增轨道交通36.3公里，轨道新机场线草桥站与北京大兴国际机场同步开通运行，地铁16号线、房山线北延、19号线一期站点进场施工。启动万寿路南延道路建设，建成宋家庄路等4条道路，完成黄陈路等10条道路大修和5项交通疏堵工程。完成河西第三水厂主体工程。垃圾湿解处理厂项目实现竣工，餐厨厨余垃圾处理厂投入运营。

城乡统筹加快推进。平稳有序完成村、居委会和村集体经济组织换届选举，依法撤销西局村等7个村委会。编制完成花乡中部组团项目规划实施方案和回迁房设计方案。加强集体资产管理，完成乡镇、村两级集体经济组织清产核资工作。城乡结合部改造腾退建筑面积66万平方米，实施绿化面积88.8公顷，35个村人居环境整治通过市级验收，农村环境显著改善。

（七）民生保障水平不断提高

社会保障进一步加强。城镇新增就业3.8万人，登记失业率1.3%。开工建设保障房15600余套，竣工8200余套，棚户区改造签约675户，均超额完成年度任务。实施11个老旧小区综合整治，为老旧楼房加装电梯47部。新增医保定点医院11家。开展养老“喘息服务”，累计服务7500余人次。开工建设3家街乡镇养老照料中心，15家社区养老服务驿站投入运营。

公共服务水平持续提升。新增普惠性学前学位2100个。引进名校名师团队建设北师大实验中学丰台学校。义务教育阶段优质学位占比达到82.7%，提前完成“十三五”规划目标。北京口腔医院迁建项目实现开工，新增4所院前急救站点。组建557个“智慧家医”团队，累计为78万名居民提供签约服务。开展各类文化活动4500余场次，惠及320余万人次。原创文艺作品《赤子归心》获群星奖。成功举办第四届中国科幻大会。完成卢沟桥保护工程修缮项目。建设30处体育设施、18.5公里健走步道。国家冰雪运动训练科研基地速滑馆、轮滑馆投入使用，开展冰雪活动140场次，营造了迎冬奥良好氛围。

精准扶贫扎实深入。对口帮扶扎赉特旗、林西县、涞源县、治多县扶贫资金4800万元，惠及贫困人口4.3万人。深化与十堰市张湾区的南水北调对口协作、房山区的生态涵养区结对协作工作。引导15家企业投资5.5亿元开展产业帮扶，农副产品消费扶贫金额达3.8亿元，新发地市场获全国脱贫攻坚“组织创新奖”。扎赉特旗正式退出国家级贫困县序列。

一年来，区政府不断改进工作作风，持续提升履职能力。区政府党组深入开展“不忘初心、牢记使命”主题教育，牢固树立“四个意识”、坚定“四个自信”、坚决做到“两个维护”。全面落实从严治党主体责任，严格落实中央八项规定及其实施细则精神，严肃整治形式主义、官僚主义。推进政务公开，加强依法行政，引入法律顾问参与各类文件合法性审查130余件。认真办理市、区人大代表建议和政协提案332件，办结率100%。

一年来，我们认真做好民族宗教、外事侨务、对台、工商联、文联、科协等工作，全面完成区级机构改革，顺利完成全国双拥模范城“七连冠”创建，工会、青少年、妇女儿童、残疾人保障、红十字会等事业取得新进步。

各位代表，这些成绩的取得离不开市委市政府和区委的坚强领导，离不开区人大、区政协的监督支持，更离不开全区广大干部群众的辛勤付出和共同努力。在此，我代表区政府，向给予我们支持和帮助的人大代表、政协委员、各民主党派、各人民团体以及社会各界，向驻区单位和驻区部队，向所有关心、支持丰台区发展建设的同志们、朋友们，表示崇高的敬意和衷心的感谢！

同时，我们清醒地看到，丰台经济社会发展中还存在不少矛盾和问题：发展质量效益有待提升，行业领军企业不够多，精准服务企业的机制还需要进一步完善；统筹城乡资源力度还需要持续增强；基础设施和公共服务水平与人民群众的期待仍有差距；整治形式主义、官僚主义还需要持续发力等。对上述问题，我们将高度重视，在今后工作中采取有效措施，认真加以解决。

二、2020年主要任务

2020年是全面建成小康社会和“十三五”规划收官之年，也是制定“十四五”规划、推动高质量发展的关键之年。市委市政府高度重视丰台区发展，在“丰台区要上台阶”的基础上，又相继提出“未来风光看丰台”“妙笔生花看丰台”的更高要求，丰台在首都发展大局中被赋予了崭新的历史使命，迎来了前所未有的发展机遇。我们必须抓住机遇，乘势而上，紧密联系新时期、新形势下首都城市发展新格局，结合中心城区功能定位，站在首都高度思考和谋划区域工作，在服务大局中推动丰台高质量发展。

按照市委市政府的工作要求和区委十二届十次全会的部署，今年政府工作的总体要求是：坚持以习近平新时代中国特色社会主义思想为指导，全面贯彻党的十九大、十九届二中、三中、四中全会和中央经济工作会议精神，深入贯彻习近平总书记对北京重要讲话精神，增强“四个意识”、坚定“四个自信”、做到“两个维护”，认真贯彻落实市委全会精神和市委市政府对丰台区工作的指示要求，紧扣全面建成小康社会目标任务，坚持稳中求进工作总基调，坚持新发展理念，围绕当前首都加强“四个中心”功能建设、提高“四个服务”水平的总体要求，以“三件大事”、三大攻坚战为重点，统筹做好改革发展稳定和改善民生各项工作，不断将全面从严治党引向深入，推动丰台区各项工作上台阶。

全区经济社会发展的主要预期目标是：地区生产总值增长6%左右，一般公共预算收入增长4%，社会消费品零售额增长4.5%左右，城镇登记失业率控制在3%以内，居民人均可支配收入增长与经济增长基本同步，完成市级下达的万元地区生产总值能耗、水耗任务，空气质量持续改善。

为了实现上述目标任务，我们要重点抓好以下几方面的工作：

（一）坚持规划引领，提升服务保障首都功能水平

抓好规划编制落实。围绕功能定位，准确把握丰台发展的阶段性特征，高质量编制“十四五”规划，实现“十四五”规划社会经济重大部署与城市发展目标、空间发展重点协同一致。编制国土空间近期建设规划，持续推进22项专题专项规划编制，完成丰台站、五里店等

重点区域规划。加快长辛店老镇有机更新。持续推进城乡建设用地减量工作。

强化重点带动。打造“轨道上的京津冀”的重要节点，服务保障丰台站改建及周边道路建设工程。加快推进丰台站地区综合开发，强化周边地区的高效功能布局和对外交通连接，推动站城一体化发展。高标准编制南中轴地区控制性详细规划，做好首都商务新区街区指引、详规编制工作，做好战略留白。加快推进南苑森林湿地公园建设，完成先行启动区 1308 亩建设任务。加快新发地农副产品批发市场内涵式升级改造，为首都提供高品质生活服务供给。服务保障国家冰雪运动训练科研基地建设，提升周边基础设施配套和环境水平。

坚决维护规划的严肃性和权威性。落实“双控三线”要求，严格按规划办事。以钉钉子精神抓好规划自然资源领域专项巡视问题整改，重点解决少批多建、违法建设等问题，坚决防止侵害群众利益。健全长效管控机制，巩固“大棚房”及浅山区违法占地违法建设、绿地认建认养及公园配套用房出租等问题整治成果，保障土地依法合规利用。

（二）注重改革创新，加快推动经济高质量发展

丽泽金融商务区打造首都金融产业新名片。强化整体建设，加快地铁丽金线规划设计，推进丽泽城市航站楼和地铁 14 号线丽泽段建设，完成南区次干支路、管线等基础设施建设。加快推进南区 D 片区一体化综合开发，推进北区核心区拆迁收尾。推动平安金融中心等 3 个项目投入使用。强化配套服务，规划建设人才公寓。实施西三环城市公园、滨水文化公园和城市运动公园建设，完善核心区生态慢行系统，打造园林式金融商务区。强化招商引资，建立专业化招商与企业服务平台，积极引进国家级、市级重大金融项目和金融科技企业。

中关村丰台科技园实施三大升级行动。推动业态培育升级，提升高端环节、高附加值领域产业集中度，提高轨道交通、航空航天产业的创新活力和贡献度。推动空间效益升级，调整优化空间结构，盘活低效存量楼宇，提高物业自持率，做好配套设施建设，优化交通出行条件。推动服务品质升级，完善企业服务体系，建设专业化服务平台，提升国际化水平，加大重点产业和外资企业引进力度，支持园区企业开展海外业务。

深化消费供给侧改革。促进服务消费扩容，推动丽泽天地、龙湖天街项目落地，打造一批优质的城市商业综合体。提升消费品质，推动传统商圈、传统商场的提升改造。繁荣夜间经济，推出一批夜间消费“网红打卡地”。支持电商平台发展，促进网络消费增长。加快发展新兴文化业态，积极引导文化、体育消费，开展旅游推广活动，举办第八届惠民文化消费季系列活动，扩大丰台消费品牌影响力。

打造优质营商环境。落实优化营商环境 3.0 版改革政策，抓好优化营商环境二十条等区级政策实施，实行高精尖产业项目“一库式”管理，发挥专项基金作用，全力推动项目落地。推动区级政务服务中心新址投入使用，实现 95%的区级事项“一门”办理。推动“互联网+政务服务”，实现更多事项全程网上办、移动办。全面推进便民服务事项向街乡镇和社区村站点延伸，实现便民事项就近办。持续发挥走访企业、“服务包”等制度作用，精准服务企业需求。继续落实好国家减税降费各项政策。

（三）强化系统推进，全面完成疏解整治促提升专项行动任务

持续深化疏解整治。以治理类街乡镇为重点，坚持计划管理和动态清零，持续推进违法建设拆除和基层治理，确保新生违法建设“零增长”，加快存量违法建设的拆除销账。继续推进一般制造业企业疏解。持续整治“开墙打洞”、无证无照经营、群租房、地下空间违规使用。

加快腾退空间优化提升。把疏解腾退空间更多用于基础设施和公共服务设施建设，补齐民生短板。建设提升基本便民商业网点 70 个。完成新一轮百万亩造林 3000 亩。完成腾退土地绿化 58.3 公顷，建成一批群众家门口公园。

持续巩固南苑–大红门地区疏解整治成果。立足高精尖定位，盘活腾退空间，加大对

地区“住改商”、仓储、物流点位及大货车路侧交易等现象的整治力度，防止传统业态回潮。加强地区综合治理，加大违法建设拆除力度，推进留白增绿，实施南中轴两侧亮化提升工程，提升区域环境质量。加强与承接地深度对接，继续做好外迁服务，助力商户扎根创业。

（四）深化社会治理创新，提高社会治理能力

增强基层治理能力。持续深化党建引领“吹哨报到”改革，全面落实街道办事处条例，建立健全街乡镇职责清单和赋权清单，扩大街道办事处、乡镇政府服务管理权限。加快推进行政区划调整。健全街乡镇综合执法平台，完善综合执法效能考评机制，推动协管员队伍下沉整合。深化“接诉即办”工作机制，建成区级大数据指挥平台，着力解决物业管理、违法建设、停车管理、施工管理等群众反映强烈的突出问题，有效提升群众诉求解决率。

夯实社会治理基础。健全民主议事协商、楼门院长治理机制，持续推进社区减负。实施物业管理条例，引导物业企业参与社区治理，全面提升物业服务管理水平。加强社会组织培育，完成60家社会组织等级评估，继续开展社会心理服务站点建设，扶持新建社工机构，实施“三社联动”创新项目，推动政府治理、社会调节和居民自治良性互动。全力做好第七次全国人口普查。

加强平安丰台建设。继续推进城市安全隐患治理三年行动，开展电动自行车、彩钢板房等领域消防安全专项治理。加大高铁沿线安全隐患整治。启动安全发展示范城市建设。加大食品药品安全监管频次和检测力度，强化重点产品监管。加强金融风险防控，避免发生区域性金融风险。做好电力、燃气能源保障，确保城市安全运行。健全社会矛盾纠纷多元预防调处化解综合机制，初信初访按期办结率实现100%。推进社区安防设施智能化改造，创建社会治安防控体系建设标准化城市。深入推进扫黑除恶专项斗争，有效净化社会治安环境。

（五）全力打造宜居环境，着力提升城市品质

持续改善生态环境。坚持“一微克”行动，突出抓好扬尘管控，加强对重型柴油车、餐饮油烟等执法监管，大幅度减少主要污染物排放总量。完善生态环境精细化监管平台，实施“环保管家”服务，对高值区域和重点企业开展指导培训和监督检查，实现污染防治从工程减排向精细化管理转型升级。发挥当班河长作用，清理河湖“四乱”，推进入河排污口“一口一档”建设，确保考核断面水质持续稳定达标。加强河道内空间管控，推进永定河丰台段生态修复。严格管控建设用地环境风险，实施农用地分类管理。

提高城市管理水平。启动新一轮背街小巷环境精细化整治提升三年行动计划，提升改造5条精品示范大街，整治55条背街小巷。深入推进小巷管家和街巷长制。做好草桥地铁站周边交通、环境整治提升工作。加强静态交通管理，深化路侧停车管理改革，新增1650个路侧停车位。全面落实新修订的生活垃圾管理条例，生活垃圾分类示范片区创建比例达到90%以上。

提升城市承载能力。落实好城南行动计划，加速推进项目实施。加快推动16号线、19号线一期、房山线北延等轨道交通建设。建设丰台东路等5条道路，实施5条道路大修，打通3条断头路，完成5项交通疏堵工程。加快郭公庄等3个变电站建设。推进残渣填埋场二期项目建设。实现河西第三水厂竣工。

统筹推进城乡融合发展。坚决落实“村地区管”，制定集体建设用地规划实施计划，建立统筹调度机制，严把产业准入关口，统筹推进农村地区招商引资。规范集体经济“三资”管理，完善集体经济组织法人治理结构，促进集体经济可持续发展。推动编制卢沟桥乡分组团综合实施方案，深入实施南苑乡分钟寺项目和花乡中部组团项目。加大城乡结合部改造力度，腾退建筑面积59万平方米，实现绿化面积44.1公顷。持续开展农村人居环境整治，继续推进“厕所革命”，建立村庄道路保洁、污水处理、垃圾清运等基础设施运维长效管理机制，实现农村人居环境整洁有序。

（六）紧扣“七有”“五性”，全力保障和改善民生

做好就业和社会保障。加强就业困难群体帮扶，新增城镇就业2.7万人，确保零就业家庭动态清零。做好困难群众和弱势群体的兜底保障工作。强化医保基金监管。加强退役军人管理服务，提高双拥共建水平。完善养老服务体系建设，新建1家养老照料中心和10家社区养老服务驿站，新增200张养老床位，扩大“喘息服务”及“连心通”工程覆盖范围。开工建设各类保障性住房5000套，竣工5500套。编制棚户区改造综合实施方案，加快已启动搬迁的棚改项目进度，推进回迁安置房建设。实施6个老旧小区综合整治。

坚持教育优先发展。深入推动教育集群集团化，推进北京十中晓月苑校区等重点教育工程建设，继续提升中小学优质学位占比。新增普惠性学前学位800个。大力加强名校长和名教师、优秀班主任队伍建设，整体提升教师队伍素质。继续开展校园周边交通安全隐患综合治理，巩固平安校园建设成果。

推进健康丰台建设。实现丰台医院提质改建工程主体结构完工，完成区精防院选址，保障北京口腔医院新址建设。新建1家社区卫生服务中心，实现街乡镇全覆盖。增设急救站点，提升院前急救服务能力。进一步落实分级诊疗制度，推进紧密型专科医联体建设。继续推广“智慧家医”品牌服务。着力推进国家卫生区创建。

促进文化体育事业繁荣发展。提升基层公共文化中心服务效能，增强文化服务多样性。开展“我的丰台我的家”系列群众文化活动1600场次，办好第四届中国戏曲文化周。推进西山永定河文化带保护发展各项任务。建设一批群众家门口的体育健身场所。开展各类冰雪活动，营造浓厚的迎冬奥氛围。

决战决胜脱贫攻坚。聚焦精准扶贫、精准脱贫，保持攻坚劲头，坚持标准不变，继续做好结对帮扶和社会动员，健全稳定脱贫长效机制，巩固脱贫成果，确保对口帮扶地区贫困人口实现“两不愁三保障”。继续推进与十堰市张湾区的对口协作、房山区的结对协作工作。加强经济薄弱村精准帮扶，探索建立长效机制，逐步解决相对贫困。

三、加强政府自身建设，切实提升治理能力

全面加强政治建设。巩固拓展“不忘初心、牢记使命”主题教育成果，把增强“四个意识”、坚定“四个自信”、落实“两个维护”充分体现在行动中。践行以人民为中心的发展理念，立足首都功能定位，全面贯彻落实中央、市级各项决策部署，全力做好各项服务保障工作。

全面推进依法行政。依法接受人大及其常委会监督，主动接受政协民主监督，自觉接受监察监督，强化审计监督，全面推进政务公开、信息公开，扩大公众参与，建设“阳光政府”，贯彻落实好《重大行政决策程序暂行条例》等法律法规。完善预算管理制度，严格控制行政成本，压缩一般性支出10%以上。完善政府依法决策机制，发挥法律顾问作用，加强合法性合规性审查。加强普法宣传，推进公共法律服务体系建设，规范公正文明执法。

全面落实从严治党主体责任。严格执行中央八项规定及其实施细则精神和市委区委贯彻落实办法，持之以恒纠正“四风”，坚决查处群众身边的腐败问题，努力营造风清气正的发展环境。大兴调查研究之风，更多开展“四不两直”调研、蹲点调研，对发现的问题多开展“回头看”，确保真解决、真落实。切实加强能力建设，不断提高干部队伍素质，增强动真碰硬、攻坚克难的能力。

各位代表，新时代赋予新使命，新使命呼唤新作为。让我们更加紧密地团结在以习近平同志为核心的党中央周围，在市委市政府和区委的坚强领导下，不忘初心、牢记使命，只争朝夕、不负韶华，不断推动丰台区各项工作上台阶，为决胜全面建成小康社会努力奋斗！

专 文

丰台区开展“不忘初心、牢记使命”主题教育实施方案

根据中央主题教育领导小组《关于开展第二批“不忘初心、牢记使命”主题教育的指导意见》和市委主题教育领导小组《关于开展好全市第二批“不忘初心、牢记使命”主题教育的通知》要求，结合实际，现就我区深入开展“不忘初心、牢记使命”主题教育（以下简称“主题教育”）制定实施方案如下。

一、充分认识开展主题教育的重大意义

为中国人民谋幸福，为中华民族谋复兴，是中国共产党人的初心和使命。不忘初心、牢记使命，是加强党的建设的永恒课题，是全体党员、干部的终身课题。今年是中华人民共和国成立70周年，开展“不忘初心、牢记使命”主题教育，是以习近平同志为核心的党中央统揽伟大斗争、伟大工程、伟大事业、伟大梦想作出的重大部署。当前在全党开展主题教育，是用习近平新时代中国特色社会主义思想武装全党的迫切需要，是推进新时代党的建设的迫切需要，是保持党同人民群众血肉联系的迫切需要，是实现党的十九大目标任务的迫切需要。开展主题教育，对统筹推进“五位一体”总体布局、协调推进“四个全面”战略布局，实现“两个一百年”奋斗目标，实现中华民族伟大复兴的中国梦，具有十分重大的意义。

当前丰台区正处于发展关键时期，新版城市总规把丰台确定为首都中心城区，为丰台带来了前所未有的发展机遇。面对市委提出“丰台区要上台阶”的要求，我们在服务保障民生、疏解整治促提升、城市环境治理等方面的工作水平都需要进一步提升。扎实开展好主题教育有利于全区党员领导干部增强“四个意识”、坚定“四个自信”、做到“两个维护”，自觉在思想上政治上行动上同以习近平同志为核心的党中央保持高度一致；有利于全区党员牢记初心使命，坚定理想信念，全心全意为人民服务；有利于全区党员以自我革命精神，刀刃向内，解决影响党的建设、区域发展、群众反映强烈的突出问题；有利于统一思想、凝聚共识，团结带领全区党员干部群众振奋精神、锐意进取，推动丰台区各项工作上台阶。全区各级党组织和党员干部一定要站在全局和战略的高度，深刻认识开展此次主题教育的重大意义，精心组织、积极参与，确保主题教育在丰台扎实推进、落地见效。

二、总体要求

此次主题教育以“不忘初心、牢记使命”为主题，把深入学习贯彻习近平新时代中国特色社会主义思想作为根本任务，把守初心、担使命，找差距、抓落实作为总要求，努力实现以下目标。

理论学习有收获。通过学习不断加深对习近平新时代中国特色社会主义思想重大意义、

科学体系、丰富内涵的理解，学深悟透、融会贯通、真信笃行，增强贯彻落实的自觉性坚定性，把习近平总书记视察北京、对北京发表的重要讲话精神贯通起来学习，提高运用党的创新理论指导实践、推动工作的能力。

思想政治受洗礼。牢记“看北京首先要从政治上看”的要求，突出以政治建设为统领，坚定对马克思主义的信仰、对中国特色社会主义的信念，传承红色基因，增强“四个意识”、坚定“四个自信”、做到“两个维护”。把坚决贯彻落实习近平总书记重要指示批示精神和党中央决策部署作为党内基本的政治规矩，自觉在思想上政治上行动上同以习近平同志为核心的党中央保持高度一致，始终忠诚于党、忠诚于人民、忠诚于马克思主义。

干事创业敢担当。勇于直面矛盾，增强斗争精神，加强“四个中心”功能建设、提高“四个服务”水平，围绕落实北京新版城市总体规划，抓好三件大事、打好三大攻坚战、推动疏解整治促提升专项整治等重点工作，苦干实干、开拓进取，创造经得起群众检验的工作实绩。

为民服务解难题。紧紧围绕“七有”要求和“五性”需求，转变工作作风，认真解决群众诉求。落实“街乡吹哨、部门报到”工作要求，及时响应解决基层存在的难点问题。深化“接诉即办”工作机制，把“以人民为中心”的发展思想转化为落实“民有所呼、我有所应”的具体行动。加强对群众诉求的分析预判，强化为民服务工作的前置性，变被动接受为主动了解解决群众的需求期盼。以为民谋利为民尽责的实际成效取信于民。

清正廉洁作表率。保持为民务实清廉的政治本色，警钟长鸣，知敬畏、存戒惧、守底线，公私分明，“亲”“清”分开，清白做人、干净做事，坚持公正用权、依法用权、为民用权、廉洁用权，营造风清气正的政治生态。

三、具体安排

根据中央和市委部署，我区整体纳入第二批主题教育，包括区级机关及其直属单位和企事业单位，街道、乡镇和社区、村，非公有制经济组织、社会组织和其他基层组织。2019年9月启动，11月底基本完成。9月侧重迎国庆、做贡献，10月侧重抓落实、解难题，11月侧重强组织、促提升。

主题教育不划阶段、不分环节，要做到“四个始终”：学习教育贯穿始终、调查研究贯穿始终、检视问题贯穿始终、整改落实贯穿始终。

（一）突出抓好处级以上领导班子和领导干部主题教育

1.扎实开展学习教育

抓好个人自学。党员领导干部要以自学为主，读原著学原文悟原理，通读《习近平关于“不忘初心、牢记使命”重要论述选编》，认真学习党章、《习近平新时代中国特色社会主义思想学习纲要》，深入学习习近平总书记在“不忘初心、牢记使命”主题教育工作会议、中央政治局第十五次集体学习、中央和国家机关党的建设工作会议和在内蒙古考察并指导开展“不忘初心、牢记使命”主题教育时的重要讲话。学习党史、新中国史，学习习近平总书记对北京工作的重要论述，学习习近平总书记对本领域工作的重要讲话和指示精神，跟进学习习近平总书记最新重要讲话精神，理解其核心要义、实践要求，将理论武装成果更好地转化为推动丰台改革发展的动力。

集中学习研讨。要安排集中学习，采取理论学习中心组、读书班等形式，围绕党的政治建设、全面从严治党、理想信念、宗旨性质、担当作为、政治纪律和政治规矩、党性修养、廉洁自律八个方面进行专题研讨，不能偏离主题，不能以专家讲座、理论辅导代替自学和研讨。集中学习研讨时间为5–7天，既可连续安排，也可以按专题分段安排。

开展专题教育。开展革命传统教育，以就近就便为原则，组织参观北大红楼及周边遗址、“二·七”纪念馆、卢沟桥、宛平城、抗战馆及北京香山革命纪念地等，让广大党员知史爱党、知史爱国。开展先进典型教育，学习“北京榜样”先进事迹，学习疏解整治促提升、破解物业治理难题工作中攻坚克难案例，组织观看《向前一步》《民有所呼、我有所应》《新时代新担当新作为》等专题片，激励党员干部在推动丰台区高质量发展和城市治理工作中开拓思路、敢于担当。开展警示教育，组织观看相关领域案例专题片，深化以案为鉴、以案促改。

2.认真开展调查研究

找准调研方向。要立足重点工作，围绕新中国成立 70 周年服务保障工作、推进区域高质量发展、推进疏解整治促提升专项行动开展。要奔着问题去，围绕重点功能区建设、城市治理、公共服务、城市化建设等区域发展问题开展，围绕市场秩序、环境秩序、交通秩序、违法建设、物业管理等 12345 市民服务热线反映集中的问题开展，围绕全面从严治党的薄弱环节开展。

务实选择形式。调查研究要力戒官僚主义、形式主义。党员领导干部要落实好直接联系群众制度，强化重视基层、大抓基层的鲜明导向，到情况复杂的地方蹲点调研、“解剖麻雀”，深入了解基层实情；用好在职党员回社区（村）报到方式，充分听取社情民意；到一线岗位进行工作体验，真切感受基层职工的困难和坚守。要统筹安排，防止扎堆调研、“作秀式”调研；轻车简从，不增加基层负担；坚持“四不两直”，直接到群众身边去发现解决问题。

及时解决问题。在调研中发现的问题，要立查立改、即知即改，能现场解决的现场解决，解决不了的，要列出清单集体研究，明确时间表、路线图，一件一件解决到位。要梳理调研情况、交流调研成果。要使调研的过程成为加深对党的创新理论领悟的过程，成为密切联系群众的过程，成为推动事业发展的过程。

讲好专题党课。领导班子成员要在学习调研基础上讲好专题党课，各单位主要负责同志要带头讲，其他班子成员到分管领域或基层单位讲。党课内容要有针对性，聚焦“四个讲清”：讲清自己的学习体会，讲清对初心使命的感悟，讲清存在的差距不足，讲清改进工作的思路举措。要回应党员群众普遍关心的问题，注重身边人讲身边事，增强吸引力感染力。

3.检视反思突出问题

广泛听取意见。听取意见要与调查研究同步开展。党员领导干部要用好 12345 市民服务热线，畅通群众诉求表达渠道，走好新时代群众路线，并结合调查研究，通过个别访谈、召开座谈会、设立意见箱、发放征求意见表等方式，真心诚意听取基层党员群众、工作服务对象的意见建议。通过领导班子成员之间、领导班子成员同分管部门负责同志之间谈心谈话，听取意见建议。

认真检视问题。党员领导干部要联系思想工作实际认真检视问题，做到“三个摆进去”：把自己摆进去、把职责摆进去、把工作摆进去。要做到“四个对照”“四个找一找”，即：对照新时代中国特色社会主义思想和党中央决策部署，对照《中国共产党章程》《中国共产党党内重要法规汇编》，对照人民群众新期待，对照先进典型、身边榜样检视问题；找一找在增强“四个意识”、坚定“四个自信”、做到“两个维护”方面的差距；找一找在做到“不忘初心、牢记使命”方面的差距；找一找在群众观点、群众立场、群众感情、服务群众方面的差距；找一找在知敬畏、存戒惧、守底线以及在思想觉悟、能力素质、担当作为、道德修养、作风形象方面的差距。

系统梳理问题清单，列出自身在学习研讨中查摆出的问题，“四个对照”“四个找一找”查找出的问题，调研发现的问题，群众反映的问题，谈心谈话指出的问题，市委、区委巡视巡察、干部考察、工作考核反馈的问题，2018 年度民主生活会提出需要整改尚未整改到位的问题。对照问题清单，从思想、政治、作风、能力、廉政方面特别是从主观上、思想上进行剖析，明确改进措施。领导班子要联系本单位发生的重大事件、典型案件、信访积案，集体讨论，共同查找问题，剖析原因，明确整改措施。

4.切实抓好整改落实

开展专项整治。要从一开始就改起来，即知即改、应改尽改。区直部门要聚焦整改干部精神不振、能力不足、作风不实等问题；街乡镇要通过深化“接诉即办”与主动治理相结合，重点解决贯彻落实党中央决策部署和服务群众“最后一公里”问题。在对问题清单逐条整改的基础上，重点整改全市“8+2”专项整治任务。要查找专项整治任务在本单位的具体表现，采取项目化方式，明确整改措施、责任人、完成时限，逐项推进专项整治任务的完成。整改落实情况，要以适当方式向党员群众通报。

召开专题民主生活会。主题教育结束前，处级以上领导班子要召开专题民主生活会，把专题民主生活会作为领导班子和党员领导干部守初心、担使命，找差距、抓落实的一次政治体检，作为检验主题教育成效的一项重要内容。要运用学习调研成果，针对检视反思的问题，联系整改落实情况，认真开展批评和自我批评，做到红脸出汗、有“辣味”。

推进整改评估。主题教育结束前，要从领导干部自身素质提升、解决问题成效、群众评价反映等方面，客观评估主题教育效果。重点从领导干部政治能力、政治素养的提升情况，从“接诉即办”响应率、解决率、满意率情况，从破解难题推动重点任务落实情况，对主题教育的成效进行评估，形成本单位的整改评估报告。

（二）做实基层党支部学习教育和检视整改

除处级以上领导干部之外的党员参加主题教育，以党支部为单位，结合“两学一做”学习教育常态化制度化，依托“三会一课”、主题党日等载体，组织党员参加主题教育。在运用“学习强国”等已有的党员教育管理载体平台的基础上，针对不同群体党员的实际，采取生动鲜活、喜闻乐见的方式，用好案例教育、微信公众号、微视频等，增强主题教育的吸引力和感染力。

1.抓好学习教育。以党员个人自学为主，原原本本通读《习近平关于“不忘初心、牢记使命”论述摘编》《习近平新时代中国特色社会主义思想学习纲要》。集中学习可采取每周半天或每天一小时等灵活方式进行。对年老体弱党员可采取送学上门方式组织参加学习。

党支部通过党员大会、支委会、党小组会形式，围绕“我的初心使命”开展主题交流研讨。党支部书记要面向全体党员讲1次党课或报告1次个人学习体会。党员领导干部要参加双重组织生活，参加所在党支部的交流活动。

各区委直属党工委要对所属党支部书记进行轮训，重点组织学习习近平新时代中国特色社会主义思想和党中央关于开展主题教育部署要求。

2.践行合格党员。坚持讲政治、有信念，讲规矩、有纪律，讲道德、有品行，讲奉献、有作为的“四讲四有”合格党员标准。广泛开展“礼赞新时代、筑梦新丰台”实践活动，号召全体党员以实际行动践行初心使命，将主题教育的学习成果转化为干事创业的工作热情和奋斗精神，在单位中争做好干部（职工）、在社区村争做好居民（村民）、在群众中争做好榜样、在学校争做好老师、在医院争做好大夫。

机关事业单位党员要振奋精神、模范履职，重点在强能力、促发展，转作风、服务基层中发挥作用。

社区村党员要落实好党员设岗定责、承诺践诺制度，重点在直接联系和服务群众中发挥作用。

窗口单位和服务行业要落实好党员挂牌上岗、亮明身份制度。

国有企业、“两新”领域党员要落实好党员示范岗和党员责任区制度。

教育领域党员要强化“为国育才、为党育人”意识，自觉践行立德树人根本任务，争做师德师风表率。

卫生领域党员要弘扬和践行职业精神，塑造医术精湛、医德高尚、医风严谨的行业风范。

在职党员要主动向社区村报到，结合实际为身边群众至少办1件实事好事，参加1次志愿服务活动，如国庆安保巡逻、垃圾分类、环境卫生整治等。

3.认真检视整改。要组织党员对照党章规定的党员条件和权利义务，对照《中国共产党廉洁自律准则》《关于新形势下党内政治生活的若干准则》《中国共产党纪律处分条例》，对照群众提出的意见建议，检视自身问题，查找党员意识、担当作为、服务群众、遵守纪律、作用发挥等方面的差距不足，逐条列出个人问题清单，逐项进行整改。

要着力解决五个方面问题：着力解决一些党员理想信念模糊动摇的问题，主要是对共产主义缺乏信仰，对中国特色社会主义缺乏信心，精神空虚，推崇西方价值观念，热衷于组织、参加封建迷信活动等；着力解决一些党员党的意识淡化的问题，主要是看齐意识不强，不守政治纪律政治规矩，在党不言党、不爱党、不护党、不为党，党组织纪律散漫，不按规定参加党的组织生活，不按时交纳党费、不完成党组织分配的任务，不按党的组织原则办事等；着力解决一些党员宗旨观念淡薄的问题，主要是利己主义严重，漠视群众疾苦、与民争利、执法不公、吃拿卡要、假公济私、损害群众利益，在人民群众生命财产安全受到威胁时临危退缩等；着力解决一些党员精神不振的问题，主要是工作消极懈怠，不作为、不会为、不善为，逃避责任，不起先锋模范作用等；着力解决一些党员道德行为不端的问题，主要是违反社会公德、职业道德、家庭美德，不注意个人品德，贪图享受、奢侈浪费等。

4.建强基层组织。贯彻落实《中国共产党支部工作条例（试行）》《中国共产党党员教育管理工作条例》，结合专项整治，重点抓好软弱涣散党组织和后进社区整顿、农村发展党员问题整治工作，进一步加强党支部规范化建设。

机关事业单位党组织要整改“灯下黑”问题，在抓改革促发展，敢担当有作为方面走在前做表率。

社区党组织要整改服务意识和群众工作能力不强问题，着力打通服务群众“最后一公里”。

农村党组织要围绕班子运行、乡村振兴、基层治理、群众工作等问题进行整改，夯实执政基础。

国有企业党组织要以贯彻新发展理念、推动转型升级、建设企业文化为着力点开展工作。

“两新”领域党组织要下大力气把党员组织起来、把党的工作开展起来、把职工群众凝聚起来。

教育领域党组织要提升党员思想政治素质、传播社会主义核心价值观、守好意识形态斗争主阵地。

卫生领域党组织要加强医德医风和精神文明建设，推动构建和谐医患关系。

主题教育结束前，党支部要以“不忘初心、牢记使命”为主题召开一次专题组织生活会，开展民主评议党员工作。

四、加强组织领导

1.切实加强领导。区委把开展第二批主题教育作为首要政治任务，成立主题教育领导小组，区委主要负责同志担任组长。领导小组下设办公室，负责日常工作。各单位要高度重视、精心组织，成立相应领导机构和工作机构，主要负责同志要履行第一责任人职责。区委教育工委、区卫健委党委、区国资委党委要加强对本系统的领导作用；区直机关工委、区委社会工委区民政局、区委农工委区农业农村局、科技园区工委、丽泽商务区工委要充分发挥对本领域的指导作用。区级四套班子和各处级单位领导班子要先学一步、学深一点，先改起来、改实一点，抓好自身的教育，作出表率，防止只抓下级、不抓自身。要把开展主题教育同推进“两学一做”学习教育常态化制度化结合起来，同推动本单位中心工作结合起来，防止“两张皮”。对开展主题教育消极对待、敷衍应付的要严肃批评，对走形变样、问题严重的要给予组织处理。

2.注重督促指导。区委“不忘初心、牢记使命”主题教育领导小组派出指导组，采取全程指导、随机抽查、调研访谈等方式进行指导。指导组要针对各单位不同特点，因地制宜、精准施策，防止一刀切一锅煮。要从严从实加强督促指导，及时发现和解决问题，推动中央精神和市委、区委要求落地见效。要注重听取群众评价，坚持过程评估与结果评估相结合，做好主题教育评估工作，确保主题教育质量。区委教育工委、区卫健委党委、区国资委党委也要派出指导组，加强对基层党组织的督促指导。

3.加强宣传引导。加大主题教育宣传工作力度，充分运用主流媒体和新兴媒体，深入宣传习近平总书记关于主题教育的重要讲话和重要指示批示精神，深入宣传党中央和市委部署要求；及时宣传主题教育进展情况和实际成效，注重总结推广主题教育中的好做法好经验好成效，选树秉持理想信念、保持崇高境界、坚守初心使命、敢于担当作为的先进典型，形成学先进、当先进的良好风尚。加强正面引导，强化舆论监督，为主题教育营造良好氛围。

附件：1.丰台区“不忘初心、牢记使命”主题教育领导小组名单
2.主题教育应知应会小常识

附件 1

丰台区“不忘初心、牢记使命”主题教育领导小组名单

组　长：徐贱云　区委书记
副组长：王力军　区委副书记，区政府党组书记、区长
高　峰　区委副书记、政法委书记
梁家峰　区委常委、宣传部部长
李正斌　区委常委、纪委书记，区监委主任
李　岚　区委常委、统战部部长、办公室主任
葛海斌　区委常委、组织部部长
成　员：董明月　区纪委副书记，区监委副主任
孙学伟　区委办公室分管日常工作的副主任
邹　凌　区委组织部分管日常工作的副部长
杨晓辉　区委宣传部副部长（兼），区委网信办主任
薛　红　区委统战部分管日常工作的副部长
翟光红　区委政法委分管日常工作的副书记
赵鹏飞　区委区政府研究室主任
李振茹　区委区直属机关工委书记
杨　杰　区政府党组成员，区政府办公室党组书记、主任
刘怀生　区发展改革委党组书记、主任
房书勇　区委教工委书记
裴玉珍　区委社会工委书记、区民政局局长
陈　燃　区财政局党组书记、局长
肖　敬　区委组织部副部长（兼），区人力资源社会保障局党组书记、局长
肖文燕　区委农工委书记、区农业农村局局长
刘婉莹　区卫生健康委党委书记、主任
李大维　区国资委党委书记、主任
孙　睿　丰台科技园区工委副书记、管委会副主任
刘　郦　丽泽商务区工委书记、管委会主任
管洪波　区委党校常务副校长

附件 2

主题教育应知应会小常识

1.五位一体：经济建设、政治建设、文化建设、社会建设和生态文明建设五位一体，全面推进。

2.四个全面：全面建成小康社会、全面深化改革、全面依法治国、全面从严治党。

3.两个一百年：到建党一百年时，全面建成小康社会；到新中国成立一百年时，全面建成社会主义现代化强国。

4.四个意识：政治意识、大局意识、核心意识、看齐意识。

5.四个自信：中国特色社会主义道路自信、理论自信、制度自信、文化自信。

6.两个维护：坚决维护习近平总书记党中央的核心、全党的核心地位，坚决维护党中央权威和集中统一领导。

7.四个中心：全国政治中心、文化中心、国际交往中心、科技创新中心。

8.四个服务：为中央党、政、军领导机关的工作服务，为国家的国际交往服务，为科技和教育发展服务，为改善人民群众生活服务。

9.三件大事：精心组织实施新一版北京城市总体规划；以疏解北京非首都功能为“牛鼻子”推动京津冀协同发展；全力筹办好 2022 年北京冬奥会、冬残奥会。

10.三大攻坚战：打好防范化解重大风险攻坚战；打好精准脱贫攻坚战；打好污染防治攻坚战。

11.七有：幼有所育、学有所教、劳有所得、病有所医、老有所养、住有所居、弱有所扶。

12.五性：便利性、宜居性、多样性、公正性、安全性。

13.八个专题研讨：围绕党的政治建设、全面从严治党、理想信念、宗旨性质、担当作为、政治纪律和政治规矩、党性修养、廉洁自律开展专题研讨交流。

14.四不两直：不发通知、不打招呼、不听汇报、不用陪同接待、直奔基层、直插现场。

15.四个讲清：讲清自己的学习体会，讲清对初心使命的感悟，讲清存在的差距不足，讲清改进工作的思路举措。

16.三个摆进去：把自己摆进去、把职责摆进去、把工作摆进去。

17.四个对照：对照新时代中国特色社会主义思想和党中央决策部署，对照《中国共产党章程》《中国共产党党内重要法规汇编》，对照人民群众新期待，对照先进典型、身边榜样。

18.四个找一找：找一找在增强“四个意识”、坚定“四个自信”、做到“两个维护”方面的差距；找一找在做到“不忘初心、牢记使命”方面的差距；找一找在群众观点、群众立场、群众感情、服务群众方面的差距；找一找在知敬畏、存戒惧、守底线以及在思想觉悟、能力素质、担当作为、道德修养、作风形象方面的差距。

19. 8+2 专项整治任务:

①重点整治对贯彻落实习近平新时代中国特色社会主义思想和党中央决策部署置若罔闻、应付了事、弄虚作假、阳奉阴违的问题；

②整治干事创业精气神不够，患得患失，不担当不作为的问题；

③整治违反中央八项规定精神的突出问题；

④整治形式主义、官僚主义，层层加重基层负担，文山会海突出，督查检查考核过多过频的问题；

⑤整治领导干部配偶、子女及其配偶违规经商办企业，甚至利用职权或职务影响为其经商办企业谋取非法利益的问题；

⑥整治对群众关心的利益问题漠然处之，空头承诺，推诿扯皮，以及办事不公、侵害群众利益的问题（区级注意整治）；

⑦整治基层党组织软弱涣散，党员教育管理宽松软，基层党建主体责任缺失的问题（区

级注意整治）；

⑧整治对黄赌毒和黑恶势力听之任之、失职失责，甚至包庇纵容、充当保护伞的问题（区级注意整治）；

⑨整治贯彻落实城市总体规划认识不到位、态度不坚决、执行不严格、督查问责不落实的问题；

⑩整治高校党的政治建设突出问题。

20.两学一做：学党章党规、学系列讲话，做合格党员。

21.三会一课：定期召开支部党员大会、支委会、党小组会，按时上好党课。

22.四讲四有：讲政治、有信念，讲规矩、有纪律，讲道德、有品行，讲奉献、有作为。

丰台区委常委会开展“不忘初心、牢记使命”主题教育工作方案

根据习近平总书记在“不忘初心、牢记使命”主题教育工作会上的重要讲话精神和市委主题教育领导小组《关于开展好全市第二批“不忘初心、牢记使命”主题教育的通知》的要求，按照《丰台区开展“不忘初心、牢记使命”主题教育实施方案》部署，为开展好区委常委会的主题教育，发挥好以上率下的表率作用，制定本工作方案。

按照市委的部署，区委常委会开展主题教育时间从2019年9月开始，到11月底基本结束。此次主题教育不划阶段、不分环节，要把学习教育、调查研究、检视问题、整改落实贯穿全过程，常委同志自行安排好个人自学、调研、检视和整改。

现就区委常委会主题教育三个月的重点工作安排如下。

一、九月份工作安排

以常委会集中封闭学习开局，发挥引领示范作用，带头开展学习，以强化理论学习和思想政治教育为重点，全面系统学、深入思考学、联系实际学；开展革命传统教育，筑牢信仰之基、补足精神之钙、把稳思想之舵。围绕服务保障新中国成立70周年庆祝活动、推进落实专项整治等开展专题调研，奔着问题去，了解民情、掌握实情；把改字贯穿始终，坚持边学边查边改，推动问题解决。

（一）第一周　9月9日—9月15日

1.区委常委会传达学习市委主题教育领导小组印发的《关于开展好全市第二批“不忘初心、牢记使命”主题教育的通知》精神。

责任单位：区委办、区委区政府研究室

2.召开全区“不忘初心、牢记使命”主题教育工作会议。

责任单位：区委组织部、区委办、区委区政府研究室

3.到新中国成立70周年庆祝活动保障任务承接单位调研进展情况，协调推动解决问题。

责任单位：区委办

4.推进专项整治。常委同志召集分管单位主要负责同志，针对中央扫黑除恶专项督导反馈的突出问题、全市警示教育大会点出的问题、规划和自然资源领域专项巡视沟通反馈的问题、区委书记月度工作点评会点出的问题等，实地调研指导，推进整改落实。

责任单位：区委办、区纪委区监委、区委组织部、区委政法委

5.开展革命传统教育。常委同志集体到“北大红楼”开展主题党日活动，重温入党誓词，缅怀历史，不忘初心，坚定前进信心。

责任单位：区委办、区委宣传部

6.开展个人自学。重点学习习近平总书记在“不忘初心、牢记使命”主题教育工作会上的重要讲话精神、《中共中央关于在全党开展“不忘初心、牢记使命”主题教育的意见》和市委主题教育领导小组印发的《关于开展好全市第二批“不忘初心、牢记使命”主题教育的通知》精神。

（二）第二周　9月16日—9月22日

1.举办读书班，常委同志集中封闭3天学习研讨。

集体学习2天。一是重点学习习近平总书记关于“不忘初心、牢记使命”重要论述、习近平新时代中国特色社会主义思想、习近平总书记五次对北京工作重要讲话精神等内容。（参考书目：《习近平关于“不忘初心、牢记使命”重要论述选编》《习近平新时代中国特

色社会主义思想学习纲要》《习近平关于北京工作论述摘编》（增编本）等）。二是常委同志集体到“二·七”纪念馆、卢沟桥、抗战馆参观学习，了解中国共产党早期工人运动历史，重温伟大的抗战精神，进一步深刻认识党的执政使命和根本宗旨。

理论学习中心组学习交流研讨1天。围绕党的政治建设、全面从严治党、理想信念等专题，领导同志依次发言，交流心得体会、学习收获。

责任单位：区委办、区委宣传部、区委组织部、区委区政府研究室

2.结合调研，深入推进新中国成立70周年庆祝活动各项服务保障任务的落实。

责任单位：区委办

3.常委会会前学法。常委同志集体学习《中国共产党宣传工作条例》。

责任单位：区委办、区委宣传部

4.参加市委巡回指导组谈话。

责任单位：区委组织部、区委办

（三）第三周　9月23日—9月30日

1.“双报到”活动。到“双报到”的社区村参加基层服务活动，听取干部群众的意见建议，查实问题，列出清单，能现场解决的现场及时解决，一时解决不了的挂账研究督办。

责任单位：区委办、区委组织部

2.开展国庆服务保障专题调研，深入推进新中国成立70周年庆祝活动各项服务保障任务的落实。

责任单位：区委办

3.常委会会前学法。常委同志集体学习《党政领导干部选拔任用工作条例》。

责任单位：区委办、区委组织部

4.召开区委“不忘初心、牢记使命”主题教育领导小组会议。

二、十月份工作安排

以调查研究、专项整治为重点，围绕推动整治任务落实、推进各项工作上台阶、提升区域发展质量，开展调查研究，广泛听取意见，认真检视反思，把问题找实、列出清单，把根源挖深、明确整改措施。讲好专题党课，持续开展理论学习和专题教育，开好调研成果交流会。

（一）第一周　10月8日—10月13日

1.常委同志讲党课。徐贱云同志10月中旬为全区党员领导干部讲专题党课，其他常委同志于10月下旬前到分管领域或基层单位讲专题党课。

责任单位：区委办、区委组织部、区委区政府研究室

2.常委会会前学法。常委同志集体学习《中国共产党农村工作条例》。

责任单位：区委办、区委农工委

3.推进专项整治。贯彻落实全市“8+2”专项整治任务，针对市委巡视巡察发现的问题、12345市民服务热线集中反映的问题和全市警示教育大会点出的问题，常委同志结合分管工作分别牵头推进专项整治，摸清情况，查明症结，推动解决。

责任单位：区纪委区监委、区委政法委、区委组织部、区城指中心、区委办

（二）第二周　10月14日—10月20日

1.理论学习中心组学习，邀请专家学者围绕学习习近平新时代中国特色社会主义经济思想作专题辅导报告。

责任单位：区委宣传部、区委办

2.学习交流研讨。围绕宗旨性质、担当作为等专题，常委同志依次发言，交流心得体会、学习收获。

责任单位：区委办、区委组织部、区委区政府研究室

3.深化党建引领“街乡吹哨、部门报到”改革和“接诉即办”专题调研。通过大数据分析，针对12345市民服务热线市民诉求反映集中、媒体多次曝光、网络舆情反映较多的重点区域、突出问题，常委同志结合分管工作开展基层调研，推动问题解决，逐步建立健全长效工作机制。

责任单位：区城指中心、区委社会工委区民政局、区委办

（三）第三周　10月21日—10月27日

1.推进丰台高质量发展专题调研。聚焦首

都商务新区规划设计，加快重点功能区规划建设，推动中关村丰台园创新发展和推进丰台火车站组团综合开发等重点目标任务，结合工作分工，分别到分管领域开展调研，听取意见建议，列出问题清单，能现场解决的现场及时解决，一时解决不了的挂账研究督办。

责任单位：区委办

2.形势政策专题教育。常委同志重点学习《新中国发展面对面》《改革开放关键一招》《正确认识妥善应对中美经贸摩擦》。

责任单位：区委宣传部、区委办

（四）第四周　10 月 28 日—11 月 3 日

1.“不忘初心、牢记使命”主题大调研。深入党建工作联系点，指导和推动全面从严治党责任落实，结合规划专项治理、“接诉即办”、小区物业管理和服务，调研了解基层党建和社会治理工作中存在的问题，听取基层意见，列出问题清单，能现场解决的现场及时解决，一时解决不了的挂账研究督办。

责任单位：区委办、区纪委区监委、区委组织部

2.召开调研成果交流会。常委同志梳理调研中形成的问题整改数据表、成绩单，集体进行交流研讨，实事求是检视差距，研究后续调研成果转化、政策文件制定等工作。

责任单位：区委办、区委组织部

3.常委会会前学法。常委同志集体学习《中国共产党统一战线工作条例（试行）》。

责任单位：区委办、区委统战部

4.召开区委“不忘初心、牢记使命”主题教育领导小组会议。

三、十一月份工作安排

以检视问题、整改落实、开好专题民主生活会为重点，开展先进典型教育和廉洁警示教育，对照党章党规找差距，围绕加强党的政治建设、加强基层党组织建设、深化干部队伍作风建设，推进问题整改，推动全年重点工作任务落实。

（一）第一周　11 月 4 日—11 月 10 日

1.先进典型专题教育。常委同志及时观看《向前一步》《民有所呼、我有所应》《新时代新担当新作为》等专题片，了解全市基层党组织和基层干部在推动高质量发展和超大城市治理中勇于担当的先进典型事迹。

责任单位：区委宣传部、区委办

2.常委同志担任街乡党建工作协调委员会主任的，主持召开下半年街乡党建工作协调委员会全体会议，协商讨论本辖区党建工作、社会治理、公共服务等方面重大事项，协商解决“物业管理”“停车难”“门前三包”等区域重点难题。

责任单位：区委办、区委组织部

3.对照党章党规找差距专题会。常委同志集体学习党章、廉洁自律准则、党内政治生活若干准则、纪律处分条例，按照“十八个是否”，逐条对照检视问题，特别是从主观上、思想上进行剖析，找准思想根子上的问题，并明确努力方向和改进措施。

责任单位：区委组织部、区纪委区监委、区委办

4.认真检视反思。聚焦思想、政治、作风、能力、廉政方面系统梳理调研发现的问题、对照检查发现的问题、群众反映的问题、中央市委巡视巡察反馈的问题等进行检视反思，一条一条列出问题，形成常委会和常委同志个人检视问题清单。

责任单位：区委组织部、区纪委区监委、区委办

（二）第二周　11 月 11 日—11 月 17 日

1.开展集中学习。常委同志专题学习《中国共产党的九十年》和习近平总书记重要讲话文章中有关党史、新中国史的重要论述，不断深化对“不忘初心、牢记使命”的认识和理解。

责任单位：区委办、区委组织部

2.廉洁警示专题教育。请区相关部门负责同志介绍我区廉洁警示案例，常委同志集体审看警示教育片，深化以案为鉴、以案促改，从反面典型案例中吸取教训，筑牢思想防线，堵塞监管漏洞。召开全区领导干部警示教育大会。

责任单位：区纪委区监委、区委办

3.学习交流研讨。围绕政治纪律和政治规

矩、党性修养、廉洁自律等专题，常委同志依次发言，交流心得体会、学习收获。

责任单位：区委办、区委组织部、区委区政府研究室

4.专项整治蹲点调研。围绕全市“8+2”专项整治任务的落实，检视问题整改，常委同志到相应的牵头或分管领域开展蹲点调研，集中力量推进整改落实。

责任单位：区委办、区纪委区监委

（三）第三周　11月18日—11月24日

1.结合专题民主生活会的要求，常委同志分别召开征求意见座谈会，广泛听取基层党代表、基层党员干部等的意见，为开展专题民主生活会做好准备。

责任单位：区委办、区委组织部

2.常委会会前学法。常委同志集体学习《中国共产党政法工作条例》。

责任单位：区委办、区委政法委

3.开展谈心谈话。徐贱云同志与每位常委同志、常委同志之间、常委同志与分管单位主要负责同志、常委同志与本人组织关系所在党支部党员代表谈心谈话，沟通思想、听取意见，指出不足、提出建议，为开好专题民主生活会做好准备。

责任单位：区委办

4.区委常委同志撰写个人检视剖析材料。

责任单位：区委办、区纪委区监委、区委组织部

（四）第四周　11月25日—12月1日

1.召开专题民主生活会。会期一天。

责任单位：区委组织部、区纪委区监委、区委办

2.形成长效机制。结合专题民主生活会查摆的问题，制定整改方案，持续推动整改，确保一件一件整改到位。总结好的经验做法，建立健全长效机制。

责任单位：区委办、区纪委区监委、区委组织部

3.召开区委“不忘初心、牢记使命”主题教育领导小组会议。

区人大常委会党组、区政府党组、区政协党组，参照区委常委会有关安排，结合各自实际，制定工作方案。部分集体学习、专题教育，由区委办统筹四套班子领导同志参加。

区情概览

概 况

丰台区地处北京市区西南，面积 305.53 平方千米。截至年底，全区常住人口 202.5 万人，比上年减少 8 万人。其中，常住外来人口 64.1 万人，比上年减少 5.7 万人；占常住人口的比重为 31.7%，比上年下降 1.5 个百分点。在常住人口中，城镇人口 202.1 万人，占常住人口的比重为 99.8%。常住人口出生率 6.73‰，死亡率 5.41‰，人口自然增长率 1.32‰。常住人口密度为每平方千米 6628 人，比上年减少 262 人。户籍人口 116.6 万人，比上年增加 1.7 万人。

2019 年，实现地区生产总值 1829.6 亿元，比上年增长 6.3%。其中，第一产业增加值 0.9 亿元，比上年下降 2.9%；第二产业增加值 271.7 亿元，比上年增长 2.4%；第三产业增加值 1557 亿元，比上年增长 7%。三次产业结构为 0.05：14.85：85.1。按常住人口计算，全区人均地区生产总值达到 8.9 万元，比上年增长 11.1%。

城市总体规划

发布实施《丰台分区规划（国土空间规划）（2017 年—2035 年）》，并制定 22 个专题专项规划。以五里店地区等 5 个区域为试点，开展控制性详细规划编制工作。丽泽金融商务区规划优化提升方案获市政府批准。完成南中轴及南苑—大红门地区规划设计国际方案征集和综合工作。编制丰台站地区详细规划及启动区综合实施方案。开展卢沟桥国家文化公园规划研究。

加强“村地区管”，建立农村集体资产监管联席会议制度，共联审集体资产处置事项 34 个，实施区级备案管理 37 处。推进规划自然资源领域专项巡视问题整改，完成“大棚房”及浅山区违法占地违法建设、绿地认建认养及公园配套用房出租清理整治。完成市级下达的城乡建设用地减量目标。

对口帮扶

对口帮扶内蒙古自治区扎赉特旗、林西县，河北省涞源县，青海省玉树州治多县扶贫资金 4800 万元，惠及贫困人口 4.3 万人，并助力扎赉特旗脱贫。深化与湖北省十堰市张湾区的南水北调对口协作、房山区的生态涵养区结对协作工作。引导 15 家企业投资 5.5 亿元开展产业帮扶，农副产品消费扶贫金额达 3.8 亿元，新发地市场获全国脱贫攻坚“组织创新奖”。组织 40 名帮扶地区人力社保局干部、深度贫困乡镇主管领导、村支部书记来京培训；开展两次帮扶地区致富带头人培训，167 名小微企业主、农业合作社经理人、种养植大户、技能教师来京参训。赴河北省涞源县、内蒙古自治区扎赉特旗召开对口扶贫招聘会 3 场，提供岗位 8154 个。开展医疗扶贫支援工作。从增加派驻时间、增派支援干部、远程医疗及智慧家医等方面推动健康扶贫工作，重点对涞源县，林西县、扎赉特旗和新疆维吾尔自治区墨玉县、青海省治多县开展对口支援协作，共派出扶贫支援协作医务人员101人次，并在支援地区培养了一批骨干人才，实现了支援地区的“自我造血”。

经济建设

全年实现农林牧渔业总产值2亿元，比上年下降9.2%。其中林业产值1.5亿元,比上年增长5%;农业产值4759万元,比上年下降17.7%。全区11个农业观光园共接待游客181.4万人次，比上年下降31%；实现总收入1.8亿元，比上年下降8.1%。

规模以上工业企业实现总产值303.7亿元，比上年增长3%。从主要行业看，医药制造业比上年增长8.9%，非金属矿物制品业比上年增长5.9%，专用设备制造业比上年下降13.6%，计算机、通信和其他电子设备制造业比上年下降8.6%。规模以上工业企业实现销售产值294.5亿元，比上年增长1.6%。其中内销产值288.5亿元，比上年增长3.1%；出口交货值6亿元，比上年下降39.9%。规模以上工业企业实现利润总额29.2亿元，比上年增长2.7倍。从主要行业看，计算机、通信和其他电子设备制造业实现利润5.5亿元，医药制造业实现利润5.3亿元，电力、热力生产和供应业实现利润4.5亿元，印刷和记录媒介复制业实现利润4.3亿元，铁路、船舶、航空航天和其他运输设备制造业实现利润3.2亿元，非金属矿物制品业实现利润2.6亿元。

实现社会消费品零售额1224亿元，比上年增长4.5%。其中实现网上零售额113.7亿元，比上年增长14.5%。限额以上批发和零售企业中，中西药品类实现零售额156.7亿元，比上年增长7.4%；汽车类实现零售额185亿元，比上年下降13.1%。限额以上批发和零售业实现商品购销总额5008.8亿元，比上年增长11.2%。其中商品购进总额2402.7亿元，比上年增长9.4%；商品销售总额2606.1亿元，比上年增长12.9%。新增9万平方米商业空间。打造方庄食街等一批特色“深夜食堂”。全区A级及以上和其他主要旅游区(点)全年接待游客1589.8万人次，比上年增长25%。其中入境游客8.3万人次，比上年增长9.3%。实现总收入2.8亿元，比上年增长14.9%。其中门票收入1.8亿元，比上年增长6%。持续优化营商环境。深入落实“9+N”系列政策，在全市率先上线营业执照智能登记系统，率先发出带有NFC芯片的新版营业执照，率先试点不动产登记下沉街道办理。

全年进出口总额174.9亿美元，比上年下降12.7%。其中进口123.9亿美元，比上年下降18.8%；出口51亿美元，比上年增长6.7%。

固定资产投资（不含农户）比上年下降6.1%。其中建安投资增长12.3%，基础设施投资下降5.7%。从产业看，第一产业投资比上年下降53.1%，第二产业投资比上年下降39.1%，第三产业投资比上年下降5%。房地产开发投资比上年下降5.9%。其中住宅投资比上年下降8%，办公楼投资比上年下降31.1%，商业营业用房投资比上年增长36.1%。

完成一般公共预算收入127.7亿元，比上年增长5%。其中增值税41.4亿元，比上年增长0.8%；企业所得税26.4亿元，比上年增长17.3%；房产税18.2亿元，比上年增长9.6%；城市维护建设税10.2亿元，比上年增长3.8%。一般公共预算支出252.7亿元，比上年增长2%。其中用于科学技术、一般公共服务、文化体育与传媒、城乡社区的支出分别比上年增长24%、21.6%、19.3%和12%。

截至年底，全区金融机构各项存款余额7437.7亿元，比上年增长14.7%。其中储蓄存款2596.4亿元，比上年增长11.7%。各项贷款余额5097.6亿元，比上年增长12.7%。

具有资质等级的总承包和专业承包建筑业企业完成总产值2487.8亿元，比上年增长29.8%。其中在北京地区完成产值443.9亿元，比上年增长10.6%；在外省完成产值2043.9亿元，比上年增长34.8%。年内，商品房施工面积1419.6万平方米，比上年下降7.3%。其中新开工面积153.4万平方米，比上年下降21.2%。商品房竣工面积176.9万平方米，比上年增长 70.3%。

城乡建设与管理

疏解整治促提升。全年拆除违法建设 239.3 万平方米，腾退土地 246 公顷。退出一般制造业企业 21 家。完成 3 家市场提升改造。整治群租房 2202 处、“开墙打洞” 540 处，实现“散乱污”企业、无证餐饮、违规地下空间动态清零。建设南苑森林湿地公园先行启动区，实施绿化 1500 亩。完成新一轮百万亩造林目标任务，实现各类绿化面积 4600 亩，“留白增绿” 59 公顷，新建、改扩建群众身边的各类公园 40 个。利用地下人防空间提供便民停车位 5600 余个。利用腾退空间改造提升 4 个街乡镇级综合文化中心，实现街乡镇级公共文化中心全覆盖。建设提升便民商业网点 106 个，社区基本便民商业服务功能覆盖率达到 100%。

严格管控重型柴油车，专项整治扬尘等各类污染源，空气质量达标天数 235 天，比上年增加 15 天，空气质量改善率 20.8%。全面落实河长制，发现并解决污水直排等各类问题 700 余件。完成永定河丰台段生态补水，完成 6 条小微黑臭水体治理。落实街巷长制，集中创建 5 条精品示范大街，整治 50 条背街小巷。完成南站地区环境整治和景观提升。推进路侧道路停车电子收费设施建设，完成 57 条道路 6500 余个停车位施划补划工作。完成科兴路、汽博西路等 50 千米自行车道和步道慢行系统改造。改造公共旱厕 341 座。开展 9 个生活垃圾分类示范片区创建，生活垃圾无害化处理率达 100%。

建立丽泽市级协调机制。启动南区 D 片区一体化综合开发试点。南区 3 条主干路建成通车，完成 192 亩绿地建设。丽泽 SOHO、青海金融大厦等 7 个项目投入使用，累计释放产业空间 89 万平方米。在京交会、文博会、进博会设立专项展区并进行专场推介，举办“金融机构丽泽行”“央地携手、走进丽泽”等高层次交流活动。

落实城南行动计划，实现 60 个项目开复工，完成投资 464 亿元。新增轨道交通 36.3 千米，轨道新机场线草桥站与北京大兴国际机场同步开通运行，地铁 16 号线、房山线北延、19 号线一期站点进场施工。启动万寿路南延道路建设，建成宋家庄路等 4 条道路，完成黄陈路等 10 条道路大修和 5 项交通疏堵工程。完成河西第三水厂主体工程。垃圾湿解处理厂项目竣工，餐厨厨余垃圾处理厂投入运营。

全区有密闭式清洁站 238 座，生活垃圾无害化处理率 100%。城市道路日清扫保洁面积 2179 万平方米。细颗粒物（PM2.5）和可吸入颗粒物（PM10）年均浓度值分别为 42 微克/立方米和 71 微克/立方米，分别比上年下降 20.8%和 14.5%；二氧化硫和二氧化氮年均浓度值分别为 4 微克/立方米和 36 微克/立方米，分别比上年下降 33.3%和 16.3%。全年能源消费总量 455.3 万吨标准煤，比上年增长 2.54%。万元地区生产总值能耗 0.2489 吨标准煤，比上年下降 3.55%。

林木绿化率 40.37%，比上年提高 0.08 个百分点。城市绿化覆盖率为 47.34%，比上年提高 0.46 个百分点。人均公园绿地面积 9.3 平方米，比上年增加 0.6 平方米。

完成村、居委会和村集体经济组织换届选举，依法撤销西局村等 7 个村委会。完成乡镇、村两级集体经济组织清产核资工作。城乡结合部改造腾退建筑面积 66 万平方米，实施绿化面积 88.8 公顷，35 个村人居环境整治通过市级验收。

科技　教育
文化　卫生　体育

储备高精尖产业项目 150 余个，纳入市级高精尖项目库 13 个。成立丰台区发展投资有限公司，设立总规模 50 亿元的丰台新动能基金和 40 亿元的丰首产业基金。与北京交通大学签署科技创新发展合作协议。筹建北京中关村轨道交通产业发展公司，轨道交通全产业链条初步形成。科技企业全年实现总收入 6300 亿元，比上年增长 10%；留区税收 39 亿元，比上年增长 7.5%。举办 2019 京津冀智能交通技术创新协同发展学术研讨会。举办第二届增材制造全球创新应用大赛，征集参赛项目 152 个，4 个项目落户园区。承办了 2019 年中国创新方法大赛北京赛区决赛，并组队参加全国总决赛，2 家园区企业分获全国大赛银奖和一等奖。首次完成丰台园“创新十二条”政策兑现工作，其中享受“支持科技型企业开展研发活动”奖励的 51 家企业全年研发投入比上年增长 33.5%。围绕中关村“1+4”政策组织宣讲、专场培训会 26 场，参会人员超过 2000 人次。针对初创期企业资金紧张问题，组织了知名创投机构丰台行、市融担小贷服务推广会等活动；针对发展成熟期企业，送出综合服务包 800 余个；针对上市储备企业，对接中信建投等专业机构开展科创板训练营，联合深交所北京中心开展专场路演系列活动。年内，新增主板上市企业 4 家、科创板企业 2 家，累计上市企业 28 家；新增 3 家北京院士专家工作站，2 家国家级技术中心，2 家国家级孵化器；新增国家高新技术企业超 100 家，总数超过 1000 家。实现技术合同登记额 1002 亿元，比上年增长 32.5%；195 项成果获国家、北京市、中关村以及丰台区项目支持。全年专利申请量与授权量分别为 12681 件和 7225 件，分别比上年增长 11%和 7.1%。其中发明专利申请量与授权量分别为 5875 件和 2164 件，分别比上年增长 8%和 18%。签订各类技术合同 3830 项，比上年增长 10.4%；技术合同成交总额 1005.8 亿元，比上年增长 20.4%。中关村示范区丰台园投产开业企业 1900 家，全年实现总收入 6250 亿元，比上年增长 9%。其中技术收入 850 亿元，比上年增长 19.3%。实缴税费 170 亿元，比上年增长 7.8%。出口总额 95 亿元，比上年增长 12.2%。

幼儿园新入园幼儿 14475 人，在园幼儿 41797 人；小学招生 12111 人，在校生 64663 人，毕业生 10003 人；初中招生 6555 人，在校生 16635 人，毕业生 3872 人；普通高中招生 2728 人，在校生 7540 人，毕业生 2254 人。职业教育招生 499 人，在校生 1696 人，毕业生 494 人；成人教育招生 432 人，在校生 911 人，毕业生 163 人。开展德育一体化项目研究，强化理想信念教育。以建国 70 周年为主线，开展系列主题教育活动；引导青少年牢记和践行社会主义核心价值观。推进青少年校园足球改革试验区工作；组织开展奥林匹克主题教育活动，普及开展田径、棒垒球、三大球、冰雪体验等赛事活动。新增 4 所全国校园冰雪运动特色学校、8 所奥林匹克教育示范学校、2 所全国校园篮球特色学校及 3 所国家级校园足球特色学校。持续打造戏曲教育“丰台样本”，落实戏曲进校园三年行动计划，组织国粹第一课、戏曲进校园活动 35 场。推动航天科普特色教育，举办第二十届北京市航天科技体验与创意设计大赛，推荐 17 所中小学参评北京市科技教育示范学校；实施“丰台少年二号”小卫星课题研究，打造全市乃至全国有影响力的航天科普教育平台。完成第一批 46 所普惠性幼儿园认定工作，新增学前学位 2610 个。

有公共图书馆 2 个，馆藏图书 115 万册；档案馆 1 个，馆藏案卷 14.5 万卷件。文化馆（站）23 个，文化广场 31 个，各类群众文化团体 1429 个。非物质文化遗产保护项目 44 项，其中国家级 2 项。组织党员群众、高校师生 2200 余人参加新中国成立 70 周年庆祝活动“不忘初心”方阵群众游行活动，组织 2750 名群众参加了庆祝中华人民共和国成立 70 周年群众联欢活动。作为国庆游园文化活动丰台区的承办单位，紧扣“普天同庆 共筑中国梦”的主题，分别在北京园博园、丰台公园、莲花池公园安排专业文体表演 9 共场，开展 10 项群众文体互动。推进区图书馆迁建工作，完成区文化馆剧场灯光系统改造。东铁营、大红门、西罗园、长辛店镇 4 处街镇级文化中心建成并投入使用。年内，三级公共文化设施覆盖率达到 95%。制定《丰台区加快构建现代公共文化服务体系的实施意见》（初稿）。全面推进文化馆、图书馆总分馆制改革，区图书馆建成并开通18家街道级公共图书馆“一卡通”分馆，统一配发图书馆标牌、计算机、路由器、刷卡器、条码打印机、扫描枪等“一卡通”必备设备,配送和上架图书共计9.17万册，数据（转库）加工13.95万册。打通数字资源阅读和图书借阅功能，推出“家庭书房”阅读计划，向居民家庭发放31.5万张阅读卡。

有体育场馆1275个，全民健身工程535个，社会体育指导员8118人。参加北京市第一届冬季运动会，共派出91名运动员，参与花样滑冰、高山滑雪、短道速滑、冰球比赛项目，获得1枚金牌、7枚银牌、6枚铜牌。组织参加北京市第一届冬季运动会群众项目比赛，获3个一等奖、4个三等奖，位居全市第三位。以北京市第十二中学体育分校为实施主体单位，共开设短道速滑、花样滑冰、高山单板滑雪、高山双板滑雪、冰球和冰壶6项冬季项目。年内，注册人数363人，比上年度增加130人；聘有各项目领队和教练员15人，常训人数220余人，其中短道速滑52人、花样滑冰24人、高山单板滑雪7人、高山双板滑雪24人、冰球98人、冰壶16人。完成北京市第十二中学、北京市第十八中学、北京小学丰台万年花城分校3所学校第二批冰雪运动特色学校的评审和北京市第十八中学附属实验小学首批北京市冰雪运动特色学校评估。开展丰台区第四届欢乐冰雪季系列活动。参与总人数达到38万人次，比上年增长72%。国家体育总局与中车集团签订了战略合作协议，利用二七机车公司已关停厂房改建集训练、科研为一体的国家冰雪运动训练科研基地。项目总建设面积14万平方米，总投资7亿元，9月底速滑馆竣工投入使用。年内，举办北京国际铁人三项赛、全民健身体育节等赛事活动。区籍运动员在全国和市级体育比赛中获奖牌158枚，其中金牌41枚。

有卫生机构535个，比上年增加8个，其中医院78个；医疗机构共有床位12622张，比上年增加305张，其中医院12168张；有卫生技术人员23329人，比上年增加984人，其中执业（助理）医师9536人、注册护士9586人；医疗机构全年共诊疗2265.4万人次，健康检查66.6万人次。天坛医院新院区全面投入使用,口腔医院实现开工奠基建设。在马家堡社区卫生服务中心试点建设健康大脑项目，丰台区人口健康信息平台一期平台实现互联互通，已生成280万条患者主索引数据，整合478万条电子病历数据，基本形成了区级患者全生命周期电子健康档案主体框架。在市区社区卫生服务中心全面推广“智慧家医”丰台品牌，天坛医院丰台区社区“智慧家医”工作室实现了社区签约居民预约转诊和天坛医院下转回社区管理。全年共组建家医团队557个，家庭医生签约人数78.87万人，APP端签约人数10.62万人，共计为签约居民提供服务650.87万人次。全年无甲类传染病报告,法定传染病报告发病率为158.6/10万，连续3年呈下降态势。

社会建设

做好“接诉即办”，以12345热线办理为主线，构建群众诉求征集系统。强化城市管理监督指挥中心体系建设，建立“月点评、周调度、日分析”工作机制和包片督导机制，全年共受理群众诉求18万件，响应率100%，解决率74.8%，满意率86.1%。深化“吹哨报到”改革，完成街道机构综合设置和乡镇机构试点改革。清理规范社区表格，区级事项精简94.9%。把物业服务纳入基层治理体系，在20个试点小区探索党建引领物业企业和业委会深度参与社区治理。扶持40个社会组织服务项目和100个社区志愿服务组织。新建2个“一刻钟社区服务圈”示范点和20个社区之家示范点，服务圈覆盖率达到98%。

深化“一门一窗一次”改革，区级专业大厅数量由22个减少至12个，区级政务服务中心办理事项由125项增加至1331项，“一门”“一窗”办理率分别达到81.7%、81%，实现600个高频事项“最多跑一次”。落实重点企业“服务包”制度，走访重点企业1000余家次。举办企业家早餐会30余期，梳理企业需求近400条，并组织专班逐一对接。严格落实减税降费政策，全年为企业和个人减少税费75.7亿元。

推进城市安全隐患治理三年行动，生产安全事故持续下降。推进金融风险整治工作。创建食品安全示范区，重点食品、药品检测合格率分别达98.5%、99.7%，阳光餐饮工程覆盖率达到98%。排查解决各类矛盾纠纷700余件。深入推进扫黑除恶专项斗争。继续推进“雪亮工程”，老旧小区公共区域视频覆盖率达80%，实现146个社区零发案。

出台《丰台区孤儿和事实无人抚养儿童医疗保障工作实施细则》；支持11家机构参与儿童福利和保护工作，并在全市儿童福利和保护工作推进会上作了经验交流；妥善安置14名长期滞留流浪乞讨儿童；开展10个儿童主任试点；建立21个儿童福利和保护设施；建立区级联席会议制度。

全年全区居民人均可支配收入65215元，比上年增长8.4%。全区居民人均消费支出43468元，比上年增长6.2%；恩格尔系数为20.0%，比上年提高0.4个百分点。全区居民人均住房建筑面积29.9平方米。

城镇新增就业3.8万人，登记失业率1.3%。做好市、区促进就业政策的宣传和落实，帮助3239名农村劳动力就业增收，审核审批市、区促进就业资金5.9亿元；量身定制“个人就业援助方案”，明确个性化就业帮扶措施，帮助10355名困难人员实现稳定就业。企业劳动合同签订率99.82%，续订率98.96%。集体合同覆盖企业4386家、职工247693人，签订工资专项协议企业3861家。

开工建设保障房15600余套，竣工8200余套，棚户区改造签约675户，均超额完成年度任务。实施11个老旧小区综合整治，为老旧楼房加装电梯447部。新增医保定点医院11家。开展养老“喘息服务”，累计服务7500余人次。开工建设3家街乡镇养老照料中心，1家实现运营；15家社区养老服务驿站建成并投入运营。新备案养老机构7家，新增床位1030张。8家机构取得医保定点资格，13家内设医务室与医疗机构签订医疗服务协议。

发放残疾人两项补贴5366.15万元；指导温馨精康园为8个区210名精神残疾、智力残疾人员提供照料服务；落实精神障碍社区康复服务工作，29家机构40名专兼职人员参与社区精神卫生服务，23家社区中心设置专职精防人员。

全区参保单位5.66万家，城镇基本养老保险、医疗保险、失业保险、工伤保险、生育保险分别累计参保人数分别为101.67万人、10.31万人、74.85万人、73.25万人、67.77万人，比上年分别增长4.21%、3.84%、5.48%、4.60%、5.20%。城镇职工基本养老保险单位缴费比例由20%降至16%。

（欧阳煜）

大 事 记

2019 年丰台区大事记

1月

1日 丰台区委出台 2019 年一号文件《关于加强农村集体土地和房屋管理工作的意见》，自 2019 年 1 月 1 日起施行。

3日至4日 中国共产党北京市丰台区第十二届委员会第八次全体会议召开。全会强调，服务保障首都功能，担当作为，团结奋斗，推进丰台区各项工作上台阶。

8日至10日 政协北京市丰台区第十届委员会第三次会议召开。

9日至11日 丰台区第十六届人民代表大会第六次会议召开。

15日 丰台区东铁营 110 千伏变电站发电投产。

16日 丰台区首家 24 小时阅读空间“晓阅时光”举行揭牌仪式。该空间营业面积 150 平方米，上架图书 3000 多册，文化惠民辐射 6 个社区，成为辖区居民家门口的综合文化活动空间。

同日 《人民日报》刊登了题为《丽泽：建设具有全球影响力的金融发展新区》，对正在崛起的“第二金融街”进行了报道。

17日 以“时代盛景 大地新生”为主题的 2019 北京首届地景艺术节在花乡草桥村北京世界花卉大观园举办。

18日 北京丰台（大红门市场）沧州服务中心牵头成立明珠商贸城党总支部。

30日 位于丰台花乡的北京天坛医院正式开诊。

2月

12日 中共丰台区第十二届纪委检查委员会第四次全体会议召开。

27日 在内蒙古扎赉特旗举办“春风行动”暨京蒙劳务协作专场招聘会。

3月

1日 在丰台区工商分局注册大厅，华研环科（北京）科技有限公司代表从国家市场监督管理总局登记注册局负责人手中接过首份新版营业执照，标志着新版营业执照在北京正式启用。

5日 丰台区疏解整治促提升、生态文明环境建设与安全生产动员大会召开。

同日 丰台区人民政府与北京师范大学签订战略合作框架协议。

8日 大红门 6800 个早市商户正式入驻河北沧州明珠早市。

16日 丰台区荣获 2018 年度北京市青少年校园足球“优秀试点区”称号。

同日 丰台区机构改革动员会召开。

22日 丰台区退役军人事务局挂牌成立。

24日 永定河生态补水开始进入园博湖。

同日 中国通号有轨电车启程发往天水。

27日 北京市规划和自然资源委员会丰台分局成立。

29日 中央军委领导、军委机关各部门领导等共同到丽泽金融商务区参加首都义务植树活动。

4月

1日　国际工程技术教育论坛在北京汽车博物馆开幕。

3日　以“产业扶贫、市场扶贫、消费扶贫、感情扶贫”为主题的“三区三州”贫困地区农产品产销对接专场活动在丰台新发地启动。来自西藏、新疆、甘肃、四川和云南“三区三州”107个深度贫困县的200多名供货商和全国各地500多名采购商参加活动，采购金额54.8亿元，现场签约45.57亿元。

8日　丰台区2019年“新一轮百万亩造林绿化”工程启动。

10日　全国人大常委会领导同志以及全国人大专门委员会部分组成人员，到丰台区王佐镇参加义务植树活动。

同日　区委书记专题会议召开，听取并研究《丰台史话》编纂工作。

14日　京港两地六所姊妹校的师生一起到中国人民抗日战争纪念馆，开展“铭记历史 圆梦中华”爱国主义教育实践活动。

15日　丰台区开展“4·15全民国家安全教育日”系列活动。

20日　2019书香丰台全民阅读推广活动启动。

21日　丰台站改建工程新建站房第一根钢柱开始吊装，标志着丰台站钢结构主体工程正式开始施工。

23日　在东高地青少年科技馆，青少年航天基础课程丛书正式发布。

25日　丰台区报送的扶贫案例获评优秀案例。

25日至26日　2019京津冀智能交通技术创新协同发展学术研讨会在丰台举办。同时举行北京企业技术开发研究会智能交通专业委员会成立仪式。

26日　丰台区卫生健康委员会与门头沟区卫生健康委员会签署《委托管理协议书》，由丰台方庄社区卫生服务中心托管门头沟区永定镇社区卫生服务中心。

同日　丰台区在内蒙古林西县建设的农副产品交易中心举行开工奠基仪式。

5月

1日　丰台芍药荣获中国北京世界园艺博览会金奖。

8日　北师大实验中学丰台学校揭牌。

10日　中央对外联络部党群外事协调局党支部、国际交流中心党支部和中央党史和文献研究院对外合作交流局党支部到长辛店开展“忆党史、强党性、共话新时代党的对外工作”联学联建主题党日活动。

14日　丰台法院举行“社会主义核心价值观示范审判团队”组建仪式，24个审判团队入选“社会主义核心价值观示范审判团队”，市区人大代表参加仪式活动。

同日　在世界花卉大观园举行2019丰台“最美家庭”揭晓活动，揭晓了百户2019“丰台最美家庭”，其中19户被评为“首都最美家庭”，1户被评为“全国最美家庭”。

18日　北京汽车博物馆获评2019年“全国最具创新力博物馆”。

同日　丰台区街道工作会议召开。

18日至19日　以“壮丽70年奋斗新时代”为主题的首届“舞动丰台”舞蹈艺术展演在北京戏曲艺术职业学院举办。

21日　右安门医院晋升三级综合医院。

22日　丰台区·扎赉特旗京蒙扶贫协作推介招商会举行。

29日　丰台区参加第十四届中国北京国际文化创意产业博览会。

30日　丰台区新时代文明实践中心正式揭牌。

6月

8日　丰台区举办“文化和自然遗产日”宣传月展示活动。

7日至9日　在北京园博园举办“花开丰台”端午文化游园会活动。

12日　丰台区新一届村和社区党组织书记培训班举办。

17日　“创业中华·牵手京津冀”第十九届海外侨界高层次人才为国服务团走进丰台区参观考察。

20日　由丰台区政府主办的“央地携手、

走进丽泽”中央挂职干部交流活动在北京丽泽金融商务区举行。

7月

1日 丰台区第一张财政电子票据在路侧停车电子收费中正式开具，标志着丰台区财政票据电子化及电子票据改革取得新进展。

7日 全民族抗日战争爆发82周年，首都各界干部群众代表500余人在丰台区卢沟桥举办纪念活动，共同缅怀先烈，铭记历史。

9日 丰台区科学家联合创新中心落户中关村丰台园。

13日 为纪念全民族抗日战争爆发82周年，北京第33届卢沟桥醒狮越野跑活动在北京园博园举行。

18日 丰台区卢沟桥乡岳各庄村、郑常庄村投资2亿元的农副产品物流集散中心项目在内蒙古林西县正式开工建设，解决当地农副产品销售和群众就业难题。

同日 新华社北京分社与丰台区融合报道经验座谈会召开。

22日 科创板开市，首批上市公司北京占五家，驻区企业中国通号、交控科技两家上市公司位列其中。

25日 丰台区生态环境综合执法大队挂牌成立。

28日 花乡樊家村劳动力安置用地项目暨樊家村鼎业文化产业园项目开工。

8月

5日 丰台新动能基金获批，这是丰台区设立的首支FOF基金。

8日至10日 丰台区党政代表团赴扎赉特旗对接扶贫协作工作。

12日至13日 “壮丽70年 奋斗新时代”京华大地调研行集中采访活动在丰台区举行。

28日 北京新发地光山农副产品批发市场及冷链物流园项目奠基仪式在河南省光山县举办。

30日 丰台区“接诉即办”督导推进会召开。

9月

5日 新中国成立70周年庆祝活动丰台区服务保障工作动员会召开。

6日 丰台区投资促进专家顾问团成立。

同日 以“新空间遇见新机遇 未来风光看丰台”为主题的中外知名企业投资丰台行活动在北京汽车博物馆举办。

同日 冬奥会速滑训练“大本营”在丰台亮相。

同日 第七届丰台区惠民文化消费季正式启动。

9日 丰台区全面启动“不忘初心、牢记使命”主题教育。

10日 丰台区教育大会在北京十二中举行。

同日 中国戏曲文化周国庆活动亮相园博园。

25日 丰台区庆祝中华人民共和国成立70周年主题文艺演出举行。

10月

12日 北京市首个“侨之家”社区命名仪式暨“大爱行天下”环保公益嘉年华活动在丰台区新村街道怡海花园社区举行。

14日 丽泽SOHO5G实验室首次对外开放。

17日 长辛店镇张家坟棚户区改造安置楼项目开工。

18日 长辛店二七厂内1897科创城正式开园。

23日 中国戏曲文化周、北京汽车博物馆入选“文化品牌新势力”30强。

11月

3日 2019中国科幻大会在丰台开幕。

7日 豫南鱼米之乡·光山农特产品北京推荐会在新发地国际农产品会展中心举行。

12日 丰台“精准扶贫1+1”项目走进扎赉特旗。

15日 卢沟桥乡大瓦窑村党史馆新馆开馆。

19日 丽泽SOHO正式开业。

20日 丰台区人民政府与中铁投资集团有限公司签署战略合作协议。

21日 丽泽金融商务区5G安全智慧园区

项目荣获世界首届“5G应用设计揭榜赛”三等奖。

同日 丰台区首个“老兵志愿服务队”在太平桥街道东管头社区成立。

25日 中关村丰台园与北京交通大学签订科技创新发展合作协议。

28日 丰台区东铁营街道蒲黄榆第一社区举办“社区交警”服务机制试点启动暨蒲黄榆第一社区交通警务站揭牌仪式。

12月

2日 北京市学习贯彻党的十九届四中全会精神宣讲团报告会在丰台举行。

12日 丽泽金融商务区聚杰金融大厦开业。

13日 新发地市场荣获北京影响力“一带一路特别贡献”奖。

14日 丰台区首家由居民民主选举的物业公司落户丰台街道北大地西区社区。

16日 丰台区郑福来老人荣获全国离退休干部先进个人称号。

23日 全市第一家打击欺诈骗保联合执法工作站在丰台挂牌成立。

中共丰台区委员会

概 述

2019年，丰台区委坚持以习近平新时代中国特色社会主义思想为指导，深入贯彻党中央各项决策部署和市委各项工作要求，围绕“丰台区要上台阶”“未来风光看丰台”“妙笔生花看丰台”的要求，统筹推进改革发展稳定和全面从严治党，各项事业取得新进展新成效。

学习贯彻习近平新时代中国特色社会主义思想。开展区委常委会、理论学习中心组集体学习47次，指导督促全区各级党（工）委（党组）理论学习中心组抓好学习。坚持学思用贯通、知信行合一，教育引导全区各级党员干部增强“四个意识”、坚定“四个自信”、做到“两个维护”。

完成新中国成立70周年庆祝活动服务保障工作。完成群众游行、联欢活动等重点专项任务，在北京园博园等8个公园开展国庆游园活动。做好社会治安、交通组织、环境整治、主题宣传等工作，保障活动期间城市运行安全平稳有序。

组织开展“不忘初心、牢记使命”主题教育。按照“守初心、担使命，找差距、抓落实”总要求，完成各项教育任务。开展党员区领导大调研，深入全区392个社区村，发现并解决各类问题300余个。抓好“8+2”专项整治，梳理问题120余个，制定措施277项。组织指导各级党组织开好专题民主生活会、组织生活会。

抓好规划自然资源领域问题整改。针对市委第五巡视组规划自然资源领域专项巡视反馈的意见，制定实施整改方案，完成“大棚房”、浅山区违法占地违法建设、绿地认建认养及公园配套用房出租清理整治。

学习宣传贯彻党的十九届四中全会精神。把学习宣传贯彻四中全会精神作为全区上下的重要政治任务，召开区委理论学习中心组会议进行深入学习，区领导带头深入基层进行宣讲，组建宣讲团开展“九进”宣讲活动，推动党的创新理论“飞入寻常百姓家”。

实施新版城市总体规划。编制完善丰台分区规划，获市政府批复并发布实施。南中轴及南苑-大红门地区概念性规划取得阶段性成果，南苑森林湿地公园先行启动区实施绿化1500亩。编制完成丽泽金融商务区优化提升方案，先后通过市委常委会和首规委主任办公会审议。编制完善丰台站组团、卢沟桥五里店地区、花乡中部组团等重点片区规划和综合实施方案。落实“村地区管”要求，制定实施《丰台区关于加强农村集体土地和房屋管理工作的意见》。

完成疏解整治促提升专项行动年度任

务。提升改造市场3家，拆除违法建设239.3万平方米。持续深化南苑-大红门地区疏解整治工作，坚决防止传统业态回潮。建设提升便民商业网点106个，怡海花园社区被评为全市生活性服务业示范街区。利用腾退空间留白增绿，建成百余处百万平方米百姓家门口的公园绿地。

服务保障冬奥会、冬残奥会筹办工作。服务保障国家冰雪运动训练科研基地建设，速滑馆、轮滑馆投入使用。

防范化解重大风险。保持打击互联网金融违法活动、非法集资等高压态势，推进P2P网贷风险专项整治。加强和规范政府债务管理，制定出台《丰台区地方政府专项债券资金使用管理暂行办法》。

开展精准扶贫工作。开展产业扶贫、消费扶贫，与河北涞源县“两区同建、三金扶贫”的扶贫模式被评为全国东西协作与定点扶贫十大优秀案例，新发地市场获全国脱贫攻坚奖“组织创新奖”。结对帮扶的内蒙古扎赉特旗退出国家级贫困县序列。

持续加大污染防治力度。落实蓝天保卫战行动计划，PM2.5平均浓度为42微克每立方米，下降20.8%。全面落实“河长制”，解决各类水环境问题700余件。推进新一轮百万亩造林绿化工程，新增造林4600亩。完成35个农村人居环境整治，村容村貌得到改善。

贯彻新发展理念，不断提升地区经济发展质量。地区生产总值增长6.3%，一般公共预算收入增长5%，居民人均可支配收入增速高于经济增速。推进城市南部地区加快发展行动计划，完成投资464亿元。

推动中关村丰台园创新发展。轨道交通、航空航天两大千亿级产业集群蓬勃发展，与北京交通大学签订科技创新发展合作协议。出台支持高精尖产业发展“创新十二条”，引进高精尖企业100余家，新增上市企业6家。园区实现总收入增长9%，留区税收增长7.5%，人均产出、地均产出位于全市前列。

推动丽泽金融商务区建设发展。7个项目投入使用，释放产业空间89万平方米。启动南区D片区一体化综合开发。区域范围内3个地铁站主体结构完工，丽泽SOHO实现5G全覆盖。引进一批金融类企业，央行数字货币研究所入驻办公。

持续改革优化营商环境。深化“一门一窗一次”改革，“一门办理”“一窗办理”的比例分别提升到81.7%和81%，600个高频事项实现“最多跑一次”。落实企业“服务包”制度，组织分领域“企业家早餐会”。

召开全区街道工作会议，统筹推进全区街道工作和“吹哨报到”改革。完成区级机构改革和街道机构综合设置改革，启动行政区划调整工作，完成7个村的撤村转居工作。

加强区委对民主法治建设工作的领导，定期听取区人大常委会、政府、政协、法院、检察院工作汇报。召开区委第五次人大工作会议，制定区委新时代加强和改进人大工作的意见，支持区人大常委会开展“代表在倾听”活动。全面加强区政协党的建设，支持区政协围绕丽泽金融商务区产业高质量发展开展协商议政。加强统一战线工作，成立区新联会，新发地市场获全国民族团结进步模范集体称号，怡海花园社区成立全市首个“侨之家”社区。

紧扣“七有”要求和“五性”需求，着力做好“接诉即办”工作。建立区级工作专班和督导工作机制，健全街乡镇“接诉即办”工作情况通报机制，加强对排名靠后和诉求量集中的街乡镇的督查指导。全年受理群众诉求18万件，解决率、满意率由2018年的31.4%和30%分别上升到55.6%和74.3%。

促进就业增收，新增城镇就业3.5万人，城镇登记失业率控制在2%以内。加大政策性住房建设力度，实现保障房开工15617套、竣工8239套，完成棚户区签约搬迁675户，均超额完成年度任务。

全面实施第三期学前教育行动计划，新增普惠性学前学位2100个。加快推进北师大实验中学丰台学校等项目建设，中小学优质学位占比82.7%。北京口腔医院迁建、丰台医院提质改建项目推进顺利，组建557个团队，为78

万居民提供家庭医生签约服务。深化居家和社区养老服务改革试点工作，加快养老照料中心和社区养老服务驿站建设。

加快交通路网建设，轨道交通大兴机场线草桥站与大兴国际机场同步开通运行。全力配合丰台站改建工程，启动万寿路南延等道路建设。加快市政设施建设，餐厨厨余垃圾处理厂投入运营。

以“壮丽 70 年、丰台上台阶”为主题，做大做强正面宣传，各类中央、市属媒体刊发丰台正面报道万余条。推进新时代文明实践中心建设，推出丰台城市宣传片和“北京丰台”客户端。推荐评选宣传“北京榜样・最美丰台人”等各类典型 130 人。

建成 4 个街乡镇级文化中心，实现街乡镇级文化中心全覆盖。开展各类文化活动 4500 余场次，举办 2019 中国戏曲文化周、2019（第四届）中国科幻大会，开展“中国工人运动与党的初心和使命”主题展览。北京汽车博物馆被评为“2019 年全国最具创新力博物馆”。原创文艺作品《赤子归心》获中国文化艺术政府奖—群星奖。

维护政治安全和社会稳定，完成新中国成立 70 周年、纪念全民族抗战爆发 82 周年等重大活动服务保障任务。落实意识形态工作责任制，做好舆情管控。推进“雪亮工程”建设，构筑立体化、信息化治安防控体系，146 个社区实现零发案。开展“信访积案化解年”活动，排查解决各类矛盾纠纷 700 余件。持续深化扫黑除恶专项斗争，抓好中央督导组反馈问题整改，深挖彻查石凤刚案。推进城市安全隐患治理三年行动，安全生产死亡事故和死亡人数“双下降”。

树立抓好党建是最大政绩理念，落实全面从严治党主体责任。全年区委常委会研究党建议题 159 个，占比 60%。召开区委深改委、财经委、审计委、城工委、依法治区委、生态文明委等全体会议，加强对重点工作的统筹与研究。

始终把党的政治建设摆在首位。落实党中央关于加强党的政治建设的意见和市委贯彻措施，执行中央和市委关于加强和维护党中央集中统一领导的规定，执行请示报告制度。严明政治纪律和政治规矩，教育引导全区党员干部做到“三个一”“四个决不允许”。

加强干部人才队伍建设。树立基层和实践导向，新提拔和进一步使用的处级干部中具备基层一线经历的占比 70.4%。制定了村党组织书记选拔任用、个人重大事项报告实施细则以及村干部管理监督细则，加强对农村三套班子及各级控股企业主要负责人的监管。制定实施“丰泽计划”引才聚才办法。

提升基层党组织组织力。完成村和社区“两委”换届工作，选举一次性成功，书记、主任人选吻合度 100%。对 6 个软弱涣散村、8 个后进社区，“一村（社区）一策”持续整顿。统筹抓好各领域党建工作，持续打造和推广时代风帆楼宇党建和统战工作品牌。

持续深化作风建设。持之以恒纠正“四风”，查处违反中央八项规定精神案件 25 起，查处“为官不为、为官乱为”案件 119 起。加大形式主义、官僚主义问题整治力度，以区委、区政府名义下发文件减少 56.5%，会议减少 55.2%，区级督查检查考核事项减少 83%，社区表格区级事项精简 94.9%。

推进党风廉政建设和反腐败斗争。加大区委巡察力度，完成 4 轮对 37 个单位的巡察和规划自然资源领域专项巡察。保持反腐败高压态势，全年立案 247 件，党纪政务处分 179 人，留置 12 人，党内政治生态得到净化。

（李兵兵）

重要活动

【丰台区疏解整治促提升、生态环境建设与安全生产动员大会】 3 月 5 日，2019 年丰台区疏解整治促提升、生态环境建设与安全生产动员大会在区委区政府机关三层第一会议室召开。王力军主持会议。肖辉利部署疏解整治促提升专项行动、生态文明和环境建设 2019 年工作安排。周新春部署 2019 年安全生产工作安排。汪先永讲话。区四套班子成员、法检负责人、各处级单位主要负责人、各街乡镇党政领导班子成员、社区村党政主要负责人参加视频会议。

（李兵兵）

【全区街道工作会议】 5 月 18 日，全区街道工作会议在区委区政府机关三层报告厅召开。肖辉利主持会议。葛海斌部署丰台区深化党建引领“街乡吹哨、部门报到”改革工作，吴继东部署 2019 年全区街道工作重点任务，东铁匠营街道和南苑乡作表态发言。汪先永讲话。张巨明、刘宇、高峰、梁家峰、李正斌、李岚出席会议。

（李兵兵）

【区领导到丽泽金融商务区调研】 6 月 5 日，徐贱云、王力军到丽泽金融商务区调研规划建设情况，并在丽泽管委会办公室召开会议，听取并研究北京市建筑设计研究院、丽泽管委会关于丽泽金融商务区规划优化提升工作的汇报。

（李兵兵）

【区领导调研中关村丰台园规划建设情况】 6 月 12 日，徐贱云到中关村丰台园调研，并在丰台科技园区管委会召开会议，听取中关村丰台园管委会工作情况汇报。

（李兵兵）

【全民族抗战爆发 82 周年纪念仪式】 7 月 7 日，纪念全民族抗战爆发 82 周年仪式在中国人民抗日战争纪念馆举行。中共中央政治局委员、北京市委书记蔡奇主持仪式。市委副书记、市长陈吉宁，市人大常委会主任李伟，市政协主席吉林和中央有关部门、中央军委政治工作部领导出席。区领导徐贱云参加。王力军、高峰、梁家峰、李岚带队开展周边环境秩序维护及安全保障工作。

（李兵兵）

【市领导到丰台区调研“两新”组织党建工作】 7 月 8 日，中共中央政治局委员、北京市委书记蔡奇围绕“不忘初心、牢记使命，加强党的政治建设和‘两新’组织党建”主题到丰台区马家堡街道调研并参加市委党的建设工作领导小组全体会议。市委常委、宣传部部长杜飞进，市委常委、市纪委书记、市监察委员会主任陈雍，市委常委、组织部部长魏小东，市委常委、秘书长崔述强，区领导徐贱云、高峰、李岚、葛海斌一同参加。

（李兵兵）

【“接诉即办”督导工作推进会】 7 月 30 日，徐贱云在区委区政府机关三层报告厅主持召开丰台区“接诉即办”督导工作推进会。区委区政府班子成员及法检“两长”一同参加。

（李兵兵）

【区领导赴扎赉特旗对接扶贫协作工作】 8 月 8 日至 10 日，徐贱云率丰台区党政代表团赴内蒙古自治区兴安盟扎赉特旗对接扶贫协作工作。内蒙古自治区政府副秘书长王荣武，兴安盟委委员、副盟长孟文涛，兴安盟政协副主席、扎赉特旗旗委书记姜天虎，区领导李岚、葛海斌、周新春一同参加。

（李兵兵）

【“不忘初心、牢记使命”主题教育工作会议】 9月9日，徐贱云在区委区政府机关三层303会议室主持召开丰台区“不忘初心、牢记使命”主题教育工作会议。市委第三巡回指导组成员，区四套班子成员，法检“两长”，区相关职能部门主要领导，各街乡镇党政主要领导，各区直事业单位、区属企业党政主要领导，区委主题教育指导组组长分别在主会场和分会场参加。

（李兵兵）

【开展“不忘初心、牢记使命”主题教育专项整治任务调研摸底工作】 9 月 23 日至 25 日，徐贱云围绕“不忘初心、牢记使命”主题教育专项整治任务——“集中整顿软弱涣散基层党组织”，连续 3 天深入丰台街道 13 个社区开展调研摸底。市委第三巡回指导组组长、市国有企业监事会主席姜贵平参加 25 日调研。

（李兵兵）

【“疏解整治促提升”专项行动推进会】 10 月 9 日，丰台区 2019 年持续深化“疏解整治促提升”专项行动推进会在区委区政府机关三层303会议室召开。徐贱云出席会议并讲话，王力军主持。

（李兵兵）

【调研规划自然资源领域问题整改情况】 10月23日，徐贱云到长辛店镇调研规划自然资源领域问题整改情况。到西山老年公寓、北宫森林公园和豪特湾酒店，实地检查拆违控违、公园管理用房超建、公园绿地认建认养等工作整改情况。

（李兵兵）

【市领导调研城市南部地区发展】 11月9日，中共中央政治局委员、北京市委书记蔡奇围绕“学习贯彻十九届四中全会精神，促进城市南部地区加快发展”主题到丰台区调研。市委副书记、市长陈吉宁，市委常委、常务副市长林克庆，市委常委、秘书长崔述强，区领导徐贱云、王力军、吴继东、李岚、周新春一同参加。

（李兵兵）

【区领导调研南中轴地区规划发展工作】 11月12日，徐贱云调研南中轴地区规划发展工作，并在南苑乡政府召开工作会，听取南苑—大红门地区“疏整促”工作指挥部办公室和南苑乡、大红门街道有关工作情况汇报。

（李兵兵）

【区领导调研督导“接诉即办”工作】 12月12日，徐贱云、王力军到卢沟桥街道大井南里小区，调研督导“接诉即办”工作，并在西罗园街道办事处召开会议，听取“接诉即办”工作开展情况的汇报，区城指中心、西罗园街道、卢沟桥街道、大红门街道、花乡、王佐镇分别汇报。

（李兵兵）

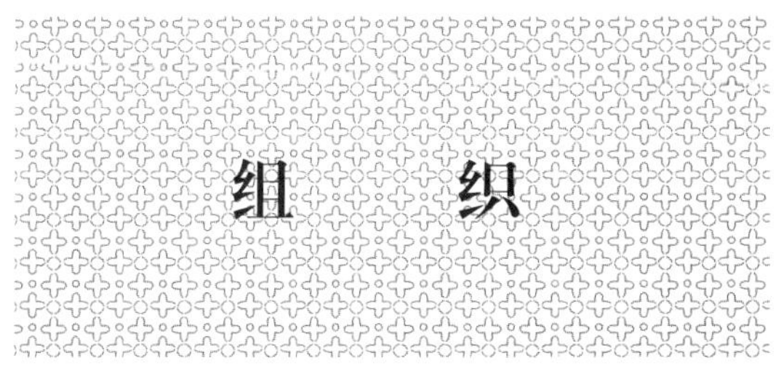

【概　况】 2019年，丰台区委组织部把握区域发展的新形势对组织工作提出的新任务、新要求，贯彻新时代党的建设总要求和党的组织路线要求，履行选干部、配班子，建队伍、聚人才，抓基层、打基础的职责，开展各项工作。全年，发展党员1296名，其中女性占56.02%，35岁以下占59.03%，大专以上学历占90.89%，“两新”领域占26.08%。调整处级干部571人次。其中提拔和进一步使用126人，平级交流94人，兼职免职等351人。提拔正处级领导干部26人、副处级领导干部55人，非领导职务干部11人。提拔女干部30人，少数民族干部9人，非中共党员干部2人。组织召开全区推行公务员职务与职级并行制度工作部署会和专项培训会，为全区党政机关和参公单位进行政策解读。90家单位完成职级套转和职级的首次晋升工作。

（杜忠仁）

【教育培训】 年内，区委组织部开展区级主体班次10期，举办专题班次23期，培训各类干部3700余人次。学习习近平新时代中国特色社会主义思想，为全区处级干部配备第五批全国干部学习培训教材和北京市第一批干部学习培训教材2600余套。加强规划体系建设，制定出台《丰台区贯彻落实〈2018-2022年北京市干部教育培训规划〉的实施方案》。在初任培训、科级任职培训、优秀年轻干部培训等培训班中，突出理想信念教育，强化党性教育。实施“干部专业化能力提升计划”，举办金融科技产业融合与发展专题培训班等精品班次。推动丰台、张湾两地对口协作，举办“丰·张”党建引领基层社会治理创新培训班。

（杜忠仁）

【干部实践锻炼】 年内，区委组织部坚持在重大活动、重点任务和急难险重工作中培养历练干部。对敢担当、有知识、有潜力的优秀年轻干部，安排到急难险重的基层和重点工作一线锻炼。全年选派100名科级干部作为网评员，选派500余名处、科级干部参与新中国成立70周年庆祝活动服务保障、南苑-大红门地区综合整治、巡视巡察、丰台火车站配套市政工程建设和周边环境整治等重点工作，选派13

名年轻处、科级干部赴青海、内蒙古、河北、沈阳等地挂职，选派3名科级干部到房山区担任村第一书记。

（杜忠仁）

【年轻干部选拔培养】 年内，区委组织部强化统筹规划，加强源头建设，到全区80余家单位开展调研，了解各单位优秀年轻干部培养和发展情况，更新优秀年轻干部人才库。拓宽选人用人视野，从航天一院、航天三院、清华大学、北京石油化工学院等驻区科研院所、高等院校引进4名优秀年轻干部到街道、群团部门任职。

（杜忠仁）

【处级干部考核】 年内，区委组织部完成2018年度区委管理的处级干部考核奖励评定工作，确定优秀三等功69人、优秀嘉奖146人、称职嘉奖112人，并将考核结果作为干部选拔任用的重要依据。

（杜忠仁）

【公务员招录】 年内，全区招录公务员172名，其中，招录选调生17名，占招录人数的9.88%；招录大学生村官12名，占招录人数的6.98%；招录退役大学生士兵10名，占招录人数的5.81%；招录残疾人1名。硕士及以上学历的74人，占总招录人数的43.02%。从优秀社区党组织书记中定向招录2名公务员，拓宽优秀社区党组织书记成长空间，激励基层干部在一线担当作为、干事创业，形成基层用人导向。

（杜忠仁）

【公务员考核】 年内，区委组织部完善年度考核机制，发挥考核奖励的“杠杆”作用，做到“三倾斜一联动”，奖优罚劣。向基层一线倾斜，将基层机关考核优秀等次与嘉奖的比例上调3%和5%；向模范先进倾斜，对绩效考核受表彰的单位追加考核优秀及奖励指标；向重点任务重大活动倾斜，为参与完成新中国成立70周年庆祝活动保障、非首都功能疏解工作、重点功能区建设等全区重大活动、重点工作的单位和干部增加考核优秀和奖励指标。

（杜忠仁）

【公务员管理】 年内，全区办理4名干部的调任和80名干部的调动。通过“先网上核职，后任免备案”的工作流程，制作网上核职指导模板、网上核职视频讲解。2019年度审核备案科级干部选拔任用交流轮岗1445人次。

（杜忠仁）

【个人事项报告】 年内，区委组织部对2019年处级干部报告个人有关事项工作进行专题部署，对填报对象及组织人事部门负责人，分四批进行集中专题培训；编印《丰台区领导干部个人有关事项报告易出错问题实例解析》宣传折页，下发全区所有填报对象对照学习，强化负面警示教育；对拟提拔为副处级干部的考察对象，进行专门培训讲解，领导干部报告个人有关事项如实率提升。

（杜忠仁）

【在编不在岗专项清理整治】 年内，区委组织部印发《丰台区机关事业单位工作人员长期在编不在岗专项清理整治工作实施方案》，通过各单位自查、信息核对、群众参与等方式，摸清底数、突出重点、分类处置。医保审核系统筛选比对出就诊记录与病假理由不完全一致31人，移交区纪委区监委，28人查否了结，3人被立案查处。对工资、考核等政策执行中存在问题的，由区人力社保局牵头督促落实整改。

（杜忠仁）

【“三重一大”专项检查】 年内，区委组织部下发《中共丰台区委组织部关于进一步做好“三重一大”制度建设和执行情况监督检查工作的通知》，向区属各单位明确检查内容，提出具体要求。检查发现5个单位因机构改革新组建未更新“三重一大”制度，1个单位未建立专门的“三重一大”制度。其余单位均在规定期限内完成制度制定工作。

（杜忠仁）

【党组织整顿】 年内，丰台区召开2次区委常委会专题研究软弱涣散党组织整顿工作，23名党员区领导对全区392个村和社区逐一调研摸排，集中整顿存在村干部违法违纪、信访矛盾突出、“接诉即办”排名靠后的6个村和8

个社区。落实“五个一”“3+1”工作机制，“一村（社）一策”精准整顿，向每村（社区）划拨 50 万元专项整顿经费，用于解决突出问题。把“扫黑除恶”专项斗争与基层组织建设深度融合，推动“扫黑除恶”专项斗争向纵深发展。将出现“涉黑涉恶”问题的辛庄村纳入软弱涣散整顿范围，加强组织建设。开展村务管理全覆盖检查，确保村级组织运行民主、规范、透明。将辛庄村“涉黑涉恶”案例和村干部违法违纪典型案件，作为村和社区干部轮训警示教育重要内容，引导党员干部讲政治、明规矩、守底线。开展“大学习、大宣讲、大讨论”活动，增强党员群众斗争意识和斗争本领。

（杜忠仁）

【党群服务中心体系建设】 年内，区委组织部研究制定《丰台区党群服务中心建设管理办法》，明确党群服务中心的建设标准、人员编制、功能作用等基本要求。完成区级党群服务中心主体建设，完善服务功能，打造亮点品牌。以街道乡镇，科技园区、丽泽商务区和 40 座地标性商务楼宇为重点，推动党群服务中心建设全覆盖。制定需求、资源、项目三张清单，推动政务服务向党群服务中心延伸。

（杜忠仁）

【“两新”组织党建工作】 年内，丰台区召开全区重点商务楼宇座谈会暨“两新”组织党建工作联席会，为企业搭平台，送政策，促发展。以互联网企业为重点，开展摸底排查，建立互联网企业台账。提升规模以上企业覆盖质量，以全区纳税百强企业、行业领军企业为重点，消除覆盖空白点。制定《丰台区“两新”领域党务专职工作者管理办法》，强化队伍建设，提升“两新”领域党建工作水平。

（杜忠仁）

【党内帮扶慰问】 年内，在春节、“七一”期间，开展党内帮扶慰问工作，帮扶慰问生活困难党员、党务专职工作者、新中国成立前入党的农村老党员和未享受离退休待遇的城镇老党员 1338 人次。

（杜忠仁）

【国庆 70 周年服务保障】 年内，丰台区组织 35 名优秀党员和党务工作者参加“全面从严治党”群众游行方阵。组织 40 名优秀组工干部参加国庆观礼活动以及前期三次彩排。通过组织党员参与群众游行和观礼，发挥党员在国庆保障任务中先锋模范作用，树立优秀党员和组工干部的形象。

（杜忠仁）

【“不忘初心、牢记使命”主题教育】 年内，按照中央、市委关于第二批“不忘初心、牢记使命”主题教育的部署，丰台区主题教育于 9 月 9 日正式启动，区四套班子以及全区 111 个处级单位、5061 个党组织、1190 名处级以上干部、13.4 万名党员参加。围绕“不忘初心、牢记使命”主题，抓住深入学习贯彻习近平新时代中国特色社会主义思想这一主线,把握“守初心、担使命，找差距、抓落实”的总要求，把学习教育、调查研究、检视问题、整改落实四项重点措施有机融合、贯穿始终，实现理论学习有收获、思想政治受洗礼、干事创业敢担当、为民服务解难题、清正廉洁作表率的目标，以实际行动让群众感受到主题教育成果。

（杜忠仁）

【流动人才党员管理】 年内，区委组织部在市级层面开展“动员和帮助流动人才党员转移组织关系”试点工作的基础上，结合《丰台区流动党员管理办法》的试行，启动流动人才党员组织关系规范工作。以“丰台区人力资源公共服务中心党委”为试点，按照“应转尽转、兜底管理”工作目标，把 1265 名流动人才党员的组织关系转移到工作地或居住地，占全体流动党员 37%，理顺流动人才党员组织关系，加强流动党员队伍管理。

（杜忠仁）

【退役军人“口袋”党员排查】 年内，丰台区按照市委组织部要求，对 2001 年至 2017 年安置的退役军人党组织关系进行排查，将具有党员身份、退役后未落实组织关系且无犯罪记录的党员，根据工作单位或居住地落实党组织关系。通过电话沟通，落实党组织关系 462 名。

（杜忠仁）

【党组织设置调整】 年内，区委组织部规范基层党组织设置，结合机构改革，按照《中国共产党支部工作条例（试行）》和《中国共产党党员教育管理工作条例》的最新要求，制定基层党组织设置调整工作方案，新建、撤销、更名党组织22个，调整党组织隶属关系6个。调整后，区委直属党工委由37个精简为31个，区直机关工委管理的机关党组织由78个调整为74个。

（杜忠仁）

【人才工作平台建设】 年内，丰台区立足区域重点产业发展方向，持续推进产学研用合作平台建设，全区有院士专家工作站19家，引进院士和专家41名；推进博士后工作站建设，建立丰台博士之家，搭建在站博士后沟通交流平台，全区设站企业17家，在站博士后32人，进出站博士后76人。强化大创园、留创园工作，打造“北京IBI创业训练营”品牌活动，助力创新创业发展。

（杜忠仁）

【优化人才发展生态】 年内，丰台区加大众创空间、科技企业孵化器扶持力度，助力人才服务载体创新发展，全区有科技企业孵化器18家，众创空间30家，科技孵化协同创新中心7家。优化“聚才引智”服务，为企业打造政企沟通、企业互动、人才培养、专家服务、岗位信息五大平台，构建企业人才服务“绿色通道”。优化营商环境，对接企业需求，协调解决实际困难和问题，面向高层次人才，科技园区、丽泽商务区重点企业中高级管理人才，和教育、卫生等领域中高级专业技术人才配租公共租赁住房615套，强化人才服务保障。与清华大学、北京大学等知名高校合作，举办“慧聚英才、筑梦丰台”系列宣讲招聘活动，着眼区域发展所需的人才支撑，从源头优化年轻干部人才队伍结构，建立丰台区与高校互通互联的人才发现培养通道，为区内单位及驻区企业提供引才聚才的服务平台。

（杜忠仁）

宣传

【概　况】 2019年，丰台区宣传工作围绕学习宣传贯彻习近平新时代中国特色社会主义思想和服务保障庆祝新中国成立70周年重大活动这条主线，贯彻落实习近平总书记关于宣传思想工作的重要思想，围绕中心、服务大局，坚持稳中求进、守正创新，突出树立形象、凝聚力量，为实现“丰台区要上台阶”“未来风光看丰台”“妙笔生花看丰台”的目标夯实思想基础，凝聚社会共识，为把丰台建设成为和谐宜居的首都中心城区提供思想保证和精神动力。

（任海东）

【区委宣传思想工作领导小组成立】 年内，丰台区成立中共北京市丰台区委宣传思想工作领导小组，区委常委、区委宣传部部长梁家峰任组长，区委宣传部、区委组织部、区委统战部、区文化和旅游局、区文联等单位相关领导任组员。区委宣传思想工作领导小组下设办公室，办公室设在区委宣传部。

（任海东）

【宣传思想文化工作会】 3月11日，丰台区召开全区2019年宣传思想文化工作会，区委常委、组织部部长张巨明出席并讲话，全区各委办局、街乡镇、企事业单位主管宣传思想文化工作领导及科室负责人150余人参会。会议以电视电话会的形式组织，传达全国、全市2020年宣传部长会议精神，部署丰台区2020年宣传思想文化工作任务。

（任海东）

【新中国成立70周年系列庆祝活动】 年内，区委宣传部完成群众游行和群众联欢任务，抽调2200人组建群众联欢方阵，50名文明引导员参加群众游行活动。以“丰台区要上台阶 未来风光看丰台”为主题，举办3场文艺演出和100余场基层文化活动。统筹开展“倡导国庆新民俗，打造爱国活动周”等8个系列300余场次主题实践活动，以网络直播、短视频、微视频呈现新中国成立70周年游园活动，全网浏览量近1000万人次。开展“我和我的祖国”主题宣传教育活动，制定《丰台区隆重庆祝中华人民共和国成立70周年广泛开展“我和我的祖国”群众性主题宣传教育活动的实施方案》，组织全区干部群众开展13大类36项群众性主题宣传教育活动5000余场，100余万人次参与。完成宣传环境布置，在全区环路周边、高快速路沿线、主要大街及连接线、过街天桥等地悬挂标语横幅2000余条，升挂国旗14280面，插挂彩旗8822面，悬挂灯笼灯饰2500余个，布置单立柱广告13个，制作立体花坛7个、容器花卉153组。

（任海东）

【意识形态工作管理】　年内，区委书记和全区处级以上党（工）委、党组主要领导签订《丰台区2019年意识形态工作责任书》，全年召开意识形态联席会议4次；修订并发布《丰台区户外宣传阵地管理办法》《丰台区落实<关于加强北京城市公共空间艺术品建设管理意见>的工作安排》《丰台区落实<关于进一步加强对论坛、讲坛、讲座、年会、报告会、研讨会等阵地管理的意见>的工作安排》三项规范性文件，强化属地管理、部门联动的工作机制；加强舆情监控，健全重点网站、新媒体账号的管理和协调机制，强化全区网络发言人队伍和网评员队伍建设，增强网络舆情工作实效。

（任海东）

【党的创新理论传播】　年内，区委宣传部开展“送理论、下基层、进家门、入人心”学习教育活动，用好“榜样故事会”“百姓宣讲团”，用活“北京丰台”APP和“学习强国”学习平台，利用大瓦窑村党史馆、长辛店二七纪念馆、中国人民抗日战争纪念馆等红色资源，发挥马家堡街道时代风帆楼宇党委马克思主义读书会等基层特色品牌辐射效应，创新开展“沉浸式”“互动式”“体验式”的理论宣讲模式，构建“专家讲理论、干部讲政策、榜样讲故事、群众讲体会”的宣传教育体系，让党的创新理论“飞入寻常百姓家”。

（任海东）

【学习宣传党的十九届四中全会精神】　年内，制定《丰台区学习贯彻党的十九届四中全会精神宣讲活动工作方案》，召开全区宣讲工作部署会暨培训会，采取“1+1+3”方式，即区领导带头宣讲、成立丰台区学习贯彻党的十九届四中全会精神宣讲团、组建三类基层宣讲团，突出对象化、分众化、互动化，深入社区、农村、企业、部队、学校，开展宣讲60余场，受众2万余人。

（任海东）

【主题宣传报道】　年内，以“壮丽70年、奋斗新时代”集中采访活动为牵引，聚焦重点功能区建设和重大活动组织，完成成就宣传、典型宣传和重大主题宣传，推出丰台城市宣传片，展现丰台作为中心城区的新形象，为推动“丰台区要上台阶”营造舆论氛围。中央、市属媒体刊发丰台区正面报道1万余条。

（任海东）

【新时代文明实践中心建设】　年内，出台《丰台区推进新时代文明实践中心建设工作方案》《丰台区新时代文明实践中心工作体系》《丰台区新时代文明实践中心建设区级部门工作分工方案》，构建区、街乡镇、社区村三级工作机构，建成新时代文明实践中心1个、新时代文明实践所21个、新时代文明实践站394个、新时代文化实践基地10个；建立新时代文明实践志愿服务队伍430支，吸纳志愿者12万余人，组织各类“新时代文明实践推动日活动”2500场，覆盖辖区群众30万余人；依托“北京丰台APP”建成网络互动平台，实现新时代文明实践中心、融媒体中心和政务服务中心“三个中心”贯通。

（任海东）

【精神文明创建】　年内，将创建工作任务分解落实到各成员单位，发挥文明委指挥调度功能，对成员单位落实情况进行专项督促指导，提升群众性精神文明工作水平。完成首都文明城区测评复查工作；28个单位申报参评“全国文明单位”，8个乡镇（村）申报参评“全国文明村镇”，26个村镇申报参评“首都文明村镇”，300个单位申报参评“首都文明单位标兵”和“首都文明单位”、17个校园申报参评“首都文明校园”、26个家庭申报参评“首都文明家庭”；推荐20条街巷参评“首都文明街巷”、20家商户参评“文明商户”；提升5个乡情村史陈列室，完成6个农村精神文明宣传视屏建设和文明旅游、诚信宣传教育引导等工作。

（任海东）

【思想道德建设】 年内，推荐评选宣传“北京榜样·最美丰台人”“身边好人”等各类典型130人，其中史光柱、高凤林被授予“最美奋斗者”称号，刘玉坤当选“2019十大北京榜样”，刘宝中获“第七届首都道德模范”提名奖；开展社会主义核心价值观宣传，建成社会主义核心价值观宣传文化墙7处；开展“社区文明小使者”“学习和争做美德少年”等活动，引导未成年人“扣好人生第一粒扣子”；组织“礼让斑马线”“V蓝北京”等主题活动，推进秩序、环境、观赏等文明引导行动；组织学雷锋志愿服务，推动志愿服务常态化。

（任海东）

【全国文化中心建设】 年内，印发《西山永定河文化带保护发展丰台区五年行动计划（2018年—2022年）》，推进《卢沟桥（宛平城）文物保护规划》《长辛店老镇文物保护规划（2018年—2035年）》的编制工作，推进金中都城墙遗址保护工程，实施长辛店“二七”大罢工旧址——劳动补习学校旧址修缮工程、丰台北天堂公园建设工程、莲花池公园整体改造提升（一期）工程等市级重点任务，推进北京国家数字出版基地建设。开展创意训练营、创新创意大赛、惠民文化消费季，承办中国科幻大会，参加北京文博会、北京世界园艺博览会等活动，加强文化交流。

（任海东）

【文化活动】 年内，以新中国成立70周年和传统节日为重点，开展群众性文化活动。2月19日，举办“福满京城 春贺神州”主题元宵节灯会活动，在世界公园设主会场，在王佐镇南宫五洲植物乐园设分会场，设计主题花灯20余组，由3.5万枝郁金香花、玫瑰花组成5000平方米的奇幻灯海。9月13日，在北京园博园举办2019年“月圆京城 情系中华—卢沟晓月 中华圆梦”中秋文艺演出。开展“书香丰台”、公益电影放映等工作，全年各街乡镇、社区村开展传统节日文化活动700余场次，惠及群众约50万人次。

（任海东）

【全民族抗战爆发82周年纪念活动保障】 6月15日，丰台区成立丰台区纪念全民族抗战爆发82周年活动保障指挥部，下设仪式活动组、现场保障指挥组、外围秩序组、安全防范组、环境整治组、新闻舆情组6个专项工作组。7月7日，纪念全民族抗战爆发82周年仪式在丰台区宛平城内的中国人民抗日战争纪念馆举行。晚上，首都各界群众纪念活动演出在卢沟桥广场举行，市区领导及500余名各界群众代表一同观看演出。

（任海东）

【“中国工人运动与党的初心和使命”主题展览】 9月29日，“中国工人运动与党的初心和使命”主题展览在长辛店二七纪念馆对外开放。展览分为“打碎枷锁求解放”“当家做主建国家”“投身改革开新路”“筑梦辉煌向复兴”四个部分，通过200余幅图片、3个视频影片以及50余件实物展示中国共产党早期在长辛店地区开展革命活动和工人运动的光辉历程。

（任海东）

【2019中国戏曲文化周】 10月2日至8日，2019中国戏曲文化周在北京园博园举办。活动以“沉浸式”体验为亮点，兼具专业性与群众性，65家专业院团为游园群众进行370余场戏曲及艺术表演，吸引游客19万人次。

（任海东）

【机构改革及职级并行】 年内，编制完成《中共北京市丰台区委宣传部职能配置、内设机构和人员编制规定》，按照职能设置完成文明办 13 名干部、原新闻中心 12 名干部的人员转隶以及固定资产清查等工作，理顺工作机制，完成机构改革任务。制定区委宣传部职务与职级套转、职级晋升工作方案，完成 8 名干部的选拔任用、11 名干部的职务职级套转和 15 名干部的职务职级晋升工作。

（任海东）

【“不忘初心 牢记使命”主题教育】 年内，按照中央统一安排，制定《中共丰台区委宣传部“不忘初心 牢记使命”主题教育实施方案》《中共丰台区委宣传部领导班子“不忘初心 牢记使命”主题教育工作方案》，区分领导班子和领导班子成员、党支部和普通党员两个层次，采取分层组织、有机融合的形式，组织集中学习研讨 4 次，参观见学活动 6 次，专题讲党课、对照党章党规找差距会、调研成果交流会、民主生活会、组织生活会各 1 次，部领导班子成员带头深入 21 个街乡镇开展调研活动 65 次，汇总收集报送各类材料 200 余份，确保主题教育各项活动落到实处、取得实效。

（任海东）

【“四力”学习教育活动】 6 月 27 日至 28 日，区委宣传部组织全区 108 家单位的 230 余名宣传干部，围绕意识形态、基层新闻宣传、网络舆情、新时代文明实践中心建设等工作，开展增强“脚力、眼力、脑力、笔力”学习教育实践活动，培养宣传干部“开口能说、提笔能写、遇事能谋、谋事能成”的过硬能力。

（任海东）

网络安全与信息化管理

【概　况】 2019 年，丰台区网络安全和信息化工作按照稳中求进、守正创新、依法治理的工作思路，组织召开区委网信委第一次全体会议，推进区级网信工作体系的健全完善；完成“北京丰台 APP”上线及与“北京云”平台对接工作，融媒体建设工作进入全市第二方阵，与新华社北京分社合作完成 50 部百姓短视频，总阅读量超过 3 亿人次；开展网络主题宣传，提高网络安全和信息化管理水平，完成网络安全和信息化工作，维护网络安全。

（李先瑢）

【第一次网信委工作会】 8 月 6 日，区委书记、区委网信委主任徐贱云主持召开区委网络安全和信息化委员会第一次会议，会议传达学习北京市委书记、市委网信委主任蔡奇在市委网络安全和信息化委员会第一次会议上的讲话精神，研究中共北京市丰台区委网络安全和信息化委员会成员建议名单；听取并研究《中共北京市丰台区委网络安全和信息化委员会工作规则》《中共北京市丰台区委网络安全和信息化委员会办公室工作细则》和《丰台区 2019 年网信工作要点》。

（李先瑢）

【制定印发《丰台区重大决策舆情风险评估实施办法》】 7 月 26 日，印发《丰台区重大决策舆情风险评估实施办法（试行）》（京丰网办发〔2019〕1 号）。强化舆情风险意识，建立健全将舆情风险评估纳入党委政府重大决策程序的工作机制，防范和化解舆情风险，保障各项重大决策部署的实施，依据《关于建立健全重大决策社会稳定风险评估机制的指导意见（试行）》(中办发〔2012〕2 号)、《重大行政决策程序暂行条例》（国令第 713 号）等中央、市委有关精神，结合丰台区实际，制定《丰台区重大决策舆情风险评估实施办法（试行）》。

（李先瑢）

【建立舆情应急处置工作机制】 7 月 26 日，印发《中共北京市丰台区委网络安全和信息化委员会办公室关于印发<丰台区舆情应急处置工作机制(试行)>的通知》(京丰网办发〔2019〕2 号）。确立加强领导，统筹协调；职责明确，分级负责；预防为主，源头管控；快速联动，科学应对的工作机制；成立区舆情应急响应处置工作领导小组，明确职责分工；根据舆情的社会关注度、传播速度、影响力等，按照四个级别分类处置；明确工作流程，坚持以正面导向为主，把握主动权，增强事件处置的及时性和有效性；强调工作要求，强化队伍建设，严格考核管理。

（李先瑢）

【“遇见精彩丰台”系列宣传活动】 8月26日至9月30日，开展“遇见精彩丰台”活动，活动整体曝光量1.8亿+，微博话题阅读量8830万+，单条微博最高阅读量突破1318万，网民互动讨论6300多次，“北京丰台”官微排名由全市第31名上升到第13名。

（李先瑢）

【“抖出精彩丰台范儿”活动】 10月，举办“抖出精彩丰台范儿”活动，全网曝光1亿次，“抖音挑战赛#抖出精彩丰台范儿”参与视频数量4115个，评论数44万条，总点赞数超过61万次。播放量超过100万人次的视频6条，定制“穿越丰台”创意贴纸在使用区展示54.7万次，投稿1914个。

（李先瑢）

【网络安全和信息化】 年内，落实网络安全工作责任制，初步形成协调联动的网络安全工作格局。完成区信息中心、政务数据中心机房日常管理，对重点单位、属地重点网站开展安全检查。开展网络安全“五进”活动，加快政务服务网络体系建设，加强个人信息保护和数据安全管理，完成重大活动、重要会议的网络安全保障工作。

（李先瑢）

统一战线

【概　况】 2019年，统战系统按照机构改革要求，侨务工作职责划入区委统战部并加挂区政府侨务办公室牌子；区民宗办为政府组成部门，归区委统战部领导，区社院加设党外人士培训处；区委统战部内设5个科室。对区台办、侨办主任进行重新任命，明确领导职责。机构改革后，调整区统战工作领导小组成员单位，完善领导小组运行机制，将民族宗教、新的社会阶层、港澳议事协调机构纳入领导小组架构，以专题会议形式研究部署工作。构建区、街道乡镇、社区（村）三级统战工作网络，街道乡镇全部建立统战工作领导小组，明确各级统战工作机构和人员，打通统战工作“最后一公里”。

（卢明丰）

【组织参加新中国成立70周年庆祝活动】 年内，完成新中国成立70周年庆祝活动服务保障工作。组织全区各界优秀人士代表800人参加国庆观礼，新阶层和民族宗教代表人士80人参加群众游行，完成国庆观礼和群众游行任务。

（卢明丰）

【参政党制度建设】 年内，区委统战部研究制定丰台区具体工作方案和民主党派代表人士队伍建设规划。完善统战部与民主党派联席会议制度，出台《丰台区民主党派区工委领导班子年度述职和民主评议的工作方案》，协助民主党派制定成员年度发展计划、领导班子成员岗位责任制、意识形态领域舆情分析研判机制等内部制度。

（卢明丰）

【主题活动】 年内，党派团体主题教育活动突出“爱国”主题和“国庆”主线，采取读、观、写、画、讲、演等形式，开展征文、艺术展、演讲、定向越野等活动，增强统战成员跟党走的信心和决心。各民主党派开展“不忘合作初心，继续携手前进”主题教育活动，区委统战部专题听取民主党派意见建议，逐条明确责任单位，抓好整改落实，确保主题教育活动取得成效。出台相关工作文件，制定整体活动安排，各党派团体通过座谈、参观、论坛、调研等多种形式开展主题教育活动，提高政治引领的针对性和实效性。

（卢明丰）

【帮困扶贫】 年内，打造“网上工商联”，实现线上线下联动服务。工商联企业围绕产业、消费、就业等多种方式，开展精准扶贫。民营企业认购扶贫受援地特色产品总价值2000余万元；扶贫产业项目前期投资3300余万元，带动建档立卡贫困户363户，安置解决产业园区整体搬迁家庭种植就业岗位500余户。爱心捐款捐物150余万元。在黔东南、内蒙古等地发掘一批绣娘，通过传、帮、带培训，建立“纹样数据库”，打造“深山集市”，近万名贫困绣娘不出家门就能脱贫致富。

（卢明丰）

【新阶层统战】 年内，推进市区新阶层人士8个示范建设点工作，形成区委统战部“专人定点联系、专业定向指导、专项定责对接”的工作机制。打造“同心”品牌，形成社区、楼宇、商圈纵向互通、横向互联的工作网络。构建区、街道、楼宇三级联谊组织体系，建立会长轮值制度，明确班子成员分工，全年开展各类活动35场。

（卢明丰）

【两岸交流交往】 年内，区台办依据《丰台区2018–2020年加强京台基层交流工作规划纲要》，继续贯彻执行市委专项工作会要求，办理赴台手续41件164人次；接待台湾参访团11批231人；完成5个因公赴台交流计划项目；举办元宵视频连线、京台社区大舞台等活动；新签署13个两岸基层结对交流协议，并达成口头意向签约12个，首次“快闪”活动在高雄六合夜市表演，参访团走进绿营区公所，实现视频连线共同组织、同台主持、同台合演、同场服务、同声欢笑的“五同”合作，完成交流任务。

（卢明丰）

【涉台服务】 年内，开展“感知新丰台、共谋新发展”2019年丰台区台商服务日暨区长接待日、迎新春联谊会、中秋联谊等活动。贯彻落实北京市《关于深化京台经济文化交流合作的若干措施》，处理非正常死亡台胞、台胞求助、台胞子女入学等涉台突发、求助事件8起；调研走访育青食品有限公司、联福物流公司等驻区台资企业；走访慰问驻区7名黄埔老人。

（卢明丰）

【民族宗教管理】 年内，巩固和深化宗教工作督查整改成果，20项整改任务全部完成。推进“宗教工作社会化管理”在社区村延伸，试点公开宗教临时活动点活动计划、负责人及监管人信息，强化社会化监管力度。

（卢明丰）

【党外代表人士队伍建设】 年内，区委统战部拓宽选人视野，与驻区企业、高校、医院加强联系，完成民主党派代表人士推荐工作，加强对党外人才资源统筹的研究。制定丰台区统一战线5年教育培训规划，分级分类明确工作目标，全年举办各类培训13次，参训人员1000余人。提拔调整党外干部9名。完成政协委员届中调整增补工作，适度增加新的社会阶层代表人士。

（卢明丰）

【基层侨联组织建设】 年内，区侨联组织利用“市—区—街—社区”四级联动工作机制，引导侨界群众在推动社区实现“七有”“五性”中发挥作用，成立“侨之家”怡海社区，形成为侨服务和基层侨联组织参与社区治理服务的工作经验。

（卢明丰）

政策研究

【概　况】 2019年，区委、区政府研究室围绕区委区政府中心工作，完成调查研究、文稿起草、深化改革等各项工作。全年开展调查研究50余次，形成各类调研报告、工作信息等20篇；起草区委区政府重要文稿80篇；组织召开深改委会议5次、书记专题会议12次，研究议题33个。

（彭海路）

【调查研究】 年内，区委、区政府研究室落实市委市政府关注的焦点问题，围绕“接诉即办”工作，赴城指中心、市场监管局、花乡、新村街道等调研，总结经验做法、挖掘特色亮点，形成工作信息5篇、调研报告1篇。回应群众关心的热点问题，不断提升基层治理工作能力和水平。赴方庄地区调研，形成《丰台区党建引领物业管理创新社区治理机制的探索思考》调研报告，刊登在《北京市改革调研报告》上；结合重点改革任务，撰写形成《丰台区突出重点 深化“街乡吹哨、部门报到”改革》工作信息，刊登在《北京改革情况交流》上。了解基层党建工作情况，赴卢沟桥街道、太平桥街道等基层单位调研，形成党建综合情况 10 篇。撰写形成“高质量推动丰台区各项工作上台阶”等信息，刊登在市委研究室《北京工作》刊物上。

（彭海路）

【文稿起草】 年内，区委、区政府研究室完成《区委全会报告》《丰台区政府工作报告》，区委书记在区街乡镇党（工）委书记月度工作点评会等重要会议的讲话稿，“不忘初心、牢记使命”主题教育期间各类重要文稿80余篇。

（彭海路）

【推动深化改革】 年内，区委、区政府研究室推动各专项小组召开专题会 72 次，研究议题47个，出台改革文件133个。抓住中央、市委重点任务，落实国家防范化解重大风险攻坚战等45项规定动作，完成阶段性目标任务。与区委办、区政府办开展联合督察，完成 10 项重点督察事项。

（彭海路）

机构编制

【概 况】 中共北京市丰台区委机构编制委员会办公室（简称区委编办）为中共北京市丰台区委机构编制委员会（简称区委编委）的常设办事机构，承担区委编委日常协调服务工作，为正处级，列入区委工作机关序列，归区委组织部管理。2019年，围绕中心，服务大局，完成区级机构改革任务，推进体制机制和机构编制管理各项工作的开展。

（匡怡芳）

【区级机构改革】 年内，保持主要机构及职能同中央、市级基本对应和衔接，完成丰台区机构改革任务。3月16日，丰台区召开区级机构改革动员部署会，区级机构改革全面推开。3 月底前，全区各部门完成人员转隶、机构挂牌、“三定”规定印发，按照中央和市委要求，完成机构改革任务。改革后，全区设置党政机构45个，其中区委机构12个、区政府机构33个，不再保留处级机构22个。区属议事协调机构由126个减至67个。

（匡怡芳）

【乡镇机构改革】 年内，区委编办按照市委编办《关于乡镇机构改革试点工作的指导意见》总体要求，强化赋权明责，优化乡镇机构设置，健全完善运行机制，试点开展乡镇机构改革工作。研究制定《丰台区卢沟桥乡机构改革试点实施方案》，试行乡镇职责清单，综合设置 7 个党政机构、5 个事业单位，组建综合行政执法队。

（匡怡芳）

【区级行政执法机构调整组建】 年内，丰台区根据市、区深化综合行政执法改革工作的相关要求，调整组建区市场监管综合执法大队、区生态环境综合执法大队、区文化市场综合执法大队、区农业综合执法大队、区住房和城乡建设综合执法大队5个行政执法机构，不再保留市工商局丰台分局稽查大队、区食品药品稽查大队、区质量技术监督稽查队、区物价检查所、区环境监察支队、区文化委员会行政执法队、区动物卫生监督所。将区城市管理综合行政执法监察局更名为区城市管理综合行政执法局，将区卫生和计划生育监督所更名为区卫生健康监督所。

（匡怡芳）

【机构编制资源调控】 年内，丰台区动态调整机构编制，调控机构编制资源。设立北京市丰台区医疗急救管理中心等3家事业单位；

调整机关事务管理服务中心、丰台社区卫生服务中心等单位机构设置；为部分编制缺口较大的单位适当增加编制，教育系统增加100名财政补助事业编制；接收2018年度军转干部，为区纪委区监委机关等17家行政事业单位增加编制；核减区房屋经营管理中心、区机关事务管理服务中心事业编制76名。

（匡怡芳）

【社会信用代码和事业单位法人管理】 年内，区委编办结合机构改革完善机关群团统一社会信用代码调整管理工作；督促全区近500家事业单位完成2018年度的年度报告工作，审核事业单位法人设立、变更、注销约百余项；完成事业单位法人变动情况双公示，全年公示约200件；完成事业单位法人双随机工作和“僵尸”单位第一步清理工作，清理比例87%。

（匡怡芳）

区直机关党建

【概　况】 2019年，按照《中共北京市丰台区委机构编制委员会关于调整中共北京市丰台区委直属机关工作委员会机构编制有关事项的通知》（丰编发〔2019〕65号），中共北京市丰台区委直属机关工作委员会（简称区直机关工委）更名为中共北京市丰台区委区直属机关工作委员会（简称区直机关工委）。中共北京市丰台区委直属机关纪律检查工作委员会（简称区直机关纪工委）更名为中共北京市丰台区委区直属机关纪检监察工作委员会（简称区直机关纪检监察工委）。不再保留中共北京市丰台区委直属机关工委监察组（简称区直机关工委监察组）。核定区直机关工委书记1名，副书记2名；纪检监察工委书记1名。区直机关工委系统有基层党组织74个，其中机关党委22个、党总支17个、党支部35个。党员20107人，其中离退休党员12005人，在职党员7424人，党组织关系在人才中心的党员678人。新发展党员125人，党员转正93人。全年收缴党费1136.86万元。区直机关工会所属单位42家，工会会员1655人。机关团工委所属团支部7个，团员60人。

（吴怡真）

【党建述职评议考核】 1月21日，区直机关工委在圣地苑宾馆二层多功能厅，组织召开2018年度区直机关系统党组织书记现场述职评议会，20家基层党组织书记进行现场述职。评议组、党员代表、协作组内单位进行评议打分。2018年度述职评议考核面向机关系统79家党组织，采取现场述职和书面述职相结合的方式，选取20家单位参与现场述职，其余单位书面述职。

（吴怡真）

【党员教育培训】 6月18日至21日，区委机关工委在国家机关事务管理局东坝服务中心举办区直机关党组织书记培训班，解读党的十九大精神，学习新《党章》《关于加强和改进中央和国家机关党的建设意见》等，模拟演练支委会、党员发展大会、支部换届选举会、讲党课等，研讨党建与业务工作融合之道。全年举办党组织书记、支部书记、组织委员等各层次培训班6个，培训党员和党务干部1000余人。

（吴怡真）

【党建创新项目】 6月21日，丰台区召开区直机关党建创新项目交流布置会。聘请区委党校副教授李燕对各党组织上报的28个项目进行审议，区纪监委、区法院等14家单位申报的15个项目通过评审。经9月10日第13次工委委员会审议通过，给予30.45万元经费支持，其中财政局2个项目不需要经费支持。

（吴怡真）

【“共产党员献爱心”活动】 7月1日，区直机关工委在区政府1号楼大厅举行2019年“共产党员献爱心”捐款活动启动仪式，区委、区人大、区政府和区政协四大家所属

10 个部委办单位参加启动仪式，捐款 36640 元。启动仪式后，机关工委系统其它党组织开展捐款活动。机关工委系统捐款总额 246193 元。

（吴怡真）

【参加全民族抗战胜利 82 周年纪念活动】 7 月 7 日，区直机关工委组织 80 名党员干部参加全民族抗战胜利 82 周年纪念活动，组织 200 名党员干部观看“江河铭记”——纪念全民族抗战胜利 82 周年文艺演出。

（吴怡真）

【参加烈士纪念日活动】 9 月 30 日，区直机关工委组织 138 名党员干部向人民英雄纪念碑敬献花篮，组织 100 名干部参加烈士纪念日活动。

（吴怡真）

【参加新中国成立 70 周年纪念活动】 10 月 1 日，区直机关工委组织 8 名机关优秀党员参加市委组织部优秀党员游行方阵，173 名机关干部参加 70 周年群众游行，183 名机关干部参加阅兵游行现场观礼，278 名机关干部参加晚上群众联欢，100 人观看庆祝新中国成立七十周年文艺晚会。

（吴怡真）

【组织机关党代表活动】 9 月 18 日，区直机关工委组织机关党代表到平西抗日战争纪念馆参观学习。25 日晚上到中国评剧院观看《讴歌新时代 丰台上台阶》——丰台区庆祝中华人民共和国 70 周年文艺演出。为党代表购买学习资料，加强党代表履职培训，提升履职能力。

（吴怡真）

【区直机关书画摄影展】 11 月 22 日至 12 月 8 日，区直机关工委在丰台科技馆举办“建功新时代 岗位做贡献——丰台区直机关书画摄影展”。展出优秀书画摄影作品 153 幅，参展作品围绕庆祝新中国成立 70 周年、社会主义核心价值观、丰台之美等主题，表现机关干部职工守初心、担使命的精神风貌。

（吴怡真）

老干部管理

【概　况】 2019 年，丰台区老干部工作围绕庆祝中华人民共和国成立 70 周年，不断加强离退休干部政治建设、思想建设和党组织建设，组织引导离退休干部发挥优势作用。截至 12 月底，全区有离休干部 243 人，平均年龄 89.38 岁；副处级以上退休干部 1406 人，平均年龄 69.81 岁。离退休干部党支部 92 个，老党员先锋队 161 支。全年举办学习培训班 6 期，组织全区离退休干部党支部书记、老党员先锋队骨干、副处级以上退休干部培训 1000 余人次。开展“不忘初心、牢记使命”主题教育，引导各老干部活动团队发挥优势作用，老干部理论学习组召开交流座谈会，强化学习引领；老干部宣讲团开展宣讲活动 38 场次，听众 3300 余人次；老干部写作组编辑发表系列文集《枫叶正红——庆祝中华人民共和国成立 70 周年特辑》，老干部体育团队、金秋艺术团在各级各类比赛中屡获奖项。

（高　蕾）

【老干部工作会议】 年内，丰台区召开“丰台区 2019 年老干部工作会议”，贯彻落实全国老干部局长会议和北京市老干部工作会议精神，从着力加强“三项建设”，深化正能量活动，抓好信息化、精准化、规范化建设，破解重点难点问题，建设高素质专业化工作队伍五个方面部署 2019 年老干部工作。

（高　蕾）

【思想政治建设】 年内，把习近平新时代中国特色社会主义思想和党的十九大精神作为学习重点，通过举办学习培训班、开设“初心讲堂”、开展系列主题教育活动，定期组织座谈交流会、形势报告会等引导老干部自觉做共产主义远大理想和中国特色社会主义共同理想的坚定信仰者和忠实实践者。

（高　蕾）

【临时党组织建设】　年内，强化对建立临时党组织的工作管理，严格把关审批，把临时党支部书记纳入全区离退休干部党支部书记培训范围，增强政治功能。加强临时党组织建设工作的实践和探索，加强对丰台区在海南省澄迈县建立的“候鸟式”离退休干部临时党支部的工作指导与日常管理，注重总结典型做法。

（高　蕾）

【文体活动】　年内，以庆祝新中国成立70周年为结合点，面向全区离退休干部开展“我和我的祖国”主题作品征集活动，召开“我看新中国成立70周年新成就”老干部调研会议；举办“我和我的祖国——丰台区离退休干部庆祝中国共产党成立98周年文艺演出”和“庆祝新中国成立70周年喜迎重阳节文艺汇演”等系列活动；组建老党员先锋队161支；老干部金秋艺术团舞蹈队在“我和我的祖国”北京市第十四届“舞动北京”广场舞大赛颁奖展演晚会中获得团体铜奖，选送的时装表演《红红大中国》在“为祖国喝彩”庆祝新中国成立70周年中国优秀群众文化艺术作品展演活动中获“优秀节目”奖，并获得直通2020民族春晚荣誉；老干部门球队获得丰台区第三十届“松鹤杯”门球赛第四名、第十一届北京市体育大会暨丰台区全民健身体育节门球比赛第八名；组织丰台区离退休干部“国庆杯”乒乓球和台球比赛；老干部台球队在“北京市老年人第20届‘康乐杯’台球比赛”中获得团体第六名；老干部乒乓球队参加市区乒乓球协会组织的各种比赛，被北京市乒乓球协会评为“赛会组织工作先进单位”。

（高　蕾）

【发挥老干部骨干团队作用】　年内，丰台区老干部理论学习组召开学习全国“两会”、纪念五四运动100周年大会、党的十九届四中全会等重大会议精神座谈会；老干部宣讲团开展形式多样的宣讲活动38场；老干部写作组书写正能量，编辑发表系列文集《枫叶正红——庆祝中华人民共和国成立70周年特辑》；老干部晓月诗社围绕重大节庆、传统节气进行诗词楹联创作，以原创诗词楹联集《卢沟吟》弘扬中华传统文化；老干部摄影组走进区少年宫，举办“大手拉小手　书香育少年”活动，当好下一代健康成长的引路人；老年书画研究会承办丰台区离退休干部“伟大历程　辉煌时代”庆祝新中国成立70周年书画展，与老干部晓月诗社、安徽省濉溪县老年书画研究会、诗词楹联学会联合举办庆祝中华人民共和国成立70周年书画诗词联展。

（高　蕾）

【老年大学建设】　年内，夯实一所大学+两所分校+25个社区课堂的“1+2+25”的三级老年教育体系，修订完善《章程》《工作职责》《管理规定》《应急预案》等制度，强化规范化服务管理，举办一场手工作品展和两场书画摄影展，吸引上千人次观展。

（高　蕾）

【养老服务】　年内，开展春节、“七一”和国庆节走访慰问离退休老干部活动，送去“新中国成立70周年纪念章”，基层各单位采用座谈会、入户走访等多种方式为单位离退休干部送去关怀。为去世离休干部无工作配偶发放生活补助，为副处级以上退休干部发放北宫国家森林公园年票，组织离退休干部进行健康体检。

（高　蕾）

【推进老干部工作向基层延伸试点工作】　年内，贯彻落实北京市党建引领老干部工作向基层延伸试点工作会议精神，制定《丰台区关于北京市党建引领老干部工作向基层延伸试点工作实施方案》，组织试点街道丰台街道和太平桥街道多次进行专题座谈，细化工作具体措施，完善制度机制建设，推动试点工作开展。结合参与“街乡吹哨、部门报到”深化工作，打通利用社区资源服务离退休干部的“最后一公里”。

（高　蕾）

【信息化建设】　8月，举办“北京老干部”服务管理系统工作培训，分三批对全区94家单位的112名老干部工作人员进行系统培训，完成全区内部组织架构、所属工作人员和离退休干部基础信息的导入、补充和完善工作。完成工作人员和离退休干部对服务管理系统的宣传、培训、推广和使用工作，老干部工作人员使用率100%，离退休干部使用率34%以上，超出市委老干部局15%的要求。强化离退休干部信息统计报送工作，加强离退休干部信息数据库的日常维护与更新管理。

（高　蕾）

【老干部工作队伍建设】 年内，推进“不忘初心、牢记使命”主题教育，为落实党的十九大报告提出的“认真做好离退休干部工作”重要指示提供保障。推进中办发《意见》和北京市《实施意见》的贯彻落实,加大对《丰台区离退休干部工作领导责任制》的督查考核力度；将机关党支部建设、工会建设与老干部工作队伍建设有机结合，提升运用互联网技术和信息化手段开展老干部工作的能力，完善意识形态工作机制，发挥“丰台老干部”微信公众号、门户网站、微博和《丰台老干部》报纸等平台的作用，加大对丰台区老干部工作的宣传。

（高　蕾）

保密管理

【概　况】 2019年，丰台区保密局完成机构改革，整体转隶区委办，设立两个保密业务科室，区委保密办主任由区委办分管日常工作的副主任担任，将保密工作纳入区委总体工作布局。开展涉改机构单位保密专项督导，加强对新设立、职能调整单位的业务指导，建立健全各级保密委员会，配齐配强保密干部，将保密工作纳入党委（党组）重要议事日程。全年未发生失泄密事件。

（牛登科）

【保密委会议】 5月16日，丰台区召开区委保密委全体会议，根据机构改革和工作变动情况，调整区委保密委员会成员，增加并调整区委网信办、区检察院、区法院、区科信局、区文旅局5个成员单位，制发2019年丰台区保密工作要点、关于加强领导批示件管理和关于切实做好机构改革保密工作的通知等文件，推进党中央决策部署和市、区委各项要求的落实。

（牛登科）

【国家安全教育日保密宣传活动】 4月15日，丰台区在北京汽车博物馆开展“备预不虞为国常道——为了人民的安全 2019年北京市丰台区‘4·15 全民国家安全日’主题展览”活动，向丰台街道、新村街道和园区管委会干部发放《履行保密义务 维护国家安全》宣传画册1000余册，宣传保密法、保密法实施条例，增强广大干部、军工企业职工及市民的保密知识和保密常识。

（牛登科）

【主题宣传活动】 5月，以“履行保密责任筑牢保密防线”为主题，统筹部署全区保密法治宣传月活动，为各单位配发《公民保密常识须知》《警惕，泄密就在您身边》等宣传折页4000余册，组织观看《防意如城》《惊心8小时》警示片。组织参加“保密伴我行，护航新时代”征文活动，区政府办、云岗街道作品分别获得全国优秀奖和全市一等奖。

（牛登科）

【保密自查自评】 5月至10月，根据北京市国家保密局自查自评督查工作要求，对全区104家机关单位保密自查自评工作进行督查。对6家存在问题隐患的机关、单位，组织回头看。通过督查，各单位提升对保密工作的重视程度、对各项规章制度和要求的落实力度。

（牛登科）

【国庆70周年北京庆祝活动保密服务保障】 6月至10月，按照“精精益求精，万万无一失”工作要求，完成国庆70周年保密服务保障工作，组建丰台区“涉庆”活动保密工作组，开展三轮保密督导检查，通过“面对面、事对事、人对人”的联系督导方式，协调解决办公设备不足、项目实施等问题。对国庆活动期间各分指挥部工作人员、计算机及办公设备、人员保密承诺书实行“三备案”机制，做到底数清、情况明。督促各分指挥部牵头单位落实保密主体责任，层层签订保密承诺书，审查参与人员，深化保密宣传教育，为庆祝活动营造安全保密环境。

（牛登科）

【保密干部培训】 7月11日至12日，丰台区举办全区保密及密码工作培训，通过国际国内形势分析、观看警示教育片、典型案例分析等形式，提高保密干部的风险意识和忧患意识，增强保守国家秘密和工作秘密的思想自觉和行动自觉，筑牢保密思想防线。邀请北京市国家保密局领导重点对定密管理、保密干部管理、自查自评等进行讲解，提升各单位保密管理水平。围绕全年重大活动，开展业务指导培训，提升全区依法治密水平，确保不发生失泄密事件。

（牛登科）

【保密资质（格）抽查】 9月，根据市保密局统一部署，区保密局随机抽查5家辖区内取得保密资质（格）的单位，从保密管理体系建设运行情况、保密领导责任制落实情况、涉密人员管理情况、涉密载体管理情况等10个方面进行检查。

（牛登科）

【保密专题培训】 年内，持续在党校干部教育课程中开展保密培训，把保密教育培训纳入干部主体班、任职班等各班次教学内容，培训正科、副科、军转干部、初任公务员300余人次。发挥各机关单位保密宣传教育主体作用，由区保密局送教上门，参训人员800余人，增强机关干部保守国家秘密的思想自觉和行动自觉。

（牛登科）

【国家级考试考务保密检查】 年内，按照国家教育考试中心考务安全保密有关规定中的职责分工，在辖区高考、中考、会考、成考、自考等国家级考试期间，对区教委考试中心及各考点校保密室人防、物防、技防情况和责任落实情况进行检查，对试卷的运输、交接、分发、封装等重点环节现场监督，检查考点校20余个，无失泄密情况。

（牛登科）

【集中销毁涉密载体】 年内，按照国家涉密载体销毁中心和北京市国家保密局的统一部署，区保密局每季度一次联系国家销毁中心到区政府机关上门回收涉密载体，全年协调销毁涉密载体30余吨。

（牛登科）

党校教育

【概　况】 中共北京市丰台区委党校（丰台区行政学院）、北京市丰台区社会主义学院是一校两院合为一体的干部教育培训机构（简称党校），是区委区政府负责丰台区党政干部的任职教育及岗位培训，向民主党派人士和社会各界宣传党的主张的部门。2019年，党校通过完善规章制度，开展业务培训，开发创新教学模式，组织开展科研调研活动，提升教学管理培训水平，全年完成50期10185人次的培训任务。其中主体班次8期，培训学员655人次；其他班次42期，培训学员9530人次。13项科研课题立项，其中市级课题5项，区级课题1项，校级课题7项，课题研究涉及党的重要理论与实践、党员干部教育、党建工作等方面。12篇科研成果、13篇培训信息刊登发表。编纂完成《中共北京市丰台区委党校汇编》《中共北京市丰台区委党校科研成果汇编(2018-2019)》。

（吴　艳）

【学苑文化长廊建设】 年内，区委党校设计建设“学苑文化长廊”，长廊内容分为习近平关于“不忘初心牢记使命”主题教育的论述；习近平关于“红船精神”等革命精神的论述；习近平关于党风廉政建设的论述；《丰台区委十二届九次全会工作报告》“下半年重点工作”中关于“全力推进高质量发展”四个部分。建设学苑文化长廊旨在丰富校园文化、体现丰台特色，以图文并茂的形式展示习近平新时代中国特色社会主义思想在京华大地落地生根、开花结果。

（吴　艳）

【外聘教师师资库建立】 年内，师资聘请严格把关，建立主体班次外聘教师师资库。收集教师讲课信息，授课前充分沟通讲课题目和内容，课后收集学员反馈。全年邀请中央党校、中央社院教授16人次，市委党校教授31人次，高等院校、科研院所教授12人次，兄弟区级党校教授6人次，其他方面的专家12人次，区级部门领导41人次，达到“领导干部授课比例不低于总课时的20%”的要求。

（吴　艳）

【现场教学基地建设】 年内，区委党校通过实地调研踏勘、与有关部门沟通协调，增设二七厂1897科创城和留法勤工俭学预备班旧址百年红楼教学点。利用好现场教学基地的作用，围绕党史国史、革命传承、形势政策，结合市情区情，根据不同班次需求，提供菜单式教学方案，使理论与实践相结合，增强培训效果。全年主体班次开展现场教学17次，其中赴异地开展现场教学2次。

（吴　艳）

【科研成果】 年内，区委党校有12篇科研成果在中央、北京市、丰台区的重要刊物、报纸上公开出版，有7篇论文、典型案例、交流文章在《北京市党校系统科研协作课题成果汇编》《“街乡吹哨 部门报到”理论研讨会论文集》《首届李大钊研究北京论坛暨纪念李大钊诞辰130周年学术研讨会论文集》等影响力较大的内部刊物上刊发。科研处将2018年7篇科研（咨政）课题研究成果，2018年、2019年公开发表的论文（调研报告）文章、典型案例共15篇汇编成《中共北京市丰台区委党校科研成果汇编(2018–2019)》，为宣传和展示区委党校科研（咨政）成果搭建平台。

（吴　艳）

【新课程开发利用】 年内，教研室开发新课程15门，内容涉及习近平新时代中国特色社会主义思想系列解读、学习贯彻党的十九届四中全会精神、“不忘初心 牢记使命”主题教育等，课程被纳入到主体班次和校外培训班中，并送党课下基层培训服务240余场次，受众14000余人次。

（吴　艳）

【教师工作室开发研究成果】 年内，四个教师工作室发挥示范引领作用。开发新课9讲，占新课开发总数的69%；外培和宣讲170余讲，占总数的70%以上；负责和参与的课题10项，占比近78%。李燕工作室申报北京市思政研究会基层重点课题——《关于长辛店革命精神的深刻内涵及时代价值》被确立为重点研究课题。

（吴　艳）

【基础设施建设】 年内，学员餐厅、礼堂报告厅、办公楼外立面、学苑文化长廊，办公楼五层学苑论坛，分别进行改扩建。新建学苑餐厅建筑面积提升近2倍，可同时容纳的就餐人数提升近3倍，从根本上解决学员就餐难的问题。礼堂报告厅更新设施设备，保障培训教学和区内重要会议的高标准要求。全年完成基础建设项目5项，财政投资1700余万元。

（吴　艳）

【网络信息化建设】 年内，区委党校利用党校网络平台，保障50期班次，70余次校内各类会议、学习等活动的开展，拍摄照片7000余张，录像时长400余分钟，完成校内精品课录制、编辑工作，成片时长90分钟。完成学苑餐厅弱电工程等4项信息化基础设施建设项目。强化网络运维，提升信息安全，全年无网络安全事故、无涉密责任事故。

（吴　艳）

【图书阅览室建设】 年内，图书资料室安装人民阅读电子阅报栏2套，向学员、教职工提供电子图书2000册、电子期刊100份。开辟习近平新时代中国特色社会主义思想图书专区，上架流通的图书4768册，校内图书馆有藏书2万余册。

（吴　艳）

【内设机构调整】 年内，区委党校根据区委编办关于党校增设党外人士培训处的批复（〔2019〕115号），新增设党外人士培训处。主要负责民主党派和无党派人士、统一战线其他领域代表人士的培训，培养统一战线理论研究人才，承办区委区政府举办的有关专题研讨班，参与组织开展决策咨询工作，为区委区政府决策服务。丰台区委党校（区行政学院）、丰台社会主义学院设有教务处、培训处、党外人士培训处、科研处、教研处、图书资料处、网络信息处、总务处、办公室9个处室。

（吴 艳）

【制度建设】 年内，区委党校对原有规章制度进行梳理，对部分规章制度进行废止和修订，形成88项规章制度的《中共北京市丰台区委党校制度汇编》。汇编分为三个部分，第一部分是全面从严治党篇，包括《“三重一大”决策制度实施细则》等24项制度；第二部分是主业主责篇，包括《教案编写与审查制度》等26项制度；第三部分是综合保障篇，包括《财务管理制度》等38项制度。

（吴 艳）

【“三个统筹”工作机制】 年内，在“三办三组”和N个教师工作室工作机制运转的基础上，推出“三个统筹”工作机制，即全面从严治党、全面从严治校统筹机制；主业主课统筹机制；综合保障统筹机制。建立由教务处主任、总务处主任、办公室主任参加的月会商机制，并根据工作实际和需要，建立相应的运行规则。具体事宜由统筹部门负责人召集涉及部门负责人共同研究确定。

（吴 艳）

【组织党日活动】 5月16日，丰台区委党校党总支组织全体在职党员，到长辛店二七纪念馆和二七1897科创城参观学习，开展“弘扬二七精神守初心 担当党校使命上台阶”为主题的党日活动。由中车北京二七机车有限公司原宣传部部长邵洪志进行讲解，为“不忘初心 牢记使命”主题教育和建国70周年系列活动在丰台区委党校的开展，做好组织动员和思想准备。

（吴 艳）

【市委党校督查评估工作检查】 9月19日，北京市委党校督查评估组到丰台区委党校开展贯彻落实“两个条例”督查评估工作。区委副书记、区委党校校长高峰出席督查评估活动。区委党校常务副校长管洪波汇报贯彻落实“两个条例”的成效和特色。高峰总结区委区政府办、管、建党校主体责任落实情况。督查评估组查看报告厅、学苑食堂施工现场、学苑文体活动中心、心理减压室、学苑文化长廊、应急演练室、模拟法庭、理论研讨室、教室、学员宿舍、图书馆等教学和保障设施，查阅2013年以来33项具体评估指标体系的档案材料，进行点评。市委党校副校长袁吉富代表评估组从总体评价、成效特色、问题不足三个方面对丰台区委党校反馈初步评估意见。

（吴 艳）

【科研成果交流会】 12月3日，丰台区委党校召开学习贯彻习近平新时代中国特色社会主义思想研讨会暨2018年度科研成果交流会。由中央党校、北京市委党校的专家学者和丰台区委组织部的相关领导组成评审组，约30人参加研讨交流会。7位代表作成果展示汇报，经专家评选，《关于丰台区在职党员回社区发挥作用机制的研究》获得特别奖，《民营企业家精神培育路径研究——基于丰台区民营企业的调查》获得一等奖，《基层廉政文化建设创新研究》获得二等奖，《基层落细落小落实社会主义核心价值观的经验及启示》获得三等奖，其余课题获得优秀奖。

（吴 艳）

丰台区人民代表大会

概　述

2019 年，北京市丰台区人民代表大会常务委员会，组织召开人民代表大会 1 次；召开常委会会议 6 次，听取和审议专项工作报告 30 项；依法作出决议、决定 15 项；依法任免新一届国家机关工作人员 132 人次，组织宪法宣誓 132 人次；召开主任会议 7 次，研究议题 29 项，听取专项工作报告 4 项；配合立法调研 20 项；开展执法检查 2 项，实地视察检查、座谈研讨 10 余次；接待群众来信来访 90 件次，讨论决定重大事项 4 项。密切关注丰台区域发展，加强对“做好丽泽金融商务区凉水河沿岸环境提升”和“以丰台火车站扩建为契机，推动周边配套设施及环境建设”2 件议案的督办力度。专题督办“关于推进全区医联体内医疗机构检查检验结果互认的建议”，重点督办“关于加大对木樨园至大红门桥地区环境秩序整治的建议”“关于整治石榴庄路交通秩序的建议”等。加强预算监督，重点关注支出预算和政策拓展方向。关注优化营商环境，围绕疏解整治促提升、招商引资、税收等开展调研并形成报告。探索开展“代表在倾听”活动，并在全市进行工作交流。推进代表“家”“站”建设，实现街道乡镇的全覆盖。开展调查研究，组织开展城市总体规划实施、经济运行、法治建设、城乡一体化发展等工作调研，确保监督内容落到实处。加强基层人大建设，在各街道党群办公室加挂人大街工委办公室牌子。

（张理霖）

重要会议

【区第十六届人大第六次会议】 1 月 8 日至 11 日，区第十六届人民代表大会第六次会议在北京东方美高美举行，听取和审议丰台区人民政府工作报告；审议丰台区 2018 年国民经济和社会发展计划执行情况与 2019 年国民经济和社会发展计划草案的书面报告，审查和批准丰台区 2018 年国民经济和社会发展计划执行情况的报告与 2019 年国民经济和社会发展计划；审议丰台区 2018 年预算执行情况和 2019 年预算草案的书面报告，审查和批准丰台区 2018 年预算执行情况的报告和 2019 年预算； 听取和审议丰台区人民代表大会常务委员会工作报告；听取和审议丰台区人民法院工作报告；听取和审议丰台区人民检察院工作报告；补选张巨明为区第十六届人大常委会主任；补选祖鹏为区人民法院院长。

（张理霖）

【常委会第十九次会议】 3月28日召开。会议共进行六项议程：学习十三届全国人大二次会议精神；决定人事任免事项，并组织新任命人员进行宪法宣誓；审议通过区人大常委会2019年工作要点；听取和审议区政府关于2019年重要民生实事项目的报告；听取和审议区政府关于丰台区2019年区级预算调整方案的报告；听取和审议区人大常委会关于2019年代表建议、批评和意见办理工作的意见。

（张理霖）

【常委会第二十次会议】 5月30日召开。会议共进行五项议程：学习栗战书委员长近期讲话精神；决定人事任免事项，并组织新任命人员进行宪法宣誓；听取区政府关于蓝天保卫战2018年行动计划实施情况的报告；听取区人民法院关于“扫黑除恶”工作的专项报告；审议通过区人大常委会代表资格审查委员会关于个别代表的代表资格的报告。

（张理霖）

【常委会第二十一次会议】 7月25日召开。会议共进行十项议程：传达学习习近平总书记对地方人大及其常委会工作作出的重要指示和栗战书委员长出席纪念地方人大设立常委会40周年座谈会上的讲话；传达学习市委第五次人大工作会议精神；决定人事任免事项；听取和审议区政府关于2019年国民经济和社会发展计划上半年执行情况的报告,审查2019年国民经济和社会发展计划上半年执行情况；听取和审议区政府关于2018年决算草案的报告，审查和批准丰台区2018年决算；听取和审议区政府关于2019年预算上半年执行情况的报告，审查2019年预算上半年执行情况；听取和审议区政府关于丰台区2019年区级预算调整方案的报告；听取和审议区政府关于2018年本级预算执行情况和其他财政收支审计工作报告；审议通过区人大常委会代表资格审查委员会关于个别代表的代表资格的报告；审议通过《北京市丰台区人民代表大会常务委员会关于补选丰台区第十六届人民代表大会代表的决定》。

（张理霖）

【常委会第二十二次会议】 9月26日召开。会议共进行六项议程：传达学习习近平总书记在“不忘初心、牢记使命”主题教育工作会议上的讲话精神；决定人事任免事项；听取和审议区人民检察院关于法律监督工作情况的报告；听取和审议区政府关于结合疏解整治促提升开展公共文化服务设施建设情况的报告；听取和审议区政府关于落实乡村振兴战略，开展美丽乡村建设情况的报告；审议通过区人大常委会代表资格审查委员会关于个别代表的代表资格的报告。

（张理霖）

【常委会第二十三次会议】 11月28日召开。会议共进行八项议程：传达学习党的十九届四中全会精神；决定人事任免事项；听取和审议区政府关于“以丰台火车站扩建为契机，推动周边配套设施及环境建设”议案办理情况的报告；听取和审议区政府关于“做好丽泽金融商务区凉水河沿岸环境提升”议案办理情况的报告；听取和审议区政府关于2019年代表建议、批评和意见办理情况的报告；听取和审议区政府关于2018年度本区行政事业单位国有资产管理情况的专项报告；听取和审议区人大常委会代表联络室关于2019年代表建议、批评和意见督办工作情况的报告；听取区政府关于2018年本级预算执行和其他财政收支审计查出问题整改情况的报告。

（张理霖）

【常委会第二十四次会议】 12月24日召开。会议共进行六项议程：传达学习市委全会精神；决定人事任免事项；听取和审议区政府关于2019年国民经济和社会发展计划执行情况与2020年国民经济和社会发展计划草案的报告，初步审查丰台区2020年国民经济和社会发展计划草案；听取和审议区政府关于2019年预算执行情况与2020年预算草案的报告，初步审查丰台区2020年预算草案；决定召开区十六届人大七次会议有关事项；听取部分市人大丰台团代表履职报告。

（张理霖）

【主任会第二十九次会议】 3月22日召开。会议共进行两项议程：研究决定区十六届人大常委会第十九次会议的审议议题和开会时间；研究决定《北京市丰台区人大常委会2019年重点监督计划》。

（张理霖）

【主任会第三十次会议】 5月23日召开。会议共进行四项议程：听取区政府关于民族宗教工作情况的报告；研究决定区十六届人大常委会第二十次会议的审议议题和开会时间；研究区人大代表对口监督小组工作相关事宜；研究《丰台区人大常委会预算联网监督系统建设工作方案》。

（张理霖）

【主任会第三十一次会议】 7月22日召开。会议共进行五项议程：听取区政府关于"七五"普法工作情况的报告；听取区政府关于科技创新工作情况的报告；研究决定区第十六届人大常委会第二十一次会议的建议议题和开会时间；听取区第十六届人大第六次会议闭会期间代表提交建议情况报告；研究区人大常委会2019年上半年工作总结。

（张理霖）

【主任会第三十二次会议】 9月19日召开。会议共进行三项议程：研究决定区十六届人大常委会第二十二次会议的建议议题和开会时间；研究决定区第十六届人大常委会第二十一次会议关于"北京市丰台区2019年国民经济和社会发展计划上半年执行情况的报告"的审议意见书、关于"北京市丰台区2018年区级决算（草案）、2018年本级预算执行和其他财政收支情况的审计工作及2019年预算上半年执行情况"的审议意见书；研究区人民政府关于落实区第十六届人大常委会第十五次会议关于计划、财政以及城乡一体化审议意见的报告。

（张理霖）

【主任会第三十三次会议】 10月24日召开。会议共进行三项议程：听取区政府关于农村集体经济组织产权交易管理情况的报告；研究决定区第十六届人大常委会第二十二次会议关于区检察院"法律监督情况的报告"的审议意见书、关于区政府"结合疏解整治促提升开展公共文化服务设施建设情况的报告"的审议意见书、关于区政府"丰台区推进美丽乡村建设及人居环境整治情况的报告"的审议意见书；研究区法院、区检察院关于落实区第十六届人大常委会第十六次会议审议意见的报告。

（张理霖）

【主任会第三十四次会议】 11月21日召开。会议共进行两项议程：研究决定区第十六届人大常委会第二十三次会议的建议议题和开会时间；讨论通过《丰台区人大常委会规范性文件备案审查工作规程》（修改稿）。

（张理霖）

【主任会第三十五次会议】 12月17日召开。会议共进行两项议程：研究决定区第十六届人大常委会第二十四次会议的审议议题和开会时间；研究决定区第十六届人大常委会第二十三次会议关于区政府"以丰台火车站扩建为契机，推动周边配套设施及环境建设"议案办理情况报告的审议意见书、关于区政府"做好丽泽金融商务区凉水河沿岸环境提升"议案办理情况报告的审议意见书、关于"丰台区人民政府关于2018年度本区行政事业单位国有资产的专项报告"的审议意见书以及区第十六届人大常委会第十七次会议审议意见的报告。

（张理霖）

人事任免

【依法人事任免】 年内，进一步规范任职程序，依法任免政府机关工作人员132人次，确保区委推荐的人选通过法定程序成为政府机关领导人员。任命人民陪审员 490 人。

（张理霖）

民主监督

【加强预算监督】 年内，推进人大预算审查监督重点转向支出预算和政策拓展方面，健全完善由财经委员会牵头、各专门委员会参与的预算初审工作机制，重点加强对支出预算总量与结构、重点支出和重大投资项目等方面的全口径审查、全过程监督。深入调研，监督预算绩效管理，促进政府管好“钱袋子”，把钱用在刀刃上。建立区预算联网监督系统，实现人大机关、人大代表与财政部门的数据互联互通，保障实时动态有效监督。注重发挥预算监督顾问作用，定期听取预算监督顾问的意见建议，提高区人大常委会审议预算执行、决算等专业化水平。

（张理霖）

议案督办

【加强议案督办】 年内，密切关注丰台区域发展，围绕区十六届人大六次会议确定的“做好丽泽金融商务区凉水河沿岸环境提升”和“以丰台火车站扩建为契机，推动周边配套设施及环境建设”的 2 件议案，本着“统筹规划、突出重点、加强督办、务求实效”的原则，认真制定议案督办工作方案，切实做好各项督办活动安排，并分别以公函的方式向区政府进行交办。为进一步推动丽泽金融商务区凉水河沿岸环境的有效提升，多次组织区人大常委会组成人员、专门委员会委员、议案领衔代表开展现场视察检查、座谈调研，采取听取汇报与实地视察相结合、重点项目调研与专题研讨相结合等方式，有重点、有步骤地开展了一系列督办活动。围绕凉水河环境提升问题，提出建议：强化规划战略引领作用，夯实规划实施基础；强化多元素融合，构建丽泽金融商务区凉水河沿岸高品质景观新格局；强化综合施措，打造宜居宜业的高品质生态空间，助力凉水河形成“水清、岸绿、优美、安全、宜居、宜业”的生态环境空间，提升人民群众的获得感和幸福感。为助力将丰台站地区建设成为新时代创新型综合示范枢纽和集中展示首都城市特色的门户地区，10 月下旬，区人大常委会组织了集中视察,实地察看了丰台火车站施工现场，听取了区政府议案办理工作情况汇报。人大常委会各位领导、各室主任、专职委员，议案领衔代表、城建环保委委员和区人大代表共计 84 人次参加了上述活动，并提出 51 条意见建议，经整理分析，提出统筹调度，确保丰台站联通运营；以人为本，努力改善提升人居环境；站城一体，科学规划建设特色产业的审议意见，助力丰台站周边配套设施及环境建设提升。

（张理霖）

【督办代表建议】 年内，坚持统筹协调，将领导领衔督办、各专委会对口督办、人大街工委和乡镇人大参与督办相结合，邀请区委组织部参加督办，形成工作合力。专题督办了“关于推进全区医联体内医疗机构检查检验结果互认的建议”，重点督办了“关于加大对木樨园至大红门桥地区环境秩序整治的建议”“关于整治石榴庄路交通秩序的建议”等，既促进解决具体问题，又带动解决一类问题。推进代表建议在区人大门户网站上向社会公开，公开率达 95.2%。区十六届人大六次会议上及闭会期间提出的 126 件建议全部办结。区政府在办理工作中，严密组织、规范程序、强化管理、落实责任，办理质量不断提升。在各方共同努力下，切实解决了在杜家坎建立养老照料中心、云岗北区镇岗塔路增设人行道、宋庄路路灯昏暗、城北路五环边渠无人清掏等一批群众关心的难点问题，实现解决率和满意率的双提升。

（张理霖）

代表工作

【**探索开展“代表在倾听”活动**】 年内，结合“不忘初心、牢记使命”主题教育，聚焦12345“接诉即办”群众反映突出问题，组织区、乡镇两级人大代表深入基层一线，倾听群众呼声。全区515名区、乡镇人大代表深入151个选区，召开选民见面会171场，与4000余名选民代表面对面沟通，收集意见建议1195件。通过“吹哨报到”协调、分级分类推动和持续跟踪督办，已解决310件，其他问题正在有序推进办理解决当中，“代表在倾听”活动得到新华社、北京电视台等主流媒体关注，并在全市进行工作交流。

（张理霖）

【**推进代表“家”“站”建设**】 年内，对全区各街道乡镇“家”“站”情况进行摸底调查，坚持因地制宜、就近就便、高效集约的原则，建设、整合、升级代表之家和代表联络站。通过座谈交流、听取汇报、分类指导，推动“家”“站”规范化建设。全区22个代表之家、336个代表接待站，均有专人负责，实现了街道乡镇的全覆盖。

（张理霖）

【**组织代表培训**】 年内，举办代表履职学习班，分两批组织区、乡镇人大代表及机关干部540余人进行学习；分三批组织市、区两级人大代表视察参观了南中轴湿地公园规划和槐房再生水厂。优化代表学习平台建设，保障代表知情知政。组织部分市、区、乡镇人大代表参加了国庆游行和观礼活动。

（张理霖）

视察与调研

【**开展调查研究**】 年内，组织开展城市总体规划实施、经济运行、法治建设、城乡一体化发展等工作调研，确保监督内容落到实处。充分发挥专门委员会特点优势，围绕区政府落实审议中提出的多规合一、城乡统筹、区域协同发展等意见建议，做好城市总规落实与“十三五”规划实施的有效衔接，持续跟踪分区规划编制工作，全力支持总规及分区规划的实施，形成涉及重点功能区建设、美丽乡村建设相关的工作调查报告10余篇。

（张理霖）

【**关注优化营商环境**】 年内，围绕疏解整治促提升、招商引资、税收等开展调研，听取和审议区政府关于国民经济和社会发展计划执行情况的报告以及计划草案的报告，提出进一步优化区域经济结构、精准施策优化营商环境、提高城市管理服务水平的审议意见。围绕发展“高精尖”经济，主任会议听取区政府关于科技创新工作情况的报告，提出完善科技创新政策、激发创新主体活力、夯实科技创新基础等意见建议。开展中小企业扶持政策落实情况专题调研，持续优化营商环境，促进企业健康发展。

（张理霖）

重要活动

【**决定重大事项**】 年内，认真贯彻中央和市委文件精神，围绕全区发展的重大问题和人民群众普遍关心的突出问题，听取和审议区政府关于2019年重要民生实事项目安排情况的报告并作出决议；对养老设施建设、社会救助等工作开展专项监督，促进了民生实事项目的落实；听取和审议区政府关于丰台区2019年区级预算调整方案的报告，并依法作出决议；听取和审议区政府关于2018年决算草案的报告。

（张理霖）

【机关党建】 年内，抓自身建设，不断改进作风，提高工作水平。落实党组会、常委会会前学习制度，把深入学习贯彻习近平新时代中国特色社会主义思想，特别是习近平总书记关于坚持和完善人民代表大会制度的重要思想作为政治建设、理论武装的首要任务。党的十九届四中全会召开后，迅速掀起学习贯彻全会精神热潮，自觉把思想和行动统一到全会决策部署上来，不断增强制度自信，努力把学习成果转化为推进人大工作的强大动力。扎实开展主题教育，制定“不忘初心、牢记使命”主题教育方案，开展集中学习、专题研讨、调研成果交流，深刻检视分析，认真查找整改问题，落实领导讲党课制度，开好民主生活会，用“初心”引领方向，以“使命”呼唤担当。

（张理霖）

【加强基层人大建设】 年内，继续贯彻落实中央、市委关于加强县乡人大工作和建设的意见，从抓组织、抓制度、抓阵地、抓保障入手，激发基层人大工作活力，整体推进街道、乡镇人大工作规范务实、高效有序运行。在各街道党群办公室加挂人大街工委办公室牌子，明确一名工作人员负责日常工作。

（张理霖）

丰台区人民政府

概　述

2019 年，在市委市政府和区委的坚强领导下，在区人大及其常委会和区政协的监督支持下，坚持以习近平新时代中国特色社会主义思想为指导，全面贯彻落实党的十九大和十九届二中、三中、四中全会精神，深入贯彻习近平总书记对北京重要讲话精神，坚持稳中求进工作总基调，坚持新发展理念，围绕新中国成立70 周年庆祝活动主线，按照“丰台区要上台阶”“未来风光看丰台”“妙笔生花看丰台”的要求，全区上下团结一心、开拓进取，完成区十六届人大六次会议确定的目标任务。

完成新中国成立70周年庆祝活动服务保障任务。按照“自由、生动、欢愉、活泼”的要求，组织党员群众、高校师生2200余人参加“不忘初心”方阵群众游行活动，组织部队官兵、公检法司、各界群众2700余人参加“鱼水情深”主题群众联欢活动。举办中国戏曲文化周、国庆游园等特色文化活动，接待游客50余万人次。装扮城市环境，进行新机场线草桥站周边环境保障和绿化美化，开展交通设施改造和环境整治，在99条大街等重要点位布置庆祝灯饰、主题灯光秀，营造节日氛围。

落实城市总体规划。发布实施《丰台分区规划（国土空间规划）（2017年—2035年）》，22个专题专项规划初步实现落图落点。以五里店地区等5个区域为试点，划定控规编制单元，开展控制性详细规划编制工作。丽泽金融商务区规划优化提升方案获市政府批准。完成南中轴及南苑-大红门地区规划设计国际方案征集和综合工作。编制丰台站地区详细规划及启动区综合实施方案。开展卢沟桥国家文化公园规划研究。加强“村地区管”，建立农村集体资产监管联席会议制度，联审集体资产处置事项34个，实施区级备案管理37处。推进规划自然资源领域专项巡视问题整改，以案为鉴、以案促改，完成“大棚房”及浅山区违法占地违法建设、绿地认建认养及公园配套用房出租清理整治。完成市级下达的城乡建设用地减量目标。

经济发展质量不断提升。培育新动能，储备高精尖产业项目150余个，纳入市级高精尖项目库13个，科创板首批上市企业数量并列全市第一。成立丰台区发展投资有限公司，设立总规模50亿元的丰台新动能基金和40亿元的丰首产业基金。国家高新技术企业保有量1550家，技术合同交易额首次突破1000亿元。建立丽泽市级协调机制，推动建设、招商工作。启动南区D片区一体化综合开发试点。3个地铁站主体结构完工，南区3条主干路建成通车，完成192亩绿地建设。丽泽SOHO、青海金融大厦等7个项目投入使用，释放产业空间89万平方米。加大在中央、市级媒体宣传力度，在京交会、文博会、进博会设立专项展区并进行专场推介，举办“金融机构丽泽行”“央地携手、走进丽泽”等高层次交流活动，丽泽品牌影响力不断扩大。中关村丰台科技园创新活力凸显。持续推进轨道交通、航空航天产业集群发展，筹建北京中关村轨道交通产业发展公司，轨道交通全产业链条初步形成。落实支持高精尖产业发展“创新十二条”政策，新引进高精尖企业100余家，新增国家级技术中心2家、上市企业6家。全年实现总收入6250亿元，增长9%，留区税收39亿元，增长7.5%，人均、地均产出均位于中关村十六园前列。消费潜力加速释放。新增9万平方米商业空间。打造方庄食街等一批特色“深夜食堂”。促进“互联网+商务”深度融合，实现网上零售额113.7亿元，增长14.5%。推出节庆与季节系列主题旅游宣传活动，全年旅游产业接待游客1700余万人次，实现旅游综合收入336.5亿元，增长8.3%。落实“9+N”系列政策，在全市率先上线营业执照智能登记系统，率先发出带有NFC芯片的新版营业执照，率先对餐饮企业、重要民生项目实施容缺受理，率先试点不动产登记下沉街道办理。深化“一门一窗一次”改革，区级专业大厅数量由22个减少至12个，区级政务服务中心办理事项由125项增加至1331项，“一门”“一窗”办理率分别达81.7%、81%，实现600个高频事项“最多跑一次”。落实重点企业“服务包”制度，走访重点企业1000余家次。举办企业家早餐会30余期，梳理企业需求近400条，并组织专班逐一对接。落实减税降费政策，全年为企业和个人减少税费75.7亿元。

疏解整治促提升专项行动纵深推进。专项行动任务全面完成，全年拆除违法建设239.3万平方米，腾退土地246公顷。退出一般制造业企业21家。完成3家市场提升改造。整治群租房2202处、“开墙打洞”540处，实现“散乱污”企业、无证餐饮、违规地下空间动态清零。持续巩固南苑-大红门地区市场疏解成果。建设南苑森林湿地公园先行启动区，实施绿化1500亩。超额完成新一轮百万亩造林目标任务，实现各类绿化面积4600亩，留白增绿59公顷，新建、改扩建群众身边的各类公园40个。利用地下人防空间提供便民停车位5600余个。利用腾退空间改造提升4个街乡镇级综合文化中心，实现街乡镇级公共文化中心全覆盖。建设提升便民商业网点106个，社区基本便民商业服务功能覆盖率100%，便利性指标全市排名第一。

社会治理能力增强。用心用情做好“接诉即办”，坚持“民有所呼、我有所应”，以12345热线办理为主线，构建群众诉求征集系统。强化城市管理监督指挥中心体系建设，建立“月点评、周调度、日分析”工作机制和包片督导机制，全年受理群众诉求18万件，响应率始终保持100%，解决率、满意率分别由1月份的40.3%和58.3%上升到12月份的74.8%和86.1%。深化“吹哨报到”改革，完成街道机构综合设置和乡镇机构试点改革。推进社区减负，清理规范社区表格，区级事项精简94.9%。把物业服务纳入基层治理体系，在20个试点小区探索党建引领物业企业和业委会深度参与社区治理。扶持40个社会组织服务项目和100个社区志愿服务组织。新建2个一刻钟社区服务圈示范点和20个社区之家示范点，一刻钟社区服务圈覆盖率98%。推进城市安全隐患治理三年行动，生产安全事故持续下降。完善区级防汛指挥体系，实现平安度汛。推进金融风险整治工作。创建食品安全示范区，重点食品、药品检测合格率分别达98.5%、99.7%，阳光餐饮工程覆盖率98%。深化矛盾纠纷多元化解机制，排查解决各类矛盾纠纷700余件。继续推进雪亮工程，老旧小区公共区域视频覆盖率80%，实现146个社区零发案。

城市环境更加宜居。生态环境改善，管控重型柴油车，专项整治扬尘、挥发性有机物等各类污染源，空气质量达标天数235天，同比增加15天，空气质量改善率20.8%。落实河长制，发现并解决污水直排等各类问题700余件。完成永定河丰台段生态补水。完成6条小微黑臭水体治理，水质监测考核断面持续稳定达标。深入落实街巷长制，集中创建5条精品示范大街，整治50条背街小巷。完成南站地区环境整治和景观提升。推进路侧道路停车电子收费设施建设，完成57条道路6500余个停车位施划补划工作。完成科兴路、汽博西路等50公里自行车道和步道慢行系统改造。推进“厕所革命”，改造公共旱厕341座。开展9个生活垃圾分类示范片区创建，生活垃圾无害化处理率100%。加快落实城南行动计划，实现60个项目开复工，完成投资464亿元。新增轨道交通36.3公里，轨道新机场线草桥站与北京大兴国际机场同步开通运行，地铁16号线、房山线北延、19号线一期站点进场施工。启动万寿路南延道路建设，建成宋家庄路等4条道路，完成黄陈路等10条道路大修和5项交通疏堵工程。完成河西第三水厂主体工程。垃圾湿解处理厂项目实现竣工，餐厨厨余垃圾处理厂投入运营。城乡统筹加快推进。完成村、居委会和村集体经济组织换届选举，依法撤销西局村等7个村委会。编制完成花乡中部组团项目规划实施方案和回迁房设计方案。加强集体资产管理，完成乡镇、村两级集体经济组织清产核资工作。城乡结合部改造腾退建筑面积66万平方米，实施绿化面积88.8公顷，35个村人居环境整治通过市级验收，农村环境改善。

民生保障水平不断提高。社会保障加强，城镇新增就业3.8万人，登记失业率1.3%。开工建设保障房15600余套，竣工8200余套，棚户区改造签约675户，均超额完成年度任务。实施11个老旧小区综合整治，为老旧楼房加装电梯47部。新增医保定点医院11家。开展养老“喘息服务”7500余人次。开工建设3家街乡镇养老照料中心，15家社区养老服务驿站投入运营。新增普惠性学前学位2100个。引进名校名师团队建设北师大实验中学丰台学校。义务教育阶段优质学位占比82.7%，提前完成“十三五”规划目标。北京口腔医院迁建项目实现开工，新增4所院前急救站点。组建557个“智慧家医”团队，为78万名居民提供签约服务。开展各类文化活动4500余场次，惠及320余万人次。原创文艺作品《赤子归心》获群星奖。举办第四届中国科幻大会。完成卢沟桥保护工程修缮项目。建设30处体育设施、18.5公里健走步道。国家冰雪运动训练科研基地速滑馆、轮滑馆投入使用，开展冰雪活动140场次，营造迎冬奥氛围。对口帮扶扎赉特旗、林西县、涞源县、治多县扶贫资金4800万元，惠及贫困人口4.3万人。深化与十堰市张湾区的南水北调对口协作、房山区的生态涵养区结对协作工作。引导15家企业投资5.5亿元开展产业帮扶，农副产品消费扶贫金额3.8亿元，新发地市场获全国脱贫攻坚“组织创新奖”。扎赉特旗正式退出国家级贫困县序列。

区政府不断改进工作作风，持续提升履职能力。区政府党组开展“不忘初心、牢记使命”主题教育，树立“四个意识”、坚定“四个自信”、坚决做到“两个维护”。落实中央八项规定及其实施细则精神，严肃整治形式主义、官僚主义。推进政务公开，加强依法行政，引入法律顾问参与各类文件合法性审查 130 余件。办理市、区人大代表建议和政协提案 332 件，办结率 100%。

（谢　宁）

重要活动

【区长参加“市民对话一把手”栏目】 1月16日，区长王力军参加北京电视台市“两会”直播间“市民对话一把手”栏目，介绍丰台区水务相关工作，并表示将在河西地区建设两座水厂，建成后将基本实现市政自来水全覆盖；同时将持续加强水监管和水质监测，让群众喝得上水、喝得放心。

（霍海宁）

【除夕检查慰问】 2月4日晚，区长王力军到右安门环卫所，慰问坚守在一线的环卫工人；到西罗园洋桥北里社区，慰问节日值守的社区干部和群众，询问小区管理等情况；到太平桥派出所，现场了解执法办公、值班值守、智能化社区建设情况；到丰台区电力调度控制指挥中心，听取区域电网运行以及重大活动供电保障情况的汇报；最后到卢沟桥乡政府慰问值守工作人员。高峰、李岚一同参加检查、慰问。肖辉利、吴继东、周新春、李春滨、张鑫分赴各街道、乡镇，慰问一线执法人员、一线值守干部和巡逻志愿者，检查城市运行、节日供应和安全保障工作。

（霍海宁）

【调研丰台火车站并检查空气重污染应对工作】 2月23日，区长王力军一行现场察看丰台火车站建设和周边道路规划建设情况，检查工程项目扬尘管控情况，并听取有关工作汇报，在丰台火车站改建项目工程指挥部会议室召开座谈会。

（霍海宁）

【区领导与园区上市企业代表座谈】 2月28日，区长王力军一行在北京汽车博物馆，与北矿科技股份有限公司、北京博奇电子科技有限公司、北京北纬通信科技股份有限公司等5家园区上市企业负责人进行座谈，了解企业需求，征求企业对优化营商环境的意见。

（霍海宁）

【“金融机构丰台行”活动】 4月11日，在丽泽金融商务区招商展示中心举行“金融机构丰台行”活动。活动从丰台的经济高质量发展、创新的国际化视角、优质的营商环境等方面，探讨新时代丰台的发展商机。北京市地方金融监督管理局、区政府相关部门、40余家驻京金融机构、金融企业代表、投资专家顾问等150余人参加活动。区长王力军致辞，市金融监管局副局长于海、区领导肖辉利、张婕、韩嵩出席活动。

（霍海宁）

【对口支援帮扶对接工作】 4月12日至13日，区长王力军率党政代表团赴涞源县对接扶贫协作工作，就进一步做好对口支援和扶贫协作工作进行沟通对接。首先到上庄乡六旺川柴鸡养殖基地，实地察看生产经营及市场销售情况。随后到白石山搬迁片区产业园区参观考察，到建档立卡贫困户李拴住家走访慰问。召开扶贫协作联席会，马家堡街道、大红门街道、和义街道分别与涞源县涞源镇、水堡镇、烟煤洞乡签署结对帮扶协议，实现丰台区街乡镇与涞源县17个乡镇结对帮扶全覆盖。吴继东参加对接扶贫协作工作。

（霍海宁）

【检查防汛工作】 5月30日，区长王力军一行赴刘庄子铁路桥积水点、丰草河三环外环段和丽泽桥积水点，就各点位的道路交通、近年积水情况和强降雨天气的应对措施进行检查，并现场调度推进防汛工程进展。

（霍海宁）

【检查高考组织情况】 6月7日，区长王力军一行到区招生考试中心，实地检查高考试卷保密保管工作，通过视频监控系统实时察看全区考场，询问服务保障考生及医疗救护准备情况，参加北京市高考工作电视电话会。到丰台区第二中学考点进行高考巡视，察看考点运行、学生考试和教师监考情况，慰问工作在高考保障一线的公安、交通、城管、医疗工作人员及志愿者。

（霍海宁）

【检查医耗联动综合改革工作】 6月14日，区长王力军一行前往丰台医院工地察看施工现场。在医耗联动综合改革指挥部，检查医耗联动工作调度准备情况。

（霍海宁）

【检查纪念全民族抗战爆发82周年活动保障工作】 7月6日，区长王力军一行经六里桥—京港澳高速，沿途查看周边环境，到宛平城纪念活动现场指挥部，通过视频监控察看纪念活动保障工作准备情况，实地检查宛平城内街面环境秩序、宛平城地区新时代文明实践所、新建“口袋公园”。

（霍海宁）

【赴中国人民银行数字货币研究所调研】 8月28日，区长王力军赴中国人民银行数字货币研究所，与数字货币研究所所长、央行支付结算司副司长穆长春进行座谈，听取该所情况介绍，了解该所发展需求。

（霍海宁）

【调研市场供应及安全生产工作】 9月4日，区长王力军一行到新发地市场猪肉交易大厅和永旺梦乐城永旺超市，实地察看市场供应及安全生产工作，听取猪肉供应、价格变动、检验检疫、便民溯源服务和禽蛋类产品供应销售情况。

（霍海宁）

【基层党组织调研】 10月9日，区长王力军一行前往新宫社区、南苑村和德鑫嘉园社区，实地察看拆违控违、疏解整治促提升、棚户区改造、文化场所运行等情况，调研社区（村）党建工作，听取德鑫嘉园社区工作汇报和社区（村）干部、群众代表的意见建议。

（霍海宁）

【调研自然资源领域整改情况】 10月21日，区长王力军一行前往北宫森林公园、千灵山公园和泉怡园农庄察看违建别墅整改、浅山区违法用地整治和大棚房拆除情况。

（霍海宁）

【参加进博会】 11月5日至7日，区长王力军带队赴上海参加进博会期间，走访相关参会企业，了解企业情况和发展需求，并邀请企业到丰台区进行考察。6日，在第二届中国国际进口博览会北京市主题活动"共享北京开放新机遇"中，王力军对丽泽金融商务区进行专题推介。

（霍海宁）

【检查农村人居环境整治工作】 12月10日，区长王力军一行到王佐镇庄户村、河西村和长辛店镇北岗洼村，实地察看人居环境问题整治情况。

（霍海宁）

政务服务管理

【概　况】 2019年，丰台区政务服务管理工作以党建工作为核心引领，持续深化"放管服"改革，加快建设政务服务线上线下新平台，创新服务举措，强化政务公开，全面提升营商环境，实现丰台政务服务跨越式发展，助力经济社会高质量发展。

（赵　芮）

【规范优化三级政务服务体系】 年内，丰台区政务服务局制定印发《丰台区落实〈北京市2019年政务服务跨越行动计划〉的实施方案》《丰台区街道（乡镇）政务服务中心规范化、标准化建设的指导意见》等规范性文件及街乡镇级政务服务中心《首问负责制》《一次性告知》等10项制度；区级中心完善并落实帮办代办、容缺受理、接诉即办、窗口人员工作纪律（十不准）等16项制度，以规范性文件和明确制度指导、推进各级政务服务场所的标准化建设，持续强化管理，提升服务。

（赵　芮）

【"互联网+政务服务"一体化平台建设】 年内，与多部门共同实施启动丰台区"互联网+政务服务"一体化平台项目，以"线上线下一体、四级纵向贯通、区级横向协同、服务便捷精准、管理高效精细"为核心要素，提升丰台整体"互联网+政务服务"体系运行的科学化、信息化、数据化。对现有网上政务服务大厅进行升级改造。完成丰台区统一行政审批平台的优化、向街乡镇延伸和网上办事大厅升级改造，按照"应上尽上"的原则，区级事项全面实现网上可办；21个街乡镇的1364个事项中1328个事项实现网上可办，网办率97.36%。改造完善统一行政审批管理平台，实现同步频率每天一次将全区政务服务事项办理数据向市统一行政审批管理平台汇聚。

（赵　芮）

【政务服务"一门一窗一次"改革】 年内，将消防、民防、园林、司法等34个部门业务纳入区政务服务中心，部门专业大厅数量由22个精简到12个，1630个区级事项（除食药、公安下沉事项）进驻区级中心1331个，"一门"进驻率提升至81.7%。全面实行"一窗"综合受理。推行"前台综合受理、后台分类审批、综合窗口统一出件"综合窗口模式，取消区级中心市场监管局专区，设综合窗口48个，纳入1321个区级事项，“一窗”办理率81%。选聘第三方劳务派遣人员负责综窗服务，实现“收审分离、一窗办理”。根据业务办理实际，集中业务量大、办理快速的事项，灵活设立快速通道，引导业务及人员分流，提高办理效率。街道（乡镇）级中心“一门”入驻率，“一窗”办理率均100%。对涉及精简材料单位进行多次监督，并将区级自有事项材料精简60%。梳理600个高频事项，通过开展EMS寄递服务、提升网办深度、编制公示政务服务中心事项“一次性告知单”等多种做法，600个高频事项实现“一次不用跑”或者“最多跑一次”。

（赵 芮）

【打造政务服务“丰台特色”】 年内，丰台区在全市率先实现不动产登记服务事项下沉街乡镇办理。会同区规自分局、财政局、科信局、宛平城地区办事处，选取宛平城地区便民（政务）服务中心为试点，下沉不动产抵押、解押、夫妻更名等8项业务，为更多区级事项实现全区通办打下基础，畅通政务服务“最后一公里”。打造多中心融合的马家堡街道综合性服务中心。利用嘉囿公园内公建，打造集地区图书馆、党群服务中心、新时代文明实践中心、街道政务服务中心于一体的综合服务中心。设立含政务服务自助终端机等设施的自助服务区，在全市首批实现街道乡镇级中心“7*24小时”全时服务。搭建政务服务三级自助办理网点体系。分别在区级政务服务中心，马家堡、宛平地区、新村等6个街道政务服务中心及花乡草桥欣园社区投放政务服务便民自助终端，可实现15个部门107项业务全程自助查询、打印和办理。区级中心在午间开放部分窗口对外办公，以增加行政成本的方式，解决群众“上班没空办，下班没处办”的问题。梳理60项主题服务事项,推出首批“我要开书店”“开办健身房”等“一件事”清单，实行协同审批，提升办事效率。推出“政务专员”服务，走出窗口提供线下咨询、接件、流转、办理、出件等全流程服务。

（赵 芮）

【优化营商环境】 年内，组织“9+N”政策2.0版“天天讲”“天天学”“天天考”三轮高强度培训，组织优化营商环境政策培训582场17000人次；组织考试125场，参考人员近4000人。制作优化营商环境政策2.0版汇编、易拉宝、海报、培训光盘等宣传材料7000余份，发放三级政务服务单位展示和学习。开展明察暗访，梳理各政务服务场所存在问题并督促整改，倒逼服务提升，提高迎检标准。

（赵 芮）

【政府信息和政务公开】 年内，制定《丰台区2019年政务公开工作要点》，推进政务公开两级清单、全清单落实。参与市“两会”市民对话一把手活动，结合“不忘初心 牢记使命”主题教育，围绕市区中心工作，聚焦公众关切，分“优化营商环境”“城市管理”“科技创新”和“保障改善民生”四个主题在全区10个点位集中推出多部门、多领域、跨层级的政务开放日活动，搭建政府与群众之间的沟通桥梁，打造服务型政府。优化政策解读，指导解读材料与政策性文件同步起草、同步报审、同步发布。对区政府重大决策进行系列解读，对区政府工作报告进行专题解读。畅通公开渠道，统筹全区政务新媒体平台运维，加强政府网站建设管理，推进信息公开服务全覆盖。

（赵 芮）

信访工作

【概 况】 2019年，中共北京市丰台区委北京市丰台区人民政府信访办公室更名为北京市丰台区信访办公室，为丰台区人民政府工作部门。围绕市、区政府年度重点任务，办理信访事项，提升信访“三率”水平，完成重点时期信访服务保障工作，开展分流劝返工作，为维护首都地区正常社会秩序做出贡献。

（李 莹）

【领导干部接访】 年内，继续落实领导接待群众来访制度。组织落实区级领导干部信访接待日，以《接待日报》形式向区委、区政府反映重点信访事项，推动重点案件化解。督促街道、乡（镇）、委办局主要领导定期开展接访工作，发现、解决群众反映合理诉求。

（李 莹）

【信访事项办理】 年内，区信访办受理群众来信来访总量同比上升12.1%，涉及人次同比下降10.1%。其中，办理来信总量同比上升26.4%，涉及人次同比上升5.1%；受理来访总量同比下降22.6%，涉及人次同比下降33%。通过转办交办、跟踪督导、协调化解及时办结信访事项，实现初信初访办结率100%。

（李 莹）

【矛盾排查化解】 年内，开展矛盾纠纷排查7次，排查出各类矛盾700余件，化解率98.6%，从源头化解潜在矛盾，保障地区社会安全稳定。

（李 莹）

【信访事项“三级终结”】 年内，区信访事项复查委员会受理并办结信访复查100余件。办理北京市复核40余件，维持率100%，推进丰台区法治信访建设。

（李 莹）

【信访积案化解】 年内，区信访办梳理信访积案200余件并全部办结，息诉罢访率73.5%，减少信访件存量。逐案制定化解措施，落实责任单位和责任人，明确化解标准，发挥信访工作联席会议协调督办作用，减少全区信访积案。

（李 莹）

【建议征集】 年内，全部办结北京市人民建议征集办公室转送及自收人民建议征集来信，各类来信均按照工作要求转交相关部门进行办理。举办一次北京市人民政府特邀建议人的座谈会，就群众关心事件进行解答，并最终获得建议人的理解与认同。

（李 莹）

【教育培训】 年内，开展全区信访工作业务培训1次，完成副处级任职培训班、正科级任职培训班、副科级任职培训班、村官培训班、专职副书记培训班、农村经济组织三套班子培训班、区国资委机关和直属企业培训班及街道系统培训班的信访授课任务，参加人员600余人。通过信访培训及授课，提升各级干部突发事件应对能力和信访矛盾纠纷化解能力。

（李 莹）

【信访宣传】 5月24日，区信访办在丰台花园设立主会场，开展“打造网上主渠道，智慧信访更阳光”主题信访宣传，正式启动2019年信访条例宣传月活动。区信访办、丰台街道、区住建委、卫生健康委、房管局、民政局、司法局、规自分局、生态环境局、城管执法局、市场监管局、人力社保局等重点部门参与主会场宣传活动，现场发放各类宣传品、宣传材料3000余份，接受群众咨询50余次。各街道、乡（镇）设立分会场，同步开展主题宣传活动。5月24日至6月23日宣传月期间，街道、乡（镇）利用户外宣传阵地广泛宣传国务院《信访条例》《北京市信访条例》和信访工作制度改革，宣传网上信访主渠道，让信访群众了解网上信访的使用方式、工作流程，拓展网上信访覆盖面，打造网上信访主渠道。

（李 莹）

外事 港澳事务

【概 况】 2019年，根据《北京市丰台区机构改革实施方案》，区政府外事侨务办公室更名为区政府外事办公室，仍作为区政府工作部门。经区委常委会研究同意成立中共北京市丰台区委外事工作委员会。区政府外办作为区委外事工作委员会常设办事机构，负责区委外事工作委员会日常事务，在对外工作中履行战略谋划、政策研究、统筹协调、外事管理、检查督办等职责。贯彻落实市委、市政府和区委、区政府外事工作部署，服务推进国际交往中心建设，全年办理因公出国团组 24 批 121 人次，包括党政 7 批 12 人次，教育系统 17 批 109 人次 ，涉及 21 个国家；办理赴香港、澳门地区团组 7 批 18 人次，包括党政 4 批 5 人次，教育系统 3 批 13 人次。

（高　瑞）

【外事接待】 5 月 25 日，接待土库曼斯坦大使夫妇、非盟大使夫妇和欧盟公参等 70 余位驻华外交官到丰台区企业交控科技参观，体验北京轨道交通建设管理。10 月 28 日，日本东京都区市町村代表团一行 9 人到丰台区交流访问，拜会区人大，并参观考察丽泽金融商务区，代表团一行对丰台区的发展成就高度认可。

（高　瑞）

【友城交往】 2019 年是丰台区花乡与匈牙利贝尔卡道乡建立友好关系 60 周年，5 月 12 日至 15 日，区长率团访问贝尔卡道乡，双方就 2020 年的交流项目达成共识，推动两地的友好交往再上新台阶。代表团拜会费耶尔州政府。5 月 16 日至 19 日，区长率团对葛饰区进行友好访问，考察东京火车站、涩谷车站地下空间利用情况，并对葛饰区的垃圾处理厂等市政设施进行考察。11 月 14 日，韩国首尔市江东区政府代表团一行 11 人对丰台区进行友好访问，拜会区政府，并就深化两区传统友谊，探索在教育、文化以外的更广阔领域开展合作达成共识。

（高　瑞）

【丰台区赴德国参加“第四届中国节”活动】 9 月 11 日至 16 日，丰台区少年宫艺术团一行 31 人，代表北京市政府参加德国科隆市“第四届中国节”户外演出活动。艺术团在科隆大教堂前的广场上为德国民众带来精彩的演出，展示中国传统文化的独特魅力。开场节目《锦绣中国》登上 9 月 13 日《新闻联播》“千里共明月、海外过中秋”的新闻。

（高　瑞）

【青少年友好交往】 8 月 22 日至 26 日，韩国江东区青少年友好访问团一行 17 人到丰台区访问交流。中韩青少年开展户外拓展活动、体验中国传统文化课程、参观北宫国家森林公园、北京汽车博物馆等，增进相互了解，加深彼此友谊。7 月 13 日至 24 日，丰台区大成学校友好代表团一行 56 人赴英国赫尔市森塔姆学院进行友好交流。拜会赫尔市市长，并与森塔姆学院共同举办“丰台-赫尔友城文化节”主题活动。7 月 15 日至 26 日，由丰台区五小、丰台二中 44 名师生组成的丰台区青少年代表团一行访问美国西科维纳市。拜会市长，并参观市政厅、市议会。体验美国加州南麓私立学校的课堂学校、社会实践等活动。

（高　瑞）

【服务区域社会经济发展】 年内，结合“不忘初心、牢记使命”主题教育调研，联合方庄地区办事处通过“掌上四合院”直播平台共同开展领事保护讲座活动，70 余位地区居民现场聆听讲座，1900 余人在线观看讲座，助推外事工作服务区域经济社会发展。

（高　瑞）

机关事务管理

【概　况】 2019 年，北京市丰台区人民政府机关事务管理处更名为北京市丰台区机关事务管理服务中心(以下简称服务中心)，增设管理七科和管理八科，主要负责南苑路 7 号办公区和丰体南路 1 号院 9 号楼办公区的管理和后勤服务保障工作。年内，围绕“管理、服务、保障”核心职能，加强 10 个办公区的管理和服务保障，创新服务理念，深耕主责主业，加强队伍建设，完成机关财务、机要通信、公务用车、就餐服务、会务收发、医疗保健、安全保卫、物资采购、办公用房管理、固定资产管理等机关事务工作。

（于　涛）

【财务统管单位会计制度新旧衔接】 1 月，依据财政部《政府会计制度——行政事业单位会计科目和报表》要求，完成 29 个财务统管单位会计系统新建科目设立。针对过程中新账科目使用不熟练、收入支出类科目设置不合理等问题，组织财会人员专项培训，使用过程中逐步完善系统新建科目，实现新旧会计科目账务处理有效衔接。

（于 涛）

【领导干部办公用房专项检查】 5 月，服务中心按照市统一部署，检查全区 107 个单位、22 名局级和 907 名处级领导办公室用房情况。会同区纪监委、区发改委抽查 27 家单位，2 家单位存在领导办公室面积超标，督促完成整改。

（于 涛）

【机要文件智能流转系统运行】 6 月，机要文件智能流转信息化办公系统项目竣工并投入运行。系统兼顾现实需求和后续功能拓展，整合收发、保密、核文、记录、传递等业务，改变传统的人工送达交换方式，实现全区机要文件流转交换智能化管理。

（于 涛）

【红色教育活动】 8 月，为纪念中国人民解放军建军 92 周年，服务中心开展“传承红色基因、牢记初心使命”专题教育活动，组织 43 名复转军人参观“平西情报联络站”，了解“平西情报联络站”在抗战时期为保卫党中央、和平解放北平建立的不朽功勋，激励广大干部铭记历史、牢记使命，传承红色基因，立足自身岗位，投身工作实践，为机关事务工作做出贡献。

（于 涛）

【国庆群众游行后勤保障】 6 月至 10 月，服务中心参与国庆 70 周年后勤保障工作，为第 34 方阵 2800 余名游行群众提供车辆、就餐、服装等专班保障，历时 120 天。其中，餐饮保障 4.5 万人次，车辆保障 1200 余车次，完成 3 万余件服装道具的分拣、打包、发放和调换工作。

（于 涛）

【食堂就餐卡系统联网】 年内，对七里庄 28 号、丰北路 75 号和万柳办公区食堂原有的独立管理系统，进行数据迁移、网络调试及权限分配，实现各办公区就餐一卡通，保证机关干部职工临时跨区域就餐需要。

（于 涛）

【公务用车管理】 年内,区党政机关和企事业 208 个单位的 1497 辆公务用车加装终端设备，并入区公车平台系统，公车管理实现“全区一张网，上下一条线”。全年通过公车平台保障应急、调研 97980 车次，行政综合执法 75500 车次，安全行车 280 万公里，单车费用平均消耗节约 18%。

（于 涛）

政协丰台区委员会

概 述

2019年，区政协坚持以习近平新时代中国特色社会主义思想为指导，深入学习中共十九大和十九届二中、三中、四中全会和中央政协工作会议精神，在中共丰台区委的领导下，深刻领会习近平总书记对北京重要讲话精神，认真贯彻落实市委第五次政协工作会议精神和区委要求，坚持团结和民主两大主题，围绕全区中心任务，认真履行政治协商、民主监督、参政议政职能，广泛凝聚共识，为推动丰台高质量发展做出了积极贡献。全年共召开常委会会议6次、主席会议7次，立案（合并）提案201件。文史资料委员会，围绕区政协十届三次会议总体要求，充分发挥委员主体作用，坚持建言资政和凝聚共识双向发力，在服务地区发展中发挥重要作用。教文卫体委员会，围绕“推广‘智慧家医’服务模式，提高基层卫生服务能力”的议题，开展调研考察，形成《关于“推广‘智慧家医’服务模式 提高基层卫生服务能力”季度协商恳谈会相关情况的报告》。对义务教育情况开展现场监督；对高考、中考等升学考试开展巡视监督；就学校文化建设和特色办学情况组织专项监督。经济科技委员会，组织落实协商议政工作，形成《北京丽泽金融商务区金融产业高质量发展调研报告》，围绕“优化企业营商环境，促进民企健康发展”专题，召开季度协商恳谈会，组织开展财政专项资金使用情况民主监督工作，组织开展“丰台区政协委员走进民营企业”活动。城乡建设和管理委员会，开展“提升产业发展质量培育乡村发展新动能”专题调研活动。开展“背街小巷环境整治,提升环境品质”议题调研活动，提出合理化建议。社会法制委员会，结合“加强养老服务标准化建设，提升养老服务质量”的专题开展调研活动，开展“法治基层行”活动，向社区居民宣讲法律知识。民族宗教和港澳台侨委员会，参与组织民族活动，开展宗教场所考察活动，以“委员之家”为载体开展特色活动，开展“民族团结一家亲，共建政协民主团结林”活动。提案委员会，收到提案229件，所有提案已办结，实现办结答复率100%。对2018年的99件B类提案开展追踪督办。学习委员会，组织开展委员专题学习报告会，举办区政协暑期学习班，组织专题学习研讨班，做好《委员风采》和《咨议建言集》编辑工作，突出界别特色，开展界别活动。

（孙 鹤）

全体委员会会议

【十届三次会议】 1月8日至10日在北京东方美高美酒店召开。审议通过区政协十届三次会议议程，听取区政协主席刘宇代表区政协常委会作的工作报告，听取副主席张兆旗代表区政协常委会作的关于提案工作情况的报告，副主席冯晓光通报关于表彰2018年度优秀委员、优秀信息委员和优秀提案委员、优秀提案集体的决定；列席北京市丰台区十六届人大六次会议开幕会，听取并讨论区政府工作报告及有关工作报告；听取提案委员会关于区政协十届三次会议提案情况的报告；各民主党派区工委、区工商联负责人分别作大会专题发言；审议通过区政协十届三次会议决议，会议宣布段德珍当选为政协北京市丰台区第十届委员会副主席。区委书记汪先永出席并讲话，区领导王力军、李昌安和区委、区人大常委会、区政府、区政协、区法院、区检察院的领导出席。

（孙　鹤）

常务委员会会议

【第十次会议】 1月10日召开。听取大会秘书长关于区政协常委会两个工作报告和区政府工作报告讨论情况的汇报；审议人事事项，审议十届三次会议选举办法（草案）、十届三次会议总监票人、监票人名单（草案）、提案委员会关于区政协十届三次会议期间提案情况的报告、十届三次会议决议（草案）。刘宇主持会议。

（孙　鹤）

【第十一次会议】 1月10日召开。听取总监票人关于选举情况的汇报；听取大会秘书长关于区政协十届三次会议进行情况的汇报；协商决定会议是否如期闭幕。刘宇主持会议。

（孙　鹤）

【第十二次会议】 3月28日召开。听取全国政协委员、丰台区政协常委郭媛媛对2019年全国“两会”精神的解读；通报2019年协商工作计划；审议常委会2019年工作要点；通报2019年提案立案情况。刘宇主持会议。

（孙　鹤）

【第十三次会议】 11月25日召开。传达学习党的十九届四中全会精神，中央、市委政协工作会议精神，市领导到丰台区调研指示精神；研究干部人事事宜。连宇主持会议。

（孙　鹤）

【议政性常委会会议】 11月25日，围绕“积极开展背街小巷环境整治,提升环境品质”议题，召开2019年议政性常委会会议。连宇主持会议。

（孙　鹤）

【第十四次会议】 12月23日召开。审议通过增补委员、补选副主席事宜；听取区委办、区政府办关于2019年提案办理情况；听取专委会履职情况报告；审议通过十届三次会议有关事项；通报关于表彰2019年度政协优秀委员、优秀信息委员和优秀提案委员、优秀提案集体的决定。刘宇主持会议。

（孙　鹤）

参政议政

【年度议政会】 10月24日，召开“推动北京丽泽金融商务区金融产业高质量发展”议政会。区委书记徐贱云，区政协主席刘宇，区委副书记、政法委书记高峰，区委常委、区政府副区长吴继东，区委常委、统战部部长、区委办公室主任李岚,区委常委、组织部部长葛海斌，区政协副主席冯晓光、段德珍，秘书长赵冬辰，区各民主党派、工商联、知联会负责人出席会议。会议由区委常委、统战部部长、区委办主任李岚主持。

（孙 鹤）

【年度议政性常委会】 11 月 25 日，围绕“积极开展背街小巷环境整治,提升环境品质”的议题，召开了 2019 年议政性常委会会议。区政府副区长李春滨，区政协副主席冯晓光、张兆旗、徐朝辉，秘书长赵冬辰出席会议。区政协副主席连宇主持会议。

（孙 鹤）

民主监督

【开展民主监督活动】 6 月 5 日，法治建设民主监督小组成员围绕“优化营商环境，提供司法保障”到区法院开展专项监督；7 月 2 日，教育民主监督小组对丰台区 2018 年义务教育阶段小学入学、中学入学派位情况开展了现场监督，对高考、中考等升学考试开展了巡视监督;7 月 15 日市容环境民主监督小组对丰台区“背街小巷”改造工程开展了民主监督。10 月 16 日，财政民主监督小组围绕晓月苑山体健身公园资金投入及使用情况开展了民主监督;受聘担任 16 个单位的 47 名特约监督员，共参与日常监督活动 60 余次，提出监督意见建议 90 余条。

（孙 鹤）

专门委员会

【文史资料委员会】 年内，围绕区政协十届三次会议总体要求，充分发挥委员主体作用，坚持建言资政和凝聚共识双向发力，密切协作，提质增效，在服务地区发展中发挥重要作用。认真组织开展“不忘合作初心、共担时代使命”学习实践活动，守初心、担使命、积极作为，展现新时代委员风采。及时将中共中央和市委大政方针、市情区情、全区重大决策部署等信息，提供给文史资料委员会委员。委员们针对基层社区治理、完善社区公共服务设施、居民文明行为规范等热点问题，积极撰写提案和社情民意信息，为丰台区党政部门提供重要参考。邀请农业农村部专家，作“理性认识转基因”专题报告。充分发挥政协文史资料的存史、资政、团结、育人作用，以庆祝人民政协成立 70 周年为主题，向社会广泛征集政协文史资料，在丰台政协官网“丰台往事”专栏连载“我与丰台政协”史料，产生良好反响；积极配合区委《丰台史话》编纂工作，精心编辑相关资料，确保编纂工作的顺利完成；举办庆祝新中国暨人民政协成立70周年书画笔会，委员中的书画艺术家和部分市、区知名书画艺术家用饱蘸深情的笔墨，描绘新中国成立以来取得的巨大成就，以及人民政协与中国共产党同心同行、助力发展的履职实践和光辉历程；参与编辑区政协第二十九辑《咨议建言集》。组织部分委员召开推进卢沟桥国家文化公园规划建设调研座谈会，为卢沟桥地区规划建设建言献策。

（孙 鹤）

【教文卫体委员会】 年内，围绕“推广‘智慧家医’服务模式，提高基层卫生服务能力”季度协商的议题，组织委员开展实地调研考察，召开季度协商恳谈会，形成《关于“推广‘智慧家医’服务模式 提高基层卫生服务能力”季度协商恳谈会相关情况的报告》，组织委员赴马家堡社区卫生服务中心实地考察，对成果转化情况开展跟踪调研。召开 2019 年教文卫体委员会工作对口协商会，就涉及相关单位的重点事项与区教委、区文化和旅游局、区卫健委、区体育局等单位进行对口协商。组织委员到丰台区职业教育中心，对 2018 年开展的“扩大资源，优化结构，持续推进区域学前教育优质发展”季度协商相关意见建议落实情况进行跟踪了解，助推学前教育工作。对2019年义务教育阶段小学入学、中学入学派位情况开展现场监督；对高考、中考等升学考试开展巡视监督；就学校文化建设和特色办学情况组织专项监督。组织文化界别委员赴丰台区5个乡镇开展“走基层、送文化”活动。组织医药卫生界10名委员、专家赴内蒙古兴安盟扎赉特旗开展“医疗支援、精准帮扶”活动，诊治患者350余人，会诊患者29人，对口培训117人。开展“委员与教育同行”活动：在“六一”国际儿童节前夕，组织教育界别委员到丰台区长辛店学校走访慰问；组织委员走进首师大附属云岗中学，参加“云之育”适合教育实践研讨活动；组织委员走进丰台区第一小学，了解丰台教育发展情况，为实现丰台教育“上台阶”贡献力量。组织委员参加市政协“市民恳谈会”，围绕市政协 关于“完善预约诊疗，改善院前医疗急救服务，健全医疗卫生服务保障体系”的议题进行协商讨论。组织党员委员第二分组学习活动，认真学习中共中央办公厅《关于加强新时代人民政协党的建设工作的若干意见》精神和习近平总书记在中央政协工作会议上的讲话。

（孙　鹤）

【经济科技委员会】 年内，组织落实协商议政工作，形成《北京丽泽金融商务区金融产业高质量发展调研报告》，召开议政会汇报调研成果，区各民主党派、工商联、知联会负责人，分别从招商引资、产业协同发展、土地开发建设等九个方面提出意见和建议。组织政协常委及部分委员视察中关村科技园区丰台园优化营商环境情况，了解园区整体建设及双创基地项目建设情况，助力科技园区优化营商环境再上新台阶。围绕“优化企业营商环境，促进民企健康发展”专题，召开季度协商恳谈会，从进一步整合政策发布平台资源、加快推进新政务大厅建设，优化审批流程，提升审核服务效率等方面，提出12项建议。组织开展财政专项资金使用情况民主监督工作，围绕晓月苑山体健身公园资金投入及使用情况，实地参观晓月苑山体健身公园。组织开展“丰台区政协委员走进民营企业”活动，组织部分政协委员走进民营企业，为丰台区各企业孵化器负责人及首科大厦入孵企业送信息、送政策、送服务、送温暖，助力改善营商环境，引导民营企业负责人坚持中国共产党的领导，帮助企业更好地了解政策、用好政策，不断激发民营经济的创新创造活力，实现民营经济更大的发展。

（孙　鹤）

【城乡建设和管理委员会】 年内，配合市政协农业和农村委员会，开展“提升产业发展质量培育乡村发展新动能”专题调研。组织区政协常委视察长辛店棚户区改造工作开展情况。组织召开“因地制宜建设节约型绿地，多措并举提升城市环境品质”季度协商恳谈会。围绕“积极开展背街小巷环境整治,提升环境品质”的议题，召开区政协2019年议政性常委会会议。组织农业界别委员与城乡建管委部分委员，在花乡六圈村开展2019年农业界别活动，为提升基层社会治理能力建言献策。

（孙　鹤）

【社会法制委员会】 年内，紧密结合“加强养老服务标准化建设，提升养老服务质量”的专题，参加2019智汇养老北京高峰研讨会；组织区政协委员到丰台区的部分养老机构进行实地调研6次、座谈3次，针对调研过程中发现的问题，召开由养老机构代表、相关委办局领导、部分政协委员参加的交流座谈会2次，形成专题调研报告。在前期调研的基础上，以“加强养老服务标准化建设，提升养老服务质量”为主题，召开季度协商恳谈会。开展“法治基层行”活动，到新村街道首经贸中街社区以宣讲法律知识、解答法律咨询的方式，面向社区居民宣讲法律知识，让基层群众得实惠。稳步推进法治建设民主监督工作。围绕案件执行、知识产权审判、优化营商环境等问题，开展2019年区政协法治建设民主监督小组活动。

（孙　鹤）

【民族宗教和港澳台侨委员会】 年内，适时参与组织民族活动和考察宗教活动场所，协同区民宗办、中央音乐学院附中联合组织“颂歌献给祖国 民族一家亲”民族团结日音乐会活动。组织区政协委员到潭柘寺、戒台寺宗教场所进行参观调研，开展伊斯兰斋月、基督教、天主教圣诞节的走访慰问工作。以“委员之家”为载体开展特色活动，强化专委会“联谊、共享、凝聚”的品牌建设。围绕建国70周年和人民政协成立70周年，分别以“加强养老服务标准化建设，提升养老服务质量”专题和“氢能源的开发与利用”专题，组织“委员讲坛”2次。开展2019年度“民族团结一家亲，共建政协民主团结林”活动。

（孙 鹤）

【提案委员会】 年内，共收到提案229件，经立案审查，立案201件。其中党派、团体提案13件，专委会提案1件，界别提案2件，委员提案185件，所有提案已办结，实现办结答复率100%。通过协商议政会、企业家早餐会、重点提案督办会等形式，全方位、多渠道支持政协提案工作。加强对提案工作的领导，区领导领衔督办14件重点提案，47个承办单位承担201件提案的办理工作。采取办前协商、走访协商、月度协商、集中协商、追踪督办等措施强化落实，对2018年的99件B类提案开展追踪督办。完成提案系统升级改造，建立功能齐全、应用便捷的提案系统，提升了提案工作系统的智能化和便利化水平。

（孙 鹤）

【学习委员会】 年内，组织开展委员专题学习报告会，邀请专家学者作“两会”精神的专题宣讲，和社情民意信息专题辅导。举办区政协暑期学习班，邀请专家学者作题为《中国新型政党制度的历史文化根基与独特优势》和《中国共产党与中华民族伟大复兴》的专题辅导报告；组织专题学习研讨，认真做好专门委员会党员委员学习活动第一分组的工作，集中开展学习习近平总书记在中央政协工作会议暨庆祝中国人民政治协商会议成立70周年大会上的重要讲话、习近平总书记在庆祝中华人民共和国成立70周年大会上的讲话精神的学习研讨活动。做好《委员风采》和《咨议建言集》编辑工作，印发《委员风采》12期，做好国庆70周年委员参与群众游行《委员风采（专刊）》，完成《咨议建言集》第29辑汇编印制工作。突出界别特色，积极开展界别活动，组织党派委员及成员赴北京冬奥组委首钢办公区等地参观学习活动，开展联系界别走访活动，有序组织引导委员正面发声。做好服务委员的综合协调事项，组织区政协委员参与全区基层党建工作述职评议考核会、市长听取意见会、区纪委特约监察及专项评价工作、区政府满意度调查活动、区属职能部门开放日活动、区有关部门考评服务等工作。立足政协工作基础在委员、力量在委员、优势在委员，牵头协调落实、组织服务委员参与市区各类委员履职活动16项，参与人数累计120余人（次）。

（孙 鹤）

重要活动

【政协讲坛活动】 3月26日，邀请民政部社会福利中心标准化服务部主任、全国社会福利服务标准化技术委员会副秘书长雷洋作“加强养老服务标准化建设，提升养老服务质量”专题报告。4月11日，邀请全国政协委员、首都医科大学教授、方庄社区卫生服务中心主任、主任医师吴浩作《“智慧家医”优化协同模式》专题报告。5月10日，邀请区政协委员、中国民营经济国际合作商会欧洲事务高级顾问、国际技术转移中心主任、商务部中德经济顾问委员会委员、国家发改委国际合作中心中德务实联络小组顾问、中国民主促进会中央联络委员会副主任张锦作“氢能源的开发与利用”的学习报告。6月6日，由工商银行专家讲解相关金融知识。7月25日，邀请区政协常委、北京宴禧餐饮管理有限公司董事长、俏江南CEO杨秀龙作题为“中国服务，助力丰台打造京津冀新名片”的报告。9月12日，邀请农业农村部科技教育司副处长、高级农艺师刘培磊作“理性认识转基因”专题报告。10 月 16 日，邀请国务院港澳办交流司司长吴炜对“一国两制”方针进行解读。

（孙　鹤）

【季度恳谈会】 4 月 30 日，召开“优化企业营商环境，促进民企健康发展”季度协商恳谈会。区政协副主席冯晓光主持，区政协主席刘宇出席。7 月 5 日，召开“推广‘智慧家医’服务模式 提高基层卫生服务能力”季度协商恳谈会。区政协副主席连宇主持，区政协主席刘宇出席。8 月 28 日，召开“加强养老服务标准化建设，提升养老服务质量”季度协商恳谈会，区政协副主席段德珍主持。11 月 14 日，召开“因地制宜建设节约型绿地，多措并举提升城市环境品质”季度协商恳谈会。副主席连宇主持。

（孙　鹤）

【开展界别联组活动】 4 月 12 日，组织农工党区工委、致公党区工委、九三学社区工委成员，赴北京冬奥组委首钢办公区开展界别联组活动，参观石景山区首钢国家冬季运动训练中心、北京冬奥会展示中心展厅、首钢办公区改建区域，实地察看冬奥会场馆及基础设施、首钢园区改造情况。副主席连宇、冯晓光参加活动。

（孙　鹤）

【企业发展调研】 4 月 19 日，主席刘宇带队，组织委员考察组赴唐山曹妃甸地区，对城建重工新能源汽车科技有限公司、首钢指挥中心及码头进行实地考察，并与北京城建重工有限公司董事长庞忠及企业有关负责人进行座谈交流，具体了解企业发展需求，就深化京冀企业协作、促进产品创新、加强政策衔接等内容进行对接，为进一步深化外迁企业服务确定方向和路径。区政协副主席冯晓光、张兆旗陪同考察。

（孙　鹤）

【联合举办委员学习班】 4 月 23 日，与区委统战部联合举办委员学习班，邀请中央党校马克思主义学院马克思主义中国化研究所副所长李海青教授作《习近平新时代中国特色社会主义思想》专题辅导；邀请全国政协委员、丰台区政协常委、首都经济贸易大学文化与传播学院副院长郭媛媛宣讲全国“两会”精神；邀请北京市政协研究室信息处何远全处长讲解如何撰写社情民意信息。区政协副主席连宇主持开班仪式并讲话，区政协副主席冯晓光主持学习会并作总结讲话，区政协副主席段德珍、张兆旗，区政协秘书长赵冬辰参加学习活动。

（孙　鹤）

【房山政协到丰台调研】 5 月 29 日，房山区政协主席张祝华一行到丰台区调研提升生活性服务业品质工作，实地考察花乡草桥村镇国寺北街，并召开座谈会。区政协主席刘宇、副主席冯晓光、秘书长赵冬辰出席座谈会，冯晓光、赵冬辰陪同调研。

（孙　鹤）

【走访委员活动】 3 月 13 日，区政协副主席连宇带队走访区政协委员沈艳婷，实地参观“创融云巢”、党群活动中心等。3 月 26 日，区政协副主席冯晓光、秘书长赵冬辰走访区政协常委樊洪，实地参观和了解企业情况，并召开座谈会。3 月 28 日，区政协副主席连宇带队走访区政协常委蔺熠。5 月 9 日，区政协副主席段德珍走访区政协常委高立刚，政协委员申东、李雷、时军、张可朋。6 月 12 日，区政协主席刘宇到丰台区康助护养院走访政协委员、护养院院长于安安，副主席冯晓光、秘书长赵冬辰一同走访。8 月 29 日，区政协秘书长赵冬辰赴北京农商银行丰台支行走访区政协委员韩军。10 月 10 日，区政协副主席冯晓光赴首科大厦走访区政协委员沈艳婷。 10 月 16 日，区政协主席刘宇走访政协常委韩伟。12 月 2 日，区政协主席刘宇赴北京融今文化发展有限公司走访区政协委员殷丽莉。副主席冯晓光陪同走访。

（孙　鹤）

【医疗帮扶活动】 6 月 25 日至 28 日，区政协副主席段德珍带队，组织医疗支援工作组一行 17 人赴内蒙古兴安盟扎赉特旗开展“医疗

支援 精准帮扶”活动。秘书长赵冬辰参加活动。

（孙　鹤）

【联合举办暑期学习班】 7月17日至19日，与区委统战部共同举办2019年暑期学习班。邀请中央社会主义学院教授王小鸿作《中国新型政党制度的历史文化根基与独特优势》的专题辅导；邀请北京大学研究员张梧作《中国共产党与中华民族伟大复兴》的专题辅导。召开党派、团体联席会。实地考察怀柔科学城规划建设情况和渤海镇北沟村新农村建设发展情况，以及雁栖湖生态发展示范区在“一带一路”国际合作高峰论坛服务保障的实践经验和国际交往中心功能建设的战略定位。区政协常委，部分委员，区各民主党派、工商联及统战团体负责人，区政协和区委统战部机关干部参加学习。区政协主席刘宇，副主席连宇、段德珍、张兆旗、张振军、徐朝辉，秘书长赵冬辰参加学习。

（孙　鹤）

【“不忘初心　牢记使命”主题教育专题学习会】 9月11日，区政协召开“不忘初心 牢记使命”主题教育专题学习会。区政协党组书记、主席刘宇，党组成员、副主席冯晓光、段德珍，党组成员、秘书长赵冬辰，区主题教育指导组第四组组长尚保华等同志参加会议。会议由区政协党组副书记、副主席连宇主持。

（孙　鹤）

【重点提案督办会】 9月19日，区政协党组书记、主席刘宇，区委常委、副区长吴继东对区政协2019年度重点提案——民进区工委《关于首都商务新区建设发展的建议》进行督办。民进区工委领导班子成员，承办单位区规自分局、区发改委、区城管委、区产城融合中心负责人，区委办公室、区委统战部、区政协提案委员会负责人参加会议。

（孙　鹤）

【书画笔会活动】 9月24日，举办庆祝新中国暨人民政协成立70周年书画笔会活动。区政协主席刘宇、副主席连宇、秘书长赵冬辰参加活动。

（孙　鹤）

【国庆70周年游行活动总结会】 10月29日，召开国庆70周年庆典群众游行活动总结会，对区政协参加国庆70周年群众游行活动情况进行总结，学习习近平总书记国庆系列讲话精神，学习市委书记蔡奇在新中国成立70周年庆祝活动北京筹备和服务保障工作总结表彰大会上的讲话。区政协党组副书记、副主席连宇出席并讲话，党组成员、机关党组书记、秘书长赵冬辰主持会议并作总结报告。

（孙　鹤）

【法治基层行活动】 10月30日，在新村街道首经贸中街社区，举办丰台区政协2019年法治基层行活动--老年维权法律知识宣讲。

（孙　鹤）

【组织常委视察活动】 11月5日，组织区政协常委、城乡建设与管理委员会部分委员到长辛店地区，就棚户区改造工作情况进行视察。市委第三巡回指导组组长、北京市国有企业监事会主席姜贵平，区政协主席刘宇参加视察活动。

（孙　鹤）

【湖北省十堰市张湾区政协到丰台考察】 12月30日，湖北省十堰市张湾区政协一行，到丰台区考察丽泽金融商务区建设情况。丰台区政协主席刘宇、副主席连宇、秘书长赵冬辰陪同考察。

（孙　鹤）

纪检监察

综　述

【概　况】　2019年，区纪委区监委落实市纪委市监委和区委的决策部署，履行监督执纪问责和监督调查处置职责，坚持稳中求进，突出政治监督，强化日常监督，坚持正风肃纪反腐，持续深化纪检监察体制改革，为区域经济社会发展提供纪律保障。协助区委落实全面从严治党主体责任，制定2019年全面从严治党主体责任清单，明确8个方面20项主体责任。开展全面从严治党责任制考核，细化考核指标，进行动态抽查；开展现场督导、督促分管领域问题整改。对全区党风廉政建设形势进行季度性分析研判；完成常态化情况通报，全年通报分管领域违纪违法问题239个，并提出加强监督管理的工作建议。探索委托谈话工作方式，针对监督执纪中发现的苗头性、倾向性问题，委托相关区领导约谈“一把手”，压紧压实主体责任。全年党风廉政查询12539人次，提出否定性意见254人次。

（张　舒）

【中共丰台区纪委十二届四次全会】　2月12日，中共丰台区纪委十二届四次全体会议召开。全会主要任务是以习近平新时代中国特色社会主义思想为指导，贯彻落实党的十九大精神，贯彻落实十九届中央纪委三次全会、市纪委十二届四次全会和区委十二届八次全会决策部署，回顾2018年纪检监察工作，把握新时代纪检监察工作重要遵循，部署2019年工作任务。全会审议通过区委常委、区纪委书记，区监委主任李正斌代表区纪委常委会所作的题为《忠实履责、砥砺奋进，推动丰台区全面从严治党上台阶》工作报告。全会强调，2019年是中华人民共和国成立70周年，是全面建成小康社会关键之年。纪检监察工作必须立足大局、服务全局，坚持稳中求进，树牢首善标准，着力改革创新，忠实履行党章和宪法赋予的职责，以党的政治建设为统领，协助党委坚定不移全面从严治党，一体推进不敢腐、不能腐、不想腐，巩固发展反腐败斗争压倒性胜利，健全监督体系，依规依纪依法履职尽责，打造忠诚干净担当的纪检监察干部队伍，为丰台各项工作上台阶提供坚强保证。

（张　舒）

监督执纪

【政治监督】　年内，开展21项专项监督，对 1 个党组织和 51 名党员干部实施问责，确保政令畅通、令行禁止。查处形式主义、官僚主义突出问题，立案 39 件，给予党纪政务处分 39 人。对党内法规贯彻执行情况进行监督检查，对全区各处级单位党委（党组）2019 年度民主生活会进行监督。对意识形态工作领域问题线索严查快办，处理 1 起党员携带港台政治性有害出版物入境案件。完成新中国成立 70 周年庆祝活动保障工作，成立群众游行方阵纪检监督组和精彩活动工作监察审计组，对参加群众游行人员进行政审，对服装道具采购、餐饮医疗保障等环节开展监督检查，督促整改问题 13 个，提醒谈话 17 人次。

（张　舒）

【日常监督】 年内，开展基层微权力运行监督试点工作，制定《基层微权力运行监督试点工作实施方案》，梳理农村干部掌握的 48 项微权力，制定权力清单，建设基层微权力运行监督信息平台，实现对农村地区微权力的监督。强化日常监督，注重抓早抓小，通过受理检举控告、个别谈话、专项检查、列席“三重一大”会议及民主生活会、督促反馈问题整改等多种方式进行监督，开展提醒谈话 851 人次、督促整改问题 288 个，对监督中发现的突出问题提出纪律检查、监察建议 94 个。

（张　舒）

惩治教育

【作风建设】 年内，巩固落实中央八项规定精神成果，印发《关于严肃整治领导干部利用名贵特产类特殊资源谋取私利问题的通知》，对利用名贵特产谋取私利问题开展集中整治，对公车私用、滥发津补贴、公款旅游等老问题和私车公养、公油私加、借机关食堂大吃大喝、违规微信收红包等隐形变异问题进行检查监管。全年查处违反中央八项规定精神问题 25 起，给予党纪政务处分 20 人、组织调整 5 人，对 10 起典型问题通报曝光。

（张　舒）

【整治腐败和作风问题】 年内，制定《关于对落实“街乡吹哨、部门报到”不力“双问责”的规定》，建立 12345 市民服务热线大数据分析研判机制，对街乡镇党（工）委书记月度点评会问题整改情况开展专项监督，全年发现突出问题 17 个，处理市纪委交办问题线索 10 件，追责问责 15 人。制定《关于专项整治漠视侵害群众利益问题的工作方案》，与 18 家成员单位建立线索移送通道和会商交流平台，集中整治解决 4 个领域 14 类问题，查处漠视侵害群众利益案件 9 件，处理 25 人。制定《关于在扫黑除恶专项斗争中强化监督执纪问责的工作方案》《关于进一步打击黑恶势力“保护伞”推动扫黑除恶专项斗争向纵深发展的工作方案》，组建 20 个监督检查组，开展“拉网式”检查，对工作推进不力的党组织和纪检监察组织进行约谈。全年立案审查调查党员干部和公职人员 35 人，查明涉“伞”干部 15 人，给予党纪政务处分和组织调整 30 人。

（张　舒）

【纪律约束】 年内，召开全区“以案为鉴、以案促改”警示教育大会，制作警示教育片《村霸覆灭记》，编印《漫画说纪》警示教育漫画读本。成立廉政宣讲团，开展“守纪律、励党性、践初心”主题巡回宣讲。举办“清风拂初心、皓月照使命——丰台区第二届‘晓月清风’廉洁舞台剧”展演，将警示教育搬上舞台，教育广大党员干部守规矩、有底线，廉洁自律。组织被监督单位、社区（村）党组织书记、基层学校负责人等 300 余人旁听庭审过程和被告人忏悔。以宛平城“武俊刻碑”故事、“毛泽东号”列车等为原型，拍摄廉史专题片，在中央纪委网站和市纪委“清风北京”栏目推出。全年运用“四种形态”批评教育和处理 1246 人次，其中，运用第一种形态批评教育 1031 人次，第二种形态处理 136 人次，第三种形态处理 41 人次，第四种形态处理38人次。

（张　舒）

【检举举报平台建设】　年内，应用12388电话举报受理系统、来访接待系统和处置子平台，推进受理子平台、办理子平台、处置子平台和综合办案系统的对接，畅通信访举报渠道。梳理党的十八大以来受理的问题线索，对长期未办结和暂存问题线索逐条分析、挂牌督办。运用审查调查措施，推进追逃防逃追赃，落实“立案同步实施防逃”预警机制，预先采取限制出境措施35人次。全年受理检举控告类信访举报1441件次，处置问题线索1272件，同比增长85.2%；立案247件，同比增长12.3%；结案247件，同比增长16.5%；给予党纪政务处分179人，采取留置措施12人，涉嫌犯罪移送检察机关20人。

（张　舒）

纪检监察体制改革

【纪检监察体制改革】　年内，结合全区机构改革变化，完成派驻机构改革，变更联合派驻为综合派驻，实行单独派驻与综合派驻相结合的派驻形式，撤销驻区卫生健康委、区国资委派驻组，新设驻区市场监管局派驻组，保留驻区教委派驻组，派驻纪检监察组由15个增至16个，实现对75家区属单位派驻监督全覆盖。调整机关内设机构，增设1个监督检查室，实行监督检查、审查调查职能分离、部门分设，调整领导班子分工。区委巡察组由4个增至5个，核定人员编制10名，每组设正处级巡察专员1名、副处级巡察专员1名。健全执纪执法工作机制，出台《进一步加强对调查措施使用情况进行监督的意见》，规范审查调查工作程序；出台《丰台区纪委监委信访举报问题线索处置流程（暂行）》，规范线索处置流程，提升线索处置效率；制定《监督检查审查调查常用文书范例》，规范办案程序和文书格式。

（张　舒）

【纪检监察队伍建设】　年内，区纪委机关全员接入纪检监察专网，启用综合办案系统和网上审批系统，实现业务办理、审批事项全流程网上管理。选调不同学习背景、从业经历，配组干部队伍，组织全员学习中央纪委国家监委下发的培训课程光盘和系列讲义，组织216名干部参加中国纪检监察学院、市级、区级专题培训班。选派50名纪检监察干部参加庆祝新中国成立70周年群众游行活动。自我监督，执行打听、干预监督检查审查调查工作和请托违规办事登记备案制度，对反映纪检监察干部的12件问题线索进行查处，运用监督执纪第一种形态处理4人次。

（张　舒）

民 主 党 派

中国国民党革命委员会北京市丰台区工作委员会

【概　况】 2019年，民革丰台区工委以“首都统一战线庆祝新中国成立70周年”主题教育活动和“不忘合作初心，继续携手前进”主题教育活动为契机，围绕建设“政治坚定、组织坚实、履职有力、作风优良、制度健全”的新时代中国特色社会主义参政党的目标，全面加强自身建设，各项工作取得新进展。全年发展新党员31人，年末在册党员302人。130位青年党员进入新的优秀人才库。陈煜、房春浩、吕娅歆、吴中华、尹浩、柴传伟担任丰台区第一届新联会理事，陈煜任常务理事（兼副秘书长），房春浩担任副会长。区政协十届三次全会上，区工委提交了《关于把南苑湿地打造成南中轴生态文化发展金名片》《首都商务新区打造以文化为特色的国际一流商务区》两个党派提案，十届二次全会上提交的《关于推动河西地区经济发展》的提案获得党派优秀提案，张兆旗代表民革丰台区工委做了题为《把南苑生态环境打造成新时代南中轴文化发展的金名片》的大会发言。李征、张俊峰、孟涛、郝黎、栾晓巍、蔺熠6位党员荣获优秀区政协委员称号，张兆旗、张楠、孟涛3位党员荣获优秀提案委员称号，是由史以来获得优秀委员表彰最多的一届。

（康冬花）

【“同心同行七十年，坚定不移跟党走”主题教育系列活动】 全国两会闭幕后，及时召开主委工作会和委员（扩大）会议，学习全国、市区“两会”精神，研究2019年度重点工作。制定“同心同行七十年，坚定不移跟党走”主题系列活动方案，将“强化理论政治学习，提高政治站位，践行主题教育成果履职尽责”作为“学习年”重点工作，组织青年党员到北宫森林公园开展登山活动，高举五星红旗，歌唱祖国。携手“湿地湾贤之声艺术团”到云岗街道镇岗南里社区举办“不忘初心 携手前进”为主题的文艺演出，促进和谐社区建设。开展以“秀美中华”为主题的摄影活动，参加首都统一战线庆祝新中国成立70周年“我眼中的新北京”主题摄影展，二幅作品获二等奖，二幅作品获三等奖。参加北京市统战系统演讲朗诵活动。参加首都统一战线“同心同行七十年，坚定不移跟党走”主题教育书画展活动。

（康冬花）

【“不忘合作初心，继续携手前进”主题教育系列活动】 年内，按照民革中央和民革北京市委提出的“加强理论武装，巩固政治共识，强化责任担当，推进自身建设”主题教育目标要求，区工委专门成立了领导机构和工作机构，出台了《不忘合作初心，继续携手前进主题教育活动方案》，将学习教育、履职尽责、查找不足、整改提高贯穿主题教育活动全过程，采取集中培训、网络自学、座谈研讨、理论宣讲、实地参观等形式，分层、分级开展学习教育活动，组织中心组学习4次、举办培训班4次，集体学习3次，开展主题教育文化活动15次，参加市区主题教育活动10余次。

（康冬花）

【“民革与新中国建立”专题报告会】 10月，特别邀请北京市社会主义学院宋菊芳教授作报告，她紧密结合习近平新时代中国特色社会主义思想重要内容，全方位、多角度回顾了民革历史及在新中国建立与发展过程中所作的重要贡献，向与会党员讲述了民革在产生及发展过程中的优良传统。

（康冬花）

【开设主题教育学习群】 年内，把工委班子、支部班子和人大代表、政协委员代表共51人，全部纳入主题教育学习群，要求成员每日自学并在群内报到，谈学习体会。50天内，主题教育学习群共推送学习专刊8期，重要讲话和文章17篇。

（康冬花）

【主题教育参观学习活动】 年内，组织工委及支部班子成员，到湖南毛泽东同志生平事迹纪念馆和旧址群参观，全面回顾了毛泽东同志的光辉一生，加深了对中国共产党发展史的理解；到民革中央党史教育基地黄兴故居、程潜公馆、辛亥革命纪念馆和新墙河抗战史实陈列馆，了解国史和民革发展史。

（康冬花）

【全国示范性先进支部】 年内，按照《民革市委创建示范支部》规范要求，积极推进支部特色建设，六支部荣获民革全国示范性先进支部称号。

（康冬花）

【紧盯区域发展重点和贴近民生项目深入调研】 年内，围绕丽泽金融商务区发展问题，先后到上海陆家嘴等地区实地调研走访，提出“找准丽泽互补优势，明确丽泽作为首都新兴金融产业的具体定位，做大文化金融、科技金融产业规划”的建议，形成《以精细化服务保障丽泽招商引资》调研报告。围绕发挥丰台区郊野公园资源优势，提升人民群众获得感和幸福感的专题，到相关区体育局和园林管理部门调查研究，深入郊野公园基层一线，掌握一手资料，提出“逐步调整郊野公园规划，将公园管理和全面健身纳入统一管理”的建议，形成《关于发挥丰台区郊野公园资源优势，提升人民群众获得感和幸福感的建议》的区政协党派提案和大会发言。

（康冬花）

【社情民意信息报送】 年内，社情民意信息报送工作成为展示丰台民革党员风采的舞台，年轻党员成长的摇篮，青年党员进步的阶梯。全年报送有效信息96条，被采用30条，在民革北京市委各区排名第二，采用率排名第二。

（康冬花）

【助残就业基地揭牌启动仪式】 8月4日，助残就业基地揭牌启动仪式在张家口市赤城县举行。该基地是由民革北京市丰台区工委社会服务专委会，携手丰台区民革党员、北京中科乐业人力资源有限公司董事长郭功清与赤城县残联共建，目的是以帮助残疾人就业为切入点，通过以点带面，“扶志”与“扶智”并重，帮助他们建立信心，掌握职业技能，实现造血功能。

（康冬花）

【开办佟麟阁将军纪念馆】 年初，区工委在区政协全会上提交了关于“佟麟阁中学尽快建立佟麟阁将军纪念馆的建议”后，得到提案承办单位丰台区教委的承办，并加以落实。6月获得教委批示，正式将丰台区南顶村15号楼相关土地和地上物划拨给佟麟阁中学，用于佟麟阁将军纪念馆使用，原全国人大常委会副委员长、民革中央主席周铁农为纪念馆题写馆名。

（康冬花）

中国民主同盟北京市丰台区工作委员会

【概　况】 2019 年，在民盟北京市委和中共丰台区委的正确领导下，民盟丰台区工委认真履行参政党职能，思想政治建设、参政议政、组织建设\社会服务等各项工作均取得新进展。全年发展新盟员 58 名，新盟员平均年龄 37.7 岁，年轻化专业化优势凸显，盟员结构更加优化。全区盟员总数 526 人。区工委荣获民盟中央“思想政治建设和宣传工作先进集体”称号，王蓉蓉、张雪梅荣获民盟中央“思想政治建设和宣传工作先进个人”称号。史卫东等 19 人荣获民盟北京市委“优秀盟员”称号。郑小丹荣获“首都劳动奖章”称号。张振军当选民盟北京市委副主委、国际宇航科学院院士。张雪梅任中华全国律师协会未成年人保护专业委员会主任、北京市律师协会参政议政促进工作委员会主任。高广颖任首都医科大学国家医疗保障研究院副院长。曾凡荣任北京市律师协会土地和房地产专业委员会秘书长，并荣获“北京市优秀律师”称号。陶旭光发起成立北京单簧管协会，并当选主席。沈洪涛荣获首都高校教职工优秀书画作品展一等奖。一批盟员获得丰台区表彰，其中优秀人大代表 1 人、优秀政协委员 1 人、优秀提案委员 5 人、优秀信息委员 3 人。

（李亚一）

【政协提案】 经过广泛调研论证，形成“关于加快推动丰台区人工智能产业发展”的党派提案，《提升丽泽核心竞争力 创建高质量发展示范区》被区政协评为“优秀党派提案”，区工委荣获“优秀提案集体”称号，5 件委员提案获评“优秀委员提案”，1 件提案被评为优秀界别提案。民盟籍人大代表、政协委员、特约监督员、人民陪审员认真履行职责，充分展现了民盟力量。

（李亚一）

【课题调研】 年内，完成《丽泽金融商务区产业协同发展》《完善养老服务体系，优化老年宜居环境》两份调研报告。与民盟通州区工委联合开展“全面提升北京城市副中心公共服务配套功能”课题研究。编纂印发《民盟法治论坛论文集》，受到民盟中央、民盟市委、区委统战部等各有关方面高度评价。张雪梅参加民盟中央法制委对《民法典婚姻家庭编》等 4 部立法研究工作。焦建参加民盟中央法治论坛，论文获二等奖。高广颖、冯午生参加民盟中央民生论坛并作大会发言，高广颖获论文一等奖。冯午生参加“西山永定河文化带保护与发展论坛”并作大会发言。

（李亚一）

【社情民意信息】 年内，发布《民盟丰台 2018 年参政议政建言集》，编纂形成《民盟丰台 2019 年参政议政建言集》。召开信息工作研讨会。全年报送信息 135 篇，其中 1 篇被丰台区区长批示，2 篇被全国政协采纳，4 篇被民盟中央采用。张贵祥作为主要成员参与编制《张家口首都水源涵养功能区和生态环境支撑区建设规划》，成果获国务院副总理韩正批复。

（李亚一）

【宣传思想工作】 年内，联合民盟北京市委法制委成功主办“庆祝新中国成立 70 周年民盟法治论坛”，召开思想政治宣传工作会，举办“不忘合作初心，继续携手前进”主题教育活动。成功举办街头快闪活动，祝福共和国 70 华诞。5 位丰台盟员参加国庆游行，圆满完成重大专项任务。

（李亚一）

【丰台盟讯】 年内，编印《丰台盟讯》4 期，共刊发盟员文章 112 篇。积极向《北京盟讯》投稿，市盟网站全年刊登丰台文稿 53 篇。连续第二年中标民盟中央理论课题。《从一届三中全会到新政协的召开——民盟为新型政党制度的确立所做的贡献》顺利结题。

（李亚一）

【社会服务】 年内，教育一、教育二支部到中华文化园开展支教活动。医务一、医务二、电力医院支部到花乡基督教堂开展义诊活动。经济支部到星河苑社区开展法律咨询服务。王跃文捐款50万元发起成立“爱传递文创基金”。孟庆圆牵线大连银行北京分行向丰台区职业与成人教育集团首期捐赠非遗教育专项资金20万元。张雪梅、高广颖等25名盟员参加民盟市委“书香传递爱心 绿色点亮生活”图书捐赠活动。高旭参加区政协精准医疗扶贫活动。陶旭光多次组织开展或参加公益演出活动。蒋国键多次参加文化下乡、主题书法笔会活动。张建的书法作品，参加丰台区统一战线举办的庆祝新中国成立70周年艺术展。

（李亚一）

【领导班子建设】 年内，结合基层组织建设年活动，提升两级领导班子“五种能力”，以适应建设高素质参政党新要求；通过理论学习坚定理想信念，不断夯实共同思想政治基础；积极为盟员搭建平台，着力培育后备干部队伍，确保民盟事业可持续发展；推荐一批盟员参加市区两级培训。

（李亚一）

【优化组织结构】 年内，创新基层组织，成立金融支部，重组教育二支部、教育三支部，医务一支部、首医大支部，十二中支部完成组织换届，一批中青年骨干盟员走上支部领导岗位。各支部、专委会开展活动近50次，支部活动覆盖率100%，14个支部全部成为达标支部。成立“盟员之家”，民盟市委领导参加揭牌仪式。

（李亚一）

中国民主建国会北京市丰台区委员会

【概　况】 2019年，民建丰台区工委按照适应新时代中国特色社会主义参政党建设的要求，团结带领广大会员深入学习贯彻习近平新时代中国特色社会主义思想和中共十九大精神，积极开展“不忘合作初心，继续携手前进”主题教育活动。围绕区委区政府中心工作，从“加强思想政治建设，夯实多党合作的思想政治基础；加强组织建设，激发基层组织活力；加强制度建设，提高参政党履职能力；发挥特色优势，提升参政议政水平；加强文化建设，提高社会服务水平”等五个方面创造性地开展工作，收到较好效果，为促进丰台区经济社会发展作出了贡献。全年发展新会员47人，发展比率7.2%，其中民营经济人士25人，占比53%。截至年底，工委共有会员681名，平均年龄51岁，其中经济界人士以及相关专家学者457名，占比67%。

（陈永玲）

【组织建设】 年内，在后备干部队伍培养上，注重发现有参政议政能力、组织领导能力的优秀人才，制定了组织发展规程，通过了《民建丰台区工委会员发展办法》，成立了新会员考察小组，对会员活动、新会员申请、审核、批准等提出了一系列要求，通过“拓宽提名关，严格审核关，加强培训关，开展谈心关，做好考查关”的全过程，选贤任能，以确保新发展的会员靠得住、过得硬、能放心。关注新会员、年轻会员的成长，为年轻会员搭建平台，激发年轻骨干会员参与组织活动的积极性。先后举办各类培训班10多期，参加培训的会员300余人。组织参观“伟大历程 辉煌成就——庆祝中华人民共和国成立70周年大型成就展”、香山革命纪念馆，激发会员爱国情怀。在区委统战部的支持和帮助下，4个支部正式挂牌“民建会员之家”，分别是文化支部的“书法大讲堂”、综合二支部的“企业家下午茶”、综合五支部的“同心学堂”、科技支部的“科创沙龙”。“会员之家”的成立，使各基层支部的活动更具特色，更加务实，更接地气，提高了活动的质量。

（陈永玲）

【理论学习】 年内，按照“新时代多党合作要有新气象、思想共识要有新提高、履职尽责要有新作为、参政党要有新面貌”“做中国共产党的好参谋、好帮手、好同事”的总要求，专门成立了理论学习委，把学习活动贯穿于主委会、工委会、专题会议及各项工作中。深入学习贯彻习近平新时代中国特色社会主义思想和中共十九大精神，学习领会习近平总书记关于多党合作的重要论述，认真贯彻落实《中共中央关于加强中国特色社会主义参政党建设的意见》，传承弘扬民建长期以来同中国共产党风雨同舟、休戚与共的优良传统，增强“四个意识”，坚定“四个自信”，做到“两个维护”，进一步凝聚政治共识，坚定不移跟党走。以座谈会、演讲比赛、文艺汇演、书画展、征文等形式组织广大会员开展纪念“五一口号”发布70周年、纪念改革开放40周年、庆祝祖国70华诞活动。组织会员参与拍摄快闪活动，讲民建故事、歌颂多党合作好人好事，选送作品参加市委及区委统战部纪念建国70周年、多党合作70周年、建会70周年艺术作品展等活动。活动的开展，增强了会员对中国共产党、中国特色社会主义和新型政党制度的政治认同、思想认同、理论认同和情感认同。

（陈永玲）

【参政议政】 年内，成立8个课题调研小组，开展各类调研活动30余次，参与会员200余人次，锻炼、培养了一批高素质、有水平的骨干会员队伍。围绕首都“四个中心”战略定位、重点功能区产业发展、社会治理等工作，特别是就农村集体经济组织可持续发展、营商环境优化、城市精细化管理、基层民主协商等方面开展深入调研，提交了15篇调研报告，其中《关于打造文化引领新兴产业集群，助推首都商务新区高质量发展》的调研报告被市委采纳，作为市委提案，受到市委领导批示。“创新一体化开发建设模式，推进丽泽金融商务区建设”的建议受到区政府高度重视并纳入当前工作。向区“两会”提交党派提案2件，大会发言1篇，提案受到区委区政府高度重视，被列为重点督办提案，其中“加强‘三资’监管、推进‘村经分离’，促农村集体经济可持续发展”的建议，纳入区农业农村局等部门的重点工作。

（陈永玲）

【社会服务】 年内，围绕“一老一小”“爱心扬帆”两大服务品牌统一部署，社服委、经济委等各专委会以及各支部全方位、多层次深入开展社会志愿服务活动，开展“走访慰问丰台区600位环卫女工”“情系考生送温暖”“走进养老院”“智教扶贫”“慈善义购”“定点帮扶、精准扶贫”活动等，捐献各类物资价值200多万元。继续做好门头沟“8+1”帮扶工作，发挥“名誉户主”作用，助力房良村低收入户9月底前实现脱低。制定联系会员企业制度，定期走访企业，组织召开会员企业家座谈会。推进基层支部“民建之家”建设,以关爱企业家会员、妇女会员、老会员三个群体为抓手,服务会员内聚人心。开展迎“三八”妇女节、重阳节、迎新春活动。开展走访慰问老会员活动，实现社会服务工作与自身建设、组织建设的有机融合,不断探索社会服务工作的新路径。

（陈永玲）

【文化宣传】 年内，将社会服务与文化宣传工作紧密结合，找准社会服务工作的切入点，务求实效开展宣传。开展丰台民建文化书画展、学雷锋活动、“牵手童心 炫彩六一”、民建书法大讲堂、传统文化进央企、“走进丰台五小献礼国庆”等系列活动，参与活动会员300余人次。围绕“文化建设、文化传承、服务会员”的主题，开展“书法大讲堂”活动，每周日上午举办书法讲座。坚持季度刊物《丰台区民建》出版，做到内容翔实，图文并茂，可读性强。累计报送新闻稿80篇，74篇被民建市委网站采用，20篇被民建中央网站采用，多篇被丰台统战公众号采用。

（陈永玲）

【社情民意信息】 年内，完善细化并制定《信息委信息报送流程》《信息工作办法（暂行）》《信息工作会议和活动组织管理办法》《信息工作奖励办法》，明确了信息工作报送流程、规范要求、考评办法及奖惩制度等。开展信息工作培训，参加培训100余人，有效提升了大家建言献策、参政议政能力。全年报送社情民意信息 122 篇，其中民建中央采纳 3 篇、民建市委采纳 18 篇、三审通过 12 篇，共有 66 位会员积极反映社情民意信息。

（陈永玲）

中国民主促进会北京市丰台区委员会

【概　况】　2019 年，民进丰台区工委共发展会员 11 名，全区 18 个支部共有会员 463 人，平均年龄 57.68 岁。其中博士研究生 12 人、硕士研究生 36 人、大学本科 267 人、大学专科 139 人，高级职称 31 人，中级职称 111 人。本会特色为教育界主体，工委教育界会员有 248 人，占比 53.5%。行业分配，政府机关 32 人，国企 31 人，非公 65 人，法律 3 人，教育 248 人，卫生 11 人，科技 5 人，文化 28 人，金融 14 人，出版 26 人。民进北京市委进行属地化管理，丰台区分来 1 个支部，即财政部支部；成立 2 个支部：社会事务联合支部，文艺支部。

（李朝晖）

【参政议政】　年内，共撰写提案、议案 5 件，其中《北京丽泽金融商务区定位及产业发展方向研究》《关于小学入学年龄增加弹性的调研报告》《关于设立中国汉字国际研究会的建议》《关于丰台区文明祭祀活动的建议》《北京丽泽金融商务区定位及产业发展方向研究补充建议》等提案议案得到市、区两级领导的重视。编写社情民意信息 50 余条。

（李朝晖）

【思想建设】　年内，多次召开工委扩大会，组织班子成员及支部主任、专委会主任一起学习“不忘合作初心，继续携手前进”主题教育活动文件精神，制订工作计划下发至各基层支部及专委会，并请工商联副主席作专题报告。各支部、专委会组织开展主题教育活动十余次，集中学习 200 多人次。

（李朝晖）

【民进丰台区工委会员之家成立】　4 月 27 日，“民进丰台区工委会员之家”举行揭牌仪式。8 月，在“民进丰台区工委会员之家”所在地渡业大厦召开民进丰台区工委成立 30 周年庆祝大会，全国人大常委会、北京市人大常委会副主任，民进中央副主席，民进北京市委主委庞丽娟，丰台区委书记徐贱云，丰台区委常委、统战部部长李岚等领导出席庆祝大会。

（李朝晖）

【服务社会】　7 月初，民进丰台区工委与北京市大成学校共同举办“京冀携手共进，成就辉煌明天”2019 暑期足球教育交流活动，京冀师生以足球为纽带共同喜迎建国 70 周年，与河北省涞水县明义学区进行教育交流活动。持续关注跟进关于服务门头沟“8+1”帮扶工作。

（李朝晖）

中国农工民主党北京市丰台区委员会

【概　况】　2019 年，中国农工民主党北京市丰台区委员会在农工党北京市委和中共丰台区委的坚强领导及区委统战部的指导帮助下，以新时代参政党的责任与要求为工作目标，围绕区委区政府中心工作，依靠工委各级组织和广大党员，认真履行参政党职能，不断加强自身建设，为丰台区经济和社会发展做出了贡献。坚持中国特色社会主义参政党的要求，加强教育谋共建，凝聚共识重引领，以农工党主要界别为方向，质量与数量并重，创造性地开展工作。全年发展新党员 8 人，转入党员 4 人。其中硕士研究生 4 人、博士研究生 1 人，大学本科生 7 人。年内，丰台区工委共有 10 个支部，在册党员 319 人，其中区人大代表 2 人、区政协委员 14 人、市人大代表 1 人、市政协委员2人。

（姜元近）

【开展思想教育活动】 2月，区工委领导班子采取工委（扩大）会的形式，听取市区两级政协委员工作汇报，传达、学习“两会”精神。全体党员深入学习贯彻习近平新时代中国特色社会主义思想，进一步提高政治站位，筑牢思想根基，校准思想之标，不断加强自身建设，确保立场坚定。开展“同心同行七十年 坚定不移跟党走”“不忘合作初心，继续携手前进”主题教育活动。开展唱红歌、健步走、征文、书画展览、体育活动、参观展会、培训、观影、国庆群众游行等学习实践活动，参加各种庆祝活动的党员300余人，增强了“四个意识”，坚定了“四个自信”，做到了“两个维护”。

（姜元近）

【参政议政】 年内，丰台区工委的人大代表和政协委员积极履职参政，通过市区两级人大、政协渠道，以单独或与他人联名的方式提出提案20个，包括《关于建立丰台区中医医院的建议》《关于推进丰台区“医养结合”养老服务模式创新》《关于探索和推进北京市延续性护理服务模式分类标准化的建议》《关于促进第三方医学检验机构融入医联体建设和分级诊疗的建议》《关于进一步完善养老机构医疗保障的建议》等，其中《关于建立丰台区中医医院的建议》作为A类提案，由丰台区卫健委进行了提案答复并予以落实。

（姜元近）

【课题调研活动】 年内，积极参加市、区两级课题调研活动，完成《完善养老服务体系，建设国际一流老年宜居环境》《推进丰台区医养结合养老服务模式创新》《昌平区典型乡镇农村养老供需状况调研》《推动北京丽泽金融商务区金融产业高质量发展》《提升环境品质，积极开展背街小巷环境整治》等5项调研报告，为市区两级党委政府决策提供依据，发挥“智库”作用。

（姜元近）

【社会服务】 年内，以送医下乡、扶贫义诊、教学查房、理论授课、爱心捐助、开展“贫困人口精准医疗爱心行动”等形式，参加贵州大方县对江镇和青海大通县定点医疗义诊帮扶，助力国家精准扶贫行动。6月25日至27日，丰台医院支部党员代表丰台政协参加内蒙古扎莱特旗定点医疗技术帮扶活动，提高了当地常见疾病的诊疗能力，让患者享受到优质的医疗服务。9月11日，组织医学专家到门头沟区雁翅镇青白口村义诊，并到病患家中巡诊；29日，参加京津冀协同发展共建活动，赴河北滦州县医院讲解“肝脏炎症的诊疗”诊疗方案。

（姜元近）

【社情民意信息】 年内，发挥民主党派参政职能，积极建言献策，参加各种会议活动400余人次。报送社情民意信息23篇，内容包括《放射科医改之后价格动态调整项目》《加快建立以中文为主导的科研论文引用评价体系》《关于引导第三方医学检验机构融入医联体建设和分级诊疗的建议》等。

（姜元近）

【开展丰富多彩的支部活动】 年内，工委10个基层支部，充分发挥自身优势，积极开展“不忘初心、牢记使命”主题教育活动、“不忘合作初心，继续携手前进”主题教育活动，组织参观南苑机场、北京汽车博物馆、国家大剧院、北大红楼，参观国庆70周年成就展，开展“忆满京城，庆祝建国70周年”活动，活动的开展，凝聚了力量，陶冶了情操，鼓足了干劲。

（姜元近）

中国致公党北京市丰台区委员会

【概　况】 2019年，致公党丰台区工委在致公党北京市委和中共丰台区委的领导下，在中共丰台区委统战部的指导下，深入开展“不忘合作初心，继续携手前进”主题教育活动，带领全体党员认真学习习近平新时代中国特色社会主义思想和中共十九大精神，围绕丰台区经济社会发展战略布局，大力加强自身建设，积极履行参政党职能，各项工作取得新进展。现有工委委员 11 名。区工委下设四个支部，共有党员 106 人。原致公党丰台区（2006年）第一届工委主委，现任全国政协委员、致公党市委员、第二支部党员王松灵同志当选为中国科学院院士。

（王　峻）

【开展庆祝建国七十周年主题教育活动】 年内，积极响应致公党市委的号召，在区委统战部的部署下，结合庆祝建国 70 周年，积极开展“不忘合作初心，继续携手前进”主题教育活动。与致公党昌平区工委联合举办暑期学习班，聘请市委党校教授，讲授“坚持和发展中国特色社会主义，中国共产党领导下的新中国发展建设成就”。组织党员参观 70 周年成就展，党员踊跃撰写征文。国庆节前夕，一支部和四支部联合开展专题读书日活动，并组织党员参观香山革命纪念地和华侨博物馆。区工委妇委会开展“我和我的祖国”主题摄影系列活动，邀请致公党党员、中国摄影家协会会员刘永讲授《手机照相机摄影知识及摄影技巧运用》等摄影知识，参加活动的党员 100 余人次，共征集摄影作品 160 余件，选取 70 余张参加北京统战系统庆祝新中国成立 70 周年“同心同行七十年，坚定不移跟党走”主题艺术展，其中党员徐薇娜、宁美芝、邓岩的作品分别荣获市级摄影作品一、二、三等奖。

（王　峻）

【社会服务】 1 月 6 日，区工委与云岗街道、北京江隆科技有限公司，在航天三院联合举办“墨韵绘盛世、丹青颂和谐”迎新春书画展及书画交流活动。5 月 24 日，二支部同北京税务博物馆举行交接仪式，支部党员刘瑛将其父亲（建国初期税务局干部）生前保存的 14 箱税务资料和物品，无偿捐赠给北京税务博物馆。8 月 24 日，组织部分党员同窦珍志愿者联合会成员一道，在嘉祥敬老院开展“情满中秋 携手夕阳”活动。一支部毛颖梅教授，坚持进行特殊教育知识培训，并发起“春晖行动”，影响广泛，9 月 19 日，在致公党市委网站“致公人员”栏目中，以“让迟到的花儿同样芬芳”为题进行了报道。三支部组织开展传统文化传承活动，邀请著名老北京“黑锅底”风筝传人包皓老师，为香港玛利曼小学近 30 名师生及党员们，传授中华传统文化——风筝制作。

（王　峻）

【党派提案答复会】 10 月 15 日，在区党派楼 302 会议室，区工委王诗雪副主委带领部分党员同区委办、区政府办、区委统战部、区政协提案委员会等相关负责同志，就区工委在丰台区政协十届三次会议上提交的《关于科学规划街区公共空间提升人居环境质量，提高城市精治共治法治水平的建议》提案办理工作进行了深入的沟通交流，听取了办理工作情况汇报，达成了办理答复意见。区政协、提案主办方区规划自然局、协办方区城管委等相关部门领导参加。

（王　峻）

【展示委员风采】 3 月 7 日，主委王艳霞在全国“两会”期间，在“委员通道”答记者问；5 月 25 日，区工委妇委会在月河湾马术俱乐部为各支部党员及子女举办庆“六一”马术体验活动。9 月 6 日，曹莹副主委作为特邀专家参加北京市规划和自然资源委员会《北京城市公共空间纲要》专家研讨会。10 月 1 日，主委王艳霞在天安门广场参加建国 70 周年庆祝活动。11 月 9 日，各支部党员和入党积极分子，参加区委统战部在园博园组织的“不忘合作初心，继续携手前进”定向越野主题活动，并取得优异成绩。12 月，一支部党员聂春辉在北京 798 感叹号艺术中心举办《硬核水墨——庆祝新中国成立七十周年》个人艺术展。

（王　峻）

【参政议政工作成果丰硕】 年内，王艳霞、王松灵、陈妍荣获致公党中央 2018 年度参政议政优秀成果个人奖；在致公党市委九届八次全会上，区工委被市委表彰为参政议政工作先进集体，王艳霞、曹莹、王松灵、王峻、宋煜、许正文、沈小红等七名党员被评为先进个人。3 月，致公党市委表彰的市一级参政议政 21

篇优秀调研报告中，区工委《关于筹办好北京2022年冬奥会、冬残奥会，大力推动冬季运动普及的调研》排名第二位（此课题获中共北京市委统战部2018年度参政议政优秀调研成果二等奖），《北京市街区公共空间改造提升与优化治理》调研报告排名第三。四篇社情民意信息被致公党市委评为优秀社情民意信息，分别是《群众性冰雪运动的普及提升将成为冬奥会宝贵遗产》（王艳霞）、《尽快落实药事服务费政策关系到广大患者的用药安全》（王松灵）、《关于北京市建设高水平无障碍公共环境的建议》（许槟、宋煜）、《关于避免因事业单位改革引发人事争议案件的建议》（陈妍）。区工委年度共申请各级调研课题八项，比上年多了一倍。主委王艳霞带领课题组开展《大力推动冬季运动的普及》调研，调研成果获评致公党市委年度优秀调研课题，被选录《建言专报》，得到中共北京市委蔡奇书记的批示。全年党员们撰写的社情民意信息，被致公党市委采用14篇；被致公党中央采用2篇，分别是王艳霞撰写的《关于借助冬奥会契机，支持国产装备器材产业发展的建议》，王松灵撰写的《〈药师法〉应尽快出台以保障百姓用药安全》；被致公党中央采用、市政协转送全国政协的1篇，为宋煜撰写的《关于务实推进新一代人工智能健康发展的建议》。

（王　峻）

九三学社北京市丰台区委员会

【概　况】　2019年，九三学社北京市丰台区委员会，在九三学社北京市委和中共丰台区委的领导下，以参政党建设有关文件精神为指导，开拓创新，积极进取，各项工作取得新进展。弘扬民主科学精神，组织开展“五四，我要对你说”“祖国，我要对你说”“寻找合作初心”等系列爱国教育活动。带领广大社员围绕中心、服务大局，积极履行参政党职能，取得较好的成绩，涌现出一大批好社员，高如阳被九三学社中央表彰为全国组织工作先进个人；在社市委全委会上刘颖、付志峰、温建东、邹迎、庄洁被表彰为优秀社务干部，李洁、高立红、郎大鹏、彭红梅、石雪函、窦立梅等6人被表彰为优秀社员，李欣磬被授予突出贡献奖；刘颖、温建东、邹迎、吴元锡、袁野、马艳林、宋娇撰写信息和提案12篇，被全国政协采用3篇，社中央采用7篇，中共北京市委统战部、市政协《诤友》采用2篇，其中刘颖的《关于对非中共代表人士实施“体验式挂职”“调研式挂职”的建议》被市委书记蔡奇批示，并得到全国政协副主席张庆黎的高度肯定，同时还被全国政协、社中央、市政协《诤友》采用。

（刘　颖　郑成保）

【开展“找寻合作初心　增进政治共识”活动】　年内，组织会员单位有关人员，赴内蒙古土默特左旗红色教育基地及乌兰夫的故居参观学习，听取统战理论和实践中的故事，感受红色政权建立过程的艰辛。在参观学习过程中，为乌兰牧骑演员进行义诊。参观考察张家口市草原天路生态保护和冬奥会崇礼区主会场，并与张家口九三学社市委进行座谈交流。结合新中国成立70周年，组织开展“祖国，我要对你说”系列征文活动。积极参与九三学社市委“砥砺奋进70年，同心筑梦新时代”主题文艺汇演活动。活动的开展，加强了思想理论武装，增进了政治共识，激发了广大社员的爱国热情。

（刘　颖　郑成保）

【“全国三八红旗手”获得者】　3月6日，“三八”国际妇女节纪念暨表彰大会在人民大会堂举行，全国妇联副主席、书记处第一书记黄晓薇宣读表彰决定。九三学社丰台区工委中国康复研究中心支社主委郭微荣获“全国三八红旗手”荣誉称号。郭微，北京市丰台区政协委员，九三学社中国康复研究中心支社主委，中国康复研究中心社会职业康复科负责人，曾荣获2017年全国维护妇女儿童权益先进个人、2018 年九三学社北京市委优秀社员等荣誉称号。

（刘　颖　郑成保）

【新的社会阶层人士联谊会举办】 3月 12 日，北京市丰台区新的社会阶层人士联谊会一届一次全员大会暨成立大会在丰台区丽维赛德酒店召开。会员们选举产生新一届理事会会长 1 名、常务副会长 1 名、副会长 8 名、秘书长 1 名，常务理事 29 名，监事会监事 3 名。新阶层人士都是体制外的非中共人士，主要包括私营企业和外资企业的管理人员和技术人员、社会组织从业人员、自由职业人员、新媒体从业人员。

（刘　颖　郑成保）

【合力打造“丰台文化行走的课堂”提案答复会】 7 月 29 日，区教委会同区文化旅游局、区文化创意产业促进中心围绕《合力打造“丰台文化行走的课堂”》党派重点提案，向九三学社丰台区工委进行了正式的答复。副区长张婕及有关部门负责人出席了答复会。会上，各相关单位分别介绍了情况，刘颖代表区工委对此次党派重点提案的办理结果进行了表态发言，与会人员经过认真的讨论，感到教委牵头对九三学社的党派重点提案办理务实高效，区工委对提案办理结果表示满意。

（刘　颖　郑成保）

【九三学社丰台医院支社成立】 10 月 23 日，九三学社丰台医院支社成立大会举行。社中央委员、全国政协委员、中国地质大学（北京）副校长、社市委副主委王训练等有关领导出席会议。会上，区工委主任刘颖介绍了九三学社丰台医院支社的筹备经过，副秘书长郭艺宣布了九三学社丰台医院支社正式成立及支社支委会成员名单。

（刘　颖　郑成保）

人　民　团　体

丰台区总工会

【概　况】　2019 年，丰台区总工会紧紧围绕“丰台区要上台阶，未来风光看丰台”的要求，在市总工会和丰台区委的领导下，以习近平新时代中国特色社会主义思想和党的十九大精神为指导，贯彻落实中国工会十七大、北京工会十四大决策部署，坚持围绕需求服务，围绕效率创新，围绕大局，全面深入履行工会服务保障、劳模管理、权益保障、民主管理、助推创业、帮扶助困、素质建设、志愿服务等各项职能。

（刘新颖）

【新中国成立 70 周年活动服务保障】　年内，抽调 24 名工会干部牵头成立丰台区国庆群众游行活动集散交通工作组，完成市总工会群众游行第四分指交办的各项任务。投入专项经费210万元开展“守初心 担使命 迎国庆 作贡献”系列慰问活动，为全区接诉即办、应急值守、安保维稳、交通运输、国庆游园等工作提供服务保障。

（刘新颖）

【基层组织建设】　年内，各级工会组织“双沟通”会 1005 场，全区工会组织达到 2285 个，会员总数 207379 人。

（刘新颖）

【劳模工作管理】　年内，共培养、选树全国五一劳动奖章 1 人，全国工人先锋号 1 个，首都劳动奖状 4 个，首都劳动奖章 15 人，北京市工人先锋号 7 个。通过举办劳模团拜会，创建劳模创新工作室，组建劳模志愿者服务队等多种形式，让劳模、工匠的身影活跃在全区各个领域、各个平台。全心全意做好劳模服务管理工作,组织全区劳模体检、发放各类慰问金,并对特殊困难劳模进行重点帮扶。开展“身边的北京大工匠”学习寻访活动，在全区营造劳动光荣的社会风尚和精益求精的敬业风气。

（刘新颖）

【企业工资集体协商制】　年内，积极落实集体协商“四必谈”要求，以行业、百人以上企业为重点，推动企业工资集体协商规范化建设，提高协商的覆盖面、质量和水平。在全区选取制造业、批发和零售业、住宿和餐饮业等 5 个行业中的 6 家企业进行检查指导。年内新聘用市级工资指导员 1 名，达到市级配齐 6 名的要求，建立例会制度，每月听取 1 次市级工资指导员工作汇报。

（刘新颖）

【厂务公开民主管理】　年内，国有及国有控股企业、事业单位全部建立职代会、厂务公开制度。建会百人以上非公有制企业单独建立职代会制度的建制率动态保持在 85%以上。指导公司制企业工会职工董事、职工监事建制工作，发挥好职工董事、职工监事的职能作用。

（刘新颖）

【劳动争议调解】 年内，劳动争议调解中心调解成功劳动争议案件 207 件，其中：集体 48 件，涉及人数 209 人，履行金额总计 1090 万元，服务评价满意率 100% 。困难职工法律援助 126 件，代书法律文书 16 件。鼓励参加劳动关系协调师考试，全年为上年度参加考试并通过的 19 名人员报销 51000 余元学费。开展全区“尊法守法·携手筑梦”服务农民工公益法律服务行动”，每月开展活动不少于 1 次。

（刘新颖）

【安全生产宣传】 年内，开展“安全隐患随手拍”摄影作品征集活动，共收集作品 210 幅进行评选表彰。指导基层工会通过拍摄“微视频”、组织安全生产讲座、开展竞赛答题等方式全方位的进行多元化普法宣传，有效提升职工知法守法意识。投入 13500 元印制宣传品开展宣传工作。

（刘新颖）

【困难帮扶】 年内，发挥“春送岗位、夏送清凉、金秋助学、冬送温暖”品牌作用，当好困难职工的“第一帮扶人”。制订温暖基金丰台专项基金试行办法及细则，针对不同原因致困人群实施多项保障措施，扩大帮扶范围。在档困难职工从上年的 39 人减少到 22 人，在慰问帮扶、子女助学等方面累计投入资金 106 万元。做好工会扶贫协作和支援合作工作，通过购买服务的方式，支持十堰市张湾区、内蒙古扎赉特旗、河北涞源县等工会开展扶贫项目。

（刘新颖）

【互助保障】 年内，职工互助保险新增会员 4239 人，完成投续保金额 943.9 万元，比上年增长 51%。年内共受理理赔 1732 人次，赔付金额 338.3 万元。

（刘新颖）

【助力职工创新创业】 年内，申报在职职工职业发展助推 202 人，发放市区两级助推资金 40 余万元，推进职工职业技能提升。推进高技能人才队伍建设，建成市级创新工作室 4 家。连续第三年带领全区 7 家优秀企业亮相中华全国总工会举办的国际创新创业博览会，助力花乡花木集团举办“绿化环保花艺师职业技能竞赛”，吸引来自全国的设计师近 300 人参赛；支持北京汽车博物馆职工创新工作室建设，创新工作室带头人王亮获得“首都最美劳动者”称号。

（刘新颖）

【社会服务工作】 年内，发挥区域优势开展丰富多彩的普惠活动，充分利用 12351 职工服务平台，各级工会搭载会员服务活动 194 个，刷卡服务职工总计 16.1 万人次。继续做精“抢票活动”服务，全年共组织开展面向全区职工的网上“抢票”活动 7 个，服务职工约 6 万人次。

（刘新颖）

【职工服务体系建设】 年内，进一步推进“会、站、家”一体化建设，在丰台科技园区、方庄等地区建设公共区域职工之家，在北京汽车博物馆、花乡花卉嘉年华建设智能职工之家，在最美大街镇国寺北街、全市依文商业门店等公共区域建设暖心驿站，丰台区职工之家实体化建设累计达标数 712 家，暖心驿站 1630 家，有效打通服务职工“最后一公里”。

（刘新颖）

【职工素质建设】 年内，针对职工需求探索购买社会组织服务新途径，购买健康培训、礼仪培训、单身职工联谊会和非遗体验等四个大项共计 21 个子项的精品服务项目，累计服务职工 1.5 万余人次，投入经费约 100 万元。实施首都职工素质建设工程，搭建技能大赛、公益大讲堂、读书沙龙、职业技能培养“四位一体”培训平台，申请市级经费 61 万元,补助区级经费 79 万元，开展各类培训项目 53 场。加强职工心理关怀，投入 140 万元专项经费支持 4 家工会建设心理减压室。

（刘新颖）

【推广特色职工志愿服务】 年内，成立首都职工志愿服务丰台总队，分层分类下设 81 支职工志愿服务大队，19 支个性化职工志愿服务队，百余支社区（村）级职工志愿服务小队，创建 63 家首都职工志愿服务岗，累计招募职工志愿者近9万名。开展了“心肺复苏”、“助力冬奥”、“争当禁毒宣传志愿者”等多项培训，有效提高了职工志愿者的服务水平。在“喜迎国庆七十周年”、“中高考日”等重要时间节点，开展环境整治、文明引导、暖心伴考等多种方式服务丰台百姓，参与志愿服务职工达万余人次，使“蓝马甲”在丰台大街小巷形成了一道靓丽的风景线。

（刘新颖）

【情系女职工】 年内，竭诚服务女职工，新建母婴关爱室20家，配备各类物资投入经费约8万元；投入经费100万元开办不同规模的暑期托管班共计16个，多角度维护女职工特殊权益。

（刘新颖）

【职工文体活动】 丰富文体活动，打造“五月的鲜花”“丰采杯”“职工快乐健身直通车”等多个职工文体活动品牌，参与职工达3万余人次，引导职工群众树立积极向上的工作、生活态度，积极践行社会主义核心价值观。

（刘新颖）

【构建宣传矩阵】 年内，坚持传统媒体与新媒体相结合多角度宣传工会工作，劳动午报专版宣传58版，向市总工会报送信息60篇，登载30篇，发挥丰台区总工会微信公众号的作用，有效发布信息165篇，最高阅读量达2万人次。把握庆祝新中国成立70周年的重要契机，策划组织拍摄《我和我的祖国》MV，得到学习强国、北京日报客户端等多家中央及市级主流媒体转载，累计点击量超3万余人次。

（刘新颖）

【加强财务经审管理】 年内，按照《北京市工会预算管理办法》的规定编制并上报丰台区总工会本级预算。严格根据市总基层工会经费使用的相关规定审批基层预算。工会经审工作规范化，启用工会财务集中管控和审计管理系统，实现审计全覆盖，对基层单位工会经费收缴、管理、使用实时监控。

（刘新颖）

【专职队伍建设】 年内，探索“优秀工会社会工作者兼任百人以上非公企业工会副主席”的“依文模式”，进一步延伸工作手臂。针对不同需求组织工会主席培训班、专职工会社会工作者培训班共3期，培训工会干部200余人次。

（刘新颖）

共青团北京市丰台区委员会

【概　况】 共青团北京市丰台区委员会（以下简称“丰台团区委”）是负责团员青年教育、管理和服务的群众性团体。2019年，丰台团区委认真学习宣传贯彻党的十九大及十九届二中、三中、四中全会精神，以新中国成立70周年庆祝活动服务保障工作为中心，按照“丰台区要上台阶”“未来风光看丰台”“妙笔生花看丰台”的要求，坚持围绕中心、服务大局的工作主线，圆满完成各项工作任务。

（张　洁）

【星光自护活动】 1月8日，丰台团区委下发《关于开展2019年“青春自护•平安春节”青少年自护教育活动的通知》，启动寒假春节期间星光自护活动，社区青年汇结合市级师资开展自护专题知识讲座22场，覆盖青少年600余名。

（张　洁）

【京蒙一家亲冬令营】 1月23日，受丰台区青年联合会（以下简称“丰台青联”）邀请，内蒙古赤峰市林西县26名师生走进北京汽车博物馆参观。18日至23日，19名建档立卡青少年到京参加由厚德事务所承办的京蒙一家亲冬令营活动。活动的开展加强了京蒙两地之间的联系，促进了青少年对北京文化的了解。

（张　洁）

【青春导师互动活动】 1月23日，北京市第十中学举办“以青春之名成奋斗之我”主题职业生涯规划教育青春导师活动，团区委书记、区青联主席杨勇参与活动，丰台青联委员虞承波、张景和梁云担任青春导师，与450余名高中学生进行互动交流，为十中学生带来了精彩的期末大课。

（张　洁）

【青联助学金募集活动】 1月26日，丰台青联助学金募集暨六届足羽球队授旗仪式在首科大厦举行。团市委统战部部长、市青联秘书长林宇，希望工程北京捐助中心主任、北京青少年发展基金会秘书长钱蓉晖和丰台团区委书记杨勇、副书记王嘉及青联委员60余人参与。活动共筹集助学金19.03万元。截至5月31日，共筹集善款22.03万元。

（张　洁）

【青年汇寒假成长营】 1月至2月，丰台团区委开展丰台社区青年汇儿童寒假成长营项目，吸引20余名小朋友参加。营地开设3D打印、绘画、声乐、思想引导、消防知识讲座等多种课程，得到了小朋友的喜爱和家长的好评。

（张　洁）

【学雷锋日活动】 3月5日，丰台团区委举办丰台区小V蜂志愿服务推动日暨云岗街道“爱满京城”学雷锋活动启动仪式，来自全区的志愿者和社会志愿服务组织代表近400人参加此次活动。继续深化“志愿服务进社区”工作，积极开展“五大青年行动”志愿服务活动，推进志愿服务长期、良性开展。团区委联合区残联开展“V蜂助残—阳光行动”志愿服务项目，组织小V蜂志愿者走进社区温馨家园、职康站，为残疾人开展手工制作等志愿服务。

（张　洁）

【青联首次集训活动】 3月9日，丰台青联足球队在岳各庄村足球场进行成立后首次集体训练，近30名青联委员参加，集训活动的开展增强了丰台青联的凝聚力。5月22日，丰台青联羽毛球队在丰台二中羽毛球馆开展首次训练活动，16名委员参加。

（张　洁）

【世园会志愿服务活动】 4月至10月，丰台团区委组织45名丰台青年志愿者参与2019中国北京世界园艺博览会志愿服务，累计志愿服务时长超过2700小时，服务游客近15000人次，收到国家参展方表扬信10余封。志愿服务展现了丰台青年昂扬向上、积极进取的精神风貌。

（张　洁）

【单身青年交友活动】 4月13日，丰台团区委在丽泽金融商务区举办“春‘丰’十里不如你”青年交友活动，通过共植新绿的公益活动为青年人创造沟通机会，帮助单身青年扩大交友范围，解决婚恋需求。

（张　洁）

【特别主题团日活动】 为激励和引领广大青少年大力弘扬以爱国主义为核心的伟大民族精神，4月28日，丰台区委教工委、丰台区教委、丰台团区委在宛平广场、中国人民抗日战争纪念馆联合举办“青春心向党·建功新时代”特别主题团日活动，来自丰台第二中学、北京第十中学及丰台区各行业领域的青年团代表、少先队员代表400余人参加。区委常委葛海波、副区长张婕、区长助理李俊蓉出席活动。

（张　洁）

【“不忘初心”方阵群众游行】 5月，丰台团区委牵头组织由丰台区主责的“不忘初心”方阵群众游行活动，共组织保障方阵队员开展73场次，260小时，4.7万人次的训练。10月1日国庆当天，“不忘初心”方阵簇拥着主题彩车走过天安门广场，接受祖国和人民的检阅，为祖国献上最热烈的生日祝福。

（张　洁）

【新青年城市体验营】 5月4日,丰台团区委依托社区青年汇，组织近200名青年参加新青年城市体验营之五四运动历史之旅走进宛平城活动，引导广大团员青年牢记党的嘱托和团的宗旨，增强责任感和使命感。6月2日，组织近300名青年参加新青年城市体验营之参观国企活动,通过活动促进广大青年了解北京、热爱北京、建设北京。8月18日，组织近300名青年参加新青年城市体验营之“科技文化之旅”走进北京科学中心活动。广大青年亲身感受“科技改变生活”，了解祖国科技的创新发展之路，激励有志青年投身于祖国科技建设。

（张　洁）

【合适成年人专题培训】 为落实未成年人司法保护工作，5月17日，丰台团区委在阳光中途之家组织开展合适成年人专题培训，邀请团中央青少年维权在线专家顾问张雪梅进行授课，60余名合适成年人参与培训。

（张 洁）

【香港大学生赴京实习体验】 5月27日至7月1日，丰台团区委接待7名香港大学生赴91金融、首科大厦、慈铭体检三所青联委员公司开展实习体验。通过实地体验，增进了香港大学生对首都北京的了解同时加深了文化认同感。

（张 洁）

【“青马工程旁听生”项目】 5月31日，丰台团区委开展“青马工程旁听生”项目，组织青年团员到北京电子科技学院开展学习。

（张 洁）

【缤纷“六一”欢乐“童”行】 为在“六一”儿童节期间营造全社会关心关爱少年儿童的良好氛围，6月1日，丰台团区委组织青年汇社工、志愿者走进丰台区儿童福利院，送上牛奶、蛋糕、相册等礼物，陪伴特殊疾病患儿一同过节。组织向儿童公益图书馆捐赠图书，并利用阅读、书法、绘画等文化体验活动和赠送书包文具用品为困境青少年庆祝节日。与中建二局三公司共同策划“见证七十年，小小工程师走进智慧工地”儿童节主题活动，邀请20组青少年家庭走进现代化智慧工地，在VR学习和实景体验中愉快度过“六一”儿童节。

（张 洁）

【青联委员扶贫走基层活动】 6月11日，丰台青联向青海省治多县团县委捐赠青联助学金2万元，用于建档立卡贫困青少年帮扶。6月13日，丰台青联“青力扶贫联创梦想”青联委员走基层活动在河北省保定市涞源县启动。围绕活动主题，在白石山镇斗军湾村，青联委员们组成扶贫工作组与驻村工作队和乡村干部就扶贫工作开展座谈交流，通过购买公益性岗位对4名建档立卡贫困人员开展结对帮扶并到贫困户家中进行慰问走访。向涞源县上庄中学（小学部）30名建档立卡青少年捐赠3万元助学金及课外读物、书包、文体用品600余件。

（张 洁）

【丰台青联走进扎赉特旗】 6月26日至28日，丰台青联赴内蒙古兴安盟扎赉特旗开展扶贫对接活动工作。丰台团区委副书记、丰台青联副主席田昊同志代表丰台团区委、丰台青联向扎赉特旗60名建档立卡青少年捐赠青联助学金3万元，代表爱心企业北京汽车集团财务有限公司向扎赉特旗少数民族儿童捐赠价值2万元蒙文书籍，委员代表向学生代表发放助学金并赠送书包、文体用品100余件。

（张 洁）

【组织青年代表“七七”纪念活动】 7月7日，纪念全民族抗战爆发82周年仪式在中国人民抗日战争纪念馆举行，丰台团区委组织90名青年代表参加纪念活动。为进一步弘扬以爱国主义为核心的伟大民族精神，牢记党的嘱托和团的宗旨，同日，依托社区青年汇平台，组织《周恩来回延安》观影活动。

（张 洁）

【“青年讲师团”演讲大赛】 7月12日，丰台团区委组织丰台区“青年讲师团”讲师参与“时代新人说–我和祖国共成长”演讲大赛。青年讲师们分享了自己及身边的榜样在工作岗位上成长成才、砥砺前行的感人故事，展现了新时代青年的风貌与担当。

（张 洁）

【青年汇暑假成长营地】 7月15日至8月2日，丰台团区委开展丰台社区青年汇儿童暑假成长营项目，吸引20余名小朋友参加。营地开设3D打印、绘画、声乐、思想引导、消防知识讲座等多种课程，得到了小朋友的喜爱和家长的好评。

（张 洁）

【京蒙两地主题交流】 7月24日，内蒙古扎赉特旗住建局有关负责人员到丰台区学习考察老旧小区改造及物业管理经验。丰台团区委、丰台区房管局相关同志及青联委员代表参加活动。

（张 洁）

【两岸青年交流活动】 7月29日下午，丰台区青年联合会、时代风帆楼宇党群服务中心、北京海峡两岸社区发展研究中心和高雄青年联合协会联合举办2019两岸青年梦想沙龙。高雄青年学生代表团参观了北京丽泽金融商务区、北京国家数字出版基地。

（张　洁）

【《我和我的祖国》主题系列活动】 8月27日，团区委组织丰台青年代表开展快闪活动，拍摄《我和我的祖国》主题MV。9月17日，丰台青联在北京园博园开展丰台青联“我和我的祖国”宣传拍摄工作，50余名青联委员共同参与。9月1日，丰台团区委组织开展“我与祖国共奋进——国旗下的演讲”特别主题团日活动。

（张　洁）

【“万企帮万村”帮扶项目】 8月28日至29日，丰台团区委、丰台青联和慈铭健康体检集团相关负责同志走进内蒙古赤峰市林西县落实2019年度“万企帮万村”帮扶老君沟村卫生室建设项目。林西县委常委、副县长张传力、林西团县委书记芒莱、大营子乡乡长刘建国等同志参加相关活动。29日上午，举行向老君沟村卫生室捐赠仪式。丰台青联委员、北京慈铭奥雅门诊部有限公司院长助理陈金珠代表慈铭健康体检集团现场捐赠价值8000余元常用医疗物资并组织医生到村民家中义诊。

（张　洁）

【新中国成立70周年志愿服务保障】 丰台团区委牵头负责全区10个城市志愿服务站的运行保障工作。组织城市志愿者开展“我和我的祖国”主题系列活动，为市民和游客提供信息咨询、便民服务、应急服务等公共服务。9月1日至10月7日，城市志愿服务站累计上岗志愿者2709人次，服务时长10836小时，服务群众16000余名，发放各种宣传材料10000余份。9月1日至10月31日，重点社区志愿者累计上岗4731人次，服务时长10817小时，服务群众23600人次。

（张　洁）

【群众联欢“鱼水情深”区块表演】 10月1日，丰台团区委组织首都经贸大学、首都医科大学302名师生参与国庆联欢“鱼水情深”区块表演活动。

（张　洁）

【园博园游园志愿服务】 10月1日至2日，丰台团区委组织80名高校青年志愿者开展园博园国庆游园志愿服务，连续2天分别在14个岗位上开展信息咨询、文明引导、为老助残等志愿服务，累计服务时长960小时，服务游客上万人次。2日至8日，丰台团区委组织80名青年志愿者开展2019年中国戏曲文化周活动志愿服务，累计志愿服务时长3200小时，发放宣传材料20000份，服务游客近10万人。

（张　洁）

【精准医疗扶贫健康助力林西】 10月15日，丰台区青年联合会、慈铭集团在北京慈铭大厦举办精准医疗扶贫健康助力林西——暨丰台青联、慈铭集团“万企帮万村”项目捐赠仪式。丰台团区委副书记、青联副主席、慈铭集团联席总裁、内蒙古林西县扶贫办、丰台区卫健委等相关部门负责同志参加活动。仪式上，慈铭集团向林西县蒙中医医院捐赠价值22.1万元的医疗设备一台。

（张　洁）

【铁人三项赛事志愿服务】 10月19日至20日，丰台团区委组织2019北京国际铁人三项赛志愿服务活动，北京电子科技学院、首都医科大学的360名高校青年志愿者，在跑步赛道指引、能量补给等35个岗位上，贡献志愿服务时长2800余小时，服务来自世界各地的参赛运动员近千人。

（张　洁）

【中国科幻大会志愿服务】 11月2日至3日，丰台团区委组织2019中国科幻大会志愿服务活动，中建五局安装公司、中建五局北京公司、窦珍志愿者联合会的60名志愿者，全面保障科幻大会的顺利举办，累计志愿服务时长1080小时。

（张　洁）

【“温暖衣冬”活动】 11月至12月期间，丰台团区委依托社区青年汇共收集御寒冬衣

700余件，交由大学生利用假期返乡赠送给需要的人，为需要的人送去一份冬日温暖。

（张　洁）

【志愿服务交流团赴台访问】 11月27日至12月3日，丰台青联副主席田昊带队，组织青联委员、团干部等青年代表组成丰台青年创新创业志愿服务交流团赴台湾访问。

（张　洁）

【“圆梦行动”精准帮扶活动】 为做好困境青少年精准帮扶工作，12月4日，丰台团区委启动“圆梦行动”精准帮扶项目，通过摸排需求、入户走访、发放心愿礼包的方式，为250多名困境青少年完成微小心愿，助力学龄青少年健康快乐成长。

（张　洁）

【法治副校长培训活动】 为强化青少年法治宣传教育工作，12月19日，丰台团区委举办2019年法治副校长专题培训，来自区公安分局、区法院、区检察院、区司法局及社会专业机构的法治副校长80余人参与培训，丰台区委政法委相关领导出席培训会并为新任法治副校长颁发聘书。

（张　洁）

丰台区妇女联合会

【概　况】 区妇联是区委区政府领导下的区各族各界妇女的群众组织，是党和政府联系妇女的桥梁和纽带。下属事业单位是丰台区妇女儿童社会服务中心。2019年，区妇联在区委区政府的坚强领导下，坚持以习近平新时代中国特色社会主义思想为指导，围绕中心服务大局，坚持“党建带妇建，妇建服务党建”原则，带领基层妇联组织牢牢把握联系和服务广大妇女这一工作生命线，团结引领妇女群众听党的话、跟党走，为区域发展贡献巾帼力量。全面深化妇联改革，增强妇联组织政治性、先进性、群众性；强化妇女思想文化引领，深化新时期家庭文明建设；引领妇女建功立业，为区域发展贡献巾帼力量；推动妇女儿童两个“规划”目标实现，维护妇女儿童合法权益；履行全面从严治党主体责任，将各项党建工作抓深抓实。

（李　震）

【大力推动巾帼志愿者活动】 3月5日，引领巾帼志愿者开展“学雷锋巾帼志愿服务暖人心”系列活动。动员组织她们参与辖区维稳、疏解腾退工作，积极贡献巾帼力量。走访看望贫困妇女、留守流动妇女儿童、高龄空巢老人等弱势妇幼群体，开展各类贴近民生需求的志愿服务，积极为广大妇女儿童办好事、办实事、送温暖。全区800支巾帼志愿者队伍共5000名巾帼志愿者，开展志愿活动300场，服务2万人。

（李　震）

【引领妇女建功立业】 年内，在全区行政事业单位、各街乡（镇）及国营企业开展着装礼仪培训40期，同时发出规范女性工作着装倡议。“三八”妇女节期间，慰问公安分局女民警、区法院女法官、区检察院女检察官、环卫中心女职工1000人。推荐全国巾帼文明岗2家，全国巾帼建功标兵1名。组织妇字号基地女带头人参加电子商务培训班。开展妇女技能培训课程300期。联合区人力社保局、区总工会，举办以“促进就业增收，助力精准扶贫”为主题的春风行动专场招聘会。

（李　震）

【品牌化推进寻找“最美家庭”活动】 年内，与区委宣传部等部门联合开展寻找“丰台最美家庭”活动，全区广大家庭积极响应，寻找在孝老爱亲、热心公益、节能环保、廉洁文明等方面表现突出的家庭，评选出100户“丰台最美家庭”。丰台区19户家庭荣获“首都最美家庭”和“全国最美家庭”称号。5月14日，以“我的祖国我的家”为主题，举办最美家庭揭晓暨国际家庭日宣传活动，区最美家庭代表、各级妇女干部400人参加。

（李　震）

【落实代表联系制度】 认真严格推选31名妇女代表，参加6月19日开幕的北京市第十四次妇女代表大会。来自各行各业的优秀女性积极参政议政，提出有关女性平等就业、学龄前儿童入托难等妇女儿童相关8个方面提案29个。

（李　震）

【完成社区（村）妇联换届选举】 开展对街乡（镇）妇联工作指导，紧跟全区社区（村）两委换届，选准选优妇联主席，配齐配强妇联班子，确保100%妇联主席进社区（村）“两委”，确保每个社区（村）配备两名以上兼职副主席，有15名执委。6月底全部完成21个街乡镇337个社区妇联和55个村妇联换届。新一届社区（村）妇联执委包含各行各业的优秀妇女人才，半数以上是体制外人员。社区（村）党组织班子中女党员比例比上届提高8%。

（李　震）

【强化妇女思想文化引领】 年内，全区各级妇女组织深入学习贯彻党的十九大精神以及习近平总书记对妇女工作的重要讲话和指示精神，学习贯彻中国妇女第十二次全国代表大会、北京市第十四次妇女代表大会精神，通过培训、宣传、座谈交流等形式，引导广大妇女干部用讲话精神武装头脑、指导实践、推动工作,全年开展教育培训近100场次。引导全区深入开展“巾帼心向党 礼赞新中国”群众宣传教育活动。组织动员全区广大妇女“唱响祖国颂歌、讲好中国故事、写出家国情怀、献礼祖国华诞”，开展多种形式群众活动300场。组织妇女群众参加亚洲文明对话游园、国庆观礼；参观国庆70周年大型成就展、香山革命纪念馆、“中华家风”文化主题展。抓好区妇联网络阵地管理，利用丰台女性公众号等各类宣传载体开展群众宣传。

（李　震）

【深化家庭文化建设】 年内，深入开展家风家教主题宣传月活动，开展“写给妈妈的一封信”活动；结合全区防治污染攻坚战，在妇女群众和家庭中大力倡导、践行“绿色家庭公约”十件事；深入开展“绿色生活我先行”巾帼志愿服务和“美丽北京，家行动”系列活动。落实家庭教育规划，各级妇联开展家庭教育培训100场次。重点建设13个亲子阅读体验基地。每月开展一场“青春相约 爱在丰台”单身男女联谊活动。与市妇联联合举办“浪漫夏日·一见倾心”和“缘聚中秋·邂逅丰台”两场大型联谊活动。

（李　震）

【精准扶贫为对口地区妇女送技能】 年内，到内蒙古扎赉特旗林西县、湖北十堰市张湾区、河北省涞源县及青海玉树治多县等地开展对口帮扶工作，为当地妇女开展手工技能各类培训6期；为各帮扶地区捐赠母亲邮包、爱心毛衣等物资。组织全区女企业家、女带头人、“妇”字号基地企业等深入开展“扶贫助困献爱心”活动，筹措捐款18.5万元。

（李　震）

【规范“妇女之家”建设】 年内，根据市妇联《改革方案》要求，着力充实妇联力量，下沉资源，丰富活动、亮牌服务，提高中国共产党领导下的妇联组织在妇女群众中的影响力。规范“妇女之家”场地建设，标识和制度上墙，打造鲜明妇女特色。推动“丰台区示范妇女之家品牌建设项目”，通过项目运作和专业化社会组织指导和服务，促进“妇女之家”服务妇女群众更加规范。重点打造基础条件较为成熟、建设效果较好的14家“妇女之家”，促进“一家一品一特色”建设。

（李　震）

【推动妇女儿童两个“规划”目标实现】 年内，根据北京市妇儿工委办、北京市妇联、北京市司法局关于印发《关于开展政策法规性别平等评估向区级延伸工作的意见》的通知要求，全面推动社会性别纳入决策主流，开展政策法规性别平等评估工作。发布《关于加强丰台区规范性文件性别平等评估工作的意见（试行）》丰妇儿工委字〔2019〕6号文件并下发各成员单位。

（李　震）

【加强儿童之家建设】 年内，开展儿童之家创建工作。与民政局共同推进社区（村）儿童之家建设,创建示范儿童之家8家，推荐4家市级示范“儿童之家”。在六一儿童节期间，走访慰问7家儿童之家和幼儿园并送去玩具、书籍、儿童软垫等多种礼物。

（李　震）

【维护妇女儿童合法权益】 年内，广泛开展维权宣传，举办“婚姻家庭法律大讲堂”讲座等普法宣传活动。全年开展法律宣传活动500场次、普法讲座300场次，近5万人次群众受益。发挥“家庭矛盾调解团”和人民陪审员作用，及时发现矛盾、调解纠纷。开展单亲家庭儿童状况调查，对21个街乡（镇）0–18岁单亲家庭及子女进行调查和统计分析，并对部分弱势儿童开展帮扶。

（李　震）

丰台区科学技术协会

【概　况】 2019年，区科协立足“为科技工作者服务，为创新驱动发展服务，为提高全民科学素质服务，为党和政府科学决策服务”的职能定位。发挥优势、做好服务、突出特色、开拓创新，努力搭建科技工作者发挥作用的工作平台，在加强科普设施建设、科普益民惠农项目建设、青少年科技活动等工作取得长足进步。区科协拨付360万元专项资金用于资助18个社区村科普设施建设和科普活动开展，比上年增加60万元，增加20%。联合区教委主办，区青少年活动中心承办的丰台区第九届青少年机器人竞赛暨市赛选拔赛，全区30所中小学校和校外教育机构的188支代表队,400多名中小学生参赛。由最初的参赛学校五六家发展到参赛学校三十家，青少年创新大赛、机器人大赛已成为丰台区青少年中的品牌赛事，连同“明天小小科学家奖励活动”“创客12+”活动、青少年科技辅导员论文评选活动等，为青少年及教师的科技教育再添载体和阵地。

（丁洪波）

【送科技下乡】 1月30日，按照区委三下乡工作部署，区科协利用五个半天的时间，分别到五个乡镇开展科普惠农服务活动，为广大农村群众送去科普图书、科普宣传品2万余份，丰富广大农民的精神文化生活，提高农民群众的科学致富本领，在促进城乡协调发展、推进新农村建设中发挥积极作用。

（丁洪波）

【科普工作研讨会】 1月，为了提升科协工作和服务质量，区科协组织全区21个街乡镇召开了科普工作研讨会，围绕科普项目、科普活动、科普讲座、科普海报、科普书刊、微信答题等具体内容，就2019年工作开展的模式、方法、遇到的问题及需要的支持进行充分讨论交流。区科协对街乡镇提出的困难、问题及建议进行了认真汇总，从软件到硬件逐项制定措施，有针对性地改善工作，提升服务，尽己所能为基层科普工作的开展提供最大支持。

（丁洪波）

【科普项目调研】 2月18日，区科协领导带队，对2018年20个科普益民惠农项目进行检查验收，重点到卢沟桥乡郭庄子村走访调研，查看24节气“农时荟”科普项目开展情况，并就乡镇科协2019年工作思路及举办科普活动想法、科普需求等进行了解，对存在的困难及问题给予专业指导，不断提升农村群众文化生活的丰富感和对幸福生活更高品质的追求。

（丁洪波）

【科普工作者培训班】 4月10日，为加强基层科普工作者综合能力建设，提升业务骨干力量能力和综合素质，区科协分两批在大红门国际会展中心举办全区科普工作者培训班，街道乡镇、社区（村）410名科普工作者参加培训。培训班上，邀请中国科普研究所研究员、副所长王玉平和北京交通大学国家级物理实验教学示范中心教师陈征主讲授课。5月，区科协邀请专家以授课方式分两批举办了全区科普工作者基层科普理念和科普实践培训。通过培训，21个街乡镇近400名科普工作者，有效提高了基层科普工作者的科普工作能力。

（丁洪波）

【组织“科情调查”专题调研】 5月28日至6月5日，为完成《国家中长期科学和技术发展规划纲要（2006-2020年）》（简称“科技规划纲要”）实施情况总体评估任务以及北京市科协编制科学和技术发展规划纲要的要求，区科协通过“科情调查”微信服务号从辖区选取企业、医院和学校作为调查站点，组织50名科技工作者进行网上问卷调查，开展了专题调研。

（丁洪波）

【丰台区第九届青少年机器人竞赛】 6月5日，由区科协、区教委主办，区青少年活动中心承办的丰台区第九届青少年机器人竞赛暨市赛选拔赛落下帷幕，来自全区30所中小学校和校外教育机构的188支代表队，400多名中小学生参赛。经过半天的激烈角逐，北京十二中、十八中、丽泽中学、云岗中学、丰台二中附小、丰台五小等多个中小学校取得较好成绩。大赛由最初的参赛学校五六家发展到参赛学校30家。

（丁洪波）

【组织开展科学素质建设工作】 6月17日，区科协切实履行全民科学素质纲要办公室“上传下达，协调指导”的职责，积极协调9个牵头单位和16个成员单位携手参与科学素质建设工作，制定了《2019年丰台区全民科学素质工作要点》，明确各成员单位工作职责，共同推动“大科普”工作的开展。

（丁洪波）

【科普之夏主场活动】 7月26日，丰台区“科普之夏”主场活动在卢沟桥乡郭庄子公园举行。活动由区科协主办，区科信局、区卫健委、区市场监管局、区地震局、区气象局、卢沟桥乡人民政府参与协办，同时得到了解放军总医院第五医学中心、北京科技报社、北京反邪教协会、区疾病预防控制中心、区计生宣指中心、卢沟桥社区卫生服务中心、区老科协、区花卉协会、郭庄子公园等有关单位的大力支持。活动现场，区科协为街乡（镇）、社区（村）的广大群众发放了3000张科普场馆基地门票。

（丁洪波）

【科普日主场活动】 9月19日，区科协主办的2019年“全国科普日”丰台区主场活动在丰台花园举行。活动以“礼赞共和国、智慧新生活”为主题，北京科普发展中心、区卫健委、区科信局、区生态环境局、区地震局、区气象局、丰台街道、丰台花园等单位积极协办，同时也得到了北京科学教育馆协会、北京科普资源联盟、北京科普志愿服务总队、区老科技工作者协会、区花卉协会等社会团体的大力支持，这些单位的参与为活动注入丰富的科普元素，为丰台区人民群众带来一场科普盛宴。活动在和平广场和湖畔广场两个区域搭建33个展位，分为科学表演秀、科技大观园、科技强国主题展三个版块五个展区。科普日活动旨在弘扬科学精神、普及科学知识、传播科学思想。

（丁洪波）

【建设科普重点示范社区】 年内，区科协拨付360万元专项资金用于资助18个社区村科普设施建设和科普活动开展，比上年增加60万元，增加20%。全年在广覆盖均等化服务的基础上，侧重打造特色科普品牌，加大对个体社区的资金投入，建设科普重点示范社区，以达到“榜样示范、辐射全区”的良好效果。

（丁洪波）

【知名专家学者建言献策】 年内,区科协发挥科协组织人才荟萃、智力密集优势，通过在自办的《丰台全民科学素质行动专刊》开设“建言献策”和“专家看丰台”专栏，与北京科技报社联合邀请驻京各大单位、高校知名专家，围绕区域疏解功能、产业升级改造等重难点问题进行专题调研，形成12篇对策建议，以科协服务区委区政府决策部署的实际成效助力区域各项重点工作的顺利开展。

（丁洪波）

【邀科技专家进社区授课】 年内，区科协依托市级科技工作者专家库和老科学家科普演讲团，对接社区居民的实际需求，邀请高校、科研院所专家教授走进社区，为社区居民授课72次，受众群众近5000人，充分发挥了科技工作者的科普主力军作用。

（丁洪波）

丰台区归国华侨联合会

【概　况】 丰台区归国华侨联合会（简称丰台区侨联）是中国共产党领导的由归侨、侨眷组成的人民团体，是党和政府联系广大归侨、侨眷和海外侨胞的桥梁和纽带。丰台区侨联成立于 1986 年，现为第六届委员会，委员 27 人，其中常委 13 人、主席 1 人、兼职副主席 4 人、秘书长 1 人。已成立方庄、右安门、丰台、东高地、云岗、南苑、新村、东铁匠营、西罗园、大红门等街道侨联,教育系统侨联,怡海社区侨联等共 12 个基层侨联组织。2019 年，丰台区侨联在丰台区委、区政府的领导下，在北京市侨联的指导下，贯彻落实党的十九大精神和十九届二中、三中、四中全会精神，深入学习习近平新时代中国特色社会主义思想，以侨联改革为契机，加强自身建设，创新发展，在服务区域经济、开展群众工作、主动参政议政、拓展海外联谊、依法维护侨益等方面不断推动侨联工作提质量、上水平。

（王文悦）

【学习贯彻中央精神加强思想引领】 年内，进一步深入学习宣传贯彻党中央精神,不断增强“四个意识”、坚定“四个自信”、做到“两个维护”；扎实开展“不忘初心、牢记使命”主题教育活动，开展“同心同行七十年·坚定不移跟党走”庆祝新中国成立 70 周年主题教育活动，收到征文 49 篇，教育活动的开展，更加牢固树立了侨界群众坚定不移跟党走的信念；在《丰台侨讯——“北京市侨代会”专刊》刊载北京市第十五次归侨侨眷代表大会会议内容，发放专刊 1000 册；组织委员参加庆祝新中国成立 70 周年“中华儿女”群众游行活动。

（王文悦）

【缔结友好侨联拓展侨联工作渠道】 5 月 19 日，丰台区侨联与辽宁省阜新市侨联签署“缔结友好关系协议书”，结成友好侨联，在信息互通、资源共享、引资引智、联谊联络等方面开展长期交流与合作。

（王文悦）

【承办第十九届“海外侨界高层次人才为国服务团”丰台行活动】 6 月 17 日，第十九届“海外侨界高层次人才为国服务团”70 余名海外侨界高层次人才走进丰台，参观丽泽金融商务区、中关村科技园丰台园、南中轴规划展，考察了解丰台区整体经济状况，以及区域内优惠政策、需求、丽泽金融商务区投融资建设等内容。海外侨界高层次人才和相关项目分别与丽泽金融商务区、科技园区进行项目对接，落实首都城市战略定位，落实丰台“四个中心”功能建设，提高“四个服务”水平，以海外学者团的优势促进区域经济发展。北京市侨联、丰台区委、区政府主要领导出席活动。中新社、人民网等媒体原文发表报道 10 余篇。

（王文悦）

【承办第九届“首都新侨乡文化节合唱专场”比赛活动】 6 月 20 日，第九届“首都新侨乡文化节合唱专场”比赛活动在丰台区青少年剧场举行,北京市各城区侨联、清华大学、北京大学等 10 支侨界合唱团 500 余人参加比赛。中国侨联、北京市侨联、丰台区政府有关领导出席活动。

（王文悦）

【承办 2019“中国寻根之旅”北京丰台华裔青少年国学冬奥体验之旅夏令营】 7 月 6 日至 15 日，组织来自美国和瑞典的 40 名海外华裔青少年在丰台夏令营开展学习、参观、交流活动，意在传承传播中国文化，促进海外华文教育。丰台夏令营特色活动是模拟体验航天发射和赴张家口感受冬奥文化，人民日报海外版原文刊登报道了丰台夏令营活动。夏令营结束后，营员和海外华裔家长自发赠送了锦旗和感谢信。

（王文悦）

【“不忘初心牢记使命”主题教育活动】 9月至12月，丰台区侨联牢牢把握“守初心、担使命、找差距、抓落实”总要求，精心组织、周密实施，将学习教育、调查研究、检视整改落实贯穿始终。侨联领导班子、党支部、党小组党员集中学习10类文件并开展座谈交流；主要领导带头深入学习，并为侨联党员干部讲党课，围绕党的政治建设等八个方面学习研讨；学习党的十九届四中全会精神并开展专题研讨；深入基层调研，推动创建全市首家“侨之家”怡海社区，并召开调研成果交流会；召开专题组织生活会；开展专项整治、找差距、检视问题；主题教育取得明显成效，为进一步解决问题推动侨联工作奠定基础。

（王文悦）

【奉献爱心助力扶贫攻坚】 8月，参与“京侨帮扶 双百行动”捐款活动，助力革命老区河北省阜平县打赢脱贫攻坚战，丰台区归侨侨眷共捐款26460元。

（王文悦）

【创建“侨之家”怡海社区】 10月12日，召开“侨之家”怡海社区命名仪式，创建北京市首家“侨之家”社区——“侨之家”怡海社区，也是全国侨联系统中第一个成立的“侨之家”社区。完善基层侨联组织体系，发挥侨联组织在基层街道社区工作中的作用，逐步形成以健全基层侨联组织为基础，以发挥侨联优势为导向，以完善为侨服务体系为目标，以创建“七有”“五性”幸福家园为平台，建立起“市—区—街—社区”四级联动工作机制，形成“运行组织化、合作契约化、服务项目化、活动品牌化、参与志愿化”的“五化”工作模式，构建“党建引领＋社区、社会组织、社会企业、社会单位四社联动＋‘侨之家’特色”的“1＋4＋1”多元化新型社区治理模式创新实践体系，不断打造“侨之家”的升级版，努力形成新时代“侨之家”社区建设模式。“侨之家”怡海社区建设是贯彻落实习近平总书记关于“把北京建设成为国际一流的和谐宜居之都”指示的生动实践。中国侨联、北京市委统战部、北京市侨联、丰台区委等有关领导参加命名仪式，中国日报、中新社、北京电视台等媒体发表报道文章20余篇。

（王文悦）

【促成海内外教育文化交流合作】 11月11日，搭建平台拓展海外侨界资源，促成海内外教育文化交流合作，协助英国北京商会与丰台区教委进行教育资源对接，双方就英国优质教育资源在丰台落地意向、丰台教育用地现状以及今后具体落地方式等方面进行了广泛交流，并就下一步合作达成初步意向。

（王文悦）

【“侨界公益行系列活动”】 12月17日，坚持开展“侨界公益行系列活动”，组织方庄侨联老年模特队到区民族养老院志愿慰问演出。本着“老有所为”、“老有所乐”、“以老为老”服务精神，演出服装秀、民族舞等精彩节目,共100余名老人观看演出。

（王文悦）

【聘请特邀海外顾问】 年内，加强与海外侨团交流，聘请英国伦敦华埠商会主席邓柱廷、爱尔兰福建商会会长林少文等6人为丰台区侨联特邀海外顾问，搭建中外经济、文化、艺术桥梁，促进丰台区国际交流。

（王文悦）

【积极建言献策】 年内，立足基层，贴近实际，倾听广大归侨侨眷呼声，积极反映侨情民意，向北京市委、市政府，丰台区委、区政府建言献策。全年共提交提案17件，其中团体提案《关于以纪念新中国成立70周年为契机打造人文丰台、艺术丰台的建议》被列为丰台区重点提案，并被评为丰台区政协2019年度优秀团体提案。区侨联协助区文化和旅游局、区教委针对提案中的建议制定推进措施共同办理提案。

（王文悦）

【加大宣传力度】 年内，完成丰台区侨联网站全面改版，全年共印发《丰台侨讯》3000册，及时传达中央及市区领导对侨联工作的指示精神。

（王文悦）

【真情关怀归侨侨眷】 年内，坚持“送温暖、献爱心”，开展重点节日走访慰问和秋游活动。2019 年春节前夕，走访慰问 56 名困侨、老归侨、侨界代表人士。组织老归侨 30 余人到中医药博物馆参观，并配备随队医护人员提供全程医疗保障。

（王文悦）

丰台区工商业联合会

【概　况】 2019年是新中国成立70周年和新时代改革开放再出发的启新之年，是全面建成小康社会关键之年，区工商联在区委、区政府的正确领导和市工商联的指导下，深入学习贯彻十九大会议精神，认真践行习近平总书记在民营企业座谈会上的重要讲话精神，围绕中心，服务大局，主动作为，积极引导民营企业家自觉做爱国敬业、守法经营、创业创新、回报社会的表率和构建亲清新型政商关系的典范，紧扣“两个健康”主题，稳步推进各项工作的落实。

（赵来福）

【“不忘初心，牢记使命”主题教育】 年内，按照区委“不忘初心、牢记使命”主题教育统一部署，主题教育开展有条不紊。制定主题教育总体方案，及时进行动员部署，按照要求制发学习清单和合作方案，有条不紊推动学习教育、专题研讨、深入企业调研、检视问题、整改落实等活动开展。完成调研 16 次，发现问题 27 条，制定整改措施 24 条，解决实际困难 13 个。

（赵来福）

【完成区委巡察整改】 年初，区委第四巡察组对工商联党组进行了巡察。9 月 3 日，巡察组向工商联反馈了包括党的政治建设、思想建设、组织建设、作风建设、全面从严治党等 5 个方面存在的 14 个问题。指出的问题客观中肯、切中要害，提出的意见建议具有针对性和指导性。党组针对反馈的问题，按照区委巡察组要求，认真迅速开展反馈意见的整改落实工作，制定整改方案、整改措施和整改时限，逐项分解任务清单，以巡察问题整改实效推动建章立制、推动工作落实。

（赵来福）

【非公党建】 年内，着力推动非公党建高质量发展。多种形式抓好思想政治建设。为所属党组织订阅党报党刊，深入开展对所属党组织的分类指导，深入开展“不忘初心，牢记使命”教育；强化支部规范化建设。精心组织党组织书记培训和述职考核，严格落实组织生活会和党员测评。严格党员发展程序，规范党员发展和党支部换届流程，全年发展中共预备党员 19 名，按时转正 24 名预备党员，6 个党支部完成换届。打造党建品牌，评选北京市非公有制经济组织党建示范单位 10 家，北京市非公有制经济组织党员驿站示范点 8 家，非公有制经济组织优秀党务工作者 12 名。

（赵来福）

【制定主席（会长）轮值制度】 年内，审议通过《丰台区工商联企业家副主席、副会长轮值暂行办法》，由企业家副主席、副会长站前台、唱主角，机关各部室积极做好配合协调服务，形成机关干部、企业家主席会长全面走访联系会员企业的工作制度，上下联动开展企业服务，助推具体工作落实。

（赵来福）

【打造网上工商联服务平台】 年内，开发出面向企业开展相关信息服务的 PC 端和手机微信端双终端网络服务平台——“丰台工商联综合服务平台”并开通运行。通过服务平台的功能，帮助企业掌握最新的政策、法律、金融、人才等信息，提供网上办理入会申请，提高工作效率。

（赵来福）

【加强组织建设】 年内，全区共发展会员 233 家，新组建街（乡）基层商会 4 家，累计建立基层商会 16 家，未建立基层商会的街道乡镇也在积极推进。以“四好”商会建设为标准，加强对建成商会的工作指导，提高商会运行规范化水平。

（赵来福）

【民营企业招聘】 年内，区工商联共组织民营企业专场招聘会4场，200余家民营企业参加，提供岗位3000余个，达成就业意向近400人次。充分发挥丰台区非公经济人才联合培养基地作用,以首经贸大学劳动经济学院“丰台区非公经济人才联合培养基地”为依托，签订《大学生实习基地协议》。首经贸大学6名大学生完成到区工商联机关及会员企业上岗实习。

（赵来福）

【为民营企业服务】 年内，结合“大调研、大走访”“不忘初心、牢记使命”主题教育活动，走访会员企业60余次，了解企业发展需求，倾听企业声音，征询意见，反映诉求，积极为企业协调解决经营场地、产品推介、融资贷款等问题。全年应企业需求开展税务、融资、人才、法律、知识产权保护等精准培训服务活动16次，800余人次参加，受到民营企业好评。

（赵来福）

【精准扶贫】 年内，区工商联积极搭建消费扶贫平台。组织新发地、岳各庄批发市场等担任副主席的单位以及餐饮协会团体会员，设立扶贫受援地特色产品展示点，共认购扎赉特旗大米，黑木耳，林西县大马金粉条等共计价值2000余万元。大力推进扶贫产业项目落地，积极协调北京中隆兴雅国际体育文化传媒有限公司在河北涞源县品种马养殖基地，先期建设投资2000余万元，建成后将带动500名当地贫困人口实现就业脱贫；区工商联会员企业北京绿山谷芽菜有限责任公司，在河北涞源精准扶贫项目投资1300万元，共计带动建档立卡贫困户363户，投产后再安置解决产业园区整体搬迁家庭种植就业岗位500户以上。

（赵来福）

【弘扬企业家精神】 年内，倡导民企参与公益扶贫、履行社会责任，全年捐赠扶贫款共计300余万元。

（赵来福）

【履职建言取得新进步】 年内，积极履行参政议政职能，建言献策，为区委区政府决策提供参考依据。完成《丰台区非公企业人力资本问题研究》《丰台区科技性中小企业知识产权情况调研》和《丰台区工商联会员队伍结构性分析》三篇调研报告。

（赵来福）

【圆满完成国庆群众游行活动任务】 年内，工商联选出本机关及华信中安、戎威远两家保安服务公司的优秀骨干11人代表市委统战部新社会阶层人士，参加国庆70周年群众游行并圆满完成任务。

（赵来福）

【荣获全国“五好”县级工商联】 12月18日，按照《工商联组织建设工作五年规划（2018–2022）》《全国工商联2018年“五好”县级工商联建设工作方案》要求，经全国工商联主席办公会议审议通过，北京市丰台区工商联等1383个县级工商联评为2018–2019年度全国“五好”县级工商联。

（赵来福）

法 治

政法委工作

【概 况】 2019 年，丰台区委政法委坚持以习近平新时代中国特色社会主义思想为指导，深入贯彻中央、市委政法工作会议精神，坚持党对政法工作的绝对领导，牢固树立“四个意识”，坚定“四个自信”，做到“两个维护”，以确保中华人民共和国成立 70 周年庆祝活动绝对安全为主线，全力履行好维护国家政治安全、确保社会大局稳定、促进社会公平正义、保障人民安居乐业的职责任务，努力为丰台的经济社会发展创造安全的政治环境、稳定的社会环境、公正的法治环境、优质的服务环境，不断增强人民群众获得感、幸福感、安全感。

（梁 超）

【完成重大活动维稳安保任务】 年内，切实履行好维护首都和区域安全稳定第一责任，圆满完成全国“两会”、世园会、“一带一路”高峰论坛、纪念全民族抗战爆发 82 周年、国庆 70 周年庆祝活动、党的十九届四中全会等系列重大会议活动和重要敏感时期维稳安保任务。

（梁 超）

【推进金融领域专项整治和清理整顿】 年内，将区内 P2P 网贷平台压减至 15 家，较上年压降 50%，平台总体规模城六区最低。

（梁 超）

【推进重大决策社会稳定风险评估】 年内，围绕“疏解整治促提升”专项行动、重大建设项目、重大政策措施等重大决策事项组织开展风险评估，确保应评尽评，完成评估 73 项。

（梁 超）

【加强高校安全稳定工作】 年内，区委政法委牵头筹备，成立校地协同联动高校维稳工作专班，制定下发《丰台区校地协同配合共同维护高校安全稳定的工作方案》，推进高校维稳工作。

（梁 超）

【“e 租宝”核实登记】 年内，区委政法委牵头开展“e 租宝”核实登记工作，组织各街道乡镇积极配合宣传发动，通过电话、入户的方式动员投资人登记，从区法院、区检察院、卢沟桥乡、丰台街道、长辛店街道抽调干部，解答群众诉求、登记信息，提前完成 80%的登记指标任务。

（梁 超）

【强化社会矛盾摸排化解】 年内，坚持和发展“枫桥经验”，社区民警兼任社区村党组织副书记实现 100%，深化党建引领“街乡吹哨、部门报到”机制，接诉即办、未诉先办，解决群众诉求。

（梁 超）

【推进“雪亮工程”建设】 年内，积极争取国家发改委、中央政法委支持，累计投入资金超过5亿元，共新建、融合3859家单位的7万路图像资源。

（梁 超）

【提升群众安全感】 年内，加大平安建设宣传力度，在《丰台报》开辟“平安丰台”专栏，总结、宣传、交流平安丰台建设中的新举措、新经验和先进典型。将提升群众安全感与“接诉即办”相结合，组建区级领导“接诉即办”督导组及工作专班，建立月度点评会工作机制，推动热点难点问题解决。区委政法委组成21个督导组，采取政法委干部、街乡镇干部、综治中心公安副主任、公安社区村副书记“四人一点”模式，深入21个街道乡镇，包村包社区，对提升群众安全感等工作开展精准指导，形成日常监督指导机制。

（梁 超）

【重点领域重点地区综合整治】 年内，加强城乡结合部10个区级挂账重点村公共安全隐患问题综合整治，“三站三室”全部建成运行，疏解人口16374人，超额完成人口疏解任务。开展卢沟桥地区、科技园地区、岳各庄地区3个市级挂账地区的整治行动，工作全部达标。

（梁 超）

【加强铁路护路工作】 年内，完成京广高铁、京广高铁京西联络线、京津城际沿线18处隐患整治，投入支持资金240万元，推进京广高铁长辛店镇赵辛店护路工作站建设和卢沟桥街道、卢沟桥乡、长辛店镇京广高铁沿线隐患治理，确保辖区铁路线路安全。

（梁 超）

【扫黑除恶专项斗争工作督导检查】 1月2日至8日，市委扫黑除恶专项斗争第五督导组进驻丰台开展驻区督导工作，与区委书记汪先永，区委副书记、区长王力军等区领导谈话，并采取实地与集中汇报形式，对全区48个扫黑除恶专项斗争领导小组成员单位进行督导。6月19日至20日，中央扫黑除恶第11督导组第二下沉组组长张孝平一行15人到丰台区进行扫黑除恶专项斗争督导工作。区委副书记、区长王力军主持丰台区扫黑除恶专项斗争工作汇报会，区委书记徐贱云代表区委区政府向督导组汇报丰台区工作情况，区人大常委会主任张巨明，区政协主席刘宇，区委区政府班子成员参加汇报会，区委副书记、政法委书记高峰全程陪同督导。26日，丰台区召开扫黑除恶专项斗争领导小组第六次会议暨中央扫黑除恶第11督导组督导情况反馈及整改工作部署会议，区委副书记、区长、区扫黑除恶专项斗争领导小组组长王力军主持，区委副书记、政法委书记、区扫黑除恶专项斗争领导小组常务副组长高峰通报相关情况，区委书记、区扫黑除恶专项斗争领导小组组长徐贱云讲话。8月6日，召开扫黑除恶专项斗争领导小组第七次会议暨落实中央扫黑除恶督导反馈意见整改工作部署会，部署《北京市落实中央扫黑除恶第11督导组反馈意见整改工作方案》。11月15日，区委召开丰台区扫黑除恶专项斗争领导小组第八次会议暨落实中央扫黑除恶督导“回头看”反馈意见整改工作部署会。

（梁 超）

【市委政法委书记带队督查丰台区平安建设情况】 10月28日，赴卢沟桥乡卢沟桥村城北自然村察看城北街侵街占道违建拆除及村内人居环境整治工作等情况，并在区委召开座谈会。区委副书记、政法委书记高峰汇报丰台区关于中央扫黑除恶督导组反馈意见整改落实情况，丰台区有关案件办理、线索核查及平安建设工作情况。市委副秘书长张铁军，市委政法委副书记汪先永、分管日常工作的副书记鲁为，市公安局党委副书记、常务副局长亓延军，区委书记徐贱云等区领导参加督查。

（梁 超）

【政法委第一次全体（扩大）会议】 1月28日，区委政法委召开中共丰台区委政法委员会2019年第一次全体（扩大）会议暨政法系统党建工作组党组（党委）书记抓基层党建述职评议考核会，学习贯彻中央、市委政法工作会议精神和《中国共产党政法工作条例》，通报2018年政法工作情况，听取政法系统党建工作思路。区委常委、政法委书记高峰，区法院院长祖鹏，区委政法委常务副书记、综治办主任郗俊生等领导，区委政法委机关科级以上干部参加会议。

（梁　超）

【重大会议活动维稳安保工作部署会】　2月28日，区委政法委召开全国“两会”暨2019年系列重大会议活动维稳安保工作部署会议，部署丰台区全国“两会”维稳安保工作、国庆70周年庆祝活动等系列重大会议活动总体维稳安保工作方案和应急值守工作。区委常委、政法委书记高峰，区委常委、统战部部长、区委办主任李岚，副区长、丰台公安分局局长王新元参加会议并讲话。

（梁　超）

【区政法委领导当选为中国法学会理事】　3月19日至20日，中国法学会第八次全国会员代表大会在北京召开。丰台区委常委、政法委书记、法学会党组书记、会长、中国法学会会员代表高峰出席会议，并当选本届理事会理事。

（梁　超）

【区委政法工作会议】　3月30日，召开丰台区委政法工作会议，传达学习贯彻习近平总书记重要讲话精神，贯彻落实中央、市委政法工作会议精神，总结丰台区2018年政法工作，部署2019年重点任务。会议由区委副书记、区长王力军主持，区委书记汪先永出席会议并讲话，区委常委、政法委书记高峰，副区长、丰台公安分局局长王新元，区法院院长祖鹏，区检察院检察长叶文胜等领导，区属相关单位、各街道乡镇主要领导和主管领导参加会议。

（梁　超）

【国家安全教育主题展览活动】　4月15日，区委政法委会同区国安分局、区司法局、区委宣传部、区文联等单位，在北京汽车博物馆举办“备豫不虞，为国常道——为了人民的安全”主题教育展览，100余名干部群众参加启动仪式。

（梁　超）

【重大活动维稳安保督查】　4月25日，市委政法委许继慧同志带队督查丰台区第二届“一带一路”国际合作高峰论坛、北京世界园艺博览会、亚洲文明对话大会维稳安保工作落实情况，区委常委、政法委书记高峰参加督查并汇报相关工作。

（梁　超）

【区委书记专题会】　5月13日，区委召开书记工作专题会议，听取并研究扫黑除恶专项斗争工作，区委书记汪先永，区委常委、政法委书记高峰等区领导参加会议。

（梁　超）

【区领导扫黑除恶专项斗争工作调研】　6月11日，区委书记徐贱云，区委副书记、区长王力军带队到长辛店镇督导检查扫黑除恶专项斗争工作，实地检查长辛店镇大灰厂村村域环境脏乱点位整治情况；深入了解“7·18专案”有关情况，并分别听取长辛店镇和辛庄村扫黑除恶专项斗争推进情况汇报，区委副书记、政法委书记高峰参加调研。

（梁　超）

【全民族抗战爆发82周年纪念活动安保维稳】　7月7日，全民族抗战爆发82周年纪念活动在中国人民抗日战争纪念馆举行，丰台区圆满完成安保维稳工作。区委副书记、政法委书记高峰，副区长、丰台公安分局局长王新元在现场负责具体保障工作。

（梁　超）

【政法委第二次全体（扩大）会议】　7月11日，区委政法委召开中共丰台区委政法委员会2019年第二次全体（扩大）会议，通报《中共丰台区委政法委员会成员调整名单》，传达全国公安工作会议、全市公安工作会议精神和市委政法委员会（扩大）会议精神，通报丰台区2019年上半年政法工作情况，听取政法系统党建工作组成员单位党组（党委）书记抓党建半年工作情况汇报，区委副书记、政法委书记高峰等领导参加会议。

（梁　超）

【国安委第一次会议】　7月18日，丰台区召开区委国家安全委员会第一次会议，区委书记徐贱云主持会议。会议通过区委国家安全委员会组成名单，《中共北京市丰台区委国家安全委员会工作规则》《中共北京市丰台区委国家安全委员会办公室工作细则》和《中共北京市丰台区委国家安全委员会 2019 年工作要点》。丰台区委国家安全委员会成员单位参加会议。

（梁　超）

【国庆活动安保维稳督查】　8 月 20 日，市委常委、市纪委书记市监委主任陈雍带队督查丰台区中华人民共和国成立 70 周年庆祝活动维稳安保暨扫黑除恶专项斗争整改工作，实地察看北京南站、丰台公安分局执法办案中心、长辛店镇辛庄村，并在辛庄村棚改指挥部召开汇报会。区委书记徐贱云汇报丰台区国庆 70 周年活动维稳安保暨扫黑除恶专项斗争整改工作情况，区委副书记、政法委书记高峰等参加督查活动。

（梁　超）

【禁毒工作调研】　8 月 22 日，国家禁毒委副主任、公安部党委委员、反恐专员刘跃进带队到丰台调研禁毒工作，实地察看丰台公安分局执法办案中心、卢沟桥禁毒工作情况，并在区委区政府召开汇报会。区委副书记、政法委书记高峰汇报丰台区禁毒工作总体情况，市公安局党委副书记、常务副局长亓延军，市禁毒办常务副主任、禁毒总队总队长蔡新宇，副区长、丰台公安分局局长王新元参加调研。

（梁　超）

【全流程演练活动】　9 月 7 日、14 日、21 日，全市分别举行天安门广场庆祝活动全流程演练三次。区委副书记、政法委书记高峰在国庆 70 周年庆祝活动丰台区安全保卫和社会治安指挥部现场参加市委政法委视频调度会。

（梁　超）

【平安丰台建设领导小组第一次会议】　9 月 12 日，丰台区召开区委平安丰台建设领导小组第一次会议，审议通过区委平安丰台建设领导小组及办公室成员建议名单，《丰台区委平安丰台建设领导小组工作规则》《丰台区委平安丰台建设领导小组办公室工作规则》《2019 年丰台区委平安丰台建设工作要点》，区委书记徐贱云主持会议并讲话，区委副书记、政法委书记高峰参加会议。

（梁　超）

【社会面等级防控启动】　10 月 1 日至 7 日，丰台区启动全区社会面防控一级超常防控等级，专群结合，出动警力 2580 人，巡防队员 3311 人，治安志愿者 77950 人，确保国庆期间区域内安全稳定。

（梁　超）

【国庆期间运行保障调度】　10 月 2 日，区委书记徐贱云，区委副书记、区长王力军主持召开全区国庆期间运行保障视频调度会，区委政法委相关负责人汇报维稳安保工作，区委副书记、政法委书记高峰参加会议，

（梁　超）

【政法工作培训班】　10 月 24 日至 25 日，区委政法委在美高美酒店，举办 2019 年政法工作培训班，就国家安全形势、提升群众安全感工作、基层平安建设、“雪亮工程”建设、情报信息收集研判、铁路护路工作、互联网环境中传播影响力的建造进行了培训。区委平安丰台建设领导小组成员单位主管领导 120 人参加培训。

（梁　超）

法治政府建设

【概　况】　2019年，统筹全区依法行政工作，组织开展区依法行政考核工作。积极推进区级机构改革行政执法衔接工作，确保行政执法工作衔接到位，后续改革顺利实施。严格抓好行政规范性文件合法性审查工作，共审核文件100余份，提出修改意见200余条。由区政府和政府办制定的行政规范性文件2件，向市政府备案2件，向区人大备案2件。全区各单位向区政府备案的行政规范性文件20件。为区政

府、相关委办局、街道办事处、行政事业单位提供法律服务3000余件次，律师代理或参与行政机关诉讼和复议案件380件，审核合同2353件，参与处置涉法问题370件次。审理行政复议案件282件，审结282件。在市政府代理复议案件13件。加大案件调解力度，调解终止结案21件。

（许圣婴）

【调研规范性文件审查工作】 7月，北京市司法局党委委员、副局长魏力带队到区司法局调研规范性文件合法性审查工作开展情况。区司法局总结历年来合法性审查工作，突出强化“部门衔接”，借助“外脑”的工作创新方式，提出行政规范性文件把握不准现象等问题，对《北京市人民政府办公厅关于全面推进行政规范性文件合法性审核机制的实施意见（草案）》提出修改审核主体的意见，得到市局领导的重视和认可。

（许圣婴）

【环境执法保障】 年内，汇编《丰台区环境执法三十三个怎么查》和《丰台区环境执法三十三个怎么罚》，定向建构环境精准执法法制保障体系，创新“开创口诀式执法”、“明晰图式执法”、“提供借鉴式执法”三个工作法，推进和完善物业管理职责清单制度，认真梳理执法主体、职责措施、执法机制和法律依据，全面规范执法程序，为区环境执法实践提供重要的法律参考，进而促进提升全区环境执法的规范化和精准度。

（许圣婴）

【加强执法指导和法律服务】 年内，在行政处罚、行政强制、行政许可等方面，为基层提供优质高效法律服务。全年对区住建委、区水务局、区城管局、区应急局、方庄地区办事处、西罗园街道办事处、南苑乡政府等行政机关开展行政执法指导和法制培训30余次。

（许圣婴）

【服务重点工程项目建设】 年内，服务大红门-南苑地区综合整治等项目建设，参与研究丽泽商务区、分钟寺村等项目的土地腾退、征收工作。多次参加研讨会，持续跟进，聚焦项目推进过程中的涉法问题，结合丰台实际，研提法律意见，为项目后续开展扫清法律障碍。

（许圣婴）

【推进执法体系规范化】 年内，推进区级机构改革行政执法衔接工作，确保行政执法工作衔接到位，保障后续改革顺利实施。该项工作涉及全区51个执法单位，其中区委职能部门单位6家，共梳理划转对应关系67项，收集汇总《行政执法事项交接清单》52份，通过“执法平台”进行划转行政执法职权5494项，划转行政执法人员1728人。开展行政处罚案卷评查工作，对全区23个执法单位的48本行政处罚案卷开展评查，通过抽查、评卷、得分，形成对全区行政执法工作的动态监督和测评。

（许圣婴）

【统筹全区依法行政工作】 年内，贯彻落实市推进依法行政工作领导小组年度工作要求，结合区依法行政工作特点，编写《丰台区2019年推进法治政府建设工作要点》、《丰台区2018年法治政府建设情况的报告》等。结合市级考核指标，编写《2019年度丰台区依法行政考评细则》并组织开展区依法行政考核工作。

（许圣婴）

【规范性文件合法性审核】 年内，加强对违法减损公民、法人和其他组织合法权益或增加其义务的行政规范性文件等各类文件审查力度，组织政府法律顾问参与合法性审查工作，提高合法性审查工作的质量和水平，全年在发展改革、生态环境、住房建设、质量安全、城市管理以及教育、卫生、水务、农村等领域共审核各类文件100余件次，提出有针对性修改意见建议200余项。强化区政府会前议题合法性审查，全年共审核议题70余件次，提出意见50余条。

（许圣婴）

【政府合同合法性审查】 年内，严格审查流程，从合同的格式、主体、主要内容以及所参考的法律依据等方面，对区政府及区属部门拟定的重要合同予以严格审查，有效规避各种法律风险。共审查各类政府合同 60 余件次，研提意见建议 300 余条，为重大项目、重点工程、重点工作提供优质法律服务和支持。

（许圣婴）

【推进法律服务制度落实】 年内，严格按照《丰台区法律服务管理办法（试行）》的要求，全面提升法律服务的“覆盖率、满意率”。组织区政府法律顾问全面参与区各项专项行动和重点工作，特别在遏制和查处违法建设、环境污染治理等工作中取得实效。全区共办理 53 家委办局、街道办事处等部门法律服务申请 3000 余件，满意率 100%。

（许圣婴）

【法规规章征求意见反馈】 年内，共反馈《北京市生活垃圾管理条例(修正案)（草案送审稿）》、《北京市物业管理条例（草案）》、《北京市机动车和非道路移动机械排放污染防治条例（草案送审稿）》等法律法规规章征求意见 13 件，研提修改意见 30 余条，为上级机关制定相关法规、规章提供服务保障。

（许圣婴）

【规范性文件备案和清理】 年内，按照《北京市行政规范性文件备案规定》的要求，开展 2019 年行政规范性文件清理和备案检查工作。经清理，2019 年度全区各部门行政规范性文件共保留 173 件、废止 83 件、修改 2 件。全区共有 8 个单位存在未备案或迟备的情况，涉及行政规范性文件 23 件。

（许圣婴）

【行政复议案件审结】 年内，共审理行政复议案件 282 件，审结 282 件，审结率 100%，在市政府代理复议案件 13 件。加大案件调解和纠错力度，调解终止结案 21 件；撤销和确认违法及责令履责 26 件，占 9.2%。加大行政复议委员会非常任委员参与案件研究力度，提出法律意见 200 余条。

（许圣婴）

【加强依法行政学习培训】 年内，在区政府常务会前组织学习《生产安全事故应急条例》、《如何精准治理城市》、《中央生态环境保护督察工作规定》、《政府投资条例》四次学法。举办依法行政专题培训班两期，各委办局、街乡镇法治工作主管领导、法治部门负责人及法宣干部共计 400 余人参加培训。

（许圣婴）

司法行政

【概　况】 2019 年，根据《北京市丰台区机构改革实施方案》，丰台区将区司法局、区政府法制办公室的职责整合，重新组建了区司法局，作为区政府工作部门，不再保留区政府法制办公室。机构改革后，区司法局内设行政办公室、依法治区办公室、文件审核科、行政复议审理科、行政诉讼应诉科、行政执法协调监督科、普法与依法治理科、人民参与和促进法治科、公共法律服务管理科、律师工作管理科、公证工作管理科、社区矫正和安置帮教工作指导科、行政财务科、政工科 14 个机构，下辖 21 个街道司法所。直属事业单位 3 家，即丰台区法律援助中心、北京市丰台区阳光中途之家、北京市首佳公证处。全局现有公务员 138 名，事业单位工作人员 25 名，工勤人员 3 名。

年内，经中华全国人民调解员协会批准获“2019 年度人民调解宣传工作先进集体”，经全国普法办批准获“七五普法中期先进集体”，经中共北京市委全面依法治市委员会守法普法协调小组批准获“2019 年北京市法治动漫微视频作品征集活动优秀组织奖”。花乡司法所荣获北京市司法行政系统集体三等功，5 个司法所被评为北京市司法行政系统先进集体。2 人经北京市委、市政府批准获北京市筹备和服务保障国庆 70 周年庆典活动先进个人，3 人荣立个人三等功，17 人获评北京市司法行政系统先进个人。北京市致诚律师事务所佟丽华律师荣获北京市司法行政系统“律师服务为民好榜样”称号。

（许圣婴）

【法律援助工作座谈会】 1月7日，召开丰台区2019年法律援助工作座谈会。区法律援助中心主任、区律师协会新一届领导班子及相关人员参加会议。会议就刑事案件律师辩护全覆盖、认罪认罚试点工作、律协专业研究委员会与法律援助律师专业培训工作如何有机衔接进行深入讨论并达成共识。

（许圣婴）

【调研法律援助工作】 2月13日，区政务服务中心主任郝博等一行4人到区法律援助中心走访调研政务服务分中心工作情况，对区公共法律服务中心基础设施及人员配备情况给予充分肯定。

（许圣婴）

【推进行专调解组织建设】 3月5日，区司法局联合区劳动仲裁院成立全区首个劳动领域专业性调解组织——北京市丰台区劳动人事争议人民调解委员会。聘请3名资深调解员，及时对案情较为简单、双方当事人调解愿望较强的案件，在仲裁立案前进行分流，高效化解劳动人事纠纷，为仲裁机构与人民调解组织的高效对接搭建稳固平台。

（许圣婴）

【“备豫不虞，为国常道”主题展览启动】 4月15日，区司法局联合区国安分局、区委宣传部、区文联等单位，在汽车博物馆启动《为了人民的安全——“备豫不虞，为国常道”》主题展览。区委政法委、区法院、区检察院、区公安分局、区国安分局、丰台街道、新村街道、园区管委等单位领导及100余名干部群众代表参加启动仪式。本次展览以历史发展为脉络，设计“无名英雄、无声较量、无尚使命、无坚不摧”四个板块，通过忠诚卫士精忠报国感人事例，反奸防谍典型案例，弘扬总体国家安全观。

（许圣婴）

【扫黑除恶专项斗争工作推进会】 5月16日，区司法局组织召开2019年扫黑除恶专项斗争工作推进会，局机关全体干部参加会议。会议传达区委政法委扫黑除恶专项斗争工作推进会会议精神，对司法行政扫黑除恶工作重点内容进行再部署，要求全体干部进一步提高政治站位，增强责任感与使命感，全面深入推进扫黑除恶专项斗争。

（许圣婴）

【扫黑除恶暨预防金融诈骗宣传月活动】 5月17日，区司法局联合云岗街道、区检察院、北京市公安局丰台分局在首都师范大学附属云岗中学大礼堂共同开展扫黑除恶暨预防金融诈骗宣传月活动，法治宣传志愿者骨干、辖区居民等400余人参加活动。活动向各社区代表发放书籍、资料、光盘等普法宣传品，为法治宣传志愿者代表颁发聘书。区检察院检察官及中国电信“防范电信诈骗”讲师分别围绕“预防新型金融诈骗”进行专题授课并解读相应防范措施，引导居民进一步提高金融风险防范意识，积极推动扫黑除恶专项斗争工作向纵深开展。

（许圣婴）

【区委全面依法治区委员会正式成立】 5月22日，中共北京市丰台区委全面依法治区委员会召开第一次会议，标志着丰台区委全面依法治区委员会正式成立。区委全面依法治区委员会主任由区委书记担任，副主任由区委副书记、区长和区人大常委会主任担任。委员会下设办公室，执法协调小组、司法协调小组和守法普法协调小组，并将区推进依法行政领导小组调整为委员会下设工作小组。办公室设在区司法局。会议审议通过《中共北京市丰台区委全面依法治区委员会工作规则》《中共北京市丰台区委全面依法治区委员会协调小组工作规则》《中共北京市丰台区委全面依法治区委员会办公室工作细则》及《中共北京市丰台区委全面依法治区委员会2019年工作要点》。区领导高峰、梁家峰、吴继东、李正斌、李岚、李树元、王振华，区法院院长祖鹏，区委全面依法治区委员会其他成员、委员会协调小组成员和委员会办公室成员，及区有关部门负责同志等共40余人参加会议。

（许圣婴）

【区律师行业基层党支部书记培训会】 6月10日，区司法局组织召开区律师行业基层党支部书记培训会，对全区律师党支部书记进行轮训，深入贯彻落实中组部、司法部全国律师行业党的建设工作座谈会和北京市律师行业党的建设工作会议精神，全面提升律师行业基层党组织书记能力水平。

（许圣婴）

【军人军属法律服务专项维权活动】 7月25日至8月1日，区司法局、区法律援助中心联合区双拥办开展以“公共法律服务拥军伴你行”为主题的军人军属法律服务专项维权活动。活动期间，全区各级法律援助部门联合所属街乡镇、社区，发动、组织宣传活动44场，开展讲座23场，发放宣传材料1万余份，扩大法律援助在军营的知晓率和影响力，提升军人军属法律援助维权服务工作水平。

（许圣婴）

【公证法律宣传活动】 8月28日，区司法局组织开展以“牢记使命公证为民 保障民生依法公证”为主题的公证法律宣传活动，纪念《中华人民共和国公证法》颁布十四周年。

（许圣婴）

【主题普法活动成果汇报会】 9月9日，“传播最美普法声音　献礼新中国七十华诞”主题普法活动成果汇报会在北京汽车博物馆召开，区各普法责任制单位负责人和普法联盟志愿者参加活动。活动自启动以来共收到来自全区48家普法责任制单位的122部作品，涵盖法官、检察官、群众等七个普法群体。在全区开展“以案释法”进机关、进乡村、进社区、进学校、进军营、进景区等普法活动50余场。活动践行“人民是阅卷人”的宣传服务理念，通过到基层一线示范宣讲发动各地区百姓担任宣讲作品的评选人，评选出贴近群众生活、紧扣民生热点的优秀普法宣讲作品，实现普法惠民初衷。

（许圣婴）

【区委全面依法治区委员会办公室第一次会议】 9月25日，中共北京市丰台区委全面依法治区委员会办公室第一次会议召开。会议由区委副书记、政法委书记高峰主持，审议通过《中共北京市丰台区委全面依法治区委员会协调小组工作细则》《中共北京市丰台区委全面依法治区委员会请示报告制度》《中共北京市丰台区委全面依法治区委员会关于建立专家决策咨询工作机制的意见》《中共北京市丰台区委全面依法治区委员会关于建立联络员工作联系机制的意见》，审议通过《中共北京市丰台区委全面依法治区委员会深入学习宣传贯彻习近平总书记全面依法治国新理念新思想新战略和重要讲话精神的实施意见》及《中共北京市丰台区委全面依法治区委员会2019年工作要点任务分工方案》以区委全面依法治区委员会办公室名义印发实施。

（许圣婴）

【区领导调研社区矫正工作】 10月12日，区委副书记、政法委书记高峰等一行到区司法局调研社区矫正工作开展情况。调研组实地参观区阳光中途之家工作场所，听取区司法局关于全区社区矫正和安置帮教重点工作开展情况的汇报，并就存在的困难和问题开展交流座谈。调研组对区司法行政工作不断取得的新成效给予充分肯定，提出区政法各相关部门应顺应形势发展要求，提高站位，通力协作，强化协调联络，共同协商化解工作中的新难题。

（许圣婴）

【扩大诉调对接覆盖面】 10月16日，区司法局联合区法院召开“深化诉源治理‘点站式’司法确认工作机制全覆盖新闻通报会”，全国、市、区各级人大代表参加会议。会上，区司法局与区法院联合签署《关于进一步深化诉源治理、“点站式”司法确认工作机制全覆盖的合作框架协议》，就前期开展诉调对接工作分别进行通报，实现点站在辖区街道乡镇全覆盖。

（许圣婴）

【守法普法协调小组工作培训】 10月16日至18日，丰台区委全面依法治区委员会守法普法协调小组举办为期三天的工作培训会，全区普法责任制成员单位200余人参加培训。会议总结“七五”普法以来区普法依法治理工作取得的成绩，分析普法依法治理工作存在的问题，强调深入推进依法治区建设的重要意义。培训会邀请了北京市司法局、中央党校、中国传媒大学、北京市第二中级人民法院等单位的领导专家为学员进行普法依法治理专题培训和指导，进一步强化学员对新时代法治理念的认识和坚守。

（许圣婴）

【守法普法协调小组正式履职】 11月22日，丰台区委全面依法治区委员会守法普法协调小组召开第一次会议，标志着丰台区委全面依法治区委员会守法普法协调小组正式履职。区委常委、宣传部长、区委全面依法治区委员会守法普法协调小组组长梁家峰出席并讲话，守法普法协调小组成员以及区有关部门负责同志等共20余人参加会议。

（许圣婴）

【宪法宣传周暨司法行政开放日启动仪式】 12月2日，区2019年“12.4”国家宪法日宪法宣传周暨司法行政开放日启动仪式在宛平城内宛平戏楼举行。启动仪式由区委全面依法治区委员会守法普法协调小组、区司法局主办，宛平城地区办事处、长辛店街道办事处协办。活动现场组建丰台区律师普法讲师团，通过法治文艺演出、参观丰台区“七五”普法成就摄影展等系列活动，吸引广大群众、游客参与，营造浓厚宪法学习氛围，彰显法治关怀。同时以宪法宣传周启动仪式为契机，宣传展示司法行政机关法律服务职能及各项服务事项的办理流程，增进人民群众对新时代司法行政机关新职能、新定位的了解，提升司法行政工作社会认知度和群众满意度。

（许圣婴）

【第三届律师代表大会第三次会议】 12月21日，丰台区第三届律师代表大会第三次会议在北京南宫温泉度假酒店会议中心召开。区司法局党组书记、局长出席会议并讲话，全区律师代表、区司法局各科室处所主要负责人共计100余人参加会议。会议总结三届律协自成立以来取得的成绩，向代表大会通报全年司法行政的重点工作，并对协会下一步的工作提出具体要求。

（许圣婴）

【农民工法律援助活动】 12月至2020年2月，在全区范围内开展“法援惠民生 助力农民工”农民工法律援助专项维权服务活动。全年区法律援助机构及各法律援助工作站在全区各街乡镇、社区、村，发动、组织宣传活动20余场，开展讲座10余场，发放宣传材料、宣传品2000余份，取得良好社会效果。

（许圣婴）

【村居法律顾问】 年内，全区共有18家律师事务所54名律师担任村居法律顾问工作，全年为387个村居提供法律咨询25543人次，举办讲座788次，发放宣传材料130864份。参与矛盾纠纷调解340次，培训村居调解员2063人次，为村居提供法律意见和建议664条，免费代写法律文书566份。累计发放村居法律顾问工作补贴231.8万元。

（许圣婴）

【人民陪审员选任】 年内，区司法局认真贯彻落实《人民陪审员法》，严格依法履职尽责，经过公告宣传、现场报名、资格审查、随机抽选等环节，选任490名人民陪审员，为推进民主法治建设贡献力量。

（许圣婴）

公证处名录

机构名称	联系电话	地址
北京市首佳公证处	010 63814355	北京市丰台区西四环南路56号望园大厦十层

公 安

【概　况】 2019年，北京市公安局丰台分局（以下简称丰台分局）在市局党委和区委区政府的坚强领导下，以习近平新时代中国特色社会主义思想为引领，深入学习贯彻党的十九届四中全会和全国、北京市公安工作会议精神，深化“不忘初心、牢记使命”主题教育，落实“十六字”总要求，坚持“四个第一”理念，坚持“万无一失、一失万无”标准和“细致、精致、极致”作风，依托扫黑除恶专项斗争、“三重大排查”“使命·2019平安行动”等专项，深入推进打防管控建等措施落地落实，圆满完成了“五大安保”和全年各项任务，确保了全区社会大局稳定。**系列安保连战连胜**。在区委区政府统筹牵动、专项保障下，固化重大活动安保“丰台模式”，立足以面保点责任，高质高效完成各项点线任务，全面铺开社会面一体化打防管控工作，“五大安保”连战告捷。特别是在新中国成立70周年庆祝活动期间，实现了核心48小时“零火灾、零事故、零失误”。**反恐措施落地生根**。首创《反恐怖主义法》宣传“知、守、用”和幼儿园反恐防范“实、准、快、新”机制，在全市推广。创新“上下齐抓、内外共管”的工作模式，提前消除涉恐隐患351件，对辖区北京逸羽连锁酒店违规登记情况处以10万元罚款，开创了全市《反恐怖主义法》适用先河。**打击整治战果丰硕**。将“平安行动”贯穿全年，创新刑侦、治安等部门现职领导兼任派出所党支部成员新机制，一体化合成打击整治实现突破性进展，先后侦破“7·24”制造销售假冒全聚德烤鸭案、“8·16”千亿级特大非法经营地下钱庄案、“11·19”中数信安特大集资诈骗案，在社会上引起强大反响。深入推进扫黑除恶专项斗争，中央扫黑除恶督导组给予高度评价。**防控网络严丝合缝**。落实全国市域社会治理现代化工作会议精神，纵深推进立体化社会治安防控体系建设，以智能化促进精细化，打造市域社会治理智能化精细化新亮点。夯实巡逻集结、街头处置快反一级响应力量，快速妥善处置“12·6”驾车冲撞行人案。派出所“两队一室”、“7×24小时”警务模式全面实施，132个社区实现零发案，人民群众安全感持续提高。**规范执法精益求精**。以“执法办案管理中心+”、基层所队案管组建设为牵动，同步推进侦审一体化、受立案制度改革，推出《执法一本通》等应用型手册，全局批捕数、移送起诉数同比上升24.7%、29.8%。顺利完成涉案物品管理中心迁库转址任务，“五型监所”创建活动蓬勃开展，新建拘留所投入使用。**服务保障成效突显**。出入境可办项目上线率达100%，初步实现群众办事“只跑一次”，部分事项“跑零次”目标。紧盯“接诉即办”工作，响应率100%，平均满意率67%，解决率达55%，排名市局前列。及时整改火灾隐患2.2万余处，处理交通违法行为242.8万起，全区未发生重大火灾、交通、安全生产事故。**智慧警务精彩纷呈**。总结创新大视频大数据警务运行模式，创建人像监控比对系统、涉黄专题模型，抓获无触网逃犯93人、无前科涉黄人员357名，创新引进“云捕”“云镜”系统，得到市公安局领导肯定，在侦破“星援APP”网络水军案、“净网2019”集群战役中取得优异成绩。**队伍建设生机勃勃**。强化党建引领，加强制度建设，全面启动全警实战大练兵“十大专项”任务，构建了“五全”练兵格局。加强警营文化阵地建设，建成公安丰台分局70周年史志墙、荣誉功模墙和党员社区民警副书记风采墙，创新开展“美丽丰警·百名标兵”评选活动，隆重举行“美丽丰警·忠诚护航”国庆70周年安保总结表彰大会，推树2019年度“北京榜样·最美警察”张涛、王龙师徒等一批先进典型。自主创作微视频《忠诚岁月》，转发点击量160万。深化党风廉政建设，扎实推进市局党委第二轮巡察反馈意见整改工作，创建基层纪检委员管理使用模式，三级监督体系建设走在全局前列，自主特色警示教育效果显著，政风行风热线数量同比下降24.2%，110投诉率同比下降45.5%，再创历史新低。

（李战文）

【110接处警和警力调配】 年内，丰台分局为了切实提高110接处警工作水平，持续对接警、出警、反馈、移交、倒查和责任追究进行督导检查，以警务管理周会通报为切入点，不断强化对基层出警单位的日常监督指导。全年共接转市局110报警218714件，其中刑事警

情 3951 件，治安警情 9768 件；勤务调配警力 4.9 万余人次，调动街面巡逻车组 8000 余辆次，搭建指挥部 253 次。

（李战文）

【做强宣传讲好警察故事】 年内，丰台分局通过“丰台警事”微博、微信等官方新媒体平台，坚持发布原创政法题材报道，全年发布微博 2100 余篇，微信 200 余篇。原创作品“最美荣华”、“基层警队里也能出世界冠军？”、三八妇女节自编、自导微视频等多篇反映基层警队风采的报道作品引起干警们的热烈反响和多家社会媒体的广泛关注。编纂完成《风雨历程—公安丰台分局建局 70 周年访谈纪实》，为国庆 70 周年献礼；精心策划拍摄的主题宣传片《忠诚岁月》，获得社会各界的高度赞扬，观看人数超过 160 万人次。

（李战文）

【全力推进爱警暖警工作】 年内，丰台分局党委全力推进爱警 40 件实事，与 21 家优质医疗单位达成合作协议，帮助民警及家属就医、就诊、住院、抢救 300 余人次；争取市局和区委区政府支持，为 92 人解决调动、子女入学和住房困难。

（李战文）

【为警医疗服务纵深发展】 年内，丰台分局警务保障处与丰台区卫健委协作，建立民警执法权威及紧急医疗救治绿色通道，同时引进 999 急救医疗队进驻丰台分局机关，每日 24 小时有“一医一护一司机”在岗，为丰台分局民警提供免费问诊服务，提高丰台分局医疗服务保障水平，进一步推进医疗服务保障纵深发展。

（李战文）

【以基层经验指导基层工作】 年内，丰台分局纪委依托纪检监察民警定点联系指导制度，从与基层的沟通交流中吸收改进建议，使党风廉政教育工作更接地气、更具实效。先后组织开展纪检委员业务技能培训 2 次、经验交流座谈 7 次，逐步提升基层廉政教育、谈话提醒、风险防控的能力水平。先后梳理推荐视频警务大队“警示微课堂”制度、卢沟桥派出所“纪律风险评估画像制度”等优秀做法 13 项，推动基层教育管理经验开花结果。

（李战文）

【“国庆办”圆满完成安保任务】 年内，丰台分局国庆 70 周年安保办公室，集司令部、参谋部、智囊团、信息库等多种职能于一身，梳理游行活动、联欢活动、游园活动、食品运输、制高点看控、警力支援等 19 项勤务任务及 57 项基础台账，严格履行安保工作的汇总上报、会议组织、方案报告、情况掌握、督促指导、提出建议等 10 余项工作职责，圆满完成了国庆 70 周年安保情况综合汇总任务，在国庆安保工作中发挥了承上启下、沟通协调、联系内外的重要中枢作用。

（李战文）

【“使命·2019 平安行动”】 年内，丰台分局坚持“整体统筹、合成作战、内外联动、夯实基础”的工作原则，紧贴安保任务时间节点，分阶段、分区域“渐次趋紧、梯次趋严、专项攻坚”，先后组织开展“三重大排查”“三清三个批”“并肩治乱”“治安洼地”“雷霆行动”“打整控”等专项，深入推进“使命·2019 平安行动”。全年，全局刑事拘留 3125 人、治安拘留 6550 人，破案同比上升 2.1%，打掉盗抢骗、电信网络诈骗等犯罪团伙 35 个，打掉“八黑”团伙 64 个、黄赌窝点 537 个，捣毁食品、药品黑窝点 50 处。

（李战文）

【校园安全防护】 年内，丰台分局围绕校园安全制度、人防、物防、技防等落实情况，会同区教委对全区中小学、幼儿园开展拉网式安全大检查，检查中小学校及幼儿园 593 所次，检查重点部位 732 处，发现整改各类安全隐患 66 处。全年出动看护警力 16500 余人次。开展入校安全宣传 483 所次，主题宣讲 162 场，法制教育授课 142 次。

（李战文）

【治安秩序整治】 年内，丰台分局立足“平安丰台”建设目标定位，积极践行民生警务战略，围绕群众反映强烈的黑车黑摩的扰序、游商、小广告等扰序违法行为，开展专项行动，联合城管、交通等部门，通过督导检查、执法考评等方式牵动各派出所持续对全区 67 处“6+N”挂账点位及 50 处黑摩的重点地区开展打击整治和集中挤压工作。全年开展联合执法 137 次，处理各类扰序人员 1516 人，向城管、交通部门移交黑摩的 1176 辆，街面秩序显著改观，群众的安全感和满意度得到提升。

（李战文）

【旅店业反恐防恐能力稳步提升】 年内，丰台分局通过采取集中组织反恐演练、拉网排查、异地调警互查、打击取缔黑开等方式，加大对旅店业执法检查力度。针对故意持他人身份证件办理住宿问题，为全区 686 家营业的宾馆旅店安装了人像比对系统，安装率 100%。全年，检查中小旅馆 16800 余家次，发现整改问题旅馆 220 家，处罚 59 家罚款 651000 元；共摸排核查黑开经营线索 202 条，取缔黑开旅馆 163 家，依法处理违法人员 133 人。在市局“铁拳”专项行动中排名第一。

（李战文）

【打击黄赌丑恶违法犯罪行为】 年内，丰台分局坚持以打开道，以打团伙、打幕后、打精品为重点，通过强化警情分析、暗访检查和人力资源情报等渠道，不断提升对黄赌违法行为的发现能力；综合运用捆绑作战、深度经营、专项治理、专案攻坚等方式严打站街、坐店、卡片招嫖，隐匿在高端会所、洗浴等复杂场所内的卖淫嫖娼，利用QQ群、微信等互联网媒介的新型卖淫嫖娼和网络赌博，棋牌室、游戏厅赌博，“地下”赌场等违法犯罪问题。全年处理黄赌违法嫌疑人1244人。

（李战文）

【推进智慧社区建设】 年内，丰台分局持续推进以智慧门禁、人像比对、数字化分析研判平台为内容的智慧社区创建工作。自 2018 年 7 月至今，已累计推进建设 56 处“智慧小区”，安装智慧门禁 1509 套，车辆道闸 67 套，新安装摄像头 1723 个，人脸识别探头 306 部，通过智慧安防系统，先后抓获在逃人员 5 人，涉案嫌疑人 5 人，建设应用后的智慧小区均实现了入室盗窃零发案。

（李战文）

【社区民警兼任社区（村）党组织副书记】 年内，为全面落实总书记坚持发展“枫桥经验”的重要指示精神，推动党建引领下的社区（村）党组织精治共治法治一体化建设，丰台分局通过党员社区民警兼任社区（村）党组织副书记工作，夯实了基层治理基础，党员社区民警从“局外人”变成了“家里人”，身份的转变促使社区民警从被动处置问题向主动发现问题转变，主人公意识明显增强。推进社区技防建设，提升社会管理水平，社区民警副书记发挥了表率作用。

（李战文）

【“净网 2019”之集群战役】 年内，丰台分局警务支援大队，会同卢沟桥派出所以辖区服务器被利用组建“僵尸网络”为切入点，追踪溯源黑客网络行为，依托大数据等技术手段，连续奋战近四个月，梳理出 155 名长期从事 DDOS（分布式拒绝服务攻击）攻击的黑客人员和 55 个攻击域名。9 月，公安部根据此线索组织全国 24 个省、市集中抓获嫌疑人 379 名。据国家互联网应急中心统计，国内控制端和参与攻击信息系统同比下降 41%，全国 DDOS 攻击犯罪态势得到明显遏制。

（李战文）

【“雪亮工程”建设】 年内，丰台分局持续推进“雪亮工程”建设集约化、联网规范化、应用智能化等工作的开展。全年，工程建设共投入资金约 1.8 亿元，完成高清摄像机更换 1000 个；新建一类高清视频监控点位 1700 余个，其中，车辆卡口摄像机 650 个、人脸卡口摄像机 550 个。依托视频系统共破获刑事案件 2051 起，刑事拘留 1990 人，行政拘留 3196 人，抓获数量排名全市前列。

（李战文）

【搭建并推广“涉黄模型”】 年内，丰台分局警务支援大队创新搭建“涉黄模型”，即通过旅店住宿人员登记信息开展特定规则的数据运算，计算筛查出疑似卖淫人员并推送预警核查的单表结构数据挖掘模型，为实现

“下先手棋、打主动仗”精准打击目标奠定了良好基础。抓获涉黄违法犯罪嫌疑人 357 人，打掉敲诈勒索团伙 1 个。

（李战文）

【出入境管理】 年内，丰台分局出入境管理大队紧紧围绕首都涉外安保任务面临的新特点、涉外安全形势带来的新挑战、涉外管理服务工作面临的新考验，全面加强涉外打防管控工作，圆满完成了“五大安保”工作。全年共受理各类出入境证件 193222 件，同比增加 30898 件，同比增长 19.03%。办理出入境行政案件 228 起，处理违法人员 192 人，处理违法单位 36 家，行政罚款 851400 元。出入境管理基本实现群众办事“只跑一次”目标，部分事项实现“跑零次”目标。

（李战文）

【编写《执法办案一本通》（二）读本】 年内，丰台分局法制支队立足丰台分局执法办案实战需要，组织专班、用时八个月梳理、整合现有公安法律、法规以及市局出台的相关规范性文件，编撰推出《丰台分局执法办案一本通》（二）读本。此次编撰工作，对《丰台分局常见案件收案标准及取证要点指引》进行了及时修订和增补，同时新增加了更具实操性的办案指引及规定，为规范丰台分局基层执法工作、堵塞执法漏洞，提供了有效的法律支撑和保障。

（李战文）

【完善监区医疗周会商和信息互通机制】 年内，为有效解决在押人员病患突出问题，丰台分局看守所每周二对患病在押人员进行一次会商，同时规范被监管人员突发疾病处置工作，制定监区突发事件取证工作制度，全力做好应急事件的处置工作。加强驻所医生与管教信息互通，对新入所被监管人员的身体状况、以往病史、服药以及在日常管控工作中患病被监管人员的生活状况、病情、治疗、生活异常、病情变化等情况，由值班医生利用每日晨会和晚点名时间与管教做好沟通处置。

（李战文）

【牵动基层派出所反恐实战比武】 年内，丰台分局以“普警特警化”为培训目标，提升一线民警的反恐维稳和实战处置能力，牵动全局基层派出所民警开展反恐实战技能比武活动。在市局 2019 年基层派出所打击办案岗位反恐实战技能科目比武中，丰台分局代表队获得团体总成绩第 6 名、 92 式手枪救助射击个人第 1 名、警用转轮手枪应用射击个人第 4 名。

（李战文）

【“解剖麻雀送训上门”执法培训】 5月，丰台分局法制支队会同丰台分局督察大队到洋桥、玉泉营等单位开展“解剖麻雀送训上门”专项培训。培训对涉及维护民警执法权威工作等相关法律法规进行了细致解读，并向参训民警讲授了实战应对方法。通过专项培训，有效解决了基层民警在执法中易出现的执法症结，切实帮助民警提高执法实战技能水平。

（李战文）

【反销赃打击违法专项行动】 6 月，丰台分局治安系统开展了为期20日的反销赃专项工作，以典当业、旧货业、金银饰品收购置换业、废旧金属收购业等特种行业为重点，狠抓源头管理和违法打击，建立倒查机制，对刑侦等部门查破的涉及特种行业的突出案件，采取以案找店的模式进行倒查。共检查特种企业 109 家次，培训从业人员 311 余人次，抓获犯罪嫌疑人 14 名，处罚违法违规经营企业 16 家，行政处罚 26000 元。该项工作在市局考核排名第一。

（李战文）

【国庆 70 周年安保倒计时誓师大会】 6 月 23 日上午，丰台分局组织召开纪念建党 98 周年暨新中国成立 70 周年庆祝活动安保倒计时 100 天誓师大会。大会在全体奏唱国歌中拉开序幕。大会依次进行宣布“关于发展 38 名新党员、给予谢云青等 70 名同志颁发从警 10 周年荣誉纪念章、20 对“从警引路人· 最美师徒”、5 月“美丽丰警”百名标兵、战时做出突出贡献的民警及辅警记功嘉奖的决定”、新党员宣誓、老党员重温入党誓词、民警代表宣读倡议书。

（李战文）

【“双百工程”】 8 月，丰台分局按照王小洪同志提出的“领导干部四个在一线”指示要求，组织丰台分局全体党委成员在内的 100 名领导干部包片抓点推进100个社区（村）打防管控暨“双百工程”。通过开展“查、议、促、帮、评”五个环节抓专项工作推进，实现了“三个优”的工作成效。营造了争优创先氛围，社区防控取得了优异成绩，派出所“两队一室”运转机制实现了优化提升。

（李战文）

【反恐特警比赛再创佳绩】 8月，丰台分局特警大队民警代表首都警察在四川成都举办的第十八届“世界警察和消防员运动会”上，获得了83公斤级卧推冠军和硬拉季军，打破了欧美警察对力量举项目的垄断，实现了中国警察在世锦会83公斤级卧推项目上金牌“零”的突破。10月在反恐怖和特警总队组织的十六个分（县）局特警综合体技能比武项目中，丰台特警获得团体第三名、个人第二名和个人第九名的优异成绩。

（李战文）

【成立北京市第十拘留所】 12月20日，北京市第十拘留所（丰台分局拘留所）正式运行。全所共39名民警，3名文职，30名辅警。拘留所主要负责对行政拘留人员进行拘押、惩戒、教育。内设科级机构3个（综合中队、收拘中队、看管中队），设置警组4个。同时接收丰台法院、丰台检察院、石景山公安分局、石景山法院、石景山检察院等被行政拘留人员。拘留所建筑面积为2588平方米。

（李战文）

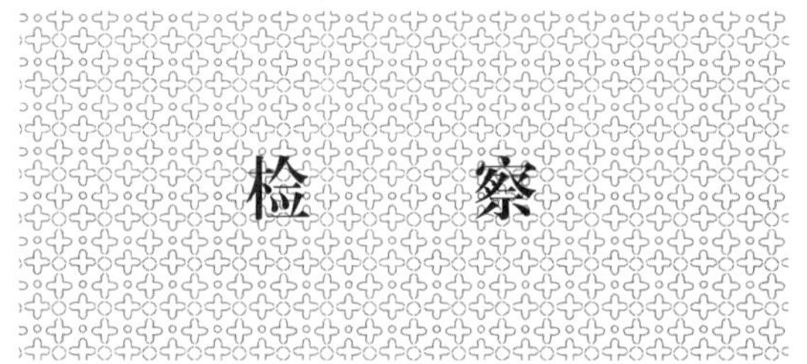

检察

【概　况】 2019年，检察院严格履行检察职能，切实维护社会公平正义。严格检察监督，全年监督公安机关立案31人，监督撤案41件；加强对其他违法侦查活动的监督，发出书面纠正违法通知书8件，口头纠违27次，建议行政执法机关向公安机关移送线索16件30人；加强对法院裁判的审查，提请抗诉5件；突出对未成年嫌疑人权益保护，作出不起诉35人，开展法律援助38人，社会调查36人，心理测评36人；受理民事诉讼监督案件68件，向法院发再审检察建议1份，针对民事诉讼中的违法行为，发口头建议5份，就个案向法院发书面建议6份；针对看守所监管活动违法，发出纠正违法通知书2份、检察建议书4份；审查暂予监外执行案件14件，办理监外执行违法违规案件36件，制发纠正违法通知书33份，口头提出纠正意见3份。受理羁押必要性审查案件137件，立案96件，提出变更强制措施或者释放建议44件。依申请受理行政诉讼监督线索1件，加强对规划自然资源领域行政非诉执行案件监督，立案3件。参与市检察院行政诉讼监督积案清理，办理案件38件，向市高级法院提出抗诉1件；严密司法审查，受理审查逮捕案件1747件2235人，受理审查起诉案件2276件2910人；批准逮捕各类犯罪嫌疑人1277件1547人，提起公诉1845件2737人，案件数同比分别上升23.4%和26.9%；追捕23件24人，追诉漏罪28件30人；不批捕476件698人，不起诉368件522人。

（张　倩）

【严厉打击各类刑事犯罪】 年内，深化平安北京、平安丰台建设，办理危害公共安全和邪教组织犯罪案件53件62人；起诉涉众型经济犯罪48件83人；与丰台公安分局建立追赃挽损机制，审查逮捕和审查起诉期间挽回损失1000余万元；办理侵害食品药品安全犯罪案件35件39人、知识产权刑事案件47件73人。办理各类职务犯罪案件22件34人，维护了社会安全稳定，进一步提高了人民群众幸福感、安全感。

（张　倩）

【推进“扫黑除恶”专项斗争】 年内，坚持把“扫黑除恶”作为重要政治任务，依托“1+3”联动协作机制，与公安、法院统一案件认定标准，实现精准打击。受理涉恶督办公诉案件23件102人，以“恶势力”定性起诉18件83人，作出有罪判决5件19人。妥善办理胡某某等 25 人“招工诈骗”案，朱某某等人“黑中介”敲诈勒索案等重大典型案件。发现并上报保护伞线索 3 条，得到中央督导组、市委政法委和区委肯定。落实“一案一建议”，向相关单位制发综合管理类检察建议 6 份，已全部收到回函。

（张 倩）

【完成市检察院督办“涉恶”案件】 2 月 25 日，丰台检察院办理的狄某某等 6 人涉嫌敲诈勒索“涉恶”案在丰台法院开庭审理，该案因作案人员众多且有固定的纠集者和参与者，作案时间跨度长，作案地点涉及本市丰台区、海淀区、朝阳区、石景山区等多地，作案达数十次，性质恶劣，危害较大，影响范围广，被确定为市院督办的“涉恶”案件。庭审中，被告人对丰台检察院指控的事实和罪名全部认可，均表示认罪、悔罪，案件办理取得了良好的效果。

（王凯伦）

【内设机构改革动员部署会】 3 月 15 日，丰台检察院召开内设机构改革动员部署会，迅速落实全市检察机关内设机构改革推进会精神。3 月 18 日，丰台检察院所有新设机构全部完成挂牌并正式运行。改革后丰台检察院共有内设机构 11 个，其中业务部门 8 个，分别为第一检察部、第二检察部、第三检察部、第四检察部、第五检察部、第六检察部、第七检察部、第八检察部（法律政策研究室）；行政部门 3 个，分别为办公室（行政事务管理部）、政治部（机关党委、机关纪委）、检务督察部。

（王凯伦）

【首次入选国家检察官学院教学实践示范基地】 3 月 22 日，国家检察官学院教学实践示范基地联席会暨授牌仪式在国家检察官学院沙河校区举行，丰台检察院党组成员、政治部主任王清会参加。这是丰台检察院首次入选国家检察官学院教学实践示范基地，是对丰台检察院近年来教育培训工作的充分认可与肯定。

（王凯伦）

【发挥公益诉讼职能、守护“舌尖安全”】 4 月，丰台检察院发挥公益诉讼职能，针对丰台区众多小区多处自动售水机存在未按照规定卫生备案、无维护记录和水质自检记录等不良情形，积极参与整治区域自动售水机乱象，守护群众“舌尖上的安全”。

（王凯伦）

【特约监督员年会】 5 月 16 日，丰台检察院召开 2018 年度丰台检察院特约监督员年会暨第四届丰台检察院特约监督员增聘仪式。会议的召开对于进一步深化特约监督员工作，健全外部监督制约机制、做好检务公开，密切代表联络、检群关系、提升检察机关公信力和亲和力具有重要意义。

（王凯伦）

【任命李继征同志为丰台检察院代检察长】 5 月 30 日，丰台区第十六届人大常委会召开第二十次会议，任命李继征同志为丰台区人民检察院代理检察长、检察委员会委员、检察员。

（王凯伦）

【“法律进企业”普法活动】 6 月 13 日，丰台检察院党组书记、代检察长李继征一行赴北京丽泽金融商务区控股有限公司开展普法活动。李继征强调指出：将坚持实地调研，找准区域发展结合点，积极参与社会综合治理；密切与丽泽商务区联系，努力提供优质检察产品。丰台检察院以此为契机，继续与丽泽商务区控股有限公司保持密切联系，组织精干力量走进企业、深入园区，为区域经济社会发展提供有力的司法保障。

（王凯伦）

【区人大常委调研驻看守所检察室工作】 7 月 24 日，区人大常委会副主任王振华到丰台检察院调研驻看守所检察和社区矫正检察工作。调研中李继征表示：将对与会代表委员、王振华副主任提出的意见和建议认真研究落实，并欢迎各位代表委员对丰台检察工作进行监督；将立足司法办案和法律监督主责主业，切实履行好检察职能，确保看守所的监管安全和社区的和谐稳定；将加强与有关单位的沟通协调，进一步做好驻看守所检察和社区矫正检察工作，共同维护社会公平正义，努力实现双赢多赢共赢的法律监督效果。

（马虹柳）

【检媒党日共建活动】 8月7日，丰台检察院与正义网在北京汽车博物馆联合开展“检媒联手共话守初心担使命”主题党日共建活动。李继征表示希望与正义网加强深度合作，通过交流反馈，指导促进检察宣传，深挖基层检察院检察宣传“富矿”，努力提供优质的检察宣传产品；密切检媒沟通，加强新媒体运用，进一步放大检察新闻宣传的传播力、影响力；以此次党建活动为契机，搭建合作平台，加强检媒互动，共同传递法治正能量。

（马虹柳）

【青年沙龙活动】 8月8日,丰台检察院举办丰检青年沙龙活动，围绕民事检察展开交流。李继征参加活动并提出三点要求：院团委要将这项活动做成品牌，彰显青年干警的蓬勃朝气；青年干警要利用好这一平台，积极主动地学习、思考、锻炼，不断提高综合素质和业务技能；要充分发挥群团组织作用，强化干警凝聚力和向心力，推动检察队伍建设进一步发展。

（马虹柳）

【“检察护航民企发展”公众开放日】 8月26日，丰台检察院举办“检察护航民企发展”主题公众开放日活动，邀请区工商联领导、民营企业家代表共20人走进检察机关，听取他们对检察工作的意见建议。开放日活动对于增进公众对检察工作的认识和了解，凝聚各方力量，齐心协力护航民营经济健康顺利发展具有重要意义。

（张　倩）

【主题教育工作会议】 9月17日，丰台检察院召开“不忘初心、牢记使命”主题教育工作会议，对全院教育工作进行动员部署。会上李继征提出三项要求：要提高政治站位，深刻理解和认识开展主题教育的重要意义；要围绕目标要求，抓紧抓实抓细，不折不扣地将主题教育开展好；要加强组织领导，认真部署安排，确保主题教育取得实效。

（马虹柳）

【参加国庆70周年联欢活动】 10月1日，丰台检察院高度重视，组织97名干警参加国庆联欢活动——群众联欢。丰台检察院一直将此项活动作为一项重大政治任务，作为开展“不忘初心、牢记使命”主题教育的一项重要内容，作为队伍建设转变作风的一项重要举措，严密部署，不折不扣抓好落实，出色完成各个阶段排练任务，全方位保障国庆联欢活动圆满完成。

（马虹柳）

【李继征代检察长讲授党课】 10月15日，李继征以《满怀信心 锐意进取 做新时代首都检察工作“奋斗者”》为题为全院干警讲授党课。丰台区“不忘初心、牢记使命”主题教育第二指导组组长朱运昌、成员雷学锋参加。李继征对丰台检察院各项工作提出四点要求：树立“以人民为中心”的理念，牢记初心和使命；坚持党对检察工作的绝对领导，坚守初心和使命；正视工作中突出问题，坚持初心和使命；创新开展各项工作，践行初心和使命。

（马虹柳）

【“轻罪诉讼辩与谈”研讨会】 11月25日，“轻罪诉讼辩与谈”研讨会在丰台检察院举行，北京市检察机关与北京市律师协会就轻罪诉讼开展专题研讨，北京市检察院党组书记、检察长敬大力出席会议。敬大力强调指出：以纵深推进认罪认罚从宽制度为契机，进一步打造轻罪案件检察工作体系；作为检察官，要履行在刑事诉讼中的主导责任；重点审查认罪认罚的自愿性、合法性，真正让刑事诉讼程序依法从简、各有所得、实现共赢。

（马虹柳）

【创建“2+4+X”新型监督模式】 年内，丰台检察院贯彻执行《人民检察院检务督察工作条例》，突出巡视巡查、执法监督、追责惩戒的工作重心，经过近一年的实践探索和经验总结，创新建立了“2+4+X”的监督模式。“2+4+X”是指广度和深度两个监督维度+四个督察重点+多元化问题处置机制。这个监督模式保障了执法规范化建设的深入实施，促进了检察工作质效的有效提升。

（马虹柳）

法　院

【概　况】　2019年，丰台法院在区委坚强领导、区人大及其常委会有力监督和上级法院正确指导下，以习近平新时代中国特色社会主义思想为指导，紧紧围绕"努力让人民群众在每一个司法案件中感受到公平正义"的目标，忠实履行宪法法律赋予的职责，坚持首善标准推进落实各项任务，全力服务保障好国家政治安全、社会大局稳定、人民安居乐业。区法院全年新收案件62536件、结案62626件，均居全市法院第4，分别同比上升9.1%、8.1%。结收比100.14%、结案率92.46%，分别居一类法院第2和第1。长期未结案下降69.5%，数量达到历史最低值。文书上网率100%、庭审直播率25.05%，居一类法院第1。生效判决发改（错误）率0.7%，同比下降0.08个百分点。"多元调解+速裁"率64.4%，同比上升11.4%，民商事案件撤诉率47.3%，同比下降5.9个百分点，审判态势整体稳中向好。区法院获得集体和个人全国荣誉27项、市级荣誉53项；微电影《暖心》荣获第十五届全国法治动漫微电影作品征集活动微电影类二等奖，司法宣传工作连续两年获最高法院政治部、最高法院新闻局通报表扬，"冰面遛狗溺亡"案获评第十五届中国十大影响性诉讼和2019年人民法院十大民事行政及国家赔偿案件，并被写入最高人民法院工作报告。

（邹　赫）

【党建引领司法服务】　年内，区法院深入学习贯彻习近平总书记对政法工作、制定《关于在审判工作中深入践行社会主义核心价值观的意见》，努力让群众在每一个案件中感受到公平正义。创新党建"双联系"制度，党组、机关党委定点联系辖区16个重点街乡镇党工委，并在21个街乡镇铺设"巡回司法确认点""七日调解工作站"，提供精准司法服务。

（邹　赫）

【深化改革推动司法高质量发展】　年内，完成内设机构改革，制定《院庭长审判监督管理职责清单》《关于在司法改革背景下同步推进廉政风险防控机制建设的实施办法》，完善"1+N"速裁体系，制定部门和个人目标考核方案，完成490名人民陪审员的选任，首创"案件流转跟踪平台"。坚持"革命化、正规化、专业化、职业化"引领锻造过硬司法队伍。新任、交流中层干部36人，由纪检部门和党支部进行"廉政品行双背书"，并由党组书记、政治部、纪检部门共同进行任职谈话。开展"五个一"岗位练兵，"一庭一品"支部党建文化阵地设计大赛和"我和我的祖国"爱国主义系列宣传活动。深入推进反腐败斗争，全年无违法违纪行为。

（邹　赫）

【依法惩治犯罪】　年内，审结各类刑事案件1890件，判处罪犯2297人，分别同比上升28.6%、29.8%。依法改变公诉机关定性、事实认定案件49件。依法严惩刑事犯罪，对暴力、危害公共安全等犯罪保持高压态势，审结故意伤害、抢劫、绑架等案件874件，依法审理全区首例组织出卖人体器官案，稳妥审结"善心汇"45人聚众扰乱社会秩序、"海底捞老鼠门"敲诈勒索、"牛奶箱砸公交车司机"危害公共安全等群众高度关切的案件，对73人依法判处五年以上有期徒刑。严惩非法集资、电信网络诈骗等多发涉众型经济犯罪，受理"大同航""有利金服""中金贷"等非法吸收公众存款案45件72人，审结"易水奇石"集资诈骗等案件，为1400余名被害人及投资人挽回损失1000余万元。坚定不移惩治腐败犯罪，依法审理涉京能集团系列贪腐、邮政系统拆迁安置等职务犯罪24件33人。

（邹　赫）

【加强人权司法保障】　年内，全面落实刑事案件律师辩护全覆盖和认罪认罚从宽制度，对初犯、偶犯、未成年犯及具有自首立功等情节的 476 名被告人，依法判处非监禁刑或免予刑事处罚。选派法治副校长 55 人，开展送法进校园宣讲，预防青少年犯罪。

（邹　赫）

【强力推进“扫黑除恶”专项斗争】 年内，审理市政法委督办的 9 个涉恶团伙 29 案 107 人，审结的 23 案 72 人全部判处监禁刑，依法判处追缴、罚没、退赔财产 400 余万元，刨根深挖保护伞线索并成案 2 条。对检察机关起初未指控黑恶犯罪的寇某某团伙等系列案，依法认定恶势力，受到市高院充分肯定。建立“黑、恶、乱、保护伞”四类线索台账，线索摸排总数、成案数、成案率居全市法院前列。出台全市法院首个《推动扫黑除恶专项斗争纵深开展加强司法建议工作的意见》，发送司法建议 100 余篇，57 家单位回函，司法建议总数同比增长 67.74%，回函率增长近 30%，司法建议数量和回函率均创近三年来的最高值。在全市法院首创“一通道双模块”挂图作战法，率先将党小组建在工作专班上、率先成立线索评估委员会、率先启动扫黑除恶宣传发动、率先制定黑恶势力犯罪案件办理规范等 10 项工作制度，先后形成“双优先”“两上两下”“一案三延伸”“四步闭环管理”等 10 余项工作法，形成院党组科学指挥、扫黑办强力推进、法官包片指导、纪检全程监督、各部门充分发动全面保障的工作格局。专项斗争得到中央督导组、市区委和市高院充分肯定，审结的房屋“黑中介”朱某某案入选全市扫黑除恶督导回头看典型成果，门头沟、通州等多家法院到丰台法院交流。

（邹　赫）

【妥善化解民商事纠纷】 年内，坚持稳就业、保增长、促发展，审结民商事案件 41215 件。加强民生司法保障，妥善化解婚姻家庭、住房、医疗、就业等涉民生案件 7018 件，保障群众安居乐业。依法平衡劳资权益，为 1996 名务工人员追回劳动报酬 6776.7 万元。依法保护妇女儿童老年人合法权益，签发涉妇女儿童人身安全保护令 5 份，妥善处理全市首例祖父母带孙索要抚养费案，支持老年人合法诉求。依法维护军人权益，现场化解丰台某干休所内矛盾激烈的排除妨害纠纷，解决 3 名 80 多岁高龄老人正常供暖问题。依法向 47 名生活困难的当事人发放司法救助金 200 万元，让群众感受到司法温度。服务经济转型发展，防范化解金融风险，严格审查以合法形式掩盖非法目的“套路贷”等行为，审慎处理民间借贷、融资租赁、委托理财等案件 12530 件，涉案金额 36 亿元。服务保障供给侧结构性改革，审结涉股权流转、风险投资等纠纷 1037 件，依法宣告负债 1.6 亿元的涉外企业破产。

（邹　赫）

【依法保护知识产权】 年内，保护创新创业成果，审结知识产权案件 909 件，妥善处理涉“拉夫劳伦 Ralph Lauren”“农夫山泉”“张裕葡萄酒”等一批国内外知名品牌案件。完善和细化知识产权损害赔偿证据规则、计算规则，与区市场监督管理局建立“知识产权行政执法与民事审判联动机制”，加大对恶意侵权、重复侵权的制裁力度。

（邹　赫）

【支持监督行政机关依法行政】 年内，坚持依法裁判和协调化解并重，审结行政诉讼案件 499 件，同比下降 13.8%，审查和执结非诉行政案件 140 件，同比增长 28.4%。依法保护行政相对人合法权益，原告胜诉或协调解决的案件占比 32.9%，首次在审理治安行政处罚案件中一并解决人身损害赔偿民事纠纷，推动行政争议实质性化解。支持行政机关依法履责，创新重大敏感案件“四步化解法”，妥善审理征地拆迁类案件 43 件，推动长辛店镇、南苑乡等城中村整治、棚户区改造顺利推进，工作经验被最高法院推广。强化与行政机关良性互动，对行政执法人员开展专题培训 315 人次，主动就南苑、大红门、丽泽等地区重点项目建设提供法律咨询 21 次，并邀请人社部等行政机关开展法律研讨，统一行政执法与司法裁判标准。

（邹　赫）

【向切实解决“执行难”迈进】 年内，坚持重拳出击、综合施策，受理执行案件17410件，执结17693件，分别同比上升25%、27.8%，平均执行时长缩短21.5天。与政府、公安等部门建立“1+N”联动工作机制，通过网络联合查控，全年冻结款项39.3亿元，依法公布失信被执行人信息361例，限制消费及出境10103人次，搜查、拘留、拘传、罚款652人次，让“老赖”无处藏身、无所遁形。强化小额动产处置，将手机、电脑、名贵饰品等纳入被执行范围，一经发现即刻扣押，网络拍卖尽快变现。全年网拍标的物1025件，成交5.2亿元，案拍比稳居全市基层法院第一。开展案款发还专项行动，全流程规范发还节点，设置专员督促推进，案款到账3日内认领完毕，案款发还同比缩短8天。妥善完成“e租宝”案1337人丰台集资人信息登记。

（邹　赫）

【全力保障“疏整促”工作】　年内，按照区委加快推进“疏整促”专项行动的部署，全年办结相关案件686件。稳妥处理中科洪德等涉群租房整治引发的大量矛盾纠纷。开展“百日执行攻坚战”，集中清理影响“疏整促”进度的违建类“骨头案”30件，腾退拆除场地34处3万平方米。历时6个月，往返11次，妥善腾空大红门地区一处6000平方米的农贸综合市场，火灾安全隐患彻底消除。积极参与涉自然资源领域专项整治，在区政府的大力支持下，执结相关案件28件，涉及非法占地164亩、违建面积4.6万平方米。全国两会期间，依法督促当事人自行拆除中央重点挂账督办、占地8.1亩的违法建筑。

（邹　赫）

【创新服务优化营商环境】　年内，开展“问民意、听需求、促发展”专题调研，走访26家企业，征求意见建议45条，形成优化辖区营商环境的调研报告，获区委批示肯定。针对企业关注的审判效率低、诉讼成本高等问题，严格审限管理，推广网上办案，强化司法公开。全年民商事案件诉讼周期缩短12天，依法应公开裁判文书上网率100%，庭审直播17140场，让司法公正稳步提速。主动融入“街乡吹哨、部门报到”机制，在时代风帆楼宇党委铺设“吹哨报到”治理平台，指派专门团队帮助企业解难题、化纠纷，定期走进楼宇党委直播间普法宣传，蔡奇书记调研时给予现场表扬。全年响应“吹哨”52次，为企业解决问题33个，配合属地党委、街道等快速解决爱乐教育机构撤场引发的497人群体性纠纷。

（邹　赫）

【夯实人民法庭基础建设】　年内，区法院紧紧依靠党委领导，将7个人民法庭全部纳入丰台区分区规划，自觉把人民法庭工作融入党委、政府纠纷解决大格局中。年底南苑法庭正式启用，直接服务于南中轴及南苑—大红门地区发展建设。

（邹　赫）

【持续加强党的政治建设】　年内，制定《关于组织开展习近平总书记重要讲话精神大学习、大培训、大研讨工作的实施方案》《关于加强和改进党的建设的意见》，扎实开展“不忘初心、牢记使命”主题教育，对班子成员、支部书记、员额法官开展政治轮训，为支部配发辅导读本，利用口袋党课、电梯间党课等载体宣传党的主张与理论政策，深入学习贯彻习近平新时代中国特色社会主义思想。扫黑除恶专班党小组工作事迹被中央政法委长安剑微信公众号报道。老年人权益保护审判团队党小组被评为北京法院“优秀党小组”。“七月丰法”再次获评北京法院优秀党建项目，分别在全市法院和全区作经验介绍。规范化执行等2个项目被确定为区级党建创新项目。《丽泽小苗》荣获“全国法院优秀原创歌曲”大赛一等奖，《执行工作侧记》在“全国法治书画摄影展”上获奖。“干警书屋”被评为“全国工会职工书屋示范点”，“职工心灵驿站”被市总工会确定为全市示范点。

（邹　赫）

【加强人才队伍建设】　年内，区法院干警荣获“全国法院先进个人”“北京法院知识审判业务标兵”等荣誉称号。在中国人民大学等7所高校开设6门课程，71人次走上大学讲台授课，案例教学团队两次受邀到国家法官学院讲学，“多元调解+速裁”教学案例获评“国家法官学院精品课程”。司法宣传工作连续两年受到最高人民法院通报表扬。首次中标最高人民法院重大司法调研课题。承办全市法院第三次专业法官会议，最高院、人社部等专家学者、法官百余人到院研讨。5 篇论文、3 篇案例分别在全国法院学术讨论会、全国法院优秀案例评选中获奖，撰写的裁判文书在全市法院获优秀奖，全院《中国法院年度案例》采用量居全市法院第一。

（邹　赫）

【纪检监督常抓不懈】 年内，制定“一方案两清单”进一步明确全面从严治党主体责任，扎实开展“突出问题集中整治加强内部管理活动”，首次尝试将纪检监察引入案件评查机制，在全市法院率先邀请市纪委市监委驻市高院纪检组到院监督“三重一大”事项决策，修订内部控制制度完善重大事项集体决策机制，党建、廉政“双巡查”13 个支部，全年警示教育干警 94 次，明察暗访 44 次，图文通报 21 人次。

（邹　赫）

【主动接受人大和各界监督】 年内，向区人大常委会报告扫黑除恶专项斗争工作情况，积极配合人大开展专题调研和集中视察，邀请代表委员指导重点工作、观摩庭审、见证执行并主动上门征求意见，联络代表委员 193 人次，代表委员提出的意见建议全部办结，满意率 100%。主动邀请检察长列席审委会，通报法律监督情况。积极邀请检察机关监督重要案件执行过程，开展民事、行政检察监督专题座谈。全年办结检察建议 7 件，办理抗诉案件 1 件。邀请特邀监督员、律师代表到院调研监督 32 人次，处理群众来信来访 9432 人次，653 名群众参加法院开放日活动，充分保障群众知情权、参与权、监督权。

（邹　赫）

【构建清单式履责体系】 年内，区法院围绕审判权、审判监督权、审判管理权“三权”规范高效运行，出台“党支部书记政治建设”“院庭长审判监督管理”“全面从严治党”主体责任清单，构建有权必有责、用权必担责、失职必问责、滥权必追责的审判权“闭环”运行体系。出台 28 条 76 项党支部书记履行党建主体责任清单，将支部书记职责“量化”到党支部会议、主题党日等环节，“具化”到党员谈心谈话、日常监督等情形，“细化”到民主评议、党员发展等程序，让支部书记在基层党组织建设中抓好抓实司法责任落实有章可循。明晰院庭长 28 条 119 项审判监督管理权责，细化办案任务、程序审批等七类事项，明确变相审批等九类禁止性行为，具化“四类案件”监督边界、监督情形、监督方式。对院长、副院长、执行局长、审判委员会专职委员、庭长、副庭长职责逐条细分管理内容、方式、要求，依托审委会评议、质询，构建“月—季—半年—全年”四节点、“审委会—院长—副院长—庭长—法官”五级主体、“督促—约谈—取消评优—调整岗位—退出员额—依法追责”六层问责的逐级监督体系，通过质效汇报、案件评查、审务督查等方式将行权与监督有机统一。强化管党治党责任在司法责任制推进中精准发力，紧密结合“司改背景下审判权运行风险防控机制”等六项重点内容，细化分解党组班子、党组书记、党组成员具体任务，形成清单式定责、流程式明责、全程式监管，坚决压实主体责任。

（邹　赫）

【夯实审判管理基础】 年内，完善“1+N”速裁体系建设，强化预字号案件规范管理，建立撤诉审批、首案负责制，推动积案审委会、院庭长、法官四级联动常态化清理，构建司法公开“操作指引”“一线培训”“事项提示”全流程服务体系，编发二审发改要点供全院干警共享学习，制发月报将庭、团队、业务口审判质效全院公示，构建四级目标考核体系，相关工作得到市高院主要领导充分肯定，工作经验被最高法院信息刊登。

（邹　赫）

【创新“吹哨报到”诉源治理机制】 年内，区法院在全国非公党建先进典型时代风帆楼宇党委铺设“吹哨报到”平台，构建起全链条

“党委吹哨、法官报到、引导分流、就地化解、长治长效”诉源治理体系。建立全平台预防机制，精准对接党委“预约坐班”“线上应答”等平台，24小时在线汇总企业难题，深入研判、科学分类，提供全天候线上线下“吹哨”响应服务，定期组织法官到楼宇党委窗口开展值班法律咨询，依托“送法进楼宇”网络直播平台选派资深法官定期普法宣传，预防潜在纠纷，实现矛盾不出企业门。健全多层次化解机制，引入“微信在线调解平台”“7日调解室”和巡回司法确认点，通过多元解纷、即时确认提供对点直通服务，同时法官、律师调解员、人民调解员组成“1+4+2”的“吹哨报到”团队，对企业到党委反映的单一纠纷，诉调对接、就地解决，对企业反映突出的高频问题，党委吹哨、法官随到，提供针对性解决方法整体消解，对可能出现群体性诉讼的纠纷，协调党委、工商、税务等力促源头化解。完善协同化治理机制，建立针对党委辖区企业特点的司法培育制度，组织企业人员观摩典型商事案件庭审，召开案例研讨会、专题讲座，帮助了解诉讼流程、专业法律知识，选取典型案例指引企业规避经营风险，发送司法建议帮助企业规范经营行为、强化内部管理，提高企业法治意识和水平，激活企业治理内生动力。

（邹　赫）

【服务保障乡村振兴战略】　年内，区法院建立人民法庭服务保障乡村振兴战略的“七项机制”，实现司法服务与乡村振兴的同频共振。建立涉农案件“点站式”源头治理机制，在矛盾集中的村落设立“7日调解”工作站，派选经验丰富的调解力量对接指导村委会，并制定《要素式调解指南》，对村委会调解的纠纷在人民法庭就地调确、优先调确，调解不成即时转入巡回审判，将矛盾迅速消弭在源头。建立涉农案件一线化解机制，坚持在田间地头、百姓家中调查取证、就地开庭、就地调解、就地宣判、就地履行，让困难矛盾在一线解决。建立参与乡村治理多方联动机制，人民法庭主动向所在党委汇报工作，在党委的领导下协调各方力量共同完善乡村法律公共服务体系，形成乡村法治建设合力。建立乡村重点工程专项“服务包”机制，围绕“城中村”“大棚房”“地下空间”等专项整治工作，主动对接相关单位进行风险评估、预警提示，推动征收拆迁、土地腾退、违建拆除等影响农民农村发展的问题源头化解。建立服务乡村治理专题研讨机制，成立全市法院首个法院法学研究会，凝聚熟知社情民意的基层干部等力量，围绕区域政策性、导向性、亟需性工作研讨，为解决类型化、复杂化问题提供法治路径。建立农村大普法宣传教育机制，深入挖掘涉“三农”案例资源，以案说法加强农村法治宣传。建立涉农案件司法队伍培养机制，开展走进新农村主题党日活动，定期走访入户与辖区重点集体企业、重点村座谈交流，广泛征求农民群众对法院工作的意见建议，同时把年轻干部放到最基层去历练，培养一支扎根基层、热爱农村、了解农民的司法队伍。

（邹　赫）

【深化“点站式”司法确认工作】　年内，区法院与区司法局签署《关于进一步强化诉源治理、推进“点站式”司法确认工作机制全覆盖的合作框架协议》，在全区范围内推进“点站式”司法确认工作。“点站”覆盖街乡镇，在街道、社区设立21个“点站”，派驻15名包片法官和12名包片调解员，建起“法庭、法官工作站、法官联系点”三级治理网格，开展巡回指导、联合调解、矛盾排查、跟踪回访工作，形成覆盖全区的调解网络。“点站”覆盖行政机关，同区市场监管局联调联动化解消费者权益保护案件，为区工商联现有1700多家会员单位提供纠纷调处一站式处理服务。“点站”覆盖行业组织，在医疗纠纷、未成年人调委会、中国女企业家协会等专业性行业性调解机构设立“点站”，破解复杂医疗、家事等类型纠纷诉前化解难题。“点站”覆盖园区，在丰台科技园管委会设立点站，紧扣企业核心需求参与园区重点项目纠纷化解。“点站”覆盖两新组织，在时代风帆楼宇党委设立“点站”，为7个商务楼宇工作站、11栋商务楼宇、1081家“两新”组织定制“司法服务包”，创新发展新时代的“枫桥经验”。

（邹　赫）

【创新“人力资源系数”审判管理法助力均衡结案】 年内，区法院精准对接人员分类管理改革要求，创设“人力资源系数”审判管理工作法，形成“以人定案”牵引下的最低任务确定、收案动态调度、结案精细考核的工作体系，释放每人力资源结案效能。以单位人力资源系数设定人员指标任务，科学确定最低工作量，确定分类人员系数，对庭长、法官、法官助理、聘任制书记员、调解员等审判一线的办案人员分类设定不同结案任务系数，形成“员额法官任务系数 1、法官助理 0.6、庭长 0.5、后端聘任制法官助理和书记员 0.4、速裁组聘用制法官助理和书记员 0.2、团队中的调解员和外包人员均为 0.1”的系数体系，组合形成庭室、团队任务系数，配比结案任务。同时，在民事各庭实行“保留专业案由、打通口内案由”的随机分案机制，实现同一口内各庭、各团队任务指标、结案难度、人力资源相对均衡。建立“案由调控”“周期调控”“随岗调控”三大机制，由收案体量最大的买卖、借贷类案件发挥“削峰填谷”作用；周期上，每季度第 2 个月中旬根据单位人力资源系数案件总量核算结果，统一进行收案调控；岗位上，遇人员变动收案即时调整，调出本口的重新核算、调控单位人力资源系数收案；口内人员调剂交流的庭室减收、增收无缝对接，实现人案同步调整。以单位人力资源系数构建评价体系，精准反映结案效能，以实际结案数除以庭室、团队人力资源系数总和，得出每人力资源系数结案工作效能评价庭室、团队业绩，解决人员构成不一样、考核结果一个样的问题。

（邹　赫）

【建立目标责任制四级考核体系】 年内，区法院对标高院考核体系，将数量、质量、效率、效果指标分解成 36 类可视化指标体系，实行月通报、季打分、年考评。开展分类考核，审执部门与综合部门分类考核，审判与执行分类考核，行、刑、民、执各口分类考核，民商事前后端分类考核，部门负责人、员额法官、法官助理、行政人员四类人员分类考核。开展人力系数结案效能考核，实行“单位人力资源系数结案工作量”考核法，庭室、团队完成每人力资源系数最低结案工作量的比例是其办案任务的主要得分，也是整体考核中权重最大的项目，完成的比例高得分高，反之则低。开展排名考核，各业务口在全市一类法院横比排名赋分并赋予较大分值权重，并拉大排名分差，第 1 名与第 5 名差 45 分，鼓励各口在全市法院创先争优。开展关联考核，将个人成绩与团队考核挂钩，法官助理 70%的成绩来自团队得分，将人人身上有指标、有任务的量化管理规则在考核上体现落实。开展互动考核，建立“个人工作完成报告制度”，法官助理业绩申报要经过法官确认、部门干警申报须经庭长确认、庭长申报经主管院长确认，提高考核效率和的参与度。以考核成绩的刚性运用为导向，将考核结果同评优评先、晋职晋级、法官遴选密切挂钩。

（邹　赫）

【推动社会主义核心价值观融入司法裁判】 年内，区法院通过科学化团队建设、多元化业务提升、立体化案例培育、多维度普法宣传，推动社会主义核心价值观深度融入法院工作。结合丰台区发展需求和扫黑除恶专项斗争等重点工作，甄选 24 个优秀审判团队，组建社会主义核心价值观示范团队，在婚姻家庭、劳动争议、买卖合同等业务领域通过引导调解、司法裁判弘扬和践行社会主义核心价值观。举办示范团队学习研讨习近平总书记重要讲话精神专场学习会，邀请知名专家学者开展“社会主义核心价值观如何指引司法裁判”多层级主题培训，依托“五个一专项活动”“丰法沙龙”“丰法大讲堂”等平台开展社会主义核心价值观大练兵，并建立司法业务能力提升专题研讨会机制，提升运用核心价值观指引裁判能力。制定《运用社会主义核心价值观指引审判案例工作的实施意见》，明确爱国主义、公益诉讼等突出反映社会主义核心价值观典型案例 6 大类型，细化时事热点、网络大 V、历史事件等典型案件识别标准，构建集“热点提示

—立案甄别—审执挖掘—专班培育—集中宣传—成果转化—考核激励”于一体的案例培育链条，以项目化方式运作，对具有培育价值的案件全程节点把控，聚合成果、整体孵化、定向培育。依托“京法巡回讲堂”，深入开展“法律十进”和社会主义核心价值观示范宣讲，选取典型案例“以案释法”，在重大节日、重要节点，围绕重点主题，广泛开展社会主义核心价值观进机关、进学校、进景区、进街乡、进交通枢纽等全民普法。

（邹　赫）

【推动智慧法院建设】　年内，区法院着力打造“流程标准化、配置实用化、系统一体化、工作无纸化、人员专业化”的集成聚合信息化系统，全面推进“智审、智执、智服、智管”体系化建设。流程标准化，诉前首创“一站式案件流转跟踪管理平台”，一案一身份，实现调解案件流转全程监管；诉中对接北京法院“对外委托一体化平台”，鉴定评估流程节点明确、全程可视留痕、事项集约办理、实时催办、及时反馈；全程引入“密柜”卷宗智能保管系统，案件全流程网上办理，纸质卷宗直至归档不再流转，办案过程全程留痕可控。配置实用化，立案环节打造集网上预约立案、微信预约立案、微信快速立案、跨域立案为一体的“立体化线上立案系统”，实现24小时网上预约立案，材料流转环节引入“智能云柜”，打破当事人递交材料等法官、选时间等限制，联系法官环节引入“智能语音信箱”，当事人通过语音、视频留言，系统自动发送至法官审判系统并短信提示，法官3日内答复，解决“找法官难”。系统一体化，推动电子卷宗平台深度链接立案诉服、审判业务、执行信息化及档案管理系统，打通案件在线流转、在线办理、在线执行、在线归档链条。工作无纸化，以电子卷宗随案生成和深度运用为主线，搭建电子卷宗扫描全链条，研发“电子签名”系统，依托“智慧庭审”“智能阅卷”系统，法官通过“看、听、说、点、拖、划”即可完成电子卷宗交互阅卷、证据展示、笔录核对等功能，实现庭审全程无纸化、笔录生成自动化。

（邹　赫）

【打造“一体化运行”立案诉服中心】　年内，区法院改扩建1980余平方米立案诉服大楼，引入“智能法官信箱”等先进智能化设备，融合4大模块20个功能区18个窗口62项服务，建成“登记立案”“诉调对接”“案件流转”“诉讼事务”四大效能中心，满足当事人和法官双向需求。“登记立案中心”将各类纠纷按繁简缓急有序导入适宜化解渠道，解决群众“打官司”难。“诉调对接中心”对外紧密对接区域矛盾纠纷化解，对内完善多元解纷机制建设，让纠纷快速化解在诉前。“案件流转中心”紧扣法官和案件所需剥离审判辅助性工作，为审判增效。“诉讼事务中心”集中办理各类多元服务事项，解决群众“找法官难”“找案件难”“找咨询难”等问题。

（邹　赫）

【建立减负增效“一站式服务”体系】　年内，区法院充分前移庭审之外一切诉讼和非诉讼事务，促进审判辅助事务办理“集约化”。打造车间式运行、流水线操作的“案件流转中心”，涵盖从卷宗扫描、集约送达、诉调对接到归档入库的12项服务，在各节点根据法官指令随时“揽件”、限期“派件”、跟踪“收件”、准时“回件”，实现法官一键点击、送达一站完成的“一站式送达”服务，全年电子送达排名全市法院第一，审理周期缩短10天。服务供给体系“社会化”，引入送达、接线、卷宗扫描等6类41名外包服务力量，构建起司法主导、多方参与、优势互补的多层次、多领域、多渠道诉讼服务供给体系。审判应用服务“智能化”，首创诉前调解案件跟踪平台，引入密柜、睿法官、自动生成档案等智能系统，研发立审执保全一体化平台，努力让“智审、智执、智服、智管”充分解放法官。

（邹　赫）

【建立“可视化”团队履职清单】　年内，区法院以工作模式“标准化”、审判流程“快捷化”、助理履职“个性化”为路径，建立“可视化”团队履职清单，推动商事审判团队高效运转。“两指南一清单”，《法官工作指南》《法官助理、书记员工作指南》，明确从立案到归档九个节点的工作要素、时限要求、流程标准、岗位指引和文书样书，让使用者直接对照使用；出台《审判团队权责清单》，将审判流程各环节职责具象为团队成员工作内容，确保每一节点专人负责。出台“一规范N表格”，《商事审判审限管理工作规范》捋顺各流程衔接细节，明确流转节点时间，庭长严控扣除审限关口，申请者必须准备申请书、扣除审限笔录、工作说明等材料备查；制定《保全进度表》《评估鉴定进度表》《扣除审限案件进度表》，庭长动态监管，承办团队实时更新。“三张表单”提升法官助理履职能力，出台《商事案件程序推进表》，贯穿审判流程，八大程序事项32项要素，法官助理对照表格全面统筹、逐项处理；出台《庭前诉讼材料审查清单》，涵盖案件事实、案件证据、法律依据三模块，方便团队成员快速对接；出台《庭后法官备忘录》，侧重案件请求权基础、抗辩权基础、类案检索结果的总结归纳，为裁判文书制作打牢基础。

（邹　赫）

【扎实推进“不忘初心、牢记使命”主题教育】　年内，区法院学习教育贯穿始终，党组理论学习中心组建立“早读晚学”和“轮值导读”两项制度，开展集中学习31次，撰写学习心得145篇，全年各党支部累计学习640学时。深入开展调查研究，结合党建主体责任“双联系”制度，班子成员定点联系党支部开展蹲点式调研，并积极走访行政机关、街道、乡镇、社区、农村、“两新”组织实地走访调研75次，召开座谈会29次。整改突出务实原则，解决“扫黑除恶宣传方式单一”“执行案件过程中存在不规范，执行效率有待提升”“棚户区改造针对性宣传不足”等92个问题，专门研究讨论《专项整治工作方案》，稳步推进专项整治。按照要求召开“不忘初心、牢记使命”专题民主生活会，查摆出问题148条，提出整改措施86条。全院26个党支部召开专题组织生活会，共查摆出问题1656条，提出整改措施1452条，真正实现了理论学习有收获、思想政治受洗礼、干事创业敢担当、为民服务解难题的总体要求。

（邹　赫）

【“一点四面”做好新中国成立70周年安保维稳工作】　年内，区法院从“党组、信访人、案件、干警”四个层面开展安全维稳工作。党组层面，建立“信访战时专报”“三级责任体系”“院长接待”等制度，形成“统一指挥、分级负责、责任清晰、运转协调、灵活高效”的战时维稳工作模式，层层压实责任。信访人层面，运用“区别对待、心理调节、医疗应急、有效沟通”四步工作法，开展与纪检联合接访，使问题在第一时间妥善处理。窗口信访未化解的纳入专项管理，通过“丰法小齐”微信平台对重点信访人“主动沟通、随时关注、定期回应”，并设立心理疏导室，邀请人民调解员、心理咨询师、工作经验丰富的老法官开展信访老户的待化解工作。案件层面，对重点案事件以专项审查、专案专办、专项督导、专人盯守的“一案四专”工作机制进行化解。通过“菜单式”安保预案，将任务分解到步、落实到人，确保风险可控，大事不出，小事也不出。干警层面，增强风险防范和预警的主动性，通过立案庭和审判庭室反馈的敏感信息，对有安全隐患的案事件以“信访风险提示函”方式提请相关部门关注，提示干警把握审判节奏，做好突发事件的应急处置，同时以“信访责任倒查机制”实现信访工作由被动应对处置转向主动预测预防。

（邹　赫）

【新闻通报会】　年内，区法院围绕“点站式司法确认机制全覆盖”“涉未成年人教育培训合同纠纷”“弘扬社会主义核心价值观典型案例”“防范股东风险”“规范二手车市场秩序”召开五场新闻通报会。新华社、人民法院报、法制日报、中国法院网等119家中央及地方媒体进行报道。

（邹　赫）

【一案件入选第十五届中国十大影响性诉讼】　年内，区法院审结的“冰面遛狗溺亡索赔案”系一男子在北京市丰台区永定河冰面遛狗，不慎落水溺亡，其家属以有关单位未尽到安全保障义务为由提起诉讼，要求赔偿丧葬费、幼儿抚养费等共计 62 万元。区法院经审理认为，不能以情感或结果责任主义为导向，要求无责方承担。成年人系保护自身安危的第一责任人，不能将个人的安危寄托于国家相关机构的提醒。永定河河道非正常的活动、通行场所，依常识，进入河道、冰面极易对人身安全构成巨大威胁，无需管理机关事先警告、告知或具备专业知识，故区法院判决驳回其家属全部诉讼请求。宣判后，该方提起上诉，二审维持原判。此案入选第十五届中国十大影响性诉讼案件。

（邹　赫）

【“e 租宝”集资人信息核查登记】 年内，区委政法委、区法院、区检察院、区分局和属地政府共同组成“e 租宝”集资人信息核查登记工作组，在区法院本部、执行局、长辛店设立三个核查登记点，登记集资人信息 1337 人次，接收异议登记 6 人次。

（邹　赫）

【中央重点挂账督办项目行政非诉执行案】 3 月 1 日下午，区法院接到上级紧急通知，要求依法对位于王佐镇庄户中心村某处占地面积 8.1 亩、建筑面积 5078 平方米的违法建筑进行强制拆除。该违法建设项目系中央重点挂账督办的大棚房整治工作之一，接到任务后，区法院立即赶赴涉案违法建筑现场了解情况。经排查，违法建筑内有近 20 人，存放有液化气、刀具、农耕具等危险物品，被执行人对强制拆除违法建筑有较强抵抗情绪。随后，区法院协调公安机关、属地政府落实外围保障工作，并在当晚对执行工作进行风险评估，制定工作预案向市高级法院、区委政法委上报情况。3 月 2 日，部署此次强制执行的具体行动方案，时间精确到分、职责明确到组、责任落实到人。当日下午，十名干警再次到涉案违法建筑处勘察，与被执行人谈话，将不依法履行法定拆除义务、法院采取强制执行行动的后果向被执行人释明。3 月 3 日上午经同被执行人再次沟通，被执行人表示愿意自行拆除违法建筑。3 月 6 日，被执行人将违法建筑内人员物品全部清空，3 月 8 日违法建筑主体全部拆除完毕。

（邹　赫）

【首次运用“点站式”调解 ODR 平台在线审查两起司法确认案件】 3 月，区法院首次运用“点站式”调解 ODR 平台与卢沟桥街道人民调解委员会即时对接，在线审查两起司法确认案件。两案均系继承纠纷，卢沟桥街道调委会受理两案调解申请后促成调解协议，并于当日通过调解 ODR 平台协助当事人在线递交了司法确认申请。法官通过平台审查当事人提交的证据材料、调解协议具体内容，并通过在线视频审查功能就案件事实情况连线当事人，每起案件经一小时线上审查核实并被确认调解协议有效，所有文书材料及在线调解视频、在线司法确认视频均被有效存储。

（邹　赫）

【承办北京法院 2019 年第三次统一法律适用专业法官会议】 4 月，北京法院 2019 年第三次统一法律适用专业法官会议—社会保险基金先行支付专题类案研讨会在区法院召开。最高人民法院行政庭庭长黄永维、国家人社部工伤保险司副司长王宇飞，市高级法院行政庭庭长娄宇红、研究室主任张农荣，北京市三级法院的部分行政、民事法官，国家人社部以及北京市、区两级人社局、司法局的代表 70 余人参加研讨。与会人员结合司法实践中的具体案例，围绕工伤社会保险基金先行支付的适用范围、受理机构、支付条件等七个法律问题展开充分讨论。黄永维指出，此次研讨会对统一法律适用，提升行政执法和司法水平具有积极意义，并强调要紧扣行政诉讼法的立法宗旨，把保护公民、法人和其他组织合法权益与支持监督依法行政有机结合起来、整体考量，要注重运用多种途径有效解决行政争议实质问题，要把握好司法的谦抑性，平衡好各方利益关系，要在依法审判的基础上运用司法建议促进行政机关改进工作、完善制度。

（邹　赫）

【区领导到区法院调研指导扫黑除恶专项斗争工作】　5月，区委常委、政法委书记、区扫黑除恶领导小组组长高峰，到区法院调研指导扫黑除恶专项斗争工作，听取区法院扫黑除恶专项斗争开展情况及“一通道双模块”工作机制、“四个一专项活动”“一案六表”办案规范等亮点做法，慰问了区法院扫黑办专班工作人员及全体刑干警，了解区法院刑事审判队伍建设、收结案情况、扫黑办专班运行情况。高峰指出，区法院扫黑除恶专项斗争各项工作特色鲜明、成效显著，线索摸排、案件办理、机制创建等走在全市法院前列，要继续在区委领导下，提升政治站位，围绕依法打击、打伞破网等，紧盯黑恶势力犯罪不放松，集中攻坚疑难复杂案件，确保专项斗争打准、打狠、打出声威和成效。

（邹　赫）

【最高法院院长调研指导人民法庭工作】　5月24日，最高法院党组书记、院长周强到区法院王佐法庭调研指导人民法庭工作，市高院党组书记、院长寇昉，丰台区委常委、政法委书记高峰陪同调研。周强详细了解王佐法庭辖区基本情况、审判团队建设及案件处理情况，听取区法院近年来在服务保障乡村振兴战略方面推出的“重点工程专项服包”“乡村治理多方联动”“涉农案件一线化解”等七项机制以及群众赋予王佐法庭“丹柿小院”赞誉的文化内涵和群众情怀；观看《丹柿小院的流金岁月——区法院王佐法庭服务保障乡村治理掠影》专题短片后，他充分肯定区法院为国家南水北调工程建设、首都天然气进京、六环路建设及世界种子大会、世界园艺博览会召开等重点工程提供的司法保障，对区法院将中华优秀传统文化和社会主义核心价值观有效融入司法审判、“点站式”司法确认机制、“24小时法官回电响应”机制予以高度评价。他强调，人民法庭是基础中的基础，关键中的关键，要主动适应新时代人民群众司法需求的新变化，始终带着对人民群众的深厚感情开展工作，把实现好、维护好、发展好最广大人民根本利益和不断增强人民群众的司法获得感作为加强和改进人民法庭工作的出发点和落脚点；要坚定不移地推进法治乡村建设，完善矛盾纠纷多元化解机制，进一步加强和改善人民法庭参与基层社会治理的方式和手段，充分发挥桥梁纽带和法治保障作用，努力打造共建共治共享的社会治理格局，让自治法治德治相结合的乡村治理体系在基层落地生根；要自觉将法庭工作融入乡村振兴战略发展大局中，主动适应发展新需求，找准司法服务乡村振兴的结合点和着力点，在推动农业全面升级、农村全面进步、农民全面发展上精准发力、久久为功，努力谱写司法服务保障乡村振兴的新篇章。

（邹　赫）

【市委书记高度赞扬区法院送法进企业工作】　7月，北京市委书记蔡奇到丰台区马家堡时代风帆楼宇调研“两新”组织党建工作，他充分肯定区法院组织法官走进“时代风帆楼宇党群直播间”，开展送法进企业的普法直播工作。调研期间，区法院法官围绕维护中小企业合法权益、创新机制优化营商环境建设等主题进行直播讲解。蔡奇走进直播间，仔细观看直播时间表，亲切询问法官直播频率、直播内容和日常安排等，听取区法院为中小企业提供司法服务的系列举措以及“点站式”司法确认机制为企业经营者提供纠纷化解绿色通道的做法。

（邹　赫）

【赴青海省玉树州治多县人民法院调研】　8月，区法院来到青海省玉树州治多县人民法院交流调研整体办公及工作开展情况，赠送援建资金30万元及本院主编刊物，提供11项实操性较强的规章制度和操作指引，同治多县人民法院深入交流对口援建、审判管理、审判研究等工作，并就实现两院精准对接、开展人员驻点帮扶、协助创建学习型法院等方面达成共识。

（邹　赫）

【首例远程立案登记】　8月2日，区法院半小时完成京津冀跨域立案“全覆盖”后首例远程立案登记。该案系一起合同纠纷，合同签订地为北京市丰台区，合同约定由合同签订地法院管辖，常住河北的当事人向河北高院提出跨域立案申请。区法院收到河北高院发来的立案申请后，登陆北京法院审判系统“网上立案审查”模块，线上审查认为该案符合立案登记条件，随即办理完成立案登记并将送达地址确认书等法律文书上传。河北高院在“移动微法院”系统上收到“已立案”提醒后，点击查看立案信息并将区法院制作的送达地址确认书等法律文书交由当事人签字确认。最后，河北高院将起诉材料原件及经当事人签字确认后的法律文书以司法专递形式交付区法院，远在河北的当事人在不到半小时的时间内完成了远程跨域立案。

（邹　赫）

【最高法院领导调研信息化平台建设】 8月6日，最高人民法院执行局指挥信息室主任邱鹏一行到区法院调研“一站式送达”及区法院自主研发的“案件流转跟踪管理”信息化平台项目，参观区法院一站式诉讼服务中心，详细了解两大平台的研发背景、操作流程及系统安全性能等，听取一站式诉讼服务中心整体建设情况、信息化平台与审判系统的对接磨合路径及送达任务简约化处理方式等工作介绍。邱鹏充分肯定一站式诉讼服务中心的信息化智能化水平。他指出，两大服务系统切实发挥了服务审判、服务法官、服务当事人的实际功效。他强调，要进一步强化需求集约管理，推广平台普及应用，提升数据保密意识，明确安全操作规程，确保数据在法院服务器上沉淀。

（邹　赫）

【扫黑办党小组事迹宣传报道】 8月21日，中央政法委微信公众号长安剑发布文章《北京蹲点96小时，告诉你真实的扫黑一线》，宣传报道区法院扫黑办专班党小组事迹材料，展示区法院年轻优秀党员在专项斗争中冲锋在前，无私奉献的工作状态。搜狐网、腾讯网、澎湃新闻等多家媒体转载。

（邹　赫）

【市高院院长到区法院调研】 10月23日下午，市高院党组书记、院长寇昉到区法院专题调研收结案情况和“扫黑除恶”工作。市高院审委会专职委员兼刑一庭庭长袁丽忠、研究室主任张农荣、审判管理办公室副主任范跃如陪同调研。寇昉会见了区委书记徐贱云等区领导。徐贱云充分肯定区法院及北京法院对服务保障丰台区发展作出的贡献，同时寇昉对丰台区委、区政府、区人大长期以来对法院工作的关心和支持表示感谢。他观看了区法院《重拳出击 扫黑除恶》工作专题片，听取了扫黑除恶专项斗争和审判管理工作情况汇报。与会人员围绕刑事大要案办理、案件质量评查、审判团队建设等进行了交流。寇昉表示，法院政治坚定，始终认真贯彻习近平新时代中国特色社会主义思想，严格对表对标中央、市区委及最高院、高院各项决策部署，工作落实坚定有力、务实有效。同时，在祖鹏同志带领下全院干警很有干劲、精神面貌很好，创造出了很多值得总结推广的经验。充分肯定该院各项工作取得的成绩。寇昉强调，要全力以赴高质量完成执法办案任务，学习习近平新时代中国特色社会主义思想、开展“不忘初心、牢记使命”主题教育就是为了更好地履行审判职责，必须扭住执法办案这一主业，保质保量完成全年工作任务；要深化巩固推广“多元调解+速裁”工作，探索将“诉源治理”与“街乡吹哨、部门报到”机制联动，探索出从源头上更有效解决矛盾纠纷的路径，破解“案多人少”难题；要坚定不移强化审判管理，严格落实司法责任制，强化院庭长审判监督职责，严格审限管理，强化案件质量评查；要巩固基本解决执行难成果，推动完善综合治理执行难大格局；要树立正确政绩观，坚持实事求是的原则，确保审结的每一起案件都经得起人民群众的检验；要全面开展扫黑除恶专项斗争工作，进一步提高政治站位，坚持严格公正司法，确保每一起案件都经得起历史和法律的检验；要加大“打伞破网”“打财断血”力度，彻底摧毁黑恶势力经济基础，坚决防止“死灰复燃”，并狠抓督导问题整改；要严格围绕“不忘初心、牢记使命”主题教育的根本任务、总要求和具体目标，扎实开展主题教育，把学习教育、调查研究、检视问题、整改落实贯穿全过程，需要上级法院配合、联动的及时上报，共同推进。

（邹　赫）

【“多元化纠纷解决机制改革研究”交流座谈会】　年内，区法院首次中标最高人民法院2019年度司法研究重大课题“深化多元化纠纷解决机制改革研究”。按照工作安排，11月8日在区法院召开调研交流座谈会，最高人民法院司法改革办公室副主任管育鹰，指导处副处长邓宇，司法部政府法制研究中心副主任李富成，研究员（研究二处负责人）洪英，北京市人大代表卫爱民、朱建岳及课题组成员参加座谈。洪英介绍了调研小组赴厦门、山东、吉林等三省五市实地调研总体情况及经验启示，调研组成员分享了实地调研经验体会。李富成总结此次实地调研成果，建议课题组选择试点基地边研究边转化。朱建岳、卫爱民及其他专家学者从不同角度对课题研究开展提出建议

（邹　赫）

【总结重大敏感行政案事件处置经验】　12月，区法院总结重大敏感案事件处置经验，构建“建章立制、分类研判、关口前移、多方联动”四步法，推动法治政府建设和区域和谐稳定。构建重大敏感案事件联动处置机制，把重大敏感案件管理纳入“一把手”工程，出台《重大敏感案（事）件处置工作管理办法》，明确7类14种重大敏感案事件，按照社会关注度、影响范围等8个风险因素，细分重大敏感案事件对应标准，同步出台《在工作中做好依法处置、舆论引导、社会面管控工作的实施细则》，构建立、审、执、信协调处置机制，明确各部门标记立项、协调联络等15项工作职责，分工明确、职责清晰。制定《行政庭重大敏感案件处置工作细则》，分解细化审查报送、预案制定等7个重要环节处置流程，制作对应模板，确保重点突出、靶向发力。全程强化重大敏感案件研判力度，立案阶段运用“网络预警+人工筛查”模式提高识别能力，通过敏感词拦截，精准识别重敏案件；立案窗口慎重甄别，发现疑似敏感案件提交庭长二次甄别。审判阶段建立“三筛查”和“层级审批备案+台账管理+分类预案”制度，对所有新收案件分别通过庭长甄别、法官甄别、法官会议研讨进行研判，确保无遗漏；对确定是敏感案件的第一时间在“重大敏感案（事）件管理平台”进行标记，一案一报备一登记，并制定针对性风险防控和舆论引导预案。建立区域重大工程项目研判参与机制，主动对接区政府办、区水务局、区民防局，帮助分析因征地拆迁、信息公开等引发的法律问题，提示法律风险，提供“体检报告”，从源头上减少行政争议发生。强化府院联动，依托本院“一轴多翼”多元调解平台，通过行业性调解、人民调解将重大敏感案件化解于诉前。坚决落实三同步工作原则，对重大事项重要节点及时上报上级法院和区委政法委，争取各方力量，确保方向正确、措施得当、事态可控。构建在党委领导、上级法院指导、当事人所在地部门配合、本院依法处置的“3+1”协调处置机制，妥善做好舆情监测和引导、内外部警力保障及社会面管控等工作。对于外地重点信访人，及时发送协助稳控函，请求属地公安、信访部门支持开展工作，避免新生不稳定因素。该经验被最高人民法院《行政审判通讯》2019年第5期（总第188期）刊载。

（邹　赫）

案例举要

【杨某杰、王某萍等45名被告人聚众扰乱社会秩序、组织、领导传销活动案】　2017年7月，广东深圳市善心汇文化传播有限公司法定代表人张某明因涉嫌组织、领导传销活动罪被依法采取刑事强制措施后，被告人杨某杰、王某萍等人为达到释放张某明、承认善心汇为合法组织等非法目的，自2017年7月19日起，在多个善心汇微信群内组织、策划、指

挥、煽动善心汇会员来北京非法聚集。2017年7月24日被告人周某兵等人在被告人杨某杰等人组织、指挥下，分别组织、指挥善心汇会员到中央党校、司法部等地非法聚集。同日7时至19时许，8500余名善心汇会员在北京市丰台区大红门国际会展中心非法聚集，造成周边南苑路、三环路、四环路等多条道路拥堵，大红门国际会展中心、北京华融星座京温市场、天雅大厦等多家商场停业，经济损失共计人民币650余万元。2016年6月，被告人杨某杰、王某萍注册账户加入善心汇传销组织，后发展多名下线会员，并向下线会员出售“善种子”“善心币”谋取利益。经鉴定，被告人杨某杰账户在会员网络中处于第10层，其下级网络有23层。该账户完成1933次“赠与”，累计20776600元，173次“受助”，累计16836100元，截至2017年7月24日，管理钱包剩余1657807元。被告人王某萍账户在会员网络中处于第12层，其下级网络有21层。该账户完成1875次“赠与”，累计17371400元，309次“受助”，累计15890500元，截至2017年7月24日，管理钱包剩余1242673元。2016年10月，在张某明的授意下，被告人王某萍等人在广东省广州市注册成立广州善心汇信息科技有限公司，通过企业招商、发展企业注册为善心汇会员、进驻网上商城销售产品为善心汇传销组织服务。被告人王某萍为该公司法定代表人，担任CEO，被告人杨某杰担任该公司行政总监。2018年8月14日，北京市丰台区检察院向北京市丰台区法院提起公诉，指控杨某杰、王某萍、周晓兵等45人犯聚众扰乱社会秩序罪，指控被告人杨某杰、王某萍犯组织、领导传销活动罪。丰台区法院认为，被告人杨某杰等45人聚众扰乱社会秩序，情节严重，致使多家商场无法进行营业，造成严重损失，其中被告人杨某杰、王某萍等9人为首要分子，被告人张某等36人为积极参加者，以上被告人的行为均已构成聚众扰乱社会秩序罪；被告人杨某杰、王某萍以“扶贫互助”为名，组织、领导传销活动，情节严重，二被告人的行为均已构成组织、领导传销活动罪，应与其所犯聚众扰乱社会秩序罪数罪并罚。2019年5月24日，丰台区法院对被告人杨某杰、王某萍以聚众扰乱社会秩序罪、组织、领导传销活动罪均判处有期徒刑九年，并处罚金人民币30万元；对剩余43名被告人以聚众扰乱社会秩序罪判处二年至四年六个月有期徒刑。一审宣判后，被告人杨某杰、王某萍等16名被告人提出上诉。2019年7月22日，北京市第二中级人民法院作出刑事裁定书，准许上诉人张某、李某玲撤回上诉，驳回上诉人杨某杰、王某萍等14人的上诉，维持原判。此案受到中央及北京市高度重视，系市政法挂账督办的重大敏感案件，此案审理严格依照法律规定定性和量刑，确保案件依法严惩、不枉不纵，此案的妥善审结对于维护社会稳定具有重大意义。

（邹 赫）

【郭某城敲诈勒索案】 2018年11月12日，被告人郭某城使用矿泉水瓶将一只老鼠从老家带至北京。2018年11月13日18时许，郭某城携带事先准备好的老鼠，到北京市丰台区马家堡海底捞餐厅（北京9店）就餐。过程中，郭某城将老鼠放入火锅内，之后以食品安全为由，以向媒体公开、向相关部门举报为要挟，索要人民币500万元。协商未果后，郭某城于当日向公安机关报案，并于次日向北京市食品药品监督管理局举报。2019年1月3日，北京市丰台区检察院向北京市丰台区法院提起公诉，指控被告人郭某城犯敲诈勒索罪。区法院经审理认为，被告人郭某城以非法占有为目的，以制造食品安全假象为手段，以损害商业信誉为要挟，向监管部门虚假举报，向公安机关虚假报案，敲诈勒索公私财物，数额特别巨大，其行为已构成敲诈勒索罪，应予处罚。北京市丰台区人民检察院指控被告人郭某城犯敲诈勒索罪的事实清楚，证据确实充分，罪名成立。鉴于被告人郭某城已经着手实施犯罪行为，后因意志以外的原因而未得逞，系犯罪未遂，故依法对其减轻处罚。被告人郭某城虽在庭审中表示认罪，但其辩解避重就轻；虽在庭审前委托家属代为支付未结餐费并补偿营业额损失，具有一定的悔罪表现，该情节在量刑时酌情考虑，但郭某城当庭并未真诚悔过，悔罪表现一般；因商家及时报案，郭某城并未实际取得钱款，但其行为影响市场主体的正常经营活动，浪费行政执法资源和警务资源，破坏诚信、有序的营商环境，甚至可能引起社会公众对食品安全的误解，行为性质恶劣。2019 年 5 月 9 日，区法院以敲诈勒索罪，判处被告人郭某城有期徒刑三年，并处罚金人民币三万元。一审宣判后，被告人未上诉，公诉机关未抗诉，此案已发生法律效力。本案对被告人的犯罪行为在经营活动、执法办案、营商环境、舆论影响等方面的负面影响予以明确，认定其“行为性质恶劣”并依法予以处理，在有效警示惩戒他同时，着重发挥司法裁判的教育和引导功能，对树立社会规则具有重要意义。

（邹　赫）

【邓某华以危险方法危害公共安全案】 被告人邓某华在乘坐678路公交车时因公交车的站点停靠及下车问题，与公交车司机武某发生争执，并于 678 路公交车驶离丰台区南三环外环主路洋桥西公交站时，手持牛奶箱对公交车司机武某进行殴打，导致司机紧急刹车，与冯某驾驶的小客车右侧发生剐蹭，两车损坏，车厢内多名乘客受伤。经鉴定，678 路公交车的车辆损失为人民币 1900 元，小客车车辆损失为人民币 6240 元。2019 年 3 月 1 日，北京市丰台区检察院向北京市丰台区法院提起公诉，指控被告人邓某华犯以危险方法危害公共安全罪。丰台区法院经审理认为，被告人邓某华乘坐公交车时因坐过站及对停车位置不满与司机发生口角，在司机启动车辆出站时持牛奶箱殴打司机，导致司机紧急刹车发生交通事故，造成两车受损、车内五名司乘人员受伤。被告人邓某华的行为已经构成以危险方法危害公共安全罪，尚未造成严重后果，应予处罚。北京市丰台区人民检察院指控被告人邓某华犯以危险方法危害公共安全罪的事实清楚，证据确实充分，罪名成立。鉴于被告人邓某华在实际载客 10 人以上的公共交通工具上实施殴打驾驶人员妨害安全驾驶的行为，应对其从重处罚。被告人邓某华到案后能如实供述所犯罪行，并能积极赔偿受损方经济损失，认罪态度较好，故对其予以从轻处罚。2019 年 7 月 15 日，北京市丰台区人民法院以以危险方法危害公共安全罪，判处被告人邓某华有期徒刑三年六个月。案件宣判后公诉机关未提起抗诉，被告人邓某华亦未上诉。本案作为最高法院、最高检察院、公安部出台《关于依法惩治妨害公共交通工具安全驾驶违法犯罪行为的指导意见》后的代表性案例，在办理中依法适用指导意见，对犯罪行为以刑罚手段予以严惩，不仅对社会上类似行为起到有效警示惩戒作用，也有效强化了司法裁判的教育和引导功能，对弘扬践行社会主义核心价值观，树立社会规则具有重要意义。

（邹　赫）

【冰面遛狗溺亡索赔案】 2017 年 1 月 16 日，支某乙外出遛狗溺亡，死者妻子、父母、女儿支某甲等以北京市丰台区水务局（以下简称丰台水务局）、北京市丰台区永定河管理所（以下简称永定河管理所）、北京市水务局、北京市永定河管理处未尽到安全保障义务为由提起诉讼，请求法院判令被告赔偿原告丧葬费 2 万元、死亡赔偿金 30 万元、幼儿抚养费 20 万元、精神损害抚慰金 10 万元，诉讼费由被告承担。丰台水务局、永定河管理所、北京市水务局均辩称，其不是本案适格主体，支某甲等四人主张由其承担侵权责任没有事实及法律依据，不同意支某甲等四人的诉求。北京市丰台区人民法院经审理认为：关于支某乙死亡地点及管理机关的事实认定，支某乙溺亡地点为永定河拦河闸南侧的消力池内，永定河管理处为永定河拦河闸的管理机关，为支某乙溺亡地点管理责任方，因永定河管理处系依法成立的事业单位，依法可独立承担相应民事责任，故北京市水务局、丰台区水务局、永定河管理所均非本案的适格被告，原告方要求该三方承担连带赔偿责任的主张无事实及法律依据。关于管理机关永定河管理处是否应承担侵权责任的认定，因安全保障义务系针对经营性公共场所管理人的法定义务，而本案中支某乙溺亡地点位于永定河拦河闸侧面消力池，系永定河拦河闸的一部分，属于水利设施的范畴而非对外开放冰场，难以认定消力池属于公共场所。永定河道并非正常的活动、通行场所，依据一般常识即可知无论是进入河道或进入冰面的行为，均容易发生危及人身的危险，此类对危险后果的预见性，并不需要管理机关事先的警告、告知，亦不需要专业知识就可知晓。支某乙在明知进入河道、冰面行走存在风险的情况下，仍进入该区域并导致自身溺亡，其主观上符合过于自信的过失、其行为属于侵权责任法上的自甘风险行为，应自行承担相应的损害后果。成年人应系自身安危的第一责任人，不能把自己的安危寄托在国家相关机构无时无刻的提醒之下，户外活动应趋利避害，不随意进入非群众活动场所系每一个公民应自觉遵守的行为规范。综上，区法院依法认定永定河管理处对支某乙的死亡发生亦无过错，不应承担赔偿责任，故判决驳回其家属全部诉讼请求。宣判后，其家属提起上诉，二审维持原判。本案入选 2019 年度人民法院十大民事行政及国家赔偿案件、第十五届中国十大影响性诉讼，其坚持在侵权纠纷审判中严格把握过错责任原则适用，坚持“不能以情感或结果责任主义为导向将损失交由不构成侵权的他方承担”的裁判要旨，避免“和稀泥”式裁判导向，具有示范意义。

（邹 赫）

【侵犯“鲁能”驰名商标企业名称争议处理决定案】 2015 年 8 月 3 日，原北京市工商行政管理局丰台分局作出《企业名称预先核准通知书》，准予预先核准鲁能某技术公司企业名称。2015 年 8 月，原北京市工商行政管理局昌平分局核准鲁能某技术公司设立登记。2018 年 3 月，原北京市工商行政管理局丰台分局收到鲁能集团有限公司提交的《企业名称争议申请书》，申请撤销或者纠正鲁能某技术公司名称。经调查核实，2018 年 9 月 21 日，原北京市工商行政管理局丰台分局作出名称争议处理决定书，认定鲁能某技术公司的名称为不适宜的企业名称。鲁能某技术公司不服该决定书，向原北京市工商行政管理局提起行政复议。2019 年 1 月 8 日，原北京市工商行政管理局作出复议决定书，维持了被诉决定书。鲁能某技术公司仍不服，提起诉讼，要求撤销名称争议处理决定书和复议决定书。区法院经审理认为，原北京市工商行政管理局丰台分局作出的名称争议处理决定书，事实清楚、程序合法、法律适用恰当。原北京市工商行政管理局接到鲁能某技术公司的复议申请后，履行了受理、调查、送达等程序，作出被诉复议决定书，并无不当。2019 年 6 月 28 日，区法院依法判决驳回原告鲁能某技术公司的诉讼请求。该案系本市首例企业名称处理决定案，判决结果支持了企业名称争议处理决定，有助于营造尊重知识产权、实现企业诚信经营的良好的社会风气，对维护公平的营商环境、规范市场秩序具有重要意义，体现了社会主义公正、法治、诚信的核心价值。

（邹 赫）

【晨唐公司诉吉斯马公司国际货物买卖合同案】 吉斯马公司是国际著名铁路设备制造公司，地处法国戴高乐大道塞纳河畔。2011 年 4 月，晨唐公司与吉斯马公司签订编号为两份国际货物买卖合同及附件，购买其 GS70E 型轨道电弧对接焊缝自动检验设备，该设备适用于 CHN60 平底轨，设备技术标准为 GS70E 型电弧对接焊缝检验系统规格。上述合同签订后，晨唐公司于 2011 年 9 月 30 日实际付款，并于 2011 年 11 月份到法国提货。后晨唐公司委托关联公司燕宏达公司代为涉案合同项下的 GS70E 型探伤仪。广铁公司与燕宏达公司签订合同，载明：商品名称为焊缝探伤仪，商品的质量标准（包括技术要求），无国家标准而有部颁标准的，按部颁标准执行：即 TB/T2340 多通道 A 型显示钢轨超声波探伤仪技术条件。后广州工务段主张涉案仪器不能满足中国铁路钢轨探伤及中国判伤标准要求，与燕宏达公司产生争议。燕宏达公司以涉案仪器存在质量问题而与吉斯马公司进行了沟通。诉讼中，晨唐公司就涉案产品质量是否符合合同及附件约定的标准申请司法鉴定，受委托的鉴定机构中国检验认证公司于2018年11月向法院出具《情况说明》，认为，一是依据现场查勘结果，原告鉴定标的物为钢轨焊缝探伤仪，依据的技术要求为《GS70E型电弧对接焊缝检验系统规程》，而原告的关联公司与广州客户签订的协议要求鉴定物符合TB/T2340-2012《钢轨超声波探伤仪》的要求，鉴于钢轨焊缝探伤仪与钢轨探伤仪是两种不同的设备，这两种设备的结构、探头分布及软件都存在差异。后晨唐公司撤回本次鉴定申请。实体法法律适用是涉外案件审理过程中需要解决的先决问题，也是本案核心争议点。因中、法两国均属于《联合国国际货物销售合同公约》（CISG）缔约国，且双方在涉案合同未明确排除该公约适用，故CISG应优先适用。法院依法适用了CISG，并依据公约第三十九条、四十九条的规定，驳回了晨唐公司的诉讼请求。此案系优化营商环境典型案例，具有一定国际影响，其体现的恪守国际公约的精神与司法理念对于打造更具优势的法治化、国际化、便利化营商环境，增强城市吸引力和竞争力有重要意义。

（邹　赫）

所辖派出法庭

卢沟桥人民法庭：北京市丰台区近园路9号，邮编100071

方庄人民法庭：北京市丰台区方庄芳城园一区2号楼一层，邮编100078

王佐人民法庭：北京市丰台区王佐镇南宫路1号，邮编100074

花乡人民法庭：北京市丰台区花乡纪家庙168号，邮编100070

右安门人民法庭：北京市丰台区右安门外大街翠林小区二里18号楼，邮编100069

长辛店人民法庭：北京市丰台区长辛店镇杜家坎南路甲19号，邮编100072

军　　事

人民武装部

【概　况】 2019年，区人民武装部在卫戍区党委和区委、区政府的正确领导下，紧紧围绕学习贯彻习近平新时代中国特色社会主义思想和强军思想这条主线，以习主席视察卫戍区重要讲话精神为根本指导，按照"铸忠诚、尽职责、抓从严"的总要求，以实现党在新形势下的强军目标为统领，结合自身建设实际，"盯着弱项短板打基础，依据政策法规抓规范，集中精力抓大事"，狠抓工作落实，整体建设呈现出全面发展的良好势头。

（石海峰）

【深入学习习主席视察讲话】 2月2日，习主席视察卫戍区当天，按照机关要求，组织全体人员收听收看新闻联播。2月3日，召开部党委会专题传达学习和安排部署。卫戍区党委《决定》下发后，及时组织传达学习，逐一对标对表，对年度工作进行二次筹划，研究制定了全面深入学习贯彻视察讲话精神三个方面11条48项具体措施。党委委员紧贴习主席讲话精神，结合自身分管工作，人人选择调研方向、确定调研课题。在办公楼、营院、楼内电子屏全面更新习主席视察卫戍区讲话、练兵备战、"不忘初心、牢记使命"主题教育、卫戍区部队"八个传承"和全军十位英模画像等内容的展板，持续搞好宣传造势，在营区形成了浓厚的政治学习氛围。

（石海峰）

【加强党委班子建设】 年内，党委班子认真学习贯彻古田全军政治工作会议、军委党的建设会议精神，严格落实军委《决定》、陆军《意见》和卫戍区《措施》，党的政治建设不断加强，党委班子增强"四个意识"、坚定"四个自信"、做到"两个维护"，贯彻军委主席负责制。坚持党委议事规则，严格遵守政治纪律和政治规矩，严格执行组织纪律、廉洁自律，持续纠"四风"改作风，在抓实练兵备战、解决重大难点问题等工作中，坚持党委集体研究决定。4月4日和11月26日，党委班子分别对照"四个带头"和"五个检视""四个讲清"召开党委民主生活会，开展检视剖析，梳理检视出4大类22个问题，积极研究整改措施，压实推进解决历史遗留问题，清退超占住房，党委班子作风持续转变，干事创业氛围不断浓厚，党委领导核心作用明显增强。

（石海峰）

【理论学习氛围浓】 年内，坚持把学习贯彻习近平视察讲话、新时代中国特色社会主义思想和习近平主席强军思想作为重要内容，整体谋划，统筹部署。积极参加卫戍区组织的各类学习培训、政治教育，全面理解掌握精神要义和理论精髓，党委成员和官兵职工政治素质明显增强。按照“传承红色基因、担当强军重任”“不忘初心、牢记使命”主题教育要求，科学制定学习计划，按程序、步骤抓好主题教育落实。结合第二批主题教育，第一次走出营区，先后到“二七”纪念馆、中华人民共和国成立70周年成就展参观，使大家在革命传统教育中，接受思想洗礼、检视信念追求。组织学习共产党员楷模杜富国、张富清和张思德的先进事迹，以及观看《铁纪强军》警示片，使大家在正反典型中受到激励警示。组织召开党小组会，开展以“共产党员怎样看待自己的名和利”“我的初心使命”为主题的讨论交流，使每名党员在自我教育中，觉醒初心、牢记使命，取得了较好的教育效果。

【练兵备战谋打赢】 年内，坚持把练兵备战作为落实习主席视察讲话精神最紧迫的任务紧抓不放。年初，着眼首都防卫作战和遂行多样化任务的需要，副部长带队进行民兵整组调研，探索新质力量编兵的方法路子。组织乡镇（街道）和企事业单位进行民兵编组实力汇审。5月，组织民兵、协调驻区部队做好抗洪防汛、抢险救灾、应急维稳等准备。修订战备预案，加强民兵队伍应急训练演练，在完成全国“两会”“一带一路”和“国庆”重大活动安保执勤任务中，坚持以勤代训，在实践中锻炼民兵队伍。注重干部队伍素质提升，现役干部参加等级评定考核，平均分75.44分，全部被评定为二级指挥员。4月9日，组织专武部干部培训，基层武装部长进行述职，交流经验。8月，组织50人的民兵高炮分队集训，提高骨干组训能力。11月，组织民兵应急分队进行拉动演练，提升应急处突能力。投资25万元，改建视频会议系统，接入丰台区视频监控，开通指挥一体化平台，有效提升了应急作战指挥能力。

（石海峰）

【征兵工作创佳绩】 年内，坚持把国防教育作为党管武装工作的重要内容，邀请国防大学王宝付教授，为全区处以上干部讲授国家战略和安全形势，增强领导干部国防观念。面对“当兵冷、征兵难”实际，依据《丰台区征兵工作绩效考评实施细则》，把征兵工作纳入乡镇、街道(地区)党政班子和领导干部综合考核指标体系。区委宣传部长梁家峰为征兵宣传开辟绿色通道，把征兵宣传片和征兵政策安排在区属媒体重要版面和黄金时段播出。常务副区长肖辉利多次组织召开推进会，压实领导责任。采取领导进高校、大学生和业务骨干走军营、社区建征兵站等形式搞好宣传动员。投入15万元，印刷“致适龄青年的一封信”、征兵宣传挂图，制作了征兵宣传片、手提袋、折扇、卡包，向各高校和基层武装部发放。指导高校和基层武装部开设征兵宣传微博、微信，全面规范征兵宣传条幅内容。6月17日，部领导参加了南苑街道组织开展的征兵宣传活动，圆满完成了兵员征集任务。对驻区部队进行军事设施保护信息采集，经重新划定后上报。

（石海峰）

【阅兵服务保障立新功】 年内，按照中华人民共和国成立70周年北京市庆祝活动领导小组阅兵服务保障指挥部指示要求，积极做好预备役徒步方队队员的抽组选拔工作，经过严格筛选和层层把关，共有14名预备役队员参加受阅方阵，展示了丰台区预备役队伍的良好形象。区武装部部长朱德友被抽调到民兵方队担任方队队长，勇担阅兵重任、不辱神圣使命、出色完成民兵方队受阅任务，受到军委联参、阅兵联指和北京市高度肯定，个人荣立二等功。

（石海峰）

【后勤保障和安全管理规范化】 年内，坚决贯彻落实军委、陆军和卫戍区制定出台的财经规章制度，从严落实千钧律令。坚持党委理财，抓好年度预算，严格按照预算开支。全年各项开支基本都采用了集中采购、网上采购的形式，80%公务活动都使用公务卡结算。认真核对民兵信息，精准发放安保执勤经费。严把采购、伙食调剂、饭菜质量和食堂卫生“四个关口”，积极清运生活垃圾，疏通下水管道和化粪池，定期检查维修水电设施，更换供热管道，维修办公楼防水，铺装营区路面，完成职工工资系统维护及上报，竭力解除大家后顾之忧。对核心涉密人员进行重新政审，留印指掌纹。对上新岗的厨师和保安进行政审、体检，确保政治上纯洁可靠，身体上符合集体生活要求。健全“四委”工作机制，加强人车、枪弹、保密等管理管控，确保四个不出，一点小事也不出。

（石海峰）

【协调各方服务驻区部队】 区武装部担负北京市军队房地产租赁项目停止有偿服务试点任务。7月，区规自分局被全国全军表彰为“全面停止有偿服务先进单位”，局长李文忠参加了颁奖仪式。丰台区是北京市唯一一个单位受到表彰，是全区军队全面停止有偿服务以来取得的最高荣誉。积极帮助34名随军家属就业，为92名随军家属发放自主就业扶助金336万余元，为240名军人子女协调到优质学校就读。协调区政府投资1930万元，为信息保障基地解决道路出行难的问题以及整治周边环境。8月，深入驻区部队调查研究，梳理出3大类6个需要党委政府帮助解决的难点问题。10月，区委常委议军会上研究通过，投资260万元，为卫戍区特警6团和支援保障大队指挥保障队解决营区官兵和家属院常年饮用自备井水质不达标和没有接入天然气的问题，修缮6团营区南侧和西侧战备路；为2家新组建单位解决退休干部和随军家属落户难题；为1家单位建立隐蔽斗争协作机制；协调军地2家单位签署双拥框架协议，解决部队训练场建设难点问题。

（石海峰）

人民防空

【概　况】 2019年，丰台区人民防空办公室（以下简称人防办）以习近平新时代中国特色社会主义思想为指导，深入学习贯彻党的十九大和十九届二中、三中、四中全会精神和习近平总书记对北京重要讲话精神，全面落实区委区政府重大决策部署，按照“战时防空、平时服务、应急支援”使命任务要求，深化机构改革，狠抓人防系统腐败专项治理和调查整顿，扎实开展“不忘初心、牢记使命”主题教育，全力服务保障新中国成立七十周年大庆，各项工作圆满完成，全年人防工程安全无事故。

（何德卿）

【主题教育深入开展】 年内，深入开展“不忘初心、牢记使命”主题教育，坚持把学习教育、调查研究、检视问题、整改落实贯穿始终，中心组和支部集中学习52次，班子成员讲党课4次，专题交流研讨4次，调研发现并解决问题48个，专项整改24个问题。用好用活“学习强国”平台，构建线上线下相互融合的学习新形式，达到学深悟透，入心入脑。组织专家讲座2次、参观学习6次、观影2次、视频学习3次，进一步增强了学习效果。

（何德卿）

【自身建设全面加强】 年内，坚持问题导向，结合人防系统腐败问题专项治理梳理权利清单25项、责任清单25项、廉政风险点31个。对区委巡察组提出的4个方面26个问题全部整改完毕。出台《丰台区人防办小型工程项目施工单位和小型服务项目服务商选定及监督管理办法（试行）》《督查督办工作制度》《作风纪律检查考核办法》《党组会务制度》等12个制度，形成年度工作汇编，制度建设更加完善。

（何德卿）

【国庆安保任务圆满完成】 年内，制定《丰台区人防工程“防风险保平安迎大庆”消防安全检查专项行动方案》《丰台区人民防空办公室关于立即开展人防工程安全大检查的通知》和《丰台区人防工程安全预防控制体系建设实施方案》，开展全区人防工程安全大排查，做好人防工程隐患风险评估，确定33处人防工程风险点，4处高风险点，采取积极的防范措施，确保安全。严格落实值班和日常备班制度，应急指挥车做好阅兵值守联调，圆满完成了国庆活动应急通信保障任务。

（何德卿）

【指挥系统建设卓有成效】 年内，完成区指挥所内软化水系统建设，10处高点监控建设点位现场勘查设计，3处街乡镇指挥所建设。统筹组织《丰台区人民防空袭方案》培训4期及“丰盾2019网上推演”2期。

（何德卿）

【人民防空能力评估】 年内，完成人民防空能力评估，摸清全区人防底数，找准全区人防存在问题短板，提出有针对性对策措施。

（何德卿）

【训练演练形成常态】 年内，规划北京人防系统通信业务日常训练、京津冀人防无线通信协同训练、指挥车操作技术培训3类8个专项训练，全年安排通信训练325小时1632人次；指挥车操作技术培训165小时360人次。参加京津冀人防无线通信协同训练、市人防系统2019年度通信业务日常训练、全市指挥通信车驻训暨岗位练兵竞赛、“京津冀人防—2019”实兵通信演练及应急指挥车的日常训练。

（何德卿）

【组织指挥能力稳步提升】 年内，区指挥所人防设备自动化系统升级建设项目顺利通过验收，人防指挥专网涉密信息系统测评审查合格，取得审查合格证。完成人防图像信息平台等级保护建设。

（何德卿）

【警报设备更新和试鸣演练】 年内，对全区102台警报器进行加电测试。更新电声警报器5套、更换蓄电池18套、改造防误鸣警报器39套，新建电声警报器6台，对警报器控制分中心及新建警报器进行测试检查。召开人防警报器试鸣工作部署会暨人防警报管理人员培训班进行操作培训。对云岗、王佐、长辛店街道、长辛店镇四个地区，五环路外的19台防空警报器开展试鸣疏散演练，音响信号正常，鸣响率100%。

（何德卿）

【安全管理平稳可控】 年内，出台《丰台区人民防空工程平时使用指导意见》《关于落实<北京市人民防空工程和普通地下室规划用途变更管理规定>实施意见》规范性文件，制定《丰台区人防工程火灾风险隐患排查治理“三自活动”专项工作方案》《人防工程火灾风险隐患排查治理防控指南》《人防工程有限空间安全管理工作要求》。全年出动2279人次，检查人防工程1.14万处次。处理接诉即办173件，信访系统举报件4件、市人防办转来信件4件、群众来电反映情况32起，办结率达100%。投入资金2685万元，维护维修人防工程440处，建筑面积71万平方米。

（何德卿）

【防汛工作安全度汛】 年内，修订人防工程防汛预案和人防工程事故应急预案。汛前排查安全隐患34处。自建3支38人防汛抢险队伍，落实各类防汛抢险队伍25支、防汛抢险人员182人。汛期中，组织备勤8次，参加备勤人员1926人次。

（何德卿）

【疏解整治促提升深入推进】 年内，出台《2019年丰台区人防工程综合整治防反弹工作实施方案》。积极开展在用人防工程无证使用整治专项行动，办理人防工程使用证264处，比上年提高371.8%。完成227处整治后人防工程内部隔断拆除任务。全区在用人防工程461处，其中汽车库400处，用于办公6处、社区服务中心3处、仓储34处，人员居住场所13处，自行车库2处，食堂2处、便民超市1处。另外还有80处人防工程口部房用于便民菜站、小卖部、水店、理发店、治安巡防站、警务站、社区保安、监控室等便民服务场所。

（何德卿）

【行政审批承接有序】 年内，制定《丰台区“多规合一”协同平台建设项目修建人民防空防护工程标准审查实施细则》，完成人防工程备案55处，建筑面积38万平方米；完成人防工程标准审查（会商阶段）19处，建筑面积19万平方米，其中人防工程易地建设3处，建筑面积约430平方米，缴纳易地建设费70.68万元；完成人防工程标准审查（初审阶段）5

处；人防工程规划咨询 140 余次；人防工程现场核查 25 次；人防工程质量监督登记 7 处，人防工程建设过程质量监督 3 次；联合验收 51 件，涉及人防工程验收 11 件。

（何德卿）

【营商环境全面提升】 年内，推进实施“互联网+政务服务”，实现全部政务服务事项一网通办理、网上全程办理，实现不见面审批，全面提升优化营商环境水平。1 人代表丰台区参加全市优化营商环境“千人千题”考试，取得全区第二名，全市第三名的好成绩。服务单位送来锦旗 9 面。

（何德卿）

【行政执法规范有序】 年内，完成执法信息平台模块改版，更新北京市行政执法信息服务平台信息，调整行政执法信息服务平台数据，完成 A 类执法岗执法检查录入 3688 次，行政处罚 13 起，罚款 36.7 万元。应对民事诉讼案件 2 起，结案 1 起，正在审理 1 起。行政诉讼 1 起，已被法院驳回。申请法律服务事项 3 项，其中民事应诉服务 4 次，法律事项研讨 7 次，合同、文件审核服务 52 次。“双公示”“双随机”有序进行。制定并实施《丰台区人防办行政执法工作实施意见（试行）》《排查纠治执法不公选择性执法随意性执法工作方案》《全面推行行政执法公示制度执法全过程记录制度重大执法决定法制审核制度实施方案》《关于建立人民防空行业市场责任主体守信激励和失信惩戒制度的实施方案》，为全面有序推进依法行政工作夯实基础。

（何德卿）

【宣传教育突出重点时日】 年内，在“国际民防日”、“5·12 防灾减灾日”、“全民国防教育日”、“新中国人民防空创立日”组织开展主题宣传活动。全年向全区街乡镇和民众发放宣传用品 1 万份，发放人防知识、法律法规宣传资料手册 6000 份。

（何德卿）

【品牌宣传活动效果显著】 年内，联合西罗园街道在中国评剧院举办第四届“中国梦 人防情”主题演讲比赛。走进右安门街道翠林社区，共同举办第五届人防知识进社区“多彩翠林 携手人防”主题“消夏晚会”宣传活动。全年微博发布和转发信息共 2500 条，微信“北京丰台人防”发布信息 100 余条。首都之窗主动公开信息 227 条。

（何德卿）

【人防志愿者队伍建设】 年内，携手平安生活讲师团在 57 个社区对社区居民及人防志愿者完成 87 场次人防知识及应急技能培训，受众 3500 余人。联合丰台蓝天救援队开展校园防空袭疏散演练及人防知识培训，进学校、幼儿园完成 25 场次，参训师生达 10000 余人。联合区教委、区红十字会举办《救护员证》考核培训，人防专（兼）职教师 39 人参加培训，并取得急救证书。建立社区综合志愿者队伍，共上报社区人防志愿者 898 人。

（何德卿）

【宣传人防工程有效利用】 年内，中央电视台新闻栏目对利用方庄人防工程建设的民俗博物馆成功经验进行典型报道。《北京晚报》对宛平地区利用人防工程口部管理房开设便民菜站进行《出门买菜，就走 5 分钟》专题报道。北京市电视台在卢沟桥街道长安新城小区现场拍摄了“向前一步”栏目《唤醒沉睡的空间》在北京卫视播出，得到了市委宣传部、市专项办及广大市民的一致好评。

（何德卿）

【干部队伍建设】 年内，以推进机构职能优化、协同高效为着力点，制定人防办“三定”方案，完成机构编制体制改革，增加 1 个内设机构。落实公务员职级晋升的要求，有序推进职级并行工作。接收 3 名军转干部、招录 2 名专业人才，干部队伍更加壮大。

（何德卿）

【丰台区人民防空办公室成立】 3 月 25 日，北京市丰台区人民防空办公室（简称区人防办）举行揭牌仪式，区委常委、副区长吴继东出席仪式并讲话,区人武部有关领导出席挂牌仪式。调整后人防办内设综合科、法制科、工程科、指挥通信科、宣传教育科、行政审批科。

（何德卿）

经 济 管 理

发展改革综合管理

【概　况】　2019年，发展改革委坚持稳中求进工作总基调，坚持新发展理念，把握首都中心城区功能定位，践行高质量发展要求，围绕“三件大事”、三大攻坚战，全面推动各项工作落实，在规划落实、功能疏解、经济运行、民生服务、脱贫攻坚等领域取得进展，完成主要年度任务目标。全年实现地区生产总值1829.6亿元，增长6.3%。一般公共预算收入127.7亿元，同比增长5%；社会消费品零售额实现1224亿元，同比增长4.5%；全区居民人均可支配收入65215元，比上年增长8.4%。完成机构改革工作，划入工业发展等职责，加挂军民融合办牌子，整建制划入区中小企业服务中心，划出价格监督检查等职责，涉及转隶人员43名。

（闫　鹏）

【经济形势分析】　年内，制定印发《丰台区2019年经济社会重点指标任务分解方案》，创新经济运行分析监测体系，做好季度经济形势研判。开展丰台区培育经济新动能有关研究，梳理全区各类经济专班情况，研究统筹机制和数据共享机制。建立28家重点工业企业信息库，做好工业经济运行分析监测。

（闫　鹏）

【组织实施城南行动计划】　年内，强化统筹调度，细化任务清单，建立项目台账，明确责任分工，41项年度重点任务基本实现年度目标；加快推进70个重点项目，丽泽SOHO等60个项目开复工，实现投资464亿元，完成年度任务的107%。其中张郭庄110千伏输变电工程等6个项目年内新开工，地铁新机场线（草桥—大兴机场段）等6个项目完工，有效带动区域发展。

（向　涛）

【保障落实投资任务】　年内，印发《丰台区2019年重点工程计划》，其中建设项目149项，计划完成年度固定资产投资391.39亿元、年度建安投资178.23亿元；推进前期工作项目53项，总投资572.56亿元。全年完成固定资产投资704.5亿元，同比下降6.1%；完成建安投资237亿元，同比增长12.3%，超额完成230亿元的年度投资任务。

（张文杰）

【构建高精尖产业结构】　年内，推动13个项目纳入市级“高精尖”项目库，总投资14.1亿元，涉及轨道交通、航空航天等领域，其中交控科技、航天科工惯性等企业在智能列车安全保护、旋转导向系统等关键领域，突破核心技术难题，填补国内空白。对全区“高精尖”

产业项目实行“一库式”管理，强化项目征集和储备，实施项目分类管理，分批次召开项目初评会，了解企业项目核心技术和特色，为项目落地提供精准化服务与支持。

（杨　婷）

【优化营商环境】 年内，组织实施优化营商环境三年方案和年度计划，对照北京市新一轮深化“放管服”改革优化营商环境重点任务，推进辖区107项任务。保障公共资源交易丰台分平台平稳运行，加快交易中心新址装修改造。深化“一门一窗一次”改革，区级政务服务中心“一门”“一窗”办理率分别为81.7%、81%，实现600个高频事项“最多跑一次”。编制印发工作方案，完成迎接世行营商环境评价、国务院营商环境评价专项督查、中国营商环境评价等工作。组织实施“天天讲、天天学、天天考”和“晨训晚结，闲时小考”打卡培训制度，选拔有关单位业务骨干参加全市考试，成绩位列全市第9名，中心城区第4名。组织“优化营商环境——丰台在行动”系列宣讲活动。总结梳理“先丰e注册”、全市首个不动产登记业务（非涉税）街道办理点入驻宛平便民服务中心等亮点做法。

（李　阳）

【编制十四五规划】 年内，立足丰台发展阶段性特征，科学谋划“十四五”规划编制工作，起草《丰台区“十四五”规划编制工作方案》。初步提出前期研究课题和专项规划目录，为高标准、高质量推进“十四五”规划编制工作，为全区高质量发展凝聚共识、绘好蓝图、奠定基础。完成区十六届人大常委会十七次会议关于“十三五”规划纲要实施情况中期评估报告审议意见的落实工作。

（崔　博）

【落实惠企政策】 年内，开展《丰台区优化营商环境的若干措施》首年兑现工作，支持企业130家，金额1.6亿元。落实重点企业“服务包”制度，建立“服务管家”体系，走访重点企业1000余家次，送出“服务包”119个，涉及服务事项233项。推荐企业申报各类资质，中铁工业荣获工信部制造业单项冠军称号，国信优易、中煤建工、中建水务3家企业获批2019年市级企业技术中心，依文服饰获批2019年度北京高精尖产业设计中心。帮助3家企业申报国家企业技术中心，2家列入公示名单。

（张　静）

【服务重点企业】 年内，组建11家区级部门组成的工作专班，对受中美经贸摩擦影响的企业加强服务。为48家受影响企业提供主动服务，将11家企业纳入“服务包”制度，办结18条诉求。超额完成清理拖欠民营企业中小企业账款计划，涉及资金2762.6万元、民营企业71家。建立全区28家重点工业企业（约占全区工业产值66%）信息库，动态监测企业生产经营状况，做好企业跟踪、服务和培育。举办“创客北京2019”丰台分赛区大赛，灵巧仿生机械臂和机器人项目获得国家三等奖。继续为企业提供助保贷融资服务，帮助20家企业获得银行贷款1.96亿元。

（孙庆霞）

【价格监管】 年内，落实价格调控政策，坚持食品价格定期研究分析，建立猪肉和水果价格调控工作机制。落实食品零售价格日监测日报告制度，新增9家食品零售企业为监测定点单位，召开食品零售企业提醒告诫会，保障辖区食品零售价格增长幅度保持在较低水平。监审区属景区公园门票价格成本，确保公园门票价格的制定和管理符合相关政策法规。前三季度价格监测考核排名全市第一位，被评为2019年北京市价格监测先进单位。

（孟佳循）

【保障重大民生工程落地】 年内，依托城南行动计划提升“七有”“五性”水平。加强教育领域“内升外引”，人大附中丰台学校投入使用，北师大实验中学丰台学校等项目持续施工，北京十一丰台中学等项目开工建设。丰台区中小学优质学位占比82.7%，提前完成“十三五”规划80%的目标。完善医疗资源布局，口腔医院新址开工建设，丰台医院提质改建工程持续推进，中西医结合医院二期项目推进前期工作。做好体育和民生领域项目建设，国家冰雪运动训练科研基地改建项目速滑馆竣工投入使用，周边市政外线完工。建设保障房15617套，竣工8239套。

（刘华卫）

【完善疏解非首都功能工作机制】　年内，加强对各专项任务的指导、协调和督导，在全市率先启动市级疏解整治促提升综合调度信息平台任务点位集中上账工作。加强任务点位管理，通行“一本账”，明确任务台账。加强全过程管理，实行“一张图”精准调度。加强责任落实，建立日报告和周通报制度，做到“一盘棋”统筹调度。组织开展2016—2018年“回头看”工作和2019年专项察访核验工作。在全市率先出台《治理类街乡镇工作督导方案》，形成市、区、街三级责任清单和两清单、两方案，并推动整治提升项目的实施。深入研究人口调控工作，将人口调控目标科学分解到各属地，推动任务落实。

（崔　娓）

【节能降耗综合管理】　年内，推进生态文明建设，发挥区委生态文明委推动形成绿色发展方式和生活方式工作小组牵头作用，重点围绕4个方面安排14项年度重点任务。加强节能降耗综合管理，强化能源消费总量和强度“双控”机制，完成市级2018年节能减碳目标评价考核工作，完成21家重点用能单位2018年能源利用状况报告审核。修订《丰台区节能发展专项资金管理办法》，重点支持节能技术改造、新能源和可再生能源利用等优质节能项目。开展节能监察执法，做好能源领域投资项目监管。组织节能宣传周系列活动。全年单位地区生产总值能耗下降3.5%，达到市级要求。

（曲鑫竹）

【打好精准脱贫攻坚战】　年内，与涞源县、林西县和扎赉特旗开展东西部扶贫协作工作，拨付区级扶贫资金4400万元。引导15家企业赴受援地区投资兴业，投资额5.5亿元，带动贫困人口1.1万人。发挥辖区农副产品市场优势，推动消费扶贫金额突破3.8亿元。加强劳务协作，帮助受援地区7304名贫困人口实现就业。深化结对帮扶，实现21个街乡镇全参与，深度贫困村结对全覆盖。持续社会动员，全年捐赠现金及物资1913万元。丰台区与河北涞源县“两区同建、三金扶贫”的扶贫模式获评全国东西协作与定点扶贫十大优秀案例。新发地获得2019年全国脱贫攻坚奖“组织创新奖”，成为北京市唯一一家获得2019年脱贫攻坚奖的先进单位。代表北京市在国家扶贫办举办的全国携手奔小康培训班上作消费扶贫典型发言。

（杜雨薇）

【支援协作】　年内，开展援青、援疆、援藏对口支援工作，上解财政资金5499万元。赴结对帮扶的青海省玉树州治多县交流对接，拨付区级扶贫资金400万元及救灾资金100万元，推动实现乡镇结对帮扶全覆盖。深化南水北调对口协作，与十堰市张湾区在助残助老服务、党建引领社会治理创新、扶贫产业项目建设、消费扶贫进京等方面取得实质性进展。

（王　敏）

疏解工作

【概　况】　2019年，全面完成18项市级量化考核指标任务，其中超额完成10项。常住人口规模持续下降。超额完成新一轮百万亩造林目标任务，实现绿化面积4600亩。通过拆违增绿、腾退建绿、见缝插绿，建成百余处、百万平方米百姓家门口的公园绿地。创建5个花园式社区、6个花园式单位，打造11个市花月季社区。推进11个老旧小区改造，为老旧小区加装47部电梯。建设提升基本便民商业网点106个，基本便民商业服务功能实现社区全覆盖，镇国寺北街、怡海花园社区被评为全市生活性服务业示范街区。与河北省石家庄、永清、沧州、白沟4地及天津市开展多领域合作，在承接地落地经营商户约2.7万户。发挥丰台—沧州服务平台作用，帮助商户解决实际困难，协助外迁商户“二次创业”。持续巩固南苑—大红门地区市场疏解成果，开展服装全产业链整治，防止传统业态回潮。

（崔 娓）

【非首都功能疏解成果】 年内，疏解一般制造业企业 21 家，清理整治“散乱污”企业 12 家，实现“动态清零”。压缩培训机构 3 个。完成北水嘉伦水产品市场、草桥汽配市场、物华麟丰建材市场提升改造。全区拆违销账 239.3 万平方米，腾退土地 246.0 公顷。城乡结合部拆迁腾退 66.1 万平方米，改造绿化 88.78 万平方米。完成地下空间环境恢复 399 处。

（崔 娓）

【环境综合整治】 年内，治理开墙打洞 540 处，清理整治无证无照经营 1890 户、占道经营 122 处，21 个街乡镇全部完成“动态清零”示范街乡镇创建任务。群租房治理 2077 处，实现“动态清零”。建筑物屋顶牌匾整治 103 处，实现“动态清零”。

（崔 娓）

【改善人居环境】 年内，完成棚户区改造 675 户。“留白增绿”完成 58.67 公顷，建设提升基本便民商业网点 106 个，背街小巷整治 50 条。常住人口规模持续下降，年底控制在 202.5 万人以内，超额调减 2000 人。

（崔 娓）

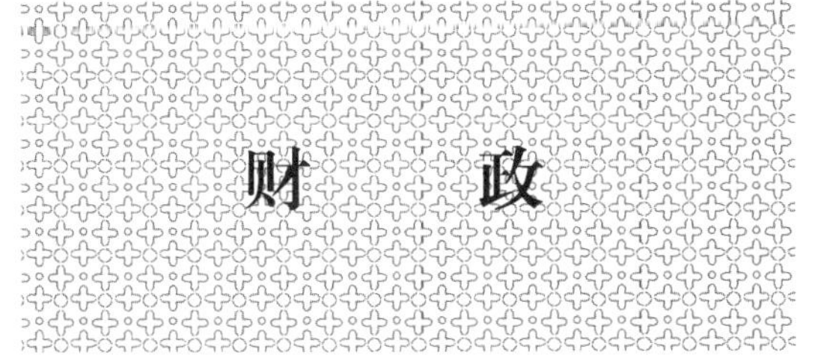

财 政

【概 况】 2019 年，区级一般公共预算收入完成 127.7 亿元，在城六区中，唯一实现地方级和区级收入双增长；一般公共预算决算支出 252.7 亿元，支出进度在全市排名靠前；化解隐性债务 99.4 亿元，超额完成全年化解任务目标；消化财政存量资金 92 亿元，超额完成全年任务。完成 2018 年度国有资产管理情况综合报告，并通过丰台区第十六届人大常委会第二十三次会议审议。连续三年被评为市级交通安全先进单位和国有企业财务会计决算工作先进单位。侯越被评为全国财政系统先进工作者。

（马宁宁）

【一般公共预算执行】 年内，一般公共预算总收入 2837394 万元，其中区级一般公共预算收入 1277013 万元，同比增长 5.0%；市体制返还及补助收入 720702 万元；调入预算稳定调节基金 68745 万元；政府债券转贷收入 26640 万元；调入资金 172575 万元,包括政府性基金预算调入 76890 万元、国有资本经营预算划入 420 万元、收回存量资金调入 93473 万元、生育津贴调入 1792 万元；上年结余资金 173664 万元；中央及市专项转移支付收入 391255 万元;中央及市专项转移支付上年结余收入 6800 万元。全年一般公共预算总支出 2837394 万元，其中区级一般公共预算支出 2128972 万元，同比增长 5.3%；上解上级支出 120113 万元，包括一般债券还本支出 26640 万元、付息支出 44705 万元；补充预算稳定调节基金 89957 万元；年终结余 100297 万元；中央及市专项转移支付支出 398055 万元。

（马宁宁）

【政府性基金预算执行】 年内，政府性基金预算总收入 2749697 万元，其中区级政府性基金预算收入 1897170 万元，增长 46.0%，包括土地储备成本 1593134 万元、土地出让收益 304036 万元；上年结余资金 211730 万元；政府债券转贷收入 490000 万元；调入资金 1005 万元；中央及市专项转移支付收入 149792 万元。全年政府性基金预算总支出 2749697 万元，其中区级政府性基金预算支出 2288607 万元，增长 52.6%；上解上级支出 55150 万元,包括专项债券付息支出 48537 万元；调出资金 76890 万元;中央及市专项转移支付支出 64043 万元；结转下年使用 265007 万元，包括区级专项结余 179258 万元、市级专项转移支付结余 85749 万元。

（马宁宁）

【国有资本经营预算执行】 年内，国有资本经营预算总收入 2646 万元，其中区级国有资本经营预算收入 2644 万元、上年结余资金 2 万元。全年国有资本经营预算总支出 2646 万元，其中区级国有资本经营预算支出 1261 万元、调出到一般公共预算资金 420 万元、结转下年使用 965 万元。

（马宁宁）

【社会保障基金预算执行】 年内，社会保险基金预算总收入 160728 万元，其中区级社会保险基金预算收入 48747 万元，全部为城乡居民养老保险基金收入；上年结余资金 111981 万元。全年社会保险基金预算总支出 160728 万元，其中区级社会保险基金预算支出 48180 万元，全部为城乡居民养老保险基金支出；年末滚存结余 112548 万元。

（马宁宁）

【政府债务】 年内，丰台区申请政府债券 516640 万元，其中新增债券 490000 万元、再融资债券 26640 万元。经区人大常委会批准，新增债券分类列入一般公共预算和政府性基金预算，用于保障基础设施、环境改善等项目建设。丰台区政府债务余额 2994643 万元，其中一般债务 1284643 万元、专项债务 1710000 万元。债务总额保持在 4891100 万元限额以内。

（马宁宁）

【财源建设专班】 年内，组织建立财源建设和收入管理工作专班，实现“收入管理”向“财源管理”转变。梳理确定重点财源企业名录，持续开展重点财源企业走访服务，加强“在京经营，京外注册纳税”企业服务，促进京外财源回流落户北京市，与市级专班形成纵向上下联动；完善“派单制”财源企业诉求解决机制，统一制定标准化企业诉求处理工作表单，统一调度全区重点税源企业走访计划，统一处理企业诉求反馈信息，统一协调主责部门解决企业诉求问题，统一每月定期上报区政府工作进展情况，做到走访服务“事前有计划、事中有措施、事后有反馈”，实现全流程“闭环”管理。

（马宁宁）

【预算绩效管理改革】 年内，深化预算绩效管理改革，试点成本预算绩效管理，做好事前绩效和事后绩效评价工作，实现预算单位绩效自评全覆盖。

（马宁宁）

税务

【概 况】 2019 年，完成各项税费收入 459.03 亿元（不含社保收入，下同），同比增收 12.66 亿元，增长 2.84%。完成一般公共预算收入 238.72 亿元，同比增收 9.16 亿元，增长 3.99%。完成区级收入 116.52 亿元，同比增收 7.83 亿元，增长 7.21%。完成中央级收入 220.32 亿元，同比增收 3.49 亿元，增长 1.61%。完成地方级收入 238.72 亿元，同比增收 9.16 亿元，增长 3.99%。全局设置科级单位 38 个，其中内设科室 18 个、税务所 18 个、事业单位 2 个（纳税服务中心、信息中心）。内设机构主要集中在局机关办公区办公，老干部科、税收风险管理局、纳税服务中心、各税务所分设在其他 12 个办公区内。

（尹佳奇）

【主题教育】 年内，开展“不忘初心、牢记使命”主题教育。党委理论学习中心组开展 18 次读书班、19 次专题研讨，全体党员坚持每天自学一小时，各党支部每周组织 2 次集中研讨。通过走访区委、区政府，问需企业，调研基层税务所，形成调研报告 13 份。召开不同层面座谈会，形成 2 个检视问题清单和整改台账，并紧扣整改落实。党委理论学习中心组成员共同参观香山革命纪念地和北京展览馆；与丰台区政务服务管理局联合拍摄快闪《我和我的祖国》。

（尹佳奇）

【落实减税降费政策】 年内，成立减税降费工作领导小组，设立 8 个工作组，统筹各科室开展工作，制作减税降费专刊 39 期。推动税务所成立减税降费工作组，打通政策落实“最后一公里”。充实宣传辅导资料，制作“减税降费税收政策”光盘5000张，印制各种纸制宣传资料10万份。扩展宣传辅导渠道，开展5次网上直播，向辖区3.79万户享受减税降费红利的纳税人推送红利账单。分类组织培训辅导，组织培训会70余场，实地走访调研企业230余户，实现对辖区15.59万户一般纳税人和小微企业的宣传辅导全覆盖。

（尹佳奇）

【服务区域经济发展】 年内，开展“银税互动”，为363户信用良好的企业授信9.93亿元，缓解企业融资难融资贵问题。定期向区委、区政府报送税收经济分析报告，其中5篇报告获得区领导批示和关注，2篇报告分别在区政府常务会、区经济工作专题会上作专题汇报，为领导决策提供依据。提升信息工作质量，被市局采用信息70篇；被市委、市政府采用专报17篇；被中办、国办采用约稿11篇，并获国家级领导批示2次。不断扩大宣传影响力，在主流媒体和新媒体组织刊发新闻稿件143篇。打造精品调研，取得优秀研究成果13项。

（尹佳奇）

【优化税收营商环境】 年内，联合市场监管部门开设新企业开办综合窗口，实现一窗办理、一次提交、一天办结。提速发票申领，取消实地核实环节，由限时办结改为即时办结。持续改进电子税务局，推行网上办税，推广电子营业执照和“e窗通”平台的使用，减少纳税人重复提交资料环节。落实“最多跑一次”清单，业务事项增加至12大类162项，纳税时间再压减10%。推进企业注销便利化，扩大简易注销适用范围，网上自主办结率80%以上。不断提升不动产交易“一窗通办”体验感，办理时间缩短至1.5小时。

（尹佳奇）

【纳税服务】 年内，在马家堡街道时代风帆党群服务中心、马家堡街道政务服务中心设立税收服务站，为楼宇企业提供服务。完成纳税信用等级评定及后续复评工作，其中A级企业7747户，同比上升1.95个百分点。小呼中心建设取得初步成效，构建“智能机器人+人工座席”协同服务新模式，语音识别正确率95.86%，综合接通率92.51%。加大涉税专业服务机构管理力度，按月审核涉税专业服务机构登记信息准确性，及时对外公布相关信息。

（尹佳奇）

【征收管理】 年内，完成金税三期并库，组织开展“中双轨”“大双轨”、人海压力三次系统测试，对2.07万户纳税人进行优化调整。深化“税邮合作”，将纳税人缴税及代开发票服务时间延长至周六日。对“走出去”企业加强服务与管理，完成享受协定待遇后续管理工作，享受协定减免金额3311.41万元。全面完成出口退税管理工作，实行差别化管理，全年办理出口退税2.12亿元，同比增长12.5%。

（尹佳奇）

【税源管控】 年内，深化增值税改革，优化留抵退税办理流程，办理留抵退税37户，涉及退税金额3.71亿元。完成企业所得税汇算清缴工作，录制4期“汇算清缴视频小课堂”，开展3次网络直播，持续强化后续管理。推进个人所得税改革，按重点税源、特色行业、有税扣缴义务人三层次分别开展业务培训，覆盖企业5.8万户。实施房产税和城镇土地使用税双管双查行动,实现风险数据排查零距离过程管理。

（尹佳奇）

【社保费和非税收入征管职责划转】 年内，联合区社保中心开展社保费征缴业务培训和社保费降率培训2次，确保征缴企业培训辅导全覆盖。做好机关事业单位社保费征缴和职业年金划转工作，到21个街乡镇社保所了解现有社保费缴费流程、缴费渠道等相关信息，形成第一手调研材料。加强残保金、文化事业建设费、工会经费及“两费”的征管工作，确保重点问题重点推进。

（尹佳奇）

【风险防控】 年内，强化税收风险管理，完成风险管理全流程5060户次，风险识别命中率96.58%，查补入库税款8.2亿元，加收滞纳金0.96亿元。不断完善自有风险筛查模型，识别涉嫌虚开普票企业17户、涉及金额5030

万元，同比下降 81.54%，虚开发票风险水平继续保持全市低位。组建风险应对团队，集中处理高风险任务，接收任务 13 笔，涉及纳税人 77 户，查补税款、滞纳金总计 1.56 亿元。

（尹佳奇）

【法治建设】 年内，全面推行税收执法“三项制度”，印制规范性文件辅导手册，配备 53 台执法记录仪，不断提升依法执政能力。继续落实重大执法决定法制审查制度，对 153 件合同完成合法性审核，对 24 件重大执法决定事项进行审查。畅通行政复议渠道，受理行政复议案件 7 起。加大税收执法督察工作力度，对 14 个税务所进行实地督察，对 4 个税务所进行全面督察审计。

（尹佳奇）

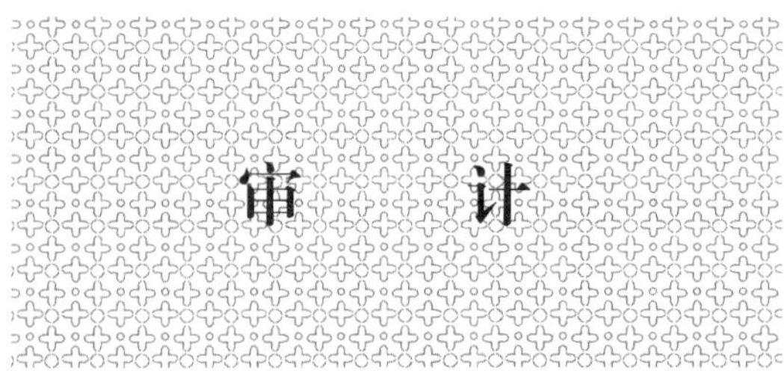

【概　况】 2019 年，完成审计项目 59 个，查出主要问题金额 492258 万元，其中违规金额 20606 万元、管理不规范金额 471644 万元；审计处理处罚金额 27490 万元，其中应上缴财政 20667 万元、应调账处理 6822 万元；审计发现非金额计量问题 223 个；审计促进整改落实有关问题资金 30490 万元，其中增收节支 19518 万元、已调账处理 7125 万元；提交审计报告和专项审计调查报告 158 篇；移送司法机关、纪检监察机关和有关部门处理事项 3 个；报送审计信息 143 篇,被各渠道采用 62 篇次；提出审计建议 212 条，被采纳 147 条；推动完善规章制度 4 项。向社会公告审计结果 18 篇。丰台区审计局编制 62 人，在编 57 人，内设科室 12 个，下设规范管理事业单位丰台区审计局园区审计所。

（李　冉）

【重大项目跟踪审计】 年内，以推动中央、市、区重大政策措施和决策部署贯彻落实，促进经济持续健康发展为目标，对疏解整治促提升专项行动、减税降费情况、清理拖欠民营和中小企业账款情况、地方政府隐性债务情况和丰台医院提质改建项目等重大项目开展跟踪审计。

（李　冉）

【财政审计】 年内，坚持全口径预算审计监督，开展区本级预算执行和其他财政收支情况审计。利用大数据，对全区具备审计权限和数据分析条件的 77 个一级预算单位实现审计全覆盖；拓展审计深度，对民生、城市管理领域涉及的 14 个二级预算单位进行重点审计。以促进行政事业单位规范国有资产管理，提高资产利用效益为目标，开展行政事业单位国有资产管理情况审计。

（李　冉）

【经济责任审计】 年内，坚持党政同责、同责同审，对 16 个部门 18 位领导干部开展经济责任审计，促进领导干部守法守纪、守规尽责、廉洁用权、干净干事。

（李　冉）

【民生项目审计】 年内，配合市审计局开展保障性安居工程、扶贫协作和支援合作的资金投入和绩效审计；加大民生领域审计力度，对社会救助、学校内控制度建立执行情况、中关村科技园区丰台园职业介绍所等开展专项审计调查和财务收支审计。

（李　冉）

【城市管理项目审计】 年内，以推进项目规范建设和管理，提高预算资金使用效益为目标，对循环经济产业园、人防工程、道路建设、郊野公园等城市管理领域重点资金、重点项目和重点行业开展专项审计调查。

（李　冉）

【农业与资源环保审计】 年内，继续加强经济责任审计与领导干部自然资源资产离任审计的结合，对 1 名领导干部开展自然资源资产离任审计。

（李　冉）

【国有企业审计】 年内，以促进国有企业深化改革，防止国有资产流失，实现国有资产保值增值为目标，对丰台科技园区所属 4 个企业开展经济责任审计和财务收支审计。

（李　冉）

【大数据审计】 年内，坚持“科技强审”，对区财政局一体化管理平台的信息系统开展调研，结合丰台区实际情况构建具有丰台特色的大数据分析模型，细化预算执行和决算草案大数据审计流程，2019 年运用数据分析方式，首次实现对全区一级预算单位审计全覆盖。

（李　冉）

【内审监督与指导】 年内，建立健全内控管理规范，组织召开内部审计工作部署会，全区各委办局、街乡镇及国有企业等 70 余家单位参加；与市内部审计协会共同组织 2 期内部审计专题培训，全区内审人员 260 余人参加；协调组织区属 12 家国有企业参与“新时代内部审计的创新发展”为主题的内审工作经验交流活动等，不断提高内审工作质量水平。

（李　冉）

【国庆保障】 年内，全力保障和服务国庆 70 周年重大庆祝活动，23 名党员干部参与国庆群众游行训练，并完成“十一”当天庆祝游行活动；抽派审计人员成立三个审计组，负责国庆游行、联欢和游园相关审计任务，保障国庆相关活动资金安全使用。

（李　冉）

统　计

【概　况】 2019年，实现地区生产总值1829.6亿元，比上年增长6.3%；全社会固定资产投资下降6.1%；实现社会消费品零售额1224亿元，增长4.5%；居民人均可支配收入65215元，增长8.4%。全区经济平稳健康发展，人民生活稳步提高。区政府企业服务大厅统计窗口接待咨询办事人员4229人次，其中接待各类咨询1935人次、受理审批2294件，新增统计登记单位2182家，即办率100%，无行政投诉事件发生。

（赵国红）

【第四次全国经济普查】 年内，完成丰台区第四次全国经济普查登记工作。全区登记单位 9.6 万家，比第三次全国经济普查增长 43%。其中，国家一套表单位 2461 家，实地定位登记规模以下单位 70391 家，北京数据采集平台单位 23148 家；对 5948 家个体工商户开展抽样调查登记。普查数据质量通过市经普办和国务院经普办的检查验收。

（赵国红）

【重点领域监测评价分析】 年内，做好保持经济运行在合理区间统计监测，建立 GDP 监测预判体系，客观反映地区经济运行状况。研究制定丰台科技园区、丽泽金融商务区特色监测制度，开展“高精尖”产业监测评价研究。聚焦“疏整促”做好人口监测，编发“疏解整治促提升”专项行动周报 31 期。与百度大数据合作，加强人口流向、规模、结构、职住等月度监测，全年对 772 个人口增加重点点位进行核查，编发丰台区百度监测居住用户统计月报 9 期。围绕生态文明建设年度评价和“七有”“五性”综合评价，做好评价结果的分析解读。编发统计分析报告 329 篇，其中 12 篇获得区领导批示、被区政府政务特刊（专刊）刊发 11 篇，为政府决策提供依据。

（赵国红）

【统计调查研究】 年内，制定《2019年重点企业调研走访方案》，开展“百家重点企业”大调研大走访，全年对161家重点单位和投资项目进行调研走访。开展规模以上重点企业监测，针对中美经贸摩擦影响、民营企业融资难等问题，向区政府作专题分析报告，反映企业经营现状和存在的困难，区领导根据提供情况召开两次专题企业早餐会，帮助企业解决实际问题。组织开展居民消费意向、优化营商环境、重点商务楼宇等11项调查。组织各街乡镇完成人口摸查工作，完成年度人口抽样调查。助力扫黑除恶专项斗争，结合群众安全感调查收集涉黑涉恶线索69条。

（赵国红）

【充实基层统计力量】 年内，通过购买服务，选聘9名统计指导员到统计所工作。首次在街乡镇层级开展单位名录库维护，通过日常名录维护和准规模调查，完成8670家规模以下单位名录信息更新。加大基层培训力度，对400余名基层统计站人员开展业务技能培训。做好新建统计站验收工作，新增统计站19个，全区共有社区统计站331个，统计系统三级网络得到进一步巩固。

（赵国红）

【统计数据质量控制】 年内，制定《丰台区统计质量全过程管理办法增补稿》,增加统计数据质量的定期监督检查。开展统计调查对象中期培训8场，培训362人次。向企业推广易错指标台账，指导企业填报统计报表。对调查对象开展业务指导和报表数据检查，检查单位651家。

（赵国红）

【统计监督检查】 年内，开展统计造假专项整治工作，确定5个方面24项整治任务，落实统计机构负责人和统计人员防惩统计造假责任制，公布统计违法举报电话，强化统计数据质量内部控制和外部监督，开展基层调研、走访企业13家，统计数据核查1963家。推进诚信统计建设，评选诚信示范企业10家，并在年报培训会上表彰授牌。组织5名特约监督员对10家统计执法检查单位进行执法回访，召开特约监督员座谈会，健全和完善外部监督。

（赵国红）

【普法宣传】 年内，开展普法宣传工作，进一步学习《关于深化统计管理体制改革提高统计数据真实性的意见》《统计违纪违法责任人处分处理建议办法》《防范和惩治统计造假、弄虚作假督察工作规定》等中央统计改革重要精神。组织全体职工参加普法讲座，对400多名统计所人员和统计站业务骨干开展法治培训；对45名部门统计人员以及300多名企业统计人员进行普法宣讲；对219家企业进行中期普法；召开人口抽样调查培训会，对500多名街乡人调办工作人员和调查员讲解相关法律法规。

（赵国红）

【专业统计执法】 年内，建立专职执法队伍，充实统计执法后备力量，8人通过国家统计执法证考试，平均分位列城六区第一。持续加大执法检查力度，全年执法检查426起，行政处罚146起，将被处罚企业在信用北京、信用中国和丰台双公示平台进行公示。在查处统计违法行为中，严格执行立案“三审制”，做到公正公平处罚。

（赵国红）

【干部队伍建设】 年内，选派44名干部参与庆祝新中国成立70周年群众游行及庆祝活动观礼，完成国庆保障任务。落实好干部标准，向上级部门推荐一名干部走上处级领导岗位，选拔任用14名科级干部并轮岗锻炼。举办科级干部、青年干部培训班，开展统计业务技能大练兵、评选业务能手等活动，提升干部队伍整体业务能力。落实公务员职务与职级并行制度实施方案，完成91名公务员职级套转，开展首次职级晋升工作，调动激发统计干部干事创业活力。

（赵国红）

市场监督管理

【概　况】 丰台区市场监管局成立于2019年3月23日，是区政府工作部门，为正处级，加挂区食品药品安全委员会办公室、区知识产权局牌子。主要负责市场综合监督管理、产品质量监督管理、特种设备安全监督管理、标准化管理、食品药品监督管理、化妆品和医疗器械监督管理等，负责市场监督管理的科技和信息化建设、新闻宣传、对外交流与合作，执行法律法规规章466部。设立机关科室35个，下设市场监管综合执法大队、市场监督管理所23个、事业单位9个。有干部职工778人，其中公务员545人、纳入规范管理事业115人、全额事业95人、机关工勤人员23人。年内，开展职务与职级并行工作，完成386名公务员职级套转和276名公务员职级晋升，配合区委组织部完成15名处级干部职级套转和5名处级干部职级晋升；全年新设立市场主体10714户，同比增长16.74%，市场主体总量18.68万户；新增注册资本362.28亿元，同比增长104.55%；新增注册商标3.23万件，总量14.64万件；落实重要民生实事项目及政府折子工程17项，人大、政协建议提案13件。食品安全工作获评全国“推进质量工作成效突出的地方”，通过创建北京市食品安全示范区综合评议，市场监管局平安北京建设工作获评年度全区先进单位。

（郝 煜）

【重大活动服务保障】 年内，完成中华人民共和国成立70周年、全国“两会”、第二届“一带一路”国际合作高峰论坛等重大活动服务保障工作，共出动执法人员3940人次，抽样检测2348批次、快速检测3.8万批次，保障会供食品4107车次，全部安全合格。

（刘 莉）

【无证无照经营和“开墙打洞”治理】 年内，治理“开墙打洞”点位540处、超额完成160.87%；治理无证无照经营1890处、超额完成85.29%。“开墙打洞”治理工作全市排名第二，无证无照经营治理工作全市排名第一。

（刘 莉）

【提升行政审批效率】 年内，实现企业开办一次性完成办照、办章、办税等全部事项。取消新设企业名称预先核准。营业执照办理线上即时审批、线下1小时内领取。开通网上服务模块和远程核查，部分食品经营许可当日取证。小食杂店准入方式由审批变为备案，小餐饮店许可实行先证后核，均为即时办理。落实3C免办业务。实施注销便利化改革，免费发布债权人公告，注销公告时间由45天压缩为20天。推行电子营业执照，跨部门无障碍互认应用。

（刘 莉）

【启用新版营业执照】 3月1日，全市首张新版营业执照在丰台颁发。新版营业执照加印二维码，扫描二维码可进入国家企业信用信息公示系统，直接查询该市场主体的公示信息。营业执照正副本背面右下角均增添防伪标识，使用手机下载验证软件可以扫描出营业执照生产批次，对营业执照实现追本溯源。

（刘 莉）

【营业执照智能登记系统上线】 年内，在全市率先开发使用营业执照智能登记（住所承诺）系统。风险度较低的科技、文化类有限责任公司（自然人独资）以“智能登记+承诺制”方式，可在15分钟内自助办理营业执照。

（刘 莉）

【“双随机、一公开”跨部门联合抽查】 年内，制发《丰台区全面推进市场监管领域部门联合“双随机、一公开”监管工作实施方案》，开展跨部门联合抽查2次，开展内部抽查29批次、涉及主体10180户次。

（刘 莉）

【放心消费创建】 年内，深化“丰台彩虹315”消费维权服务特色品牌，以“首都学雷锋志愿服务示范岗”为平台，在社区、老年驿站、中小学开展消费维权志愿服务活动63场次。针对预付式消费纠纷问题，推行预付式企业保障金制度和预付式消费经营主体信息公示制度，督促企业落实主体责任，促进纠纷快速解决。

（刘 莉）

【接诉即办】 年内，制发“接诉即办”工作实施方案，明确首接负责、督导调度、点评分析、回访监督等多项机制。开发“接诉即办”智能化调度处理平台。搭建“在线快速消费纠纷和解平台”，落实企业消费维权主体责任，推动“接诉即办”向“未诉先办”延伸。全年接收12345市民热线线索3.5万件，逐件安排落实，诉求解决率和群众满意率进一步提升。

（刘 莉）

【非公党建】 年内，优化升级“丰台区非公党建云数据平台”，在街乡层级推广运行。创立“书记有约”品牌项目，为党群服务中心安装自助打照机，建立消费调解和法律服务前端。

（刘　莉）

【创建丰帆普法讲堂】　年内，开展“送法律、促进经营规范，送服务、促进质量提升”普法活动，组建丰帆讲师团，在中都科技大厦建立法治宣传教育基地。开展2期9场次普法讲堂，宣讲内容同步视频直播，首期在线收看量突破6万人。

（刘　莉）

【制定推行合同示范文本】　年内，制定电脑维修服务合同和家庭清洁合同示范文本，召开机动车驾驶员培训合同示范文本推广会，通过网络培训、张贴海报、召开行政告诫会等形式，引导规范合同签约履约行为，矫正不公平格式条款。

（刘　莉）

【信用监管和服务】　年内，企业年报率95.81%，个体年报率96.64%，清理长期停业未经营市场主体13804户，列入异常名录16571户次、移出17928户次、列入严重违法失信名单5199户，为631家企业和2069名个人出具信用证明。试点建立诚信方庄自律联合会，促进行业自律和行业信用体系建设。

（刘　莉）

【打击传销规范直销】　年内，完善打击传销防控体系，发挥区联席会议作用，开展打击传销进校园进社区、流动人口管理和无传销社区创建3项重点工作，认定4个无传销社区、1个无传销网络平台。组织全区66家直销企业建立“丰台区直销诚信联盟”，推动行业自律机制良性运转。

（刘　莉）

【金融风险防控】　年内，制发《涉嫌非法集资风险专项排查整治行动方案》，全面排查网络借贷、私募基金等325个重点行业。开展金融安全教育，举办送金融知识进校园活动。召开打击非法集资专题会商17次，实地核查企业45家，联合检查7次。

（刘　莉）

【网络交易监管】　年内，开展“网剑行动”“亮照亮证亮标执法检查”“平台经营者履行社会责任执法检查”等专项检查。利用网监系统“公证云平台”“红盾云桥系统”，为执法办案提供在线取证、在线申请出证等技术支撑。

（刘　莉）

【虚假违法广告整治】　年内，组织召开整治虚假违法广告联席会议，开展专项检查，集中约谈相关单位负责人，做好重点时期、重点点位广告控制。

（刘　莉）

【价格监管及竞争执法】　年内，开展物业、教育、医疗等领域价格专项检查，强化大型农贸市场、医疗机构、养老机构计量监督，治理节日供应商品过度包装行为。

（刘　莉）

【信息宣传】　年内，开展“食品安全宣传周”“315消费者权益日”“世界计量日”等专项宣传。组织现场宣传132场、发放宣传材料8万余份，宣传受众3万余人。利用新媒体平台发布多媒体信息105篇。在《人民日报》《北京日报》、北京电视台、《丰台报》等主流媒体刊发信息532篇。向上级党委、政府报送信息364篇、采用150篇，获得市、区领导批示6次。

（郝　煜）

【质量提升行动】　年内，成立丰台区质量强区工作议事机构，将标准化协调联动机制与高质量发展理念贯穿在全区5大方面16项重点工作中。助推产业结构调整，联合税务部门清理长期停业未经营市场主体13804户。落实南苑—大红门地区功能规划要求，对企业新设、变更业务进行临时性登记限制，并持续巩固转型升级成果。

（郝　煜）

【国家级标准化试点项目】　年内，两项国家级标准化试点项目通过考评评估，其中中关村科技园区丰台园国家高端装备制造业（轨道交通装备）国家级标准化试点项目为全国首批该类试点项目，实现高铁、地铁全套列车控制系统技术完全自主化和产品100%国产化，使中国成为第四个掌握CBTC核心技术并应用于实际工程的国家；方庄社区“互联网+健康服务”标准化试点项目是全国第四批、2019 年全市唯一的社会管理和公共服务综合标准化试点项目，该项目的实施，每年可为患者节省医保费用 1000 万元、为财政节约医疗服务投入 82.2 万元。

（郝　煜）

【计量器具免费检定】 年内，受理计量器具免费检定申请 998 家，完成检定 70298 台件，为企业免除行政事业性收费 300 万余元，实现计量检定网上报检与检定证书电子化。

（郝　煜）

【产品质量监管】 年内，建立蓝天保卫战重点产品销售主体台账，重点开展成品油、车用尿素溶液、电线电缆、电动自行车、消防产品、建筑涂料胶粘剂等产品检查，对 1016 组重点商品进行周期性监测。

（郝　煜）

【特种设备监管】 年内，重点开展游乐设施、电站锅炉范围内压力管道、人员密集场所电梯等特种设备专项检查。统筹安排全区 482 台高风险电梯综合整治工作。完成 400 余台燃气锅炉低氮改造验收。特种设备超期未检率保持在 1%以下。

（郝　煜）

【企业标准化管理】 年内，12 家企业获北京市制修订补助 99 万元，15 家企业获丰台区创新标准奖励 580 万元。开展百城千业万企对标达标提升专项行动，对标数量全市第二。

（郝　煜）

【食品安全监管】 年内，重点开展农副产品市场、保健市场、校园及周边等领域安全监管，落实非洲猪瘟防控工作，强化食用农产品、肉制品、乳制品等产品监督抽检，重点食品合格率 98.5%。

（郝　煜）

【药品安全监管】 年内，重点加强疫苗、特殊药品、无菌和植入类医疗器械等高风险产品监管，开展中药饮片、医疗器械“清网”、化妆品“线上净网、线下清源”等专项整治行动，重点药品合格率 99.7%。

（郝　煜）

【阳光餐饮工程】 年内，餐饮服务单位实现阳光餐饮工程全覆盖，建设完成 1000 户阳光餐饮示范店、260 家市级品质餐饮示范店和 1 条阳光餐饮示范街区。

（郝　煜）

【便利店销售乙类非处方药项目】 年内，落实“试点在连锁便利店为市民提供乙类非处方药和二类医疗器械销售服务”重要民生实事项目，为 13 家便利店办理经营乙类非处方药品许可，数量全市第一。

（郝　煜）

【创建放心肉菜示范超市】 年内，推进肉类蔬菜流通追溯体系建设，通过赋码标识、数据采集等手段实现从种植、贮存、运输到销售的全过程信息追溯，63 家连锁超市完成肉类蔬菜流通追溯体系节点建设。6 家连锁超市获评北京市“放心肉菜示范超市”。

（郝　煜）

【建立食用农产品产销对接机制】 年内，建立蔬菜、禽蛋、水果等食用农产品生产基地 26 家，遵循有资质、成规模、标准化要求，实现食品安全全程可追溯，提升首都市民“菜篮子”质量和安全水平。

（郝　煜）

【“一老一小”食品安全监管】 年内，加强养老机构、养老驿站和老年餐桌食品安全监管。开展校园及周边食品安全专项整治，建立校园安全防控体系，完善学生餐配送规定，创新实行“校长、家长陪餐制”“执法人员、家委会委员共查制”。

（郝　煜）

安全生产监督管理

【概　况】 2019 年，全区发生安全生产死亡事故 77 起、死亡 77 人，同比（上年事故 71 起、死亡 73 人）事故起数增加 6 起，上升 8.4%；

死亡人数增加4人，增长5.4%。其中生产经营性安全生产死亡事故27起、死亡27人，同比（上年事故25起、死亡27人）事故起数增加2起，上升8%；死亡人数持平。持续开展三年行动挂账隐患整治，重点对消防、建筑、特种设备、地下空间等9大领域进行隐患排查，检查生产经营单位5.9万家次，确认挂账隐患614项，全部整改销账。加大安全生产监管执法力度，全面推进“四位一体”执法工作体系建设，全力做好庆祝新中国成立70周年等重大活动期间的安全防范工作，安全生产执法检查1536家次，立案188件，职权履行率10.67%。筑牢安全生产基层基础，完成“一企一标准，一岗一清单”编制任务458家；完成安全生产标准化创建821家；完成城市安全风险评估及数据更新企业955家，评估风险1.1125万条；绘制区域安全风险电子地图，形成区级安全风险评估报告；完成应急资源调查报告、应急能力评估报告和重大安全风险源清单编制；完成重大安全风险源“一对一”事故应急预案编制及演练；实现安责险投保率28.6%；举办安全生产大培训40期,组织学员4027名；补充招录专职安全员37名。

（肖　勇）

【丰台区应急管理局挂牌成立】 3月22日，丰台区应急管理局（简称区应急局）挂牌成立。编制39人，内设10个科室，下属2个事业单位，其中丰台区安全生产执法监察队设财政补助事业编制36名、丰台区防汛办公室设财政补助事业编制11名。主要职责是负责全区应急管理、安全生产和防灾减灾救灾监督管理工作。

（孙立营）

【安全生产月咨询日活动】 6月16日，区突发事件应急委员会、区安全生产委员会在红星美凯龙（西四环店）广场联合举办丰台区第18个安全生产月咨询日活动。活动围绕“防风险、除隐患、遏事故”主题，通过发放书籍、手册、折页，展板展示以及特种车辆、应急设备展示等方式向群众宣传安全应急知识和相关法律法规。

（郭卫平）

【新媒体宣传】 5月，区应急局建立局微信公众平台管理办法，明确审核发布流程。通过微信平台宣传安全生产工作、防灾减灾知识以及相关法律法规等，每周更新4次至5次，发布信息246条,新浪微博与微信同步更新。通过《丰台报》和区政府网站每日更新发布信息，为“应急先锋”“安监之星·北京榜样”活动推选人物，并加以宣传。

（郭卫平）

【应急突发事件处置】 年内，区应急指挥中心接报并指挥协调处置各类突发事件506起，其中自然灾害5起、事故灾难21起、公共卫生事件5起、社会安全事件475起，现场协调处置283起。接待各类投诉、咨询电话1868起。

（薛　波）

【预案统计】 12月，区应急局开展预案统计建账工作。全区有各类预案515项，其中以区委、区政府及区应急委名义制订预案23项；以区级各部门（指挥部等议事协调机构）名义制订预案47项；区级各部门接受企业（203家规模以上单位）等单位备案的预案276项；各街道乡镇制订预案169项（总体预案21项、专项预案148项）。

（薛　波）

【突发事件应急处置综合演练】 6月25日，区应急局在中国石化北京长辛店石油库组织开展2019年突发事件应急处置综合演练。副区长周新春参加并担任总指挥长，区委宣传部、区委网信办、市应急局等相关单位参与演练活动。演练模拟油库库区输油管线发生油品泄漏，在油品回收过程中因静电突生火灾事故，企业及政府相关部门开展一系列救援处置行动，通过演练提升全区应对突发事件的应急处置和协作能力。演练出动150余人、专业车辆10余台，发放宣传手册1000份、光盘100张。

（薛　波）

【突发事件预警信息发布平台建立】 11月至12月，全区突发事件预警信息发布平台建立，通过平台发布全区事故灾难和自然灾害预警短信，设置接收人员 3500 余人。

（薛 波）

【灾情管理体系建立】 5 月至 12 月，区应急局开展自然灾害类专项应急预案编制工作，组织区自然灾害类应急预案桌面推演。明确负责救灾工作的各级主管领导、工作科室和灾害信息员，负责本级自然灾害灾情统计、核查、评估、上报等工作。建立社区（村）灾害信息员制度，在每个社区（村）设立 1～2 名灾害信息员，纳入全国灾害信息员数据库。完成区、乡（镇、街道）、社区（村）545 名灾害信息员的信息录入，并通过市局抽查检验。

（薛 波）

【防汛综合演练】 6 月 28 日，区应急局组织“2019 年北京市防汛综合演练”，设置指挥决策、道路积水排除、流域洪水调度抢险等多个场景和科目，区水务局等 6 部门参加。演练模拟全市发生大暴雨，城区平均降雨量 90 毫米，市气象局预计 6 小时后降雨量 100 毫米以上，黄色预警升级为暴雨橙色预警；“回天”地区大风冰雹天气造成树木倒伏，多处道路积水，北运河发生二十年一遇洪水。结合这一“险情”，相关部门开展防汛抢险演练。

（冯向英）

【全区安全生产大会】 3 月 5 日，区委、区政府召开疏解整治促提升、生态文明、环境建设、安全生产工作动员大会，区人大、政协、各街乡镇、各委办局主要领导及部分单位班子成员参加。区委书记汪先永出席，区长王力军主持，常务副区长肖辉利、副区长周新春分别进行工作部署。周新春总结 2018 年全区安全生产工作，要求全区各单位围绕保障新中国成立 70 周年庆祝活动主线，以区级机构改革和市委市政府第二轮安全生产督察为契机，着力严执法、强宣教、除隐患、压事故，全面完成市政府责任书年度目标任务。汪先永强调做好消防安全隐患排查治理和加强重点领域的安全生产执法检查，要求各单位要落实领导责任、加强统筹协调、坚持依法依规，并做好社会面宣传发动工作，继续做好全国“两会”各项服务保障工作。

（李 颖）

【安全监管示范单位创建】 10 月至 11 月，区安委会印发《关于开展行业部门履行安全生产监管（管理）职责示范单位创建工作的通知》，在 22 个区安委会重点成员单位中开展创建工作。通过单位自评申报、区安办结合近两年考核和日常工作综合评定，评选出区住房城乡建设委、区国资委、区商务局、区文化和旅游局、区房管局、区人防办、区园林绿化局、区市场监管局 7 个单位为示范单位。

（李 颖）

【应急管理部危化司司长带队检查】 9 月 26 日，应急管理部危化司司长孙光宇带队到中石化长辛店油库进行安全检查，市应急局危化处处长孟庆武，区应急局主要领导、主管领导参加检查。检查结束后召开座谈会听取丰台区危险化学品监管工作汇报，孙光宇对加强监管工作进行提示。

（陈 勇）

【有限空间作业安全监管】 6 月 19 日，区安委会办公室下发《关于加强有限空间作业安全监管工作的通知》，通报朝阳区 6 月发生的 2 起有限空间作业中毒窒息事故，对全区有限空间作业安全工作提出具体要求。区应急局牵头组织执法力量检查行业部门落实有限空间作业安全监管情况，对重点企业和重点时段有限空间作业情况进行安全检查。出动执法人员 20 人次，检查有限空间作业单位 42 家次。

（陈 勇）

【城市安全风险评估】 年内，区应急局开展丰台区 2019 年度城市安全风险评估工作，涉及 9 个行业部门的 13 个重点领域，包括危化、工业、建筑施工、商业零售、餐饮、文化、旅游、体育、供热、生活垃圾处理、供排水、交通、园林，形成《丰台区安全风险评估报告》《应急资源调查报告》《应急能力评估报告》《重大安全风险源清单》《丰台区安全风险电子地图》《重大安全风险源“一对一”事故应急预案》等工作成果。955家企业完成城市安全风险评估并经行业部门认可，评估风险11125条。其中，重大风险43条，涉及企业12家，占比0.39%；较大风险38条，涉及企业17家，占比0.33%；一般风险3436条，占比30.89%；低风险7608条，占比68.39%。

（王金泉）

【“安全生产·护航70”专项行动】 4月1日至25日，区应急局组织召开“安全生产·护航70”专项行动动员大会，集中学习《“安全生产·护航70”专项行动方案》《安全生产法》《特种作业人员安全技术培训考核管理规定》和劳动防护用品相关管理规定，各街乡镇和委办局相关负责人参加。开展“一带一路”大型活动保障和焊工、电工等特种作业专项执法检查，检查单位61家，下达责令整改指令书9份，查处持伪造证件上岗作业违法违规行为3个，立案5件，处罚9万元。街乡镇专职安全员检查7721家次，发现隐患4800个,下达责令整改指令书1992份。

（蔡　捷）

【国务院安委会专项督查】 12月24日至30日，国务院安委会第12督查组对丰台区安全生产集中整治工作开展专项督查。区委常务副区长周新春，区应急局、消防支队、交通支队、城管执法局、北京南站管委等部门以及相关属地的负责同志陪同检查。督查组分别对北京中油潞安石油销售有限公司、北京南站两家单位的安全生产和消防安全情况进行督查检查。督察组听取工作汇报，检查各单位落实上级相关文件精神以及安全隐患集中整治等工作情况，现场巡查石油库输油设备设施，询问北京南站春运准备及有关应急措施。对国务院督查组反馈的问题，区委区政府督促责任单位全部进行整改，并向市安委会办公室报送整改报告。

（李　颖）

国有资产监督管理

【概　况】 2019年，丰台区国有资产监督管理工作以管资本为主，加强国有资产监管，推动机构改革和职能转变，深化企业改革调整，激发企业活力，促进国资国企各项工作上台阶，助力丰台区全面发展。全区96家国有及国有控股和集体企业账面资产总额721.66亿元，负债总额574.04亿元,所有者权益总额147.62亿元。企业平均资产负债率79.54%，同比增加1.4个百分点。全年实现营业总收入19.03亿元，盈亏相抵后实现利润总额2.47亿元。上缴各项税费总额2.57亿元。国有资本保值增值率101.11%，完成保值增值任务。企业全年平均从业人员1270人，年末在岗职工1089人，全年在岗职工人均工资116,176.94元，同比增长15%。年末离退休人员8180人。被评为“丰台区2019年行业部门履行安全生产监管（管理）职责示范单位”。

（王　劼）

【新中国成立70周年庆祝活动服务保障】 年内,组织机关及企业人员参加新中国成立70周年庆祝活动群众游行、联欢、观礼等活动；开展专项安全生产大检查，领导带队开展4次检查督查和20次消防安全夜查活动。拆除洪泰庄违法建设7920平方米。

（王　劼）

【“不忘初心 牢记使命”主题教育】 年内，组织开展13次52学时集中学习，组织4次专题研讨；开展专题调研26次，解决问题19个；对照民主生活会相关要求，领导班子查找出8个方面13个问题，制订整改措施24项。成立丰台区国资委主题教育领导小组和指导组，召开领导小组会议3次，对全系统55个基层党支部“五个一”开展情况进行全覆盖的指导调研。

（王 劼）

【精准扶贫】 年内，国资委监管企业筹措资金5笔140万元，以捐赠的方式支援三个产业帮扶项目，即日光温室暖棚项目2个、中草药种植项目1个。林西县新林镇中草药种植项目投入运营，项目产生的收益由新林镇统筹，通过设立公益岗位对上升村建档立卡贫困户的帮扶增收工作，实现点对点精准帮扶。

（王 劼）

【疏解整治促提升】 年内，制定《丰台区国资系统2019年推进疏解整治促提升和安全环保环境建设专项行动实施方案》，拆迁腾退房屋建筑物面积2.3万平方米,拆除彩钢板18处3841平方米，实现群租房、无证餐饮、违规地下空间动态清零。同步推进产业优化提升，利用疏解腾退空间织补便民设施，新建基本便民商业网点30个，打造百姓生活服务中心。

（王 劼）

【国资监管】 年内，丰台区纳入产权登记范围的区属企业76户，国家资本投入130.59亿元。完成城镇集体企业产权界定、完成国有企业退休教师生活补贴发放、推进企业剥离“三供一业”，完成6719名企业退休人员社会化工作。推进新会计准则在91家区属国有企业执行。完成全区国有及国有控股（集体）企业2018年度财务决算及2018年度监管企业负责人薪酬核定工作。与6家企业负责人签订2019年度经营业绩考核责任书。全年审批重大事项11件。完成国有资本经营预算工作，国有资本收益1531.87万元，划入公共财政预算382.98万元，用于企业支出1148.89万元。

（王 劼）

【安全保障】 年内，全面贯彻安全生产工作制度及国资委安全互查办法和安全生产点管理办法，动态跟踪安全生产隐患台账，转发、下发文件126个，制定方案、计划10个，上报总结、汇报等53个，反馈意见35个。通过专职安全员“派驻企业督查检查”、陪同领导“随队检查”、受理举报“现场核查”及“开展专项检查”等方法加强监督检查，下达检查记录单244份，发现整改安全隐患207处。

（王 劼）

【化解信访矛盾】 年内，健全信访机制，落实领导接访及包案制度，定期排查重点矛盾纠纷。加大信访矛盾排查力度，努力做到“小事不出企业，大事不出国资委”。探索建立企业改制等重大事项风险评估机制。全年接到群众来信、来访和电话访244次，涉及320人次。

（王 劼）

【基层党建】 年内，开展“送规范、送服务、送纪律”下基层活动，完成13家基层党组织换届。落实“双报到”工作要求，党员回社区报到率96.59%。探索开展丰贸公司党委与物美公司党支部开展“党建1+1”活动。完成1个软弱涣散党组织的整顿转化工作。

（王 劼）

【意识形态管理】 年内，区国资委与7家一级企事业单位党组织签订《2019年意识形态工作安全责任制责任书》。召开4次意识形态分析研判会。将意识形态工作纳入领导班子民主生活会重要内容，查摆意识形态工作存在的问题，剖析产生问题的思想根源，并坚持问题导向，结合实际，提出整改措施。

（王 劼）

【巡察与审计整改】 年内，根据区委巡察组反馈问题情况，国资委党委制定85条整改措施，全部整改到位。按照审计报告提出的要求，制定12条措施，逐一完成问题整改。

（王 劼）

【廉政建设】 年内，召开系统党风廉政建设工作会，部署系统年度任务。根据岗位职责，明确廉政责任，逐级签订党风廉政建设责任书837份。开展“送纪律下基层”活动，举办丰台区国资委系统警示教育大会，通报十八大以来国资委系统违法违纪案件情况，分析发案原因和问题本质，警示教育中层以上干部252人次。与7家一级监管企事业单位签订党风廉政建设责任书。出台《丰台区国资委监管国有企业负责人履职待遇、业务支出管理细则》，规范国有企业负责人的履职待遇和业务支出管理。

（王　劼）

【机构改革】　年内，完成政府机构改革工作任务，修订出台新版“三定方案”，提拔2名科级干部到企业交流任职，完成公务员职务职级并行改革，并开展职级晋升工作。

（王　劼）

烟草专卖与管理

【概　况】　2019年，北京市丰台区烟草专卖局(公司)认真贯彻落实市局有关文件精神，结合丰台区实际情况，清理整治卷烟市场环境，维护良好市场秩序，各项工作取得新进展。首批文明吸烟设施安装就位。完成“一户一图”形象改善平面图工作。辖区首批云POS终端通过验收。破获多起卷烟案件。修订完善“卷烟零售大户管理办法”，开展卷烟市场整治专项行动，整治卷烟市场秩序。

（杨丽君）

【接受零售户赠送锦旗】　1月14日，辖区内困难零售客户李某某向丰台烟草公司赠送印有“勤政爱民解忧难 贴心关怀爱无疆”字样的锦旗，感谢丰台烟草公司长期以来对她的帮助与关爱。

（张铁玲）

【首批文明吸烟设施安装就位】　1月18日，丰台烟草首批文明吸烟设施发放、安装完毕，全部安装在“红线区域”以内。

（张铁玲）

【完成“一户一图”形象改善平面图】　3月18日，为406个“千中户”量身打造的“一户一图”形象改善平面图完成，助力终端形象再升级，标志丰台烟草零售终端建设工作由标准化、模式化转向个性化、专属化。

（张铁玲）

【品牌培育进街区】　4月17日，在总结前期试点经验的基础上，加强与工业企业的合作，扩大开展品牌宣传进街区工作，努力提高零售终端品牌培育能力。

（张铁玲）

【辖区首批云POS终端通过验收】　7月22日至23日，市营销中心对丰台烟草首批云POS终端进行验收，88个零售终端全部验收合格。

（张铁玲）

【新年伊始连查多案】　新年伊始，全体专卖人员坚守岗位、主动出击，共出动执法人员32人次、执法车辆8台次，立案12起，其中5万元以上大案要案5起；查获各类违法卷烟93.76万支，其中假私烟88.52万支，涉案金额84.64万元，涉及市场户2户，物流场站2个。

（闫　卡）

【“加热不燃烧案件”座谈会】　1月14日，召开“加热不燃烧案件”座谈会，公司领导介绍了全市首例成功追刑的“加热不燃烧”烟草制品案件的难点、特点和创新之处，以及加热不燃烧案件判例在烟草行业产生的影响和效果，总结近年来区“政、公、检、法、烟”五部门协作机制积极作用和良好效果。市局（公司）党组成员、副局长赵文智、丰台区检察院检察长叶文胜出席会议并讲话。

（闫　卡）

【成功破获一起加热不燃烧卷烟大案】　3月3日，执法人员历经2个月的摸排蹲守，在市局稽查总队的指导协调下，在海淀区烟草专卖局和属地公安部门的配合下，在于某电子商城附近查获一起涉嫌非法经营加热不燃烧卷烟案件，当场查获违法卷烟19个品种1208条，涉案金额17万余元，刑拘2人。

（闫　卡）

【查获一起违法收购卷烟大案】　3月26日，执法人员联合公安部门，在位于南木樨园的一间平房内，当场查获准备发往外地的违法卷烟中华（软）、中华（硬）等25个品种32.42万支，涉案金额39.47万元。

（闫　卡）

【成功破获“4·02”国标网络案】　4月2日，在市局专卖处的指挥协调与属地公安部门的大力配合下，丰台烟草专卖局联合朝阳、海淀、东城、房山、门头沟、通州区局，成功破获“4·02”非法经营卷烟网络案。

（闫　卡）

【联合开展市场整治专项行动】 5月16日，丰台烟草专卖局会同公安部门，在辖区光彩市场，联合开展市场整治专项行动，共出动执法人员12人、执法车辆5辆，立案4起，查获各类违法卷烟中华（硬）、ESSE（CHANGE 4mg）等42个品种，共计12.4万支，涉案金额9.19万元。

（闫　卡）

【成功破获“6·23”特大销售假烟网络案】 6月23日，在市局稽查总队的统一协调指挥下，在区公安机关的全力支持配合下，丰台区烟草专卖局联合通州、东城、朝阳、海淀、西城、顺义、平谷、密云区局，经过数月追踪蹲守，历时半年的特大销售假冒卷烟“6·23”网络案正式告破，共捣毁窝点6个，查获违法卷烟183万支，总案值303万元，共抓获涉案人员6人，刑拘5人，逮捕4人。

（闫　卡）

【加强校园周边卷烟市场环境整治】 年内，按照北京市烟草专卖局的部署，配合北京市卫生建设委员会、北京市市场监督管理总局等部门，对辖区内校园周边零售户进行实地调研，开展环境治理抽检，加强对校园周边卷烟市场监管，维护未成年人身体健康。

（闫　卡）

【接受京津冀卷烟规范经营督查】 6月24日至28日，按照京津冀专卖内管协作机制，天津、河北烟草专卖局组成的督查组，在丰台烟草开展了卷烟规范经营督查工作。以“市区两级全覆盖、区级分片抽重点、全面重点相结合”为原则，围绕规范经营12个工作环节的25项工作开展督查。督查组认为，丰台烟草专卖内管工作扎实到位，对规范经营工作有着清醒的认识，高度重视规范经营和真烟异常流动治理。未发现“主观故意、组织参与、内外勾结”的违规行为。

（吕海东）

【修订完善“卷烟零售大户管理办法”】 年内，为有效控制卷烟零售大户，大力扶持“千中户”发展，预防卷烟异常流动行为，维护卷烟市场秩序，根据国家局、市局相关文件精神，结合辖区实际，丰台烟草专卖局修订完善了《北京市丰台区烟草专卖局（公司）卷烟零售大户管理办法》。进一步明确卷烟零售大户管理工作应遵循公平公正，分类管理；保护合法，打击违法；惩防并举，重在预防的原则。详细规定了各类型大户的管理措施以及建档管理要求，为促进规范管理水平提升打下了基础。

（吕海东）

【开展“3·15”法制宣传系列活动】 3月15日，采取线上线下、对内对外相结合的方式，开展系列法律宣传活动。聘请法律顾问，对《广告法》《反不正当竞争法》等进行讲解；与辖区工商所、食药局联合开展法律进商铺活动，利用企业内网及微课堂进行线上法律知识宣传；与辖区相关执法单位，在西三环外的某购物中心开展普法活动。

（赵　璠）

【深化“6S”管理】 年内，为营造整洁有序的办公环境，促进日常工作的规范化、秩序化，推行“断舍离”，深化“6S”管理，严格选用办公用品、规范标识标签管理、优化办公环境建设、强化日常监督检查，带动全员参与持续改进。组织制修订文件29个，完成QC课题2个。

（李　钊）

【探索“清单式”廉政风险防控机制】 年内，贯彻落实市局纪检干部培训会议精神，制定和完善权力清单、责任清单和负面清单，形成“清单式”廉政风险防控机制。

（秦　烨）

工　业

驻区工业企业

首都航天机械有限公司

【**概　况**】 2019年，首都航天机械有限公司研制的火箭实现多次成功发射，其中成功发射的长征五号遥三运载火箭，是长征火箭中最大的火箭，整体技术达到国际前列，使我国运载火箭的规模实现了从中型到大型的跨越，运载能力达到或超越国外主流大型运载火箭。公司制造的国内首个3.35米直径整体旋压成形箱底成功通过液压试验考核。承办第六届航天工程和高性能材料需求与应用高端论坛。正式启动“乐老家园”民生工程项目。公司“运载火箭贮箱总装环缝卧式搅拌摩擦焊接装备”项目荣获金奖。公司牵头申报的《新一代运载火箭箭体结构制造关键技术及装备》项目荣获国家科学技术进步二等奖。公司员工高凤林、孔兆财等共同完成的《长三甲系列运载火箭氢氧发动机关键组件异种金属连接技术》荣获第五届全国职工优秀技术创新成果一等奖。获批天津市“杀手锏”产品研发项目。“新时代工匠学院”挂牌成立。子公司北京首航科学技术开发有限公司正式公开挂牌。史海军市级职工创新工作室揭牌。

（魏晓欣）

【**荣获国家科学技术进步奖**】 1月8日，中共中央、国务院在北京隆重举行国家科学技术奖励大会，公司牵头申报的《新一代运载火箭箭体结构制造关键技术及装备》项目荣获国家科学技术进步二等奖。该项目通过十余年的艰苦攻关，开发了具有轻质化、高性能特征的运载火箭新一代制造技术，研制出具有完全自主知识产权的箭体结构制造系列化成套特种装备，构建了我国新一代运载火箭制造能力平台，支撑了我国新一代火箭的成功研制。获授权发明专利35项，软件著作权6项，制定行业标准5项，填补国内相关标准空白。

（魏晓欣）

【**人力社保部副部长调研公司技能人才队伍建设**】 1月8日，人力资源和社会保障部副部长汤涛、职业能力建设司司长张立新一行到公司调研航天技能人才队伍建设情况，听取航天科技一线人员对国家技能人才队伍建设的建议和意见。集团公司党组副书记方向明、院党委副书记罗晓阳、公司党委书记陶钢等陪同调研。汤涛一行参观了高凤林国家级技能大师工作室、马利国家级技能大师工作室，针对技能人才引进方式、收入待遇水平、职业技能培训模式、职业技能竞赛平台、人才成长通道等方面的现状、政策措施和改进建议与大家进行了深入交流。汤涛对集团公司、一院和公司在高技能人才队伍的做法和取得的成绩给予充分肯定，同时也提出了进一步落实国家政策制度的建议和要求。

（魏晓欣）

【长征三号乙遥五十六火箭发射取得圆满成功】 1月11日1时11分，长征三号乙遥五十六运载火箭发射中星2D卫星获得圆满成功。本发火箭是2019年全院宇航发射任务的首发火箭。

（魏晓欣）

【荣获全国职工优秀技术创新成果一等奖】 1月17日，由全国总工会、人社部、科技部、工信部、住建部共同举办的第六届全国职工职业技能大赛暨第五届全国职工优秀技术创新交流活动总结大会上，公司员工高凤林、孔兆财等共同完成的《长三甲系列运载火箭氢氧发动机关键组件异种金属连接技术》荣获第五届全国职工优秀技术创新成果一等奖。

（魏晓欣）

【获批天津市"杀手锏"产品研发项目】 1月23日收悉，子公司天津火箭公司长征七号系列运载火箭获批为天津市"杀手锏"产品，获得天津市财政资金支持100万元，支持资金将用于天津火箭公司工艺优化项目。

（魏晓欣）

【钱卫平一行到公司调研指导工作】 2月21日，装备发展部副部长钱卫平一行到公司调研指导工作，一院院长郝照平，副院长唐一华，公司总经理赵熙春、副总经理金存等领导前往陪同。钱卫平一行首先到发动机涡轮泵工段及YF-75、YF-75D发动机总装现场查看相关产品，对发动机的结构原理和产品生产装配过程进行了了解。随后又到总装事业部现场，参观了厂房内有关CZ-2F、CZ-5、等型号的展板、模型和发动机。之后听取了载人航天运载火箭研制情况专题汇报。针对当前任务情况钱卫平传达了三点要求：一是要打好载人航天空间站的硬仗，面对后续重大载人空间站发射任务，要做好相关产品试验工作；二是要从长远、全局来看载人探月工程，在路径选择比较、方案优化上，一院队伍要发挥支撑作用，提供好的建议意见；三是要做好体系设计，构建现代化体系，支撑现实中存在的问题。

（魏晓欣）

【"乐老家园"民生工程启动】 3月15日，举行三角地生活区单元楼加装外挂电梯方案图评审会，标志着"乐老家园"民生工程正式启动。公司决定，从2019年起，为离退休人员办实事8项，其中敬老爱心工程3项、乐老家园工程5项。生活区单元楼加装外挂电梯项目属于"乐老家园"工程，该项目是2019年公司一项重要的民生工程，目的是通过给符合条件的老旧楼房装外挂电梯，解决部分退休老同志的出行问题。

（魏晓欣）

【国内首个3.35米直径整体旋压箱底通过液压考核】 3月27日，公司制造的国内首个3.35米直径整体旋压成形箱底成功通过液压试验考核，验证了3.35米整体旋压箱底性能指标，标志着该箱底可正式用于型号飞行试验。

（魏晓欣）

【"新时代工匠学院"挂牌成立】 3月28日，中国国防邮电职工技术协会在公司挂牌成立新时代工匠学院，进一步弘扬工匠精神，传承工匠技艺，普及先进制造技术。中华全国总工会书记处书记曲昭伟，中国国防邮电工会主席屈增国，中国国防邮电工会副主席、中国国防邮电职工技术协会理事长李树国，集团公司党组副书记方向明，院党委书记李明华，院党委副书记、工会主席罗晓阳，公司党委书记陶钢，党委副书记、工会主席石立强等出席了授牌仪式。新时代工匠学院是中国国防邮电职工技术协会依托大型骨干企业创建的工匠人才培育平台，现已成为国防邮电产业高技能人才培养的品牌工程。此次成立的新时代工匠学院，同时设立了特种熔融焊接专业技术委员会。院首席技能专家、全国劳动模范、大国工匠、中华全国总工会兼职副主席高凤林担任特种熔融焊接专业技术委员会带头人。

（魏晓欣）

【长三甲系列第100次发射任务取得圆满成

功】 4月20日22时41分，长征三号乙遥五十九运载火箭发射北斗三号IGSO-1卫星取得圆满成功。本次任务是北斗三号工程的第20颗卫星，是长三甲系列火箭的第100次发射，对北斗导航卫星系统全球组网工程建设具有极为重大的意义。此次发射的成功，标志着长三甲系列火箭成为我国首个单一系列型号火箭实现百次发射的型号。

（魏晓欣）

【第六届航天工程和高性能材料需求与应用高端论坛】 4月23日至25日，正值2019年“中国航天日”活动期间，由工业和信息化部、国防科工局、国家航天局、湖南省人民政府主办，中国宇航学会和中国航天基金会、湖南大学联合承办的“第二届中国航天大会”在长沙召开。大会以“逐梦航天，合作共赢”为主题，通过学术论坛、产业活动、文创活动和科普教育等多种形式，聚焦航天产业政策、领域技术发展、产业合作和专业前沿热点问题，与国内外航天领域的资深专家、学者、政策制定者共同推动航天强国建设。大会学术论坛由大会主论坛及十场专业论坛组成，公司作为宇航学会飞行器制造工艺专委会依托单位，与航天材料及工艺研究所、北京卫星制造厂有限公司、中南大学轻质高强结构材料国防科技重点实验室联合承办了“宇航先进材料与制造专业论坛暨第六届航天工程和高性能材料需求与应用高端论坛”。论坛邀请了国防科工局探月中心副主任于国斌、中国航天科技集团科技委副主任于登云、中国宇航学会副秘书长张铁钧、中南大学副校长周科朝致辞，来自航天材料、制造技术领域的近200名专家、学者出席了本次专业论坛。本次论坛围绕航天工程和新材料与制造技术深度对接、融合，13位航天、材料与制造界的著名专家、科研一线学者做了特邀报告。

（魏晓欣）

【参加首届央企故事大赛优秀故事发布活动】 5月10日，由国资委宣传局主办的“我和我的祖国”首届央企故事大赛优秀故事发布活动，在人民日报社1号演播厅进行现场直播。公司员工参加了此次活动，现场讲述了“神手高凤林”的传奇故事。此次发布活动从国资委宣传局举办的“走进新时代展现新形象——中国石化长城润滑油杯庆祝改革开放40周年中央企业故事大赛”获奖作品中挑选了12篇典型故事。来自12家中央企业的员工，通过情景剧、讲述等多种艺术形式，对故事进行了生动演绎。“神手高凤林”通过“起死回生的诊断”、“为中国人争气”两个故事，生动讲述了高凤林在氢氧火箭发动机研制中攻坚克难的故事，以及高凤林凭借精湛技艺解决国际难题的故事，鲜活地呈现了大国工匠高凤林的卓越风采，传播了航天文化。

（魏晓欣）

【长五火箭竖立分解发动机工作顺利完成】 5月25日，公司首次顺利完成长征五号火箭两台发动机分机的竖立分解工作，成功验证了火箭竖立状态下发动机分解方案的可行性，同时为“长五”后续生产工作赢得更多时间。

（魏晓欣）

【与泰安航天特种车有限公司开展团组织共建】 5月27日，为加强工作交流，扎实推进改革，坚持服务大局，努力形成“资源共享、团建共做、优势互补、协调发展”的共青团工作新格局，公司与泰安航天特种车有限公司签订了团组织共建协议书。公司党委副书记石立强，泰安航天特种车有限公司党委副书记孟祥辉，双方团委负责人及青年代表出席签约仪式。后续双方将开展结对共建，精准发力；通过资源整合，强强联合，更好地服务中心、服务广大青年，助力企业建设与发展。

（魏晓欣）

【长征十一号运载火箭海上发射取得圆满成功】 6月5日12时06分，CZ-11海上发射遥一火箭搭载东方红捕风A/B等七颗卫星在我国黄海海域实现海上发射，并取得圆满成功。CZ-11作为我国长征系列运载火箭中唯一的固体运载火箭，自2015年首飞以来，已实现连续6次发射成功并高精度入轨。此次是第7发，是我国首次实现火箭海上发射方案，意义非同凡响。

（魏晓欣）

【全国政协副秘书长韩建华一行莅临一院开展调研活动】 7月5日，全国政协副秘书长韩建华一行莅临一院开展调研活动，期间参观公司运载火箭总装现场并座谈交流。院党委书记李明华、党委副书记罗晓阳，全国政协委员、院士、型号总师姜杰，公司党委书记陶钢陪同参观并参加座谈。会议期间罗晓阳从一院概况、精神文化两方面作了主题报告，李明华对各位来宾表示热烈欢迎，并对航天工程的系统性进行了简要阐释。韩建华表示，通过现场参观，近距离感受了运载火箭的魅力，通过主题报告，对航天精神、航天事业发展有了更加深入的了解，极大的增强了自信心与使命感，活动结束后，将组织有关人员继续深入学习，认真总结，消化吸收，为后续工作提供指导借鉴。

（魏晓欣）

【签署“火箭 卫星 高铁 大船 飞机”总装制造党建共建协议】 8月15日，2019年度“火箭 卫星 高铁 大船 飞机”总装制造党建共建工作联席会在中车唐山公司召开。会上中车唐山公司党委与首都航天机械有限公司、上海飞机制造有限公司、上海卫星装备研究所、江南造船（集团）有限责任公司四家单位党委签署党建共建协议。通过搭建党委层面共建平台，以及总装制造车间和“大国工匠”、高技能人才之间的联建平台，将党建互促互进的政治优势转化为中国装备制造业“大国重器”的发展优势，实现合作共赢。

（魏晓欣）

【捷龙一号火箭发射取得圆满成功】 8月17日12时11分，在酒泉卫星发射中心，捷龙一号火箭点火起飞，以“一箭三星”的方式将“千乘一号01星”“星时代-5”和“天启二号”卫星送入预定轨道，发射取得圆满成功。作为我院研制的第一款商业航天运载火箭，捷龙一号的成功发射开启了我国商业航天新篇章。

（魏晓欣）

【通过环境和安全管理体系现场监督审核】 8月26日至30日，公司接受并通过了北京军友诚信检测认证有限公司专家审核组的环境和安全管理体系现场监督审核，将继续保持认证注册资格。

（魏晓欣）

【史海军市级职工创新工作室揭牌】 9月25日，公司史海军市级职工创新工作室正式揭牌。为提升职工创新意识和创新水平，推动高技能人才培养及科技成果推广转化，北京市总工会和北京市科学技术委员会联合开展了“2018年度市级（示范性）职工创新工作室评选、认定暨首都职工自主创新成果征集、评选、推广”活动，公司积极组织参加了此次活动，并被认定为市级职工创新工作室。史海军技能大师工作室成立于2016年，是中国航天科技集团批准成立的技能大师工作室。史海军作为工作带头人，获得全国技术能手、中国航天基金奖、航天科技集团公司人才队伍建设领域智库专家、丰台区首席技师等多项荣誉，2019年被评选为院劳动模范。

（魏晓欣）

【子公司北京首航科学技术开发有限公司正式挂牌】 10月12日，公司所属产业子公司北京首航科学技术开发有限公司（简称“北京首航公司”）正式通过北京产权交易所审核，公开挂牌成功。公司1月正式启动北京首航公司增资项目，聘请专业机构先后完成了专项审计、资产评估工作，编制详细的《增资方案》，起草《增资协议》《公司章程（修订版）》《增资信息披露申请书》等文件，公司法律顾问及律师事务所分别出具《法律意见书》。北京首航公司公开挂牌，标志着公司所属产业子公司市场化运营迈出重要一步。

（魏晓欣）

【家园广场项目完成改造】 10月21日，位于东高地社区的家园广场项目完成改造，正式对外开放。8月28日，公司正式启动了旧家园广场的拆除工作，经过1个多月的施工，家园广场改造工作完成。改造后的家园广场使用了旱喷形式的喷泉水池，扩大了居民的活动范围。同时，家园广场增加了座椅与舞台廊架，不仅提供了休息与交流的空间，而且为居民提供了表演舞台，增加了娱乐方式。家园广场改造项目属于公司“乐老家园”工程，是 2019 年民生 8 件实事之一。全年，民生 8 件实事已有 4 件完工，其余 4 件正在有序推进。

（魏晓欣）

【荣获第 71 届德国纽伦堡国际发明展金奖】 10 月 30 日至 11 月 3 日，在德国举行的第 71 届纽伦堡国际发明展上，公司“运载火箭贮箱总装环缝卧式搅拌摩擦焊接装备”项目荣获金奖。该项目首次提出左右压紧机构为主驱动、床头床尾随动的总体布局方案；发明铣装焊一体化复合内撑装置；突破搅拌头动态回抽与塑性金属自回填匹配技术，解决匙孔缺陷等难题；创造性应用了恒位移、恒压力的自适应焊接控制方法。其工艺方法先进、数字化程度高、综合性能好，核心技术指标优，经专家鉴定达到国内领先、国际先进水平。该装备技术还可以应用到核工业、船舶、高铁、化工等领域，助力于焊接制造技术的升级换代，具有广阔的发展前景。

（魏晓欣）

【“不忘初心 牢记使命”中央第二联络组到公司开展主题党日活动】 12 月 13 日，“不忘初心 牢记使命”中央第二联络组组长宿彦一行到公司总装事业部开展主题党日活动。集团公司党组副书记方向明，院长王小军，院党委副书记、工会主席罗晓阳，院相关部门领导，公司党委副书记、工会主席石立强等领导陪同。活动过程中，宿彦一行详细了解了公司生产的各型号运载火箭的情况，近距离参观了长征二号 F 型运载火箭以及长征三号甲系列运载火箭。

（魏晓欣）

【长征五号遥三运载火箭发射成功】 12 月 27 日晚 8 点 45 分，长征五号运载火箭在海南文昌卫星发射中心点火发射，成功将实践二十号卫星送入预定轨道，发射任务取得圆满成功。长五火箭为两级半液体火箭，直径 5 米，全箭长约 57 米，起飞重量约 870 吨，是长征火箭中最大的火箭，整体技术达国际前列。长五火箭具备近地轨道 25 吨级、地球同步转移轨道 14 吨级的运载能力，比现役火箭的运载能力提升了 5.2 倍以上，使中国运载火箭的规模实现了从中型到大型的跨越，运载能力达到或超越国外主流大型运载火箭。长征五号将执行月面采样返回、载人空间站建设、火星探测等重大专项任务。此次发射是长征系列运载火箭的第 323 次发射，长征五号运载火箭的第 3 次发射。

（魏晓欣）

【国资委赵爱明副主任一行到公司参观】 12 月 31 日，国资委党委委员、副主任赵爱明到公司总装事业部参观。集团公司党组副书记方向明，相关部门领导，院党委书记李明华，院党委副书记、工会主席罗晓阳，长三甲系列火箭总设计师姜杰，公司党委书记陶钢，党委副书记、工会主席石立强等领导陪同。参观过程中，赵爱明详细了解了公司生产的各型号运载火箭的情况，近距离参观了正在总装的长征二号 F 型运载火箭以及长征三号甲系列运载火箭。赵爱明表示，公司各型号产品，尤其是长征五号火箭，不仅提振了全国人民的信心，而且增强了国防实力，强调希望公司在 2020 年继续努力，在核心技术方面有所突破，取得更加辉煌的成绩。

（魏晓欣）

中车北京二七车辆有限公司

【概　况】 2019 年，公司本部在册人数 1030 人，其中教授级高级工程师 7 人、高级专业技术职称 64 人、中级专业技术职称 94 人、高级技师资格 53 人、技师资格 96 人。本部（不含子公司）固定资产原值为 53982 万元，固定资产设备 2187 台，净值 7993.26 元万元；建筑物 163 栋，净值 3494.84 万元。公司设有行政部室 11 个、党群部门 4 个、分公司 1 个、一级全资子公司 1 个、一级控股子公司 1 个、二级控股子公司 1 个。年初，中车集团下达给公司主要经营指标为：营业收入 14,000 万元；利润总额 –23,000 万元。11 月，公司积极响应中车集团子公司主要指标调整方案，调整利润总额指标为 -13,000 万元。年末，公司营业收入完成 17,296 万元，归属母公司净利润完成 -12,734 万元，圆满完成全年经营指标。

（李 峰 费 霞）

【规划发展】 年内，以土地资源增值最大化、整体利益最大化为目标，在中车统筹安排下，开展土地盘活工作。1 月至 10 月，中车组织召开 10 次土地盘活工作会议，各方充分讨论沟通，形成《国管局与中车集团关于中车在京企业土地盘活利用合作意向书》，待科技园公司牵头与国管局沟通，落实签约事项。编制《中车北京二七车辆公司 2019–2021 年发展规划》，总结公司 2018 年经营发展情况，明确 2019–2021 年发展目标，制定资源支撑计划、重点及保障措施。编制《中车北京二七车辆有限公司“十三五”发展规划（2019 年修订）》，总结“十三五”经营发展情况，修订“十三五”发展目标，制定公司业务发展规划及发展措施。启动实施“创一流”工作，制定《中车北京二七车辆有限公司创建世界一流示范企业实施方案》，分解并实施“八大工程”目标。

（李 峰 费 霞）

【改革改制】 年内，推进公司所持长铁公司 47.4%股权转让工作，1 月 24 日，二七车辆公司办公会审议通过了《关于成立公司所持长铁公司 47.4%股权转让工作组织机构并启动项目法律咨询业务的请示》的提案。2 月 19 日，成立转让工作组，启动项目法律咨询业务工作。长铁公司通过公开报名的方式成立了员工安置、股权转让方案修订工作组。7 月 10 日出台了《长铁公司员工安置和历史问题处理方案》。11 月 1 日，长铁自然人股东代表与意向受让方之一陕西中林公司代表袁梅召开了座谈会。目前公司正积极解决股权冻结、开展资产评估工作。丰华实公司、隆长泰公司制造业退出奖励申报工作。顺利通过丰台区经信委、发改委、街道办事处等政府部门的 11 次现场检查取证，奖励资金共计 346.46 万元。

（李 峰 费 霞）

【经营管理】 年内，紧扣“提高品质、降本节支”经营主线，从调整机制、强化管理、节支降本、深化转型四个方面，拓宽公司全年的经营工作路径，坚持创新驱动，狠抓内部管理，持续深化改革，推进转型升级。通过“1+7”项主要项目，从促转型、调机制、强管理、防风险四个方面，拓宽公司全年的经营工作路径，克服了人员大幅变动、资金严重短缺等各方面困难，公司圆满完成营业收入、净利润、两金、待岗人员安置、人员维稳、不动产盘活、转型升级等主要经营指标。公司未发生决策失误、安全生产与质量责任事故、重点环境污染事故；重大违纪案件 0 件，重大法律纠纷案件 0 件；“三供一业”移交工作基本完成。全年未发生到中车总部及上级机关群体上访并造成不良影响事件。

（李 峰 费 霞）

【生产运营】 年内，为促进企业转型，打造现代服务型企业，下发《规章制度废改立工作方案》（二七车辆运营〔2018〕7 号），全面启动了规章制度体系再造工作。新的制度体系由 17 个模块精简为 11 个模块，行政管理制度由 276 个精简为 134 个，党委管理制度由 61 个优化为 74 个。围绕由制造型企业向服务型企业转型的总体目标，分步、有序理顺部门管理职能、明晰权责关系，提高工作效率，结合公司转型过渡期部门职能运转实际，重点聚焦规划控制、财务控制、风险控制、资源配置、运营管理和党建纪检监察等六项核心职能作用的发挥，构建了与公司转型发展规划相匹配的组织机构。立足土地资源及公司发展定位，提前酝酿双创园设计输入，对重点项目组织调研策划。与河北威日、华夏宏源、容联三家公司分别制定智慧园区信息平台实施方案。积极运用企业资源、网络资源及个人资源拓展新项目，2019 年新开发项目 19 个，项目类型覆盖轨道交通、智能制造、无人驾驶、新材料以及环保等多个领域，其中钢结构装配式集成建筑项目与合作方签订战略合作意向书，项目建议书于 12 月 12 日上报中车集团。货车自定位系统在方案研究过程中，智慧冷链物流项目正在与北菜集团、中车石家庄公司就业务形态和合作模式进行商讨。

（李 峰 费 霞）

【市场营销】 年内，积极开展资产处置，全年共处置设备资产578台，合同金额994万元。其中，在北京产权交易所累计出售设备资产389台，合同金额892.81万元；在中车废旧物资处置平台订钢网上实现网上竞价销售12批次，合同金额为1110万元，涉及物资总吨数约为3600吨，已经全部履行完毕；完成应收账款清收回款3861万元，共结清26家单位，其中主要为中车系统6家子公司应收账款1921万元，泰铁车应收账款1600万元，接触网平车应收账款18家金额约209万元。

（李 峰 费 霞）

【基建与技改】 年内，积极推进职工家属区“三供一业”分离移交工作，供水系统分离移交维修改造工作全部完成，供水移交户数3482户；完成供电职能移交和现有供电设施资产移交工作，移交户数4065户，供电改造工作正在进行；7月，物业管理职能正式移交北京房修一建筑工程有限公司，物业移交户数3690户，物业改造工作正在进行中。

（李 峰 费 霞）

【人力资源管理】 年内，按照“控制总量、优化结构、提高效率”和“严把入口，疏通出口”的原则，在满足公司转型期正常经营需要的前提下，严格控制用工总量，降低待岗人员数量。员工人数由1080人下降到1030人，待岗人员由438人降低至398人。为进一步科学合理的配置和优化用工结构，结合公司人力资源情况和员工内部招聘管理办法的规定，2019年内部招聘11人，其中财务部2人、党委工作部1人、群团工作部1人、设备维修分公司7人。按照干部管理“五化”要求，持续加强领导干部管理和监督工作。持续梳理领导干部信息，对公司中层及以上领导人事档案进行全面核查，全面梳理了领导干部的“三龄两历”等信息，并对人力资源信息系统数据进行更新。开展职称评审和高校毕业生招聘工作,完成初级与中级12人的职称评聘工作，推荐2人参加集团公司高级职称评审；根据公司转型升级业务需要，向集团公司提报了2020年高校毕业生接收计划，计划本部招收3人，控股公司招收3人。根据公司转型发展方向，结合各部门发展需求，人力资源部制定了《公司近三年人力资源规划》，制订下发了《2019年培训计划》，特殊工种复审、取证培训4期，共培训28人次。组织公司员工96人次参加委外培训。

（李 峰 费 霞）

【企业文化建设】 年内，组织开展建国70周年和“中车日”系列活动。与二七机车厂联合组织“我和我的祖国”大合唱，进一步增强了职工的民族自豪感。以“守初心、谋发展、我奉献”为主题开展征文活动，收到很多具有真知灼见的作品，通过张贴宣传画、播放建国70周年和“中车日”视频、在公众号发布原创作品等方式烘托节日气氛，宣传爱国主义精神和中车文化。按照《关于加强企业文化建设的通知》要求，对企业使命、愿景、核心价值观、组织氛围、工作作风五项内容进行核查，使其表述与中车保持一致。做好VI、BI回头看工作。发动全员在全公司范围内开展VI、BI自查自改工作，对工作行为、场所标识等进行全方位无死角检查，共发现、整改问题15项，使VI、BI工作深入人心、外化于行。根据公司党委“不忘初心、牢记使命”主题教育活动安排，8月中旬至9月初，与产投中心联合开展了转型升级问卷调查工作，8月22日下发了《关于开展二七车辆公司企业转型升级问卷调查的通知》，发放了“公司转型我参与，我与公司共发展”调查问卷，共收集项目信息10条，同时在高端智慧物流开展方面收集到一些有参考价值的建议。

（李 峰 费 霞）

【党群工作】 年内，提高政治站位，增强“四个意识”，树立“四个自信”，坚决做到“两个维护”，深入学习贯彻习近平新时代中国特色社会主义思想和党的十九大精神，贯彻落实习近平总书记视察中车重要指示精神及全国国有企业党的建设工作会议精神，在中车集团公司党委的坚强领导和大力支持下，认真贯彻执行中车党委常委扩大会议要求，紧紧围绕新时代党的建设总要求，以党的政治建设为统领，深入开展“不忘初心、牢记使命”主题教育，持续提升党员干部党性意识、宗旨意识，坚持讲政治、保稳定、谋转型、图发展的工作思路，以党建“成效跃升年”为主题，以党建工作责任制为抓手，全面提升党的建设质量。强化党风廉政建设，认真落实全面从严治党“两个责任”，切实履行监督责任。盯紧关键少数，落实监督责任，用好“四种形态”，强化监督执纪，落实中车工作部署，深化监督责任。

（李　峰　费　霞）

中车北京二七机车有限公司

【概　况】 中车北京二七机车有限公司（以下简称二七机车公司）隶属于中国中车集团有限公司，前身是始建于1897年的邮传部卢保铁路卢沟桥机厂。百年“二七”，历经风雨洗礼，孕育了北京近代工业产业，是“二七”工人运动的主要策源地，也是新中国第一台内燃机车的诞生地。二七机车公司主要经营的项目是：开发、设计、销售铁路及城市轨道交通运输设备、电子设备、机械电器设备，技术咨询、技术服务，技术进出口、代理进出口、货物进出口，机械设备租赁等。专业承包。2018年开始，按照国家疏解非首都功能工作及中车集团公司发展战略和业务重组规划的相关要求，二七机车公司已全面退出制造业，正式由中车股份转入中车集团。二七机车公司按照北京市“四个中心”定位要求，结合中车集团业务发展需要，在实施老厂区保护再利用的基础上，围绕文化创意产业和体育产业开展相关业务,打造“中车二七厂1897”文化科技创新城和二七厂国家冰雪运动训练科研基地，未来将围绕科技、文化和体育等服务型产业开展相关业务。二七机车公司目前员工数量764人，资产约22.5亿元。下属参控股公司4家，分别为北京中车长客二七轨道装备有限公司、天津二七康库得曲轴有限公司、北京中车二七重型机械有限公司以及北京中车二七达诺巴特机床制造有限公司。

（周燕平）

【规划发展】 2019年实现营业收入13235万元，利润总额-26900万元。年内，二七机车公司围绕文化体育产业转型升级，主要开展了国家冰雪运动训练科研基地和二七厂1897科创园两个项目的建设工作。根据中车集团与国家体育总局达成的合作框架协议，双方合作在二七机车公司利用原有厂房改建国家冰雪运动训练科研基地。基地总建筑面积约6万平方米，由速滑馆、轮滑馆、运动员公寓、康复医疗中心、风洞实验室、六自由度训练馆等训练科研场馆以及锅炉房、总配电室等辅助设施组成，计划在2020年全部建成投入使用。8月，二七机车公司与北京体育大学签订了房屋租赁协议，租赁面积约6万平方米。9月28日，北京首座，中国第7座大道速滑馆在二七机车公司原备料车间改建完成并投入使用。10月10日至12日，速滑国家队直通国际比赛选拔赛在此举行，北京电视台冬奥频道对赛事全程进行了直播。通过与青旅文化产业发展（北京）有限公司的合作，二七厂1897科创园年内完成建设并于10月开园。二七机车公司与青旅文化产业发展（北京）有限公司签订了租赁合同，出租面积约1.6万平方米。

（周燕平）

【改革改制】 年内，二七机车公司依据中车集团发展战略，深入贯彻落实《中车关于二七车辆、二七机车公司（厂）未来发展初步定位的通知》（中车股份重组办〔2017〕323号）的相关精神，结合北京市相关政策要求，向符合北京市“四个中心”定位的业务转型。目前国家冰雪运动项目训练基地已落户二七机车公司本部所在的长辛店厂区，1897科技园业务已初步体现了“文化”特点。2019年，二七机车公司加强亏损企业治理，在下属子公司重机公司和二七康库得公司依靠经营无法实现扭亏为盈的情况下，为避免亏损继续加大，制定了两个子公司破产清算方案，报集团公司立项批复并向法院提出破产清算申请。12月，法院已立案裁定并指定管理人，完成与两个管理人的移交。

（周燕平）

【经营管理】 年内，二七机车公司按照中车“1+N”要求，以全面预算管理为主线，以两金压降、亏损企业治理、低效无效资产处置、应收账款清欠等为抓手，全面开展提质增效活动。开展费用支出清理，杜绝一切非必要开支，对必须支出的费用严格控制支出。全年可控期间费用同比下降27.29%，两金占用下降7148万元，降幅21.5%。全年基本完成低效无效股权处置2户（重机公司、二七康库得公司）；完成低效无效设备处置1465项，净值8429万元。结合实际围绕安全、环保、消防、保卫、维稳等工作中的变化，修订完善安全管理制度，制定治安应急管理机制，组织完成对危险源和环境因素进行重新梳理识别，做好制造业遗留危险源处置准备工作，全年公司安全管理的有效控制，安全生产状况有序可控，总体稳定，无死亡、无新增现岗职业病，发生轻伤1起，轻伤率为1.29‰，无重大盗窃案件和重大火灾事故。加强相关方管理，严审相关方安全生产资质，定期日常巡查及监管；强化动火、有限空间作业等审批管理，配置有限空间作业应急物资，做好应急处置预案准备。全年安全检查共下达3张相关方不符合整改通知单；相关方专项安全检查下达检查结果通知函3次，督促完成对不符合项进行整改，切实履行安全主体责任。持续强化公司污水站设备、设施运行监管，对相关方日常巡查及监管。完成制造业遗留危废化学品处置0.8吨；全年公司氨氮排放量0.0098吨；化学需氧量排放量0.4626吨；二氧化硫排放量与氮氧化物排放量均为0，无环保事件发生。“三供一业”移交。二七机车公司按照集团公司要求完成了供水、供暖、供电和物业管理的分离移交协议的签订工作，分离移交的具体工作有序开展。积极推动完成二七机车厂公司股权由大连实业公司划转至中车集团公司，为后续企业合并重组创造条件；根据各改制企业的实际情况，积极推动参股改制企业的股权处置工作，完成宏泰公司的疏解注销工作，实现股权处置并收回投资成本。

（周燕平）

【人力资源管理】 年内，完成员工分流安置的收尾工作，完成1016名员工档案（含445名特殊工种作业人员档案）的人工核实、信息统计及人员分类等整理工作，确保转档工作的高效性及准确性；完成公司定岗定编定员工作，开展竞聘上岗工作，分两批次聘用待岗员工174人，基本实现人岗匹配，保证了公司的用工需求；以培训中心为基础，依托国家和地方政府的政策及资源，在公司内部实施第二技能转岗培训工作，为待岗人员的劳务输出打好基础。

（周燕平）

【基本建设和技术改造】 年内，中车轨道交通装备产业园（窦店产业园）项目累计完成总投资16.2亿元。其中调试联合厂房、组装联合厂房、零部件加工厂房、涂装加工厂房、钢结构厂房、备料厂房等六大厂房完成封闭，锅炉房、水泵房、开闭站等配套设施完成施工。经过集团公司、长客股份公司及二七机车公司与北京市政府、房山区政府多次沟通，本项目根据实际情况进行了适当调整并获得了各方认可。

（周燕平）

【企业文化建设】 年内，宣传思想工作以舆论环境的新变化和员工思想的新特征为出发点，以公司自有媒体微信公众平台《百年二七》和宣传展板为主要形式，宣传马克思主义原理，开展“不忘初心、牢记使命”主题教育学习动态展，牢牢把控舆论阵地。在主题教育期间，与丰台区委宣传部、长辛店街道工委共建《中国工人运动与党的初心和使命》展览，展示了中国工人阶级在中国共产党的领导下，以党的初心和使命为引领，积极发挥领导阶级和主力军作用，体现在各个历史时期所作出的巨大贡献和所展现出的伟大精神。发挥二七纪念馆爱国主义教育基地作用，宣传党的历史和工人运动历史，传承正能量。全年二七纪念馆接待来自全国、全市机关、部队、企业、院校、工会干部、社区干部参观共计437场次，15580人次，其中在主题教育期间接待了293场次，10446人次。

（周燕平）

【党群工作】 年内，学习贯彻党的十九大、十九届历次全会精神，开展“不忘初心、牢记使命”主题教育，推动党建工作与公司转型融和发展。查找纠正“四风”突出问题，整顿软弱涣散现象。激发公司各党支部的战斗堡垒作用，发挥党员的先锋模范作用。举办“中国工人运动与党的初心和使命”主题展。强化纪律约束，净化企业政治生态。深化监督检查，严格落实“两个责任”。加强宣传教育，推进廉政文化建设。加强权力运行监督，确保风险防控。关心关爱劳动模范和职工生活，创建良好工作生活氛围。

（周燕平）

北京京丰燃气发电有限责任公司

【概 况】 2019 年，北京京丰燃气发电有限责任公司（以下简称京丰公司）全面推行“五精”管理，创建“三基九力”团队理念，加强安全管理，夯实安全基础；加强作风建设，严肃追责问责，圆满完成国庆 70 周年庆典及各项政治保电工作，完成了集团公司下达的考核指标和公司的各项生产经营任务。公司全年未发生人身伤亡事故、未发生有人员责任的重大设备事故、未发生重大火灾事故，安全生产实现“十无”，生产经营继续保持良好态势。

（胡岩毅）

【“守初心 担使命”特色主题党日活动】 为庆祝建党 98 周年，积极营造“不忘初心 牢记使命”主题教育的浓厚氛围，激励党员干部在新时代有新担当新作为，6 月中旬，开展“守初心 担使命”特色主题党日活动，组织党员到“没有共产党就没有新中国”纪念馆、八宝山革命公墓、中国人民抗日战争纪念馆、京西第一党支部、“中国行”爱国主义教育基地开展了缅怀革命先烈聆听红色故事、不忘峥嵘岁月重温抗战精神、追寻深山中的星星之火、重走长征路等主题党日活动。

（胡岩毅）

【“壮丽 70 年 拼搏 60 载”环厂接力活动】 为庆祝新中国成立 70 周年和建厂 60 周年，6 月 28 日，举办“壮丽 70 年 拼搏 60 载”环厂接力活动，60 名在职职工和 30 名退休职工共同参加了活动。活动的开展，传递着力量，传递着京丰职工顽强拼搏、昂扬向上的精神风貌。

（胡岩毅）

【完成国庆电力保障任务】 “十一”国庆期间，京丰公司认真履行节日保发电的社会责任，严抓落实，强化管控，切实做好机组维护、治安保卫、交通安全、信访维稳等工作，确保了国庆期间安全生产态势平稳。10 月 1 日至 8 日，公司累计安全发电 0.34 亿千瓦时，圆满完成国庆电力保障任务。

（胡岩毅）

【完成 1 号燃机 A 级检修任务】 10 月 14 日，京丰公司 1 号燃气机组经过两个多月的检修后一次启动成功，顺利并网归调，整体运行稳定，各项技术参数指标优良，实现了安全、优质、高效的检修工作目标。本次检修期间正值中秋节和国庆节，广大干部职工放弃与亲友团聚的机会，舍小顾大，凝心聚力，为提前高质保量完成机组的检修任务不懈努力。

（胡岩毅）

【光伏项目正式投入运营】 12 月 10 日，京丰公司厂区总装机容量 612.48 kWp 分布式光伏项目顺利通过丰台供电局验收，正式并网发电。至此，京丰公司首个光伏发电项目正式投入运营，标志着公司在新能源光伏项目开发上迈出了坚实的第一步。

（胡岩毅）

北京三兴汽车有限公司

【概 况】 2019 年，北京三兴汽车有限公司认真贯彻落实党的十九大和十九届四中全会精神、集团公司年度工作会议精神，坚持以习近平新时代中国特色社会主义思想为指导，紧紧围绕高质量发展的总体目标，扎实开展“不忘初心 牢记使命”主题教育，全面贯彻落实上级工作要求，全体职工齐心协力、艰苦奋战，稳步推进各项重点工作。面对军改后订单增加、重大招标项目集中、70周年国庆等重大任务，投入研发经费1864万元，开展28项新产品研发，累计申请专利35项，其中发明专利5项、实用新型专利30项目，年内获得专利授权23项。公司上下克服了极大的挑战和重重困难，较好的完成了各项重点工作，实现订单4.58亿元，营业收入3.73亿元，利润2313.12万元。

（陈　静）

【“闫成文工作室”揭牌】　3月18日，丰台区总工会副主席刘振丽、丰台技术交流站主任王烈专程到北京三兴汽车有限公司，向“闫成文工作室”授牌，并送来创新工作室建设资金。北京市劳模、创新工作室带头人闫成文表示，工作室团队将以市级授牌为动力，发扬创新精神，再接再厉，为企业培养出更多更优秀的创新型技术人才，提高企业自主创新能力。

（陈　静）

【售后服务五星级认证】　4月，在“全国商品售后服务体系项目”专家组评审中，北京三兴汽车有限公司在汽车及金属结构方面，顺利通过了现场审核，综合评审达到商品售后服务“五星级”评价标准，获得了售后服务五星级认证证书，标志着北京三兴汽车有限公司售后服务获得了售后领域专家的认可和肯定，达到了国家标准，取得了行业领先的地位。

（陈　静）

【“中关村高新技术企业”认证】　北京三兴汽车有限公司不断加强技术力量，提升企业核心竞争力，在技术创新和新产品研发上取得了成绩。4月，通过一系列严格审核，正式获得中关村科技园区管理委员会颁发的“中关村高新技术企业”资质证书。这也是继北京市高新技术企业认证之后，科技创新实力再次得到认可。

（陈　静）

【全国“五一”劳动奖章获得者关新民】　5月，北京三兴汽车有限公司关新民荣获2019年全国五一劳动奖章。他是2019年丰台区唯一获此殊荣的人物，也是北京三兴汽车有限公司在连续3年获得首都劳动奖章后，收获的第一枚全国五一劳动奖章。关新民此次获奖，对促进北京三兴汽车有限公司员工树立“工匠意识”，加强技术创新，不断提质增效起到积极的推动作用，让工匠精神真正助力公司实现高质量发展。

（陈　静）

【开展“不忘初心　牢记使命”主题教育活动】　6月至8月，围绕“守初心、担使命、找差距、抓落实”总要求，以“理论学习有收获、思想政治受洗礼、干事创业有激情、为民务实解难题、清正廉洁做表率”的目标，通过动员部署、学习研讨、调查研究、专题党课、检视问题、专项整改、民主生活会、评估总结等工作环节，扎实完成了“不忘初心　牢记使命”主题教育活动，取得了良好成效。

（陈　静）

【党建活动】　6月28日，举办建党98周年庆祝大会，公司全体党员及部分职工代表共150余人参加了活动，大会号召全体党员增强责任感、使命感、紧迫感，开阔视野、拓宽思路、敞开胸怀，发挥模范带头作用，让自己的岗位成为先锋岗位，用实际行动让党员更受职工认可、让党徽更加鲜艳，勇于担当责任、勇于直面问题、勇于自我革新，勤奋务实、积极作为。会后，举办了“不忘初心　牢记使命”文艺汇演，公司所属6个党支部为党的生日献上了精彩的节目。

（陈　静）

【暖心驿站】　8月，在北京市总工会、丰台区总工会的支持下，投入4.2万元，在21个班组建立了“暖心驿站”。21个崭新的铁皮柜，统一配备了常用药箱、电子血压计、冷饮机、电热水壶、共享雨具等物品，所属6个分会负责人接过暖心驿站的钥匙，纷纷感谢工会对职工的关爱，表示将用好暖心驿站，真正服务职工，让职工感受到工会的关怀和温暖。

（陈　静）

【参加地震灾害应急救援演练】　9月11日，甘肃省2019年地震灾害应急救援演练在兰州新区举行，北京三兴汽车有限公司生产的指挥车、通信车、整体自装卸运输车参加了动态和静态展示。在演练过程中，指挥车、通信车进行静态展示，与会领导登车体验指挥车和通信车，对车内布局、座椅舒适度、外观等高度赞扬。整体自装卸运输车装载其他厂的上装进行动态演练，出色地完成越障行驶、壕沟行驶、涉水行驶、侧坡行驶等科目。

（陈 静）

【阅兵保障】 10月1日，北京三兴汽车有限公司承研承制的运输加油车和2辆主题彩车、4辆地方彩车精彩亮相祖国70周年盛典，得到阅兵指挥部嘉奖和各地方彩车单位的感谢，北京三兴汽车有限公司被新兴际华集团授予服务保障中华人民共和国成立70周年阅兵工作先进单位。

（陈 静）

【装备展览】 9月1日，第十八届中国国际装备制造业博览会在沈阳国际展览中心开幕，北京三兴汽车有限公司研发的抢险破障车、拉臂车和净水方舱参展，受到专业人士的广泛关注。

（陈 静）

【开展“不忘初心”主题拓展培训活动】 10月18日，开展了“不忘初心抓改革 牢记使命谋发展”主题拓展培训活动，参观国庆彩车展示、香山革命旧址，共有80余名党员骨干参加了活动。在香山革命旧址，在庄严的党旗下全体党员重温了入党誓词，用赤诚之心感知红色历史的脉搏，坚守革命初心，坚定理想信念。

（陈 静）

【组织健康体检】 10月21日至25日，公司与益民门诊部、北京军区医协专家体检队合作，为在职职工及离退休职工进行了健康体检，近800名职工接受了体检。体检活动的开展，大家了解了自己身体健康状况，提升了归属感，激发了工作热情，增强了企业的凝聚力。

（陈 静）

【岗位练兵】 10月30日至31日，开展岗位练兵技能竞赛活动，竞赛设置电焊工、车工和汽车装配工三个工种项目，分笔试和实操两部分，共有42名选手参加了比赛，在员工中营造了“比、学、赶、帮、超”的浓厚学习氛围，有效促进了个人技能和专业知识的提高，激励更多员工立足岗位、苦练技能，为公司高技能人才队伍建设起到了积极的推动作用。

（陈 静）

北京市赛欧工贸有限公司

【概 况】 2019年，北京市赛欧工贸有限公司围绕首都“四个中心”功能定位，以回归主责主业、重新擦亮供销社金字招牌和扩大赛欧品牌的社会影响力为核心，解放思想、攻坚克难、开拓创新，较好地完成了年度工作任务，实现了企业平稳有序发展。实现营业收入13697万元，同比上升2.34%；实现综合经济效益6949万元（其中利润4649万元、资产占用费2300万元）；上缴国家利税3385万元。全系统共有在职职工159人，退休退职人员1806人。下属四个基层单位，机关设置六部三室。

（高雪芳）

【迎接考察调研】 4月9日，山东项目考察团一行5人到北京市赛欧科园科技孵化中心参观调研。4月17日，市代销社副主任姚从琪带领市社资产管理部有关负责人到赛欧公司，就网点合作经营及改造升级情况进行现场调研，赛欧公司党委书记王海轮、总经理张一帆及网点事业部负责人陪同调研。5月8日，在丰台区经济和信息化委员会领导的带领下，金诚信集团有限公司领导一行5人到赛欧公司参观学习，肖宁及相关部室负责人与到访的来宾举行座谈；同日，市社信息中心和安全保卫部相关负责人，到赛欧公司进行电子屏系统网络安全情况检查，赛欧公司相关负责人陪同检查组，现场检查了中核路赛欧科园孵化中心、赛欧物业分公司等相关单位共计34块电子屏系统的安全管理和运行情况。6月13日，为进一步做好扶贫协作与支援合作工作，加强与对口地区人社部门、相关机构的协调配合，青海玉树人保局就业考察团到赛欧孵化中心参观调研，孵化中心相关部门负责人热情接待。6月25日，市代销社党委副书记、主任李大维带领班子成员到赛欧公司就“不忘初心 牢记使命”主题教育开展情况进行调研。市社领导班子成员及相关部室负责人，采取“四不两直”方式，到丰台区方庄芳古园副食店、东铁营孙家场门市部等经营网点实地调研，详细询问基层网点的经营情况、服务内容、服务对象及覆盖面等情况，并对赛欧公司努力重构生活性服务网络的做法给予鼓励和肯定。7月5日，市供销社保卫部副部长蒋喜斌带领保卫部工作人员到赛欧公司检查防汛工作，赛欧公司副总经理邓继超及公司安保部人员陪同检查。8月15日，市供销社副主任郭子华带领市社安保部成员到赛欧孵化物业公司，督导市社第十六次单位安全分级考核工作，市社第二考核小组成员及赛欧公司主要领导及相关人员陪同督导检查。11月20日，上海市供销社一行16人到赛欧孵化中心参观调研，赛欧工贸公司张一帆、邓继超、肖宁等热情接待。

（高雪芳）

【基层党务干部培训会】 4月28日，赛欧公司党委在公司机关二层会议室召开基层党务干部培训会，集中学习《中国共产党支部工作条例（试行）》、习近平总书记重要理论文章《一个国家、一个民族不能没有灵魂》《市社党建工作责任制实施细则》等十项内容。本次专题培训采用文稿导读讲解的形式进行，公司党委副书记梁凤莲及各基层党支部书记、支部委员、党小组组长及公司党风廉政监督员共计13人参加了培训。

（高雪芳）

【领导班子找差距专题会】 8月7日，按照市社党委“不忘初心 牢记使命”主题教育工作部署，赛欧公司党委在公司总部208会议室，召开了领导班子成员对照党章党规找差距专题会。市供销社第一巡回指导组李宝东到会指导，赛欧公司领导班子成员、公司部分中层党员干部、基层党员代表及公司部分机关部室负责人参加会议，公司党委书记王海轮主持会议。

（高雪芳）

【警示教育党员大会】 8月28日，按照市社纪委2019年8月22日通知要求，赛欧公司党委召开了“以案为鉴、以案促改”警示教育党员大会。赛欧公司全体党员参加，公司党委书记王海轮主持会议。全体党员观看了“以案为鉴、以案促改”警示教育录像光盘；学习了市供销社党委副书记马京生传达的市委警示教育大会和蔡奇书记讲话精神，明确了警示教育大会的目的和意义；学习了市社党委副书记李大维代表市社党委就汲取案件教训、切实加强整改做出的重要讲话,明确了警示教育要提高政治站位、以案为鉴、以案促改，坚决全面彻底肃清恶劣影响，推进供销社各项工作健康发展的总体要求和根本目标。

（高雪芳）

【第六届董事会工作】 5月21日，召开第六届董事会第五次会议，聘任梁凤莲为公司总法律顾问，聘任刘建为公司董事会秘书。9月24日，召开第六届董事会第十二次会议，成立公司法务部，与办公室合署办公，部长由刘建兼任；成立公司内审部，部长由钱震担任。10月31日，召开第六届董事会第十三次会议，聘任王彪为公司总法律顾问；审议通过了《关于调整赛欧公司组织架构和理顺管理架构的议案》。12月13日，召开第六届董事会第十六次会议，审议通过了《关于赛欧公司战略发展规划项目的议案》。

（高雪芳）

【制定“统一标识推广实施方案”】 年内，为进一步做好统一标识的推广和规范使用工作，高度聚焦乡村振兴战略，紧紧围绕主责主业，不断擦亮“供销社”金字招牌，有效提升北京市供销合作总社的社会形象和影响力，按照中华全国总社《中国供销合作社标识识别规范》《中国供销合作社标识使用管理办法》、北京市供销合作总社《关于加快推广和规范使用标识的通知》（京供销合发〔2019〕216号）文件精神，制定《北京市赛欧工贸有限公司统一标识推广实施方案》《北京市赛欧工贸有限公司标识使用管理办法》，并于12月25日前完成标识更换、使用工作。

（高雪芳）

【为丰台区中小企业发展提供助力】　1月，开展为期四天的企业走访活动，走访企业近400家，向企业发放《致入驻企业的一封信》及《满意度调查表》，为科技型企业发放了由赛欧孵化中心整理印发的《中小企业成长政策指导手册》，为在孵企业提供“导师一对一”专项对接服务，帮助在孵企业根据自身情况解决实际需求。为提高在孵企业防范金融风险能力，开展金融理财知识宣讲活动，向企业员工普及银行贷款、金融风险控制、个人理财等知识。开展专家导师“一对一”企业对接服务，来自科技部火炬中心的专家于智超老师为入孵企业鑫丰南格公司和华益蓝天公司进行一对一服务。2月21日，为深入贯彻落实《中关村丰台科技园支持高精尖产业发展和科技创新的措施》（丰科园委发〔2018〕4号，以下简称“创新十二条”）文件精神，积极响应中关村丰台园“让高精尖企业在丰台园引得来、落得下、长得大”的号召，助力企业快速成长，对“创新十二条”内容进行大面积、全方位的宣传与解读，并组织在孵企业开展项目申报工作。4月11日，赛欧孵化中心作为出资人之一的启迪京合赛欧股权投资基金召开项目投资路演；同日，中关村发展集团北京领创精准医疗健康产业投资股份公司到赛欧孵化中心，针对园区内优秀大健康、医疗项目进行走访交流。4月23日，为响应“大众创业，万众创新”的号召，加快发展新经济、培育发展新动能、打造发展新引擎，为企业举办“政策一对一”辅导。5月19日，联合北京无线电协会为入孵企业举办“业余无线电培训”活动，为企业提供多样化服务，丰富业余生活，参加活动150余人。5月21日，为实施创新驱动发展战略，打造“双创”升级版，举办丰台科技周路演大会，共有5家企业参加，项目分别来自环保科技、在线教育、大健康、工业勘探等领域，2家为赛欧推荐企业。

（高雪芳）

【知识产权宣传周活动】　4月，“12330”赛欧工作站举办世界知识产权日暨知识产权宣传周活动，向入孵企业发放宣传品，并了解企业知识产权现状及需求。赛欧工作站人员围绕工作站自身发展情况以及知识产权相关知识进行介绍，统计了企业的知识产权数量、征集了企业的困难和需求，为各企业宣传讲解知识产权相关政策，切实为企业解决实际需求，并发放宣传资料及纪念品。

（高雪芳）

【开展主题党日活动】　7月18日，组织基层党支部全体党员、积极分子、共青团员49人，到房山区黄山店红色背篓精神传承教育基地开展参观学习活动，在庄严的党旗下，全体党员再次重温了入党誓词，深刻感悟入党时的铮铮誓言，铭记“不忘初心　牢记使命”的责任与担当。通过一系列文献、实物图片和视频资料，详细了解了“背篓精神”产生和发展的历史过程，深刻体会到老一辈供销社人不畏艰难、艰苦奋斗的革命征程。19日，在公司总部208会议室召开“不忘初心　牢记使命”主题教育会，王海轮、张一帆分别以《加强政治建设 践行使命担当 发挥企业党委“把、管、保”重要作用》和《铭记初心使命 聚焦主责主业 促进赛欧品牌影响力和经济效益同步提升》为主题进行党课教育。市供销社第一巡回指导组杨蓓黎、李宝东亲临指导，公司党委委员、领导班子成员、机关和各基层单位副职以上领导干部参加了本次讲党课活动。

（高雪芳）

【开展“应急宣传进万家”系列活动】　根据《2019年北京市“应急宣传进万家”系列活动工作方案》（京应急办发〔2019〕6号）文件精神，制定《北京市赛欧工贸有限公司“应急宣传进万家”系列活动工作方案》。6月至11月底，开展“应急宣传进万家”系列活动，活动主要有：开展“安全生产月”活动；开展宣传教育活动；开展安全生产培训活动；组织落实防汛工作；组织开展安全分级考核工作；组织落实“安康杯”活动；开展“青年安全生产先锋岗”活动；开展“防风险保平安迎大庆”安全检查与督查工作；开展“119”消防宣传月主题宣传活动等。

（高雪芳）

农业与农村经济

农村建设

【概　况】 2019年，丰台农村地区辖三乡两镇一地区、57个行政村、70个集体经济组织。其中，卢沟桥乡、花乡、南苑乡，及所属38个行政村位于河东地区；长辛店镇、王佐镇、宛平城地区，及所属19个行政村位于河西地区。全区集体土地面积133.27平方公里，占总面积（305.56平方公里）的43.62%，其中农用地77.87平方公里。农用地中，耕地9600亩（其中可利用耕地8416亩），基本农田6003亩，基本菜田最低保有量800亩。全区农业人口8.4万人。实现农林牧渔业总产值2亿元，比上年下降9.1%，其中林业产值1.5亿元，增长7.1%；农业产值4759万元，下降17.7%。全区蔬菜播种面积1083亩，有10家无公害认证企业，认证面积107.63公顷，认证产品76个；有9家农业标准化备案基地，其中6家为市优级标准化蔬菜生产基地。辖区内无规模化畜禽养殖场，散养畜禽完成清退。全区11个农业观光园全年接待181.4万人次，比上年下降31%；实现总收入1.8亿元，下降5.3%。

（李雅荣）

【人口就业】 年内，农村地区登记失业人口4337人，实现就业3239人，其中农村地区就业困难人员2016人，农村地区困难人员实现就业1904人，城市化建设地区登记失业率1.01%，同比下降0.13个百分点。

（李雅荣）

【社会保障】 年内，实现城乡居民养老保险制度全覆盖，城乡居民参保率保持在96%以上，续保率98%以上。年末参加城乡居民养老保险的农村居民数9.5万人，比上年末增加410人。全区享受城市最低生活保障人数8733人，享受农村最低生活保障人数140人。

（李雅荣）

【休闲农业产业发展】 年内，提升农业节庆活动品质和内涵。制定怪村、西庄店村、魏各庄村休闲农业园区升级方案，指导休闲农业园区按照农地农用相关要求，探索都市农业发展新模式，融合传统农耕文化，发展观光农业和体验农业，举办采摘节、丰收节等农业节庆活动。对接农科院、农大等科研院校资源，与园区合作开展科普教育。

（李雅荣）

【农村地区疏解】 年内，开展全区农村地区疏解整治促提升工作。拆除违法建设165.39万平方米，占全区239.26万平方米的69.1%；留白增绿完成绿化土地面积49.5公顷，占全区58.67公顷的84.4%；城乡结合部拆迁腾退面积66.1万平方米，完成市级任务指标的100.9%；城乡结合部绿化面积88.78公顷，完成市级任务指标的107.5%；疏解一般制造业企业 7 家，占全区 21 家的 33.3%；治理散乱污企业 10 家，占全区 12 家的 83.3%；疏解区域性市场 2 家，占全区 3 家的 66.7%。

（李雅荣）

【第二十七届北京种子大会和扶贫大会】 10 月 18 日，由丰台区种子协会承办，中国种子贸易协会、北京种子协会联办的第二十七届北京种子大会、第二届北京种业扶贫大会暨京蒙扶贫协作消费扶贫产品发布推介会在河北省廊坊市国际会展中心召开。内蒙古自治区 7 个盟市 31 个国家级贫困旗县所属 80 余家企业、400 余种产品参展。北京扶贫协作电商馆与武川县、突泉县、奈曼旗、巴林左旗等 7 个旗县签订合作协议。60 多家参展种子企业向北京市对口帮扶的内蒙古自治区、河北省 54 个地区，捐赠价值 500 余万元的种子，涉及蔬菜、瓜果和大田作物共 196 个品种，可种植面积 16000 亩。

（李雅荣）

【美丽乡村建设】 年内，在全面开展农村地区人居环境整治的基础上，将庄户、西庄店等 35 个村纳入全市“千村整治”任务，重点实施村庄人居环境整治，着力解决环境问题；将南宫村纳入全市“百村示范”任务，重点培育“乡村振兴示范村”。清理农村生活垃圾 6.95 万吨，拆除私搭乱建 4847 处 33.86 万平方米，清理乱堆乱放乱贴乱挂乱画 36823 处，清理村域河塘沟渠及生活污水直排溢流 1492 处。建立农村地区基础设施台账，农村公厕、绿化等 7 项基础设施纳入财政保障，投入经费 1.5 亿余元，建立“五有”长效管护机制；启动城乡结合部农村人居环境整治实施方案编制。

（李雅荣）

【一道绿隔建设】 辖区“一绿”地区涉及卢沟桥乡、花乡、南苑乡，农村地区总面积 166.15 平方公里，其中集体土地 43.89 平方公里。为加快完成“一绿地区”城市化建设，将上述地区的 51 个行政村统筹推进，通过旧村改造新村建设、重点村城市化、棚户区改造及城市化建设统筹试点等一系列工作，一绿地区城市化建设取得明显成效。截至年底，完成 23 个村 3.5 万人整建制农转居，其中 13 个村实施撤村建（并）社区、农业户籍人口剩余 5.3 万人。腾退宅基地 757.67 万平方米，占一绿宅基地总建筑规模的 93.32%，实现土地入市建筑规模 1263.4 万平方米、回迁房竣工 696.26 万平方米，回迁安置人口 12.22 万人，40 个村全部实现回迁上楼，实施绿化 23.31 平方公里。

（李雅荣）

【二道绿隔建设】 辖区“二绿”农村地区涉及长辛店镇、王佐镇、宛平城地区办事处，及所属 19 个行政村，总面积 139.4 平方公里，其中集体土地 89.38 平方公里。截至年底，长辛店镇 9 个行政村中,除赵辛店、长辛店、大灰厂村外，其余 6 个村列入棚户区改造项目（仅太子峪项目未启动）。王佐镇 8 个行政村依托市级“小城镇”试点建设，其中南宫、佃起、西王佐、庄户 4 个村依靠村集体自身经济发展实施旧村改造；魏各庄、怪村、西庄店、沙锅村 4 个村纳入青龙湖地区棚户区改造和环境整治项目。回迁安置房竣工 132.16 万平方米，完成 30.49%，安置上楼 1.55 万人。腾退宅基地建筑面积 156.16 万平方米，完成 39.24%；腾退集体企业建筑面积 295.82 万平方米，完成 42.38%；入市土地建筑面积 319.28 万平方米，完成 46.72%。建设规划产业建筑面积 43.4 万平方米，完成 26.5%；实施规划绿地面积 29.94 平方公里，完成 60.7%。实现转居 0.22 万人，剩余农业户籍人口 3.1 万人。

（李雅荣）

【长辛店集体产业用地试点建设】 年内，完成长辛店统筹利用集体产业用地试点实施方案编制上报工作，成立镇级联营公司，完成工商注册，全部试点村完成土地使用权入股民主程序。

（李雅荣）

【经济薄弱村精准帮扶】 年内，按照《关于开展经济薄弱村精准帮扶工作的实施方案》要求，督促河西两镇制定年度工作计划，细化任务分解。落实经济薄弱村公益事业补贴 600 万元。指导经济薄弱村开展项目申报和财政评审工作，涉及支农项目3个。

(李雅荣)

【**新型农民培养**】 年内，培养新型农民4161人，其中引导性培训1651人、职业技能培训979人、特种作业和特种设备培训871人、农村中层管理人员培训660人。

(李雅荣)

【**农村基层党组织建设**】 年内，农村地区有党员1.33万人，新发展农牧渔民党员113人。建制村党组织55个，其中村党委5个、村党总支47个、村党支部3个，党员7636人，女党员3027人，女党员占比40%。按年龄分，35岁以下683人，36岁至55岁3142人，56岁以上3811人。按学历分，大专以上3056人，中专511人，高中、中技1188人，初中及以下2881人。

(李雅荣)

【**农村基层党建**】 年内，完成村党组织和村委会换届选举工作，有村“两委”干部514人，其中村党组织347人、村委会303人、交叉任职136人。开展村干部培训工作，村干部轮训覆盖率100%。完善村干部管理监督制度，印发《丰台区村干部管理监督细则(试行)》。

(李雅荣)

农村经济管理

【**概　况**】 2019年，农村集体经济实现总收入143.9亿元，增加16.3亿元，增长12.8%，同比增速较大。其中主营业务收入实现109.5亿元，增加11.4亿元，增长11.6%。从各乡镇实现总收入情况来看，除卢沟桥乡和长辛店镇外各乡镇总收入均有所增长，其中花乡和南苑乡增幅较大，花乡实现总收入57.9亿元，同比增加近13亿元，增长28.8%；南苑乡实现总收入34.7亿元，同比增加4.1亿元，增长13.4%。卢沟桥乡下降2.8%，长辛店镇下降8.0%。在三大产业中，第一、二、三产业分别实现收入0.7亿元、19.5亿元、89.3亿元，分别占比0.7%、17.8%、81.5%。产业结构不断优化。

(刘　强)

【**农村集体经济利润**】 年内，全区农村集体经济利润大幅增长，实现8.6亿元，同比增加近3.2亿元，增长58.0%。从各乡镇情况来看，花乡、南苑乡利润同比大幅增长，卢沟桥乡、长辛店镇、王佐镇利润均有所下降。花乡实现利润9.3亿元，同比增加2.7亿元，增长40.3%，其中乡组织、新发地村、榆树庄村利润分别增加1.3亿元、1.2亿元、0.6亿元，拉动花乡利润大幅增加；南苑乡实现利润5.7亿元，同比增加1.7亿元，增长43.6%，其中乡企业北京永联房地产开发有限公司利润增加2.1亿元，是南苑乡利润增加的主要原因。卢沟桥乡利润亏损近5.3亿元，同比亏损0.8亿元，下降17.9%；长辛店镇利润减少0.2亿元，同比下降59.6%；王佐镇利润减少3588万元。

(刘　强)

【**农村集体税费**】 年内，农村集体应交税费10.1亿元，首次超过10亿元，同比增加近0.3亿元，增长2.8%，其中增值税2.2亿，同比略有减少，下降2.2%；所得税2.6亿元，下降4.0%；其他税费2.7亿元，增长7.3%。从各产业应交税费情况来看，全区农村经济第一、二、三产业分别完成税金0.03亿元、0.8亿元、9.3亿元，在税金总额中分别占比0.4%、7.6%、92.0%。与上年同期相比，一产基本持平，二产上升2.4个百分点，三产下降2.3个百分点，第三产业依然是农村经济纳税主体。其中居民服务、修理和其他服务业完成税金8亿元，占税金总额的79.6%，比上年增加9.3个百分点。从各乡镇应交税费完成情况来看，卢沟桥乡、南苑乡、长辛店镇应交税费出现不同程度下降，花乡和王佐镇实现两位数增长。

(刘　强)

【**农民收入**】 年内，全区农民人均所得36252元，同比增加3306元，增长10.0%，连续四年保持两位数增长，农民收入持续增加，农民生活水平不断提高。农民增收原因有三方面，各村普遍增加在职人员工资、村民福利以及退休人员退休费等，全区由集体支付的报酬性收入和集体福利增加近 2.6 亿元；个人房屋租赁收入、自谋人员外出打工增加收入近 0.8 亿元；转移性净收入增加 1 亿元。农民人均所得从集体所得 27006 元，同比增加 2397 元，增长 9.7%，占农民人均所得的 74%，比上年下降 1 个百分点，从集体所得依然是农民收入的主渠道。在农民收入构成中，报酬性收入 20195 元，同比增加 1569 元，增长 8.4%，占农民人均所得的 55.7%；财产性收入 11843 元，同比增加 1022 元，增长 9.4%，占农民人均所得的 32.7%；家庭经营净收入和转移性净收入分别占 3.0% 和 8.6%，占比较小。报酬性收入依然是农民收入的主要来源。全区 70 个农村集体经济组织人均所得均在 1.6 万元以上，其中 67 个村人均所得超过 2 万元，比上年增加 3 个村，占全区农村集体经济组织的 95.7%；34 个村在平均水平以上；7 个村超过 6 万元，比上年增加 1 个村；2 个村超过 10 万元。各乡镇农民人均所得均实现不同程度的增长，南苑乡最高 52496 元，王佐镇最低 24831 元，相差 27665 元（上年 24184 元），同比差距进一步增大。在全区各村的人均所得排名中，南苑乡西铁营村最高 120325 元，王佐镇庄户村最低 16905 元，相差 103420 元（上年 97326 元），同比差距增加 6094 元。区域间人均收入差距进一步加大。

（刘　强）

【农村集体资产运营】　年内，全区农村集体资产总额 1645 亿元，同比增加 58.7 亿元，增长 3.7%，其中乡级集体资产总额 114 亿元，同比减少 7.3 亿元，下降 6.1%，占全区农村资产的 6.9%；村级集体资产总额 1531 亿元，同比增加 66.1 亿元，增长 4.5%，在农村集体资产中占比 93.1%，同比增加 0.7 个百分点。全区农村集体资产总额在亿元以上的村有 67 个，占全区 70 个集体经济组织的 95.7%，其中资产总额超过 10 亿元的村有 42 个；资产总额在亿元以下的村有 3 个。全区农村集体所有者权益 504 亿元，同比增加 13.6 亿元，增长 2.8%，其中乡级集体所有者权益 47 亿元，同比增加 2.7 亿元，增长 6.2%；村级集体所有者权益 457 亿元，同比增加 10.9 亿元，增长 2.4%。全区农村集体所有者权益在亿元以上的村有 45 个，占全区 70 个集体经济组织的 64.3%，其中 10 亿元以上的村有 15 个。全区农民人均所有者权益 32.9 万元，比上年增加 0.7 万元，增长 2.3%。各村中，南苑乡西铁营村人均所有者权益最高 571.6 万元。人均所有者权益超过 10 万元的村 39 个，比上年增加 2 个。

（刘　强）

【农村劳动力就业】　年内，全区农村劳动力总数 74799 人，因部分村民年龄达到本村退休年龄办理退休，同比减少 947 人。就业劳动力 69583 人,就业率 93%，与上年持平；未就业劳动力 5216 人，未就业率 7%。在就业劳动力中，本地就业 49965 人，本地就业率 71.8%，同比上升 0.5 个百分点，集体安置仍是农村劳动力就业的主要途径。按就业行业统计，在第一、二、三产业就业人数分别为 4313 人、4581 人、60689 人，在就业劳动力总数中分别占比 6.2%、6.6%、87.2%，与上年基本持平，第三产业仍是劳动力实现就业的主要渠道。

（刘　强）

商贸　服务业

商业贸易

【概　况】 2019年，丰台区商务局坚持稳中求进工作总基调，进一步增强消费动力，改善民生品质，稳定外经外贸，强化服务保障，全力以赴促进丰台区商务经济高质量发展。全年实现总消费2129.7亿元，增长6.1%。其中社会消费品零售额1224亿元，同比增长4.5%，总量居全市第三位，增速高于全市0.1个百分点。

（李　蕊　牛格非）

【调整疏解非首都功能】 年内，完成3家市场的疏解提升工作，涉及建筑面积16.4万平方米，从业人员2600余人。完成2019年市场风险评估。完成对2015-2018年已关停集体产权市场和今年提升改造市场资金的补助工作，涉及补助资金6800余万元。

（张会利）

【生活服务业品质提升】 年内，新建和规范提升网点106个，完成全年任务的132.5%，连锁化率达到45.2%，持续保持基本便民商业服务功能社区全覆盖，便利性指标全市排名第一。支持企业利用地下空间资源经营便民商业网点，推进30处国有网点回归便民功能。

（张会利）

【“五分钟”蔬菜零售网络体系建设】 年内，实现“五分钟”蔬菜零售网络体系建设全覆盖。全区共有蔬菜零售网点898个，平均每个社区（村）拥有蔬菜零售网点2.3个，平均连锁化率达45.2%。

（张会利）

【生活性服务业示范街区】 年内，中国社区商业委员会授予镇国寺北街首个“全国15分钟便民商圈示范工程”挂牌。成功创建丰台区第二个市级生活性服务业示范街区——怡海社区商业街。

（张会利）

【消费扶贫】 年内，举办消费扶贫进社区系列活动21场，24家贫困地区企业的500多种商品被推广，实现总销售额78.28万元。受援地区各类农副产品在京销售额超过3.8亿元，惠及贫困人口约6000人。完成北京市双创中心丰台两家分中心挂牌。

（杜伟光　张　萍）

【电子商务】 年内，促进“互联网+商务”深度融合，什么值得买科技在A股上市。完成丰台区国家电子商务示范基地综合评估。

（杜伟光　张　萍）

【夜间经济】 年内，发布丰台区繁荣夜间经济促进消费增长措施和丰台夜间消费指南。推出方庄深夜食街和丰科万达等5家购物中心型“深夜食堂”。

（牛格非）

【促进消费活动】 年内，围绕重点节庆，推出了“京味过大年”“悦享中秋”“惠享国庆”等促进消费品牌。围绕时尚消费、绿色消费，组织“购物嘉年华暨仲夏消费季”“首届家居消费节”。围绕百姓日常消费需求，开展“丰台特惠购”“品牌进社区”等活动。

（杜伟光　张　萍）

【新建商业设施】 年内，方庄新鸿基NTP新城广场、马家堡新荟城购物中心开业，新增商业供给近10万平方米。居然之家引进运动萌兽国内首店宝燕乐园落户大红门集美。

（杜伟光　张　萍）

【安全生产】 年内，商务行业安全平稳运行，全年检查企业1439家次，出动执法人员4317人次，发现隐患问题600余起，全部现场整改。制定迎国庆检查方案和应急预案，开展商务行业安全生产大检查“清零”行动，明确“行业管理责任履行到位，行业重点单位检查全覆盖”的工作目标，国庆节前共检查企业741家，出动检查人员2223人次。

（李学兵）

【粮食安全】 全年完成各类粮食统计报表400余家次，发布粮油价格信息50条。开展社会粮油供需平衡调查310余家次。建立81个粮食供应应急网点，2个应急配送中心。开展应急培训和演练，加强检查执法力度。

（杜伟光　张　萍）

【行业政务服务】 实现审管分离新型行政审批模式和“一窗受理、限时办结”目标，全年办理各类事项1144件。

（杨　磊）

对外经贸

【利用外资】 全年共有7家外资企业增资，新设34家外资企业，完成合同外资9.8亿美元；完成实际利用外资1.1亿美元，同比增长658.1%，增速居城六区第一。

（陈涛　李蕊）

【外贸出口】 全年完成外贸出口351.8亿元人民币，增速同比增长12.4%，城六区排名第一，高于全市平均增速6.3个百分点。

（陈涛　李蕊）

【稳外资稳外贸】 年内，开展丰台区外资吸引力评价及发展策略研究。为45家中小外贸企业122个项目争取国际市场开拓资金，为19家重点外贸企业申报高质量发展资金超2000万元。为27家企业争取首届进博会资金补助，为50余家企业续保短期出口信用保险。与丰台海关建立长效工作机制。举办各类政策培训会4场，参训企业200余家。

（陈涛　李蕊）

【服务业扩大开放】 年内，建立区级总协调专班，制定丰台区实施方案。建立区级项目库，梳理重点项目30个。建立定期调度、服务管家、项目进度报送和政企对接“四个机制”，加快项目落地进程。

（陈涛　宋莉）

【搭建对外发展平台】 年内，组织140余家企业参加第二届进口博览会，意向成交4430万美元。参加2019京交展览会和北京主题日推介活动，丰台科技园区管委会与中铁工业装备制造总部等重大合作项目签约。

（陈涛　李蕊）

商贸企业

北京丰贸投资经营管理有限公司

【概　况】 北京丰贸投资经营管理有限公司成立于2013年12月，主营业务：接受委托经营管理国有资产、投资管理，兼营房地产租赁、物业管理等。机关总部设12部室，全资子公司5家，分公司7家，控股公司1家，参股公司 2 家，监托管企业 7 家。2019 年，公司在职职工 342 人（自管 252 人、监管 90 人），退休职工 7539 人（自管 4540 人、监管 2999 人）。年内公司营业收入 1.76 亿元，利润总额 6907.32 万元，较上年增长 148%；实际缴纳各项税费 4508.29 万元，较上年增长 13.4%，上交国有资本金 651.45 万元，较上年增长 72.4%，企业经济运行较为平稳。

（冯　巍）

【形成“6+1”资产管理新模式】 年内，以“突出总公司、淡化子公司、强化产权单位”为方针，通过“打破、打通、打造”三步走，将 137 个商业网点按“同址归一，属地管理”的原则重新调整、分配至 6 个分公司进行日常管理，将职工宿舍等非经营性资产剥离至 1 个分公司统一管理，形成了“6+1”资产管理新模式。

（冯　巍）

【“2+1”财务新架构】 年内，通过撤销、合并、开立、接管相关账套，形成“1+6+7+3”（1 家母公司，6 家二级子公司，7 家分公司，3 家三级子公司）财务核算体系，构建 2+1（会计核算中心+资金结算中心+合同管理组）架构，实行账套责任制，由主管会计对账套运作负责。

（冯　巍）

【北京丰惠万嘉商贸有限责任公司成立】 1 月 16 日，全资子公司北京丰惠万嘉商贸有限责任公司注册完成。10 月 31 日，丰惠万嘉第一家下属企业“惠生活一号店”营业执照办理完成，主要从事便民超市经营业务。

（冯　巍）

【购买西宸广场 1 号楼】 年内，完成西宸广场 1 号楼购置工作，资产总建筑面积 9700 平方米。

（冯　巍）

【30 个便民服务网点建成】 年内，30 个便民服务网点建成使用，涵盖 11 个街道、7 项便民服务业态，完成区政府下达的 30 个便民服务网点建设任务。

（冯　巍）

【资产管理三年攻坚工程】 9 月，启动第一个工程：“简政放权”，允许基层根据街区、业态、租期等情况自行确定租金标准。10 月，启动第二个工程：“追缴租金”，集中解决部分租户拖欠租金问题，共追缴 2018 年欠款 1100 万元。

（冯　巍）

【拆迁拆违稳步推进】 年内，完成大红门西前街 9 号、东前街 12 号、东街 38 号的资产确权及房屋腾退工作。签订南苑北马路 31 号、二老庄粮食饲料厂拆迁协议。清拆违章建筑 9 处，面积约 4200 平方米。清拆彩钢板建筑 18 处，面积约 3800 平方米。

（冯　巍）

【完成国庆 70 周年安全保障工作】 国庆期间，围绕“确保安全稳定 加强值班值守”开展专题调研，成立 5 个安全应急督导队，开展 3 次应急演练，召开“防风险、保平安、迎大庆”再动员、再部署安全会，出动 600 余人次进行安全检查和夜间督查，确保了国庆期间的安全稳定。

（冯　巍）

【三年发展规划初稿完成】 年内，委托第三方机构中投国研（北京）咨询公司制订三年和中长期战略规划，完成《三年发展规划（2019–2021 年）》初稿。

（冯　巍）

【退休职工社会化】 年内，成立专项领导小组，设立专项工作办公室。收到《退休人员实行社会化管理的复函》5931 份，完成 3000 余名退休职工承诺书签订工作，完成档案数字化加工 3000 人份，共涉及退休职工 6492 人。

（冯　巍）

【领导班子换届选举】 4 月 10 日，召开党员大会进行第二届党委、纪委换届选举，150 名党员参会，党委书记张达作《与时俱进谋发展，凝心聚力创和谐，为推动丰贸公司转型发展而努力奋斗》的工作报告。会议以无记名投票方式和差额选举办法，选举产生党委委员 4 人、纪委委员 3 人。

（冯　巍）

【为民办实事】　年内，9个党支部132名党员，开展班子、支部学习总时长428学时。领导班子成员开展调研63次，座谈近百人次，发现问题60个。全体党员参加志愿活动214人次，办好事155件。通过“接诉即办”、现场调研等为居民解决实际问题94个，主要有：投入近20万元，用于东山坡宿舍围墙加固及树木修剪；解决前泥洼25号院81户居民垃圾清运问题；解决长辛店一号院居民用水、用气难问题；解决两户上户口问题；拆除资产，为云翔苑小区修建人行便道；拆除马家堡东路11号250平方米违章建筑，用于小区绿化。

（冯　巍）

【基层党组织建设】　年内，完成庆合分公司党支部和金天旭党支部、北大地分公司党支部和京都公司党支部整合。机关党支部、庆合分公司党支部、东铁营分公司党支部完成换届选举工作。

（冯　巍）

【工会换届选举】　1月31日，召开第二次会员代表大会，59名会员代表出席会议。审议并通过了《第一届工会委员会工作报告》《第一届工会委员会财务报告》及《第一届经费审查委员会报告》。选举产生第二届工会委员会委员7名，经费审查委员会委员3名。

（冯　巍）

【团支部换届选举】　7月12日，召开团员大会，19名团员参会，选举产生第三届团支部委员会委员5名。

（冯　巍）

【举办“城市更新与未来发展”研讨会】　12月20日，在中都科技大厦举办“城市更新与未来发展”研讨会。6位专家学者围绕“城市更新实践经验、国企在城市更新中的定位和角色”进行了主题演讲，与会专家、企业领导就“城市更新——丰台如何妙笔生花”“从空间运营到空间赋能”两个方面进行了交流研讨。

（冯　巍）

【“谈改革 论发展 话创新”主题辩论赛】　7月31日，紧扣公司发展实际，举办了“谈改革、论发展、话创新”主题辩论赛，共设三个辩论题：公司发展过程中传承与创新的取舍；人才需求类型；丰惠万嘉发展定位。12名选手参赛。

（冯　巍）

【“职工之家”建设】　年内，总部职工活动室建成使用。在刘庄子冷库86号、巴庄子139号、云岗北区西里9号、玉林西里9号、洋桥北里24号建成五处“暖心驿站”，统一配置冰箱、电水壶、微波炉、急救药箱等物品，为环卫工人、绿化工人、出租车司机、快递小哥等户外工作者提供服务。

（冯　巍）

【先进典型选树机制】　年内，进行了董事会提名奖、“丰贸榜样”、优秀员工评选活动。经过初步推荐、全员投票、党委会审议等环节，推选出优秀员工39名，董事会提名奖人员15名，“丰贸榜样”5名。

（冯　巍）

【聘请法律顾问】　年内，与北京市大成律师事务所、北京市常鸿律师事务所、北京营建律师事务所、北京市方诚律师事务所签订法律服务协议，作为企业常年法律顾问，服务企业发展。

（冯　巍）

丰台区国有资本经营管理中心

【概　况】　丰台区国有资本经营管理中心（以下简称国资中心）是2010年6月经丰台区政府批准、丰台区国资委出资设立的全民所有制企业；是以国有资本经营和国有股权管理为重点、以国有资本证券化和价值最大化为目标的投融资和运营管理平台；注册资金124亿元人民币。国资中心秉承“向上、专业、严谨、求实”的理念，承担“做优做大国有资本、服务区域经济发展”的使命与责任，充分发挥资本运营、融资担保和基金投资等作用，以发行企业债、中票、短融为手段，聚焦旧村棚改、园区建设、非首都功能疏解等区域核心项目，致力于建成以专业化资本运作为核心、以市场化运作为特色的国有资本运营平台。

（国　帅）

【协助丰开集团贷款置换】　年内，下属子公司丰开集团负责长辛店老镇西区经济适用住房（长馨园）及商业金融用地一级开发。该项目是丰台区8个重点村项目之一，因项目拆迁进度原因，无法完成回款，国资中心作为担保人积极协助该项目贷款置换工作，对接十余家金融机构共同研讨贷款置换方案，并拟继续对其给予增信的方式，支持其贷款置换工作。

（国　帅）

【协调槐新项目资金展期】　槐新项目是丰台区8个重点村项目之一，该项目26亿贷款于11月到期，因南苑地区规划调整，土地上市时间后延造成贷款无法按期偿还，国资中心提前启动预警方案，协调多部门并配合该项目做好贷款展期工作。

（国　帅）

【协调白盆窑项目还款付息】　白盆窑项目是丰台区8个重点村项目之一，于2016年11月分别从交通银行和北京银行获批贷款共计47亿元，期限3年，按季度付息，到期一次性还本，国资中心提供担保。该担保于2019年12月到期，国资中心积极协调该项目偿还贷款本金和利息工作，以维护作为担保方的信用。

（国　帅）

【为丰房建筑流动资金贷款提供担保】　年内，下属子公司丰房建筑公司因承接区政府福成大厦办公区装修改造任务，需要贷款2亿元补充流动资金作为施工工程款，国资中心为保障工程顺利进行为其提供了贷款担保。

（国　帅）

【为丰科建公司提供资金支持】　年内，丰科建公司急需支付丰台科技园一区回迁房购房款、延期周转费，国资中心根据区政府指示，为其紧急提供2.2亿元资金，支持确保拆迁居民平稳渡过周转安置期。

（国　帅）

【为诺德置业提供资金支持】　年内，诺德置业急需资金上缴税款，国资中心根据区政府指示无偿为其提供3亿元资金支持，同时承担了定期存款提前支取的利息损失。

（国　帅）

【为中小企业提供融资担保服务】　年内，下属子公司诚信佳担保公司新增融资性企业担保户数150户，个人经营性贷款业务73笔，新增对外担保金额13.92亿元 ，同比增长55.41%，综合业绩创历年新高。其中丰台企业户数占比80%，实现重点服务丰台本地的目标，被支持企业涵盖新能源、轨道交通、航天军工、节能环保、卫星通信等丰台区重点新兴产业支持方向。公司累计为近700户中小企业提供融资支持达40亿元以上，凸显了良好的社会效益。

（国　帅）

【完成两家基金公司的自查和日常维护工作】　年内，根据证监局及基金业协会等监管部门的要求，完成下属两家基金公司的专项自查和限期自查，同时做好基金业协会资产业务综合管理平台、私募系统、工商信息系统平台的管理工作。

（国　帅）

【腾退办公用房】　年内，按照上级有关文件要求，国资中心原租用办公用房无合法规划手续，得腾退搬离。为此国资中心积极寻找合适办公地点，同时协调区属国有企业，最终按要求完成了搬家腾退任务，保障了正常工作的有序开展。

（国　帅）

【购置固定资产】　年内，结合国资中心实际，在综合比较地理位置、销售价格及未来升值空间等因素的基础上，完成熙和汇中心项目6层4000平方米房产的购置。

（国　帅）

【加强债券存续期间的管理】　年内，扎实做好委贷资金回收和担保责任解除工作，全力保障资金安全。全年按期收回委托贷款6亿元，解除担保责任80亿元，顺利完成10亿元中票到期兑付，严格按照监管要求，及时进行财务信息、经营信息的公开披露。

（国　帅）

丰台区综合投资集团有限公司

【概　况】　2019年，北京市丰台区综合投资集团有限公司（简称“综投集团公司”）资产总额235.19亿元，负债总额187.79亿元，所有者权益总额47.40亿元，资产负债率79.85%，完成经营收入13423.83万元，实现利润总额5297.59万元，同比增长304.47%，上缴税收1397万元。年内，推进公司重组改制工作，建立健全科学化、规范化、系统化的公司管理体系和集团管控模式，完善现代企业制度的法人治理结构，发挥党建引领作用，完成部室设置及人员编制，将原五部二室调整为七部二室，为实现现代企业管理奠定基础。

（李佳君）

【基层党建】 年内，完成党委换届选举工作，选举产生新一届党委委员5人。加强学习型、创新型、服务型党组织建设，开展“不忘初心、牢记使命”主题教育活动，坚持把“学习教育、调查研究、检视问题、落实整改”贯穿主题教育始终，领导班子成员深入基层一线调研，听民意、查实情、定措施，立行立改问题已全部解决，成果转化效果明显。

（李学召）

【纪检监督工作】 年内，完成纪律检查委员会换届选举工作，选举产生新一届纪律检查委员会委员3人。年底，依据市、区有关规定及《综投集团公司所属企业负责人经济责任审计管理办法》和《综投集团公司所属企业经济责任审计方案》，确定了2019年综投集团公司7家所属企业的8名企业负责人为审计对象，明确11项经济责任审计内容。

（刘晓红）

【基础设施建设】 年内，北京恒盛宏大道路投资有限公司（综投集团公司全资子公司）根据区政府下发的丰台区2019年重点工程计划，承担11个道路项目的工程建设、2个项目的征地拆迁工作，计划承担投资约4.3亿元。宋家庄路、康庄北路、五圈南路、青龙湖21号已完工；柳村路南段完成工程量5%；关家坑路完成工程量30%；石榴庄路完成工程量80%；南苑镇南三号路完成工程量45%；京开东路草桥段已开工建设。同时，完成六圈路拆迁工作85%、京良路东段拆迁工作75%，拆迁面积23500平方米，土地腾退面积44万平方米。水务建设方面，“两田一园”高效节水灌溉工程已完成工程量30%；丰台区河西部分农村污水管线建设工程主体完工；六圈一号路跨马草河桥工程、丽泽桥、小井桥配套外电源工程均在方案研究阶段。协助区水务局开展小清河北支沟河道治理工程、丰草河河道治理工程等10个项目已完成阶段性工作目标，完成“聚焦攻坚”16个分项的拆迁工作。

（李佳君）

【丰台站改建工程征地拆迁项目】 年内，区政府授权综投集团公司作为丰台站改建工程征地拆迁项目实施主体，丰台站改建工程征地拆迁总投资约113.45亿元，新增铁路用地886.9亩，总拆迁面积约35.77万平方米，涉及国有非宅18家（6.9万平方米）、集体非宅6家（24.3万平方米）、住宅972户（4.59万平方米）以及迁坟15座、加油站2座、树木伐移2.2万棵。造甲街北里1、2、3号楼，建国街一里5、6号楼及部分平房，中铁六局何家园自管公房共计480户的住宅房屋搬迁工作，已完成423户的签约；完成25.8万平方米的拆迁任务，与8家国有非宅、4家集体企业签订腾退补偿协议，腾退加油站1座，向丰台站项目管理部交付施工用地共计713亩，占比85%，全力保障了工程的建设时序。累计落实投资30.61亿元。

（李佳君）

【丰台站配套市政工程】 年内，区政府授权北京恒盛宏大道路投资有限公司作为丰台站配套市政工程征地拆迁实施主体，丰台站配套市政工程14个项目包含交通枢纽工程（南北广场）、站房东、西两侧立交专用匝道及道路11条，其中主干路3条（丰草河北路、万寿路南延、四合庄西路）、次干路2条（东货场路、丰台东路）、支路6条（“五纵一横”微循环道路网），总征拆资金约118.77亿元。道路建设长度约21.85公里，其中，非宅腾退涉及七个项目，共55家单位，包括军属单位12家、铁路企业11家、市属国企13家、区级及以下企业19家；住宅搬迁涉及五个项目，共计 969 户。已完成全部住宅 969 户及非宅 36 家入户工作，非宅搬迁工作正在全力推进中。

（李佳君）

【代建工程】 年内，由北京同创顺达置业有限责任公司（综投集团公司控股企业）代建的丰台第二中学改扩建工程主体结构、10 千伏外电源工程及小市政工程完工；长辛店铁路中学改扩建工程主体建筑装修完成；北京十中槐树岭校区新建工程完成主体结构工程，正在办理征地手续；北京十中晓月苑建设工程综合楼、食堂及风雨操场完成结构施工；北京十二中新建文体综合楼工程正在进行决算审计工作。

（李佳君）

【园林绿化建设】 年内，北京金三环园林绿化工程有限公司（综投集团公司所属公司）完成城市绿心园林绿化建设工程（初定）十四标段、丰台区平原重点区域造林绿化工程（3 标段）施工项目、丰台区园林绿化局留白增绿建设项目三营门公园绿化工程等 27 个园林绿化项目；承接并完成北京园博园绿地养护项目（公共展园区域绿地养护项目）、永定河丰台段钉桩绿地养护管理绿化项目等 2 个绿化养护项目；参与前期测绘、林勘等项目 13 个。

（李佳君）

【静态交通建设】 年内，北京静态交通丰台投资运营有限公司（综投集团公司参股企业）经营备案停车场 125 个，备案停车位 15915 个，园博园停车场、草桥站城市航站楼停车场等平稳运营，北京南站立体停车设施建设稳步推进，百姓停车难的问题初步得到缓解。盘活区内停车资源，完成丰台区 236 条道路，2 万余个地面停车位的设计规划任务，助力政府提升城市精细化管理水平。推动停车设施建设，投资建设运营高点视频项目，建设安装 1149 套高点视频设备并投入使用，有效发挥了丰台区道路停车管理改革落地执行者和主力军的作用。

（李佳君）

【物业管理】 年内，北京恒丰顺达物业管理有限责任公司（综投集团公司所属公司）成功入围《北京市市级行政事业单位 2018–2019 年度物业服务定点政府采购项目》，具备北京市市级行政事业单位政府物业采购资格。作为重点用能单位，完成 2018 年碳排放核查工作及 2018 年能源节能目标自查报告工作。

（李佳君）

【垃圾处理】 年内，北京环丰世纪绿色能源科技有限公司（综投集团公司参股企业）通过筛分、渗沥液处理、填埋、垃圾外运消纳丰台区原生垃圾共 103.33 万吨。

（李佳君）

【区域便民服务】 年内，北京方庄购物中心股份有限公司（综投集团公司控股企业）在芳城园和太平桥地区开设的两家方购社区便民服务店组织了以“方购进社区，共筑连心桥”为主题的走进社区便民活动，打通了服务百姓的最后一公里，重点解决行动困难居民的购物难问题。年内共组织活动 14 次。

（李佳君）

【重点设施建设】 年内，完成 2527–3 项目用地范围内拆迁工作，协调相关单位，确保燃气、供水、排水等市政工程的施工条件。完成园博园项目园林博物馆用地划拨工作。北京政华恒信投资有限公司（综投集团公司控股企业）负责的郭公庄车辆段土地一级开发项目三期 B 地块完成入市交易工作。郭公庄定向安置房项目土地已完成解押，正着手签订出让合同及验收备案工作。

（李佳君）

【推进房产证办理工作】 年内，北京益恒房地产开发有限责任公司（综投集团公司全资子公司）推进东高地益丰园小区教委职工住宅产权证办理工作，益丰园小区共有教工住宅 162 套，已办理 159 套个人不动产产权证。

（李佳君）

【安全维稳】 年内，开展安全教育培训，狠抓隐患排查治理，签订目标责任书 43 份，研究制定工作方案 28 份。受领区国资系统年度消防演习任务，组织国资系统“消防疏散灭火演习”活动。为切实做好国庆 70 周年活动，组织开展集团公司消防疏散演习，确保安全形势持续稳定。全年组织开展安全检查 181 次，开展消防安全夜查专项行动 22 次，下达整改通知书 2 份，推动完成隐患整改 70 处。共办理市政门户交流平台 39 件，市长信箱 4 件，市非紧急救助中心派件 1 件，区委督办件 1 件，96005 市民热线案卷 175 件，区国资委转交来信来访件 2 件，全部案卷均在规定时限内办结并按照要求回复，确保响应率 100%。

（张　晨　李佳君）

投资促进

【概　况】　2019 年，全区投资促进工作紧密结合丰台区发展战略，以高端产业集聚为导向，以优质项目引进为核心，切实提升专业化、精准化、市场化、国际化水平，各项工作取得新成效。全年聚焦高新技术、新兴金融、文化创意等重点产业，成功促成中铁工业、邦信资产、东方资产北分、北京融担集团、基亚生物、紫光云技术、数知科技、首璟丰泰、联行科技、全景影像、融通农业、航证科创等一批大型国企新兴业务版块、北京市重点项目落地。全年新引进注册资本 5000 万元以上规模企业 348 家，注册资本约 687 亿元，与上年同期相比增长 41%，其中亿元以上企业 137 家，占新引进规模企业总数的 39%。

（秦　凡）

【单位名称变更】　9 月，根据《关于北京市丰台区投资促进局等6家处级事业单位更名的通知》（丰编办发[2019]70 号）要求，将北京市丰台区投资促进局变更为北京市丰台区投资促进服务中心。

（秦　凡）

【拓展招商渠道】　年内，出台《丰台区促进中介机构招商引资奖励实施办法》，重点加大对世界 500 强、中国 500 强（总部）、独角兽企业（总部）、持牌金融机构、隐形冠军企业（总部）、专精特新“小巨人”等企业的引进。成立投资促进专家顾问团，聘任普华永道、毕马威等 16 家知名企业为专家顾问机构，聘任工作在轨道交通、航空航天、新兴金融等产业的 20 位知名专家为专家顾问，为推动新型智库建设、投资促进工作提供智力支持和信息支撑。

（秦　凡）

【推介活动】　年内，依托中央企业、金融机构、驻京海内外商协会优质企业资源，举办“央地携手走进丽泽”“海外侨届人才丰台行”“市属国企丰台行”“中外知名企业投资丰台行”等大型招商宣传推介活动 7 场，企业参与人数 1000 余人次，打造“丰台行”系列活动品牌。同时，积极参加 2019 年京洽会、第二届进博会，重点推介丰台区位优势、重点功能区、重点企业，搭建交流合作平台，营造“北京向南看 未来看丰台”的社会共识。

（秦　凡）

【招商服务】　年内，完成落实重点企业“服务包”制度，完善重点企业名录，紧贴企业实际需求，畅通双向沟通渠道，开展“一企一策”服务包工作。建立由区领导主持的“企业家早餐会”工作机制，围绕重点税源企业、金融机构、外资机构、高成长性科技企业、新引进重点企业等不同主题，邀请驻区重点企业参会，倾听企业心声，受理企业诉求。

（秦　凡）

【楼宇招商】　年内，由 30 余家优质商务楼宇、疏解空间、老旧厂房改造空间等组成高精尖产业发展空间联盟，通过楼宇党建、产业活动、招商对接、交流学习等方式，对各类型空间资源以及入驻企业加强引导、服务和管理，带动各类空间高效利用和高质量发展，实现丰台区营商环境、社会效益、楼宇党建、空间运营、企业发展等方面的融合发展与合作共赢。建立健全属地化楼宇管家服务机制，对区域内建筑面积 10000 平方米以上的商务办公楼宇开展走访调研，有效提升楼宇业态水平、入驻企业质量，提高楼宇经济对丰台区经济的贡献率。

（秦　凡）

【“市管企业丰台行”活动】 5月10日，以“合作发展 共创未来”为主题的“市管企业丰台行”活动在丰台区举办，此次活动由北京市国资委、丰台区人民政府主办，区投资促进局、工商联承办，来自市国资委，丰台区政府、各委办局，市管企业、丰台区属国企、重点民企等近百位嘉宾齐聚一堂，通过实地走访考察、座谈交流的形式，共谋发展，共话合作。市国资委党委书记、主任张贵林，丰台区委书记汪先永，丰台区委副书记、区长王力军等出席活动。通过本次活动，与会企业真实感受到丰台快速发展的新面貌，对丰台区优质的营商环境留下深刻印象，并纷纷表达合作意向。

（秦 凡）

【参加2019投资北京洽谈会暨京津冀投资推介会】 5月29日，2019投资北京洽谈会暨京津冀投资推介会（简称京洽会）在京成功举办。大会以“推进服务业扩大开放，推动京津冀协同发展”为主题，内容突出京津冀协同发展政策解读、产业和重点区域推介、投资咨询和项目对接洽谈。本届京洽会是首次纳入京交会，并作为京交会的一个重要专题推介洽谈活动举办。丰台区参加开幕式及展览展示活动，在政策咨询和项目洽谈中，北京丽泽金融商务区及南中轴地区规划发展情况颇受企业关注。相关工作人员现场对接美国国际商会、欧美工商会等境外商协会，服务咨询、洽谈企业近百家，着重推介丰台营商环境，扩大丰台的知名度和影响力。

（秦 凡）

【北京·日本创新创业企业双向投资交流对接洽谈会】 6月14日，2019年第三届“北京·日本创新创业企业双向投资交流对接洽谈会”在丰台区举办。北京市投资促进中心主任周旭、丰台区副区长韩嵩、日中经济协会专务理事杉田定大，以及来自国内外知名企业投资人、日中经济协会会员企业代表200余人参加活动。本次洽谈会由北京市投资促进服务中心、日中经济协会共同主办，提供两国企业科技创新交流的平台，加强两国企业的科技创新合作，更好的发挥各自优势，孕育新的商机。来自中国和日本的12家创新创业企业分别作了项目路演推介。在本届活动中，丰台区与日方联手展示了全新的创新创业合作发展商机，并抓住北京市扩大对外开放、提高利用外资水平的契机，营造国际化投资环境，推动丰台区域经济高质量发展。

（秦 凡）

【第19届海外侨界高层次人才为国服务团走进丰台活动】 6月17日，丰台区与市侨联共同举办“创业中华·牵手京津冀”第十九届海外侨界高层次人才为国服务团走进丰台活动。北京市侨联党组书记赵宏生，丰台区委书记徐贱云、丰台区委副书记、区长王力军出席。活动邀请来自美国、英国、澳大利亚、日本等12个国家的74位专家及企业百余人参加，并带来涉及信息技术、生物医药等众多领域的71个科研成果和项目。专家服务团先后参观了丽泽金融商务区、中关村丰台科技园区、南中轴等丰台重点建设项目，加强丰台区在金融、商务、科学技术等领域发展与国外高层次人才的联系合作。此次“为国服务活动”与丰台区的定位与发展有着诸多契合点，经过项目对接和长远合作，将产生良好的效应与成果。

（秦 凡）

【“央地携手、走进丽泽”中央挂职干部交流活动】 6月20日，由北京市丰台区人民政府主办的“央地携手、走进丽泽”中央挂职干部交流活动在丰台举办。市委组织部有关领导，部分第八批北京市与中央金融单位、中央企业、高校互派挂职干部，丰台区政府及相关部门负责人150人走进北京丽泽金融商务区，了解“第二金融街”建设的最新进展，感受日新月异的新丰台。本次活动，既是发挥挂职干部桥梁纽带作用、精准对接央地需求、促进合作共赢的有益尝试，也是进一步扩大挂职干部横向交流、聚众之智共谋丽泽发展新路、提升“丽泽”品牌知名度的有效举措，对更好体现挂职工作成效、服务新时代首都经济社会高质量发展起到积极的推动作用。

（秦 凡）

【“新联会走进丽泽”活动】 7月4日，“新联会走进丽泽”活动圆满举行。新的社会阶层人士联谊会（以下简称“新联会”）包括北京市新联会、丰台区新联会、时代风帆新联会在内共计50余名新阶层代表人士赴丽泽金融商务区参观考察，参观了丽泽金融商务区展示中心、建设中的丽泽SOHO项目，感受世界最高中庭—“夜空之眼”的独特设计风格，感受“第二金融街”的建设发展情况。活动的开展，丰台区投资促进局从统战工作层面出发，充分发挥新联会等各类社会团体的纽带作用，让非公有制经济人士和其他新的社会阶层人士更多的了解丰台区发展理念、重点项目和政策，发挥其各自领域的人才和技术优势，助力丰台发展。

（秦　凡）

【“中外知名企业投资丰台行”活动】 9月6日，以“新空间遇见新机遇，未来风光看丰台”为主题的“中外知名企业投资丰台行”活动在北京汽车博物馆举办，丰台区委副书记、区长王力军及相关区级领导，北京市投资促进服务中心副主任任宝箭参加活动。来自世界500强、集团总部、央企、大型民企的中外知名企业代表、驻京知名商会协会代表、投资顾问机构专家150余人，共同探讨分享丰台的发展商机，现场洽谈投资项目近20个。活动中丰台区投资促进专家顾问团成立，并聘任了首批专家顾问机构和顾问，北京交通大学校长、党委副书记王稼琼，交控科技有限公司董事长兼总裁部春海等20位国内外知名专家受邀聘任为专家顾问，普华永道、野村综研、戴德梁行、波士顿咨询等16家国内外知名企业有限公司受邀聘任为专家顾问机构。活动引导成立丰台区高精尖产业发展空间联盟，该联盟由丰台区30余家优质商务楼宇、疏解空间、老旧厂房改造空间等产业空间组成，旨在通过楼宇党建、产业活动、招商对接、交流学习等方式，对丰台区各类型空间资源以及入驻企业加强引导、管理和服务，优化营商环境建设，促进带动丰台区各类空间的高效利用和高质量发展，实现丰台区营商环境、社会效益、楼宇党建、空间运营、企业发展等方面的融合发展与合作共赢。

（秦　凡）

【“营商环境软实力进阶”培训班】 11月1日，举办2019年丰台区“营商环境软实力进阶”培训班，辖区内相关委办局、乡镇工作人员参加，邀请了高精尖产业空间联盟成员单位、区内重点楼宇工作人员一同参训共140余人。这是丰台区首次对辖区内逾百家楼宇企业进行的系统化授课培训。授课的专家为丰台区招商队伍“量身定制”教学方案，增长了知识，开阔了视野，更加明确楼宇经济的积极意义。

（秦　凡）

服务业

丰台区餐饮住宿服务行业协会

【概　况】 2019年，丰台区餐饮住宿服务行业协会在区商务局的正确指导下，积极发挥枢纽型社会组织作用，带领辖区内会员企业积极开展各项促销活动，开展“百企千店万人双向融合精准扶贫”大型公益活动、消费扶贫进社区系列活动，举办第五届迎新春过大年欢乐美食节、湖北十堰优质农产品推介会，举行扶贫“党员驿站”揭牌仪式，较好地完成了年度工作任务。

（孙　玮）

【“百企千店万人双向融合精准扶贫”大型公益活动】 1月1日至14日，丰台区餐饮住宿服务行业协会发起“百企千店万人双向融合精准扶贫”大型公益活动，组织区内30家会员企业及员工为丰台区对口扶贫的河北省保定市涞源县白石山镇斗军湾村捐款13.06万元，用于购买丰台区对口扶贫地区——内蒙古林西县、扎赉特旗的特色农产品，并在春节前将所购农产品送到斗军湾村29个建档立卡的贫困户手中，让贫困地区的百姓过个好年。

（孙　玮）

【第五届迎新春过大年欢乐美食节】 1月8日至2月19日，举办“福满京城，春贺神州——2019丰台区第五届迎新春过大年欢乐美食节”系列活动。活动历时42天，利用小年、立春、除夕、春节、“破五”、情人节、元宵节等节日集中的特点，组织区内餐饮、旅游、生活服务业企业170余家，搭建线上、线下相结合的新春促销活动，营造浓厚繁荣的节日消费氛围。活动的开展，促进了辖区内餐饮及相关生活服务业的品质提升，有效地推动了地区消费升级。

（孙　玮）

【开展消费扶贫进社区系列活动】 5月17日至9月23日，举办2019丰台区消费扶贫进社区系列活动。活动历时68天，涉及丰台区21个街乡镇和地区，来自丰台区对口扶贫地区内蒙古扎赉特旗、内蒙古林西县、河北涞源县三个地区，以及岳各庄扶贫展示中心、首农双创中心的共24家参展企业的500多个品种的优质农副产品，面向区内百姓销售，活动总销售额78.34万元。

（孙　玮）

【扶贫“党员驿站”揭牌仪式】 10月17日，丰台区餐饮住宿服务行业协会、丰台旅游联盟共同帮助涞源县斗军湾村村委会建立的“党员驿站”——设立的“农民智慧书屋”和“扶贫工作室”项目顺利落成，并举行“党员驿站”揭牌仪式。

（孙　玮）

【湖北十堰优质农产品推介会】 10月28日，在万丰路金盏花酒店举行“饮水思源，感恩十堰——北京市丰台区·湖北省十堰市 南水北调对口协作优质产品推介会”，会员单位、相关企业积极开展洽谈、认购，万丰志欣大连海鲜、丰顺工贸集团等企业与北京消费扶贫双创中心湖北馆牵头企业和十堰张湾区的部分企业现场签订了认购协议，购买翘嘴鲌鱼、丹江鲢鱼头、黄酒和调水源头纯净水，累计成交额达300余万元。

（孙　玮）

【建会30周年庆典活动】 12月23日，在西国贸大酒店举行丰台餐饮住宿服务行业协会30周年庆典暨丰台餐饮住宿服协会、丰台旅游联盟2020新年联谊活动。来自世界中餐业联合会、中饭协、中烹协、中国商业联合会、中沐委、中国食文化研究会、市烹协、市餐协、市老字号协会、市小吃协会、市洗染协会、市摄影协会、市美容美发协会、市女企协、山西大同餐饮饭店协会、区统战部、区发改委、区商务局、区文旅局、区环保局、区工商联、区总工会等相关部门，以及西城、顺义、延庆、大兴等各兄弟协会的领导，本协会会员企业、联盟成员单位代表近300人参加庆典盛会。为了表彰三十年来为协会发展壮大做出重大贡献的企业和个人，活动中设立并颁发了“匠之魂”荣誉勋章、突出贡献、卓越功勋、行业先锋四项大奖。

（孙　玮）

丰台区维修服务行业协会

【概　况】 丰台区维修服务行业协会成立于 1992 年，业务主管部门是丰台区商务局。会员单位主要由从事家用电器、电子产品、计算机及办公设备、空调制冷设备、通讯终端设备、开修锁具等商品的安装、维修和售后服务工作的企业和个体经营者组成。协会第六届会长兼法人代表由本区民营企业家中锁企业管理（北京）有限责任公司总经理刘纯仁担任，协会理事会由 7 名成员组成。2019 年，会员单位总数 53 家，按经济性质划分，有限责任公司 42 家，占会员总数的 79%；个体工商户 11 家，占会员总数的 21%。从业人员 267 人。

（梁生荣）

【行业规范】 年内，组织开展《开修锁服务规范》行业自律活动，对参加社区维修服务的 23 名锁具修理工进行了培训，颁发了职业资格证书和胸卡，基本实现了锁具修理服务上门全区覆盖。会员单位未发生一例消费者投诉。

（梁生荣）

【技术培训交流】　年内，为会员单位培训锁具修理中、高级维修工26名，组织中央空调故障与维修技术讲座1次，组织锁具修理工职业道德和法规培训2期，组织锁具维修技术交流5次。活动的开展，提高了行业内技术人员的技术水平和维修能力，提高了职业道德水平和法制观念。

（梁生荣）

【社区维修服务】　年内，继续开展社区维修"一刻钟服务"工作，用"五统一"的模式（统一电话或网上预约接活派单，维修单位就近服务；统一技术人员培训上岗；统一工装胸卡；统一质量标准和收费标准；统一受理解决投诉），服务社区居民。全年上门服务12000人次，维修各类物品11906件，免费为孤寡老人、特困群体维修服务18户，投诉率为零。基本做到"一刻钟"内到位上门维修，特殊情况经预约按时上门维修。

（梁生荣）

【开展公益活动】　年内，组织会员单位开展社区义务维修咨询日及"3・15"义务维修咨询日等服务民生公益活动，发放《社区维修服务》和《话说消法》宣传资料500份，为社区100户居民免工时费义务维修；向社区居民宣传门锁安全防盗知识，受益人群达900户左右，受到辖区街道办事处以及广大社区居民的好评。

（梁生荣）

【为会员服务】　年内，积极为会员单位服务，努力多为会员单位做好事、办实事，为会员单位提高经济效益出主意、想办法、创新路，通过协会网站、微信群、电话与会员互动和信息沟通，为会员单位提供专业资质认证，向会员提供工商、税务、经营、技术等方面咨询服务100余次，受到会员的好评。

（梁生荣）

【会费收据变更】　年内，按照区财政局的统一要求，完成了财政局对区属用票单位进行财政票据购领信息采集，票据购领证变更法人的工作。继续严格按规定使用会费收据，严格遵守财务制度。

（梁生荣）

【修改章程】　年内，召开第六届第二次会员大会，按照市、区民政局的要求，在协会《章程》中增加党建工作内容，并经全体会员投票通过。

（梁生荣）

旅 游 业

【概　况】　2019年，丰台区文化和旅游局机关行政编制为38名，设局长1名，副局长4名，科级领导职数10正5副，工勤编制2名，随自然减员逐步核销。内设办公室、法制宣传科、公共服务科、文物管理科、行政审批科、行业监督管理科（安全生产科、环境保护科）、产业发展科、资源开发科、组织人事、机关党委10个部门。区文化市场综合执法大队为所属行政执法机构，区文化和旅游局下属事业单位为文物管理所、旅游服务中心、图书馆、文化馆。

（白一迪）

景区景点建设

【完成北京园博园设施提升改造项目】　5月，北京园博园设施提升改造项目通过北京市文化和旅游局的绩效检查验收。北京园博园设施提升改造项目共包括福建园水池改造、湘潭园水池改造、植物标识牌和标识系统更新工程四大类十三项具体工程。

（刘迦慧）

【完成王佐特色小镇旅游配套服务设施项目】　11月，王佐特色小镇旅游配套服务设施项目通过北京市文化和旅游局的绩效检查验收。王佐特色小镇旅游配套服务设施项目分别在怪村都市农业体验园、魏各庄精品有机采摘园、西庄店千灵绿谷农业园实施，主要包括草坪灯、步道两侧照明灯、休息座椅、垃圾桶、标识牌、生态卫生间、直饮水工程等旅游配套服务设施建设项目。

（刘迦慧）

旅游节庆活动

【到北京丰台过大年活动】　1月18日至2月20日，推出以“福满京城 春贺神州”为主题的2019到北京丰台过大年活动，内容涵盖冰雪、温泉、灯会、游园、美食、采摘等。

（施宇龙）

【丰台旅游踏青赏花季活动】　3月30日至5月15日，推出以“百花争妍春光好，丰台踏青正当时”为主题的2019丰台旅游踏青赏花季活动，内容涵盖踏青赏花、郊游登山、民俗文化、美食、亲了、中医药养生等。

（施宇龙）

【丰台旅游消夏季活动】　7月6日至8月31日，推出以“暑假去哪儿 当然丰台”为主题的2019丰台旅游消夏季活动。本次活动共分为乐享夏夜游、嬉水清凉游、欢乐亲子游、登山养生游、休闲赏花游、丰台美食游六大主题。

（施宇龙）

【丰台金秋文化旅游季活动】 9月20日至11月30日，推出以“金秋欢游聚丰台”为主题的2019丰台金秋文化旅游季活动。本次活动共分为花好月圆游、登山赏叶游、欢乐亲子游、文博展馆游、丰台美食游五大主题。

（施宇龙）

【完成国庆游园活动服务保障】 10月2日，圆满完成北京园博园、莲花池公园、丰台花园三处场地国庆游园活动服务保障工作。活动当天，共计开展文化活动44场次，参与人员61409人次。

（施宇龙）

【丰台冬季欢乐游活动】 2019年12月3日至2020年1月15日，推出2019丰台冬季欢乐游活动，内容涵盖冰雪、温泉、游园、文博展览等项目。

（施宇龙）

旅游公共服务

【丰台夏季旅游京津冀推介活动】 7月12日，组织区内6家旅游景区、丰台旅游联盟赴天津市西青区举办2019北京·丰台夏季旅游京津冀（天津）推介活动，对区内夏季特色旅游资源、产品和线路向天津市的旅游机构、旅行社及媒体代表进行了推介。此外，活动还邀请了对口扶贫协作地区河北省涞源县白石山景区管委会及县域内旅游企业参加。

（施宇龙）

【丰台秋季旅游京津冀推介活动】 10月11日，组织区内4家旅游景区、丰台旅游联盟赴河北省保定市举办2019北京·丰台秋季旅游京津冀（河北）推介活动，对区内秋季特色旅游资源、产品和线路向保定市的旅游机构、旅行社及媒体代表进行了推介。此外，活动还邀请了对口帮扶地区房山区文化和旅游局、对口扶贫协作地区河北省涞源县白石山景区管委会及县域内旅游企业参加。

（施宇龙）

【开展丰台旅游咨询进社区活动】 年内，在全区35个社区，以讲师讲座以及现场旅游咨询相结合的方式，为社区居民普及旅游法知识、提供旅游咨询服务，1800余名居民参加了“旅游安全知识大讲堂–旅游咨询进社区”讲座，旅游咨询接待4000余人次，发放丰台区各个景区的宣传彩页及宣传品1.5万余份。

（胡振东）

【编制《西庄店村千灵绿谷农业园旅游规划》】 年内，完成《西庄店村千灵绿谷农业园旅游规划》编制工作。该规划通过前期市场调研，依照“农游结合”的思路，充分利用西庄店的位置优势、土地优势、人口优势因地制宜规划设计西庄店村千灵绿谷农业园旅游项目。10月，西庄店村千灵绿谷农业园依照规划完成建设并正式开园，取得了良好的经济和社会效益。

（刘迦慧）

【编制《卢沟桥 园博园 北宫国家森林公园慢行系统规划》】 年内，完成《卢沟桥 园博园 北宫国家森林公园慢行系统规划》。该规划深入调查了卢沟桥、园博园、北宫国家森林公园周边慢行系统现状，从总体目标、主题定位、形象定位、发展布局和重点项目实施等方面，为卢沟桥、园博园、北宫国家森林公园周边慢行系统规划建设提供指导依据。

（陶早斌）

【编制《西山永定河文化与旅游标识导览系统专项规划》】 年内，完成《西山永定河文化与旅游标识导览系统专项规划》。该规划系统地对西山永定河文化与旅游标识导览系统现状进行了调查研究，对相关标识改造建议及新增设置作出合理规划，规划设计思路和规划设计成果对丰台区文化和旅游标识导览系统建设有较强的指导意义。

（陶早斌）

旅游监督管理

【整顿规范旅游市场秩序】 年内，开展打击“非法一日游”、世园会期间旅游秩序整治工作，对18家旅游企业开展旅游秩序专项检查12次，没收非法一日游假地图、假广告宣传牌、小名片等300余份，发放《北京一日游提示手册》100余份。

（孙 权）

【景区及酒店复核工作】 年内，完成2家区属3星级以下星级酒店复核工作，开展规范星级酒店硬件设施、服务质量达标工作。完成南宫旅游景区、北京汽车博物馆4A级景区复核工作。对北京西国贸大酒店整改工作进行跟进，指导督促企业加快整改进度。

（孙 权）

【假日旅游安全检查】 在元旦、春节、两会、五一、十一等重大节假日期间，牵头组织开展专项检查工作，联合区城管局、公安分局、消防支队、区市场监管局、区应急局等部门对辖区内文化娱乐场所、旅游企事业单位、电影放映单位、文博单位以及单位内部开展安全隐患排查治理工作，确保重点时期重要点位安全生产工作平稳有序。

（孙 权）

卢沟桥文化旅游区

【概 况】 2019年，卢沟桥文化旅游区按照区委区政府的工作部署和要求，扎实抓好各项工作，圆满完成全年工作任务。完成抗日战争爆发82周年纪念活动保障工作、中秋群众自发赏月活动保障工作。完成卢沟桥保护工程、宛平城北侧城墙段修缮工程、卢沟桥桥体检测项目、卢沟桥石质文物数字化项目、卢沟桥石质文物数字化保障项目。出版《卢沟桥石狮艺术研究》一书。撰写完成《宛平城战争遗迹保存研究报告》。全年共接待游客43万余人次，门票收入660余万元。

（闫 焕）

【抗日战争爆发82周年纪念活动保障】 7月7日上午,由中央领导同志出席的全民族抗日战争爆发82周年纪念活动在中国人民抗日战争纪念馆举行。旅游区办事处作为服务保障单位，从环境提升、服务保障、电力电缆抢修维护等方面对桥、城、园等重点部位进行了全面整治。7月7日晚，配合区委宣传部完成了在卢沟桥广场举办的“全民族抗战爆发82周年”首都群众纪念活动。

（闫 焕）

【中秋群众自发赏月活动保障】 年内，为了做好中秋节期间群众赏月安全保障工作，办事处于8月中旬开始谋划，对环境布置、方案制定、舆情监控、信息报送、安全工作等方面进行了部署，并将工作方案上报区委、区政府。区委、区政府分别于9月9日和12日召开卢沟桥——宛平城中秋期间群众赏月活动工作协调会，成立了现场指挥部，并就相关工作进行了安排部署。期间，保障指挥部从指挥调度、人流疏导、应急处置、停车管理、广播提示等方面积极开展各项保障工作，确保了赏月期间的安全稳定，为广大市民提供了一个安全祥和的赏月环境。据统计，中秋节当天自发来卢沟桥—宛平城赏月人数达5.75万人次。

（闫 焕）

【卢沟桥保护工程】 7月，卢沟桥保护工程修缮项目全部完成。内容包括对卢沟桥本体、4尊华表、2座卢沟桥碑、卢沟晓月碑及碑亭、永定河碑及碑亭、西端小广场地面及院墙，保护面积3364平方米。

（乔亚军）

【宛平城北侧城墙段修缮工程】 6月，宛平城北侧城墙段修缮工程全部完成，工程内容包括拆除外檐墙出现鼓闪问题的城墙，修复外檐墙、垛墙及城台地面，修缮面积共1029平方米。

（乔亚军）

【卢沟桥桥体检测项目】　4月，卢沟桥桥体检测工作完成。鉴定项目包括雷达检测、结构外观检查，安全评定等。通过检测得出了全桥技术状况评定的结论，并形成《卢沟桥桥体检测报告》，据此进一步制定卢沟桥保护的可行性计划。

（乔亚军）

【卢沟桥石质文物数字化项目】　4月，卢沟桥石质文物数字化保护项目全部完成。内容包括卢沟桥石质文物全面的数字化采集、3D建模及后期制作，建立卢沟桥石质文物的360度全景可视化三维数据管理系统。完成文物电子数据档案存储管理、查询管理、应用管理。

（乔亚军）

【卢沟桥石狮艺术研究工作】　1月，在做好卢沟桥石狮断代研究工作的基础上，为了更好地传播、展示卢沟桥石狮艺术研究成果，全力打造卢沟桥品牌文化，与北京出版集团有限责任公司合作出版《卢沟桥石狮艺术研究》一书，此书是国内首部对卢沟桥石狮艺术进行研究的专著，填补了卢沟桥石狮艺术研究的历史空白。

（乔亚军）

【宛平城墙战争遗迹保存研究项目】　年内，开展对宛平城墙战争遗迹的保存研究，研究内容包括弹坑及城墙的保存现状，弹坑承载力分析，加固材料的筛选，砖砌体模拟实验等。通过勘察、检测等工作，形成了《宛平城战争遗迹保存研究报告》。

（乔亚军）

【遗产日宣传活动】　6月9日，卢沟桥文化旅游区办事处与丰台区文委在卢沟桥广场共同举办“多彩非遗，美好生活”世界自然与文化遗产日宣传活动。

（刘　飞）

【宛平城整体管理维护】　年内，定期进行文物安全巡视检查，协助区相关部门腾退南后街48号院，消除了南城墙部分地段城墙的安全隐患。

（乔亚军）

【旅游接待】　全年共接待游客43万余人，门票收入660余万元。接待领导团队170批，共计7053人，包括国务院督查室、外交部、国务院参事、中组部、国家文化旅游部、国家文物局、中央军民融合发展委员会办公室、北京市委宣传部、北京市委组织部、全国地级市宣传部长、全国少数民族代表团、国防大学武官团队等。

（刘　飞）

【区领导调研】　6月14日，区委书记徐贱云、区长王力军带队到卢沟桥宛平城地区调研，实地查看了卢沟桥、宛平城、抗战馆等地，并就国家级重大活动保障工作听取了相关部门的工作汇报。徐贱云强调：要进一步深化完善保障工作方案；要做好群众工作，从百姓角度多方面考虑问题，少扰民；要做好环境提升工作，加大对媒体反映及群众诉求的关注力度；要做好安全保障，加大社会面安全防控力度，全面掌握舆情。区领导高峰、梁家峰、吴继东、李岚、李春滨陪同调研。

（闫　焕）

【卢沟桥（宛平城）文物保护规划】　年内，编制完成卢沟桥（宛平城）文物保护规划初稿，通过规划的编制，进一步挖掘、展示卢沟桥及宛平城历史文化资源，弘扬革命传统，保护好文物。同时，以规划促民生，进一步提升区域环境质量，增强百姓的获得感、幸福感。

（李　莹）

【红色主题活动】　年内，开展系列“不忘初心，牢记使命”主题教育参观活动。3月5日，开展以“弘扬雷锋精神，凝聚青年力量”为主题的品牌服务活动。4月4日，举办“缅怀革命先烈，清明祭扫活动”。

（刘　飞）

【扩大景区宣传】　在充分利用景区官方微博、微信等平台宣传的同时，利用各种媒体手段在电视、报刊杂志、网站、微博、微信平台上进行广泛宣传。全力配合、协助共青团中央、中央电视台、市委宣传部、市纪检委、区委宣传部拍摄《我和我的祖国》《武俊与宛平城》等宣传纪录片，在各大媒体中纪委网站播放。

（刘 飞）

中国人民抗日战争纪念馆

【概 况】 2019 年，中国人民抗日战争纪念馆（以下简称抗战馆）高举思想旗帜，砥砺初心使命，突出大庆主线，立足两线作战，工作推进扎实，任务完成圆满。全年共接待观众 146 万人次，接待北京市中小学生“四个一”活动，学校 560 余所 11 万人。“学英烈 诵经典 做传人”活动获首都未成年人思想道德建设创新案例。参加市级爱国主义教育基地复评获评优秀；参加第二届全国红色故事讲解员大赛再获佳绩。7 月 7 日，以中宣部、北京市委市政府和中央军委政治工作部名义举办纪念全民族抗战爆发 82 周年仪式。为首都地区党政军、企事业单位各级党组织来馆开展教育提供平台，接待中央、北京市和军队各级党组织 189 家，举办活动 68 场次。加强国际二战博物馆建设，吸收两家市属国企捐款各 100 万元用于协会自身建设，吸收韩国安城“三・一”运动纪念馆成为协会新的会员。与波兰革但斯克二战博物馆实现人员互访和展览互换。加强学术研究，以香山革命史为重点，推出一系列有代表性的研究成果，因时因势举办约翰•拉贝先生在中国三十年事迹展、旅美华侨招思虹团队捐赠文物史料展、纪念东京审判宣判 71 周年专题展、全国革命类纪念馆红色文创会展等系列展览。积极推动两岸交流，中央台办、国务院台办授牌，抗战馆成为北京市首批海峡两岸交流基地，会同福建社科院举办“两岸融合视野下台湾史论坛”和《日本侵华军事密档•侵占台湾》大型文献资料集新书发布会；与“九•一八”历史博物馆联办“宝岛峰会——台湾大家族抗日救亡图存史实展”；接待台湾新党主席郁慕明一行来馆参观。

（侯 斌）

【荣获全国红色故事讲解员大赛金牌讲解员、优秀志愿讲解员】 2 月 28 日，中宣部、文化和旅游部在上海举办“真理的味道”——全国红色故事讲解员大赛展示活动，展示活动回顾了 2018 年 11 月 27 日至 12 月 3 日首届全国红色故事讲解员大赛历程，表彰奖励大赛获奖选手。抗战馆讲解员杨艳喆获全国红色故事讲解员大赛专业组金牌讲解员称号，志愿讲解员刘振宇获志愿组优秀讲解员称号。12 月 6 日，第二届全国红色故事讲解员大赛决赛在上海举办，代表北京市参赛的讲解员王经纬获专业讲解员组第一名，被评为“金牌讲解员”，并参加集中展示活动；刘景艳被评为“优秀志愿讲解员”。

（侯 斌）

【抗战馆被评为全国学雷锋活动示范点】 2 月 27 日，中宣部命名第五批全国学雷锋活动示范点和岗位学雷锋标兵各 50 个，中国人民抗日战争纪念馆入选第五批全国学雷锋活动示范点名单。

（侯 斌）

【全市红色文化政策座谈会】 4 月 2 日下午，为研究制定新时代繁荣发展首都文化的意见，市委宣传部研究室主任孔建华在抗战馆主持召开红色文化政策座谈会，邀请中央党史和文献研究院、中央党校、中国人民大学国际关系学院、文化和旅游部、国家文物局等 11 位党史研究和红色旅游资源开发领域的专家，围绕传承发展红色文化进行专题研讨。

（侯 斌）

【“清明节的铭记——尊崇英雄烈士 厚植家国情怀”主题教育系列活动】 4 月 4 日至 7 日，由市委宣传部、市委教育工委、首都文明办、市教委、市退役军人事务局、市关心下一代工作委员会共同主办的“清明节的铭记——尊崇英雄烈士 厚植家国情怀”主题教育系列活动在抗战馆举行。活动包括启动仪式、专场音乐会、主题团队活动、志愿者专场讲解、网上祭奠等，以多种形式引导广大观众祭奠英烈、清心明志。

（侯 斌）

【“患难见真情——二战时期救助犹太人的波兰人”专题展览】 5月8日，波兰革但斯克二战博物馆“患难见真情——二战时期救助犹太人的波兰人”专题展览在抗战馆开幕。该展览通过展示二战时期10余名波兰人在纳粹德国铁蹄之下冒死救助犹太难民的感人故事，歌颂波兰人民不畏强暴、正义斗争的无畏精神。

（侯 斌）

【纪念全民族抗战爆发82周年仪式】 7月7日上午10时，纪念全民族抗战爆发82周年仪式举行。蔡奇同志主持仪式。仪式以“铭记历史、珍爱和平、勿忘国耻、圆梦中华”为主题，全场高唱国歌，首都中学生代表朗诵《卢沟桥战歌》《为祖国而歌》，首都大学生合唱团演唱《毕业歌》《没有共产党就没有新中国》，表达年轻一代爱国情感、坚定信念和奋斗精神。仪式结束后，蔡奇等领导同志同各界群众代表一起向抗战烈士献花，并参观《为抗战吹响号角——中国共产党与抗战文化》专题展览。中央有关部门、中央军委政治工作部负责同志和北京市陈吉宁、李伟、吉林、张延昆、林克庆、杜飞进、陈雍、魏小东、崔述强、齐静、王宁、殷勇等同志出席，抗战老战士、抗战将领亲属、首都各界群众代表等约500人参加。当晚，“我和我的祖国”群众性纪念活动在卢沟桥举办，杜飞进同志出席，各界群众500余人参加。

（侯 斌）

【海峡两岸交流基地授牌仪式】 9月3日，中央台办、国务院台办在抗战馆举行海峡两岸交流基地授牌仪式。市委宣传部副部长张爱军出席。国台办交流局董碧幽副局长宣读批复并为抗战馆授牌，李宗远同志接牌并表态发言。市台办负责同志参加。

（侯 斌）

【“大爱生命 追求和平——约翰·拉贝先生在中国三十年事迹展”】 9月3日，“大爱生命 追求和平——约翰·拉贝先生在中国三十年事迹展”举办。该展由北京联合大学和抗战馆联办，旨在宣传国际友人的崇高精神。北京联合大学党委书记韩宪洲，抗战馆党组书记、馆长李宗远，以及奥地利、德国驻华使馆负责人，有关专家学者、中德高校师生代表约200人参加。

（侯 斌）

【中国抗战胜利网正式上线】 9月3日，抗战馆官网改版后正式上线，新版官网“中国抗战胜利网”推出中、英、俄、日、韩五种语言版本，设置抗战历史、抗战文物、抗战展览、抗战影视等14个栏目，与国内二战类博物馆（纪念馆）和国际二战博物馆协会会员单位官网链接，进一步增强了传播力影响力。

（侯 斌）

【香山革命纪念地建成并对外开放】 年内，在中央和市委有关部门正确指导下，香山革命纪念地历时1年半左右时间，按照“经典之作”“传世之作”要求，高标准建成。8处革命旧址按历史原貌修缮复原，香山革命纪念馆工程获中国建筑业最高奖项——鲁班奖，《为新中国奠基》主题展览经过反复打磨成为精品陈展，文物复仿制项目获全国革命文物利用十佳案例。9月12日，中共中央总书记、国家主席、中央军委主席习近平专程赴香山革命纪念地视察并发表重要讲话。9月13日，纪念馆和8处革命旧址正式对外开放。

（侯 斌）

【电影《杨靖宇》全国院线上映首发式】 9月18日，电影《杨靖宇》全国院线上映首发式在抗战馆举行。影片讲述以杨靖宇为代表的东北抗联将士同日寇在白山黑水间展开殊死战斗的壮烈故事，真实再现东北抗联英勇奋斗、不怕牺牲的民族精神。市委宣传部、市退役军人事务局负责同志出席，香港知名导演吕小龙和电影主创团队、在京抗联老战士后代、首都学生代表约500人参加。

（侯 斌）

【“华侨与祖国——招思虹暨《金山之路》读者团队和旧金山涵芬楼外楼同仁捐赠文

物史料展”】 9月25日，由市委统战部和抗战馆共同主办的“华侨与祖国——招思虹暨《金山之路》读者团队和旧金山涵芬楼外楼同仁捐赠文物史料展”开幕，该展通过展示旅美华侨招思虹及其团队捐赠文物史料，铭记广大华侨华人积极支援祖国抗战和参与新中国筹建的光辉事迹，彰显新时代华侨爱国爱乡精神。国际二战博物馆协会名誉理事长牛有成和市委统战部负责同志出席，各界代表120余人参加。

（侯　斌）

【全国革命类纪念馆文创研发与经营管理主题培训班】 10月18日至20日，由中国博物馆协会纪念馆专业委员会主办的全国革命类纪念馆文创研发与经营管理主题培训班在湖南韶山毛泽东同志纪念馆举办，专委会主任委员单位抗战馆馆长李宗远出席并致辞，40余家会员单位参加培训。

（侯　斌）

【《日本侵华军事密档·侵占台湾》新书发布会】 10月25日，大型文献资料集《日本侵华军事密档·侵占台湾》新书发布会举行。该文献由抗战馆会同福建社科院历时5年完成，共64册1000万字，收录档案4673宗。将日本陆军省、海军省存藏的关于侵占台湾前后近70年军事密档整理编辑出版，国内外尚没有先例，是对日本侵占台湾历时档案的一次拓荒性、系统性搜集整理文化工程，对于还原日本侵台历史真相、有力驳斥“台独”势力谬论具有重要价值。

（侯　斌）

【中国抗战漫画展暨“中国抗战与东方主战场”学术研讨会】 波兰当地时间11月6日上午，中国抗战漫画展在波兰格但斯克二战博物馆开幕，该展通过展示国内10余位著名画家多幅抗战题材画作，讲述中国抗战历史，揭露日本法西斯罪行，表现中国军民乐观主义精神和必胜信念。中国驻格但斯克领事王青山出席展览开幕式，李宗远率国际二战博协9家国内会员单位代表出席。同日下午，该馆举行了“中国抗战与东方主战场”学术研讨会，中波两国二战类博物馆馆长和专家学者围绕开展国际交流合作、推动二战史研究宣传进行深入探讨。

（侯　斌）

【国际二战博物馆协会受捐仪式】 11月20日，国际二战博物馆协会受捐仪式举行。北京一轻控股有限责任公司、北京国有资本经营管理中心两家市属国企分别向协会捐款100万元，用于支持协会各项事业发展。国际二战博物馆协会名誉理事长牛有成出席并向两家企业颁发捐赠证书，市委宣传部、市国资委负责同志出席。同期举办“抗战情缘 翰墨丹心——‘守桥翁’郭景兴同志书法作品展”，中国书法家协会会员、抗战馆离休干部郭景兴向两家企业捐赠书法作品。

（侯　斌）

【中国博物馆协会纪念馆专委会2019年年会暨“革命类纪念馆与中国共产党的建国思想”学术研讨会】 11月29日，中国博物馆协会纪念馆专委会2019年年会暨“革命类纪念馆与中国共产党的建国思想”学术研讨会在天津平津战役纪念馆举行。专委会110家会员单位参会，13家单位围绕新时期纪念馆宣传建国思想、履行历史使命、开展宣传教育、弘扬革命精神、探索社会实践、思考文博发展交流研讨。天津市文化和旅游局、文物局负责同志出席。

（侯　斌）

【《重庆大轰炸幸存者访谈录》新书首发式】 12月11日，大型史料纪实画册《重庆大轰炸幸存者访谈录》在抗战馆举行首发式。该画册由侵华日军暴行独立调查研究学者李晓方编著，浙江教育出版社出版，通过500余幅受害者生存状况照片、日本无差别轰炸史料及16万字受害者口述经历，记录了120位重庆、四川大轰炸幸存者的悲惨遭遇，揭露日本反人类罪行。

（侯　斌）

【“正义的审判——纪念东京审判宣判71周年专题展”】 12月13日，抗战馆会同上海交通大学战争审判与世界和平研究院举办“正义的审判——纪念东京审判宣判71周年专题展”，通过展示 270 余幅珍贵历史照片和 176 米文献式全景油画，再现东京审判全过程，告慰英灵、警示未来。

（侯 斌）

【与韩国“三·一”运动纪念馆签署友好协议】 12 月 27 日，韩国安城市代理市长兼安城“三·一”运动纪念馆馆长崔文焕率团访问抗战馆，与抗战馆签署友好合作协议，并加入国际二战博物馆协会。国际二战博物馆协会名誉理事长牛有成出席入会仪式。

（侯 斌）

世界公园

【概 况】 2019 年，世界公园凝心聚力，开拓进取，各项工作取得新进展。加强规范化管理，确保公园经营活动顺利开展。举办重大活动，彰显公园文化特色。采取多种形式推动市场营销，确保公园营业收入。全年实现营业收入 6600 万元，比较上年基本持平。

（李 岩）

【规范化管理】 年内，坚持“以人为本、服务大局、合理调配”的原则，结合各部门实际情况，完成定岗、定编、定责工作，实现公园管理工作的规范化、制度化、科学化。

（李 岩）

【消防安全保卫】 年内，围绕公园中心工作，认真落实公园安全管理工作制度，完善各项安全管理工作机制，强化了公园的安全管理。采取张贴宣传画、现场培训、观看录像等形式，加强安全宣传，提高公园职工的安全生产意识。坚持开展定期安全检查、巡查，发现问题及时处理，确保了公园的安全。

（李 岩）

【重大活动开展】 年内，先后举办了“新春花灯大拜年”“新春元宵灯会”“第二届郁金香踏青嘉年华”“2019 第二届梦幻仲夏”等活动，活动的开展，突出了世界公园的文化特色，展现了演艺亮点，提高了世界公园在市场中的竞争力和影响力。

（李 岩）

【园林绿化美化】 年内，完成了节假日花圃铺装及公园广场的布置任务，完成了景区的垃圾清扫清运、厕所保洁、杂草清除等工作，为游客创造了良好的游园环境。

（李 岩）

【市场营销】 年内，利用自媒体、融媒体、数字媒体、传统电视等宣传平台，采取专访、街头采访、网络直播等形式，对世界公园进行广泛宣传，提高了公园的知名度，确保了公园的营业收入。

（李 岩）

【党建群团】 年内，完成了中共北京世界公园新一届总支委员会换届选举工作；加强“学习强国”学习平台的学习；组织党员和入党积极分子去香山革命教育基地参观，接受再教育。组织全体会员为丰台区对口扶贫地区河北涞源、内蒙扎古赉特旗开展献爱心捐赠活动，两节期间慰问患病及困难职工，帮助解决生活困难。

（李 岩）

北京园博园

【概 况】 2019 年，按照区委区政府“上台阶”的目标要求，团结一心、开拓进取，圆满完成了年度工作任务。坚持把党的建设作为第一要务，强化党组核心作用，以上率下，上下联动，层层抓落实，形成全面从严治党责任落实体系。占领思想舆论阵地，抓好意识形态工作，提高防控风险能力。主题教育不走过场，把主题教育作为检验政治觉悟和工作能力的重大政治任务来抓，正视问题，注重整改。向管理要效益，改善园博园内的基础设施设备，提升服务游客的内容的质量。开展园博园的未来发展研究，增强发展后劲。全年累计接待游客 127 万人次，门票总收入 850 万元。

（李　媛）

【抓党建促学习】　年内，认真研究新形势下党建特点要求，结合实际，制定工作要点，细化工作任务，指导工作实际。坚持以上率下，强化党组核心作用，主持召开党组会议研究党建工作25次，涉及党建议题54项。落实“三会一课”制度，按时组织召开支委会、党员大会和党小组会，班子成员轮流讲党课。督促在职党员参与社区、社会活动，开展共治共建共享。严格按照上级精神落实好年度民主生活会、组织生活会和民主评议党员工作。发展新党员2名，预备党员转正2名。加强党员E先锋、学习强国、北京长城网、北京干教网平台应用管理和学习。按季度开展党费收缴工作，全年收缴党费18948元。

（李　媛）

【抓责任落实促进党的建设】　年内，认真贯彻落实市委全面从严治党主体责任的意见要求，通过清单化引领，明确党组主要负责人第一责任人、班子成员分管领域内管党治党重点责任清单52项、重点防止和纠正清单42项，层层签订党风廉政建设建设责任书62份，形成上下联动、层层抓落实的工作格局。通过月检查、季研判、年考核的方式，动态推进全面从严治党责任落实，形成层层递进、环环相扣、首尾相接、循环作用的完整链条，构建有布置、有落实、有督查、有整改的全面从严治党责任落实体系。

（李　媛）

【领导班子队伍建设】　年内，严肃党内政治生活，认真执行民主集中制，依法依规办事，“三重一大”事项均由班子集体研究决定并做到及时沟通协调，确保班子团结。以选优配强中层干部为目标，全面梳理中心职数空缺情况，分析干部综合履职情况，切实把政治能力强和作风过硬的干部选出来，树立了正确的选人用人导向。通过重点培训、挂职锻炼等方式，培养业务过硬、大局意识强的人才。强化干部监督教育管理，通过集中学习党内法规、观看法制教育片、参观警示教育基地、开展国家安全主题党日活动、干部任前廉政提醒、节前廉政提醒、谈心谈话等形式，强化党员干部勤政廉政意识，引导党员严守廉洁纪律。

（李　媛）

【宣传思想】　按照区委要求，把抓好意识形态工作作为落实党建主体责任的重要内容，严格把党管宣传、党管意识形态落到实处。强化阵地意识和担当意识，全面排查梳理单位意识形态风险点25项，制定完善管控措施30项，层层签订意识形态工作责任书62份，坚持每季度分析研判意识形态的工作机制，提高防范风险能力。年内配合外交部、市政协等有关部门完成文化活动30余次。积极开展自主宣传，电视媒体发布7次，门户网站发布50余次，微信信息发布360余篇，微博信息发布400余篇，官网更新文章50篇，向区级各类新闻媒体宣传平台报送信息100余篇，刊发30余篇。

（李　媛）

【主题教育】　年内，按照“守初心、担使命、找差距、抓落实”的总要求，坚持把主题教育作为检验政治觉悟和工作能力的重大政治任务来。通过个人自学、集体学习、专题教育等形式，坚持读原著、学原文、悟原理，找差距、想对策、促提升。班子成员先后开展专题学习 14 次、交流研讨 5 次。参观香山革命纪念馆、二七厂等红色教育基地，观看《必由之路》《民有所呼 我有所应》等专题片，增强学习教育的针对性、时效性和感染力。以加强党的建设、提升服务游客水平、推进园博文化旅游融合发展为主题开展调研。发放征求意见表 23 份、调查问卷 837 份，收集到加强党建方面的问题 6 个，提升游客服务水平方面的问题 10 个，提升园区资源利用方面的问题 4 个。班子成员蹲点调研，看实情、听意见，查找准问题症结，研究制定可行性措施。

（李　媛）

【正视问题整改】 年内，严格按照“四个对照”和“四个找一找”的要求，对照《党章》《准则》《条例》检视问题，共检视班子问题10项，班子成员问题19项，及时解决了塔亭阁夜景照明、园区指示牌老化等问题18项。对标对表全市“8+2”专项整治任务，对征地拆迁、规范处理游客投诉、落实“接诉即办”、提振干部精神等问题，逐条逐项定制整改措施。对照4A景区质量等级及安全生产标准化建设等级评定标准，进行查漏补缺，提升创建工作成果。

（李 媛）

【重大活动服务保障】 年内，承担了国庆游园活动和中国戏曲文化周活动的服务保障任务。按照市、区两级指挥部的工作要求，建立了党组决策、分管负责、运营公司具体对接、各部门综合保障的联合联动工作机制。对园博园内水电、道路、通信、卫生间等基础设施设备进行维护排查，开展小型维修3400余项。完成鹰山演艺广场改造、3号服务区周边路面铺装修复、塔亭阁夜景照明设备维修、3号门白色铁艺护栏维修、梦唐园修缮等专项工作。完成3号门、5号门广场立体花坛的建设和维护工作，对广东园等十余个展园进行了修缮提升。制定《国庆宣传环境布置方案》，在2、3、5号门区和中心办公区营造了喜庆热烈的节日氛围。两项重大活动的顺利保障，吸引游客19万人次。园博园管理中心被市指挥部评为活动保障先进单位，黄海荣、李然等10名同志受到通报表扬。

（李 媛）

【服务提升】 年内，新增寄存、热水、母婴等游客服务项目，提供休憩等各项自主服务内容，服务游客约15万人次。完成10万字20个展园的讲解词更新，公益和收费讲解服务330场，开展科普活动15场，“园林小达人”志愿服务52场。按照4A级景区标准，完成服务信息9类标识标牌的提升457块。

（李 媛）

【“接诉即办”】 年内，建立案件专人接收、综合协调处理、定期分析研判等工作机制，实现游客意见建议快速明责分派、高效整改落实和回复。全年处理现场和电话投诉73起，投诉率万分之零点柒四，持续控制在万分之一以下，整体满意率98.63%、解决率95.89%。收到游客感谢信68封，锦旗2面。

（李 媛）

【园内基础设施设备维护】 完成第三卫生间建造及园区厕所等级评定工作，5号服务区第三卫生间被评定为AAA级，其它13个卫生间被评定为AA级。全力应对锦绣谷进水等突发情况，组织1100余人次、车船160余辆次，对锦绣谷5600余株苗木进行紧急移植。转移水淹区箱变、配电柜等重要设施设备。开展沉降观测、地质勘察、安全鉴定等工作。

（李 媛）

【市场化运营】 全年累计接待游客127万人次，同比增长6%。门票总收入850万元，同比增长2%。机器人项目接待游客同比增长436%，合作分成40万元。中消联盟拓展基地项目接待30个企事业单位，租金收入30万元。观光车项目收入410万元。停车场引入静态公司作为新的合作经营方。团体票项目接待815家，同比增长5%。社会大课堂新增猎狐活动，取得良好的社会效益。婚庆项目收入45万余元，同比增长30%。售卖店实现销售额110余万元，礼品店自营收入65万元。

（李 媛）

【未来发展研究】 年内，按照区政府的要求，推进园博园未来发展研究，形成《北京园博园资源利用专项报告》。开展北京园博园文化旅游开发提升方向研究，完成调研报告并进行了专题汇报。

（李 媛）

【重大项目建设】 年内，与阳明中天公司就体育国际交往中心项目达成合作意向，经区政府专题会议审议后，签订了项目合作框架协议。阳明中天公司提交的儿童户外运动、梦唐园儿童素质教育、北门服务区策划案等三个项目方案正在推进中。

（李 媛）

北京汽车博物馆

【概　况】 2019年，北京汽车博物馆（丰台区规划展览馆）全年开放运行313天，实现全年重大消防事故及安全事故为零，场馆及展览设备设施安全稳定运行的目标。继续夯实汽车文化、教育、传播3大体系，举办专题展览12项，开展各类科普活动25项1256场次，组织承接文化交流活动88场，全年累计服务社会人群77.97万人次，荣获国家级荣誉14项，市级荣誉22项，区级荣誉12项，行业荣誉2项。年内加大力度广泛传播汽车科技和汽车文明，为观众提供优质的精神文化食粮，社会影响力和社会效益不断提升。

（刘艳敏）

【“创想汽车城”主题活动】 年内，开展寒假“创想汽车城——开往幸福的节日专车”活动，活动项目开设时光穿梭站、汽车工坊站、能量加油站、文创集市站、悦读小站五大站点，将藏品研究成果与展览教育活动和文创开发相融合，创造性地推出情景式角色扮演讲解，增加藏品解读的代入感和趣味性，鲜明的新时代导向和较强的公众参与性赢得百姓的一致认可。2月7日《人民日报》以“博物馆里年味儿浓（新春新年俗）”为题对此项活动进行报道。暑期“创新汽车城”主题活动通过印记中国站、传统节日站等多项活动，以车为载体，以“印”的华美技艺，融合科学技术与传统文化，庆祝新中国成立70周年。

（刘艳敏）

【“雷锋，一个汽车兵的故事”主题活动】 年内，继续雷锋活动“六个一”品牌（即一次展览、一部剧、一堂课、一首歌、一场大赛、一次志愿服务），重点实现线上线下相结合的方式开展学雷锋活动，实物展览在中国科技馆、天津、四平三地同时举办，弘扬社会正能量。《学习雷锋好榜样，快闪在汽博》主题视频画面被中央电视台《新闻联播》采用，同时央广网、人民网、北京日报、北京晚报等多家媒体进行。

（刘艳敏）

【“从1949走来，致敬旗迹——庆祝中华人民共和国成立70周年专题展览”】 年内，围绕新中国成立70周年主题，深入挖掘“红旗精神”，与一汽集团深度合作签订合作框架协议，讲述中国汽车工业的创业历史，创造崭新的红旗思维，弘扬爱国主义精神。同时，围绕展览开展“我和我的祖国——爱心送考”“我为红旗添光彩——创想•车迹”“我为红旗添彩”——中华文化小使者优秀示范案例推介等红旗系列活动，扩大区域文化影响力。

（刘艳敏）

【“尚美华章——庆祝中华人民共和国成立70周年艺术作品展”】 年内，举办“尚美华章——庆祝中华人民共和国成立70周年艺术作品展”，该展览由北京市丰台区委宣传部主办、北京汽车博物馆联合北京市美术家协会承办。以提名展和邀请展的有机融合，通过中国传统文化题材、红色题材、历史题材、当代题材等艺术作品，从多个角度展现新中国70年的辉煌成就和中华民族崇尚美好的初心，更好地体现社会主义核心价值观。

（刘艳敏）

【“庆祝中华人民共和国成立70周年‘印记中国’大众篆刻展览”】 年内，北京汽车博物馆与教育部语言文字应用管理司、中国艺术研究院篆刻艺术院等单位在中华世纪坛共同承办，打造“印说车趣”系列文创产品，以“红旗牌轿车”“解放牌汽车”和“东风牌轿车”三枚印章参展。同时举办展览闭幕式“印记中国-印说汽车-红旗之夜”活动，中国一汽、资深老红旗CA770设计师及志愿讲解员等几代人共同讲述了国车红旗背后的故事，向老一辈汽车人致敬。中国国际贸易中心、北京工美集团、中国美术馆、国家电网等数30余家单位出席。

（刘艳敏）

【联合办展深化传播效果】 年内，联合区委政法委、国家安全局丰台分局，共同举办“备豫不虞　为国常道——为了人民的安全”主题展览，面向全区宣传国家安全观；联合丰台档案局举办“档案见证丰台发展七十年主题展”，从档案的角度展现丰台发展；联合丰台文联举办“辉煌七十年 壮丽新时代——丰台区书法美术摄影作品展”。与中国摄影家协会合作以公众喜闻乐见形式，传播“图片漂流”品牌，举办了“过路，路过——图片漂流摄影展”“匠心——图片漂流摄影展”。

（刘艳敏）

【丰富馆藏深化利用让文物说话】 年内，以丰富馆藏为目标，面向社会持续开展持续征集活动。与长安、北汽、广汽、日产汽车厂商建立合作意向，筹划开展征集活动，以捐赠、项目合作等方式征集藏品、资料，抢救收藏汽车工业历史的见证物，丰富馆藏及辅助博物馆汽车历史、文化研究及公众科普教育活动。全年累积征集文献类藏品、实物捐赠等累计 562 件，藏品总数增至 10272 件（套）。将专业团队的车辆类藏品美容护理培训与展区“品鉴藏品车养护”课程相结合，提升课程品质。

（刘艳敏）

【以车为媒开展多维度国际文化交流】 年内，策划协办首届“北京国际艺术高峰论坛”，聚焦“艺术如何推动城市发展”，促进东西方文化的对话与交流；举办意大利“斯特拉迪瓦里科普音乐会”，通过科普和艺术跨界融合的创新方式，让观众感受中意文化的交融与互鉴；联合艺术 8 共同主办“一路同行中法梦——中法艺术之美”主题活动，近 200 位文化、艺术、科技、媒体等各界嘉宾汇聚一堂，分享当下两国文化艺术的发展，并探讨未来合作事项。

（刘艳敏）

【联合优势资源推动文创开发新发展】 年内，成功引入自动售卖模式销售汽博文创产品；开展“印记中国，印说汽车”系列活动，落实汽博文创“1+1+N”的合作模式，成功引入“汽博印吧”合作经营项目；围绕“红旗”展览开展一系列文创产品的开发及市场销售工作；持续加强文创产品开发管理体制机制创新探索；引入北京文创市集并成功实行博物馆夜间开放，并于中秋节、世界旅游日、重阳节、印记中国—印说汽车—红旗之夜 4 天继续尝试实行博物馆夜间开放，延时闭馆 2 小时；积极参与市委宣传部主办的北京国际图书节“百家千讲”系列阅读分享和漫游打卡活动。“印说车趣”系列文创产品获得 2019 北京文化创意大赛文博创意设计赛区第一名，并在总决赛当中获得“行业引领奖”。

（刘艳敏）

【创建国家级博物馆提升管理运行水平】 年内，成功申报 2019 年“全国最具创新力博物馆”，北京汽车博物馆从全国 5000 余家博物馆中脱颖而出，被评为 2019 年“全国最具创新力博物馆”。这也是继故宫博物院后，又一北京地区博物馆获此殊荣。市委常委、宣传部部长杜飞进批示“汽博馆的许多创新做法具有复制推广价值，值得北京市其他博物馆学习借鉴”。创建 5A 级旅游景区。改进提升导览标识、智慧化服务内容，开展信息化建设，提升观众满意度。高质量完成“国家 AAAA 级景区”复核工作，受到评审专家“设施一流、体验一流、管理一流、服务一流”的肯定。

（刘艳敏）

【提升设备设施安全可靠性和舒适性】 年内，北京汽车博物馆通过丰台区公共建筑节能绿色化改造项目综合验收，成为北京市首家通过综合验收的公共文化事业单位，总体节能率达到 22.56%，实现参观人数逐年递增而能源消耗逐年下降的良好效果。完成广场地面维修项目、一层中庭吊顶维修项目。实施会议空间优化提升，提升场馆保障设施安全可靠性和参观环境舒适性。按照旅游委安全标准化要求细化临时用电管理，严格执行临展活动临时用电审核，确保排除场馆存在的安全用电隐患。发扬工匠精神，打造办公区“景观加湿水幕”，奇妙利用废弃材质制作“驴吉普”、“管自强”等创意作品，补充“安全角”应用展示，提升职工创新工作室创建品牌效果。

（刘艳敏）

金 融

金融服务

【概 况】 2019年,金融业实现增加值215.2亿元，同比增长6.8%，拉动GDP增长0.8个百分点，占全区生产总值的11.8%；实现税收收入51.08亿元，同比增长8.2%；实现留区收入12.06亿元，占全区区级收入10.6%，金融业实现稳步增长。新增上市企业5家，其中主板2家、创业板1家、科创板2家，上市工作取得突破。其中中国铁路通信信号股份有限公司科创板上市，成为科创板央企第一股，科创板IPO注册北京第一家，科创板“A+H”第一股，科创板募集金额排名第一位。辖区有A股上市企业 27 家。

（路 媛）

【丽泽招商引资】 年内，区金融办引进邦信资产管理公司、北京融资担保投资集团有限公司、方正证券北京分公司、财达资本管理有限公司、航证科创投资有限公司、北京远京投资基金中心（有限合伙）等金融机构。4月11日，会同丽泽管委会组织开展“金融机构丰台行”活动，邀请43家金融机构负责人参会，全面推介丰台区特别是丽泽快速发展的新局面，以提升丽泽金融品牌影响力和辐射力。

（吴 玄）

【企业发展服务】 年内，为中国证券金融股份有限公司等35家重点金融机构和上市企业兑现各类奖励补贴资金6700万元，为银登中心等9家重点金融企业协调非京籍毕业生落户13人次，为邮储银行北分等4家重点机构协调骨干员工子女入学事宜，协助长城国融等7家重点金融机构申报人才引进需求。组织金企融资对接会、联合市金融局主办金融服务小微企业案例推广会、联合深圳证券交易所开展融资路演，为有融资需求的企业搭建沟通平台，拓宽企业融资渠道。

（路 媛）

【金融检查】 年内，对辖区3家融担公司、9家小贷公司、2家商业保理公司、33家典当行公司、8家融资租赁公司开展现场检查，督促企业整改，规范企业发展，防控地方金融机构风险。

（吴 玄）

【打击非法集资】 年内，制定《丰台区防范和处置非法集资平安建设工作考评办法》，增强相关部门责任意识，加大督促力度，形成统筹协调、街乡镇主责、部门联动、社会共治的工作格局。引入打非监测预警平台冒烟指数监测系统，通过大数据、云计算等技术手段，抓取非法集资特征信息，定期形成《丰台区非法集资风险排查报告》，实现对辖区内非法集资风险线索的早发现、早预警、早报告、早处置。实地核查高风险企业100余家次，约谈法人及高管80余次，处置8家。及时回应群众诉求，引导相关投资者依法理性维权，接待投资人来访144批2082人次，接听来电1200余次，回复区长信箱和信访件7件。

（路　媛）

【科创板培训专场活动】　4月12日，“金融与企业对接会——科创板培训专场”活动在新华金融信息交易所举行。活动由区金融办联合新华金融信息交易所共同举办。近30家区科创板上市意向企业、会计师事务所、律师事务所、券商等中介机构共60余人参加。活动从政策、规则、企业的财务制度与规划等方面对科创板进行深度解读，旨在加深丰台区企业对科创板的了解，培育意向上市企业、助力企业登陆资本市场。

（路　媛）

【金融安全宣传活动】　年内，以“六进”（进机关、进企业、进学校、进社区、进村组、进家庭）方式开展金融安全宣传活动，创新宣传载体和阵地向群众宣传非法集资的特点和形式。全年组织集中宣传96场，开展宣传进村组76次，进社区420次，进机关21次，进学校136次，进企业382次，参与群众5万余人次，发放宣传材料4万余份。

（任婉莹）

【金融服务小微企业案例推广会】　9月20日，召开由丰台区和市金融监管局、北京银保监局、市经信局共同主办的金融服务小微企业案例推广会。丰台区90余家小微企业以及60余家银行、融资性担保公司、小额贷款公司等金融机构参会。会议旨在为小微企业和金融机构搭建对接平台、拓宽企业融资渠道，以进一步推动提升小微企业金融服务覆盖面和可得性，缓解小微企业“融资难、融资贵”局面。

（路　媛）

【融资路演活动】　10月29日，“中关村科技园丰台园高新企业融资路演第一期”在中关村科技金融路演中心举办。活动由丰台区金融服务办公室、中关村科技园区丰台园管理委员会、丰台区发展投资有限公司、深圳证券信息有限公司主办。中关村科技园丰台园7家高新企业进行路演，项目涉及手机软件、大数据、医疗健康等领域。现场邀请投资专家对项目进行点评并与投资人互动。全国知名投资机构、银行、观摩企业等单位150余人参加现场活动，中国高新区科技金融信息服务平台同步直播。

（路　媛）

北京丽泽金融商务区建设

【概　况】　北京丽泽金融商务区，地处北京西二、三环路之间，是北京市邻近二环的最后一块成规模集中建设区，也是首都西南部发展的新地标。2019年，丽泽开复工面积203万平方米，5个项目实现结构封顶。区域内3个地铁站主体结构完工，南区3条主干路建成通车。新引进企业44家，其中金融类企业13家；累计引进企业505家，其中金融类企业358家，占企业总数的70.89%。引进的标志性企业有北京融资担保投资集团有限公司、财达资本管理公司、邦信资产管理有限公司、中国东方资产管理股份有限公司北京分公司、航证科创投资有限公司、北京首宏投资有限公司。丽泽商务区管委会获得北京市总工会“首都劳动奖状”奖牌，“北京丽泽金融商务区5G安全智慧园区”项目获得首届世界5G大会“5G应用设计揭榜赛”三等奖，北京丽泽金融商务区获得市规划和自然资源委员会授予的“北京市绿色生态示范区”荣誉称号。

（郑宏博）

【规划优化提升】　年内，编制完成《北京丽泽金融商务区优化提升方案》，市委、市政府主要领导原则同意该方案，该方案分别于12月12日、12月25日通过市委常委会和首规委会。丽泽商务区管委启动丽泽金融商务区规划综合实施方案编制工作，将人本城区、紧凑城区、绿色城区、活力城区规划理念落实到控规成果中。

（郑宏博）

【项目建设】 年内，青海金融大厦、丽泽SOHO和中华联合保险投入使用，释放产业空间25.4万平方米；丽泽SOHO5G实验室面向公众开放。丽泽南区供地19个二级项目，其中中设集团总部综合楼、金唐西联大厦、平安金融中心、通用时代大厦、汇能鼎兴5个项目86万平方米实现结构封顶；推进中国铁物大厦、京能天泰大厦、开创金润项目、湖南投资大厦、国金大厦、华夏人寿项目、中证间项目7个项目73万平方米前期手续办理与建设。

（郑宏博）

【市政基础设施建设】 年内，区域内3个地铁站主体结构完工。南区3条主干路建成通车，13条次干、支路完成铺油7.7公里，各专业市政管线随南区道路同步实施。地下交通环廊完成结构施工2.15公里。南区1个冷热能源站、2个110千伏变电站投入运行。

（郑宏博）

【丽泽金融街教育发展有限公司成立】 7月5日，丽泽控股公司与金融街教育公司正式签订合作协议，成立北京丽泽金融街教育发展有限公司，该公司的成立是落实市委市政府关于加快推进丽泽金融商务区与金融街一体化发展的重要体现。

（郑宏博）

【绿色生态建设】 年内，推进绿色生态建设工作。按规划实施绿色生态建设221亩。通过周例会机制，推动丽泽控股公司完成滨水文化公园一期设计和项目建议书，设计方案获市园林局批复；沿三环城市运动休闲公园（一期、二期、三期）取得区规划分局复函和区发改委项目建议书批复。商务区内新建建筑100%为绿色建筑，首创金融中心、丽泽SOHO和金唐西联大厦等项目获得美国绿建筑委员会授予的LEED金级、铂金级认证。

（郑宏博）

【地铁14号线建设】 年内，由丽泽商务区管委牵头组织丽泽控股公司、市轨道建管公司、金都置业公司及相关施工单位、设计院成立工作协调小组，优化施工排期，并组织场地踏勘，分析场地占用问题，摸清管线改移和断路后导行问题。设立周例会机制，以2021年底通车为时限倒排工期，完成土方开挖、道路导行和基坑设计等初步方案，协调推进首创、SOHO轨道交通施工临时占地问题。

（郑宏博）

【丽泽城市航站楼建设】 年内，由丽泽管委、丽泽控股公司共同推进丽泽城市航站楼建设。加快明确丽泽城市航站楼投资建设模式，取得国家民航局支持，与北京市共同推进丽泽城市航站楼规划建设工作；加快推进丽泽城市航站楼综合体一体化方案招标工作，会同京投公司上报《关于丽泽城市航站楼综合体一体化建筑设计招标设计任务书的请示》，并取得市政府批复。同步办理平台公司成立的前期手续。

（郑宏博）

【一体化综合开发试点建设】 年内，丽泽南区D片区一体化综合开发试点用地面积6.55公顷，地上建筑规模28.01万平方米，拟由北京丽泽金融商务区控股有限公司作为实施主体。全年完成拆迁、改移等情况梳理，完成现状地上物测绘并取得报告，开展实施模式研究及一体化综合开发建筑方案设计。通过开展周调度推动丽泽控股公司开展合作伙伴遴选工作，初步与各专业公司进行接洽，开展项目全案策划。

（郑宏博）

【智慧丽泽建设】 年内，完成丽泽南区10条信息管道7.1沟公里建设，8个项目完成管线接入，南区核心区通信管道基本覆盖，核心机房主体结构完工。丽泽SOHO成为国内首批实现5G覆盖的商务楼宇，5G实验室面向公众开放。与三大运营商、铁塔公司沟通，开展南区5G基站规划编制工作。

（郑宏博）

【宣传推介丽泽】 年内，举办“金融机构丽泽行”“央地携手、走进丽泽”“市属国企丽泽行”“首都文化产业投融资沙龙”等交流活动，与区委宣传部共同举办“壮丽 70 年 奋斗新时代”“遇见精彩丰台”、丽泽 SOHO5G 实验室开放等主题宣传活动，在新华社、北京日报头版、北京新闻等主流宣传阵地发布丽泽报道百余篇，制作《我和我的祖国——丽泽行》快闪视频，参加京交会、进博会。以各种方式宣传推介丽泽名片，提升丽泽知名度及影响力。

（郑宏博）

【服务入驻企业】 年内，开展郭公庄和夏家胡同人才租赁公寓配租工作。走访中国人民银行数字货币研究所了解其需求，协调解决增加办公场所、停车位，补贴人才租赁公寓及餐补费用等问题。协调区相关部门解决中华联合保险 3 名高管落户问题，为该公司设置临时班车并在丽泽商务区内增设 1 处临时公交站点，满足入驻企业出行需求。

（郑宏博）

【城市安全和环境保障】 3 月，丽泽消防站正式成立，补充丰台区综合应急救援力量体系，实现丽泽商务区 24 小时不间断消防安全保障，区域应急处置能力得到全面提升。丽泽商务区管委会成立市民热线办公室，对群众诉求进行分类办理，全年承办 12345 转派的群众诉求 351 件。完成国庆 70 周年安全及环境保障工作，拆除违法建设 20449 平方米，并达到月均占道经营举报动态清零的任务目标。

（郑宏博）

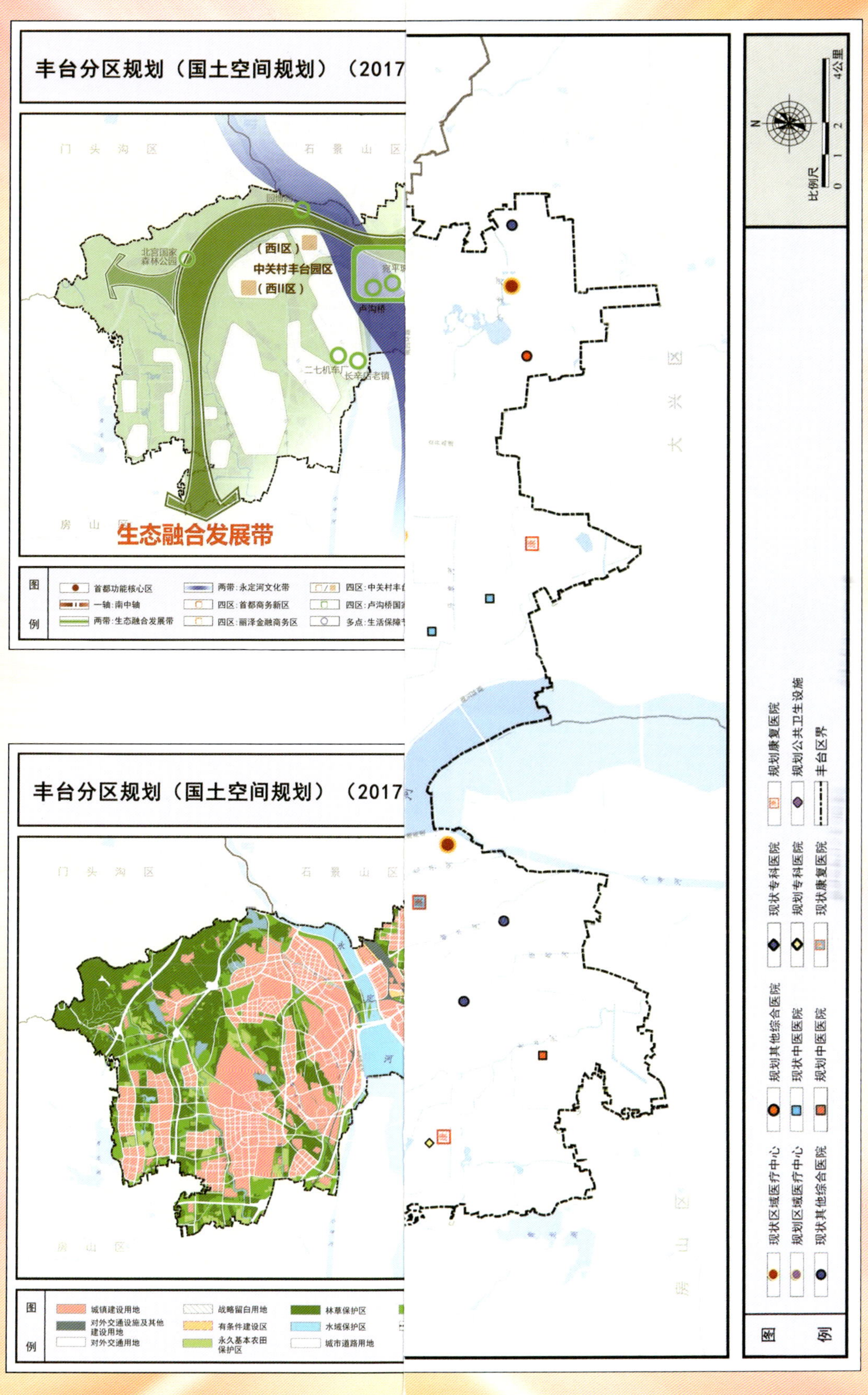

丰台分区规划（国土空间规划）（2017
门头沟区
石景山区
（西Ⅰ区）
中关村丰台园区
（西Ⅱ区）
北宫国家森林公园
卢沟桥
二七机车厂
长辛店老镇
房山区
生态融合发展带
图例
首都功能核心区
一轴：南中轴
两带：生态融合发展带
两带：永定河文化带
四区：首都商务新区
四区：丽泽金融商务区
四区：中关村丰台
四区：卢沟桥国
多点：生活保障
丰台分区规划（国土空间规划）（2017
门头沟区
石景山区
永
定
河
房山区
图例
城镇建设用地
对外交通设施及其他建设用地
对外交通用地
战略留白用地
有条件建设区
永久基本农田保护区
林草保护区
水域保护区
城市道路用地
大兴区
房山区
N
比例尺
0 1 2 4公里
图例
现状区域医疗中心
规划区域医疗中心
现状其他综合医院
规划其他综合医院
现状中医医院
规划中医医院
现状专科医院
规划专科医院
现状康复医院
规划康复医院
规划公共卫生设施
丰台区界

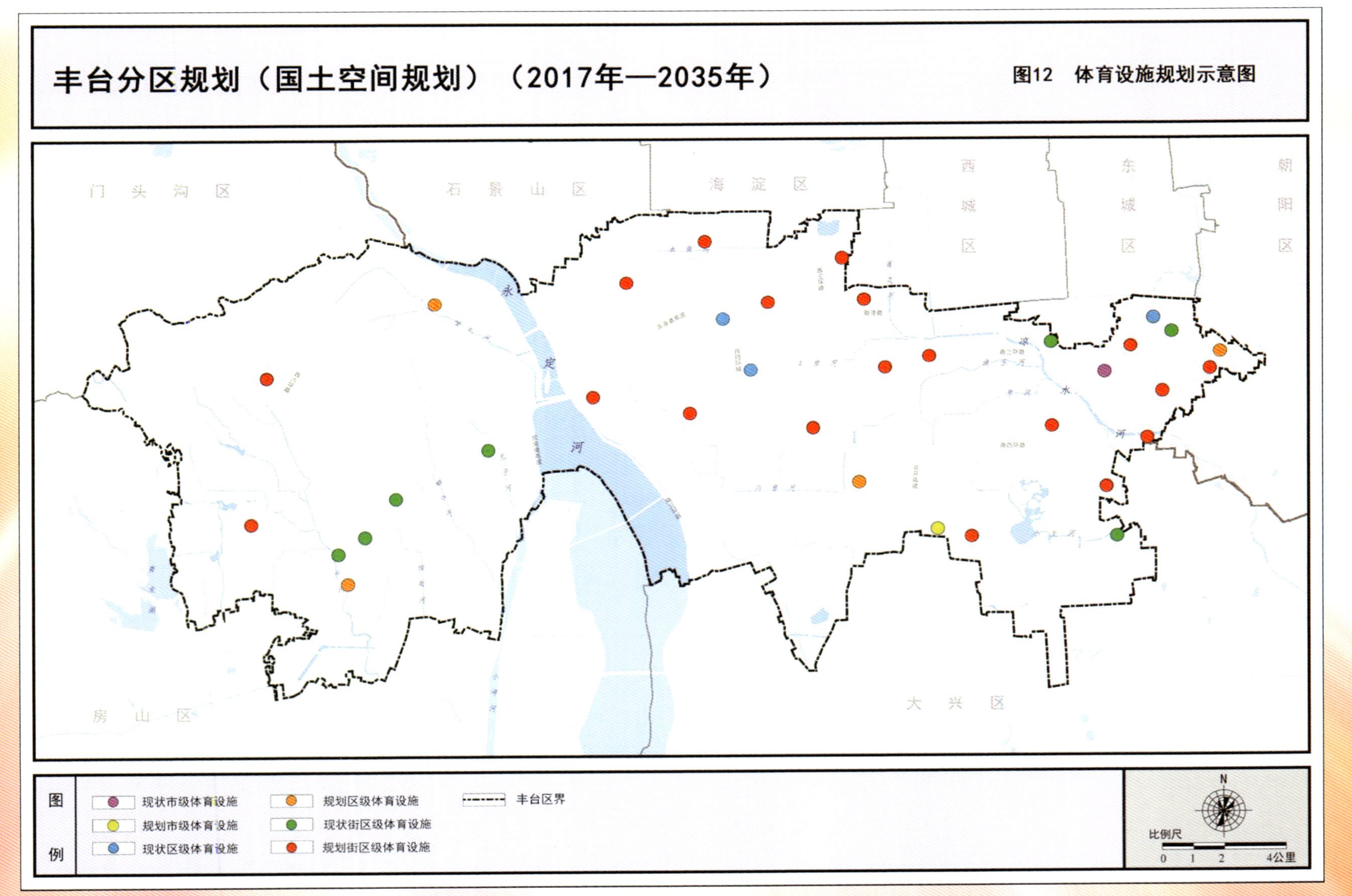
丰台分区规划（国土空间规划）（2017年—2035年）
图12　体育设施规划示意图
门头沟区
石景山区
海淀区
西城区
东城区
朝阳区
房山区
大兴区
永
定
河
凉
水
河
图例
现状市级体育设施
规划市级体育设施
现状区级体育设施
规划区级体育设施
现状街区级体育设施
规划街区级体育设施
丰台区界
N
比例尺
0
1
2
4公里

城乡规划与建设

城乡规划和国土资源管理

【概 况】 2019年3月27日，根据中共北京市委机构编制委员会办公室《关于印发北京市规划和自然资源委员会区分局职能配置、内设机构和人员编制规定的通知》（京编办发〔2019〕17号），按照市委市政府深化规划国土管理体制改革的决策部署，原北京市规划和国土资源管理委员会丰台分局正式组建为北京市规划和自然资源委员会丰台分局。将原市规划和国土资源管理委员会丰台分局的职责，以及区发展和改革委员会的组织编制主体功能区规划职责，区园林绿化局、区水务局的森林、水、湿地资源调查和确权登记管理职责等进行整合，实行市、区双重管理体制，既作为市规划和自然资源委员会的派出机构，同时作为区政府工作部门。年内，分局围绕市委市政府提出的“丰台区要上台阶，未来风光看丰台”的总体要求，高标准落实规自领域专项治理问题整改，完成《丰台分区规划（2017年—2035年）》编制工作，实现城乡建设用地减量2.8平方公里，推进工程建设项目审批、土地供应、第三次国土调查、不动产登记、资源保护等目标任务，协助驻区部队推进停偿工作，被评为全国“全面停止军队有偿服务工作先进单位”，受到人社部及中央军委表彰。

（郑奇蕊 邓琳琳）

【成立区委城市工作委员会】 年内，成立区委城市工作委员会，制定并出台《丰台区委城市工作委员会工作规则》，细化区委城工委职责分工，明确2019年城市规划建设工作要点，进一步强化区委对城市规划建设工作的统筹领导。

（郑奇蕊 邓琳琳）

【分区规划编制】 年内，按照“丰台区要上台阶”的指示精神，坚持“党委领导、政府组织、专家领衔、部门联动、公众参与、科学决策”，结合丰台实际，编制完成《丰台分区规划（2017年—2035年）》，明确“新时代首都功能拓展的中心城区”等6大发展目标，重构“一轴、两带、四区、多点”空间格局。《规划》获得市委市政府批复。22个专题专项规划取得初步成果，把政治、经济、文化、生态、基础设施、公共服务等功能要素落图落点。同步开展丰台区国土空间规划体系研究，细化分解分区规划目标、指标和任务。

（郑奇蕊 邓琳琳）

【控制性详细规划编制试点】 年内，对标核心区、副中心标准，划定控规编制单元，开展三大设施区级统筹和分解，刚性传导分区规划确定的各项管控指标。结合总规重点任务、区域发展实际以及民生保障需求，将丰台火车站、卢沟桥五里店地区、南中轴地区、丽泽金融商务区、长辛店老镇作为控规编制单元试点。以城市综合性片区的总体定位，完成丰台火车站、卢沟桥五里店地区控规和建设综合实施方案编制，并上报市政府，统筹布局周边业态，推动人居环境改善和区域高质量发展。

（郑奇蕊　邓琳琳）

【卢沟桥国家文化公园规划研究】 年内，完成卢沟桥国家文化公园区城市设计初步方案，加强与首钢新产业园区协调互动，重点研判首钢一耐、综合利用厂等地区开发潜力，深化核心区城市设计。

（郑奇蕊　邓琳琳）

【市政工程审批】 年内，完成教育、医疗、养老等专项研究，统筹各类服务设施布局。结合新一轮城南行动计划和《市政基础设施专项规划》《综合交通专项规划》成果，完善市政、交通基础设施体系。推进河西第二水厂、农村污水治理工程方案，持续增强城市供水保障能力；推动新机场线草桥站接驳方案、地铁19号线盖上方案、京港台高铁京雄商段、房山线北延等轨道交通规划设计；推进丰台火车站周边交通系统改善研究、丽泽城市航站楼方案征集，路网布局逐步优化。扩大各类优质公共服务设施供给，重点推进北京教育学院丰台分院实验学校项目、北京师范大学第四附属中学改扩建工程、北京交通大学丰台校区选址工作；完成丰台医院提质改建项目、北京口腔医院选址等工作。

（郑奇蕊　邓琳琳）

【城乡建设用地减量】 年内，通过拆违、棚改项目实施、平原造林实现建设用地减量2.8平方公里，超额完成2.61平方公里的年度减量任务，减量腾退空间优先补足民生短板。

（郑奇蕊　邓琳琳）

【住宅用地供应】 年内，实现商品住宅用地入库59公顷，完成58公顷入库任务的101%。完成公共管理与公共设施用地供应26.79公顷，保障房用地供应17.5公顷，完成年度任务的130%。商品住宅用地供应方面，共有产权房用地供应11.67公顷，完成117%。商品住宅入库61公顷，完成入库指标的107%。商品住宅供地3宗约26公顷，完成任务的90%，推进基本具备条件的8宗地约35公顷住宅用地入市交易。

（郑奇蕊　邓琳琳）

【国有自然资源情况分析】 年内，优化生态保护红线、永久基本农田、城市开发3条边界，完成土地资源梳理与街区特征判定。编制《国有自然资源资产管理情况专项报告》，全面汇总分析丰台区国有自然资源资产管理、利用现状，为建立国土空间规划体系夯实基础。

（郑奇蕊　邓琳琳）

【美丽乡村规划编制】 年内，完成丰台区村庄分类工作。配合区农业农村局推进岳各庄村、太子峪村、佃起村等16个村庄的美丽乡村建设实施方案编制。

（郑奇蕊　邓琳琳）

【责任规划师制度】 年内，建立丰台区责任规划师制度，借用外脑助力提升区域规划品质，招募责任规划师和社区规划志愿者，参与控规编制、管理和实施的全过程。完善责任建筑师制度，优化责任片区划分，进一步提升城市规划管理水平。

（郑奇蕊　邓琳琳）

【提升建筑品质】 年内，建立区长专题会研究审查机制，完善居住公共服务设施联合审查等制度，各方联动，提升建筑设计水平。丰台医院提质改建、樊家村产业等公建项目设计方案，作为市规划自然资源系统优秀案例纳入全委交流学习平台；中铁诺德白盆窑地块住宅项目作为全市4个优秀案例之一，纳入市级通知发布。

（郑奇蕊　邓琳琳）

【公共艺术品联席审查】 年内，建立城市公共空间艺术品建设管理联席会制度，完成区文促中心《丰台特色文物街区打造项目设计方案》、汽博馆《尚美华章——庆祝中华人民共和国成立70周年艺术作品展》艺术品题材审查。

（郑奇蕊　邓琳琳）

【历史建筑保护划定】 年内，将宛平城97

号院、139 号院、147 号院和北京吉盛佳磁性材料有限公司报告厅 4 栋建筑纳入第 3 批历史建筑名单。

（郑奇蕊　邓琳琳）

【实施城市体检】　年内，完成 2018 年度城市体检，分析评价丰台区落实总规功能定位、强化“四个中心”建设、“两线三区”管控、城乡建设用地减量等 9 大项规划实施情况，提出进一步明确承载首都功能、优化存量建筑规模空间布局及补充公共服务设施短板等方面的建议，提高规划的科学性和有效性。

（郑奇蕊　邓琳琳）

【工程建设审批制度】　年内，落实“一口受理、接办分离”改革要求，实现 104 项审批业务综窗办理，其中 53 项规划用地类审批业务全部进驻区政务服务大厅受理，审批时限压缩 55%。连通“多规合一”协同平台，分类简化社会投资项目审批，申报研究项目 34 个（社会投资 32 个，政府投资 2 个），核发北京市首个新建社会投资简易低风险项目规划许可，并提前超额完成案例收集。办理规划审批服务事项 79 项，建筑规模约 300 万平方米；用地审批服务事项 36 项，用地规模约 136 公顷。

（郑奇蕊　邓琳琳）

【投资项目服务监督】　年内，共有服务项目 120 个，其中优化营商环境项目 42 个、简易低风险项目 14 个、2014—2015 年历史项目 64 个，实现由“等件上门、被动监管”向“积极联络、主动服务”的转变。强化部门协同，全力做好建设项目联合验收，逐步推进代征道路、代征绿地移交问题整治，完成配套幼儿园、配套公建情况摸底排查。

（郑奇蕊　邓琳琳）

【不动产登记】　年内，先行先试推进“互联网+不动产登记改革”，为全市推行“同城通办”进行探索，改革工作获得 2019 年首都劳动奖状。不动产登记业务办理量 80576 件，同比增长 10.5%，位居全市第二。宛平政务服务中心网点在全市率先实现登记服务下沉街道办理，为群众实现“就近办”。不动产登记业务办理时限进一步压缩，抵押登记业务由全市要求的 5 个工作日缩短至 3 个工作日以内。推进历史遗留小区办证难题，提请区政府成立区办证专班，制定发布《历史遗留小区未发证问题专项治理工作方案》，完成未发证历史遗留小区问题排查，涉及小区 22 个 16000 余户。3 个小区近 2500 余户打通办证通道，6 个小区明确处理措施，12 个小区列入专班“一事一议”研究解决计划。

（郑奇蕊　邓琳琳）

【丰台区全国第三次国土调查】　年内，按照市三调领导小组统一部署，提请区政府成立区三调办，组建作业组 5 个，完成全区 77 个村级调查单元、24738 个图斑细化调查，作为北京市第二批区级调查单元正式提交国家三调办，错误率 0.06%，大幅低于国家核查一类错误率不能高于 1%的数据验收标准，通过国家级内业核查。

（郑奇蕊　邓琳琳）

【农村集体土地和房屋管理】　年内，按照区政府《关于加强农村集体土地和房屋管理工作的意见》实施细则，履行农村集体土地及房屋租赁、转让、项目建设等处置事项中涉及规划自然资源领域的监管职责，保护好广大农民的土地权益，确保农村规划实施不走样。

（郑奇蕊　邓琳琳）

【耕地保护责任细化落实】　年内，围绕丰台区 9600 亩耕地保护任务，调整划补 6000 亩基本农田保护区，划定 601 亩永久基本农田储备区、3009 亩耕地保有量储备区。协同区农业农村局研究出台永久基本农田保护补贴办法，提高保护主体积极性。通过土地整治复垦，补充新增耕地 282 亩。

（郑奇蕊　邓琳琳）

【百万亩造林选址】　年内，分类梳理出 5.14 万亩可绿化空间和新一轮百万亩造林地块总体绿化空间，编制成以各街乡镇为单元的绿化空间图册，并将相关成果移交给区园林绿化部门，作为百万亩造林选址依据。

（郑奇蕊　邓琳琳）

【生态环境修复】　年内，申请到位废弃矿山治理资金 1255 万元，新启动矿山修复项目 2 个，可治理恢复土地约 19.57 公顷，减少治理区地质环境问题对周边村民的影响，改善人居环境。

（郑奇蕊　邓琳琳）

【地质灾害防治】 年内，制定《地质灾害防治应急预案》，明确目标转移人群、地灾报警信号、安全撤离路线，对 28 个地灾隐患点开展汛前排查，组建 24 小时应急预备队，开展汛期检查 18 次，出动人员 160 余人次。发布地灾预警、提醒函各 6 次，转移隐患点群众 9 户 27 人次，汛期未发生地质灾害、人员伤亡事件，实现安全度汛。

（郑奇蕊　邓琳琳）

【矿产资源监管】 年内，督促检查全区 14 处地热开采单位、1 处矿泉水开采单位及 2 处地热探矿权单位落实安全生产责任。打击矿产资源偷挖盗采行为，办理举报线索 15 起，全部按期办复。

（郑奇蕊　邓琳琳）

【违法用地违规建设查处】 年内，推进扫黑除恶专项斗争，召开专题党组会 5 次，对照政治站位、综合治理、组织领导等 5 方面 13 个问题开展自查整改。重点对长辛店镇违法占地等 93 件举报线索进行分析摸排，查找疑似黑恶线索 7 条，上报区政法委 4 条。持续推动 2019 年一乡两街帐内 55 万平方米违法建设拆除任务，核查违规建设 665 处、建筑规模约 17.34 万平方米，移送线索 250 处、建筑规模约 42 万平方米。高密度开展街景、卫片巡查，2018 年卫片一般违法用地问题 119 宗，拆除整改到位 101 宗；2019 年卫片一般违法用地问题 52 宗，拆除整改到位 11 宗；自然资源部季度卫片一般违法用地问题 4 宗，拆除整改到位 1 宗；拆除清理违法用地图斑 113 宗，剩余 62 宗。查处“大棚房”问题，7 个项目 52 个问题 100%通过市级验收；4 个另案处理项目，3 个整改到位，1 个正在整改；推进泉怡园农庄和惠翔国际信鸽产业园两个点状供地手续办理；提请区政府印发《丰台区设施农业项目和农业园区长效监管实施办法》，开展区、乡镇、村三级巡查，严防“大棚房”问题反弹。开展违建别墅清查，核查疑似问题项目 69 个，除军队用地外全部清查完毕；上报自然资源部违建别墅信息系统的别墅项目 22 个，其中违法项目 7 个，属于此次清查整治范围的违建别墅项目 3 个。落实浅山区违法占地违法建设问题整改，对 194 宗违建分类建帐研究整改。持续推进土地督察发现问题整改，对剩余 270 个违建问题责任到人，实行销账管理，防止反弹。

（郑奇蕊　邓琳琳）

【巡察整改】 年内，针对区委第一巡察组在专项巡察中指出的节约集约用地制度、土地供应、违法用地违规建设查处等 5 方面 9 项问题，制定《巡察整改工作方案》，定期召开党组会分析情况，强化制度建设，推进整改落实。方案提出，完善内部约束机制，修订党组工作规则，提高党组会组织和决策效率；制定协助纪检监察机关调查核实工作办法，提升监督执纪工作水平；完善《经费支出审批制度》等 18 项分局内控管理制度体系，加强重大项目和大额资金使用管理；加快住宅用地供应，超额完成商品住宅用地入库任务。5 方面 9 项问题基本整改完成。

（郑奇蕊　邓琳琳）

建设管理

【概　况】 2019 年，全区建筑工程开复工 461 项，面积 2728.47 万平方米（其中住宅 1820.27 万平方米，公建 908.2 万平方米），同比增加 5.03%。装修工程 515.12 万平方米。竣工备案项目 77 项，建筑面积 254 万平方米，同比减少 31.14%。房地产业、建筑业分别实现留区税收 32.83 亿元、8.33 亿元，合计 41.16 亿元，在全区占比 36.21%。筹集政策性住房 16031 套，完成全年任务的 124.3%，其中租赁房 5926 套，完成任务的 100.4%；政策性产权住房 10105 套，完成任务的 144.4%。实现保障房竣工 8239 套，完成全年竣工任务的 137%。推进集体土地租赁房建设，张郭庄村、西局地块一和葆台村集体土地租赁住房实现开工建设，草桥村、张仪村、小屯郭庄子集租房项目推进前期手续办理工作。

（赵 甦）

【棚户区改造】 年内，棚户区改造工作完成签约675户，提前超额完成棚户区改造搬迁300户的任务，疏解人口约3698人,其中流动人口约2019人。分钟寺桥西北侧棚改项目发布征收决定，签约率99%。东河沿、张郭庄、纪家庙等棚改项目均处于搬迁收尾阶段。

（赵 甦）

【重大项目建设】 年内，组织召开重大项目调度会13次，审议议题92个。丰台火车站项目征拆工作完成拆迁面积25.8万平方米,占比72.13%,交付施工用地713亩,占比84.94%,实现站房工程施工进场。中央民族大学项目第一组团基本完成装修工作，第二组团全部封顶，第三组团完成可研评审。丰台医院提质改建项目完成拆除工作，进行主体结构施工。南苑森林湿地公园项目A地块完成施工、监理招标工作，B地块完成监理招标工作。口腔医院按计划实现开工。

（赵 甦）

【轨道交通建设】 年内，丰台区在建轨道工程有14号线中段剩余站点、16号线、房山线北延、新机场线一期、19号线一期，丰台段总长约36.3公里，22个站点均实现施工单位进场。其中地铁14号线中段除丽泽商务区站外，其余站点主体建设均完成；新机场线一期于9月26日开通运营。

（赵 甦）

【规范公共服务配套设施交用监管】 年内,无偿接收公共服务配套设施50处44521.48平方米，其中教育设施5处22047.73平方米、卫生设施11处3107.69平方米、社区管理服务用房16处3667.17平方米、文体设施10处3900.88平方米、养老设施6处11492.55平方米、其他设施2处305.46平方米。完成项目建设方案备案（含变更）14次。

（赵 甦）

【优化营商环境】 年内，将公共服务行政审批事项全部纳入区政务服务中心综合窗口，部分公共服务行政审批事项全流程网上办理。推行建筑工程施工许可证电子证照全网办理，缩减施工许可审批时限，办理社会投资项目施工许可184项，全年审批《建筑工程施工许可证》312项，全部实现电子证照、电子签章；办理社会投资简易低风险建设项目施工许可证7项；办理《施工登记意见函》14项；北京口腔医院迁建工程等3个项目完成施工准备函办理工作。招投标方面，取消社会类投资项目强制招标要求，针对政府投资及国有投资占控股和主导地位项目施工招标，取消施工合同备案事项；监理招标实行告知性备案，实现即时受理、即时办结。办理工程联合验收项目45项。

（赵 甦）

【行业管理】 年内，做好消防验收移交承接有关工作，过渡期间，会同区消防部门进行消防验收104项次，独立承接后开展消防验收93项、消防验收备案27项，备案抽查6项。健全完善工程质量管理，检查建筑工程1243项次，出动检查人员2698人次，发现质量问题1862条。深化推进城市安全隐患整治三年行动，制定并颁布实施《丰台区无施工许可手续工程和零星作业安全管理暂行办法》《北京市丰台区住房和城乡建设委员会关于进一步加强建筑起重机械安全管理工作的通知》。开展安全生产检查1997项次，排查各类安全生产隐患4068条。委托第三方检测机构抽检起重机械273台，整机合格率74.36%，抽检附着式升降脚手架21个单体，处罚各类安全隐患147起，罚金77.9万元，立案52起，报市住建委暂扣安全生产许可证3起。

（赵 甦）

【绿色施工监管】 年内，通过现场检查和视频监控检查工地9263项次，其中现场检查建筑工地560项次、视频巡查8703项次，检查征收拆迁工地232项次,市政工地169项次,向有关部门移交扬尘污染问题线索41件。开展建筑市场合同履约专项检查，检查在施工程总包项目73项、分包项目207项，约谈总包单位、分包单位、监理单位57次，完成双随机检查42项次。开展劳务纠纷检查，检查建筑施工企业220个，涉及工人20800余人次，解决工程款纠纷、工人工资纠纷共59起。

（赵 甦）

【行政服务】 年内，办理房地产开发企业资质核定145件。受理审批建筑业企业资质115家、安全生产许可证77家、二级建造师注册业务2837人次。全年新开工装配式建筑项目18个，建筑规模115万平方米，占比26.6%，装配式建筑项目管理服务平台确认率100%。办理安全、质量监督任务单278项，建筑总面积812.38万平方米，建设工程竣工验收备案77项，线上办理68项、线下办理9项。承发包交易管理方面完成开标54项，评标106项，其中办理施工总包交易开标33项，评标68项；监理服务交易开标21项，评标38项。

（赵 甦）

房屋管理

【概　况】 2019年，推进西罗园街道洋桥71号院等11个老旧小区改造工程，为老旧楼房加装电梯47部。整治群租房2702处，实现群租房整治动态清零目标。拆除普通地下室违规隔断172处14.9万余平方米，拆除量位居全市第一；创建以方庄地区芳城园一区365便民服务综合体、“美家美库”仓储项目等为代表的再利用项目73处。在全市率先建立物业行业信用监管平台，北京日报、北京晚报、新京报、北青报、BTV新闻等10家主流媒体相继采访报道。完成夏家胡同融寓丽泽公租房项目选房签约，多层面多渠道筹集房源、解决人才住房问题；按时按量发放各类租房补贴，实现对2018年12月31日前备案贫困家庭的全部保障。受理12345群众诉求1179件，响应吹哨报到201次，受理信访件472件。

（陈 露）

【房产交易信息】 年内，全区新建商品房网签15227套（不含保障房数据，下同），同比增加164.27%；网签面积132.88万平方米，同比增加 71.47%。其中，普通商品住宅网签7795套，同比增加168.15%；网签面积96.02万平方米，同比增加 155.5%。非本市居民家庭购房比例12.66%，同比下降4.38%。存量房网签及注销3197件（其中三联办602件）；完成资格审核业务3006件，复核业务114件。房产测绘审核工作受理非住宅平房64件214幢、约255万平方米，住宅平房13件。

（李敏 贺鲜丽）

【房屋租赁市场管理】 年内，行政处罚违规经纪机构48家、租赁经营企业2家，共处罚金139万元，房屋租赁类处罚量和罚款额在全市同行业排名第二；对33家涉嫌违法的“黑中介”上报区政法委和区公安分局进行重点打击，处置市住建委扫黑办转发扫黑除恶举报线索27件；完成群租房整治2702处，涉及流动人口8967人，整治数量全市第一。

（高玉生 陈露）

【保障性住房管理】 年内，备案家庭复核13993户，保障性住房新申请3323户，三房轮候申请239户。租金补贴惠及4627户,发放金额5579.17万元。其中，公租房发放2564户，发放金额 3760.17 万元；市场租赁补贴发放2026户,发放金额 1794 万元；廉租房发放 37户,发放金额25万元。面向备案家庭开展两次快速配租活动，涉及房源 1440 套；完成槐新雅筑、正商明苑2个共有产权住房项目的选房、签约及剩余房源补选工作，涉及房源1477套。为3262名居民办理房改售房，面积约22万平方米，完成房改房公共维修资金使用审批 59件，约1281万元。

（肖雯 陈露）

【房屋安全管理】 年内，对全区街乡镇房屋开展安全检查。全区现有城镇私房 21 万平方米、直管公房211万平方米；全区自管房单位 735 个，建筑面积 6455 万平方米；物业公司 347 个，建筑面积 5207 万平方米；万平方米以上单位（含物业公司）533 个。住宅专项维修资金审批152件，涉及80个小区、金额8900万元。汛期对辖区平房进行安全检查，巡查平房1679户6372.5间95015.37平方米，发放宣传材料3000余份，下发危房通知书630份，张贴提示语580处。启动党员上岗报到7次，出动近1000人次。

（孙诚　陈露）

【物业管理】 年内，开展物业相关问题业务培训4次， 21个街乡镇、323个社区有关人员参加，培训范围实现街道、社区全覆盖；开展物业专项检查，检查项目716个，其中住宅项目586个、商业楼宇130个；完成物业服务合同备案109件（含合同注销、合同变更）；推进落实安全生产责任制，评估物业企业60家，其中合格企业52家，合格率86.67%。

（郭喆　陈露）

【老旧小区综合整治】 年内，对11个老旧小区实施综合整治，涉及建筑面积109万平方米，惠及居民1.1万户。其中方庄地区芳城园一区、芳城园三区、芳古园一区第二社区、太平桥街道太平桥西里、丰台街道泥洼路30和32号院5个小区楼本体工程基本完工；右安门街道幸福路6号院、东铁匠营街道南方庄小区、南苑街道西宏苑、方庄地区芳星园二区、东高地街道益丰园、西罗园街道洋桥71号院6个小区完成楼本体外保温铺设的30%。全区老旧小区计划加装电梯40部，完工24部，待验中1部，施工中22部，实际加装47部。

（王立雪　陈露）

房屋经营管理

【概　况】 2019年，直管公房收缴租金2082.81万元，完成计划定收的116.65%；供暖经营收入3.60亿元，增长6.82%；廉租房租金收缴139.85万元，公租房租金收缴1236.17万元；各物业公司物业费收取11214万元。房屋经营管理中心各单位从重发展速度向重发展质量转变。全年完成产值12.75亿元，较上年增长3.7%，净利润3682.31万元，较上年增长2.3%。投资1608万元用于直管公房修缮及设备大修，其中完成大修1600平方米，楼房中修500幢68万平方米，改造楼房7幢，改造电梯厅56个。直管公房98台老旧电梯更新改造工作全部完成。

（藏鸿媛）

【南苑棚户区】 年内，南苑棚户区改造一期项目签约4309户，签约率94.56%；三期项目征收签约2790户，占公示户数的79.37%。E地块总户数37户，签约30户，剩余7户，完成81.08%。推进住宅签约83户，非住宅签约7家单位。二期项目完成出让合同补充协议的签订、地价款核实函、住宅部分初始登记。

（藏鸿媛）

【长辛店棚户区】 年内，完成搬迁65户，累计搬迁4719户，签约率92%；对45户住房困难家庭进行安置。涉及可改造非住宅产权单位5家，完成初步审核，推进协调工作。完成安置房选房264套，住房困难家庭抽签选房58户。完成287套房屋的入住工作，对4379户房屋进行看管。

（藏鸿媛）

【亚林西公租房项目】 年内，亚林西项目组织完成各类招标8个，完成材料认价及控制价审核24项，签订各类合同22个。11月取得立项重新核准的批复，并取得《北京市丰台区挖掘占用城市道路核准证书》。亚林西项目外墙、屋面及市政工程全部完成；室内工程完成地砖地面铺贴、木地板地面找平层等工作，墙面腻子完成60%。亚林西实际完成总投资13492万元，其中建安项目费用12264万元、其他费用1228万元。

（藏鸿媛）

【防汛检查】 年内，在汛期出动查房人员1813人次，检查平房4900间次、楼房670栋次。普查房屋211万平方米，其中楼房426幢195万平方米、平房9329间15.4万平方米。发现并处置平房漏雨162间、楼房漏雨156幢。

（藏鸿媛）

【供暖服务】 年内，按期完成铁营管理站刘一、刘四锅炉房老旧供热管网改造工程；嘉园锅炉房一次管网隐患消除工程；丰台医院及东安街七栋居民楼供暖改造工程；亚林西金茂地块热力并网工程；东铁营棚改项目锅炉房BOT工程；基层管理站电动汽车充电桩安装工程；亚林西8号地块供热管网及新建换热站工程。57座燃气锅炉房全部安全运行。拓展供热市场62.3万平方米；应急接管海户屯锅炉房1处5668平方米。

（藏鸿媛）

【老旧小区及平房户电力改造】 年内，完成老旧小区和平房地区电力增容改造项目，保障丰台街道1300余户居民在供暖季正常用电取暖。完成整治工程竣工项目的交易工作，改造项目结算工程款5.44亿元。

（藏鸿媛）

【工程建设】 年内，完成产值4.1亿元，新开工面积242.07万平方米，复工面积18.98万平方米。完成北京市回民公墓扩建工程、卢沟桥乡背街小巷环境整治工程、恋日家园一期东侧路背街小巷环境整治工程、2017年晓月苑区域提升工程等104项工程的竣工结算工作。全面开展福成大厦装修改造项目、丰台区委党校学员餐厅改扩建项目、哈尔滨中润中国石油天然气管道局有限公司“三供一业”物业维修改造项目等重点项目。完成多项应急抢险任务。

（藏鸿媛）

【疏解整治】 年内，按照动态清零“发现一处清理一处的原则”要求，发现并清理直管公房违规转租转借问题22处，涉及人口49人，全面加强巡视和重点回访，确保清理完毕点位不反弹。

（藏鸿媛）

【房屋测绘及交易】 年内，完成总测绘面积120万平方米。其中，完成发证测绘5410件，测绘面积38.72万平方米；完成私产平房测绘间数47间，测绘面积0.07万平方米；完成产权登记大证栋数22栋，测绘面积1.87万平方米；完成商品房产权登记测绘及商品房预售登记测绘85.28万平方米。交易中心参与中心重点工程项目以及部分拆迁工作。代办晓月景园不动产证15件。

（藏鸿媛）

【人防工程整顿】 年内，新接人防工程116处，建筑面积53.74万平方米，其中普通人防工程27处，人防车库89处。发现问题并清理整顿32处，面积3.54万平方米；安全管理检查2355人次；新办人防工程使用证89处，复检使用证55处；签订人防工程经营合同238处。

（藏鸿媛）

【接诉即办】 年内，成立“接诉即办”领导小组，组建 “接诉即办”办公室。12345“接诉即办”平台接受市民群众投诉、举报、建议、咨询、求助等问题1568件次，其中受理有效问题754件次。

（藏鸿媛）

【安全检查】 国庆期间，部署保稳定工作，出动991人次，检查高层建筑151处、施工工地75处，清理电动自行车违规停放、充电35起，检查老旧小区58处、仓储库房11处，入户宣传2341户，发放宣传材料3784份，实现安全生产零事故。

（藏鸿媛）

【精准扶贫】 年内，协同保障房公司与内蒙古林西县新林镇上升村签署《“万企帮万村”精准扶贫项目合作协议》。拨付帮扶资金60万元，用于建设中草药种植基地。实现脱贫290人，受益家庭166户。

（藏鸿媛）

房屋征收与补偿

【概　况】 2019年，继续加大6个棚户区改造项目和4条轨道交通建设推进力度。小屯西路棚户区改造项目，完成第一、二、四标段住宅与非住宅的全部签约补偿工作。分钟寺桥西北侧地区回迁安置房项目，居民679户，完成签约 676 户，其中一、二、四标段签约率 100%。蒲黄榆一里、四里危改项目，928 户居民签订征收补偿明细表（输机表），占比 82.5%，通过走访宣传，未签订输机表的 197 户中约 95%基本认可补偿方案。东铁营棚户区改造项目，完成 3#、7#地块 25 户住宅确权和意向书签订工作。丰台桥南棚户区改造项目，列入政府储备计划，年内重点加强维稳工作，梳理入户基础数据，研究制定征收补偿政策。张仪村路东侧棚户区改造项目，由于产权等多种复杂原因，项目停滞中。房屋征收中心承担 4 条轨道线路（地铁 8 号线、16 号线、19 号线和房北线）和 2 个地铁车辆段的征拆、占地工作和协调进场建设任务，各轨道项目完成拆迁约 5.85 万平方米、占地约 15 万平方米，发放临时占地、搬迁补偿款 5000 多万元。在市重大办关于轨道交通建设任务完成中，丰台区在全市排名第二。

（王东岩）

【小屯西路棚改项目】 小屯西路棚改项目为北京市首个正式启动的一体化招投标项目。年内，项目一、二、四标段住宅与非住宅补偿工作全部完成，完成拆除 8.6 万平方米，与城建开发公司对接完成一、二、四标段地块的交接工作，实现项目施工建设。

（张 怡）

【分钟寺桥西北侧地区回迁安置房项目】 年初，启动项目预签约工作，启动当日签约 93.1%，预签约正式生效。8 月 19 日区政府发布房屋征收决定，被征收居民 679 户，完成签约 676 户，签约率 99.6%，其中一、二、四标段签约率 100%。完成房屋拆除约 4.3 万平方米，满足安置房建设进场施工条件，完成建设用地交接工作。

（张 怡）

供 电

【概 况】 2019 年，丰台供电公司负责 94.99 万客户的供电服务工作。全年安全生产无事故，累计安全生产长周期 4830 天。全年完成售电量 89.78 亿 kWh，同比增长 2.65%；完成业扩报装接电容量 74.37 万 kVA。供电可靠率 99.992%，电压合格率 99.999%，电网最大负荷 200.4 万 kW。获评全国文明单位、首都文明单位标兵、市级交通安全先进单位、国网北京市电力公司先进单位、国网北京市电力公司红旗党委、国网北京市电力公司 2019 年度优化电力营商环境突出贡献单位、国网北京市电力公司 2019 年度三场重大活动供电保障先进单位等。

（李 放）

【电网运行与保障】 年内，完成保电任务 75 项，保电天数 205 天。分析电网风险，调整运行方式，应对夏季 200.4 万千瓦最大负荷，实现多次停电小区数量下降 21.74%。冬季丰台电网负荷攀升至 171.77 万千瓦，创历史新高。跟踪天气情况，提前部署抢修人员和物资开展延伸服务，出动抢修人员 1200 余人次，协助处理用户内部故障引发的较大面积停电事件 2 件，确保电网安全稳定运行和 4.2 万“煤改电”居民温暖度冬。开展配电设备运维，配网故障次数同比下降 60.87%。政企联动消除输配电环境消防隐患 5 处。通过提高自动化设备在线率和投入线路自愈功能，实现配网故障就地隔离，全年故障停电 1330 时户数，故障平均停电时间 6.54 分/户，综合供电可靠率 99.9918%。为新中国成立 70 周年庆祝活动提供用电保障。

（李 放）

【电网规划与建设】 年内，开展丰台“网格化”配网滚动修编，完善新卢沟桥站新建、郭公庄站扩建等重大项目规划，为“十四五”期间地铁 16 号线车辆段运营、花乡地区新增负荷接入等地区发展重大项目奠定基础。协调区发改委、规划分局创新项目审批机制，疏通立项办理流程，用时 20 天完成“三供一业”108 个重点改造项目单批次立项核准，项目涉及资金 13.39 亿元。110 千伏北铁营、万泉变电站新建投产，110 千伏小井、樊家村扩建工程送电；配套 10 千伏切改工程投产 4 项；完成丽泽地区隧道建设工程3项、“三供一业”改造工程土建施工7项。推进110千伏张郭庄输变电工程、110千伏云岗变电站扩建工程开工进场，着力提升河西地区的电网支撑能力。

（李　放）

【用电服务】 年内，完成“三零”服务1203项、私人充电桩报装2482项，为用户节省资金4481.72万元。完成“三省”服务送电18户，接电容量8600千伏安，平均接电时长19天。作为试点单位投运用电报装咨询管理系统，全年完成高压业扩接电287户，接电容量49.12万千伏安，平均接电时长19.77天。与43个老旧小区的物业、居委会和街道办建立供电应急处置联动机制，提供应急移动箱变、发电车接入服务。持续推进老旧小区供电设施改造的前期工作，解决大负荷期间小区停电限电难题。义务开展大井社区等部分居民区内部的树线矛盾治理，消除人民群众用电安全隐患。

（李　放）

园林绿化

【概　况】 2019年，全区森林面积8466.48公顷，林地面积9726.11公顷，森林覆盖率27.69%，林木绿化率40.37%；绿地面积6126.33公顷，公园绿地面积1883.02公顷，城市绿化覆盖率47.34%。完成各类绿化面积4973亩。通过城市代征地绿化、留白增绿建设公园40处，各街乡镇通过拆违还绿、见缝插绿完成绿化76处，建成百余处百万平方米百姓家门口的城市休闲公园、街心公园、小微绿地和口袋公园。未发生森林火灾，林业有害生物成灾率、测报准确率、无公害防治率、敏感地区美国白蛾等食叶害虫平均寄主叶片保存率均达标。城镇地区园林绿化植物未出现被林业有害生物吃光、吃花现象，未出现因林业有害生物危害导致的大量黄叶、落叶或严重扰民现象。

（何思思）

【全民义务植树活动】 年内，完成中央军委领导在丽泽金融商务区义务植树活动、全国人大领导在王佐镇全国人大植树场地义务植树活动和社会各界人士义务植树活动的服务保障工作。组织各类义务植树主题活动25次，其中大型植树主题活动11次，9.2万人参加，新植树木8.2万余株，养护树木41万株，清扫绿地3.2万平方米。

（何思思）

【新一轮百万亩造林工程】 年内，完成平原造林2580亩，留白增绿677亩，城市代征绿地绿化318亩，莲花池公园增彩延绿及提升改造128亩，便民提升改造210亩，南苑森林湿地公园先期启动区110亩，林地绿地改造提升175亩，大瓦窑公园改造提升267亩，北天堂公园改造提升500亩，屋顶绿化8亩。

（何思思）

【国庆70周年服务保障】 国庆期间，在二环路、三环路等重点路段布置主题花坛7组、花箱容器293组、小型花坛15处，地栽花卉38处，栽摆花卉230余万株；在莲花池公园等7处重点公园布设4座主题花坛、21座小型花坛、3组花钵、172个花箱、1.3万余平方米花卉；在草桥地铁站周边地区栽植花卉近30种61万株。1人参加国庆阅兵分列式、3人参加阅兵观礼、6人参加烈士纪念日公祭；国庆游园活动接待市民14.7万人次。

（何思思）

【国庆70周年游园活动】 年内，组织国庆70周年游园活动。活动采取“一主七辅多点”游园布局：“一主”即北京园博园；“七辅”即莲花池公园、丰台花园、北宫国家森林公园、万芳亭公园、长辛店二七公园、南苑公园、丰台科技园生态主题公园；“多点”即辖区其他公园及绿地广场。在各公园布置展板123块，设置容器花卉，展摆主题花坛4个，小型花堆13座，容器花钵3组，地栽花卉13064平方米，花箱172个，彩旗1136面，灯笼5640个。

（何思思）

【绿化美化先进集体创建】 年内，创建1个首都绿色村庄、5个花园式社区、6个花园式单位、11个市花月季社区。完成丰台花园和石榴庄2处园艺驿站建设，组织活动20余场，惠及人数近千人。

（何思思）

绿化美化先进集体统计表

项 目	名 称
首都绿色村庄	王佐镇魏各庄村
花园式社区	东安街头条19号院社区
	莲花池社区
	中海九浩苑社区
	福海棠华苑
	大红门锦苑一社区
花园式单位	北京南宫民族温泉养生园
	北京市河湖管理处
	草桥欣园小区
	北京市第二检察院
	靛厂锦园小区
	丰华苑小区
市花月季社区	太平桥街道莲花池社区
	新村街道育仁里社区
	新村街道富锦嘉园社区
	新村街道三环新城社区
	丰台街道丰益花园社区
	丰台街道东安街头条19号院社区
	丰台街道新华街6里社区
	南苑乡福海棠华苑社区
	南苑乡大红门锦园社区
	卢沟桥乡靛厂锦园小区
	卢沟桥乡丰华苑小区

【立体绿化】 年内，完成北京市检察院第四分院地块、庄户村地块、北京教育学校地块以及莲花池公园垃圾房地块4处屋顶绿化5354平方米，其中花园式1处，简式3处；完成垂直绿化5486延米，种植月季2.58万株。

（何思思）

【规划编制】 年内，《丰台区国家森林城市建设总体规划（2019–2035年）》通过专家评审；《丰台区绿地系统规划》继续修改完善。

（何思思）

【园林绿化资源管护】 年内，做好874公顷城市公共绿地及区管14条河道102公里258公顷河道绿地的养护管理。对城市公共绿地养护工作采取公开招标，制定10项河道养护管理工作制度。全年分栽、补植各类地被8万余平方米；利用1500立方米建筑再生骨料对1.4万个公共绿地树池进行填充；修剪各类乔灌木4万余株、各类绿篱色带2.5万余平方米；清理各类生产垃圾3万立方米；补植乔灌木500余株；播种野花组合3公顷；利用佃起河、马草河、小龙河三条河道闲置地扦插蔷薇、月季、地锦育苗6万余株。监督指导养护5749公顷生态林和108公顷村庄五边绿化，提供管护岗位带动就业农民工人数3000余名。完善市、区、乡镇、养护单位四级生态林管理体系，按照山区生态林、平原生态林、平原造林、郊野公园、园博绿道分类管理并分班制定养护措施，推行生态林小班管理精细化管理。分季度对6293公顷生态林进行养护检查考核督改工作。完成2508.61亩森林健康经营林木抚育项目和126.97亩国家级公益林管护工程。完成新版古树名木保护责任书签订；复壮修复王佐镇后甫营村3株古国槐；救助新村街道、长辛店镇各1株患疯病古枣树；完成长辛店镇古树群生物防治。

（何思思）

【行政审批】 年内，优化营商环境类项目，行政许可审批时限缩短至6个工作日。全年受理行政许可269件，伐移林木、树木32757株，占用林地、绿地37.9232公顷，其中危险树清理86件，采伐林木、树木1255株。受理《产地检疫行政许可》22份，签发《产地检疫合格证》22份，产地检疫苗木30余万株。办理生产经营行政许可证5份，均为延续办证。完成建设项目绿化用地审查31件，完成8个项目31.22公顷绿地率复核。

（何思思）

【代征绿地收缴】 年内，完成9处代征绿地收缴工作，总面积77044.823平方米。包括亚林西居住区一期0501–613地块和614地块、东铁营居住用地项目、东河沿村回迁房项目、成寿寺二期经济适用房项目、中华联合保险大厦、中国机械设备工程股份有限公司总部综合楼，南苑乡石榴庄村旧村改造 S–17、S–24、S–31 等地块商业金融、住宅混合公建、绿隔产业、中小学合校用地项目，西山甲一号（B地块）、中国航天科工集团第三研究所科研住宅用地。

（何思思）

【行政执法】 年内，森林公安接警164起，办理林业、野生动物行政案件54起，恢复林地面积约7.6万平方米，补种林木367株，罚款135万余元。立刑事案件6起，收缴野生动物48只（活体及制品），案值88.35万元，刑事拘留6人，在押1人。定期巡查2个自发性集市、3个冻品市场、1个古玩市场、2个宠物市场和19处林区内重点拉网粘鸟区，集中巡逻检查大成路、分钟寺、菜户营非法集市100余次。监督检查、投诉举报现场核查、疑似违法现场检查170余次。向区城管执法局移交违法线索87条。区林业工作站对平原造林、留白增绿等造林工程进行现场苗木检疫27批次，监理检查142批次。对全区苗圃进行2次产地检疫，检疫苗圃22家，检疫苗木30万余株，检疫面积3950亩。

（何思思）

【专项整治行动】 年内，开展绿地认建认养及公园配套用房出租清理整治活动。绿地认建认养22处，完成整改21处，整改完成率95.4%，正在整改1处；104处公园配套用房存在问题全部完成整改。“绿卫2019”森林执法专项行动中，辖区有647个问题图斑，面积7120亩，销账488个（含移交区城管执法局77个），占75%；挂账图斑20个（军事管理区、保密单位），占3%；未销账图斑139个（重点工程47个、文物保护3个、国有单位10个，乡镇集体图斑62个，开山采石6个，长辛店镇土地复垦5个，墓地2个，公益类4个），占22%。

（何思思）

【公园管理与服务】 年内，完成莲花池公园南侧“增彩延绿”及提升改造128亩；莲花池公园、丰台花园公共卫生间增设12台空气清新器；向5家公园调配远郊区县劳动力212人；开展各类公园行业检查12次。各公园接待游人1259.08万人次，总收入420万元。举办义务植树、北宫踏青节、北宫彩叶节、配合属地开展百姓大舞台等文化活动近千场，参与群众近百万人次。

（何思思）

【森林防火】 年内，改造提升森林指挥中心监测系统及瞭望塔内部监控系统，清理林下可燃物3500公顷，开设防火隔离带13.8万延米。召开森林防火工作会5次、研讨会1次，签订防火责任书430份，组织专业、半专业扑火队培训2次，演练2次，生态林管护人员培训2次。森林防火宣传4次，发放各类宣传品1万余份,受众1800余人。悬挂森林防火警示横幅200条，增设太阳能语音宣传杆20个，下发隐患整改通知书9份，全年未发生森林火灾。

（何思思）

【林木有害生物防控】 年内，出动防控人员4943人次，悬挂林业有害生物诱芯3.072万粒（套），监测到美国白蛾成虫2121头、幼虫受害树木257株，监测到桔小实蝇2168头、草地贪夜蛾6头；开展松材线虫病春、秋季疫情普查1.34万亩次，未发现松材线虫病；实施灯光诱杀、信息素诱集等无公害措施预防作业面积13.65万亩次；释放天敌昆虫1.25亿头、生物防治面积1.58万亩次；投入防治机械236台套，出动打药车作业898台次，完成人工地面喷药作业面积12.71万亩次；开展夏、秋季飞机防治2次，出动飞机44架次、作业面积6.6万亩次；施用仿生物制剂和植物源药剂 14.564 吨。

（何思思）

【果品安全认证】 年内，无公害果品产地、产品认证面积同比增加 6%，果品安全抽检合格率 98%以上，农药残留自检 210 个批次，市级抽检 21 个批次，检测结果全部合格。完成长辛店镇李家峪果园无公害认证扩项及 5 家果园复查换证；2 家企业建立果品追溯体系。

（何思思）

【野生动植物资源保护】 年内，组织开展野生动物资源保护宣传 2 次，出警 290 余人次，130 余车次，批评教育鸟贩 60 余人，收缴并解救野生鸟类 280 余只，收缴粘网、打笼、猎捕网、兽夹等猎捕工具 70 余件，救助野生动物 4 只，踏查非法种植毒品原植物，铲除疑似大麻科毒品原植物 44387 株。

（何思思）

【参展北京世园会】 年内，牵头组织北京花乡花木集团有限公司、北京世界花卉大观园有限公司等 21 家单位参展 2019 年北京世界园艺博览会，其中花乡 16 家、长辛店镇 1 家、区园林局局属事业单位 2 家、驻区花卉企业 2 家。参展单位代表丰台区参加省、市、区花卉展品专项竞赛 4 场，牡丹芍药、组合盆栽及优秀盆栽花卉单品、盆景、菊花等国际竞赛 4 场，获得奖项 179 个，其中特等奖（大奖）17 个、金奖 46 个、银奖 48 个、铜奖 61 个、优秀奖 7 个。

（何思思）

丰台区郊野公园一览表

序号	名 称	乡 镇	所在村	建成时间
1	高鑫郊野公园	花乡	高立庄村	2009
2	海子郊野公园	花乡	新发地村	2009
3	御康郊野公园	花乡	六圈村	2009
4	看丹郊野公园	花乡	看丹村	2010
5	榆树庄郊野公园	花乡	榆树庄村	2012
6	万丰郊野公园	卢沟桥乡	靛厂、六里桥、岳各庄、小井	2008
7	天元郊野公园	卢沟桥乡	大井、小屯	2009
8	经仪郊野公园	卢沟桥乡	张仪、大瓦窑	2010
9	晓月郊野公园	卢沟桥乡	卢沟桥村	2010
10	槐新郊野公园	南苑乡	槐房、新宫	2010
11	桃苑郊野公园	南苑乡	大红门、槐房	2010
12	绿堤郊野公园	宛平城	宛平地区河滩地	2009

城 乡 管 理

城市综合管理

【概　况】 2019年，丰台区城市管理委员会（以下简称区城管委）全面贯彻落实市区决策部署，承担绩效任务、实事折子、固定资产投资、大气防治污染等重点任务共计92项，其中：市绩效任务4项、市实事4项、市折子7项、区实事5项、区折子20项、固定资产投资项目22项、“疏整促”专项行动3项、建安投资1项、污染防治攻坚战20项、大气污染防治6项。提高农村道路专业化清扫保洁水平，健全农村地区生活垃圾清运处理机制，促进农村地区人居环境持续改善。

（凌燕军）

【环境建设综合考核】 年内，制定《2019年丰台区城乡环境建设工作方案》，完善《丰台区环境建设综合考核办法》，按照“月考核、月排名、月公示”的工作要求，每月对各属地街乡镇、地区管委会环境建设检查情况进行考核、通报，全年完成 5312 件区级台账的督导整治工作。

（凌燕军）

【首环办专项检查工作】 年内，迎接首环办 12 次专项检查,完成 762 处市级脏乱点的跟踪治理和检查验收任务。首都环境建设月专项考核中，在城市拓展区（朝阳、海淀、丰台、石景山）排名第三名。

（凌燕军）

【铁路双段长制】 年内，组织开展铁路双段长制落实工作，制定专项工作方案；落实京津城际、京沪高铁和京广高铁等 16 条铁路的双段长对接工作。

（凌燕军）

【街巷长制和小巷管家】 年内，更新 307 条街、1321 条巷，272 名街长、861 名巷长信息台账更新工作。完成街巷长信息管理系统建设，并开始上线试运行。全年完成 1391 名“小巷管家”注册工作。

（凌燕军）

【重大活动环境保障】 年内，完成第二届一带一路国际合作高峰论坛保障工作，迎接新中国成立 70 周年游园活动保障工作，全民族抗战胜利 82 周年纪念活动保障工作，全国和市区两会环境保障工作，军委领导植树活动保障工作，草桥地铁站周边环境综合治理保障工作共 6 项重大活动的环境综治保障。

（凌燕军）

【北京南站周边环境整治】 年内，南站地区环境综合整治重点对北京南站南、北广场及周边区域道路进行环境改造，同时对区域部分道路和标志性建筑物进行景观亮化提升。全年整治面积约 21 万平方米。形成以北京南站为中心，西罗园街道、右安门街道为依托，马家堡街道为亮点的区域环境综合提升大格局。

（凌燕军）

【背街小巷环境整治】 年内，按照首环办《2019 年首都环境建设任务书》和《城六区及通州区 2019 年背街小巷环境整治提升和深化文明创建工作方案》要求，依据属地街乡镇上报的群众反映强烈的环境问题区域，以及走访踏勘现场发现的环境薄弱区域，经过与区规划、国土、住建等部门对接三年内拆迁建设计划，结合现场走访情况，确定 50 条背街小巷的环境整治任务，涉及东铁匠营街道、新村街道、右安门街道、方庄街道、卢沟桥街道、马家堡街道、丰台街道、大红门街道、花乡 9 个街乡镇，全年投资金额约 1.2 亿元，全部完成环境整治任务。

（凌燕军）

【城市道路清扫保洁作业】 年内，按照《北京市城市道路清扫保洁质量要求与作业规范》，协调环卫中心大力推广“吸、扫、冲、收”清扫保洁新工艺，降低道路积尘负荷，全区道路清扫保洁新工艺作业覆盖率达到 92% 以上，城市道路机械化清扫保洁作业面积 1313.84 万平方米，道路洗地作业面积 1313.84 万平方米，道路冲刷作业面积 1313.84 万平方米（占道路可冲刷面积的 99%）；道路清扫保洁新工艺作业覆盖率达到 92%。步道冲刷 141 万平方米。城市道路实行“一扫两保”；所有一级、二级道路洗地作业实行 1 日 1 洗；人行步道实行 3 天一冲刷作业，达到市级任务标准。

（凌燕军）

【河道和路两侧绿地保洁】 年内，协调环卫中心做好河道水面、护坡、河道白色污染捡拾，河道两侧绿地、巡河路的清扫保洁和区属道路两侧绿化带的日常保洁工作，确定保洁范围和保洁标准，河道及道路两侧绿地范围内的卫生环境得到有效改善。

（凌燕军）

【公厕管理】 年内，督促环卫中心做好全区环卫管理公厕的管理，推进公厕保洁服务社会化管理，将 546 座非环卫管理的三类及以上公厕引入社会化管理机制，通过公开招标的方式，确定 8 家专业保洁服务公司，将公厕保洁情况纳入区级月度考核，对保洁效果、服务质量进行综合检查、评分、排名，并制定相应的奖惩机制，提高公厕管理水平。

（凌燕军）

【背街小巷管理】 年内，督促各街乡镇做好全区 5961 条、757 万平方米背街小巷保洁，通过区级聘用第三方专业检查和街道乡镇自查的双重检查机制，对第三方专业公司进行日常检查考核。对检查发现的问题一天一通报，要求 24 小时内背街小巷环境问题得到整改。

（凌燕军）

【门前责任区管理】 年内，加大门前责任区检查力度，修订考核办法，加大了检查问题的派遣力度，促进属地对门前及其他责任区管理工作的重视和提高。在原单一考核门前卫生的基础上增加考核内容，增加对门前堆物堆料、门前晾晒、占道经营等影响区域环境的突出问题的管理，效果明显改善。抓好突出问题的整改，针对地面油漆书写、喷涂的非法广告，督促属地推广利用有效的设备，有效解决城市牛皮癣的问题。

（凌燕军）

【环卫作业数据核查】 年内，组织专业机构对区属环卫中心保洁道路、公厕、垃圾转运设施、地铁口周边等二类九项环境卫生责任区进行全方位的核查登记，为财政部门的精准预算、落实环境卫生管理责任、真正做到环境卫生治理“精细化”奠定了基础。

（凌燕军）

【建筑物屋顶牌匾标识收尾治理】 年内，依照全市对建筑物屋顶牌匾清理工作的推进要求，对尚存的屋顶牌匾标识 104 处 131 块市级督办台账分解下发至属地街乡镇和管委会进行限时督办，要求尽快完成现有存量屋顶牌匾标识的清理整治工作。并组织各属地街乡镇也按时限要求积极组织清理存量屋顶牌匾拆除工作。全年完成销账 108 余处 138 块，实现屋顶牌匾治理动态清零的工作目标。

（凌燕军）

【公共服务设施二维码安装】 年内，按照“横向到边、纵向到底、由内往外”的工作原则，合理安排建设范围和时间进度，完成80条道路的公共服务设施二维码建设。共涉及设施有变电箱358件、地铁指示牌97件、电表箱554件、电车供电箱7件、废物箱1158件、公厕指引牌36件、公交站牌401件、公交站亭356件、公用电话亭11件、过街天桥指引牌6件、街牌584件、景区指示牌1件、人行导向牌28件、通信交换箱170件、信号灯闸箱153件、邮政信筒29件、指路牌648件、座椅276件。

（凌燕军）

【无灯道路路灯建设】 年内，区属共有93条有路无灯道路，共涉及18个街乡镇，为进一步推动“两灯”问题治理，按照北京市关于“两灯”问题的系列指示，组织专题研究，经与属地多方现场勘查，将确定93条有路无灯道路通过公开招投标确定的中标单位，其中列入北京市实事工程中的10条无灯道路11月20日前完成路灯建设任务。

（凌燕军）

【天然气使用安全隐患排查】 4月29日，为落实《北京市丰台区安全生产委员会关于开展天然气使用安全隐患排查治理专项行动方案》（以下简称《专项行动》）要求，切实做好专项行动相关工作。区城市管理委组织北京市燃气集团三、四分公司和绿源达分公司主管领导和部门负责人召开天然气使用安全隐患排查治理专项行动工作协调会，会上听取了各公司前期工作开展情况报告，对行业检查中存在的突出问题进行会商，要求燃气企业要切实履行安全主体责任，落实燃气用户安全服务规定，积极组织力量开展排查治理，确保全区燃气运行安全。

（凌燕军）

【协调推进电力隐患小区电力设施改造】 6月11日，会同区发改委、电力公司等单位到新村街道，组织社区、物业单位召开新村地区电力隐患小区电力设施改造工作推进会，区发改委、电力公司对相关政策、标准要求、存在问题、资金估算等进行讲解，逐一对小区的问题进行梳理，并现场解答社区、物业单位提出的意见建议，要求各物业公司对照本小区存在的问题，按照相关政策进行核实确认，在规定的时间内向街道报备后，正式函告供电公司、新村街道对小区内产权情况进行明确并细化，做好基础工作。

（凌燕军）

【国庆期间输电子线用户排查隐患】 9月4日，为确保国庆期间途径的输电线路稳定运行，会同供电和相关属地、社区等部门，对在前期排查过程中发现的有可能影响国庆输电线路子线用户民岳家园、梅市口10号院进行检查，发现民岳家园的两台电力设备中有一台触及警戒线，立即要求民岳家园产权单位完善建立应急预案和整改方案，尽快对隐患设备进行更换维修。梅市口10号院电力设备未发现明显隐患故障，但未能提供电力设备稳定性测试，要求物业部门对设备进行专业测试，并提交相应的检测报告。

（凌燕军）

【瓶装液化石油气安全专项治理】 9月下旬至10月底，组织液化石油气供应企业开展瓶装液化石油气安全专项整治工作。10月下旬，组织相关科室人员会同第三方专业安全机构，采取“四不一直”方式，对各全区17个从事液化石油气储存、充装、运输、销售的经营企业进行了安全检查。

（凌燕军）

【供热工作动员部署会】 10月18日，召开丰台区2019-2020年今冬明春供热工作动员部署会，对今冬明春供热工作进行部署、动员，要求各供热单位做好供暖前期准备工作，务必要在月底前具备供热条件，11月7日准时点火试运行，在试运行到正式供暖期间，不能停炉持续低温运行，确保11月15日正式供暖时做到达标供热。同时，还对2019-2020年供热补贴申报流程进行培训，确保供热单位补贴资金按时足额发放。

（凌燕军）

【右安门街道重点大街环境整治】 11月，区城管委、治违办、工商分局共同对右安门街道重点大街进行竣工验收，经多部门按照工作要求和验收标准联合检查，玉林东路、西二条、开阳里一街、开阳里二街、开阳里三街共5条重点大街的施工已达标竣工。

（凌燕军）

【公厕等级达标改造】 年内，按照市、区政府“厕所革命”对三类以下旱厕进行等级达标改造工作部署，严格按照北京市《公共厕所建设规范》对全区未达标公厕实施建设，改造过程中接入水源，采用环保水冲便具，加装防冻、保温、除臭设备，完善公厕无障碍设施，全部完成升级改造并开放使用。

（凌燕军）

【区域管道建设】 年内，区城管委完成五环内28条道路23.64公里的通信架空线入地管道建设，对具备条件的30条道路实施穿缆入地和撤线拔杆管道建设。

（凌燕军）

【湿解处理厂项目试运行】 年内，区垃圾处理设施湿解处理厂进入调试试运行，该项目总投资25287万元，设施建于宛平地区北天堂村420号丰台区循环经济产业园园区内，设计生活垃圾生化处理能力600吨/天。

（凌燕军）

【餐厨厨余垃圾处理厂试运营】 年内，区餐厨厨余垃圾处理厂进入试运营，该项目总投资34382.49万元，位于北京市丰台区宛平地区北天堂村420号丰台区循环经济产业园园区内（以下简称产业园）。项目处理规模为餐厨垃圾处理能力200吨/天、厨余垃圾处理能力300吨/天、废弃油脂处理能力30吨/天。

（凌燕军）

【渗沥液处理厂二期工程】 年内，渗沥液处理厂二期工程项目为市、区重点工程。项目位于宛平地区北天堂村420号丰台区循环经济产业园园区内，新建渗沥液处理厂二期工程，一期升级工程，设计规模各600吨/日；浓缩液处理工程，设计规模250吨/日。项目总投资14720万元，市、区政府各投资50%。

（凌燕军）

【推进垃圾减量化资源化无害化】 年内产业园区设施做到了生活垃圾日产日清日处理，各项目技术指标均达到设计要求，无害化率100%，受鲁家山限量800吨175天影响，园区含前端垃圾分拣部分资源化率59%（不含前端分拣资源化率为49.41%）。园区共处理生活垃圾103.34万吨，日均约2831.21吨（按365天计算），生活垃圾通过预处理筛分分选为筛上物、筛下物、可回收物（塑料、金属）。筛上物35.98万吨，日均约985.87吨。筛下物62.47万吨（残埋场筛下物61.84万吨、湿解处理厂筛下物0.63万吨），日均约1711.60吨。金属1063.45吨，塑料1213.41吨。生活垃圾无害化处理率达100%。餐厨厨余垃圾处理厂处理餐厨厨余垃圾9.32万吨，日均约255.27吨。其中丰台区餐厨垃圾处理量约7.84万吨、厨余垃圾处理量约1.27万吨；石景山餐厨垃圾处理量0.12万吨、门头沟餐厨垃圾处理量0.08万吨。渗沥液处理厂处理渗沥液约19.47万吨，日均约533.54吨。共产生达标中水约15.12万吨，出水率77.63%。运营维护期间能够实现日产日清，各项目技术指标均达到设计要求。

（凌燕军）

【循环经济产业园成为主题教育实践基地】 年内，循环经济产业园区入选区区科技信息化局第一批“不忘初心、牢记使命”主题教育实践基地，作为“北京市科普教育基地”列入区科技信息化局牵头组织的“美丽丰台科普行”护照编选单位。

（凌燕军）

【组织实施城市安全风险评估投保】 年内，全区供暖、生活垃圾处理、燃气供应、电力企业，已有171家企业录入城市安全风险评估台账完成5家企业安责险投保工作任务，落实三级标准化企业10家。

（凌燕军）

【建筑垃圾行政许可申请】 年内，办理建筑垃圾消纳许可584件，建筑垃圾运输准运许可1336件，建筑垃圾运输企业经营许可21件，建筑垃圾消纳场所设置许可10件。

（凌燕军）

【定期评估建筑垃圾运输企业】 年内，在区注册并取得经营资质的建筑垃圾运输企业77家1019台车辆，全部纳入监管，评估工作全部完成，评估率100%。

（凌燕军）

【监督检查建筑垃圾消纳场所】 年内，城管委按照《北京市建筑垃圾分类消纳管理办法（暂行）》（京管发[2018]142号）规定，每月对建筑垃圾消纳场所进行2次检查，以达到有效监督管理的督查作用。

（凌燕军）

【渣土车联合执法检查】 年内，共开展建筑垃圾运输执法检查1509次，其中夜查137次。检查在施工地1270家（次），运输企业235家（次）。

（凌燕军）

【开展扫黑除恶专项行动】 年内，发放扫黑除恶宣传册60份、宣传横幅40份、宣传材料84份。向在区内注册的77家运输企业负责人和7家消纳企业负责人宣传北京市渣土运输行业扫黑除恶斗争打击的范围和有关内容。要求企业规范经营、遵纪守法，积极举报线索。协助市环食药旅总队打击乱倒乱卸点4处。

（凌燕军）

【启动空气污染预警】 年内，渣土站启动空气污染预警响应7次，共出动132人次，46车次，检查消纳场（建筑垃圾资源化处置场所）68家（次），通知运输企业293家（次）停止运输作业；利用系统平台监测建筑垃圾运输车辆行车轨迹120余次。

（凌燕军）

城市管理监察

【概　况】 2019年，丰台区城管执法局统筹、指导全区城管执法队伍围绕控违拆违、占道经营治理、大气污染防治、重大活动环境秩序保障等重点工作，进行综合治理。全年立案处罚各类违法行为3.14万件,同比上升25.99%；立案处罚数在全市排名第二；在城六区人均结案数排名第二。全年工作在全市城管系统综合考核中城六区排名第一、全市排名第三；获“首都环境建设样板单位”和“秩序环境突出贡献单位”的称号。

（方雨濛）

【拆违控违】 年内，采取“五严”措施，坚持“五必拆”原则，实行上账销账管理，出台拆违资金管理办法，持续加大培训指导和例会督办工作力度，发挥区控违拆违办组织部署、协调推进、考核督办职能作用。接市级督办案件122件；拆除并销账239.3万平方米既有违法建设，销账率112.3%；腾退土地246公顷，腾退率115.5%。

（方雨濛）

【占道经营整治】 年内，依托区城管执法协调办平台，采取“七个坚持”工作措施，占道经营违法行为得到遏制。接占道经营类举报1.22万件；立案处罚2.6万起；122个占道经营挂账重点点位全部销账；全区21个街乡镇阶段性实现动态清零。

（方雨濛）

【综合执法平台建设】 年内，区城管执法局牵头推进强化街乡镇实体化综合执法平台建设，完善“街乡吹哨、部门报到”工作机制，优化执法流程；木樨园桥、角门东地铁站、菜户营桥、西铁营桥、天坛医院周边等一些环境秩序突出问题得到治理和长效管控。全区吹哨1414次。

（方雨濛）

【开展“四公开一监督”】 年内，定期召开工作例会，每月进行考核评价并撰写《四公开一监督专刊》，呈报区领导发各成员单位。承办市级监管通知单493件，反馈率100%、整改率99.59%，同比上升1.29个百分点，在全市名列前茅；向属地街乡镇政府和相关部门派发监管通知单1.72万件；督办整改问题1.79万起，同比上升45.75%。

（方雨濛）

【环境执法检查】 年内，建立大气污染防治、施工工地扬尘、建筑垃圾运输泄漏遗撒和擅自进行夜间施工等执法台账，加强执法监管，实现施工工地扬尘污染防控“六个百分之百”目标。处罚施工工地扬尘类违法行为236起；受理道路遗撒类举报231件，同比下降65.3%；处罚违规渣土运输车2377起；处罚露天烧烤违法行为283起。

（方雨濛）

【环境秩序治理】 年内，区城管执法局查处街面无照经营1.4万起，处罚3387起；规范门前三包4.95万家次，查处店外经营5586起、占道经营2081起、门前堆物堆料1053起；审核上报非法小广告电话号码3164个，移送停机2713个，停机率86%；拆除违规广告牌113块、违规牌匾标识617块；清理山寨指路牌124块、临窗广告1093处、占道车身广告733块、纳入电话警示系统号码270个；开展餐厨垃圾波次执法行动，处罚588起；检查燃气供应企业663家次，责改4家次；检查餐饮公服用户8522家次，责改391家次；检查使用气罐街面摊贩315家次，责改24家次；检查占压油气管道48起，其他燃气安全违法行为339起，整改消除用气场所安全隐患75起。

（方雨濛）

【信访信息公开】 年内，接待群众来访、咨询112人，办理信访件288件，办理人大建议、政协提案7件；主动公开政府信息65件，受理并答复政府信息公开申请4件；收到各类表扬26次，锦旗3面。

（方雨濛）

【信息宣传】 年内，政务信息被市城管执法局内网采用132篇，市委市政府采用31篇，在信息考核中位居前例；在各级媒体发布新闻稿件382篇(条),其中中央级媒体发布8篇(条)、市级159(条)、区级91篇(条)、新媒体124篇(条)；组织开展社会宣传暨志愿服务活动538次。

（方雨濛）

【专项业务培训】 年内，区城管执法局组织开展全体执法队员冬训，开展初任培训、科级干部培训以及法制、宣传、信访等专项业务培训，全系统培训600余人次，提高执法人员的综合素质和业务水平。

（方雨濛）

网格化城市管理

【概　况】 2019年，丰台区网格化城市管理系统立案、转办案卷648897件，监督员参与处置各类环境问题412144件。社会服务管理系统运行事项73929件。受理市12345热线交办诉求180096件，排名全市第3位。

（侯中淑）

【城市运行指挥体系建设】 年内，按照《丰台区全面推进智能民情图工作方案》要求，在全区范围内逐步推进智能民情图建设工作，21个街道（乡镇）117个社区（村）完成基层综合服务平台的建设。145个社区（村）加入“微网格”矩阵平台，关注人数43580人，信息公告发送总量4806条。

（侯中淑）

【网格化城市管理】 年内，调整完善《丰台区2019年网格化城市管理专项考核方案》，将市民关注与媒体曝光较多的“僵尸车”、自行车乱停放等9类问题纳入考核,将“首环办”每月检查点位列入监督员巡查范围。完成群众举报问题的核实核查，开展监督检查和责任倒查。聚焦新中国成立70周年庆祝活动，强化网格化城市管理效能，提高城市精细化管理水平。

（侯中淑）

【接诉即办】 年内，梳理优化市民服务热线“接诉即办”工作机制。整合工作力量，提高工作标准，对标对表全市平均成绩，调整细化市民热线考评细则；建立区“接诉即办”专班工作群。随时沟通交流工作信息，督导助理随时掌握全区工作动态，随时报告督导领导。丰台区“接诉即办”响应率100%，解决率由40.30%提升至

74.49%，满意率由58.30%提升至86.12%。

（侯中淑）

【系统建设】 年内，完成2019年度污染地块和疑似污染地块的电子图层制作工作，加强养老“连心通”通信服务保障工作。开展丰台区“接诉即办”指挥调度平台系统升级工作，与市级12345平台进行对接，实现全流程管理。

（侯中淑）

【媒体宣传】 年内，市城管委主编的网格化城市管理动态采用信息46篇，位列全市前二名，完成年度考核任务。向主流媒体推送宣传信息，人民网报道《从纸端到指端的民情图：初心不变 服务升级》《北京青年报》、北青网报道《“初心不变 服务升级”2020年丰台所有社区“民情图”全覆盖》《北京日报》报道《丰台区：主动向前一步解决群众难题》。

（侯中淑）

生态环境保护

【概 况】 2019年3月，丰台区生态环境局经区环境保护局机构改革调整成立，人员编制数167人，下设行政执法单位1个，事业单位3个。7月，区生态环境综合执法大队挂牌成立。组建区委生态文明委及5个专项小组，制定实施区委生态文明委工作规则、专项工作小组工作规则、区委生态文明办工作细则。加强区域生态保护和环境治理督办，召开污染防治例会31次，统筹推进蓝天、碧水、净土攻坚任务82项。印发《中共北京市丰台区委生态文明建设委员会2019年工作要点》《丰台区污染防治攻坚战2019年行动计划》《中共北京市丰台区委生态文明建设委员会办公室关于印发<关于全面加强生态环境保护 坚决打好丰台区污染防治攻坚战的实施方案>的通知》，制定《丰台区扬尘管控方案》和《丰台区2019年应对气候重点工作计划》。全区细颗粒物年均浓度42微克/立方米，同比下降20.8%，二氧化硫、二氧化氮和可吸入颗粒物年均浓度4微克/立方米、36微克/立方米和71微克/立方米，同比分别下降33.3%、16.3%和14.5%；空气质量达标天数235天，同比增加15天；区内1个地表水国家考核断面和5个地表水市级考核断面均达标。按时办结人大建议、政协提案主责5件、协办2件，“接诉即办”环境信访投诉1786件，处理率100%，按时办结率100%。

（李 强）

【大气污染防治】 年内，建设并用好覆盖21个街乡镇383个社区、60个污染源、50条重点道路的空气质量监测网络，全时段、全方位监控重点区域污染源排放。开展扬尘污染管控专项检查和重点道路积尘问题专项排查13个轮次，移交问题679个。人工检查重型柴油车8.71万辆，处罚9100辆。拨付燃气锅炉低氮改造“以奖代补”资金13批2.15亿元。签订餐饮业提标改造合同850家，设备安装1000家，3项污染物监测达标850家。全年PM2.5年均浓度42微克/立方米，同比下降20.8%，二氧化硫、二氧化氮和可吸入颗粒物年均浓度4微克/立方米、36微克/立方米和71微克/立方米，同比分别下降33.3%、16.3%和14.5%，空气质量达标天数235天，同比增加15天。

（李 强）

【水污染防治】 年内，统筹区级层面推进39项严防共治水污染措施落实。编制《2019年丰台区镇级集中式饮用水水源地保护状况评估报告（2018年度）》，建立长辛店镇、王佐镇镇级集中式饮用水水源地“一源一档”台账，组织开展“万人十吨”水源保护区划定，完成2个乡镇级地下饮用水水源地季度水质监测。并行实施跨乡镇界水体断面补偿和街乡镇地表水环境质量考核机制，印发《丰台区村（社区）地表水环境质量评价与排名方案（试行）》。制定《典型城乡结合区域水生态环境精细化管理系统试点项目建设实施方案》和《典型城乡结合区域地下水污染调查及防护项目实施方案》，获得中央水污染防治专项资金全额支持。完成花乡南部污水处理站、晓月苑污水处理站升级改造工程，河西地区污水处理率 96%；监管涉水排放单位 1159 家，立案 31 起，处罚 32 起（上年度跨转 1 起），罚款 381 万元。

（李 强）

【土壤污染防治】 年内，全面落实《丰台区打好净土保卫战 2019 年行动计划》重点任务措施，建立土壤污染风险评估和管控（修复）效果评估报告评审机制，筛查关停企业原址用地，动态更新疑似污染地块名单。排查涉镉重金属和监测乡镇集中式饮用水水源地土壤；建立农用地土壤环境质量分类清单，严格管控受污染农用地环境风险，确保受污染耕地和污染地块安全利用率达到 90%以上。

（孙 楠）

【第二次全国污染源普查】 年内，完成全国第二次污染源区域普查，集中审核各类源普查表，比对核实污染源基本单位名录，核算污染源 401 家和 373 个社区（村）入户调查数据，其中工业源 254 家、农业源 2 家、集中式污染治理设施 20 家、移动源 86 家、入河排污口 39 个。按要求清查入库餐饮业 3664 家、汽修 269 家，专项调查餐饮 413 家、汽修 142 家。

（孙 楠）

【辐射环境安全监管】 年内，检查放射源单位 49 家次，射线装置单位 230 家次，医疗单位 185 家次。办理辐射安全许可证新申请 35 件，变更 11 件，重新申领 18 件，延续 7 件，注销 1 件，部分终止 1 件。放射性同位素转让备案 99 件共计 297 枚。全年未发生辐射环境安全生产责任事故。

（孙 楠）

【环境监察】 年内，开展汽修、餐饮、印刷、危废、VOC_s 等相关企业废气排放专项执法，出动执法人员 1.7 万人次，检查各类污染源 8793 家，立案 338 起，处罚 368 起，罚款 962.65 万元。动态清零涉污“散乱污”企业 12 家，查封扣押 22 起，移送行政拘留 5 起，拘留 8 人；移送刑事拘留 7 起，拘留 30 人，取保候审 8 人。落实空气重污染应急预案，启动空气重污染应急 3 次，发生空气重污染 10 天，同比减少 8 天。“接诉即办”环境信访投诉 1782 件，处理率 100%，按时办结率 100%。

（孙 楠）

【机动车尾气排放监管】 年内，执法检查各类机动车 137.81 万辆，人工检查各类重型柴油车 8.71 万辆、处罚 0.91 万辆，淘汰老旧柴油货车 4388 辆；出台《渣土车及工地黑名单管控办法》，实行批发市场差异化停车收费政策，对使用清洁燃料车辆免收进场费用，查处非道路移动机械 85 台、罚款 100.50 万元，查处检测机构环保违法行为 5 起、罚款 25.50 万元，查处加油站及储油库各类违法行为 9 起、罚款 18 万元。

（孙 楠）

【行政审批】 年内，受理建设项目审批文件 57 件，审批办结 35 件。受理建设项目验收 30 件，验收办结 29 件。建设项目环境影响登记表系统备案 1898 个，申请撤销备案 5 个，接收自主验收材料 19 件。

（孙 楠）

【环境宣传教育】 年内，会同市生态环境局开启北京生态环境文化周，举办丰台环保亲子嘉年华；联合区委组织部、区人力社保局举办“生态文明与环境保护”专题研修班；组织中小学开展“我爱地球妈妈”主题演讲赛。深入社区村宣讲绿色环保 9 次，开展“连接民意、初心同行”环保政务开放日。共播发报纸新闻 67 条、电视新闻 36 条，发布政务微博 614 条、政务微信 895 条，累计阅读量 113 余万人次。

（孙 楠）

【空气重污染应急和重大活动服务保障】 年内，启动空气重污染预警 3 次，均为橙色预警。完成全国“两会”期间、第二届“一带一路”高峰论坛、北京世界园艺博览会开幕式、亚洲文明对话大会和国庆 70 周年庆典等重大活动的环境质量服务保障任务。

（孙 楠）

市容环卫

【概　况】　2019 年，区环卫中心（以下简称中心）完成责任范围内 1144 条、2145.50 万平方米道路的清扫保洁及道路两侧建筑物、构筑物及地面张贴喷涂宣传品和散发的非法宣传品的清除工作；机械化清扫保洁作业面积 1312.90 万平方米，道路洗地作业面积 1312.90 万平方米，道路冲刷作业面积 1312.90 平方米；道路清扫保洁新工艺作业覆盖率 92%。完成辖区内过街天桥 91 座，地下通道 23 座，地铁站口 195 座，绿地 524.90 万平方米，河道 235.93 万平方米以及 238 座密闭式清洁站、347 座公厕的保洁任务和日常管理。全年，共清运消纳生活垃圾 84.13 万吨，清运粪便 21.58 万吨，全部实施无害化处理。完成 300 名大兴、房山及密云的农村劳动力安置工作。

（贺　祺）

【重大活动及特殊天气保障】　年内，完成重大活动及国家、市、区各级领导调研视察期间环境卫生保障工作 93 次，高标准、高质量完成包括建国 70 周年等重大活动期间环境卫生服务保障工作；冬季共启动降雪预警 7 次，其中 6 次开展扫雪铲冰作业，出动各岗位人员 40505 人次，各类车辆 4663 台次，使用融雪剂 2522 吨，完成扫雪铲冰专项作业任务；春节期间清理烟花爆竹残屑 18.8 吨；启动空气重污染预警 10 次，其中无级别预警 6 次，黄色预警 1 次，橙色预警 3 次。出动作业人员 123611 人次，作业车辆 23913 车次，使用水量 280769 吨（含再生水 266457 吨）。获赠区生态环境局“应对橙警显初心，实干作为担使命”锦旗一面。

（贺　祺）

【接受各级检查】　年内，接受市环境卫生管理事务中心道路清扫保洁、小广告清除、机械化作业、行业检查 906 次，合格 905 次，合格率 99.9%；密闭式清洁站市级检查 39 次，合格 39 次，合格率 100%；公共卫生间市级检查 78 次，合格 77 次，合格率 98.7%。环境卫生专业检查考核位列城市功能拓展区第一名，尘土残存量监测检查位列城市功能拓展区第一名。

（贺　祺）

【蓝天保卫战】　年内，按照《丰台区蓝天保卫战行动计划》分解措施，对责任范围内道路实施“吸、扫、冲、收”的组合式道路清扫保洁新工艺，新工艺作业覆盖率达 92%以上；落实道路分级清扫保洁要求，重点道路每日机械冲洗两次以上。持续扩大再生水使用规模，辖区主干道基本实现每日再生水冲洗，日用水量达 6000 余吨，超额完成市、区日均用水量 5000 吨任务指标。开展“比方法、比落实、比状态、比质量”活动，通过合力攻坚，全面提升道路洁净度。持续关注生态环境，取消备班车辆，所有道路作业车辆“应出尽出”“人歇车不歇”，加大冲刷、机扫、降尘作业频次，有效提升道路洁净度。加强云岗、天元公园、玉璞园、丰台花园四个子站周边 51 条道路的清扫保洁和洒水降尘力度，各作业工艺 24 小时无缝衔接，确保道路路面保持湿润，减少道路扬尘污染。

（贺　祺）

【接诉即办】　年内，夯实首接负责制，凡转来案卷，只要与中心业务相关的不推不托、接诉即办；落实主管责任，业务主管领导现场处置，科室、所队限时整改；抓实第一责任，反复诉求件中心主要领导亲自到场、亲自部署、亲自督办。以微信平台响应机制为先，随时督办整改进度；以双回访机制为导，整改结果对接群众所需；以考核点评为督，实行周督导、月分析、季考核。坚持“民有所呼”与“我主动改”相结合，利用业务会分析高频诉求问题，通过修订作业标准、调整作业重点等，举一反三、时查实改。以环卫政务开放日为载体，主动“到街道、进社区”，从源头上解决群众诉求，推动“接诉即办”向“未诉先办”延伸，共收到责任范围内群众诉求 327 件，整改率 100%。

（贺　祺）

【街乡吹哨部门报到】　年内，积极配合街乡拆违降尘等工作，并做到打破属地、行业界限，主动担当，不断延伸作业范围，对“责任范围以外、可视范围以内”的大件垃圾、渣土进行清理，确保周边环境整体提升。响应“吹哨”181 次；主动报到 122 次；出动人员 20554 人/次；车辆 5510 车/次；清理垃圾渣土 1855 吨、大件垃圾 1954 车。

（贺　祺）

【重点工程建设】　年内，完成中心负责的 59 处彩钢夹芯板环卫设施改造任务。结合区情和中心实际，以首重内部挖潜、合理利用优惠政策、采购服务补充为原则，对 35 处自有车场进行勘查，结合国务院优化营商环境所含的电力公司“三零”服务即“精简手续零审批，主动服务零上门，低压供电零投资”，通过申报（免费）增容安装充电桩 28 台；通过购买服务，与企业合作解决 60 台充电桩及充电场地问题。339 台环卫新能源电动车辆充电问题基本得到解决，推进了环卫新能源电动车辆使用进程。

（贺　祺）

【车辆及设施管理】　年内，建立车辆维修及零配件采购管理平台，坚持专人负责，实时对平台运行数据进行在线监控，严把产品审核关，实现“明资质、保质量、限价格”的平台建设目标。以车辆技术等级鉴定工作为切入点，提升中心车辆技术状况，推动车辆尾气治理工作。有效利用监控系统对中心车辆使用率、完好率及车型车况进行实时掌控。巩固垃圾收集设施渗沥液治理成效，进一步加大检查力度，规范渗沥液收集排放作业规程。实施“星级公厕”管理新模式，每季度评价公厕质量级别，共评选出星级公厕 102 座。

（贺　祺）

【安全维稳】　年内，严格落实《安全生产“党政同责、一岗双责”规定》，逐月召开安全生产工作会，分析形势，以案为鉴。采取周督查、随机抽、联合查等，全力消除隐患。印发《加强电动自行车安全管理工作的通知》，抓实交通安全管理，以“三查两会一治理”为抓手，全力推动“宣传、教育、检查”齐头并进，探索“三头两线一齐抓”管理模式，开展“车辆交通安全治理月”活动。在紧抓严管和各岗位人员的共同努力下，安全形势趋于平稳，未发生严重安全生产、内部治安保卫责任事故。

（贺　祺）

水　务

【概　况】　2019 年，水务工作完成建安投资 3.17 亿元，办理人大建议、政协提案 25 件，办理政府信息公开申请 29 件、行政复议 15 件、信访 8 件、“接诉即办”422 件，主动公开 173 件，批复行政许可 28 项，进行执法检查 6746 次。万元 GDP 水耗下降 8.8%，新水用量 1.81 亿立方米，同比下降 1.1%。2018—2019 年度水利建设质量考核 95.16 分，名列全市第二。编制丰台河西地区再生水利用专项规划，编制完善海绵城市专项规划。

（朱曦妍）

【水政执法】　年内，对建设项目开展水文和水土保持检查 247 处，检查执法 310 余次，约谈建设单位 20 余家，开展联合执法 3 次，对已形成违法事实的建设单位立案 13 起，收缴罚金 36.74 万元。办理水土保持补偿费许可案件 30 件，其中征缴案件办理 18 件，征缴水土保持补偿费 86.2 万元；免缴案件办理 12 件，包括污水管网收集、公园湿地、养老服务设施、建设保障性安居住房和开展小型农田水利建设等类型。开展水政执法巡查 6746 件次，对违法水事案件立案 145 起，发出限期责令改正通知书 148 份，结案 216 起，共处罚款 521.75 万元，收缴罚款 481.158 万元，收缴欠缴的水资源费 985.56 万元。人均罚款额从23.25万元增长为24.1万元，人均处罚案件从8.5件增长为10.8件，人均行政执法检查量从170次左右，增长至337次以上。3月至12月，依次开展卢沟桥街道红庭小区专项整治、严厉整治向城市雨水管道排污以及倾倒垃圾等违法行为、全区卫生系统及医院专项等共11项专项执法活动，形成“每个月有重点、每个人有专项、每个分队有领域”专项执法活动。全年依法封堵排污口1个，联合执法174次，参加“街乡吹哨、部门报道”51次，“接诉即办”6件，夜间执法检查2次。印制发放各类节水和普法宣传品7种，共8万余份。

（朱曦妍）

【水资源管理】 年内，收缴水资源税3800余万元。加强水资源精细化管理，将全区用水指标分解至乡镇（街道）、社区（村庄）和用水户法人。实施水文监测系统项目，在马草河、小龙河、蟒牛河、大兴灌渠及园博湖、晓月湖、宛平湖重要位置增设雷达式水位计8个、非接触式雷达流量计2个，开发建设水文监测系统平台。完成21处地下水监测点主体工程建设，扩大地下水和地表水水文监测站点覆盖范围，优化站网布局。开展机井核查工作，地下水位较上年回升1.59米。

（朱曦妍）

【供水保障】 年内，落实农村饮水安全管理“三个责任”并进行公示，启动万人千吨供水单位源水检测工作，颁布《丰台区农村饮水工程运行管理办法（试行）》，落实农村饮水安全管理“三项制度”。对河西供水设施移交市自来水集团进行前期工作对接。完成马家堡67号院602户居民内部供水管线改造工程，解决该小区长期水黄问题。完成自备井置换42个单位（小区），完成老旧小区内部供水管网改造112个。实现应急供水民生服务全覆盖，应急供水1409车次，供水地点包括五里店、富锦嘉园、马家堡西里、青塔小区等，给百姓吃水用水做好保障。保障鲁家山循环经济基地供水，对运行方进行10次考核，供水30.4万吨。东河沿、辛庄应急供水项目8月移交长辛店水管站运行，供水约24万吨，进行水质监测12次。

（朱曦妍）

【排水管理】 年内，定期检测化验进、出水质，及时了解厂站运行情况，共检查污水处理厂（站）513站次，其中安全专项检148站次，提出整改14次。河西再生水厂处理水量17534866吨，晓月苑污水处理水量1616805吨，花乡污水处理水量1334583吨，出水水质全部达到设计出水标准，农村污水处理站共处理水量199258吨。共计处理水量20685512吨，污水处理量同比上年下降2.8%。通过择优配置、量化考核，使污水排放量得到有效控制。完成晓月苑污水处理站、花乡南部污水处理站升级改造工作，完成河西再生水厂换膜工作，保障出水水质稳定达标。实施《丰台区河西地区部分农村污水管线建设工程》，完成杨家坟站、太子峪站的管线接入工作，优化河西农村污水治理。

（朱曦妍）

【节水管理】 年内，开展定额管理，通过用水户法人信息调查，综合测算用水户法人的年用水定额，科学下达用水户计划用水指标。完成丰台区节水型创建工作，节水型社会初具规模。全区万元GDP水耗下降率达到8.5%，新水用水总量1.78亿立方米，提前完成“十三五”1.79亿立方米的控制目标。为老旧居民小区换装节水整体马桶5000套、花洒6000套，完成36个节水型单位、18个节水型社区、1个节水型机关的创建工作、换装180块节水宣传橱窗版面。“两田一园”高效节水灌溉工程如期开工建设。开展节水宣传“进医院”活动，举办“世界水日”“中国水周”节水宣传活动和“节水宣传周”启动活动。

（朱曦妍）

【水利工程建设与管理】 年内，编制完成《丰台区水利工程运行管理制度》。完成河西第三水厂主体建设，推进河西第二水厂前期工作，完成河西再生水厂二期各池体土建施工，完成花乡南部和晓月苑污水处理站升级改造，启动两站的在线监测和除臭系统建设工作。加快推进3条中小河道治理（丰台区丰草河（暗涵-西三环）、丰台区佃起河（云岗路-王佐中环路）和丰台区小清河北支沟（京原铁路桥-北宫路）的基础设施工程建设。小清河北支沟、芦花路铁路桥治理两项建设任务主体工程完成。

（朱曦妍）

【水土保持】 年内，完成《丰台区水土保持规划》编制工作，划分丰台区水土保持功能区，拟定预防和治理水土流失、保护和合理利用水土资源的总体目标，明确水土保持的目标、任务、布局和对策措施。全年水影响评价审批13件，其中报告书6个，报告表5个，备案登记表2个；水土保持设施验收备案25个。

（朱曦妍）

【水旱灾害防御】 年内，对雨水泵站考核10次，日常巡查23次，汛期值守41次，出勤984人次，开展防汛演习2次，出现雨情时值守人员到位，道路协管人员到位。应急抢险完成抢险任务疏通管线10420米，更换井盖9套，清掏污水井253座，清掏雨水篦子214处等，出险次数共计425次，出勤人数5380多人次，出勤车次1080车次。应急抢修工程9次，铺设应急抢修管线1776米，修建检查井67座，有效解决雨、污水管线跑漏问题。处理“接诉即办”及“街道吹哨部门报到”案件36次，到场核实率100%，案件完成率97%，群众满意率97%。汛前完善水旱灾害防御管理体制建设，做好降雨应对和应急事件处置安排。对接区应急局做好保障，联合排水集团清查全区1678.2公里雨、污水管线。编制完成7处水利工程、4处涉河工程和2处小塘坝管理台账，联系各级河长实现河道全覆盖，做好重点部位检查和安全隐患排除工作。汛期严格落实24小时值班和领导带班制度，确保河道、在建及涉河工程、塘坝泵站等各类水利工程安全。

（朱曦妍）

【河长制建设】 年内，严格落实区、街乡镇、社区村、巡河员、第三方监督的五级河道巡查管理体系。开展河湖“清四乱”专项行动，完成5处“四乱”问题销号工作，持续推进永定河（丰台段）河湖管理范围内违法建设专项清理工作。开展小微水体专项整治工作，完成6处年度整改任务。各级河长累计巡河4.74万余次，当班河长志愿者巡河2.3万余次，督促各级河长现场处理问题403余件和协调解决各类巡河发现的涉河问题500余件，针对重点任务涉及相关单位督办6次，办理河长制问题移交单63件。

（朱曦妍）

【水环境治理与水生态建设】 年内，通过污染源溯源整治、截污治污工程，河道生态补水等措施，区内河道断面水质持续改善。加快推进4个积水点京港澳南岗洼沿线、丰台区丽泽桥、丰台区芦花路铁路桥、丰台区小井桥的工程建设。汛后工程项目累计支付工程资金22561.47万元，工程拆迁资金支付17661.67万元，累计完成支付40223.14万元。

（朱曦妍）

【海绵城市建设】 年内，开展《丰台区海绵城市专项规划》编制工作，分析全区水安全、水环境、水生态和水资源问题，建成区以问题为导向，新建区以目标为导向，采用“灰绿结合”综合措施，制定“源头减排—过程控制—综合治理”系统方案。

（朱曦妍）

【水库移民后期扶持】 年内，核定登记农业水库移民人口399人，发放扶持资金23.94万元；核定登记农转非人口401人，发放扶持资金22.456万元。

（朱曦妍）

【政务服务】 年内，依托北京市政务服务事项管理系统，对28项公共服务事项进行标准化梳理。按“全程网办”的工作要求，均对接北京市政务服务网，入驻丰台区菜户营政务服务窗口，推进“一网、一门、一次” 工作落实。完成河湖管理和保护范围内建设项目及有关活动审批5件，河道管理范围内建设项目防洪评价报告审批7件。

（朱曦妍）

消 防

【概　况】 2019 年，消防支队坚持以习近平新时代中国特色社会主义思想为统领，在总队、区委区政府的坚强领导下，忠诚践行训词精神，圆满完成新中国成立 70 周年庆祝活动等重大消防安保任务。全年出警 5415 起，其中火警 2850 起，发生火灾 257 起，抢险 1307 起，社会救助 1241 起，出动车辆 9767 部次，人员 58602 人次。检查社会单位 17319 家次，发现火灾隐患 22170 处，整改火灾隐患 21710 处，下发责令改正通知书 7815 份，临时查封 555 家，责令“三停” 229 家，罚款 1029.5 万元，拘留 56 人。

（姜　鹤）

【安装便民消防装置】 年内，持续深化“放管服”改革，主动对接区住建部门做好过渡期消防审核、验收工作。深入落实国务院《关于在市场监管领域全面推行部门联合“双随机、一公开”监管的意见》的部署要求，不断提升人民群众的满意度。推进安装独立式感烟报警器 8.4 万个，采取驻街监督员抽查、各街道乡镇普查的方式进行回访，并启用独立感烟系统检测平台，实现数据同步监控。在村民宅基地出租房屋安装简易喷淋装置。推动 252 家单位安装物联网远程监控系统。

（姜　鹤）

【消防安全宣传】 年内，打造丰台消防宣传车、“丰台消防”抖音号、巾帼志愿服务队、丰台全民消防宣传大培训等宣传品牌，累计培训辖区居民 14.59 万人。主动对接丰台融媒体中心，加强资源整合，信息共享，开展直播活动 3 次。制作警示片《电动车千万别在家充电》，在丰台有线及微博、微信平台播出，得到中国消防、北京消防等知名微博号转载。

（姜　鹤）

【全面排查消防安全隐患】 年内，以“防风险保平安迎大庆”消防安全执法检查专项行动为牵引，将“三自活动”、村民宅基地自建出租房屋、消防控制室和微型消防站、出租房屋及校园周边经营场所、仓储库房类场所、游泳场所、社会面彩钢板、电气火灾等专项治理行动和重大安保同步推进，全面净化消防安全环境。配合消防总队开展住宅小区消防安全星级评价管理试点工作，明确 8 大类 30 项评价细则，对居民小区实施 1 至 3 级星级管理，以“丰台经验”探索打造全市住宅小区消防治理新模式。按照“一部门一建议”原则，分别给教育、民政、住建、房管、商务、旅游、卫生、文化等 8 个行业部门发出消防安全工作建议书。联合公安分局制定《2019 年“五大安保”消防工作方案》和《派出所消防工作规范》，推动公安各警种树立“全警消防”理念，确保转隶期间派出所消防工作有章可循。

（姜　鹤）

【专职队伍建设】 年内，从“单编建队、职业运作”的新理念出发，完成角门、王佐消防站专职消防员单编队建设，探索形成符合消防支队实际的管理模式。完成 88 名区级政府专职消防员招录，全部分配到各一线执勤单位，有效充实支队执勤备防实力。

（姜　鹤）

【救援演练】 年内，结合重大安保、“5.12”防灾减灾日、文物古建单位调研演练、“一高一低一大一化”专项演练等重点工作，先后组织对南苑机场、宛平古城、天坛医院及辖区重大活动服务保障单位开展联合调研演练。6 月 14 日至 15 日，在总队举行的北京市石油化工综合救援实战演练中，消防支队承担成品油罐火灾扑救处置任务，各参战力量协同作战，圆满完成专家组提出的各项任务，全方位展示队伍的能力水平。9 月 14 日，国庆安保第二次演练期间，完成北京市大红门木材厂拉动演练任务。

（姜　鹤）

【领导慰问检查】 9 月 27 日，市委常委、纪委书记陈雍带队到丰台消防支队玉泉营中队检查国庆 70 周年消防安保工作，慰问消防救援指战员。市消防救援总队潘业辉政委等领导陪同检查。12 月 6 日，徐贱云，王力军、李岚、周新春、李春滨等区领导带队深入丰台区城乡结合部开展消防安全检查。

（姜　鹤）

【国庆 70 周年消防保卫】　年内，为国庆70 周年活动制作执勤力量实体标注图，按照距离天安门远近程度，把全区划分为三个片区，有针对性的部署灭火执勤力量，累计共前置部署 79 个网格，89 个执勤车组，462 名执勤指战员，协调 5 套钩机、拖车、铲车、运沙车（20 吨）班组，20 部洒水车中队驻勤、随警作战，灭火救援网格得到大幅加强，确保各类警情“秒级响应”。 针对辖区内涉及的彩车制造点、空中梯队迫降点、制高点、服务保障单位、公园景区等，分别制定详细的巡查看护举措，确保庆祝活动消防安全万无一失。

（姜　鹤）

城市防震

【概　况】　年内，区地震局共开展地震趋势会商 103 次，其中，周会商 51 次，加密会商 52 次。丰台区于 2 月 18 日 4 时 10 分发生 ML2.2 级地震，未收到有震感反映。开展地震监测设施及观测环境保护行政执法检查 24 次，其中日常巡检 12 次，重要节日及活动地震安全保障服务专项检查 12 次，未发现破坏地震监测设施及危害地震观测环境的行为。组织及参与地震宣传活动 14 场，向社会各界发放科普读本、宣传笔袋等宣传品，受众人数 3 万人次。全区 16 个街道、2 个镇、3 个乡，共有防震减灾助理员 410 人。

（张　璐）

【地震监测台站】　年内，全区建有地震监测台站 27 个，其中前兆监测台站 8 个，分综合台、形变台和流体台三大类，强震动监测台站 19 个。区地震局台为前兆综合台，北京十中台、新村鸿业兴园台、长辛店长馨园台及东铁营顺四条 37 号院台等 4 个台为前兆形变台，区政府南院台、丰台路口社区台及莲花池公园台灯 3 个台为前兆流体台。监测仪器采用中国地震局地壳应力研究所生产的 CZ-1A 数字压磁应力仪、DRSW-II 型地热水位气象三要素综合观测仪、WYY-1 型气温气压雨量综合观测仪、北京赛斯米克地震科技发展中心生产的 DXQ-1 型大地倾斜仪、郑州晶微电子科技有限公司生产的 GS-2000-QT 二氧化碳数字化气体监测仪，观测项目主要涉及地下流体和地壳形变两大学科，共有测项 25 个，目的是获取地震发生前的各种异常变化，通过观测资料对比分析提出地震预测意见。强震动监测台分别为南宫台、航天三院台、青龙湖台、槐树岭台、世界公园台、金家村台、右安门台、大红门台、宛平地区台、南苑乡台、长辛店台、园区公园台、大灰厂台、西罗园台、丽泽台、张仪村台、卢沟桥台、丰体台及南苑台。监测仪器采用中国地震局工程力学研究所生产的 GDQJ-1A 型固态地震动强度记录仪和外置的 SLJ-100 型三分向力平衡式加速度计，目的是获取有感地震发生时该地的三分向地震动加速度记录，给出地震烈度的估算值，为本市类似场地的工程抗震建设提供基础数据，为震后应急反应提供依据。

（吴晓文）

【防灾减灾周系列宣传活动】　5 月，围绕“提高灾害防治能力，构筑生命安全防线”主题，组织开展丰富多彩的宣传教育活动。5 月 7 日至 12 日早、中、晚黄金时段在丰台有线电视台播放《防震减灾　你我同行》公益宣传片。8 日，为长辛店中心小学颁发“国家级防震减灾科普示范学校”牌匾，并以“提高震害防治能力，构筑生命安全防线”为题开展专题讲座。9 日，组织云岗街道各社区代表在云西路社区观看《韧性城市》宣传片，并作了以“建设韧性城市，降低灾害风险，增强减灾意识，提升减灾能力”为主题知识讲座。18 日，在东高地青少年科技馆暨国家级防震减灾科普教育基地举办区中小学生防震减灾创客大赛现场竞技赛，大赛设置防震减灾"小讲解员"技能竞赛、防灾减灾动手实操技能竞赛项目。

（陈　超）

【科技周宣传活动】　5月22日，参加在科技园区华夏幸福创新中心举办的以"科技强国、科普惠民"为主题的科技周主场活动，通过设置咨询台，发放《公众避险要诀》《防震减灾手册》及宣传笔袋、宣传笔和宣传资料袋等方式向参与群众宣传防震减灾科普知识。

（陈　超）

【安全生产月咨询日活动】　6月16日，参加在红星美凯龙（西四环店）广场举办的以"防风险、除隐患、遏事故"为主题的安全生产月咨询日活动。通过设置咨询台、发放《中华人民共和国防震减灾法》《应急科普丛书地震篇—地震避险自救》以及宣传袋等科普宣传资料等方式向广大群众宣传防震减灾知识。

（陈　超）

【组织防震减灾培训】　6月19日至21日在国家地震紧急救援训练基地组织开展区防震减灾培训。地震应急指挥部成员单位工作人员、各街道乡（镇）防震减灾助理员、新村街道党建协调委员会成员单位工作人员共计66人参加培训。邀请中国地震灾害防御中心科技管理处处长、国家地震紧急救援训练基地主任分别就"防震减灾工作研讨"、"公共安全管理与地震应急处置"作了专题讲座。现场教学部分，由基地教官带领学员学习结绳技能，体验烟道逃生，见识地震废墟及斜楼，参观地震救援装备库及基地荣誉室，观看地震教学4D电影，观摩救援队训练。通过培训提高了对防震减灾工作的思想认识，增强了灾害意识，提升了防灾减灾救灾能力。

（陈　超）

【唐山大地震纪念日系列活动】　7月14日，组织北京市十二中代表队参加北京市中学生防震减灾知识挑战赛，荣获北京市第一名，并获得参加全国防震减灾知识大赛唯一资格。7月24日，组织和义街道和义东里第二社区学生及家长代表到东高地青少年科技馆暨国家级防震减灾科普教育基地参观体验。7月26日，在东高地青少年科技馆召开区中小学生安全体验营开营仪式。开营仪式后，组织营员参加防震减灾科普知识及应急技能培训、国家地震紧急救援训练基地及北京生存岛基地。7月27日至28日，十二中代表队赴济南参加中国地震局主办的第二届全国防震减灾知识大赛，并荣获三等奖。

（陈　超）

【全国科普日宣传活动】　9月19日，参加在丰台花园举办的丰台区全国科普日主场活动，通过发放《地震知识百问百答》《常识"晓"地震》《地震三点通》和家庭避震要诀折页、宣传扑克等宣传资料以及现场解答等方式向参与群众宣传防震减灾科普知识。

（陈　超）

【防震减灾科普示范单位建设】　年内，组织2所学校申报国家级防震减灾科普示范学校，中央民族大学附属中学丰台实验学校荣获国家级防震减灾科普示范学校称号。协助东高地青少年科技馆开展国家级防震减灾科普教育基地重新认定工作，并通过中国地震局认定。

（陈　超）

【行政执法检查】　年内，开展地震监测设施及观测环境保护行政执法检查24次，其中日常巡检12次，重要节日及活动地震安全保障服务专项检查12次，未发现破坏地震监测设施及危害地震观测环境的行为。

（吴晓文）

【地震前兆资料处理】　年内，地震前兆资料设25个测项，监测预报人员每天按时观测报送数据，并进行数据入库监控和分析处理。主要涉及地壳形变、地下流体两大学科及气象三要素、降水量辅助观测。观测方式采用数字化和模拟观测，数字化观测数据通过网络自动传输至区地震局前兆数据库保存，模拟观测数据通过地震行业专网上报市地震局。

（吴晓文）

【地震趋势会商】　年内，开展地震趋势会商103次，其中周会商51次，加密会商52次，结合地震前兆数据及地震目录资料，认真分析地震前兆异常及地震趋势变化，提出会商意见上报市地震局。根据市地震局年度地震趋势会商会的通知精神，区地震局认真分析对比丰台区及周边台站各项前兆观测手段的数据变化，收集整理大量资料及图件，编写完成会商会报告上报区政府。

（吴晓文）

【地震活动】 年内，北京圈共发生 MS1.0 以上地震 159 次，高于上年同期的 146 次，MS2.0 以上地震 21 次，与上年同期的持平（其中发生 MS3.0 以上地震 5 次，发生 MS4.0 以上地震 1 次，未发生 MS5.0 以上地震），最大地震为 12 月 5 日河北丰南 MS4.5 级地震。全年发生 ML≥3.0 级地震 2 次，分别为 4 月 7 日 13 时 25 分，海淀发生 ML3.5 级地震，4 月 14 日 12 时 47 分，怀柔发生 Ms3.0 级地震。丰台区于 2 月 18 日 4 时 10 分发生 ML2.2 级地震，未收到有震感反映。

（吴晓文）

气象服务

【概　况】 2019 年，气象局新建并运行后甫营两要素、南岗洼六要素自动气象站及青龙湖土壤水分站，完成国家站雪深观测仪建设、翻斗雨量器升级改造，完善全区气象观测网。充分利用电视、户外显示屏、传真、互联网、短信平台、“丰台气象”微博、微信公众号、QQ 群、丰台气象灾害防御微信群、丰台防汛工作微信群、钉钉等社交平台，提高气象信息发布效率及覆盖面，拓展预警信息发布群体。气象灾害预警短信及传真已覆盖到全区所有专项指挥部、37 个委（办、局）及 21 个街（乡、镇）主要负责人、负责气象灾害防御工作的主管领导及应急联动科室负责人。发布《36 小时天气预报》374 期、《天气情况》63 期、《旬月天气预报》48 期、《天气专报》（未来 5 天天气预报）364 期、《环境气象快报》27 期、《气候预测》2 期、《重要天气报告》7 期、《雨情信息》179 期等决策气象服务材料，发布预警信息 97 期，短信发布预报预警 167 万人次，通过“丰台气象”政务微博发布预报预警信息 924 条，“丰台气象”微信公众号推送预报预警信息 559 期。气象台获北京市气象局优秀气象服务先进集体，1 人获优秀气象服务先进个人。

（汤稚音）

【大型活动气象服务保障】 年内，参与庆祝新中国成立 70 周年丰台游园活动服务保障，圆满完成春运、“两会”、“亚洲文明对话”、中高考、北京国际风筝节、“花开丰台”端午游园、卢沟桥“醒狮杯”越野跑、卢沟晓月中秋文化、中国戏曲文化周、北京国际铁人三项赛、纪念全民族抗战爆发 82 周年等 11 项大型活动气象服务保障工作，累计提供各类天气服务专报 124 份，重大活动期间启动人工每 3 小时地面气象应急加密观测 23 次。

（汤稚音）

【气候评价】 年内，年度年平均气温为 14.5 ℃，比常年（1981 年—2010 年）平均值（12.7 ℃）偏高 1.8℃。年极端最高气温 39.0℃（7 月 4 日），年极端最低气温-12.8℃（12 月 31 日）。1 月、3 月至 12 月气温比常年偏高，其中 1 月、3 月、5 月、6 月、9 月、11 月比常年明显偏高；2 月平均气温与常年平均值持平。全年极端最高气温大于等于 35℃的天数为 24 天（常年为 8.7 天）。全年降水量为 473.9 毫米，比常年（537.4 毫米）偏少 12%，接近上年（434.6 毫米）。1 月、2 月、3 月、5 月至 8 月降水比常年同期偏少，其中 1 月无降水；4 月、9 月至 12 月降水比常年同期偏多，其中 11 月、12 月明显偏多。主汛期 6 月至 8 月降水为 249.9 毫米，比常年同期（383.8 毫米）偏少 35%。丰台国家气象观测站降水日数（日降水量大于等于 0.1 毫米的日数）为 61 天，日最大降水量为 57.4 毫米（7 月 29 日）。

（王桂枝）

【灾害性天气】 年内,发生的气象灾害主要有短时暴雨、大风、雷电等。其中短时暴雨灾害17起，损失约41.7万元；大风灾害7起，损失约26.7万元；雷电灾害1起，损失约1.2万元。

（王桂枝）

【气象灾害防御体系】 年内，出台强降水天气叫应制度和强天气分级防御制度，完成防灾减灾“六个一”平台建设。气象信息员职责融入网格化平台管理，更新气象协理员、信息员及街道（乡、镇）气象灾害防御负责人名单，联合应急局召开年度气象灾害防御联席会暨协理员培训会，充分利用现有信息传播手段，研究制定有针对性的服务方案，扩大天气预报特别是预警信息的接收覆盖面，提高全民防范灾害性天气的能力。

（汤稚音）

【依法行政和社会管理】 年内，开展执法检查347次，其中防雷安全执法检查157次，施放气球安全执法检查130次，气象信息发布和传播执法34次，联合执法行动6次。对现场执法检查过程中发现的违规现象办理行政处罚案件2件，其中1件使用无资质单位施放系留气球、1件违反雷电防护安全法规的违法行为进行行政处罚。办理易燃易爆场所的防雷装置设计审核行政许可16件，雷电防护装置设计审核8件，雷电防护竣工验收许可8件，许可办理结果在网上予以公示，梳理气象局部门权责清单54项。

（汤稚音）

【气象科普与法制宣传】 年内，以气象科普知识、气象法律法规、气象防灾减灾常识为重点宣传内容，通过“3·23”世界气象日和“5·12”全国防灾减灾日、科技活动周、“全国科普日”、科普之夏、“安全生产月咨询日”组织开展主题活动及现场宣传，在电视台节目、报刊、微博、微信、今日头条等公共媒体开展气象知识和气象法律法规的宣传与解读，在执法过程中发放宣传材料，向街道赠送资料。

（汤稚音）

交通　邮政

交　通

运输管理

【概　况】　2019 年，北京市交通委员会丰台运输管理分局（以下简称丰台运输管理分局）是北京市交通委员会所属派出机构，为参照公务员法管理事业单位，主要负责丰台辖区内公共交通、出租汽车、省际客运、旅游客运、汽车租赁、道路货运、机动车维修、水域游船、驾驶员培训等交通运输行业的行政许可、行业管理、安全监管和运输保障工作。丰台辖区交通运输行业门类齐全、有行业企业 2804 户、车辆 3.5 万辆、从业人员 4 万余人，所辖六里桥、赵公口、莲花池、新发地 4 个省际客运站，北京南站、南苑机场（2019 年关停转场）2 个交通枢纽，拥有首都中心城区唯一的货运场站——北京汉龙公路货物运输服务中心，在保障首都交通运输安全中发挥着重要作用。丰台运输管理分局先后荣获“全国交通系统先进集体”、“全国交通运输行业文明单位”、“道路运政管理文明单位”、“首都精神文明单位”、“市级交通安全先进单位”等荣誉称号。

（周露露）

【行业治理】　年内，发挥线索摸排信息员和配合打击治乱主力军作用，实行月总结、季分析和年报告制度，建立典型案件案例库，持续做好举报投诉接诉即办工作。全年行业乱点乱象线索 5 条，收到举报投诉 669 件，全部按期办结。

（周露露）

【4.5 吨以下普货车辆注销运输证】　年内，根据国务院取消相关行政许可事项的要求，不再为总质量 4.5 吨及以下的普通货运车辆配发道路运输证，全年注销 4.5 吨以下的普通货运车辆 1391 辆。

（周锦武）

【双随执法机检查】　年内，共出动执法人员 2664 人次、检查 1159 户次、车辆 11152 辆，采取行政措施 48 起，移送案件 15 起，约谈 17 起。

（张　超）

【营运车辆证件换发】　年内，共换发 138 辆旅游客车旅游包车证、1118 辆省际客运车辆省际客运证、9912 辆出租汽车营运证。

（周露露）

【市交通委领导到北京南站调研】　1 月 24 日，市交通委主任带队调研北京南站综合整治和春运服务保障工作情况，先后实地查看商业设施改造、交通引导标识改造、地铁出租调度站运营、司机厕所改造及春运客流组织情况，检查公交场站春运组织及定制公交运营状况，并对南站综合整治和春运保障工作进行现场部署。

（贾元辉）

【春运安全服务保障】　春运期间，运输管理分局所辖六里桥、赵公口、莲花池、新发地4个省际客运站家共发送旅客629318人次，投入运力31421车次，同比同期下降4.6%和6%。北京南站夜间23时后到京旅客共约16万人次，返京高峰期从2月9日至13日（农历正月初五持续至初九），累计到京旅客65387人次，同比增幅26.9%。丰台运输管理分局共出动检查人员300人次，检查企业135户次。

（郝　丹）

【开展“全国中小学生安全教育日”进校园宣传】　3月25日，丰台运输管理分局与丰台第一小学四年级340余名学生开展“安全教育日——水上平安交通安全伴我成长”的主题活动。

（汪建宁）

【五一期间交通运输服务保障】　五一期间，出动执法人员22人次，加强世园会公交专线、南站夜间接续保障和重点企业巡查保障。4月30日至5月5日，北京南站夜间23时后累计到达列车88列，累计到京旅客5.5万人次。4月30日至5月4日，丰台区客运站共运送旅客15.88万人次，发送班次5357班次，加班1161班次。公交专线6路共发出599车次，运送旅客21801人次。

（刘　峥）

【机动车驾驶员培训合同示范文本推广会】6月21日，丰台运输管理分局与区市场监管局共同召开机动车驾驶员培训合同示范文本推广会暨驾驶员培训行业告诫会，宣贯《北京市机动车驾驶培训服务合同（示范文本）》，针对驾培机构在自拟合同中容易出现条款纠纷的部分进行告诫。

（李　豪）

【业务咨询“24小时不打烊”自助服务平台】6月25日，全面启动自助电话咨询平台，该平台实行统一标准的语音导航和服务口径，按照业务分类设置专项入口，方便经营者更快捷地找到咨询路径，设置有人工服务，实时答复经营者诉求。

（王泽彦）

【开展“爱心助考”活动】　6月7日至8日高考期间，万泉寺出租汽车公司志愿服务车队开展“爱心助考”活动，为考生提供定时、定点、定车的全天候免费接送助考服务，共出动出租汽车120车次，接送考生117人次。

（刘　峥）

【349路丰台西站路场综合整治】　年内，借助“吹哨报到”机制，组织区交通委、区市场监管局、区城管局、交通执法总队第七大队、公交集团客三分公司、北京铁路局丰台西站、新村街道办事处等7个部门对349路丰台西站场站进行综合整治。

（刘　峥）

【六里桥客运主枢纽推出电子支付服务】六里桥客运主枢纽与中国银行达成业务合作协议，7月29日起，包括购票、行包托运、经营收付款等业务可在售票窗口使用支付宝、微信或银联卡等方式进行网上电子支付。

（何　阳）

【南苑机场转场】　9月25日晚，市交通委有关领导带队检查南苑机场转场工作进展情况，对各单位在南苑机场转场前最后一天的坚守表示感谢和慰问。9月25日22:06分许，最后一架航班到港，百年南苑机场正式完成其历史使命。

（贾元辉）

【70周年国庆重大活动期间安保】　70周年国庆重大活动期间，建立交通运输保障机制，制作“重大活动期间保障人员工作手册”，派出14人次进行7个远近端集结点位保障，出动14人次对园博园进行国庆游园交通保障。出动2人次/日对大兴机场线草桥地铁站进行保障。十一期间，北京南站全天日均到达人数10.1万人次，23时以后日均到达人数8000人次。9月30日至10月7日，客运站共运送旅客22.22万人次；发送班次7648班次，加班1737班次。

（周露露）

【出租车后座安全带联合执法检查】 10月18日， 联合市交管局、市公交保卫总队、市交通执法总队、市出租汽车暨汽车租赁协会等单位，在北京南站西出租车待客区开展出租车后座安全带联合执法检查，共抽查出租车 45辆。

（刘　峥）

【货车 ETC 发行服务工作宣贯会】 11月21日，召开丰台区货车 ETC 发行服务工作宣贯会，北京市道路运输协会、速通公司、银行代表以及丰台区内15车以上规模的81家企业负责人出席会议。银行代表分别就 ETC 安装流程、优惠情况进行详细介绍。

（陈剑怡）

【“119”消防宣传月活动】 11月，围绕“防范火灾风险、建设美好家园”主题，通过宣传动员、知识普及、救援演练、隐患查改等多种形式开展消防宣传月活动，出动执法人员125人次，检查行业企业58户次，发放宣传材料2376份，开展消防演练196次。

（甄国华）

【运政大厅搬迁进驻区政务服务中心】 11月11日，丰台运输管理分局运政服务大厅正式入驻区政务服务中心，承办的所有事项统一由区政务服务中综合窗口受理。

（周锦武）

【推进三方联合体党建共建】 12月，丰台运输管理分局党支部组织南站管委会、银山出租汽车公司、滴滴出行等单位召开三方联合体党建共建工作交流会，共建内容主要包括北京南站重点时期保障、积极创造社会价值和加强学习交流等。

（贯元辉）

【北京南站接续运输保障任务】 年内，南站夜间23时后到达旅客约168万人次，大客流时期均突破1万人次，丰台运输管理分局共启动保点43次，直接调派出租车33500辆。

（贯元辉）

【疏解整治】 年内，新增货运企业144户，同比下降67%。定期开展有效期届满未延续企业的梳理注销工作，共注销1136户货运企业经营许可、7户汽车租赁企业经营备案、7037辆货运车辆经营许可、323名客货运从业人员资格许可。

（周露露）

【车辆更新管理】 年内，累计淘汰国三柴油车1951辆，组织23家出租汽车企业共完成车辆更新364台。

（刘　峥）

【道路运输企业质量信誉考核】 年内，共评出货运企业3A级204户、2A级1户、A级5户，机动车维修企业3A级80户、2A级61户、A级131户，省际客运企业3A级1户、2A级4户，旅游客运企业3A级1户、2A级2户、A级3户，汽车租赁企业优秀1户、良好4户、合格53户。

（周露露）

北京南站

【概　况】 北京南站地区管委会设置5个内设机构（副处级），1个规范事业单位（正科级），1个执法队（副处级）。北京南站地区管委会的职责是组织协调北京南站地区的社会治安、安全生产、应急管理、市场秩序、交通秩序、公共卫生、北京南站地区春运、暑运和节假日高峰期的运输工作等。北京南站，亦可称“南站”，即原来的永定门火车站，原址位于北京市崇文门永外车站路，现址为北京市丰台区永外大街12号，隶属北京铁路局管辖。全年发送旅客5162万人，累计开行列车8.5列。其中，春运期间发送旅客448.6万人，同比增加27.9万人，增幅6.6%。暑运期间发送旅客964.2万人次，同比增长59.1万人，增幅6.5%。圆满完成全国“两会”期间接送“两会”代表、委员，元旦、清明节、五一、十一等假期服务保障工作。

（刘安军）

【协调推进30项任务】 年内，会同市交通委等部门严格按照市交通综合治理领导小组的安排，切实抓好牵头抓总、综合协调、检查督促等各项工作，完成综合整治30项任务，出行旅客“急难愁盼”有效缓解，满意程度提高。

（刘安军）

【改善治安环境】 年内，贯彻落实扫黑除恶专项斗争文件精神，加强联防巡控，提高重要点位人、车、枪、犬“四见率”，加大反恐防暴震慑力，确保地区安全稳定。针对人车分离、呲活揽客、职业乞讨等扰乱地区治安秩序突出问题，与右安门、洋桥及南站派出所联合出击，利用人脸识别、车牌识别等智能手段，采取“先查车、后盯人”策略，建立打击黑车有效模式，即“违章驱离、监控跟踪、便衣取证、就地教育”，查处黑车990辆，劝离清理呲活揽客10911人。

（刘安军）

【交通秩序改善】 年内，针对影响出行旅客安全感的痛点、难点，会同专业公司，加强数据采集，优化交通流线，增加路侧停车位38个，安装护栏626米（包括北广场调度站495米）、砂桶4个及交通提示牌92个，提高通行效率。持续推进执法部门联勤联动，严厉打击各类交通违法行为，清理查处出租车非法运营938辆，清理黑摩的、三轮车21辆，劝离违法停车66457辆。

（刘安军）

【严格落实安全责任】 年内，区重点部位和企业开展安全隐患大排查、大整治，坚决落实安全生产责任制，严格落实“党政同责、一岗双责”和企业主体责任，坚持隐患排查、整改督办一体化，狠抓落实，责任到岗，责任到人，切实把各项安全生产措施落到实处，共发现隐患317处，立改隐患300处，下达整改通知书135次。

（刘安军）

【提高市容环境质量】 年内，区城管委借助环境提升及景观亮化工程契机（总投资约5800万元），重新铺设路面，更新道路围栏，增加亮化点位，全面提升地区市容环境质量，使区域环境更加整洁、市容市貌更加美观、空间视觉更加靓丽。

（刘安军）

【环境秩序日常管理】 年内，把南站地区共享单车、私人自行车全部纳入专项整治范围，通过制作“红黄警示单”，规范私人自行车停放秩序，约谈摩拜、OFO、小蓝单车负责人，安装10套嗅探设备，设立电子围栏，设置4个禁停区，实现共享单车全域监控，解决长期困扰地区的非机动车乱停乱放“老大难”问题。协调地区环卫所、绿化队加大清扫保洁力度，实施24小时不间断保洁，扎实抓好门前三包责任制，做好春运、暑运高峰期及重要节点环卫保洁和雨季防汛、冬季除雪工作。

（刘安军）

【清拆违法建设】 年内，以“零容忍”态度推进地区违法建设拆除工作，通过大量说服工作，平稳有序拆除南广场公交站台东北侧便道简易房、北广场下沉区房屋、铁路大院、市政四公司等14处违法建设，面积2263.1平方米，占地区违法建设总量的17.28%。

（刘安军）

【突出服务问题导向】 年内，根据地区特点，形成接诉即办“六步工作法”即“高站位、广收集、速响应、快解决、暖回复、常跟踪”，通过调研，实施第三方满意度调查，开通微信公众号“随手拍”等方式构建旅客意见“直通车”，广泛收集各方意见建议，努力实现未诉先办。12345及市民来电92件100%办结；“随手拍”话题数60个，意见全部批办反馈完结；第三方调查显示旅客认为南站地区环境和服务总体满意度87.9%。

（刘安军）

【提升换乘接驳效率】 年内，延长公交、地铁运营时间，增开公交夜班线路、高铁专线和定制公交，上线免费摆渡车，涵盖南、北线路14个站点，缓解旅客夜间出行打车难问题。建立北广场地面出租车调度站，全面加强调度站管理。

（刘安军）

【优化旅客服务工作】 年内，广场便民执法服务岗，实施 “三报道”工作机制。制作发放地区双语便民服务手册，在南、北广场和东、西、北调度站设立5处双语服务引导地图。

成立北京南站地区志愿服务总队，为旅客出行提供人性化服务。协调站区改善换乘条件，清拆商业，完善站区座椅、卫生间等配套设施，优化站区乘降组织即引导，加大对老幼病残孕等旅客的重点帮扶。

（刘安军）

【干部队伍建设】 年内，汲取上年舆情事件经验教训，从整顿干部队伍做起，明纪律、严要求，旗帜鲜明讲政治，发扬斗争精神，坚决同破坏政治纪律和政治规矩的行为作斗争。在领导班子重组之后，先后调整干部31人次，牢固树立“政治过硬、能力突出、业绩显著、作风优良、廉洁自律”用人导向，对个别严重懒政惰政干部实行能上能下岗位调整。

（刘安军）

【思想理论学习】 年内，把学习贯彻习近平新时代中国特色社会主义思想作为首要政治任务，分层次、有重点、多形式地组织工委理论中心组带头学习和支部经常性学习，组织理论中心组集中学习研讨活动29次。精心抓好“不忘初心、牢记使命”主题教育，注重教育同地区发展、重大活动服务保障、区委巡察反馈整改、接诉即办相结合，确保实效。组织开展 “回头看”，工委牵头自查自纠、分析研判，深化整改落实。开展多样的主题党日活动。

（刘安军）

【落实管党治党责任】 年内，扛起全面从严治党主体责任，召开28次工委会，研究党建议题79个。牢固树立政治担当，认真对照区委巡察组反馈的5个方面、13个具体问题，举一反三，明确责任人、时限和标准，确保整改实效。结合监督执纪“四种形态”，与中层干部集体谈话1次，与个别干部单独谈话1次，进一步增强党员干部遵守政治纪律、政治规矩的思想自觉、行动自觉。

（刘安军）

【强化意识形态管理】 年内，发挥微信公众号主宣传阵地作用，完善公众号推文审查制度，着力办好《南站地区信息》，强化外宣渠道，北京日报、北京晚报、北京电视台、新华社、人民网等15家主流媒体，对南站地区正面报道72次。严格落实区委意识形态工作责任制实施细则，结合第三方公司动态监测舆情，第一时间发声有效应对“6.27”大面积火车延误、麦当劳配货安检难等负面舆情。建立南站地区广告审核备案制度，加强地区广告内容意识形态审查。

（刘安军）

丰台西站

【概　况】 2019年，丰台西站行政机构设站长办公室、综治内保科、劳动人事科、计划财务科、安全科、职工教育科、运输和统计科、技术科等8个职能科室。党群组织设党委、纪委、工会、团委，辖党群办公室、行政监察科。丰台西站下设一场、二场、三场、五场、调度、货检、西道口、南信号、设备、信息化、安全生产调度指挥中心、经营开发部、高铁乘务室（临时机构）等13个生产经营机构。职工总数1370人，其中干部190人，女职工36人；初级、中级、高级技工分别为17人、167人、332人，技师56人、高级技师1人；全站党员474人，团员105人。年内荣获集团公司先进党组织和“三型”领导班子荣誉称号，取得集团公司技术比武团体第二名，五场车间乙班十调被评为“全国工人先锋号”荣誉称号，调车组单项第四名的成绩。丰台西站为路网性特等编组站，站场为三级八场、双向纵列式、自动化驼峰。连接京广、丰沙、京原、京哈、京沪、京九、京通、丰双八条铁路干线车流，担负华北、华东、中原、东北、西北等方向的货车中转和货物集散任务，是全路重要的咽喉枢纽、主要的车辆集散地和晋、蒙煤外运的重要通道。配属调车机12台；有货检设备货车超偏载检测装置6台、货车超限检测及装载状态高清数字监视装置21套；机械动力设备13台，固定资产原值14454.12万元。日均完成办理出入车22520.3车，其中有调13710.8车、无调8604.8车；中转时间6.04小时；停站时间24.9小时，年内日均装车8.3车，全年日均卸车26.6

车；货物发送量 5.66 万吨。车站实现连续安全生产 5204 天。

（赵　喜）

【劳动组织改革试点单位】　年内，作为北京局集团公司劳动组织改革试点单位，有序推进劳动生产组织改革，全面落实集团公司贯标落编工作要求，分三个阶段对助勤人员、以工带干、超编人员进行妥善安置。灵活运用“因病提前退休”劳动用工政策，完成 14 名职工病退手续办理。车站劳产率完成 7.47 次/人日，同比增长 2.5%。

（赵　喜）

【新货检监控中心建设】　年内，全面实行货检监控中心建设，配套作业软硬件设备设施配备齐全，设置作业岗位 4 个，分别为上行到达视频货检监控值班员，下行到达视频货检监控值班员，峰尾视频货检监控值班员及货检调度员。实现到达场货检作业由人检机检结合的作业模式改为机检作业模式。

（赵　喜）

【二场转辙机下沉】　年内，西站二场驼峰提钩作业平台受电务部门转辙机影响，高低起伏，存在作业人身安全隐患。5 月 7 日至 9 日，由安全科牵头，联合工务、电务部门对驼峰 604、606、227 道岔处转辙机进行下沉改造施工，采取“转辙机下沉”解决方案，将转辙机等轨旁设备隐藏于作业通道下方，改善职工生产作业环境，排除峰顶作业安全隐患。

（赵　喜）

道路交通管理

【概　况】　2019 年，丰台交通支队（以下简称支队）认真落实交通管理职责，全年共接各类警情 204032 起，回访 195871 起，群众满意率 100%；各级领导上路指挥 15750 人次，发布指挥调度指令 13 万余次；利用电视监控系统直接累计发现各类警情 9214 起，其中发现事故 4364 起、故障车 1383 辆。

（崔　妍）

【整治净化区域交通秩序环境】年内，结合“使命 2019 平安行动”“三清三个一批”“三重大排查”“百日攻坚净路行动”和“两打击一整治”等专项行动，重点围绕严管街、示范路口、主要大街，持续开展常态化执法管控，重点加大严重违法行为执法力度。在常态化开展执法整治的基础上，利用“二号行动”卡控岗位重点打击货车、外埠车交通违法行为，并认真落实大气污染防治要求，坚持每日会同区环保局开展“同岗、同录”，加大对尾气超标车辆的管控力度。

（崔　妍）

【持续开展“僵尸车”常态化清整不放松】年内，为推进全区僵尸车清理整治工作，支队第一时间向区政府主要领导、主管领导汇报，并在区长办公会上部署各委办局和属地街乡镇积极履职、主动作为、多方参与，主动推进全区僵尸车清理整治工作。以此为契机，成立了由区环境办、交通支队共同牵头，城管执法局、交通委、城指中心以及各街乡镇等多部门为成员单位组成的丰台区“僵尸车”专项行动专班，建立了联合执法综合平台，形成了协调共治的良好格局。整治行动中，交通支队主动履职，发挥专业职能，以“交管牵头、属地街乡落实”的原则，依托“街乡吹哨，部门报到”工作机制，在系统内部排查的同时，组织各街乡镇开展社区、路外公共区摸排，完善公共区“僵尸车”基础台账，并综合调动治安、城管、综治、工商等力量，迅速铺开全区公共区域“僵尸车”清理行动，同时常态化开展 12345、122 等僵尸车类舆情的“接诉即办”工作，发现一辆，清理一辆，不断巩固和提升清理效果；通过社区民警、安监民警组织各属地在社区、村广泛开展宣传告知，详细讲明“僵尸车”的安全隐患，告知相关政策，最大限度争取市民理解和支持，同时在整治行动中，联系多家媒体部门进行随警作战、跟踪报道，营造了严管高压声势。专项行动开展以来，全区摸排挂账的

337 辆僵尸车和舆情反应的 370 件僵尸车均达到了 100%的清理和销账，实现了“存量清零、增量即办、群众满意”的工作目标。

（崔 妍）

【静态停车综合治理】 年内，支队积极配合区交通委、静态停车丰台分公司对全区 58 条道路 7340 个停车泊位进行重新复核认定，率先完成 350 名停车管理协管员的招聘、理论培训和路面实践工作，为 7 月 1 日全区启动电子收费提供了有力保障。同时，以民意为支撑，围绕群众关注的六里桥北里“旅游大客车占路”、丰仪路、丽源路停车占道影响通行等问题，通过协调属地政府出人出力定点值守、一区一警综合执法平台参与等系列综合举措规范了动静态停车秩序。积极争取区政府支持，依托区交通委—交通支队缓堵平台，对青塔地区、马家堡路北段等老旧小区周边因地制宜施划车位，禁停标线，完善禁停标志等基础设施；以商业区、交通枢纽和交通场站以及学校、医院、群众反映强烈的居民小区周边为重点，按照“禁停街”“规范街”和“居住街”三类街分类严管，制定“一路一方案”，做到治理一处、巩固一处、辐射一片，努力实现“停车入位、违停处罚”的管理标准。

（崔 妍）

【高标准综合治理学校、医院周边交通环境】 年内，按照市交管局关于学校医院周边综合治理工作总体部署，支队结合区域实际，紧密依靠区交通综合治理领导小组，重点围绕全区试点的 9 家学校、7 家医院，深入开展交通综合治理工作，协调教委、卫健委，通过“共同参与、齐抓共管、共建共治”，努力使学校、医院周边交通拥堵状况得到明显改善。同时发挥主观能动性，结合 16 家学校、医院基本情况，组织区交通委、区教委、区卫健委等具体承办部门逐点位现场查看周边交通运行现状、堵乱原因以及交通设施设置情况，完成“一图一表一方案”个性化制作工作。支队结合实际，按照拥堵指数先高后低、治理先难后易的治理进度推进，以达到立竿见影、辐射全区的效果。在此基础上，按照“八个一律”工作标准，逐一对所有试点学校医院从规范化设置网格、人行横道，宣传、警告标志方面做到全区统一。

（崔 妍）

【严格施工监管】 年内，支队共核准许可道路施工项目 238 项。为保证施工进度和交通安全畅通，支队在充分调研的基础上，周密组织，精心安排，积极与施工部门协调，加大对施工现场及周边道路交通的疏导维护力度，并与施工单位建立施工单位主要领导的定期例会制度，定期通报施工期间的内部安全制度落实情况；施工单位安全工作的内查、外查制度，采取单位内部自查与管界队日常检查相结合的方式督促各项安全措施的落实。

（崔 妍）

【道路交通事故发生率有所下降】 年内，全区共发生道路交通事故 219 起，伤 197 人，死亡事故 67 起，死亡 67 人，事故起数、伤人数同比分别下降了 8%和 15.8%，死亡事故起数与亡人数分别下降了 4.3%和 6.9%。

（崔 妍）

【逃逸事故侦办】 年内，共上网立案逃逸事故 39 起，其中亡人逃逸事故 5 起，侦破 5 起，处罚 5 起；伤人逃逸事故 26 起，侦破 22 起，处罚完毕 19 起；财产损失逃逸案件 8 起，侦破 7 起，处罚完毕 6 起。

（崔 妍）

【车管站对外窗口服务】 全年车管站窗口办理驾驶证 33264 件，外埠进京证 5944 件，临时号牌 47319 件，进京证换办 1973 件，免检 24890 件。为体现百姓利益至上的工作指导思想，2019 年车管站对老年人和行动不便的残疾人提供“爱心上门服务”办理残疾车证 6 件。

（崔 妍）

【建立丰台区部门联席会议制度】 年内，根据市委编办《关于开展市属议事协调机构调整工作的通知》（京办发[2018]21 号）要求，北京市交通安全委员会调整为北京市交通安全工作部门联席会议（以下简称“部门联席会议”）。按照市安办《关于建立北京市交通安全工作部门联席会议制度的通知》（京交安办字[2019]4 号）部署，为确保各项交通安全工作有序衔接、力度不减、稳步推进，区级部门联席会议的主要职能、组织体系、工作规则等与交通安全委员会保持不变，3月28日制定下发《关于建立丰台区交通安全工作部门联席会议制度的通知》（京丰交安办字〔2019〕9号），明确了丰台区部门联席会议组织体系、主要职能、工作规则等内容。

（崔 妍）

【社区交警服务机制试点启动】 年内，为试点推进“党员交警进社区”，探索新形势下警社联动、警民沟通、共建共治共享的社区交通综合治理新模式，市交管局决定建立“社区交警”服务机制试点，11月28日在丰台区东铁匠营街道蒲黄榆第一社区举办“社区交警”服务机制试点启动暨蒲黄榆第一社区交通警务站揭牌仪式。市民热线服务中心主任张波，丰台区政府副区长李春滨，市交管局局长杨雄华、纪委书记秦军，市局法制总队副总队长李丰等领导出席仪式，东铁匠营街道工委干部代表，蒲黄榆第一社区居民群众代表、工作人员代表一同参加仪式。仪式由交管局政委刘如赞主持。启动仪式上，杨雄华对区委区政府、街道办事处给予的保障支持以及辖区群众的理解配合表示感谢，并就建立“社区交警”机制工作背景、民警职责任务、后续安排部署等作了介绍说明。随后与会领导共同为蒲黄榆第一社区“交通警务站”揭牌。活动筹备组织工作得到了与会领导的高度肯定。

（崔 妍）

【全面推进农村“两站两员”建设】 年内，丰台区5个交管站、33名安全员、35个劝导站、70名劝导员全部实体化运行。全年共有效上传工作日志20000余条，交通安全宣传和预防交通事故效果初显。

（崔 妍）

【扎实开展交通安全宣传教育】 年内，由央视新闻客户端、今日头条、中国交通频道、中国交通广播、北京电视台及双微平台等30余家媒体刊播各类新闻1055条。依托“一区一警”工作机制，全年共开展各类宣传活动630余场次，发放宣传材料32万余份，教育群众30万余人。

（崔 妍）

【强化重点车辆科技源头监管】 年内，依托国务院下发的《关于加强道路交通安全工作的意见》和三部委签发的5号部令《道路运输车辆动态监督管理办法》，支队为改革传统大货车管控模式，建立交通安全监管情报平台，努力向科技监管、共享交管情报信息方向拓展，从大货车入手，建立“丰台区交通安全监管情报平台”，4月成功上线试运行。全年平台已开发8个功能模块35个子功能，车辆行驶数据平均每20秒刷新一次，确保数据的实时性、全效性。且已经纳入丰台区政府领导驾驶舱项目，向区住建、环保、运管、城管等部门提供相关情报15条，并在北京市交管局第二届“金点子”暨公安交管科技创新大赛中荣获三等奖。

（崔 妍）

邮 政

中国邮政集团有限公司北京市丰台区分公司

【概 况】 2019年，中国邮政集团有限公司北京市丰台区分公司是中国邮政集团公司北京市分公司下属城区分公司，承担丰台区的通信服务任务，服务面积305.87平方公里，服务人口约202.5万人。下辖55个服务网点，其中，10个邮政支局、45个邮政所，下设综合办、财务部、人力部、监安部、市场部、运管部、党建部、工会、监察室9个职能部室；经办国际和国内函件、普通包裹、国内快递包裹、特快专递、汇款，报刊订阅和零售、集邮业务和集邮品制作、商业信函制作、邮政贺卡、定制邮资封片、邮送广告、朋友圈广告业务、代理保险、代办电信以及金融类代办业务，邮政短信、代收代缴业务、代售机票业务、代办交管业务、代开代征个人增值税发票、自邮一族、邮乐、分销业务、ETC 业务，国内和国际标准快递、国际 E 系列产品、国际非邮业务、代收货款业务等。公司依托中国邮政四通八达、遍布城乡的营业和投递服务网络，秉承“服务人民、造福职工”的企业宗旨和“用户是亲人”的服务理念，以建立与首都地位相适应、业内一流、和谐发展的现代丰台区邮政为愿景，竭诚为各界用户提供迅速、准确、安全、方便的邮政服务。地址：北京市丰台区方庄蒲芳路 22 号，邮编：100078，电话：67661075

（刘　然）

【绿色邮政建设】　年内，贯彻邮政行业绿色发展的总体部署，扎实推进首都“绿色邮政”建设行动。组织全员通过观看培训视频，开展测试、竞赛等活动，保证学习质量，确保绿色邮政工作全面达标。强化电子面单的使用率达到 95%以上。推广配置包裹废弃物回收箱，在 23 个重点区域设置绿色包装箱废弃物回收装置，回收客户取件拆包后废弃的纸箱、塑料包装、内部填充物等，将其变废为宝，循环使用。电商快包严格执行绿色包装要求，减少纸箱套纸箱、纸箱外套塑料袋、纸箱外覆盖塑料膜等二次包装情况。推广邮件快件绿色包装箱，并按要求使用 45 毫米及以下窄胶带，各类包装箱的封装操作严格按照科学打包法封装标准进行封装。践行节能减排，逐步更换为邮运新能源汽车。

（刘　然）

【开展“微邮付”金融便民服务】　6 月，区邮政分公司推广使用“微邮付”，“微邮付”是中国邮政与腾讯联合打造的移动聚合支付品牌，聚合微信支付、支付宝和云闪付等支付产品，为商家提供支付一体化的解决方案，通过“二维码收款、移动 POS、内嵌收银系统”三种模式发展条码收单业务。通过走访周边社区的商户广泛宣传，为各商户、消费者提供金融便民服务。通过使用“微邮付”业务，可以减免商户手续费，还有微信、支付宝和云闪付的红包活动（消费者和商户均有红包或鼓励金）；同时结合邮政网点绿卡存款送“微信邮付”代金券，消费者可以去商户直接消费抵扣现金，既可让消费者买到喜欢的产品，又能为商户带来客流；再者将“微信邮付”的支付广告和“微邮惠”的广告联合，为商家提供增值广告价值,真正惠利商家。通过“微邮付”一站式解决商户资金和对账问题，降低商户系统投入和运营成本，真正方便、惠及消费者。

（刘　然）

【启动邮政代办税邮业务】　9 月 12 日，启动邮政代办税邮业务，国家税务总局北京市税务局与中国邮政集团北京市分公司签订《战略合作框架协议》、税邮双方部分区级单位签订《委托代征协议》，标志着税邮双方在携手深化“放管服”改革、优化首都税收营商环境方面进入新阶段，税邮合作开启新模式。组织相关从业人员进行税务业务知识、法律法规、工作规范的培训和考核。角门、科学城、丰台、长辛店、太平桥、木樨园、东高地、西罗园、方庄、石榴庄和万年花城等 11 家邮政网点为在北京市范围内销售货物或加工修理修配劳务、销售服务无形资产的自然人提供申请代开增值税普通发票及代征相应税款的便民办税服务。

（刘　然）

科　　技

概　述

【概　况】 2019 年，按照《北京市丰台区机构改革实施方案》，由原科委剥离知识产权职责，原经信委剥离工业、中小企业职责的基础上，组建丰台区科学技术和信息化局（简称“区科技信息化局”），同时挂北京市丰台区大数据管理局（简称区大数据局）牌子。主要职能是贯彻执行国家、市、区有关科技、信息化、大数据及无线电管理方面的方针政策、法律法规，拟订相关政策措施，并组织实施和监督检查等。设“一室五科”，分别为办公室（加挂安全生产管理科）、科技创新综合管理科（加挂环境保护科）、高新技术产业发展科、发展规划与政策法规科、信息化建设与管理科、大数据管理科。下属区科技馆、区技术创新与生产力促进中心、区科技开发中心三个事业单位，编制总人数 68 个。其中，机关 27 个编制，局长 1 名，副局长 3 名，目前为 1 正 4 副；科级领导职数 6 正 3 副，目前为 4 正。区科技馆 17 个编制，科级领导职数 1 正 2 副，目前为 1 正；区技术创新与生产力促进中心 13 个编制，科级领导职数 1 正 1 副，目前为 1 正 1 副；区科技开发中心 11 个编制，科级领导职数 1 正 1 副，目前为 1 正 1 副。总人数为 55 人。其中，机关实有 22 人，区科技馆实有 14 人，区技术创新与生产力促进中心实有 13 人，区科技开发中心实有 6 人。区域信息化建设和大数据工作，技术合同成交额突破 1000 亿元，在全市排列第三。区国高新企业保有量 1550 家，居全市第三。应用场景建设“中关村丰台园西一区海绵城市项目”和“丰台创新中心建设项目”是首批 10 个市级应用场景建设项目。应急安防研发试验共享平台项目、智能列车仿真测试试验公共平台项目获得北京市“2019 年度市区两级重大关键任务科技支撑专项”立项。社会信用体系建设位列北京市排名第一。

（赵　军）

科技管理

【竹海科技跨境孵化国际科技合作基地】 7 月 5 日，北京斯坦福科技孵化器有限公司建设的“竹海科技跨境孵化北京市国际科技合作基地”，被市科委认定为上年度北京市国际科技合作基地，该基地是区科学技术和信息化局根据《北京市国际科技合作基地管理办法》（京科发〔2016〕442 号）的相关要求，指导区域内孵化机构打造市级国际科技合作基地结出的成果。

（赵 军）

【设立联合轨道交通重点产业基金】 8月16日，区政府与北京市科委共同设立1000万元“北京市自然科学基金—丰台轨道交通前沿研究联合基金”。旨在通过前沿技术研究带动产业共性技术的研发和项目落地，从源头打通科技成果转化的全链条，探索一条从基础研究到应用研究、技术研发无缝衔接的科技成果培育、转化、产业化的新路径。全年共征集北京交通大学、北京工业大学、清华大学、北京航空航天大学等17家单位提交的74个项目。

（赵 军）

【两家孵化器获国家级科技企业孵化器资格】 11月25日，科技部火炬中心发布国家级科技企业孵化器公示名单，北京市有6家企业上榜，丰台区独得其中2家：北京搜宝创展科技孵化器有限责任公司和京卫惟科生物科技孵化（北京）有限公司。科技企业孵化创新联盟成员累计达到46家，其中国家级科技企业孵化器9家，国家级众创空间8家。

（赵 军）

【举办北京市“科创30条”政策解读会】 12月13日，区科技信息化局联合市科委政策法规处举办北京市“科创30条”政策解读会，邀请市科委政策起草组成员李成龙老师，讲解“科创30条”的制定背景、主要内容和主要亮点。区委组织部、区委宣传部、区发改委、园区管委等13家相关委办局以及区重点科技企业、科技孵化器、众创空间等科创企业近200人参加解读会。

（赵 军）

【“轨道交通联合基金”资助项目发布】 12月16日，北京市自然科学基金—丰台轨道交通前沿研究联合基金（以下简称轨道交通联合基金）发布2019年项目资助目录，共有4个项目获重点研究专题资助，20个项目获前沿项目资助，资助总经费975万元。联合基金设立于8月，是在“北京市自然科学基金-交控科技轨道交通联合基金”的基础上增资升级扩大而来。轨道交通联合基金合作期为2019年至2023年，北京市基金委的项目经费来源市财政拨款出资200万元，丰台区每年提供经费不少于500万元，参与企业每年提供经费不少于300万元。为鼓励丰台区轨道交通企业后续加入，丰台区政府与后续参与企业按1:1比例配套出资。2019年轨道交通联合基金资助项目类型为重点研究专题项目和前沿项目。其中，重点研究专题项目单项资助强度不超过100万元。前沿项目单项资助强度不超过30万元。项目实施周期均不超过三年，全年，共接收项目申请74项。北京航空航天大学的“多场景下列车编队协同控制理论与方法”、北京邮电大学的“基于5G的列车可信定位理论方法研究与原型验证”等项目获得重点研究专题资助，北京交通大学的“全自动运行系统中的自动化信任研究”、北京科技大学的“面向列车维修的双向路网多AGV协同调度方法”等项目获前沿项目资助。

（赵 军）

科技活动

【第三十六届丰台区学生科技节闭幕】 1月3日，以“筑梦航天、开创未来”为主题的第三十六届丰台区学生科技节闭幕式，在北京十二中钱学森学校举行。中国运载火箭技术研究院首席技能专家、中华全国总工会副主席高凤林，中国运载火箭技术研究院长征2号丙火箭总指挥马惠廷，少年梦想系列卫星总设计师龚万骢，北京市教委、丰台区教委、区科委、区科协有关领导及区200多名师生参加闭幕式。

（赵 军）

【丰台科技活动周启动仪式】 5月22日，丰台科技活动周启动仪式在丰台科技园区华夏幸福创新中心成功举行。区相关部门负责同志、各科普教育基地、街乡镇、中小学、科技企业， 400多名群众参加活动。

（赵 军）

【创新成果与投融路演大会】 5月24日，围绕丰台科技创新成果与金融对接投融路演活动在丰台园黑钻石众创空间成功举办。参与路演的5家企业代表通过路演形式介绍企业融资需求。5家企业既有把室内空气检测作为切入点的新型公司，也有面向石油天然气行业的传统企业。投融资路演活动邀请了多家知名投资机构、银行、基金公司前来参加。

（赵 军）

【参观见学活动】 7月19日，区科技信息化局组织局机关、区科技企业孵化器、国企、驻区央企和民营企业的代表，到海淀区中关村核心区域的中关村智造大街、Plug and Play(PNP)中国总部、启迪之星和创客总部进行参观见学。通过参观和座谈，在科技成果转化、创业服务机构赢利模式、搭建创业生态链覆盖网络和入孵企业毕业标准等方面有了全新的认识。

（赵 军）

【接待十堰市张湾区贫困学生游学活动】 7月30日，区科技馆迎来了对口支援单位—湖北省十堰市张湾区36名师生，游学师生观看《宇宙少年侦探团》的天象表演、在科技制作室进行科技制作，参观清华大学学生科普作品展示基地，观看3D打印的管道、观察简谐运动的“和弦”，体验意念赛车、无弦琴、数字科技馆和参观展厅。

（赵 军）

【到清华大学基础工业训练中心研学活动】 10月11日，丰台科技馆组织丰台区小井小学50名学生走进清华大学基础工业训练中心（iCenter），开展一场“清华i创社研学之旅”。清华大学教授、创客导师刘娟为学生授“清华一堂课”，让学生当了一天“清华学子”。同学们在讲解员引领下参观3D打印实验室、激光加工实验室、车削实验室、表面贴装技术实验室、数字化能力发展中心等基础工业实验室。

（赵 军）

【“直上银河”天文科普讲座】 11月12日，丰台科技馆开展的“直上银河”天文科普系列讲座走进北京小学万年花城分校，特邀中国科学院国家天文台张磊老师给五六年级的近300名师生开启一场神秘的星空之旅—“直上银河”科普讲座：从古人对银河产生的粗浅认识入手，到人类上千年来持续的探索，最终认识到地球与太阳、银河、宇宙的关系，银河系中有约2000亿颗恒星，宇宙中像银河系一样的星系有约1000亿个。

（赵 军）

科技成果

【获国家科学技术奖】 1月8日，上年度国家科学技术奖在京揭晓，共评出285个项目（人选）。其中，国家自然科学奖38项，国家技术发明奖67项，国家科学技术进步奖173项。国家最高科学技术奖，授予了两位“80后”科学家——哈尔滨工业大学刘永坦院士，中国人民解放军陆军工程大学钱七虎院士。北京主持完成的69项成果获国家科学技术奖，其中一等奖6项，二等奖63项，占全国通用项目获奖总数的30.8%。丰台区有3家企业获奖。

（赵 军）

【18个项目获北京市科学技术奖】 3月1日，北京市科学技术奖励大会召开，全市212项成果荣获上年度北京市科学技术奖，其中一等奖24项、二等奖58项、三等奖130项。丰台区获奖18项，包括一等奖2项、二等奖5项、三等奖11项。其中交控科技股份有限公司等企业获一等奖；通号城市轨道交通技术有限公司等企业获二等奖；北京吉视汇通科技有限责任公司、北京当升材料科技股份有限公司等企业获三等奖。

（赵 军）

【参加全国第十二届寰宇生产力论坛大会】 11月28日，区科技信息化局管辖事业单位丰台区技术创新与生产力促进中心受邀参加在佛山市举行的全国第十二届寰宇生产力论坛大会，大会由中国生产力促进中心协会主办、佛山市科技企业孵化协会承办。区技术创新与生产力促进中心被授予“全国生产力服务贡献奖”，王浩同志获“服务精英奖”。

（赵 军）

信息化管理

【软件正版化工作部署推进培训会】 8 月 15 日，丰台区使用正版软件工作联席会议办公室在丽维赛德酒店组织召开软件正版化工作部署推进培训会，区政府机关单位 103 家、区卫生健康系统行政直属单位、公立医疗相关单位 25 家、区属国有企业 6 家共计 150 人参加会议。

（赵 军）

【软件正版化社会信用体系建设工作调研】 10 月 15 日下午，区科技信息化局与区卫健委在丰台卫健委一楼应急指挥中心组织召开软件正版化、社会信用体系建设工作调研座谈会，区科信局、区卫健委法规监督科、监督所、信息中心、发展改革办及区卫生健康系统行政直属单位、公立医疗相关单位负责人、社会信用体系建设专职负责人共计 45 人参加会议。调研座谈会强调两项工作的重要性和必要性，理清软件正版化工作迎检流程及“双公示”、城市信用状况监测报送的工作内容及报送规范，梳理出区卫健委两项工作的细节问题和解决方案。

（赵 军）

【政务外网验收使用培训会】 10 月 25 日上午，区科技信息化局在丽维赛德酒店组织召开政务外网二期、三期收尾工程验收和政务外网使用培训会。全区 9 个委办局、17 个街乡镇、施工单位及工程监理单位相关工作负责人 60 人参加会议。

（赵 军）

【“诚信建设万里行”主题宣传活动工作部署会】 11 月 15 日，区社会信用体系建设联席会议办公室在丰体时代大厦 C 座 201 室组织召开丰台区“诚信建设万里行”工作任务部署会，区教委、区社会工委民政局、区商务局、区科技园区管委会、区融媒体中心、马家堡街道办事处、区科信局相关科室社会信用体系建设专职负责人 16 人参加会议。

（赵 军）

【“信用中国（北京丰台）”网站培训会】 11 月 18 日，丰台区社会信用体系建设联席会议办公室在圣地苑宾馆组织召开“信用中国（北京丰台）”网站培训会议，区信用联席会议 47 家成员单位、21 家街乡镇信用工作负责人 93 人参加培训会。

（赵 军）

【“诚信建设万里行”主题宣传活动启动仪式】 11 月 20 日上午，信用“进社区”启动仪式在马家堡街道戏曲文化中心小剧场成功举办。活动由区科信局、区委社会工作委、丰台区民政局、区融媒体中心、马家堡街道办事处主办，马家堡街道办事处星河苑社区承办，区各街乡镇协办。

（赵 军）

【公益性信用修复培训暨信用中国进企业活动】 11 月 22 日上午，丰台区社会信用体系建设联席会议办公室联合北京市经信局在丰台区圣地苑宾馆二层多功能厅组织开展“2019 年丰台区公益性信用修复培训暨信用中国进企业活动”。市经信局、区科信局、区卫健委、区住建委、区公安分局、区应急管理局、区城管执法监察局、区市场监督局、区农业农村局、区水务局、区房管局、区文旅局、区生态环境局、第三方信用服务机构以及 84 家失信企业代表共计 110 人参加本次活动，参会企业签署并提交了信用修复承诺书、北京诚信商家信用承诺书和约谈记录。

（赵 军）

【“诚信建设万里行”主题宣传信用进企业活动】 11 月 27 日，在北京国家数字出版基地开展“诚信建设万里行”主题宣传信用进企业活动，区科信局、区融媒体中心以及 55 家区企业代表 80 人参加活动。活动现场播放信用主题宣传片，发放信用知识宣传材料 150 余份。

（赵　军）

【区科信局领导到中宏网调研】 12 月 23 日，区科技信息化局局长带队到驻区企业中宏网调研。中宏网总裁毕俊杰、副总裁李凌志就中宏网中心工作、核心业务、国际传播影响力等情况进行了汇报，双方开展多方面交流合作，联合推动区社会信用体系建设工作。

（赵　军）

知识产权

【知识产权数据】 年内，全区专利申请总量 12681 件、同比增长 11%，其中发明专利申请量 5875 件、同比增长 8%。专利授权总量 7225 件、同比增长 7%，其中发明专利授权量 2164 件、同比增长 17%。有效发明专利拥有量 11050 件，同比增长 15%。专利合作条约（PCT）途径申请量 91 件。

（郝　煜）

【获得北京市知识产权公共服务丰台区中心称号】 12 月 3 日，丰台区知识产权局获得“北京市知识产权公共服务丰台区中心称号”，成为全市第一批知识产权公共服务区中心之一，并举行授牌仪式。全年共建立科创中心、赛欧、贝壳菁汇创新生态圈等 5 个知识产权工作站。

（郝　煜）

【三家学校成为北京市中小学知识产权教育试点示范学校】 年内，北京市赵登禹学校和北京市第十八中学成为北京市中小学知识产权教育试点学校，清华大学附属中学丰台学校成为北京市中小学知识产权教育示范学校。

（郝　煜）

【TISC 中心项目落地】 年内，中关村科技园区丰台园管委会被认定为全国首批“全球技术与创新支持中心（TISC）”试点单位，为创新主体提供专利数据检索、技术分析、风险评估等服务。全年完成授牌、协议签定、技术支撑单位申报等工作。

（郝　煜）

【落实专利资金政策】 年内，根据《丰台区专利促进与保护管理办法（试行）》(丰政发[2016]19 号）及实施细则文件精神，安排专利资金 1949 万元用于支持专利创造、专利服务及专利转化。

（郝　煜）

【知识产权强企培育工程】 年内，交控科技股份有限公司、北京全路通信信号研究设计院集团有限公司获批国家知识产权优势企业。北京首科创融科技孵化器成为 2019 年北京市中小企业知识产权集聚发展示范区培育单位，获得市级资金 16 万元。3 家企业获批北京市知识产权示范单位，20 家企业获批北京市知识产权试点单位。

（郝　煜）

【知识产权规范化管理】 年内，首次通过资金补贴政策鼓励企业进行知识产权标准化管理，指导和帮助企业进一步强化知识产权创造、运用、管理和保护。交控科技股份有限公司、北京领航力嘉机电有限公司等 6 家企业获得《企业知识产权管理规范》补贴 30 万元。

（郝　煜）

【知识产权创新服务云平台建设】 年内，建设专利奖励申报系统，用智能化的系统操作取代原有人工审核，减少申请人跑腿次数，提高知识产权服务效率。

（郝　煜）

【商标品牌战略】 年内，简化商标受理流程，设立丽泽金融商务区等 4 家知识产权指导站。走访知名品牌企业指导解决商标注册和品牌管理难题。落实商标品牌战略奖励政策，向企业发放奖励资金 480 万元。

（郝　煜）

【知识产权执法】 年内，开展“溯源”“净化”“打击侵犯知识产权和制造假冒伪劣产品”等专项整治，查办侵权案件 114 件，罚没款 944 万元。两起案件入选北京市 2019 年侵权假冒十大典型案件。全国打击侵权假冒工作考核组检查北京工作会议上，丰台区代表北京市汇报发言。

（郝 煜）

【知识产权公共服务宣传活动】 年内，组织以“严格知识产权保护、营造一流营商环境”为主题的世界知识产权日暨知识产权宣传周活动，组织开展“品牌丰台、质量丰台、诚信丰台”系列活动，共开展知识产权公共服务宣传及培训8场次，受众300余人次，发放宣传资料1500余份，向科技创新企业赠送书籍200余本。

（郝 煜）

冶金自动化研究设计院

【概 况】 2019年，冶金自动化研究设计院（以下简称自动化院）以聚焦需求导向、问题导向、目标导向，统筹整合优势力量，针对性开展科技创新的系统布局和科技创新平台的系统建设。搭建共性平台，统筹行业重大共性工艺技术和思想，加大重大基础技术研发力度；加强科研协作，致力于行业重大科技成果应用研究，推动工程化、产业化示范；明确转化载体，积极发挥实体单元的人才、市场、资金综合优势，广泛开展科研成果向工程项目转化。

（孔 菲）

【科研成果】 年内，围绕“十三五”战略规划，在信息化、机器人、大数据、先进制造和智能软件领域，引领和推动智能制造在钢铁行业实施，有效利用国家级科研平台优势，统筹协调各项资源，聚焦核心领域，获得工信部“2019年工业互联网创新发展工程”的“面向冶金流程行业工业机理模型库”和“基础共性平台试验测试环境建设”两个项目支持，进一步发挥了自动化院在钢铁行业智能制造方向的引领作用。在多家钢铁企业开展应用，“能源管控优化系统”“大容量变频驱动系统关键技术”“基于大数据的热轧板带力学性能智能预测模型”“金属制品表面裂纹的在线机器视觉检测和机器人标记系统”和“工业机器人在冶金企业的典型应用”等取得进展，获得2项省部级科技进步奖。“基于大数据的能源精细化管理与模型优化”获中国钢铁工业协会、中国金属学会冶金科学技术二等奖；“基于物联网的钢铁企业固废循环利用”获得中国自动化学会科技进步奖二等奖。 在知识产权申报方面，共请专利53件（其中发明专利34件），获得专利授权37件（其中发明专利15件），获得软件著作权30件。

（孔 菲）

【工程项目建设】 年内，自动化院国家工程实验室组队访问河钢塞尔维亚钢厂，参观考察沙巴茨镀锡厂和斯梅代雷沃钢厂，会见了河钢塞钢董事长、总经理等。河钢集团石家庄钢铁有限责任公司环保搬迁产品升级改造项目大棒线项目。签约元立金属制品有限公司智能原料厂项目。鞍钢集团攀钢钢钒1450热轧改造工程，实现一次性试车成功。180天建成投产津西1280立方米高炉大修三电总包项目。唐山港陆1450毫米热连轧改造项目。宝钢韶钢智能测温机器人项目。

（孔 菲）

【学术交流】 年内，中国自动化学会应用专委会、中国金属学会冶金自动化分会共主办、承办学术会议4次，会议累计邀请领域内专家特邀报告64人次，会议规模总计人数达670余人次。“2019全国第二十四届自动化应用技术学术交流会”在辽宁省鞍山市隆重召开，来自全国高校师生、企业管理者及科研人员340人汇聚一堂，围绕“共享智能制造，共谋创新发展”的大会主题开展报告宣讲和学术探讨。8月19日至21日，由中国仪器仪表学会、中国仪器仪表学会青年工作委员会主办，燕山大学和东北大学秦皇岛分校承办的中国仪器仪表学会第二十一届青年学术会议暨中国仪器仪表学会青年学者论坛召开，来自全国24所高校或公司的80余位研究人员参加会议。

（孔 菲）

中关村科技园区丰台园

概 述

【概 况】 2019年，中关村科技园丰台园扎实开展主题教育，落实巡察整改意见，开展产业政策研究，强化创新引领和驱动，不断优化营商环境，全面提升丰台园发展水平。新引进规模以上及“高精尖”企业100家，10个在建项目完成开复工面积142万平方米，8个区级重点项目实现固定资产投资37亿元，实现留区税收39亿元。

（魏立亮）

园区服务与管理

【首批入驻“北京丰台”全媒体客户端】 11月28日，在“北京丰台”全媒体客户端上线仪式上，丰台园管委会、北京丽泽金融商务区管委会、北京汽车博物馆等5家单位获颁入驻“金钥匙”，成为首批为群众开展服务入驻客户端区属单位。“北京丰台”全媒体客户端以短视频和网络直播形式推出“有事您说话”“公益短视频”“新闻发声人”等版块，讲述丰台故事，展示丰台形象。客户端还同步开通丰台区新时代文明实践网络互动平台，将群众线上“点单”与志愿者线下“接单”相衔接，为百姓提供“邻里驿站”“志愿服务”“基地预约”“资讯阅读”等各类掌上服务。

（魏立亮）

【丰台园（沧州）协同示范园建设】 年内，丰台园管委会组织7家园区企业和2个联盟到中关村丰台科技园（沧州）协同示范园调研，5家企业达成初步合作意向；联合沧州高新区管委会在华夏幸福创新中心举办沧州高新区（丰台）投资环境说明会，同时利用企业培训会等方式宣传推介沧州高新区。共有40家北京企业与丰台园（沧州）协同示范园签署意向入园合作协议，总投资50亿元。

（魏立亮）

【建立“企业家早餐会”制度】 年内，丰台园管委会建立“企业家早餐会”制度，每周定期召开“企业家早餐会”，区政府和相关部门有关负责人到会与区域重点企业负责人面对面沟通交流。共举办“企业家早餐会”31场，150余家企业参加，征集企业各类需求200余项。针对企业诉求，丰台园管委会会同相关部门提出专项服务措施，主动对接、跟进、协调、解决区域企业经营、发展过程中遇到的实际问题，个性问题第一时间解决企业需求，共性问题建立长效机制解决企业诉求，200 余件企业需求得到反馈落地。

（魏立亮）

【搭建协同创新平台 11 家】 年内，丰台园完成 3 家院士专家工作站建站：北京英视睿达科技有限公司、华电水务控股股份有限公司和北京网太科技发展有限公司。建立 8 家企业创新簇：北京新兴华安智慧科技有限公司、拜西欧斯（北京）生物技术有限公司、富盛科技股份有限公司、北京谊安医疗系统股份有限公司、北京国卫星通科技有限公司、北京海泰斯工程设备股份有限公司、北京君谊科技有限公司和北京中电拓方科技股份有限公司。

（魏立亮）

【丰台轨道交通基金成立】 年内，北京市自然科学基金——交控科技轨道交通前沿研究联合基金（下称“丰台轨道交通基金”）经北京市科委和丰台区政府签约正式设立。“丰台轨道交通基金”是在北京市自然科学基金委和丰台园企业——交控科技股份有限公司联合设立的“北京市自然科学基金——交控科技轨道交通联合基金”基础上的增资升级与规模扩大，合作期为四年。

（魏立亮）

交流与合作

【京津冀智能交通技术创新协同发展学术研讨会】 4 月 25 日至 26 日，由丰台园管委会和北京企业技术开发研究会主办的“2019 年京津冀智能交通技术创新协同发展学术研讨会”在丰台园举办。国家发展改革委、交通运输部等单位有关负责人及来自国内交通领域的科技工作者和轨道交通企业的代表等 200 余人参加。与会代表围绕“以智慧交通引领新时代交通运输高质量发展”“交通强国建设与智能交通”等主题就京津冀智能交通协同发展的规划、设计、建设、运营、技术、管理、经济等方面进行探讨和交流。

（魏立亮）

【新版“1+4”政策宣讲会举办】 4 月 29 日，丰台园管委会在举办中关村青年政策宣讲团中关村新版“1+4”政策宣讲会丰台园分会场活动。园区企业的代表 200 余人参加。中关村青年政策宣讲团的宣讲人介绍新版“1+4”政策修订情况、体系概况和政策图谱，并围绕重大前沿项目与创新平台建设的若干措施、提升创新能力优化创新环境支持资金管理办法、优化创业服务促进人才发展支持资金管理办法、一区多园协同发展支持资金管理办法、促进科技金融深度融合创新发展支持资金管理办法等内容进行讲解。

（魏立亮）

【雄安新区轨道交通系统创新技术合作协议签约】 6 月 24 日，在雄安新区轨道交通系统创新技术合作签约仪式上，北京全路通信信号研究设计院集团有限公司与中国雄安集团基础建设有限公司、中车唐山机车车辆有限公司和深圳市城市交通规划设计研究中心有限公司签署雄安新区轨道交通系统创新技术合作协议。根据协议，各方将为构建“一干多支、互联互通、灵活编组、不断生长”的新型城市轨道交通模式开展合作，实现雄安新区轨道交通系统创新，将雄安新区轨道交通系统创新技术合作打造成“可借鉴、可复制、可推广”的合作模式典范。全路通信信号研究设计院主要负责网络化指挥和智能交通服务方面的子课题。

（魏立亮）

【企业自主创新研讨系列活动】 6 月 24 至 26 日，由中国科协和全国工商联主办，丰台园管委会协办的 2019 年企业自主创新研讨系列活动——北京站在丰台区举办。北京站活动以“坚持新发展 聚焦高精尖”为主题。北京大学光华管理学院、中国科学院科技战略咨询研究院等单位的专家、学者及 102 位北京民营企业家参加。“2019 年企业自主创新研讨系列活动”是由中国科协和全国工商联首次联合主办的针对民营企业提升自主创新能力、聚焦转型发展的系列重点活动。

（魏立亮）

【第三届北京·日本创新创业企业双向投资交流会】 6月14日，第三届“北京·日本创新创业企业双向投资交流对接洽谈会”在丰台园举办，活动由北京市投资促进服务中心、日中经济协会共同主办，区投资促进局、丰台园管委会支持，旨在提供两国企业科技创新交流的平台，加强两国企业的科技创新合作，更好的发挥各自优势，孕育新的商机。活动吸引了包括百度、滴滴出行等相关人工智能和大数据高科技行业企业强烈关注，来自中国和日本的12家创新创业企业分别作了项目路演推介，丰台园进行了现场产业路演。

（魏立亮）

【北京市服务小微企业案例推广会举办】 9月20日，由丰台区政府、市金融监管局、中国保监会北京监管局、市经济信息化局主办，丰台园管委会等单位协办的北京市服务小微企业案例推广会在丰台园举办。来自融资担保公司、小贷公司及园区企业的代表200余人参加。

（魏立亮）

【市委书记到区调研】 11月9日，市委书记蔡奇一行到丰台区丽泽金融商务区，察看SOHO项目；到园区企业中国铁路通信信号股份有限公司，了解企业研发运营、市场拓展及成果转化情况。

（魏立亮）

【精准扶贫展卖会举办】 11月10日，由丰台园党工委与区商务局主办的“精准扶贫有你有我”中关村科技园区丰台园精准扶贫展卖会在华夏幸福创新中心举办。丰台园管委会、区总工会等单位有关负责人及在丰台园生活、工作的市民等参加。来自内蒙古自治区扎赉特旗、赤峰市林西县及河北省涞源县、湖北省十堰市和丰台园内北京科园信海医药经营有限公司等30余家企业参展，展示涞源桃木疙瘩鸡蛋、扎赉特旗魏佳大米等100余种农特产品，活动现场共售出近5万元的扶贫产品。

（魏立亮）

【丰台园管委会与北京交通大学签署合作协议】 11月25日，中关村丰台园与北京交通大学科技创新发展合作签约仪式暨轨道交通科技成果转化项目对接交流会在丰台园科技创业服务中心举办。丰台园管委会与北交大签署科技创新发展合作协议，双方将从共同搭建科技成果转化服务平台、完善科技成果转化机制、促进创新创业升级3个方面，加强科技、产业等方面的优势集成与互补，在科技成果与产业融合、创新创业升级等领域深化合作，共同促进科技成果的转化落地。活动还推介6个北交大的科技成果转化项目，北京鹰路科技有限公司等3家中关村轨道交通领域的初创型科技企业进行项目和企业路演。中关村技术经理人协会、丰台园科技创业服务中心等单位有关负责人及相关机构、企业的代表等参加。

（魏立亮）

【举办中国创新方法大赛北京赛区决赛】 10月24日，按照中国科协、科技部《关于举办2019年中国创新方法大赛的通知》的要求，由北京市科学技术协会主办，北京科技咨询中心承办的“2019年中国创新方法大赛北京赛区决赛”在丰台园北京赛欧科园科技孵化中心成功举办。参赛项目涉及新产品、新工艺、新应用等多个领域。决赛最终评选出一等奖9个、二等奖18个、三等奖17个，优秀组织奖15个。丰台园的北京旭阳科技有限公司“基于TRIZ的臭氧发生器和臭氧水制作装置的研发”、北京星航机电装备有限公司“基于QC和TRIZ解决飞行器结构件产品3D打印过程中的质量缺陷问题”、华电水务科技股份有限公司“基于TRIZ理论生物生态一体化污水处理反应器研发”3个项目荣获一等奖。

（魏立亮）

科技创新

【100%低地板五模块有轨电车首车下线】 3月24日，由中国铁路通信信号股份有限公司为甘肃省天水市有轨电车示范线工程（一期）开发的100%低地板五模块有轨电车首车在完成总装和试验线静、动调试验后下线。有轨电车由5节车厢组成，时速70千米/小时；车身内部共有座位58个，承载力370人左右；采用100%低地板，即站台地面与车辆地面相平，方便老人、儿童、残疾人、轮椅使用者登车；提供周边景点及航班、火车换乘信息等数字语音服务，方便乘客出行；车站和车厢实现视频监控全覆盖，提升乘客安全感；支持手机二维码、一卡通、单程票等支付方式，并关联微信、支付宝等支付手段，方便乘客乘车。

（魏立亮）

【面向智慧地铁的全自动运行2.0系统解决方案推出】 6月28日，在2019全自动无人驾驶技术创新专家研讨会上，卡斯柯信号有限公司推出其开发的面向智慧地铁的全自动运行2.0系统解决方案。系统面向智慧地铁的需求，以“乘客出行服务”为核心，在功能安全和信息安全的保障下，从无人驾驶列车、智能调度、智能车场、智能车站和智能运维5个方面提升调度中心、车站、场段、列车运行和运维管理的智能化水平，实现城市轨道交通全过程、全范围的智能化控制，提高地铁运营和管理的效率。

（魏立亮）

【有轨电车T1、T2试验线工程获湖北省市政示范工程金奖】 12月10日，在2019年湖北省市政示范工程交流观摩会上，湖北省市政工程协会公布2019年湖北省市政示范工程奖入选工程项目名单，由中铁电气化局集团有限公司承建的东湖国家自主创新示范区有轨电车T1、T2试验线工程获“2019年度湖北省市政示范工程金奖”。试验线运营线路总长36.4千米，采用储能型超级电容技术的新型绿色公共交通工具。工程2015年10月开工建设，2018年4月1日开通试运营。中铁电气化局主要负责试验线系统集成设备安装、流芳车辆基地、九峰停车场附属建筑工程施工。在工程建设中，项目部完成“超级电容有轨电车系统设备关键施工工艺”课题，解决长、大电缆管群电缆敷设、大跨距组合式箱式变电站安装调试及智能化直流充电系统安装等关键技术难题；编制完成11项超级电容有轨电车标准化施工方案，统一全线技术标准，保障工艺质量。

（魏立亮）

【中国通号中标泰国复线铁路改造项目】 12月20日，泰国国家铁路局正式发布泰国复线铁路改造项目ST-7南线通信、信号系统供货和施工安装工程中标通知书，中国通号成功中标。项目主要工程范围为佛统—春蓬段的通信信号系统的设计、制造和供货、安装调试以及试运营、质量保证、技术培训和工厂验收等。

（魏立亮）

【东方通荣登北京软件企业综合实力百强榜】 11月20日，北京软件和信息服务业协会第九届会员代表大会第三次会议在新世纪日航饭店召开，会上发布了《2019年北京软件企业综合实力百强报告》及《2019年北京软件企业核心竞争力评价报告》。东方通再次获评“2019北京软件和信息服务业综合实力百强企业”，并入选“软件企业核心竞争力评价（创新型）”榜单。

（魏立亮）

【中国通号海外项目荣获中国建设工程鲁班奖】 12月10日，由中国通号承建通信、信号、信息、电力系统的肯尼亚蒙巴萨至内罗毕标轨铁路项目，荣获2018—2019年度中国建设工程鲁班奖（境外工程）。肯尼亚共和国蒙巴萨至内罗毕新建标准轨距铁路项目是国家“一带一路”战略重点工程项目，也是肯尼亚独立百年以来建设的首条铁路，规划中的东非铁路网的咽喉。

（魏立亮）

成果展示

【28家企业入选世界500强】 7月22日，美国《财富》杂志发布2019年世界500强排行榜，共有129家中国企业上榜。其中，中关村示范区内中国石油天然气集团有限公司、中国建筑集团有限公司、中国铁路工程集团有限公司等28家企业入选。

（魏立亮）

【两家企业获北京市企业技术中心认定】 9月6日，市经济和信息化局印发《关于公布2019年度第22批北京市企业技术中心名单的通知》，共有45家企业获认定。其中，丰台园国信优易数据有限公司和中建水务环保有限公司两家企业入选。全年，丰台园共有52家北京市企业技术中心。

（魏立亮）

【国家高端装备制造业标准化试点项目通过验收】 11月29日，在国家高端装备制造业标准化试点考核评估会上，由丰台园管委会承担的国家高端装备制造业（轨道交通装备）标准化试点通过国家标准委和工业和信息化部的验收。项目完成制定的试点目标、任务。通过试点工作，强化轨道交通智能控制标准化顶层设计，建立标准化促进产业发展机制，形成以轨道交通智能控制"互联互通"为目标的标准综合体，推动试点企业主导或参与制修订标准近200项，以标准制定引领行业技术进步。

（魏立亮）

【获"优秀示范引领基地"评估认定】 9至12月，工业和信息化部、国家发展改革委、科技部对首批国家应急产业示范基地开展评估工作。丰台园作为首批获认定的国家应急产业示范基地，完成基地自评估材料上报、专家评估和现场核验等环节，最终获"优秀示范引领基地"的评估认定。经过3年多的发展建设，丰台园基本完成示范基地建设的主要任务和目标，重点发展监测预警、预防防范、处置救援和应急服务四大方向，聚集新兴重工集团有限公司、北京谊安医疗系统股份有限公司、北京市联创立源科技有限公司等相关企业116家，形成应急处置装备、应急通讯、公共安全防范、应急新材料、应急医疗服务和自然灾害监测六大集群。

（魏立亮）

【获国家企业技术中心认定】 12月30日，国家发展改革委、科技部、财政部、海关总署、税务总局印发《关于发布2019年（第26批）新认定及全部国家企业技术中心名单的通知》（发改高技〔2019〕2033号），认定北京精雕科技集团有限公司等122家企业技术中心、联合汽车电子有限公司等14家分中心。其中，丰台园通号通信信息集团有限公司和北京全路通信信号研究设计院集团有限公司两家企业被认定为国家级企业技术中心。

（魏立亮）

【申请欧盟科技署软着陆区】 年内，中关村丰台园在营商环境、核心产业的聚集实力、国际化连接、产业服务、新兴产业（如3D打印、智能制造、生物医学等）的发展势能、投融资环境、科技转化能力等多方面通过综合评估，由欧盟科技署授予丰科世纪孵化器以3D打印数字维创中心为载体进行欧洲创新高新技术企进入中国的软着陆区，也是欧盟科技署迄今为止在中国设立的第五家软着陆区。

（魏立亮）

园区投融资

【丰台园双创基地项目竣工】 年内，中关村科技园丰台园双创基地项目竣工。项目由北京丰台科技园孵化器有限公司与华夏幸福基业股份有限公司合作开发，位于丰台园东区三期中轴线南部，东至四合庄西路、南至六圈路、西至马草河、北至五圈南路，建设内容为研发办公楼宇与相关商业、公寓配套，占地面积13.9公顷，总建筑面积58.74万平方米，总投资约89.8亿元。项目由17栋单体集结成建筑群，楼宇围合出中央公园城市绿芯，景观面积13.7万平方米，每栋楼宇顶部还设有跨度45米的抽柱通透挑空共享交流空间。项目采用变风量空调系统，细颗粒物去除效率接近98%。项目还打造采用“niagara”物联网平台架构技术的智慧产业社区，项目内所有设备可以互联互通。

（杨　泱）

【中国城市轨道交通运行控制系统研究与产业化中心竣工】 年内，中国城市轨道交通运行控制系统研究与产业化中心项目竣工。项目主体为北京交控硅谷科技有限公司，位于丰台园东区三期1516–47地块，占地面积1.43公顷，总建筑面积5.5万平方米，其中地上3.4万平方米，地下2.1万平方米，总投资约7.9亿元，建设内容为科研办公楼及国家实验室，建筑主体由两座9层塔楼和连贯在一起的3层群房组成。项目充分整合利用地资源，达到绿色建筑二星评定标准。

（杨　泱）

园区企业选介

【北京动力源科技股份有限公司】 北京动力源科技股份有限公司成立于1995年，2004年在上海交易所上市，为中国电源行业首家上市企业，主要从事电力电子技术发展及绿色节能技术应用领域。为中国铁塔、中国移动、中国联通、中国电信、阿里巴巴、百度、腾讯等国际知名企业的设备主流供应商。研发的产品普遍应用于国家重点建设项目，包括国家体育场、国家奥林匹克体育中心、上海世博会、各地城市地铁等项目。

（魏立亮）

【中钞特种防伪科技有限公司】 中钞特种防伪科技有限公司隶属于中国人民银行所属中国印钞造币总公司，国家唯一法定的从事人民币防伪安全线、银联标、签名条等特种高科技防伪产品的研制与生产企业。作为世界上规模最大的安全线生产企业，公司一直致力于为客户提供全息、光变、磁性机读等技术及产品服务，在国际光学防伪领域占据重要的地位。形成了以安全线、防伪标、防伪条、签名条为代表的系列产品。公司多项防伪技术多次应用在人民币、奥运钞、航天钞、生肖钞等钞票以及奥运会、世博会、园博会等重大活动门票上。

（魏立亮）

【依文服饰股份有限公司】 依文服饰股份有限公司是中国服装行业的领军者，创建于1994年，经过26年的发展壮大和商业化运作，依文作为服装业的高端时尚品牌已经享誉全球，业务范围包括服装、服饰、职业装、礼品及文化创意等，并在互联网、科技、金融等领域有所涉猎，全国已拥有500余家店面。旗下品牌相继获得“北京市著名商标”、“北京十大时装品牌金奖”、“中国服装品牌年度大奖”等多项殊荣。

（魏立亮）

【北京谊安医疗系统股份有限公司】 北京谊安医疗系统股份有限公司成立于2001年，是全球领先的医疗设备生产厂商。业务涵盖有：手术室和ICU产品、家用医疗产品、医用内窥镜、环境工程及其他新型业务。谊安医疗生产的麻醉机、呼吸机、吊塔在国内市场占有率名列前茅，覆盖全国34个省级行政区域的各级医院，其中Shangrila 510急救呼吸机在2008年8月成为北京奥运场馆承担现场急救任务的指定呼吸机。谊安医疗实施全球战略，在德国、印尼等地建有分支机构，目前共有52款产品获得欧盟CE认证，产品远销全球130多个国家和地区。由谊安医疗制造的麻醉机和危重症呼吸机在2008年和2013年分别通过美国FDA510k认可，登陆美国市场。

（魏立亮）

【交控科技股份有限公司】 交控科技股份有限公司成立于2009年12月，是国内第一家掌握自主CBTC信号系统核心技术的高科技公司，面向公众提供高效、可靠、低耗能的轨道交通控制设备以及全生命周期的技术服务，是轨道交通信号解决方案领域的领先者，产品涵盖基础的CBTC系统、兼容多种信号制式的互联互通系统、GOA4等级的全自动运行系统等。交控科技致力于为更好的轨道交通提供更多元的信号系统解决方案以及全生命周期服务，于2019年7月22日在上交所科创板上市。

（魏立亮）

【北京值得买科技股份有限公司】 北京值得买科技股份有限公司成立于2011年11月，2019年7月15日登陆深交所创业板（股票代码：300785.SZ，证券简称值得买）。公司旗下拥有访问量大、富有影响力的什么值得买网站（www.smzdm.com）及相应的移动客户端。“什么值得买”是国内知名购物门户，集导购、媒体、工具、社区属性于一体，以高质量的消费类内容向用户介绍高性价比、好口碑的商品及服务，为用户提供高效、精准、中立、专业的消费决策支持。

（魏立亮）

【北京英视睿达科技有限公司】 北京英视睿达科技有限公司是专注于研究物联网、大数据、区块链和人工智能技术的高新技术企业，为生态环境保护、健康、交通、能源等智慧城市重点领域提供一流的解决方案。公司全国首创的生态环境热点网格TM核心产品已正式列入国务院《打赢蓝天保卫战三年行动计划》，正在京津冀、汾渭平原、长三角、珠三角等区域全面推广。

（魏立亮）

【中国铁路通信信号股份有限公司】 中国铁路通信信号股份有限公司（简称“中国通号”），前身为铁道部通信信号工程公司，成立于1953年，2001年更名为中国铁路通信信号集团公司。2010年，以中国铁路通信信号集团公司为主发起人，成立了中国铁路通信信号股份有限公司，并于2015年8月7日在香港联合交易所挂牌上市；2019年7月22日在上交所科创板上市，成为登陆科创板的首家大型央企和A+H股的上市公司。中国通号现有一级子公司20家，员工1.5万人。是国务院国资委直接管理的大型中央企业，是以轨道交通控制技术为特色的高科技产业集团，全球最大的轨道交通控制系统解决方案供应商，掌握的高速铁路列车运行控制技术是中国高铁的三大核心技术之一。

（魏立亮）

【国家知识产权局专利局专利审查协作北京中心】 国家知识产权局专利局专利审查协作北京中心成立于2001年5月18日，是世界少数通过ISO9001质量管理体系认证的知识产权机构之一。主要职能是受国家知识产权局专利局委托，承担部分专利申请的审查工作，包括发明专利申请的实质审查；PCT国际申请的国际检索和国际初步审查；发明、实用新型、外观设计专利申请的初步审查；专利复审案件的审查；做出实用新型专利的专利权评价报告；为企业提供技术与法律咨询服务。业务涵盖机械、计算机、生物技术、电力、航空航天、能源、通信、医药等全部技术领域。

（魏立亮）

【中国华电科工集团有限公司】 中国华电科工集团有限公司是中国华电集团有限公司所属的全资企业，为从事高端制造及系统工程、环保水务、电站投资建设、清洁能源四大板块齐头并进的国有大型企业集团。产品和服务涵盖了电力、化工、港口、矿业、冶金、市政、新能源、分布式能源等领域，业务遍及全国各地及东南亚、欧美、澳大利亚等国家和地区，先后荣获了中国工业大奖表彰奖、电力行业优秀企业、中央企业先进集体等称号。英文字母缩写“CHEC”，被评为“北京市著名商标”。

（魏立亮）

【中建材信息技术股份有限公司】 中建材信息技术股份有限公司创立于 2005 年 4 月，注册资金 14935 万元。公司为混合经济体制企业，是中建材集团进出口有限公司的下属公司。公司客户涉及政府、金融、互联网、教育、制造、能源、交通等多个领域。公司以北京为中心，在上海、广州、深圳、成都、沈阳、西安、武汉等国内主要城市，以及埃塞俄比亚、阿尔及利亚等海外国家在内，共设立近 60 个分公司与办事处，并成立香港全资子公司及西藏全资子公司，建立起遍布全国并辐射海外的增值服务网络。中建材信息公司始终致力于向行业客户提供安全、可靠、高质量、易扩展的行业解决方案。先后荣获“中国 IT 服务创新服务奖”、“最佳分销云转型潜力奖”、“生态卓越建设奖”等重要行业荣誉，并连续四年被评为“增值分销商十强”、“中国 IT 十大卓越分销商”，在企业级 ICT 产品增值分销领域居于行业前列。

（魏立亮）

文 化

文化工作

【概 况】 2019年，区文化和旅游局按照全市宣传思想文化工作“突出大庆主线、提升首都站位、实现四个贯通”总要求，围绕区委区政府工作部署，进一步聚焦公共文化服务体系建设、文化资源保护传承、文化旅游市场健康发展等基本任务，把文化丰台建设和文化旅游产业融合发展作为根本性任务，持续深化改革，夯实基础建设和自身建设，推进文化旅游发展各项工作上台阶。区文化和旅游局是区政府工作部门，为正处级，机关行政编制38名，设局长1名，副局长4名，正科级领导职数10名，副科级领导职数5名，工勤编制2名（随自然减员逐步核销）。内设办公室、法制宣传科、公共服务科、文物管理科、行政审批科、行业监督管理科（安全生产科、环境保护科）、产业发展科、资源开发科、组织人事、机关党委10个部门。区文化市场综合执法大队为所属行政执法机构，文物管理所、旅游服务中心、图书馆、文化馆为下属事业单位。

（白一迪）

【完善基层文化设施】 年内，完成大红门街道、西罗园街道、东铁匠营街道、长辛店镇4个基层文化活动中心改造提升工作，辖区街乡镇级综合文化中心建有率和达标率均达到100%。

（王莎莎）

【迎新春群众文化展演活动】 1月24日，由丰台区委区政府主办，丰台区委宣传部、区文化委、区融媒体中心承办，“福满京城 春贺神州”春节系列活动之“丰台区2019迎新春群众文化展演活动”在首都医科大学学术报告厅举办，驻区有关单位和各条战线群众代表近800人现场观看。

（王莎莎）

【“三下乡”活动】 1月29日，丰台区2019年文化、科技、卫生“三下乡”活动在卢沟桥乡小井龙源飞扬羽毛球馆举行，区文化馆、图书馆为农民朋友送上文艺演出及图书。本次文化下乡活动历时5天，分别在王佐镇、南苑乡、花乡、卢沟桥乡、长辛店镇举行。

（王莎莎）

【元宵灯会活动】 2月19日，在世界公园举办丰台区2019年元宵节灯会，以政府购买文化服务方式向全区发放5000张元宵灯会门票，让人民群众共享文化发展成果。

（王莎莎）

【“花开丰台”端午文化游园会】 6月7日至9日，在北京园博园举办“花开丰台”端午文化游园会，以“和满京城 奋进九州”为主题，延续往届“民俗端午”“非遗端午”“花韵端午”和“花靓端午”四大活动版块，注重弘扬爱国主义精神，促进京津冀文化交流和对口协作单位文旅宣传。

（王莎莎）

【国庆联欢和演出活动】 10月1日，组织2745名群众完成十月一日天安门广场群众联欢活动。10月2日，围绕“普天同庆 共筑中国梦”主题，组织开展国庆游园文化活动，在北京园博园安排专业文体表演5场，群众文体互动4项；在丰台公园、莲花池公园各安排专业演出2场、群众文体互动6场次。国庆期间，全区共安排国庆游园文化活动34场次，参与7万余人次。

（王莎莎）

【“周末百姓大舞台”活动】 年内，21个街乡镇共开展“周末百姓大舞台”238场次。“周末百姓大舞台”活动以文艺演出为主要形式，群众文化队伍利用周末、法定节假日或民俗传统节日等时间，在露天文化广场或文化活动场所组织文艺演出，丰富居民文化生活。

（王莎莎）

【“百姓周末大舞台”活动】 为庆祝中华人民共和国成立70周年，推进首都市民系列文化活动开展，提升公共文化服务体系建设，根据《北京市文化局关于开展2018—2019年度北京市基层公益性演出活动工作的通知》精神，7月至10月的周末、节假日，由丰台街道、太平桥街道在丰台花园、莲花池公园等地各安排3场“百姓周末大舞台”演出，演出内容以歌舞、曲艺、杂技为主。

（王莎莎）

【街乡镇文化管理干部培训班】 4月24日至26日，举办2019年街乡镇文化管理干部培训班。21个街乡镇群众文化工作主管领导、科室负责人、文化服务中心主任、专职文化干部及部分新建文化室负责人共计80余人参加。

（王莎莎）

【重大规划和专项计划编制】 年内，与区园林绿化局共同牵头开展西山永定河文化带保护发展丰台区五年行动计划项目征集和编制工作，并以丰台区推进文化中心建设领导小组名义正式印发《西山永定河文化带保护发展丰台区五年行动计划（2018年—2022年）》，指导辖区西山永定河文化带建设工作开展。完成《卢沟桥（含宛平城）文物保护规划》和《丰台区文化资源保护和利用专项规划》编制工作。

（韩 颖）

【实施重点文化片区保护工程】 年内，持续推进重点文化片区保护工程。“卢沟桥—宛平城—长辛店文化板块”工程完成卢沟桥桥体检测、卢沟桥石质文物数字化保护项目、长辛店二七大罢工旧址——劳动补习学校旧址修缮工程等9个项目；“莲花池—金中都文化板块”工程推进金中都城墙遗址保护工程（含金中都城遗迹保护工程考古发掘及地下障碍物清理工程）；“南中轴—南苑文化板块”工程挖掘南中轴地区历史文化内涵，加强南苑历史文化价值展览展示与阐释宣传，实施大红门碉堡修缮工程。

（韩 颖）

【文物保护】 年内，完成丰台区岱王庙山门及戏楼抢险支护工程等10个项目审批工作。开展丰台区不可移动文物现状评估项目，完善全区文物“四有”档案，建立文物修缮项目库。完成平城北侧城墙段修缮工程、清真寺礼拜堂及南讲堂修缮工程、三圣神祠修缮工程等13项文物保护工作。结合美丽乡村建设，完成王佐西庄店村西庙文物认定并启动修缮工作。

（韩 颖）

【非遗和传统文化保护】 年内，举办“文化和自然遗产日”系列展演活动。打造“丰台区非遗进校园优秀成果展”，大批非遗代表性传承人走入校园，并在丰台区非遗与设计学院成立“丰台区非物质文化遗产教育传承示范基地”。开展中国北京世界园艺博览会丰台版块活动演出15场，发挥区域特色优势，选派怪村太平鼓、三路居开路、中幡、空竹等非遗项目亮相文化活动。对丰台区域内国家级非遗项目保护单位开展检查和调整工作，经专家评定，丰台区国家级非遗代表性项目保护单位全部合格，28名区级非遗传承人通过首次认定。

（韩 颖）

【政务服务】 年内，推进优化营商环境，引导申请主体利用政务服务审批平台办理网上申报、网上预受理和网上咨询、网上告知等业务，提高“一网一次”办理率。开展营业性演出128台，网上办理103台，“一网一次”办理率80%以上。受理行政许可337项，其中申请新设立242项、变更95项，现场核查83次，接待现场、电话咨询等1145余次，全区行政许可准确率和承诺件按时办结率均达到100%，群众满意率100%。

（王建军）

【取缔无证舞厅】 1月8日，执法队联合公安、工商、消防、安监等部门，在属地综治部门配合下，查处取缔晓月苑文化广场、卢沟桥杜家坎2家无证舞厅，出动执法人员16人次、执法车辆7台。区文委执法人员对无证场所张贴安全警示标志。

（李 曼）

【取缔销售淫秽光盘游商窝点】 6月13日，群众举报丰台区南顶路康泽园小区西门有游商贩卖淫秽光盘现象。28日，文化、公安和属地单位联合执法，对该地开展专项清理整治，取缔贩卖淫秽光盘游商8名，收缴各类淫秽色情光盘510张。

（李 曼）

【文化市场督查】 9月15日至10月9日，聘用12名临时文化市场监督员，对非法集贸市场、停车场、图书、音像制品等9处非法出版物重点点位加强日常巡视，对文化市场重点地区、重点点位强化巡视值守工作，确保国庆期间丰台区文化市场净化取得实效。

（李 曼）

文化创意产业

【概 况】 2019年，丰台区文化创意产业实现收入约179亿元，从业人员约1.8万人。依据中共北京市丰台区委机构编制委员会9月29日印发的文件《丰编发〔2019〕70号 中共北京市丰台区委机构编制委员会关于北京市丰台区投资促进局等6家处级事业单位更名的通知》，将北京市丰台区文化创意产业促进中心加挂的“戏曲文化中心筹备办公室”更名为“北京市丰台区戏曲文化发展中心”。丰台区文化创意产业促进中心（北京市丰台区戏曲文化发展中心）为丰台区文化创意产业发展提供决策咨询、组织项目论证、提供信息服务、开展专题调研等工作；负责戏曲文化的传承、推广和普及，办好中国戏曲文化周活动。

（李 磊）

【参展文化创意产业博览会】 5月29日至6月1日，文化和旅游部、国家广播电视总局和北京市人民政府在中国国际展览中心（老国展）举办第十四届中国北京国际文化创意产业博览会，丰台区以“文化丰台 创意未来”为主题参展，通过“美丽的丰台”“良巢引金凤”“未来看丰台”3个板块，展示丰台的过去、现在与未来。

（李 磊）

【2019丰台文化创意大赛】 5月31日至6月20日，举办2019丰台文化创意大赛。100余个文创项目报名参赛，涵盖数字创意、非遗及IP开发、创意设计、文化旅游等多个类别。7个项目晋级2019北京文创大赛百强，其中“灵核世界”项目晋级2019北京文创大赛30强，“SMART教育”项目的“艾未”品牌入围2019中国文创新品牌榜单50强。2019丰台文创大赛被市文创大赛组委会授予“最佳组织奖”。

（李 磊）

【戏曲电影消夏展映活动】 8月23日至10月12日，举办戏曲电影消夏展映活动。活动选取马家堡街道戏曲文化中心等具备放映条件社区7个，播放传统及现代戏曲影片20部，涉及剧种8个。

（李 磊）

【2019中国戏曲文化周】 10月2日至8日，由文化和旅游部、北京市人民政府主办，文化和旅游部艺术司、市委宣传部、市文旅局、市

教委、市文联、丰台区委区政府承办的 2019 中国戏曲文化周在北京园博园举办。活动包含精品剧目展演、地方园唱地方戏、特色巡游表演、京剧票友大赛、多元互动体验、中华戏曲艺术与文创产业博览会等 10 大版块，涉及 23 个剧种及跨界艺术， 65 家团体参与演出，举办各类演出、互动活动 400 余场次，吸引 19 万游客入园观看。“2019 中国戏曲文化周”获评北京日报报业集团主办的“北京品牌计划·文化品牌新势力”30 强，市宣传部部长杜飞进给予高度评价。

（李　磊）

【“梨园之乡七十年”展览】 10 月至 12 月，举办“梨园之乡七十年”展览。展览以“七十绽放 沉郁芬芳”为主题，以时间轴为线索细述丰台区戏曲发展历程，以手绘地图全景展现丰台区戏曲繁荣景象。展览介绍戏曲的由来和形貌，丰台区自金代以来与戏曲的渊源，及作为“梨园之乡”七十年来推动新中国戏曲事业发展中取得的成果。展览还设置“入戏”“戏音”“戏画”等互动区域，普及戏曲知识，提升游客视听体验。

（李　磊）

【创意训练营活动】 10 月 22 日至 26 日，联合北大创业训练营共同举办北大创业训练营一丰台文创特训营。特训营开设文化产业案例分析、项目管理及商业模式研究、创业实战演练与指导等内容，20 多位知名管理学家、经济学家和企业家通过讲座论坛、交流研讨、现场教学等形式，为文创企业在经营发展、运营管理等方面提供行业指导服务，为丰台文创产业创新发展提供智力支撑。辖区近百位文创园区、企业负责人参加本次特训营。

（李　磊）

【文创行业联合党日活动】 10 月 25 日，联合区内业务相关部门、文创企业、文创园区开展“初心和使命”主题党日活动，共有 10 家机关党支部、行业党支部和非公企业党支部参加。区委主题教育第三指导组到场指导。活动围绕“初心和使命”主题，在卢沟桥、二七纪念馆、丽泽 SOHO 等地开展学习、参观、诵读、座谈等活动，活动视频在“学习强国”平台发布。

（李　磊）

【“戏曲文化中心小戏台”项目】 10 月 31 日，为 14 家文化空间及公园挂牌“戏曲文化中心小戏台”，组织开展票房培育、集中汇演及公园“嗨戏”活动。23 家戏曲票房报名在文化空间和公园开展活动，组织票房汇演 10 场，排演精品剧目 6 场，开展公园“嗨戏”活动 73 场次。

（李　磊）

【2019 中国科幻大会】 11 月 2 日至 3 日，2019 中国科幻大会在北京园博园举办。大会以“科学梦想、创造未来”为主题，来自北美洲、欧洲和亚洲 9 个国家的近 30 位科学家、科幻作家、科普作家及全球科幻机构和组织代表以及科技工作者、科幻业界代表、影视界人士和科幻爱好者共 1000 余人参加开幕式。大会包含 11 项专题论坛、8 项主题活动以及平行宇宙科幻展览与科幻市集等展示。丰台区负责场地保障、会务保障、氛围营造和观众组织等工作。

（李　磊）

【“嬉戏”亲子剧场项目】 5 月至 11 月，打造“嬉戏”亲子剧场项目。5 月开始公开征集儿童体验剧剧本，收集大纲 26 部，其中 1 部搬上舞台、3 部入选项目剧本资源库。10 月 19 日至 11 月 16 日，戏曲儿童体验剧《大闹大宫》演出 6 场。演出利用互联网亲子平台，针对目标群体招募观众家庭 300 余组参与。

（李　磊）

【第七届丰台区惠民文化消费季活动】 9 月至 11 月，举办第七届丰台区惠民文化消费季活动。本届消费季活动以文创精品进商圈、进园区、进社区、进校园为着力点，以花卉文化、戏曲文化、红色文化为亮点，策划“丰·花”绽放、“丰· 创”市集、“丰·阅”书香、“丰·华”校园、“丰·戏”梨园、“丰·影”惠聚 6 大板块 80 多场活动。本届消费季活动线上线下参与群众 35 万余人次，产生文化消费金额 2512 万元，带动关联消费 4000 余万元。

（李　磊）

【建立文创教育资源库】 12月26日，组织召开丰台区文创教育资源库首批入库单位发布会。会上，区文促中心、北京教育学院丰台分院、区文联3家丰台区文创教育资源库管理办公室成员单位联合发布《关于发布丰台区文创教育资源库首批入库单位的公告》。自12月初公开向社会征集资源单位，近80家文化、科技、艺术类社会资源单位提交申报材料，71家单位通过材料初审，经专家评审，最终47家社会资源单位成为首批入库单位，主要为区内中小学校提供课程类、活动类、研学类素质教育项目服务。

（李　磊）

媒体传播

【概　况】 2019年，区融媒体中心掌握意识形态工作领导权，把握政治方向和舆论导向，把握“建设全媒体，推动媒体融合向纵深发展”思想基础，推进融媒体中心全面提质增效，创新推动区域媒体融合发展，加强基层主流媒体建设，构建形成区域融媒体生态圈，开展“不忘初心、牢记使命”主题教育，服务群众，引导群众，持续壮大主流宣传阵地舆论声音。完成“北京丰台”全媒体客户端一期建设上线运行，并接入“北京云·融媒体”市级技术平台。推进“融媒体中心、新时代文明实践中心以及政务服务中心”贯通工作，实现全区“新闻+政务，新闻+服务”综合融媒宣传平台功能聚合。推进融媒体中心机构改革，明确中心职能7条，内设机构12个，事业编制75名，完成新址一期建设方案编制工作。《学习雷锋》快闪节目、《丝路追梦人》公益短视频在北京市广播电视局广播电视创新创优节目中获奖，短视频《拉的都是家里人，这样的公交司机真少见》《最新发现！北京大爷送您回家过年》获国家网信办“百部网络正能量动漫音视频作品”优秀奖。

（孙敬尧）

【丰台新闻宣传】 年内，围绕市区“两会”“扫黑除恶专项斗争”“接诉即办”“壮丽70年奋斗新时代”“不忘初心、牢记使命”主题教育、“优化营商环境丰台在行动”“让‘街乡吹哨 部门报到’形成丰台生动实践”“2022相约冬奥”“国庆宣传保障”“2019中国戏曲文化周”等专项工作开设30余个专栏专刊专版，开展10个系列主题宣传。全年播发《丰台新闻》1500多条。完成区委十二届八次全会、政协十届三次会议、人大十六届六次会议报道任务。派驻记者参与北京市“两会”报道，为北京电视台《市民对话一把手》节目制作丰台区整治水环境工作汇报片。开设春节专栏“过个幸福年”，播出相关新闻20多条，其中南宫灯会新闻被中央电视台选中，在《新闻联播》播出。推进“有事您说话”专栏，报道市民反映问题并反馈给相关部门解决处理。记录“民有所呼，我有所应”工作成果，制作播出18期，为环境办制作2期环境问题曝光片。经40次修改完成时代风帆楼宇党委工作汇报片《勇做时代的风帆》，7月10日市委书记蔡奇到时代风帆楼宇调研，观看该专题片。

（孙敬尧）

【《丰台报》宣传报道】 年内，编辑出版《丰台报》50余期，文字量100余万字。新开设“习近平新时代中国特色社会主义思想走进丰台千家万户”理论学习专题，编发14期。刊发“民有所呼 我有所应”专版17期、社区专版30期。参与区主要领导调研、检查等活动150余次。完成春节专刊“干部在岗 群众过好节”。国庆期间，策划连版“共襄盛典 国庆有我”，记录丰台群众完成国庆群众游行和联欢活动情况；策划连版“国庆有约 园博有戏”，记录2019中国戏曲文化周亮点新闻。北京日报首次与融媒体中心联合出报，1月18日版、《丰台报》848期首发。《丰台报》实现印量翻番，由3万份增加到6万份，其中3万份直接发送给3万户辖区群众。在全区近400个社区阅报栏定期张贴、更新《丰台报》。

在30家邮政报亭设立《丰台报》群众赠阅点。

（孙敬尧）

【新媒体运维成果】 年内，在今日头条发布文章210篇，总阅读量突破23万人次；新华社客户端发布文章152篇，总阅读量突破3000万人次；“北京丰台”微信公众号集纳丰台新闻、丰台报、直播丰台等内容板块，编辑发布文章600余篇,阅读总数50万人70万次，增加粉丝3万人，共有粉丝14万余人。上传“学习强国”平台图文、视频稿件200余篇，采用100余篇。1月4日，区融媒体中心与北京日报客户端合作发布图文报道《丰台分区规划向社会公告：建设新时代高质量发展典范城区》，阅读量突破10万人次，创下各区分区规划乃至各区新闻最高单日阅读纪录。1月10日发布《一图读懂丰台区政府工作报告！》，多角度、多平台持续报道丰台区年度发展状况，描绘未来发展蓝图，阅读量5049人次，点赞36人次。国庆期间，“北京丰台”微信公众号发布推文15篇，其中国庆相关推文3篇、戏曲文化周相关推文8篇、丰台新闻4篇，平均阅读量1000人次以上。其中，国庆游行推文《太帅了！国庆群众游行方队中，他们来自丰台》，阅读量9875人次；《完美呈现！央视十一个画面聚焦丰台军民演绎“鱼水情深”》阅读量4000人次。发布为祖国庆生快闪系列推文3篇，总阅读量8274人次。

（孙敬尧）

【与央媒合作共建】 年内，与中央广播电视总台央广网建立战略合作，“北京丰台”全媒体客户端与总台央广网实现互联互通，内容共享。央广网“每日一习话”“习声回响”等视听节目直接引入到客户端“新思想”板块；融媒体中心原创音频产品“听丰读书会”进驻总台“云听”新媒体平台。2月2日，中宣部副部长慎海雄在央视发展研究中心调研报告《央广网在县级融媒体建设中取得点的突破》（央视发研〔2019〕11）上做出批示，对丰台区融媒体中心与央广网合作建立“丰台模式”工作予以肯定。2月19日，在中央广播电视总台“全国县级融媒体智慧平台”上线仪式上，丰台区融媒体中心作经验发言。

（孙敬尧）

【中央媒体+县级融媒体中心 PGC 合作】 年内，区融媒体中心与新华社北京分社合作制作公益系列短视频50部，视频内容聚焦身边榜样传递正能量，突出主题主线、突出家国情怀、突出群众参与，其中36部单平台浏览量超过100万人次，全网浏览量突破1亿人次。7月18日，新华社北京分社在丰台区召开经验座谈会，新华社新闻信息中心、音视频部、北京分社主要负责人以及16区融媒体中心负责人参加，会议就探索“中央媒体+县级融媒体中心 PGC 合作模式”向纵深发展的新路径进行交流研讨，区融媒体中心作交流发言。新华社北京分社工作报告《“中央媒体+县级融媒体中心 PGC 合作”模式探索初见成效》得到北京市宣传部部长杜飞进批示。

（孙敬尧）

【融媒体宣传工作体系建设】 年内，以丰台科技园区、丽泽金融商务区、南中轴三个融媒体分中心为重点，在全区驻区单位，学校、医院等基层单位以及社区（村）规划建立“基层新闻采集点”约300个，形成全方位、多层次、多声部主流舆论矩阵，实现区域全覆盖、基层总动员，推动宣传工作向基层延展。截至年底，建立“社区新闻发声人”工作室6个，在北京汽车博物馆、丰台职业技术学校、“时代风帆”楼宇党支部分别设立融媒体创新工作室，建设“基层新闻采集点”近200个。全区197个政务新媒体入驻“北京云”，实现数据共享、信息互通。

（孙敬尧）

【新闻发声人队伍建设】 社区新闻发声人工作，是融媒体中心在推动区域媒体融合过程中进行的一项创新实践。主要是动员和鼓励社区群众直接参与基层宣传工作，坚持群众故事、群众发声、群众转发，助力基层社会治理和社区文化建设。年内，持续加强新闻发声人队伍建设，相继成立云岗、宛平、马家堡、方庄、右安门、田城、丰职等新闻发声人工作室，培养新闻发声人600余人。3月8日，北京市宣传部部长杜飞进与东高地街道社区新闻发声人连线互动。7月25日，中宣部《每日要情》第1623期刊发工作信息《北京丰台打造基层群众“新闻发声人”队伍》。12月5日，社区新闻发声人梁丽华参加全市老干部宣传工作会议，分享工作经验。

（孙敬尧）

【国庆70周年专题宣传】 年内，围绕“庆祝中华人民共和国成立70周年”和“中国梦·中华魂·戏曲情”两个亮点主题，通过6次筹划设计专题会，3次前期活动现场调研，确定融合宣传方案。10月2日至3日网络直播活动6场次587分钟，分别在5个平台同步直播，观看量530万人次以上。制作63条短视频和微视频在抖音、快手双平台推送，增加粉丝1万余人，点赞量7.3万人次以上，浏览量突破760万。《丰台报》《丰台新闻》刊播发“2019中国戏曲文化周”各类新闻10余篇，“北京丰台”公众号发布快闪、图文系列推文18篇，阅读量1万余人次。国庆期间出动一线宣传和保障值守人员160人次。

（孙敬尧）

【“不忘初心、牢记使命”主题教育活动】 年内，区融媒体中心开展“不忘初心、牢记使命”主题教育工作。完成5期集中学习、4次学习交流研讨，开展实地参观见学、革命传统教育等。通过谈心谈话、座谈交流、实地走访等方式推进问题查摆，抓好整改落实，重点围绕推进事业单位机制创新、新址及技术平台建设、新闻客户端建设、融媒采编流程再造、融媒产品创新创优、人才队伍建设、党支部规范化建设7项重点工作，开展调研29次，召开座谈会12次，实地走访17次，个别访谈40人次，发现问题30个，现场解决问题23个，挂账督办7个，以工作实绩验证主题教育成效。

（孙敬尧）

【创新融媒体产品】 年内，创新宣传应用技术手段，以不同形式推出融媒体产品。统筹区内外资源和平台，共同策划、协同报道第56个学雷锋日活动“学习雷锋好榜样 快闪在汽博”，丰台区宣传系统庆祝新中国成立70周年“我和我的祖国”快闪刷屏活动。与新华社北京分社合作完成公益短视频50部。完成网络直播活动60余场次，观看量900万余人次。多个作品在国家网信办、北京市广播电视局获奖。

（孙敬尧）

【融媒体知识培训】 年内，开展融媒体知识培训，持续加强人员“一专多能”素质培养和“四力”教育工作实践。组织融媒体知识系列培训会20场，先后邀请新华社、人民日报、“快手”等媒体专家、资深记者授课，全区各街乡镇宣传干部及社区（村）新闻发声人骨干等2000余人参加。创新网络直播授课培训方式，扩大培训覆盖面，通过直播培训1200余人次。

（孙敬尧）

【基层服务】 年内，通过区委区政府、各委办局、街乡镇官方网站、微信公众号及时发布新闻传播、政务信息、民生信息和社会治理等信息。深入基层融合报道、服务民生，《丰台新闻》《丰台报》、“北京丰台”公众号等宣传矩阵策划推出“民有所呼、我有所应”“接诉即办”“让‘街乡吹哨 部门报到’形成丰台生动实践”等服务基层群众专栏专版，抓住市民群众切身利益问题，用实际行动“服务群众、引导群众”。

（孙敬尧）

【党建质量提升行动】 年内，强化政治建设，制定党建工作要点，全员签订责任清单。强化制度建设，修改完善《三重一大决策制度》《党组会议事规则》。进一步加强和改进意识形态工作，与党建工作同部署、同落实、同检查，确保意识形态工作责任落到实处。强化思想建设，开展学习教育培训活动，为党员干部新购政治理论和业务用书30多套（本），全体党员参与“学习强国”学习。强化基础建设，组织3名党支部书记、5名新党员参加集中培训，3个党支部组织“三会一课”，党组书记、党组成员、党支部书记分别开展讲党课活动。“双报到”工作持续推进，在职党员参加社区活动，与区右安门街道共建活动持续开展，右安门街道授予融媒体中心“区域化党建优秀单位”。强化党风廉政建设，配合第二联合派驻纪检监察组开展工作，强化督导整改落实，完成中层及以上干部谈心谈话活动；全面落实中央八项规定精神和重大节日“十严禁”要求；组织党员干部到北京市全面从严治党警示教育基地开展警示教育活动，进一步坚定理想信念，筑牢思想道德防线。

（孙敬尧）

档案管理

【概　况】　2019 年，按照《中共北京市丰台区委 北京市丰台区人民政府关于<印发北京市丰台区机构改革实施方案>的通知》(京丰发〔2019〕6 号）要求，落实机构改革任务，区档案局（区档案馆）的行政职能划归区委办公室，对外加挂区档案局牌子，区档案馆为区委直属事业单位，归区委办公室管理，不再保留与区档案馆合署办公的区档案局。改革后的档案馆设馆长 1 名，副馆长 2 名，相当科级领导职数 9 正 9 副。内设机构为办公室、财务科、开放鉴定科、整理编目科、收集科、保管保护科、利用科、信息化科和编研科。负责集中统一管理区机关、团体、企事业单位需要永久和定期保管的各门类档案工作；对馆藏档案进行保管、整理、鉴定、开放和统计；接收区机关、团体、企事业单位应进馆的档案；向社会征集具有重要保存价值的档案资料。利用馆藏档案资料，为社会经济、科学技术、文化教育等各项事业服务，完成档案资料编纂和研究工作。

（李　静）

【北京市第十一届档案馆日】　6 月 9 日至 16 日，举办“国际档案日”暨北京市第十一届“档案馆日”活动。以档案见证丰台发展为主题开展“见证丰台发展 70 年——讲述档案背后的故事”征文活动优秀作品颁奖仪式、“保存家庭记忆创建家庭档案”“回顾在队旗下成长的点点滴滴——创建我的成长档案”系列活动,发放档案法制宣传挂图,开放馆藏到期档案。

（李　静）

【档案工作会】　6 月 18 日，丰台区召开全区档案工作会。区档案馆馆长作工作报告，回顾 2018 年全区档案工作亮点，部署 2019 年档案工作总体目标和任务。档案工作先进集体代表、档案工作先进个人代表作主题发言。各立档单位主管领导、档案部门负责人、档案员及区档案馆全体工作人员参加会议。

（李　静）

【档案法制培训】　6 月 18 日，区档案馆召开档案法制培训会。会议解读国家档案局发布的第 13 号令《机关档案管理规定》。播放丰台区 2018 年档案行政执法检查纪实音视频短片，对 2018 年执法检查情况进行通报讲评。各立档单位档案工作主管领导、档案部门负责人和档案员 280 余人参加培训。

（李　静）

【档案法制宣传】　年内，区档案馆设计制作印刷《档案管理违法违纪行为处分规定》宣传挂图 700 套，发放到各立档单位、社区和村，开展档案法律法规宣传教育，提高社会档案法律意识。

（李　静）

【档案业务指导】　年内，区档案馆通过检查指导、现场交流、业务培训、编印《丰台区档案整理实操图解》、为基层征订《北京档案》杂志等多种形式，深化基层档案业务指导工作，全年指导基层 700 余人次。

（李　静）

【档案资源建设】　年内，开展“丰台记忆工程”定时定点拍摄项目，完成北京南中轴全貌及重要活动的拍摄任务，拍摄数码照片 867 张，视频时长 1964 分钟。

（李　静）

【档案安全建设】　年内，区档案馆坚持馆库日常“九防”工作，严格出入库制度、调卷制度，规范数字化加工场所管理，加强节假日和汛期档案安全巡查，组织开展消防应急演练。完成馆藏档案数字资源安全保管和备份，完成全部馆藏数字资源的本地备份，参加北京市档案局第三轮重要档案同城备份工作。

（李　静）

【档案鉴定开放】　年内，开展馆藏 1985 年—1986 年档案开放鉴定初审，完成开放鉴定 4901 卷 22897 件，档案馆日活动期间向社会开放档案 5371 件。

（李　静）

【档案利用服务】　年内，区档案馆推进档案数字化副本的利用，接待利用者 5761 人次，出具证明 4952 份，各类影像 21531 页，复印 2687 页，调阅案卷 6186 卷，电话咨询 1000 余人次。完成编史修志、工作查考等利用查询，调阅馆藏档案 730 卷次。

（李　静）

【馆藏档案数字化】　年内，区档案馆实施档案工作"全面数字化"战略，以北京市"档案数字化规范"为标准，完成近 7000 卷馆藏文书档案的数字化工作。

（李　静）

【档案信息化建设】　年内，区档案馆争取专项经费为全区 94 家立档单位统一配置档案管理软件，下发《丰台区室藏纸质档案数字化操作指南（试行）》，指导立档单位开展室藏档案数字化工作。

（李　静）

【爱国主义教育基地宣传教育】　年内，区档案馆修订并印发《丰台区档案馆爱国主义教育基地管理办法》。制作《长辛店留法勤工俭学预备班史料展》和《丰台区非物质文化遗产》展览，并在教育基地进行陈列展览，供学生和家长参观。

（李　静）

【主题展览】　年内，区档案馆完成《档案见证丰台发展 70 年——丰台区档案馆馆藏史料展》画册定稿印刷和《丰台记忆》第十期编辑出版。9 月 20 日至 11 月 20 日，"档案见证丰台发展 70 年——丰台区档案馆馆藏史料展"先后在北京汽车博物馆、北京园博园展出。展览期间，参展观众 7 万人次。

（李　静）

【《丰台区档案整理实操图解》制发】　年内，区档案馆制作《丰台区档案整理实操图解》下发全区各立档单位及社区、村。《图解》分为十二部分，内容涵盖文书档案、会计档案、照片档案、电子档案、实物档案、基建档案、设备档案等各门类档案的整理规范、实操方法，并将档案工作中经常使用的参考文件作为附录以便查找。

（李　静）

史志编修

【概　况】　2019 年，丰台党史和地方志工作落实区委区政府和市级业务主管部门的决策部署，紧扣全区中心工作和史志部门主要职能，以开展"不忘初心、牢记使命"主题教育为契机，推进单位党的建设、史志重点著作编纂、宣传教育等各项工作，发挥存史资政育人职能作用。

（欧阳煜）

【《丰台史话》完成复审稿】　年内，加强工作统筹，落实《丰台史话》编写任务，从党史办和相关单位抽调 8 名干部组成工作专班，根据区委书记专题会审定的编写提纲、编写内容和编写计划，开展编写工作。完成《丰台史话》资料稿和初审稿编写工作后，征求汇总区领导、相关单位、各街乡镇的意见建议，开展专家顾问审稿工作。根据征求意见和专家审读情况，修改完善，完成复审稿编纂，并征求意见。全书约 30 万字，正文分为南中轴的历史重镇、金中都的前世今生、卢沟桥的民族精魂、长辛店的红流绿舟、丰台园的创新发展五大板块，正文前设区情概览，后设花絮趣闻附篇，并附有大量图片资料，力求做到图文并茂。

（欧阳煜）

【丰台党史正本复审稿】 年内，丰台党史正本根据初审意见进行修改，重新调整篇目结构，精炼语言表述，核实相关史料，形成 30 余万字的复审稿，报市委党研室审阅。

（欧阳煜）

【《北京市丰台区志（1991—2010）》编修】 年内，完成二轮区志修编出版环节工作，与北京出版集团等单位协调沟通并签订出版协议，配合区志编辑部和出版社修改、补充、核实相关资料，截至年底，完成出版环节前期工作。

（欧阳煜）

【地名志典编纂】 年内，按全市统一进度要求，推进地名志典编纂工作;上报《国家标准地名词典》涉及丰台区的词条 223 条，释文 7.6 万字;上报市地名志涉及丰台区的词条875 条，释文 17.7 万字；同步推进区地名志编写工作，完成 85%的初稿编写任务。

（欧阳煜）

【《北京丰台年鉴 2019》编写出版】 年内，坚持一年一鉴，完成《丰台年鉴》编写工作。年初，根据机构改革的实际情况，谋划和部署年鉴编写工作，调整编写框架，保证编写内容体现年度特点；下发撰稿通知，保证涉改单位的资料能够及时报送，避免遗失；走访科技园区等重点单位，加强年鉴资料收集工作，加强审核把关，提高编写质量，年底《北京丰台年鉴 2019》编写出版，共 93 万字。按照市志办工作要求，完成《北京年鉴》丰台区情部分的撰写及报送工作。

（欧阳煜）

【史志资料征编】 年内，发挥党史资料以史鉴今作用，加强与相关单位沟通，并借助文件、报纸、网络等载体，广泛收集整理重要资料，完成《中国共产党北京市丰台区历史大事记（2018 年）》编纂工作，并继续开展《丰台区历次党代会资料汇编》工作。总结丰台改革开放 40 年的实践和经验，完成编印《丰台改革开放 40 年》一书。加强党史资料征集编研工作，扩大稿源数量和质量，完成 2 期《丰台史志》期刊编辑工作。完善史志资料收集工作机制，责成业务科室指定专人负责，定期沟通收集重点，做好跟踪收集工作。

（欧阳煜）

【开展史志宣传教育】 年内，围绕纪念五四运动 100 周年、庆祝新中国成立 70 周年等重大时间节点，完成党史宣传工作，开展“史志宣传月”活动。组织撰写《长辛店工人在五四运动中的激情亮相》等相关稿件，在《丰台报》等媒体上刊登。开展庆祝新中国成立 70 周年主题征文活动，收到征文 627 篇，并对优秀征文进行汇编，进行宣传。结合“不忘初心、牢记使命”主题教育，全程参与二七纪念馆“中国工人运动与党的初心使命主题展”策展工作，并组织 70 余名师生志愿者参与为期 2 个月的红色文化宣讲。

（欧阳煜）

【长辛店地区红色文化资源保护利用】 年内，结合全市打造北大红楼红色遗址群的工作思路，完成长辛店地区红色文化资源调研和保护传承利用建议方案起草工作，向市委党研室报送《长辛店爱国主义基地 9 处点位提升改造方案》，并全程参加市委党研室《关于打造北大红楼遗址群的调研报告》和《关于北大红楼红色遗址群保护传承利用工作的总体方案》的撰写工作，为提升长辛店地区红色文化资源保护利用水平提出意见建议。

（欧阳煜）

【基层史志工作指导服务】 年内，对卢沟桥乡 20 个村（社区）的村（社区）志编修工作进行指导，帮助审定村志编修方案，选聘 8 名编辑担任村志主编，多次给予培训指导，对 20 部村（社区）志进行审查并全部完成终审。加强与南苑村、长辛店一中、卢沟桥教育集团等基层单位的联系沟通，共同开展党史讲座、红色文化宣讲、史志“六进”、史志园地建设等宣传教育工作，并为基层单位赠送史志读物 1000 余册，扩大史志工作覆盖面。同时，支持南苑街道党群活动中心、长辛店一中“不忘初心、逐梦前行”主题展览以及小瓦窑、大瓦窑等村史馆党史馆建设，对展览展示的史志资料审核把关、帮助修改完善。

（欧阳煜）

【开展史志工作培训】 9月，结合“礼赞新北京 奋进新时代——庆祝中华人民共和国成立70周年”史志宣传月，组织全区的党史联络员和志鉴撰稿人，举办史志工作培训会。向报送征文较多的十个单位颁发“我和我的祖国”征文活动优秀组织奖。历史专家高世良介绍南苑、大红门的前世今生。共青团中央青运史档案馆马金祥博士通过《五四运动与党的初心使命》，从习近平总书记关于五四运动的讲话精神，讲述五四运动及其时代意义。培训会现场征求各单位关于党史和方志工作的意见建议。为发挥史志部门在“不忘初心、牢记使命”主题教育的服务功能，推进史志“服务发展、服务基层、服务群众”工作，区委党史工作办公室向卢沟桥教育集群赠送党史、国史书籍。

（欧阳煜）

丰台区文学艺术界联合会

【概　况】 2019年，丰台区文联坚持以习近平新时代中国特色社会主义思想为指导，深入贯彻党的十九大和十九届二中、三中、四中全会精神，贯彻落实习近平总书记关于宣传思想工作的指示精神以及关于文艺工作的重要论述，坚定文化自信，牢牢把握社会主义先进文化前进方向，围绕举旗帜、聚民心、育新人、兴文化、展形象的使命任务，在区委区政府正确领导下，贯彻落实丰台区宣传思想文化建设的中心工作，以党建为统领，团结和带领广大文艺工作者，广泛深入开展理论研讨、作品创作和展示工作。全年开展送文化下乡演出、笔会等活动30余场次，举办书画摄影展览1次，各类征集赛事3次，组织创作各门类优秀文艺作品400余件。

（孟　芳）

【扎实推进“不忘初心、牢记使命”主题教育深入开展】 年内，区文联扎实推进“不忘初心、牢记使命”主题教育深入开展，紧紧围绕学习贯彻习近平新时代中国特色社会主义思想，围绕丰台区中心工作并结合文联实际，紧扣习近平总书记关于“不忘初心、牢记使命”重要论述，完成8个专题学习，开展学习教育72学时，研讨交流3次，讲专题党课3次；通过座谈会和实地调研等多种形式到基层开展主题教育调研19次，发现并现场解决问题7个，对暂时不具备条件解决的问题建立整改工作台账，确保调研件件有回应，工作有成效。开好主题教育专题民主生活会，制定了文联领导班子检视问题清单。召开对照党章党规找差距专题会1次，主题教育调研成果交流会1次；贯彻落实全市“8+2”专项整治任务，党员领导干部带头落实责任，重点整治七个方面8个问题，逐项推进专项整治，确保各项整改落实任务取得实实在在的成效。

（孟　芳）

【推进文联深化改革工作】 年内，区文联根据中央、市、区有关文件要求，在多次调查研究的基础上，结合文联工作实际制定了《丰台区文联深化改革工作方案》（以下简称改革方案），文联领导班子又具体制定了《丰台区文联深化改革任务分工方案》。就改革方案先后征求区委宣传部、编办、区人力社保局等部门意见，根据反馈的意见对《改革方案》进行了修改完善，并报请区委宣传部同意。同时，按照北京市文联的要求，区文联采取一系列举措扎实有序推进改革，确定改革落实时间表，把26项改革任务细化分解成46项具体措施。改革方案经区委第152次常委会审议通过，并以区委办名义印发。

（孟　芳）

【7个文艺家协会换届】 1月至8月，分别组织召开了文联所属7个文艺家协会的换届大会，完成了协会新老班子交替。并与协会换届工作同步开展协会党建工作，在所有协会建立了功能型党支部，实现了文艺家协会党建全覆盖。

1月6日至7日，组织召开丰台区音乐家

协会第一次会员代表大会。大会审议通过工作报告，选举产生丰台区音乐家协会第一届领导机构，著名作曲家张宏光当选为主席。北京音乐家协会副主席兼秘书长赵金波，区委常委、组织部长、区人大常委会党组书记张巨明等领导和区音协代表100余人出席大会。

4月1日至2日，组织召开丰台区作家协会第五次会员代表大会。大会审议通过丰台区作家协会第四届理事会工作报告，选举产生第五届丰台区作家协会领导机构，著名作家毕淑敏连任当选为主席。北京作家协会驻会副主席兼秘书长王升山，副区长张婕、区长助理李俊蓉等领导和区作协代表100余人出席大会。

4月28日至29日，组织召开丰台区曲艺家协会第二次会员代表大会。大会审议通过丰台区曲艺家协会第一届理事会工作报告，选举产生协会第二届领导机构，贾仑连任当选为主席。北京曲艺家协会主席李伟建、副区长张婕等领导和区曲协会员60余人出席大会。

5月16日至17日，组织召开丰台区摄影家协会第五次会员代表大会。大会审议通过丰台区摄影家协会第四届理事会工作报告，选举产生了协会第五届领导机构，张健当选为主席兼秘书长。区委常委、宣传部长梁家峰同志、北京摄影家协会主席叶用才，北京摄影家协会驻会副主席兼秘书长王越等领导和区摄协会员90余人出席大会。

5月24日至25日，组织召开丰台区戏剧家协会第五次会员代表大会。大会审议通过丰台区戏剧家协会第四届理事会工作报告，选举产生了协会第五届领导机构，张尧当选为主席。区政协副主席冯晓光，北京戏剧家协会副主席、中国戏曲学院副院长冉常建等领导和区剧协会员80余人出席大会。

5月29日至30日，组织召开丰台区书法家协会第七次会员代表大会。大会审议通过了丰台区书法家协会第六届理事会工作报告，选举产生了协会第七届领导机构，张维忠当选为主席。副区长张婕、区长助理李俊蓉、北京书法家协会秘书长郭孟祥等领导和区书协会员90余人出席大会。

8月17日至18日，组织召开丰台区美术家协会第五次会员代表大会。大会审议通过丰台区美术家协会第四届理事会工作报告，选举产生了协会第五届领导机构。中国美术家协会理事、北京美术家协会副主席张建豹当选为主席。区政协副主席冯晓光，北京美术家协会秘书长张尚军等领导和区美协会员100余人出席大会。

（孟　芳）

【运营文联“一号一刊”】 年内，在“丰台艺术家”微信公众号定期推送丰台原创文艺作品、文联资讯、文艺家信息等200余篇。制作推出《卢沟月》双月刊6期。3月13日，组织召开“一号一刊”工作研讨会，邀请区相关单位领导和“一号一刊”编委会成员，就“一号一刊”的运营和推广，以及如何加强合作等内容进行研讨。

（孟　芳）

【组织文化下乡】 1月，组织所属协会书画家走进南苑乡、卢沟桥乡、王佐镇、花乡和长辛店镇开展文化下乡送福。为村民写春联、送字画1500余幅。组织摄影家为村民家庭拍摄赠送全家福照片。

（孟　芳）

【首届“舞动丰台”舞蹈艺术展演】 4月始，“壮丽70年 奋斗新时代”首届“舞动丰台”舞蹈艺术展演面向全区各单位、舞蹈艺术家和舞蹈爱好者征集参演舞蹈作品。特邀业内领军人物组成评委组，对71个入选节目，分少儿组、中学组、老年组、专业少年组以及专业青年组五个组别进行评选，产生15个一等奖、20个二等奖，30个三等奖，5个组织奖和8个单项奖。6月29日，在北京戏曲艺术职业学院剧场举办了展演闭幕式和颁奖晚会。此次展演作为丰台区规模最大、水平最高、参与人数最多和最具有权威性和专业性的舞蹈品牌活动，全面展示了丰台区舞蹈发展的最新成果，有力地推动了丰台乃至北京舞蹈事业的繁荣发展。

（孟　芳）

【征文大赛】 由北京作家协会和丰台区文

联联合举办，丰台作协承办的《壮丽七十年 奋斗新时代——丰台赞歌》诗歌、散文征文大赛活动，从5月启动，历时三个月征文截稿。共收到来自全国 27 个省作者投稿的文学稿件286篇。毕淑敏、王升山、陈宝光等著名作家对此次征集作品进行了评选。获奖作品在《卢沟月》专刊发表。

（孟　芳）

【书法美术摄影作品展】 9月26日，“壮丽70年 奋斗新时代”丰台区书法美术摄影优秀作品展在北京汽车博物馆开幕，展览用 170 幅内容丰富、形式生动的书画、摄影作品反映70年来丰台在经济、政治、文化、社会和生态文明建设等方面取得的丰硕成果和给人民群众生活带来的巨大变化，是文艺工作者向祖国70年华诞的献礼。

（孟　芳）

【戏剧艺术交流演出】 12月19日，丰台区戏剧家协会迎新年慰问演出暨青年演员艺术交流会在区文化馆举办，活动以高水平的戏剧节目为丰台群众、文化志愿者、国庆活动保障人员送上新年的祝福。

（孟　芳）

【曲艺专场演出】 12月20日，在区文化馆举办“祝福祖国 礼赞时代”曲艺专场活动。丰台区曲艺家协会邀请知名艺术家和艺术骨干联袂参演，以快板、相声、京韵大鼓各类曲艺形式的精彩演出，为观众带去向上向善、崇德尚廉的正能量。

（孟　芳）

【新年音乐会】 12月23日晚，“旗帜飘扬”2020 年丰台区新年音乐会在北京戏曲艺术职业学院剧场上演。整场音乐会共分为“旗帜飘扬新时代”“妙笔生花看丰台”“向往寻觅中国梦”“凝心聚力向前方”四个篇章。节目突出原创性，半数以上的作品是丰台原创歌曲。北京市文联党组成员、副主席杜德久，北京音乐家协会驻会副主席、秘书长赵金波，著名作曲家、丰台音乐家协会主席张宏光参加活动。刘颖、张婕、连宇同志和来自丰台区社会各界近600人一同观看演出。

（孟　芳）

【“文艺轻骑兵”系列文化进基层活动】 年内，组织百名文艺志愿者成立文艺小分队“到人民中去”，全年走进区第二离职干休所、新村街道、长辛店镇辛庄村等丰台区乡村、社区、工厂、军营，开展 20 余场演出和笔会。文艺惠民和文艺志愿服务活动落地有声。

（孟　芳）

【文艺交流与合作】 年内，联合举办庆祝新中国成立 70 周年“我和我的祖国”文艺汇演、“携手新时代”——庆祝新中国成立七十周年书法篆刻联展等活动，参与指导区少年宫“春天送你一首歌”诗歌朗诵会。

（孟　芳）

【原创节目获奖】 年内，由丰台区文联选送的舞蹈《京韵》，在新中国 70 华诞——北京市文联团体会员单位原创优秀文艺作品评选中荣获二等奖，并入选北京市文联团体会员单位优秀文艺作品展演。歌曲《旗帜飘扬》获优秀奖。区曲艺家协会申报节目荣获 2019 年北京少儿曲艺比赛三等奖和新苗奖，曲协获此项活动组织奖。区书法家协会连续第三届获得北京电视书法大赛优秀组织奖。

（孟　芳）

【原创文艺作品制作】 年内，编辑制作了第45期至第50期《卢沟月》综合类文艺双月刊。邀请丰台区音乐家协会主席、著名作曲家张宏光，区音协副主席、词作家孙义勇为丰台创作歌曲《为你而来》，并在“旗帜飘扬”新年音乐会上首演，展现人们对丰台这片热土的深深热爱和对美好生活的无限向往。

（孟　芳）

教 育

概 述

【概 况】 2019年，丰台区教委辖属教育单位282个，其中，幼儿园139所（教育部门办园28所、其他部门办园4所、地方企业办园4所、事业单位办园1所、部队办园13所、集体办园22所、民办园67所），小学75所（教育部门办校70所、民办校5所），初级中学14所(教育部门办校13所、民办校1所)，完全中学12所（教育部门办校11所、民办校1所），高级中学4所（民办校）,九年一贯制学校12所（教育部门办校10所、其他部门办校1所、民办校1所），十二年一贯制学校5所（教育部门办校4所、民办校1所），特殊教育学校1所，中等职业学校5所，其他法人单位15个。招生36368人（幼儿园14475人、小学12111人、初中6555人、普通高中2728人、中等职业学校499人）；毕业26718人(幼儿园10095人、小学10003人、初中3872人、普通高中2254人、中等职业学校494人）；在校生132518人(幼儿园41797人、小学64663人、初中16635人、普通高中7540人、中等职业学校1696人、特殊教育学校187人）。教职工总数18129人（幼儿园7252人、小学4805人、中学5601人、中等职业学校430人、特殊教育41人），其中，高级职称1804人、中级职称4166人。北京市特级教师79人、北京市骨干教师160人、北京市学科教学带头人28人。中小学固定资产总值近28.59亿元（不含特教），设立学区8个，教育总投入51.98亿元。

（陶慧贤）

教育管理

【“砥砺杯”首届微党课大赛】 6月12日，“话初心使命 庆七十华诞”丰台教育系统“砥砺杯”首届微党课大赛落下帷幕。微党课大赛是区教育系统党建工作的一项创新举措，活动经过策划和部署、集群选拔、初赛、复赛和决赛五个阶段。教育系统公办和民办教育机构280多节微党课参加了选拔，评选出微党课一等奖10节、二等奖15节、三等15节、优秀奖34节。6月28日，进行了首届微党课大赛展演。

（李春辉）

【教育大会】 9月10日，区教育大会在北京十二中召开，大会举行2019年丰台区教育奖励基金颁奖仪式，丰台区分别与首都师范大学、北京师范大学、北京城市学院、西城区教委签署了相关合作协议。区委、区政府颁发了《关于加快推动丰台教育上台阶的若干意见》《关于全面深化新时代教师队伍建设改革的实施意见》两份文件。区委书记、市委教育工委常务副书记、区各委办局、街（乡/镇）主要领导，教育系统基层单位党政领导，民办学校代表，教师代表等参加大会。

（王逢立）

【中小学校长职级评审】 年内，按照上级文件及工作要求，推行中小学校长职级制，开展了首次中小学校长职级制评定工作。联合区委组织部、区人力社保局、区财政局等部门，编制印发了《关于推行中小学校长职级制度的实施方案（试行）》（丰教工发〔2019〕44号）。同时推进职级制落实，经过材料评审、面试答辩、评审委员会讨论票决、区委教工委会议通过、公示等程序，10名校长（书记）被评为特级校长（书记）、104名校长（书记）被评为高级校长（书记）、57名校长（书记）被评为中级校长（书记）、2名园长（书记）被评为初级校长（书记）。

（杨　璐）

【教育集群特色发展调研活动】 11月26日至12月12日，丰台教科院集团集群办公室组织为期三周的教育集群特色发展调研活动。由集团集群研修班联系人参与，分别对东高地集群、方庄集群、南站集群、卢沟桥集群、丰台镇教育集群、科技园区集群、长辛店集群、云岗集群等8个教育集群进行调研。

（蔺玉刚）

【“春晖计划”特级教师工作室项目】 年内，区“春晖计划”特级教师工作室项目涉及20个特级教师工作室，分别以特级教师姓名命名，并接受北京教育学院丰台分院领导的授牌。工作室涉及小学、初中、高中三个学段中的语文、数学、物理、化学、政治、英语、地理、美术等学科，近300名中青年骨干教师参与工作室的研修工作。

（李晓菊）

【国庆70周年服务保障】 年内，国庆70周年庆典活动中，区教委组织50名学生参与“立德树人”方阵群众游行，690名教师参与“不忘初心”方阵群众游行，7名教师参与“从严治党”方阵群众游行，4名学生参与群众联欢活动；12名教练员、12名艺术指导、182名工作人员参与策划动训及服务保障工作。参与人员来自144个基层党组织。

（武卫华）

教育教学

【2018—2019学年度高中课改研讨会召开】 5月17日，区教委在丰台分院报告厅组织召开丰台区2018–2019学年度高中课改研讨会。教委基教二科，丰台分院、教科院相关部门领导及教师，高中校校长及教育教学主管干部共计80余人参加会议

（余　琴）

【“一校一品”体育教学改革阶段成果展示活动】 5月24日，在市教委的支持下，由区教委、北京师范大学“一校一品”项目组主办，丰台一小、扶轮小学、教科院实验二小、西罗园六小、东铁营一小、和义学校、东罗园小学承办的“一校一品”体育教学改革阶段成果展示活动（丰台分会场）在丰台一小举行。来自不同学校的432名学生带来了素质操展示。

（郭　莹）

【中小学课程领导力学术研讨会】 10月22日，召开第一届丰台区基础教育课程建设先进单位和课程建设优秀成果评选活动启动会暨丰台区中小学课程领导力学术研讨会，区各中小学的100多名课程负责人参会。

（余　琴）

【初中联片教研活动】 11月13—14日，丰台区“基于核心素养的课堂教学策略与实践

路径的研究”初中联片教研活动在丰台分院中学教研室的策划与组织下展开。初中10个学科在首都经济贸易大学附属中学、北京十二中科丰校区、右安门外国语学校、北京师范大学实验中学丰台学校、北京十中、中央民族大学附属中学丰台实验学校6个学校举办联片教研活动，活动共集中展示了69节研讨课，全区所有初中教师参与了活动。

（刘青岩）

【小学生涯班会实践现场会】 12月11日，小学生涯班会实践现场会在清华附中丰台学校小学部召开。会议分为生涯班会课展示及研讨、主题报告、专家点评、领导总结四个环节。承办校5位班主任同步展示5节生涯主题班会。来自区各小学的主管领导、心理教师、班主任约150人参加了活动。

（卢元娟）

【故宫“有界之外”展览教师工作坊项目案例总结交流会】 12月25日，北京教育学院丰台分院课程发展中心组织召开“有界之外跨界之美”——故宫“有界之外”展览教师工作坊项目案例总结交流会。60余人参会。

（刘　平）

教育督导

【教育督导工作会】 1月9日，区人民政府教育督导室在教委三层报告厅召开丰台区教育督导工作大会。全区中小学、幼儿园专兼职督学、学校视导员共计400余人参加会议。

（徐　晶）

【“以校为本”诊断性督导项目启动会】 11月22日，区教委召开“以校为本”诊断性督导项目启动会。北京教科院督评中心主任、区教委副主任，北京教科院专家、四所样本校的领导、专职督学共计22人参加会议。

（徐　晶）

【幼儿园办园质量督导评估】 年内，开展了幼儿园办园质量督导评估工作。按照北京市幼儿园办园质量督导评估实施方案的要求，通过市级统筹、区级主责、市区联动的工作方式，落实保安全、保基本、有质量的学前教育发展理念，所有幼儿园均在4月底完成了自评工作，分两批完成已审批民办幼儿园实地评估工作。第一批于5月30日完成了使用教委房产的民办幼儿园的实地核查（39址），第二批于11月6日完成了其他民办园的实地核查(32址)。幼儿园办园质量督导评估采用线上督评与实地督评相结合的方式。

（徐　晶）

学前教育

【教学中提升阅读素养高级研讨会】 6月18日，丰台分院学前教研室语言项目组在区蓝天华凯幼儿园开展“深入、聚焦、提升—在教学中提升阅读素养”高级研讨会。邀请南京师范大学博士、南京师范大学儿童图画书研究中心研究员、副教授华希颖，北京教育学院丰台分院支梅院长、副院长朱世城、学前教研主任高小芳携教研室全体人员以及园长教师共计60余人参加。

（张　韵）

【朱继文园长工作室展示交流活动】 11月7日，“展丰台杏坛风采，向祖国70周年献礼”朱继文园长工作室展示交流活动在首都经济贸易大学华侨学院礼堂开幕。700余人参加展示交流活动。

（易明延）

【幼儿园教师首届“浓郁杯”数学语言说课大赛】 12月24日，丰台分院学前教研室组织丰台区幼儿园数学、语言项目组教师开展“丰台区幼儿园教师首届‘浓郁杯’数学、语言案例设计说课大赛。大赛参赛教师共21名，观赛教师120余名，6名项目园园长代表作为评委，评出数学组、语言组一等奖各1名，二等奖各2名，三等奖各3名。

（范靖　张韵）

【3所小区配套幼儿园接收】 年内，区教委陆续接收了3所小区配套建设幼儿园的资产，并对其进行了装修改造和装备配备。分别为：首开华润城配套幼儿园、合顺家园配套幼儿园、珠江骏景北区配套幼儿园。

（郝文晟）

基础教育

【北师大实验中学丰台学校揭牌】 5月8日，举行北师大实验中学丰台学校揭牌仪式，教育部、北京市教委、北京师范大学、丰台区相关领导出席揭牌仪式，北师大实验中学丰台学校部分师生和家长代表、南站教育集群成员单位、社区代表参加活动。区委常委、宣传部长梁家峰宣读《关于北京师范大学第四附属中学更名的批复》。教育部基础教育司副司长马嘉宾，北京师范大学校长董奇，区委副书记、区长王力军，北京市教委副巡视员张永凯，北师大附属实验中学书记陈国才、校长李晓辉和北师大实验中学丰台学校校长蔡晓东，书记、执行校长金光泽共同揭牌。

（王逢立）

【少年先锋队建队70周年主题队日活动】 10月12日，区委教工委、区教委、团区委、区少工委在中国人民大学附属中学丰台学校举办"逐梦新时代•争做好队员"丰台区庆祝中国少年先锋队建队70周年主题队日暨第十一届区"十佳"少先队员事迹发布会。全区大、中队辅导员和少先队员代表参与活动。荣获第十一届区"十佳"少先队员荣誉称号的是付子珊、林鑫蕊、陈子豪、张赢佳、安柏嫣、张子千、赵邵帅、刘依然、果佳怡和刘昊宸10名同学。

（李晓季）

【中小学生大课堂"师先行"活动】 11月1日，区中小学生大课堂"师先行"活动于在"世界种子品种展示基地"举行。展示咨询环节，各资源单位结合自身特色和优势，通过展板、宣传册等形式进行展示宣传，同时为到场学校老师提供咨询服务。实践育人交流会上，刘婧主任首先介绍了区属中小学生社会大课堂管理工作情况。长辛店第一小学副校长李振飞、首经贸附属中学副校长李智勇、大葆台西汉墓博物馆大课堂负责教师尉威以及世界种子大会品种展示基地大课堂负责人魏喆分别带来案例分享。

（赵丽君）

【办学实践研讨会】 4月23日，举办以"温润心灵，暖育公民"为主题的丰台第一小学办学实践研讨会。活动由区教工委、区教委主办，北京市丰台区教育科学研究院、丰台第一小学、北京教育音像报刊总社承办。丰台一小通过总长60多米的展板集中展示了学校各方面的工作成果和四个校区的风采，通过10节观摩课展示了课堂教学中的实践创新，学生们还用素质操、舞蹈、京剧表演以及特色社团活动等展示形式，200人参加活动。

（杨　璐）

【中华优秀传统文化与学校课程一体化建设主题研讨会】 12月20日，丰台区举办"课程建设优秀成果推广暨传统文化与学校课程一体化构建"主题研讨会，会议由北京教育科学研究院课程教材发展研究中心、区教委主办，丰台分院课程发展中心、丰台一小承办。研讨会展示了丰台一小对"文化+课堂"的初步探索，学校通过基础类、拓展类和综合类课程渗透、传承中华优秀传统文化，课堂展示涉及语文、数学、英语、美术、科学、传统文化7个学科，共13节课。200人参加活动。

（余　琴）

【一体化德育体系项目展示与交流活动】 12月25日,区中小学构建一体化德育体系项目展示与交流活动在北京十二中钱学森学校举行，北京林业大学教授、区教委副主任、丰台教科院副院长、北京十二中钱学森学校执行校长以及来自区各中小学德育干部130余人参加活动。

（简作军）

驻区高校

首都经济贸易大学

【概　况】　2019年，首都经济贸易大学（以下简称首经贸）占地面积36万平方米，产权校舍建筑面积45.74万平方米。图书馆建筑面积2.84万平方米，藏书212.47万册。固定资产总值13.37亿元，其中，教学、科研仪器设备资产总值6.12亿元。经费收入119411.33万元(国家拨款92943.70万元、自筹经费26467.63万元)。拥有计算机8700台。学校信息化经费投入1177万元，多媒体教室339间，信息化设备资产17369万元，网络信息点22000个，校园网出口总带宽7000Mbps，电子邮件系统用户6717个，上网课程205门。设19个教学单位，开设46个本科专业，覆盖10个学科门类；具有一级学科11个，一级学科博士学位授权点4个，一级学科硕士学位授权点7个，专业学位授权点17个。博士后科研流动站4个，博士后科研人员出站9人，进站5人，在站25人。拥有二级学科国家重点学科1个，一级学科省部级重点学科2个，二级学科省部级重点学科2个，国家级一流本科专业建设点8个，北京市一流本科专业建设点3个，北京高校重点建设一流专业4个，北京高校高精尖学科建设点3个。教职工1512人，其中，专任教师900人，教授184人，副教授345人，博士研究生导师132人、硕士研究生导师536人。学历教育全日制毕业生4286人，其中研究生1144人（博士生38人，硕士生1106人），普通本科生2237人，成人教育本专科生805人（本科528人，专科277人）。本科毕业生就业率95.63%，硕士研究生就业率98.49%，博士研究生就业率100%。招生4475人，其中硕博连读博士生13人，申请—考核制博士研究生39人，全日制学术硕士研究生510人，全日制专业硕士782人,非全日制专业硕士96人，普通本科生2455人，成人教育本专科生512人（业余专升本160人、函授专升本142人，函授高起专210人）。高考北京地区提档线文科571分、理工科569分。在校生16480人，其中，全日制研究生3645人（博士生488人，硕士生3157人），普通本科生10091人，成人教育本专科生2097人。留学生毕业51人（本科生15人、硕士研究生27人、博士研究生9人），结业11人（本科生4人、硕士研究生7人）、招生737人（学历教育学生162人、非学历教育学生575人），学历教育在校生337人。网址：www.cueb.edu.cn。

（黄少卿）

【学科专业建设】　年内，统计学、应用经济学、工商管理3个学科获批北京市首批高精尖学科，进入北京市一流学科行列。学校建立以绩效为杠杆的学科建设经费考评体系，调整并完善工程硕士学位授权点。工商管理博士一级学科学位授权点通过国务院学位委员会合格评估抽评，旅游管理、翻译、工程（软件工程）通过国务院学位委员会、教育部学位授权点专项评估合格评估。经济学、金融学、国际经济与贸易、统计学、工商管理、会计学、资产评估、劳动与社会保障等8个专业获批“双万计划”国家级一流本科专业，法学、传播学、信息管理与信息系统等3个专业获批北京市一流本科专业。经济学、会计学、金融学、工商管理获批“北京市重点建设一流专业”。

（黄少卿）

【师资建设】　年内，首经贸引进“长江学者”特聘教授、国家杰出青年基金资助获得者、“万人计划”哲社领军人才、国家级百千万人才工程王永贵。学校教师顾奋玲获批全国教育系统先进工作者；尹志超入选首批青年北京学者；高中华入选北京市优秀人才培养资助青年拔尖个人项目，王俏、江成、黄衔鸣入选骨干人才项目；王大地入选第十四批“海聚工程”青年项目，李应芳、林楠入选短期项目；李百兴获第十五届北京市高等学校教学名师奖，范合君、詹婧获第三届北京市高等学校青年教学名师奖；张学平和郎丽华入选“高创计划”教学名师。

（黄少卿）

【科研项目成果】 年内，首经贸高层次项目申报数与立项率继续保持较高水平，共获批各类纵向项目 87 项，其中，国家社科基金项目 11 项，国家自然科学基金项目 13 项；教育部各类项目 9 项，教育部各类研究项目 9 项；北京市社会科学基金项目 28 项；北京市自然科学基金项目 4 项；其他省部级项目 7 项。发表学校国际高水平论文 475 篇，其中 SCI、SSCI 期刊论文 65 篇（包括 JCR 一区发表 27 篇），EI、ISTP 等收录的国际论文 5 篇，国际一般论文 14 篇；权威 A 论文 9 篇，权威 B 论文 67 篇，CSSCI/CSCD 期刊论文 112 篇，北大核心期刊论文 57 篇。共获得第十五届北京市哲学社会科学优秀成果奖一等奖 1 项、二等奖 5 项。成功举办 20 余场有影响力的国际、全国性学术研讨会。与市人大常委会、中央财经大学共建北京市人大预算监督研究基地。《京津冀蓝皮书（2018）》获第十届“优秀皮书奖”一等奖，位列区域类皮书第一名。

（黄少卿）

【与悉尼科技大学签订校际合作协议】 4 月 19 日，首经贸党委书记冯培在校本部博远楼会见澳大利亚悉尼科技大学（University of Technology Sydney，UTS）常务副校长万胤忠（Ian Watt）一行，冯培与万胤忠分别代表双方签订了校际学术合作协议和“2+2”本科生双学位项目协议。根据协议，学校将通过学校华侨学院、工商管理学院与悉尼科技大学开展国际合作，并逐步拓展双方在“3+1+1”本硕连读项目、学生暑期学校项目、教师互访等领域的合作。

（黄少卿）

【纪念五四运动 100 周年青春歌会】 5 月 6 日，首经贸在校本部琢玉讲堂举办“我和我的祖国共奋进”纪念五四运动 100 周年青春歌会。歌会分为“青春记忆 革命烽火”“青春情怀 美好生活”“青春奋进 永跟党走”3 个篇章，各学院分别演出了《五月的鲜花》《让我们荡起双桨》《我的祖国》等 15 个歌曲情景剧。各单位负责人以及团员青年代表 700 余人参加活动。

（黄少卿）

【管理工程学院成立】 5 月 15 日，首经贸在原信息学院和安全环境工程学院基础上成立管理工程学院。管理工程学院设一级学科博士学位授权点 1 个（管理科学与工程），硕士学位授权点 4 个（管理科学与工程、安全科学与工程、电子信息、资源与环境），本科专业 6 个（信息管理与信息系统、计算机科学与技术、数据科学与大数据技术、安全工程、工业工程、环境工程），有教授 15 人、博士生导师 8 人，由张军任院长，房永明任党委书记，陈炜、陈文瑛任副院长，季岩砚、蔡丹任党委副书记。

（黄少卿）

【“博远茶叙”首场活动】 5 月 30 日，首经贸在校本部博远楼举行主题为“聚才筑梦 日臻至善”的“博远茶叙”首场活动，由学校工商管理学院教授高闯分享自己在人才项目申报方面的经验，学校副校长王传生，学校经贸学者、后备学科带头人、中青年骨干教师代表，学校人事处、党委宣传部代表 10 余人参加活动。“博远茶叙”是学校“驼韵师话”系列活动的子活动，旨在围绕教师们关注的热点话题，构建一个自由沟通的谈话场所。全年，学校“驼韵师话”活动联合学校工商管理学院、马克思主义学院、劳动经济学院、金融学院、法学院分别就“做教育的追梦人”“如何讲好思想政治理论课”“共叙育人情怀”“共话课程思政”等主题共举办分享活动 5 场。

（黄少卿）

【新增大类招生专业】 6 月，首经贸招生计划中有大类招生专业 5 个，分别为公共管理类、工商管理类（工商管理学院）、经济与贸易类、工商管理类（劳动经济学院）、金融学类，其中经济与贸易类、工商管理类（劳动经济学院）、金融学类为新增专业。大类招生专业涵盖行政管理、公共事业管理、土地资源管理、城市管理（区域经济管理）、工商管理、市场营销、物流管理、电子商务、旅游管理、国际经济与贸易、贸易经济、人力资源管理、劳动与社会保障、劳动关系、社会工作、金融学、金融工程、投资学等19个专业（方向），按照“厚基础、宽口径”的人才培养模式，由学生在本科教学阶段第三或第四学期根据学院制定的专业分流方案选择具体专业。

（黄少卿）

【获“全国教育系统先进工作者”称号】 9月5日，首经贸教师顾奋玲获评为全国教育系统先进工作者。顾奋玲是学校教授、博士生导师，历任学校会计学院副院长、院长，曾获北京市优秀教师称号，主要研究方向为注册会计师审计（侧重于审计市场、内部控制及其评价与审计等领域）、公司治理与内部审计。

（黄少卿）

【参与庆祝新中国成立70周年活动】 10月，首经贸师生志愿者1000余人参与庆祝新中国成立70周年群众游行、广场联欢、志愿服务活动，其中412人参与“不忘初心”方阵训练，196人参与“鱼水情深”联欢方阵，404人组成志愿服务大队，培训、合练预演时长分别达11932小时、22104小时。学校志愿者代表高琼、孙宏皓、吴媛媛等8人与对外经济贸易大学志愿者代表组成联合宣讲团到青海省西宁市为青海师范大学、西宁城市职业技术学院等高校师生1000余人讲述服务保障国庆活动的经历与感悟。国庆游行方阵主题彩车“不忘初心”落户学校。

（黄少卿）

【入选首批青年北京学者】 10月29日，首经贸教师尹志超入选北京市首批青年北京学者。尹志超是学校教授、博士生导师，长期致力于微观数据的采集和实证研究，曾入选中组部首届“青年拔尖人才支持计划”，教育部“新世纪优秀人才支持计划”，第一批“万人计划”青年拔尖人才，获第二届“孙冶方金融创新奖”，入选国家发改委第二批PPP（政府和社会资本合作）专家。

（黄少卿）

【思想政治理论教育】 12月27日，首经贸与北京市习近平新时代中国特色社会主义思想研究中心在校本部博远楼共同举行新中国70年高校思想政治理论课建设暨学习习近平新时代中国特色社会主义思想学术研讨会。会议围绕新中国70年高校思政课建设、如何更好地将习近平新时代中国特色社会主义思想融入思政课建设等问题展开了讨论。会上，学校马克思主义学院与丰台区新时代文明实践中心、马家堡街道时代风帆楼宇党委举行了共建签约仪式。70余人参加会议。

（黄少卿）

【入选国家级、省级一流本科专业建设点】 12月，首经贸经济学、金融学、国际经济与贸易、统计学、工商管理、会计学、资产评估、劳动与社会保障等8个本科专业入选国家级一流本科专业建设点名单；法学、传播学、信息管理与信息系统等3个专业入选北京市一流本科专业建设点名单；经济学、工商管理继会计学、金融学（2017年入选）后入选北京高校重点建设一流专业名单。此外，学校统计学、应用经济学、工商管理3个学科入选北京高校高精尖学科建设名单。

（黄少卿）

【获北京市高等学校教学名师奖】 12月，首经贸教师李百兴获第十五届北京市高等教学名师奖，范合君、詹婧获第三届北京市高等学校青年教学名师奖。

（黄少卿）

首都医科大学

【概　况】 2019年，首都医科大学（以下简称首医）和附属医院总占地面积161.04万平方米，总建筑面积280.80万平方米。其中，学校占地面积23.91万平方米、建筑面积36.58万平方米。学校和附属医院图书馆建筑面积2.56万平方米，共藏书153.4万册，其中，学校图书馆建筑面积1.79万平方米，藏书102.39万册。全年教育经费投入176269.49万元，其中，财政拨款133766.01万元，自筹经费21972.27万元，科研经费20531.21万元。学校和附属医院固定资产总值352211.39万元，其中，学校固定资产总值318111.22万元。学校和附属医院教学、科研仪器设备资产值203421.83万元，其中，学校教学、科研仪器设备资产值169767.83万元。信息化设备资产值24667.31万元。拥有教室132间，其中，网络多媒体教室132间。拥有计算机7907台，网络信息点14562个，上网课程196门，电子邮件系统用户8900个，管理信息系统数据总量20480GB，数字资源量中电子图书1027603册、电子期刊1265771册、学位论文669466册、音视频2907小时。学校由北京市教育委员会举办，为医药类院校，设有5个校区，设置11个学院、1个研究中心和1所附属卫生学校，有21所临床医学院（其中19所为附属医院）、1个预防医学教学基地（北京市疾病预防控制中心），有38个临床专科学院、专科学系，32个临床诊疗与研究中心。开设24个本科专业、3个长学制专业，覆盖5个学科门类；具有一级学科14个；一级学科博士点8个、三级学科博士点59个、专业学位博士点3个；一级学科硕士点13个、三级学科硕士点77个、硕士专业学位授权类别9个；博士后科研流动站9个，其中，博士后研究人员出站35人、进站69人、在站180人。国家级一流本科专业建设点5个；省级一流本科专业建设点2个，北京市重点建设一流专业4个，北京高校高精尖学科3个。国家儿童医学中心1个、国家临床医学研究中心6个；省部共建国家重点实验室培育基地1个、教育部重点实验室5个、省部共建协同创新中心1个、北京实验室1个、北京高精尖创新中心1个、北京市重点实验室54个；国家工程实验室1个、国家工程技术研究中心1个、教育部工程研究中心4个、北京市工程技术研究中心10个。设有国家生命科学与技术人才培养基地、原卫生部全科医学培训中心、健康医疗大数据国家研究院、国家医疗保障研究院、北京市全科医学培训中心、首都卫生管理与政策研究基地、北京神经科学研究所等。学校和附属医院现有教职员工和医务人员41909人（校本部1565人，附属医院40344人），其中，专任教师4875人（校本部专任教师787人，临床教师4088人），包括正高级2662人，副高级4076人；有教授946人（校本部119人，附属医院827人），副教授1324人（校本部297人，附属医院1027人）；有博士研究生导师730人、硕士研究生导师1152人；中科院院士4人、工程院院士3人。“长江学者奖励计划”特聘教授5人、青年长江学者2人；“国家高层次人才特殊支持计划”领军人才17人、青年拔尖人才3人；“国家杰出青年科学基金”获得者12人，“国家优秀青年科学基金项目”获得者11人；北京学者16人，青年北京学者3人。外籍教师9人。学历教育学生中毕业生4066人，其中，研究生1360人（博士生278人、硕士生1082人）、普通本专科生1516人（本科生1040人、专科生476人）、成人教育本专科生1090人（本科生876人、专科生214人）、留学生100人。本科毕业生就业率81.93%。招生4755人，其中，研究生1793人（博士生518人、硕士生1275人）、普通本专科生1660人（本科生1338人、专科生322人）、成人教育本专科生1157人（本科生1133人、专科生24人）、留学生145人。高考北京地区提档线理科581分。在校生15905人，其中，研究生4966人（博士生1301人、硕士生3665人）、普通本专科生7200人（本科生5592人、专科生1608人）、成人教育本专科生3010人（本科生2802人、专科生208人）、留学生729人。网址：www.ccmu.edu.cn。

（王于英　陈飞飞）

【重大活动“1+3”服务保障】 年内，621名师生完成了国庆70周年大会系列活动中“不忘初心”方阵群众游行、广场合唱、群众联欢、游园志愿者等任务。其中，国庆游行336人（本科生316人，教师20人），广场合唱73人（本科生70人，教师3人），群众联欢107人（研究生 16 人，本科生 87 人，教师 4 人），游园志愿者 105 人（研究生 7 人，本科生 96 人，教师 2 人）。311 名师生参加了第二届“一带一路”国际合作高峰论坛、亚洲文明对话大会文化嘉年华和 2019 年北京世界园艺博览会的志愿服务活动。其中，参加第二届“一带一路”国际合作高峰论坛 61 人（本科首都医生 58 人，教师 3 人），参加亚洲文明对话大会 51 人（本科生 48 人，教师 3 人），参加 2019 年北京世界园艺博览会 199 人（研究生 5 人，本科生 179 人，专科生 11 人，教师 4 人）。

（陈飞飞）

【学科与师资队伍建设】 年内，推进落实与协和医学院、北大医学部和清华大学结对共建临床医学、口腔医学和基础医学高精尖学科的三年规划。启动与北航共建大数据精准医疗高精尖中心工作。加强对优势学科的博士招生名额支持。加强 36 个临床专科学院（系）和 32 个临床诊疗与研究中心建设工作。完成首都医科大学健康医疗大数据国家研究院的硕士招生相关工作以及大数据研究生课程教学筹备等工作。调整学校人才工作领导小组。修订学校学术委员会章程，完善以学术委员会为核心的学术管理体系与组织架构。争取上级政策和资源，拓宽人才引进政策平台，学校成为北京市首批事业单位特设岗位设置和北京市海外高层次人才自主认定试点单位。新增中国科学院院士 1 人，这是学校校本部第一位当选院士。获批国家高层次人才特殊支持计划科技创新领军人才 1 人，国家百千万人才工程、国家突出贡献 1 人；北京市战略科技人才等省部级人才 85 人，市级青年拔尖团队 1 个、创新团队 1 个。获批北京市教学名师奖 1 人。完善岗位评聘政策与工作机制，强化师资队伍与导师队伍激励。充分发挥学院在岗位评聘工作中的作用。强化分类建设，完善评聘相关政策。加强新入职教师个性化培养，给予新任教师科研启动经费支持。坚持导师业绩激励原则。完成临床导师遴选，对急需学科给予倾斜支持。修订兼职导师聘任制度，加强聘任高层次人才为兼职教授和兼职导师的部门工作协同。

（陈飞飞）

【教育教学与人才培养】 年内，深化推进临床医学人才培养模式改革。增加 100 个专业学位博士招生计划，有针对性地支持高水平临床研究平台。获市卫健委批准，临床医学博士研究生在完成培训后参加北京市住院医师培训二阶段考核，对推进专业学位博士培养改革起到了积极作用。建立临床研究方法学类课程分层建设的方案，在有关附属医院建立了临床研究方法学科课程，加强学生临床研究能力培养；加强专业、学位建设。统一修订了学术型和专业型学位研究生培养方案，全面启动本科专业培养方案的修订工作，完成本专科 6 个专业培养方案的修订。临床医学、口腔医学、预防医学、临床药学和护理学 5 个专业入选国家级一流本科专业建设点，基础医学和中医学 2 个专业入选省级一流本科专业建设点。口腔医学和预防医学获第二批北京高校重点建设一流专业。启动创新基础医学专业培养机制的研究工作。制订、修订护理贯通培养“3+3+2”与“3+3”专业人才培养方案。完成新设研究生培养点的评审。完成校院两级学位委员会的换届，修订学位管理规定；完善人才培养层次体系。与北京市卫生职业学院签订了相关人才培养合作框架协议书，共同创建北京市医学及相关人才培养体系。新增眼视光医学、卫生检验与检疫及助产学专业招生，保留临床医学（乡村医生）高职自主招生。继续推行学术学位博士等硕博连读和申请审核制招生。

（陈飞飞）

【科学研究与科技成果转化】 年内，完成校本部教育部重点实验室及北京市重点实验室学术委员会的换届；对教育部重点实验室建设情况进行了中期检查，对校本部实验室进行了预考核。加强科研项目申报工作：针对国自然重点、杰青、优青及科技部国家重点研发计划等项目申报，组织 27 场专家辅导，通过三级审查体系严格审核。获批国家级和省部级科研项目 522 项，获批经费 3.42 亿元。其中，国家级科研项目 303 项，总经费 2.24 亿元，获批省部级项目219项，总经费1.18亿元。促进科技成果转化工作。建立首科医谷医药健康技术转移人才培训体系，形成以医药技术经纪培训、医药专业技术培训、医药投融资培训三位一体的培训体系。获批市科委“北京市科技成果转化平台建设专项”经费400万元，其中药学中试基地建设经费300万元。进一步完善了首科医谷孵化器功能，获批中关村技术转移人才培训基地，入孵企业数量达到9家。开展北京医学概念验证中心从概念到产品开发的项目5个。与石家庄高新区合作建立了“首都医科大学科技园石家庄技术转移中心”。获2018年度国家科技进步奖5项。其中，以第二完成单位获国家科技进步一等奖1项，以参与完成单位获国家科技进步二等奖4项；获2018年度北京市科学技术奖9项，其中一等奖1项，二等奖1项，三等奖7项；获高等学校科学研究优秀成果一等奖1项，二等奖2项；中华医学科技奖6项；教育部高校奖3项；吴阶平-保罗杨森医学药学奖2人；何梁何利科学与技术奖1人；北京市第十三届优秀调查研究成果二等奖1项；获药明康德生命化学研究奖-科技成果转化奖1人。授权专利355项，其中发明专利108项。

（陈飞飞）

【国际国内交流合作】　年内，与国外一流大学新签署协议8份，包括美国耶鲁大学、德国马尔堡菲利普大学等。选派308名全日制在校生通过各类交流合作项目出境交流学习，其中本科生139人、硕士和博士169人。作为理事长单位加入由国家卫健委人才交流与服务中心牵头成立的“一带一路”医学人才培养联盟。落实青海玉树州教育二期项目、内蒙古医科大学临床教学师资培训项目、湖北医药学院管理干部专题研修项目、银川医生专业研修培训项目等，组织开展党员健康扶贫、学生送医送药社会实践等志愿服务活动。与国家医疗保障局合作成立首都医科大学国家医疗保障研究院。与协和、北医、北中医、天医、河医共同成立北京卓越医学人才培养联盟。

（陈飞飞）

【市属高校分类发展专家组到校考察】　1月14日，由中国科学院院士、南开大学原校长饶子和、中国工程院院士、北京大学第三医院院长乔杰等9位专家组成的市属高校分类发展专家组入校考察，听取首医办学定位及建设发展情况、建设发展面临的主要制约因素、采取的改革建设发展任务举措等情况汇报；并通过对学院、学科及相关平台的实地考察，与相关校领导、职能部处负责人、师生代表访谈座谈等形式，对首医高水平研究型医科大学的办学定位给予充分肯定。

（陈飞飞）

【与北京卫生职业学院签署卫生健康相关人才培养合作框架协议】　2月25日，签约仪式在首医举行。根据协议，自2019年起，北京卫生职业学院开始招收初中起点的护理学贯通培养（3+3+2）和中高职衔接培养（3+3）学生，首医附属卫生学校停止招收此两类学生，首医负责承担贯通培养项目本科阶段培养任务。该项合作是市属医学院校深入贯彻落实国家教育发展规划纲要精神，深化落实医教协同、推进医学教育改革与发展的重要举措；是首医建设高水平研究型医科大学、完善人才培养层次体系的内在要求。市教委副巡视员、发展规划处处长，市卫健委副巡视员、科教处处长，首医党委书记、副校长、北京卫生职业学院党委书记、院长，以及两校相关学院、部处负责人共25人参加签约仪式。

（陈飞飞）

【校领导任免】　6月25日，首医举行干部宣布会议，会上宣布饶毅任首都医科大学校长，尚永丰不再担任首都医科大学党委副书记、校长。北京市委常委、市委教育工委书记王宁，市委组织部副部长张强，市委教育工委常务副书记郑吉春，以及市委组织部、市委教育工委相关处室负责人，首医领导班子成员，党委委员，纪委领导成员，中层干部，学术委员会、教代会负责人等160余人出席会议。会议由郑吉春主持。11月20日，吉训明就任首医副校长。

（陈飞飞）

【首都医科大学国家医疗保障研究院成立】 8月30日,首都医科大学国家医疗保障研究院成立。该研究院由首医与国家医疗保障局合作成立,为国家级高端智库,职责定位是为中国医保局和北京市委市政府医保政策决策和医保管理服务,为构建国家先进的医保制度和政策体系提供专业支撑。主要担负医保政策研究、制度建设、行业服务和监管支撑等工作。研究院由国家医保局和首医共同管理,为独立非法人学术平台。实行院长负责制,设院长1名、副院长3名,不设行政级别。研究院的科研团队采用专兼职相结合聘用的模式,参与研究院工作的国家医保局和首医的专家学者,人事编制保留在原单位。同时,通过合同制招聘等形式,组建优秀科研团队。

(陈飞飞)

【获"全国教育系统先进集体"称号】 9月10日,在庆祝2019年教师节暨全国教育系统先进集体和先进个人表彰大会上,首医基础医学院获"全国教育系统先进集体"称号。该学院为校本部规模最大、学科最全的学院之一,拥有基础医学和生物学2个一级学科博士学位授权点和博士后流动站,下设11个二级学科。其中一级学科范畴内的5个二级学科进入ESI全球前1%排名。拥有1个国家重点学科、2个教育部重点实验室、2个北京市协同创新中心、1个省部共建国家重点实验室培育基地和6个北京市重点实验室。学院生理学与病理生理学教学团队曾入选首批"全国高校黄大年式教师团队",2人获北京市教学名师,1人获北京市青年教学名师,1人获北京市人民教师提名奖。

(陈飞飞)

【胡亚美院士逝世】 10月3日,首医附属北京儿童医院名誉院长、中国工程院院士胡亚美因病在北京逝世,享年95岁。胡亚美,女,1924年4月27日出生于北京,汉族,中共党员。胡亚美是著名儿科医学教育家、中国儿童血液肿瘤学开创者,在20世纪50年代研究制定了适合国情的小儿营养性贫血治疗和预防方案;20世纪60年代悉心研究婴儿腹泻的病因、发病机制和临床特点,制定并推广了合理的输液疗法,使该病的病死率由20%下降至1%;20世纪70年代末,对朗格罕细胞组织细胞增生症(过去称为"组织细胞增生症X")、血小板减少性紫癜、各类溶血性疾病,特别是对儿童白血病进行了研究。1976年在中国率先开展儿童白血病治疗,取得了突破性进展,附属北京儿童医院诊治儿童急性淋巴细胞白血病五年无病生存率(即临床治愈)达80%以上,挽救了无数危重病儿的生命。已治愈儿童白血病患者2300余名。

(陈飞飞)

【市领导到首医调研】 10月19日,市委副书记、市长陈吉宁到首医调研第二批"不忘初心、牢记使命"主题教育开展情况。实地考察环境毒理学、牙再生与口腔组织功能重建、神经网络与神经疾病实验室,了解环境污染物毒作用机制、干细胞口腔医疗、阿尔茨海默症病理等领域研究前沿;实地调研护理学院仿真教学中心,观摩师生授课学习情况;主持召开了座谈会,听取首医开展"不忘初心、牢记使命"主题教育有关情况,并与师生代表深入交流。

(陈飞飞)

【神经外科和小儿外科连续十年蝉联专科榜首】 11月10日,复旦大学医院管理研究所发布《2018年度中国医院排行榜》。首医神经外科(附属北京天坛医院)及小儿外科(附属北京儿童医院)连续十年蝉联专科声誉排行榜榜首。2018年度中国医院专科综合排行榜覆盖的40个临床专科中,首医有3个临床专科名列榜首,7个临床专科位居第二,24个临床专科分别位列专科综合排行榜和专科声誉排行榜前十。其中,神经内科(附属北京天坛医院)的科研标化值和综合评分首次跃居专科综合榜榜首。

(陈飞飞)

【王松灵当选中国科学院院士】 11月22日,王松灵教授当选中国科学院院士。王松灵,男,1962年出生,口腔医学专家。王松灵教授长期致力于唾液腺疾病诊治及基础研究、牙发育和再生研究,是国家临床重点专科—口腔颌面外科学科带头人，尤其擅长唾液腺疑难疾病的诊治。其创新型贡献有三：一是制定全国通用腮腺慢性炎性疾病新分类及诊疗方法，包括内镜诊断治疗唾液腺疾病治疗操作指南。二是首次发现人的细胞膜硝酸盐转运通道，阐明硝酸盐具有胃肠、肝脏、唾液腺等器官重要保护作用。三是创建小型猪牙发育研究平台，发现牙发育新机制；提出并成功实现“生物牙根再生”新理念；研发“牙髓间充质干细胞注射液”新药。以通讯作者发表论文 212 篇，其中在 PNAS、Blood、Nat Commun 及口腔医学权威期刊 JDR（8 篇）等发表 SCI 论文 103 篇，应邀为 JDR 等期刊撰写 review11 篇。获两项国家科技进步二等奖（均排名第一）、国际口腔权威威廉盖茨奖、国际再生医学及干细胞奖。曾获 2017 年吴阶平医药创新奖、2018 年北京市科学技术一等奖，2019 年获何梁何利科技进步奖并当选英国(爱丁堡)皇家外科学院 Fellowship ad hominem，培养了包括国家杰青、优青等一批优秀人才。

（陈飞飞）

【迎接本科教学工作审核评估整改回访】 11 月 28 日，由北京外国语大学副校长贾文键、中国政法大学教务处处长卢春龙、北京航空航天大学高等教育研究院副院长雷庆组成的本科教学工作审核评估整改回访专家组，对首医 2018 年 11 月以来的本科教学工作审核评估整改情况进行回访。专家组通过听取汇报、深度访谈部分校领导、职能部门负责人，与师生代表进行座谈，现场查阅反映整改成效的各类材料，现场考察临床诊疗与研究中心、教师教学发展中心、智慧教室、教务管理系统及考试系统平台建设情况，参观护理仿真教学中心，深入了解首医本科教学工作审核评估整改落实情况，对首医本科教学审核评估一年来的整改工作予以高度评价。

（陈飞飞）

【位列中国医学院校科技量值综合排名第 5 位】 12 月 19 日，中国医学科学院发布 2018 年度中国医院科技量值（STEM）排行榜，并首次发布中国医学院校科技量值排名，首医位列综合排名第 5 位。在同期发布的 2018 年度中国医院学科科技量值排名中，首医神经外科学、神经病学、结核病学、儿科学及变态反应学位居第一；心血管外科学、耳鼻咽喉科学、心血管病学位居第二；传染病学、眼科学、急诊医学、精神病学位居前五；呼吸病学、口腔医学、妇产科学位居前十。中国医学科学院于 2018 年提出“科技量值”（Science and Technology Evaluation Metrics，简称 STEM）这一概念并不断更新评价理念，改进评价方法，旨在形成具有中国特色的医院和医学院校科技评价体系，为国家和区域内医学科技发展与资源配置提供重要量化依据，2019 年对全国 110 所具有医学相关专业研究生招生资格的独立医学院校和设立医学学科的综合大学科技量值进行测算，首次发布中国医学院校科技量值（STEM），评价对象包含基础医学、临床医学、口腔医学、公共卫生与预防医学、药学和护理学共 6 个医学学科。

（陈飞飞）

北京电子科技学院

【概　况】 年内，北京电子科技学院（以下简称电科院）占地面积 7.6 万平方米，产权校舍建筑面积 6.95 万平方米。图书馆建筑面积 4800 平方米。教育经费投入 19391 万元，其中，财政拨款 16474 万元、自筹经费 2917 万元。固定资产总值 61552 万元，其中，教学、科研仪器设备资产值 13686 万元，信息化设备资产值 16345 万元。拥有教室 25（网络多媒体教室 25 间）。拥有图书 34.45 万册，计算机 3453 台。网络信息点 1260 个，上网课程 395 门，电子邮件系统用户 3000 个，管理信息系统数据总量 110GB，数字资源量中电子图书 93291 册、电子期刊 255169 册、学位论文 2303885 册、音视频 22631 小时。学校由中央办公厅举办（学校举办者），为普通高等教育类院校（学校性质类别），设有 1 个校区，设置 6 个院（系、部）。开设 9 个本科专业，覆盖 3 个学科门类；具有一级学科 7 个；一级学科硕士点

1个、硕士专业学位授权类别1个、工程硕士授权领域2个；国家级一流本科专业建设点2个；省级一流本科专业建设点1个，北京高校高精尖学科1个。教职工315人，其中，专任教师135人，包括正高级17人、副高级55人；博士生导师6人、硕士生导师47人。毕业生478人，其中，硕士研究生52人、本科生426人。本科毕业生就业率96.71%。招生518人，其中，硕士生91人、普通本科生427人。高考北京地区提档线文科615分、理科589分。在校生1973人，其中，硕士生209人、普通本科生1764人。

（颜 杨）

【课堂集中听课】 3月至5月，校领导班子随机选取11位教师讲授的涵盖思想政治教育、人文社会科学领域的7门课程，包括《思想道德修养与法律基础》《中国近现代史纲要》《大学生心理健康》《大学英语》《公共关系学》等，以校领导班子集体走进课堂的形式，深入了解课堂教学、教学管理、学风建设等情况，督促提高教育教学质量。

（赵明丽）

【网络空间安全专业正式招生】 3月21日，电科院获教育部批准，增设网络空间安全专业，招收网络空间安全本科生31人，硕士研究生38人。学校制定了网络空间安全专业建设规划和人才培养方案，落实了师资队伍建设、课程建设、实验室建设等关键环节。

（赵明丽）

【被遴选为北京高校“高精尖”学科】 5月9日，申报的网络空间安全学科建设项目被列入北京市教委《北京高校“高精尖”学科建设名单》。学校集中优势力量重点建设的一级学科，并构建以此为核心的学科体系。学校的网络空间安全学科已成为北京高校该领域仅有的两个“高精尖”学科之一。

（赵明丽）

【师德师风教育月活动】 9月至10月，在教师中开展“提升师德修养、牢记三重身份、做四有好老师”师德师风主题教育月活动。活动主要包括学习教育、评选表彰、对照检查、建章立制四部分内容，通过学习习近平总书记关于教育的重要论述、开展教学交流研讨、评选表彰师德师风先进个人、制定《教师师德失范行为处理办法（试行）》和《师德师风负面清单》等，加强师德师风建设。评选表彰13位师德师风先进个人，向从教30年的22名教师颁发了纪念证书。

（赵明丽）

【实施研究生教育分级管理】 10月17日，正式启动研究生教育分级管理工作模式，依托《电科院研究生教育分级管理实施方案》，将研究生教育由集中统一管理改革为研究生部和学科承建系分级协作共同承担，管理内容包括党的建设、招生、培养、学位、学生日常管理等9类45项业务。

（赵明丽）

【成立学业辅导中心】 12月12日，电科院学业辅导中心，该中心是学校负责本科生学业辅导工作总体设计、统筹协调、条件保障、考核评估的常设机构，挂靠学生工作部，日常工作由学生工作部承担，各系党总支负责本系学业指导工作。中心统筹辅导员、班主任、专业教师、学生骨干等力量，建设院、系、班三级学业辅导工作队伍，将学业困难学生和有个性化发展需求的学生作为重点对象，针对学习动力、学习方法、学习发展等问题进行辅导，形式包括朋辈辅导、教师辅导、学业制度讲解，开展学业适应和规划辅导，学业创新和就业辅导，学业发展和实践辅导，学情调研等。

（赵明丽）

【入选教育部首批“双万计划”】 12月24日，依据《教育部办公厅关于公布2019年度国家级和省级一流本科专业建设点名单的通知》，电科院3个本科专业列入教育部首批一流本科专业“双万计划”，其中信息安全、保密管理两个专业被认定为国家级一流本科专业建设点，计算机科学与技术专业被认定为省级一流本科专业建设点。

（赵明丽）

【教学竞赛活动】 年内，开展教学竞赛活动。活动包括系部选拔、校级评比两个阶段，分人文社会科学类、理工类两个组别进行，竞赛内容包含教学设计评比、课堂教学评比和学生评价三部分，所占评分比重分别为 20%、50%、30%，经过严格评比，最终评选出一等奖 6 人，二等奖 11 人，三等奖 13 人，150 余名教师参加教学竞赛。

（赵明丽）

中国戏曲学院

【概　况】　2019 年，中国戏曲学院（大学部分）（简称戏曲学院）占地面积 54296.91 平方米，总学校产权建筑面积 107501.5 平方米。教育经费投入 34603.54 万元，其中，国家拨款 28368.54 万元、自筹经费 6235.00 万元。固定资产总值 79415.83 万元。图书馆总建筑面积 4797.79 平方米，馆藏有纸质图书 30 万册。拥有计算机 2384 台。信息化经费投入 220 万元，多媒体教室 52 间，信息化设备资产 3567.678 万元，网络信息点 6578 个，校园网出口总带宽 4198Mbps，电子邮件系统用户 2383 个，上网课程 6 门，数字资源量 450T，管理信息系统数据总量 39GB。管理信息系统数据总量 39GB。学院设有京剧系、表演系、导演系、音乐系、戏曲文学系、舞台美术系、新媒体艺术系、国际文化交流系、思想政治理论课教学部、体育部、继续教育部、附中共 12 个教学单位，开设 14 个本科专业和 27 个专业方向开设 14 个本科专业和 27 个专业方向，覆盖 2 个学科门类；具有“戏剧与影视学”、“音乐与舞蹈学”和“艺术学理论”3 个一级学科硕士点，1 个（学科门类）本科学位点。一级学科专业和 27 个专业方向。北京市重点学科 1 个，并入选北京市文化艺术人才培养基地建设项目。京剧表演专业国家和北京市特色专业。教职工 426 人，其中，专任教师 279 人，包括教授 55 人，副教授 119 人；硕士生导师 89 人。毕业生 664 人，其中，学历教育学生中全日制研究生 72 人，普通本科生 492 人，成人教育本专科生 100 人（本科生 57 人、专科生 43 人）。招生 743 人，其中，学历教育学生中全日制研究生 122 人，普通本专科生 516 人、成人教育本专科生 105 人（本科生 89 人、专科生 16 人）。在校生 2613 人，其中，学历教育学生中全日制研究生 350 人，普通本专科生 2071 人，成人教育本专科生 192 人（本科生 139 人、专科生 53 人）。留学生毕(结)业 25 人，招生 26 人，在校 26 人。网址 www.nacta.edu.cn 。

（孙玉坤）

【科研教研】　年内，戏曲学院共有 1 项成果荣获省部级奖励、11 个项目获得立项，其中国家级项目 3 项，省部级 1 项。推进科研信息化建设，重视科研统计，协调做好各类科研项目评审、职称评定资格审查。与北京师范大学召开“戏剧与影视学”学科共建工作会议，共同举办亚洲戏剧艺术论坛、艺术展演活动，推进博士生联合培养，并被列入北京市新增博士学位授予单位立项建设高校。戏剧与影视学、音乐与舞蹈学、艺术学理论 3 个一级学科顺利通过教育部学位授权点合格评估；“戏剧与影视学”学科入选首批北京高校高精尖学科建设计划。修订学术委员会章程、学术委员会议事规程。

（孙玉坤）

【开放办学】　年内，戏曲学院召开首届全院国际化办学工作会。向美国宾汉顿戏曲孔院、英国奥斯特大学孔院、英国伦敦南岸大学孔院、日本樱美林大学孔院派遣教师和志愿者，完成教学和三巡任务。与美国纽约州立宾汉顿大学共同承办戏曲孔子学院十周年系列庆祝活动，签署新一轮合作协议。与台北艺术大学、台湾戏曲学院、日本广岛大学、澳大利亚科廷大学完成续约及新协议洽谈。接待重要来访团组 6 次，组织学生短期培训和交流活动 3 次。

（孙玉坤）

【人才改进】　年内，戏曲学院进一步加强“高水平教师队伍建设”等项目申报和管理，组织北京学者项目评审、国家级百千万工程人选评审、北京市百千万人才项目申报；完成教育部高层次人才申报推荐；组织实施长城学者项目、青年拔尖人才项目、市优秀人才培养资助项目；继续积极推进晚霞工程项目建设；非物质文化遗产传承计划项目5位国家级传承人的5个剧目公演完毕，我院3位先生已完成传承人记录；第三批精准师资队伍建设项目继续推进。京剧系引进1名专业紧缺人才。加强研究生导师建设。对研究生导师的学科分布、科研创作成果产出等进行调研分析，初步制定全面落实研究生导师立德树人职责实施细则、研究生导师管理办法。举办新增硕士研究生导师培训会。

（孙玉坤）

【完成庆祝新中国成立70周年各项任务】 年内，组织700余名师生参与庆祝新中国成立70周年游行、天安门广场舞、园博园游园会、“奋斗吧 中华儿女”晚会等工作。完成国庆群众游行“中华文化”方阵的重大政治任务。邀请市政协主席、70周年国庆服务保障和群众游行总指挥吉林讲授《牢牢把握新时代总基调，呈现惊艳震撼65分钟》爱国主义教育课。选拔4名优秀师生成立宣讲团，赴浙江省开展首都教育系统服务保障国庆活动宣讲。

（孙玉坤）

【迎接本科教学审核评估】 年内，为提升本科教学质量，高质量高标准做好各项迎检工作，完成自评报告，邀请专家开展预评估。评估专家进校期间，全力做好听课、调阅试卷论文材料、座谈会、实地考察等工作，认真研究专家反馈意见，制定本科教学工作审核评估整改方案。

（孙玉坤）

【艺术人才培养高级研修班】 7月16日，戏曲学院举办第三期戏曲艺术人才培养“千人计划”高级研修班开班。研修班设编剧、导演、作曲、舞美、评论5个班级，共计200名学员。研修内容包括集体培训、远程教学和业务实践两个阶段。集中培训中，戏曲学院聘请国内外近百名戏曲专业领域内专家通过理论讲授、辅导创作、作品点评等形式专业授课。同时通过组织学院集体观摩剧目、交流研讨等活动，为学员学习交流搭建平台。研修班实行导师制，学习结束通过结业汇报形式进行考核评优。高级研修班由文化和旅游部主办，文化和旅游部艺术司、戏曲学院承办。

（孙玉坤）

【“爱党爱国爱国戏”主题教育活动】 年内，戏曲学院举办“我和我的祖国”启动仪式及原创历史题材京剧《田汉校长》演出、西柏坡古月中学支教及戏曲文化进校园活动；开展“我和我的祖国·爱党爱国爱国戏”主题系列教育活动；举办国庆群众游行“中华文化方阵”专题报告会；组织学生观摩主题教育戏曲小品小戏专场演出、参与主题征文活动、开展“爱国志、戏曲情”知识竞赛、撰写观看国庆阅兵感受等；将红色文化与戏曲文化相结合，创编京剧现代戏《迟开的山丹丹》；开展“青春，为祖国歌唱”网络拉歌活动；拍摄原创戏歌《我是中国人》、宣传纪录片《戏曲传承话国戏》、国戏版《我的祖国》，引领学生学习领会践行“为时代画像、为时代立传、为时代明德”的新时代要求。

（孙玉坤）

【“思政课程”与“课程思政”】 年内，组织思政+戏曲教学案例的修改和编写，完善思政+戏曲教学路径和案例。联合开设“习近平新时代中国特色社会主义思想”市级思政课艺术类院校专场，邀请12位艺术名家分别讲授思政课程。张晶老师在北京高校思政课程和课程思政改革创新推进会上讲授《京剧剧目：穆桂英挂帅》，获中央主题教育指导组组长充分肯定。《挖掘戏曲德育资源，打造有艺术院校特色的思想政治理论课育人模式》入选2019年度教育部示范马克思主义学院和优秀教学团队建设项目。《立足国粹，发挥优势，培养新时代“德艺双馨”戏曲人才—打造富有戏曲特色的思政教育教学模式》获2016-2017年北京高校党的建设和思想政治工作优秀成果奖。舞台剧《田汉校长》申报教育部“高校原创文化精品推广行动计划”。“戏曲融入思政课”教育教学经验在第十届全国艺术院校思政课教学研讨会进行展示。思政部教师在北京高校“马克思主义基本原理概论”课教学研究会举行的青年教师教学基本功比赛中获二等奖。

（孙玉坤）

【学术会议活动】 年内，举办京剧武旦（阎派）表演人才培养研习班、京剧京胡演奏人才培养高级研修班；“2019 北京 · 中国弓弦艺术节”为京城观众带来视听盛宴。联合主办中国传统艺术与社会主义核心价值观建设学术会议、中外戏剧表导演创作学术研讨会。承办第 26 届北京大学生电影节戏曲单元展映活动暨“戏曲与电影艺术交融的回顾与展望”学术研讨会。举办中国戏曲评论高峰论坛、海峡两岸戏曲高峰论坛、“话初心永葆，唱笔墨氍毹——董辰生书画作品展”、多剧种办学十周年人才培养研讨会、第二届戏曲文化翻译理论与实践研讨会、第八届京剧学国际学术研讨会、“面向新时代的舞台艺术：第五届戏曲文化传播与发展”研讨会。举办五月青春艺术节、一二 · 九戏曲节、第十届国戏杯展演活动。

（孙玉坤）

【整理戏曲馆藏】 年内，开展对馆藏戏曲曲艺类黑胶唱片进行文献价值评估，举办“馆藏珍贵戏曲老唱片文献展”，编印图书馆馆藏黑胶老唱片图录选集；搭建馆藏戏曲电子书特色库平台，分批对珍贵馆藏资源数字化。

（孙玉坤）

【国家项目立项】 年内，戏曲学院获得国家社科基金艺术学立项。其中戏文系吴新苗教授主持申报的《新中国成立 70 周年中国戏曲史（北京卷）》获得 2019 年度国家社科基金艺术学重大项目立项，戏文系副教授赵锡淮申报的《改革开放四十年新编戏曲剧目研究》项目获批一般项目立项，戏文系副教授刘小梅申报的《宋元戏曲艺术思想史》获批国家社科基金后期资助项目科研立项。

（孙玉坤）

【获得梅花奖】 年内，经终评委员会评审，戏曲学院共有 15 名演员夺得第 29 届中国戏剧梅花奖，其中：戏曲演员 13 名，话剧、歌剧演员各 1 名。中国京剧优秀青年演员研究生班优秀毕业生傅希如、张欢，表演系优秀毕业生吴素真（豫剧）、陈丽宇（越剧）、顾卫英（昆曲），继续教育部 2011 级戏曲表演专业毕业生哈丹摘得第 29 届中国戏剧梅花奖的桂冠。

（孙玉坤）

【获得白玉兰奖】 年内，在第 29 届白玉兰戏剧表演新人奖的评比中，京剧系本科生褚沣怡、郭铸锋凭借京剧《白蛇传》中白素贞和许仙的人物塑造，分获 29 届“白玉兰戏剧表演奖 · 新人主角奖”以及“白玉兰戏剧表演奖 · 新人配角奖”。

（孙玉坤）

【中国器乐电视大赛】 年内，由中央广播电视总台举办的国内规格最高，关注率最高的民族器乐重要赛事中国器乐电视大赛，音乐系民族器乐板胡专业大四学生裴若雯斩获铜奖，也是本次大赛中全国唯一一位获奖的板胡选手。音乐系“戏韵组合”进入决赛，演奏的由马骏老师创作的戏曲风格重奏作品《老腔》，获得评委专家的好评与认可。

（孙玉坤）

职业和继续教育

【新增 3 个高端技术技能人才贯通培养专业】 1 月 28 日，区职业教育中心学校在原有餐饮艺术与管理专业基础上，进一步加强高端技术技能人才培养，新增智能汽车技术与应用、非遗传承与设计和学前教育 3 个“3+2+2”贯通培养专业，建立联合培养机制。“3+2”中高职衔接新增影视化妆专业，全校 10 个专业实现“3+2”中高职衔接。

（孙晓娟）

【首届“丝路工匠”国际技能大赛启动】 6 月 26 日，在区职业教育中心学校举办北京市“丝路工匠”职业院校国际合作联盟成立暨首届“丝路工匠”国际技能大赛启动仪式，承办西餐烹饪“蛋糕裱花”“西式面点”项目比赛。

"一带一路"沿线相关国家大使馆官员、院校代表，市区领导、职业院校代表，中国烹饪协会、北京烹饪协会，以及合作企业代表等近150人参加。区职业教育中心学校成为北京市"丝路工匠"职业院校国际合作联盟牵头单位。参赛学生获得首届"丝路工匠"国际技能大赛一等奖4个、二等奖3个、三等奖5个。

（芦倩英）

【社区教育教师教学能力展示活动】 6月26日，丰台分院职成教研室在区少年宫多功能厅举办"丰台区社区教育教师教学能力展示"活动，参加展示活动的校内外教师共计30余人，活动分教学片段和个人才艺展示两部分，涵盖了丰富多彩的社区教育内容。

（王　恩）

【全民终身学习活动周活动】 10月至11月，第十五届全民终身学习活动周举行。由区教委主办、21个街乡镇具体组织实施的活动周开展114场活动，主题是"城教融合谋发展，需求导向促改革"，在活动中宣传区级"首都市民学习之星"20人、市级"首都市民学习之星"4人的感人事迹以及3个"终身学习品牌项目"的先进经验，助推市民综合素质和区域城市品质提升。

（陈雅宁）

【首都市民学习之星评选】 年内，区教委开展第十届首都市民学习之星评选。经过单位内部评选和网上申报等程序，45人进入初级评选阶段。评审组特邀市级专家指导综合评审，评审专家组全面分析参评材料，经过评审专家组打分、综合评议等程序，20人被评为"北京市丰台区第十批首都市民学习之星"，参加北京市第十批首都市民学习之星评选，经北京市建设学习型城市领导小组审核批复，4人被评为"北京市第十批首都市民学习之星"。

（陈雅宁）

【中小学校教师法律专题培训】 年内，丰台社区学院开展区属中小学校教师法律专题培训，开展4次面授课以及1次实践教学活动。59所中小学校的75名教师参加培训。在培训中，组织参与培训的教师到"全国青少年学生法治教育实践基地"进行了参观学习。

（刘　佳）

【5个工程师学院成立】 年内，区职业教育中心学校与企业共建"新华网融媒体工程师学院""海尔智能互联工程师学院""景泰蓝艺术学院""便宜坊中华餐饮艺术与管理学院""L•kaffa 咖啡创新学院"5个工程师学院，"北京设计学会工艺美术设计创新研究中心"1个研究中心，"北京设计学会设计大推手工作室""王家飞非遗与设计工作室"2个工作室。创新产教融合模式，精准对接，与行业和知名企业建设工程师学院和大师工作室，提高人才培养质量。

（薛凤彩）

【获全国职业院校技能大赛教学能力比赛大奖】 年内，区职业教育中心学校汽车运用与维修专业组教师参赛作品《电动汽车高压系统检测与维护》和中餐烹饪与营养膳食专业组教师参赛作品《外国人喜爱的中国菜综合实践单元（丰台区职教中心学校：模块一）》双双获得全国职业院校技能大赛教学能力比赛中职组专业技能课程一等奖。在北京市职业院校技能大赛教学能力比赛中，学前教育专业、汽车运用与维修专业、中餐烹饪与营养膳食专业和英语教研组四支教师团队取得一等奖2个、二等奖1个、三等奖1个。

（赵彦军）

民办教育

【民办建会单位工资集体协商大会】 11月29日，区民办教育联合会工资集体协商大会在教委报告厅召开，35家已完成工会组织备案及经费代缴工作的民办教育单位企业领导及工会主席出席会议。会议就民办学校教职工在最低工资标准、工资增长幅度等方面进行了讨论，审议并通过了"丰台教育民办联合会工资集体专项合同（草案）”。丰台民办教育工会联合会主席张红旗作为职工方首席代表，同企业方首席代表北方之星艺术幼儿园李丁丁园长就工资集体专项合同签订协议。

（王云鹏）

【民办学校党建规范化建设学校实地调研】 11月20日至12月12日，区教科院民办党建室对教育系统所属16个民办学校正式党组织进行实地调研，走访北京八中怡海分校、北大附属、晓月苑等中小学6所，走访大地美域、嘉园实验等幼儿园6所，走访育华文体、桃李教育等培训学校4所。

（温学冬）

特殊教育

【京港两地特殊教育学校课程实施研讨会】 4月23日，区培智中心学校接待来自香港特别行政区保良局陈百强伉俪青衣学校19名特教同仁一行到访，开展了题为“特教一家 携手共进—京港两地特殊教育学校课程实施研讨会”的交流活动，同时举行缔结姊妹校的签约仪式。活动由区教育委员会、区残疾人联合会联合主办、区培智中心学校、保良局陈百强伉俪青衣学校承办、北京教育学院丰台分院协办、香港教育工作者联会培训交流中心支持。区教委、区残联、区教育分院领导出席活动，60余人参加交流活动。

（卢均峰）

【亲子融合趣味运动会】 5月17日，区培智中心学校举办“亲子融合，共展风采”家长开放日活动，活动以融合趣味运动会为主。学校活动组委会为学生、家长设置了丰富多彩的亲子融合活动，200余人参加活动。

（卢均峰）

【残疾学生助学服务项目评估咨询会】 6月21日，由区残联与区教委共同主办，区培智中心学校承办的温暖助学——2019年丰台区残疾学生助学服务项目评估咨询会正式召开。活动将相关政策进行详细的解读，帮助家长进行政策咨询和现场注册申请，200余人参加咨询活动。

（卢均峰）

【特殊教育专业服务实体评估调研】 11月21日，北京市特殊教育专业服务实体评估调研工作专家组到区培智中心学校进行实地评估调研指导工作。评估调研组由市教委基教二处梁华培校长带队，区教委相关负责人全程参与评估调研工作。培智中心学校校长以“唤醒规范发展提升创新”为题对学校近年来的各项工作向专家组进行了详实的汇报。专家组整体查看了学校及基地的所有工作材料，并对学校和基地进行实地考察，30人参加了调研活动。

（卢均峰）

卫生　体育

卫　生

医疗卫生与健康

【概　况】 2019年3月29日，根据中共北京市丰台区委区政府关于《北京市丰台区机构改革实施方案》（京丰发〔2019〕6号），组建区卫生健康委员会，不再保留区卫生委员会和区计划生育委员会。区卫生健康委机关行政编制66名，内设科室17个，主要负责统筹规划、协调辖区卫生健康服务资源配置，协调推进医药卫生体制改革、医疗救治、基层卫生、疾病控制、医疗卫生行业监督管理、计划生育管理和服务等工作。年内，全区常住人口202.5万人，户籍人口116.6万人。60岁及以上常住老年人35.1万人，占常住人口的17.3%；80岁及以上老年人6.5万人，百岁老人90人。户籍人口出生10091人，出生率8.71‰；死亡9428人，死亡率8.14‰；人口自然增长率0.57‰。因病死亡9148人，占死亡总人数的97.03%。死因顺位前十位依次为：恶性肿瘤、心脏病、脑血管病、呼吸系统疾病、消化系统疾病、内分泌疾病、营养和代谢疾病、损伤中毒、神经系统疾病、精神障碍和泌尿生殖系统疾病。户籍人口期望寿命平均82.65岁，其中男性80.48岁，女性84.91岁。

（王　春）

【医院变更】 年内，北京市丰台区精神病防治院与北京市丰台区南苑医院剥离，成为独立专科医疗机构。

（王　春）

【社区卫生服务机构更名】 年内，北京市丰台区卢沟桥社区卫生服务中心更名为北京市丰台区宛平社区卫生服务中心，北京市丰台区丰台社区卫生服务中心更名为北京市丰台区卢沟桥社区卫生服务中心，北京市丰台区南苑社区卫生服务中心更名为北京市丰台区和义社区卫生服务中心。

（王　春）

【医联体建设】 年内，按照区域方位以及人口分布情况，将辖区划分为东南、东北、中部、中北部和西部5个片区，分别以南苑医院、铁营医院、丰台医院、电力医院、丰台中西医结合医院为核心医院，以辖区20家社区卫生服务中心为合作单位，组建5个独立网格医联体，实现网格化管理。铁营医院与中国康复研究中心签署紧密型医联体合作框架协议。北京丰台医院和北京天坛医院签署“北京天坛医院—丰台医院紧密型专科医联体协议”。279家医疗机构2969人开展医师多点执业。

（王　春）

【社区卫生】 年内，辖区建成并正常运行的社区卫生服务中心共22个，其中政府办13个、非政府办9个；规划设置社区卫生服务站157个，建成157个，正常运行145个，其中政府办59个、非政府办86个。完成22个社区卫生服务中心及139个社区卫生服务站的标准化建设。全区社区卫生服务机构在岗4637人，其中卫生技术人员3576人，包括全科医生559人、护士1171人。全区社区卫生服务机构门急诊958.4万人次，出诊11443人次。成立家庭医生团队574个，家庭医生签约76.65万人，签约率36.41%。其中重点人群签约37.17万人，签约率94.40%。与13家上级医院签订对口支援协议，支援专家涵盖内科、外科、妇科、儿科等主要专业。上转患者5168人次，下转28人次。建立居民个人健康档案172.2万份，其中电子健康档案169.96万份，个人健康档案建档率81.81%，个人电子健康档案建档率80.74%，有动态使用的健康档案96.37万份，动态使用率55.96%。

（王 春）

【农村卫生】 年内，全区有村卫生室16个，其中正常营业8个，均为村办机构，覆盖率100%。全年诊疗量26313人次。乡村医生岗位291个，其中乡村医生154人、执业（助理）医师137人。组织120名在岗乡村医生参加北京市乡村医生岗位培训和乡村医生中医适宜技术专项培训，其中中医适宜专项技术培训取得全市总分第一，13名乡村医生取得乡村全科执业助理医师资格。

（王 春）

【妇幼卫生】 年内，辖区孕产妇死亡率5.66/10万；新生儿死亡13人，死亡率1.29‰；婴儿死亡22人，死亡率2.18‰；5岁以下儿童死亡28人，死亡率2.77‰。围产儿出生缺陷发生率14.65‰，主要出生缺陷病种为先天性心脏病、外耳其他畸形、多指（趾）、并指（趾）、其他。

（王 春）

【院前急救】 年内，提高院前急救服务能力。成立北京市丰台区医疗急救管理中心，新建新发地、卢沟桥、槐树岭、王佐4家急救站，并于8月底、9月初投入运行，9月中旬丰台区院前急救呼叫满足率约90%。

（王 春）

【血液管理】 年内，区属医院全血用血量791单位；悬浮红细胞使用2752单位；悬浮少白红细胞使用165单位；RHD-悬浮红细胞使用5单位；血小板使用273治疗量；血浆使用101000毫升；自体采用血226单位。全年采血量59723.2单位，其中全血采集59407.2单位、成份血采集316单位；辖区医院供血51619.5单位，其中成份血8819单位。区内设置6个街头采血点，其中包括采血车3辆、方舱1个、采血屋2个。实现采供平衡。

（王 春）

【传染病防治】 年内，全区无甲类传染病报告；乙类传染病3083例，死亡30例，发病率前三位的疾病分别是流行性感冒、其它感染性腹泻病、手足口病，其中报告手足口病1472例。

（王 春）

【慢病防治】 年内，新建126个健康示范社区、4家健康示范餐厅食堂和1家健康超市。在全区免费开展心血管病高危人群筛查、癌症早诊早治、脑卒中筛查和窝沟封闭预防龋齿等民生工程。完成2000名居民的心血管病初筛调查、500名高危对象的临床筛查和3000人长期随访，完成城市和农村癌症早诊早治初筛4997人，临床筛查1608例。完成3024例肿瘤患者的社区随访。在全区学校幼儿园为适龄儿童免费窝沟封闭2.7万颗牙和氟化泡沫6.3万余人次。组建134个慢病患者自我管理小组，试点开展社区2型糖尿病患者有氧运动和弹力带抗阻训练运动干预活动。

（王 春）

【学校卫生】 年内，完成全区学校卫生现场视导114所；完成学校教学环境监测64所；完成3所小学和3所中学健康监测的质量控制工作；督导落实114所学校常见病管理、视力不良和肥胖防控工作；完成行为危险因素监测，现场调查7所学校2280名学生，现场检测 42 间教室 1344 件样品；完成 13 所中小学校和幼儿园 3492 名学生近视筛查和屈光度检测；完成 8 所学校 1570 名学生烟草使用情况调查；创建北京市级学校健康食堂 5 所；完成全区 110 余所学校（包括一校多址学校）新老校医系统培训。

（王　春）

【计划免疫】　年内，全区计划免疫建卡 22971 人，建卡率 100%。基础免疫接种 228456 人次，加强免疫接种 187327 人次。麻疹疫苗应急接种 639 人，水痘疫苗应急接种 48 人。为 952 家企业、建筑工地、医疗机构等外来务工人员用工单位免费接种流脑疫苗 2014 人、麻风疫苗 2485 人。完成学龄前流动儿童强化查漏补种 48722 人，补卡率 100%，补证率 100%。为 60 岁以上老年人接种免费流感疫苗 63817 人，为中小学生接种免费流感疫苗 48705 人。报告预防接种异常反应（AEFI）95 例，报告率 1.36/万，报告 AEFI 门诊覆盖率 100%。

（王　春）

【职业卫生】　年内，204 家企业完成职业病危害项目申报。“职业病与职业卫生信息监测系统”显示，职业健康检查机构开展体检 123 户次，劳动者总人数 58609 人，接触人数 13988 人，职业健康检查 14202 人次，检出职业禁忌证 87 人，疑似 1 人。新报告尘肺病 4 例、尘肺死亡 12 例、疑似职业病 1 例。开展职业卫生相关知识培训 5 次，用人单位 309 家次、医疗单位 607 人次参加。

（王　春）

【健康促进】　年内，全区创建健康社区 189 个，健康促进学校 121 个，创建及再创建健康促进医院 34 个，健康主题公园 6 个、健康步道 8 条、健康小屋 41 个、健康知识一条街 3 个，创建无烟示范单位 28 家，C 级戒烟门诊 5 家。健康食堂 22 家，餐厅 23 家。开展社区健康教育大课堂 130 场、幸福生活讲师团卫生宣教 32 场，受众人群 9.4 万余人次。开展健康中国行等大型宣传活动 9 次，其他活动 42 场，干预 6000 余人。发布电台新闻报道 3 次、网络报道 69 条，与电视台合作，完成采访 7 次并在丰台有线和北京电视台播出,发布健康教育微博 1392 条，微博总阅读量 290 余万人次。社区卫生服务机构培养家庭保健员 810 名。组织全区 26 家社会企事业单位完成市级控烟示范单位创建。全年公共场所吸烟处罚案件数 224 起，其中处罚个人 141 人，罚款金额 7050 元；处罚单位 83 户，罚款金额 345200 元，共计 352250 元。

（王　春）

【公共卫生监督】　年内，全区共有公共场所单位 2310 户，全年监督检查 7447 户次，监督覆盖率 99.78%，监督频次 3.23，合格率 93.19%。实施行政处罚 547 起，罚款金额 2151300 元。

（王　春）

【医疗卫生监督】　年内，全区共有医疗卫生机构监督单位 513 户，全年监督检查 2538 户次，监督覆盖率 99.61%，监督频次 4.97，合格率 98.45%。实施行政处罚 35 起，罚没金额 114000 元。

（王　春）

【计划生育行政执法督察】　年内，对区内计划生育监督单位 39 户开展监督检查 129 户次，监督覆盖率 100%，监督频次 3.31,监督检查合格率 99.13%。实施行政处罚 3 起，罚款金额 20000 元，没收违法所得 6663.7 元。

（王　春）

【计生服务】　年内，共发放免费避孕药具 9 种 1160 箱，总金额 694328.35 元。全区共有计生药具免费发放网点 452 个。对各街乡镇 250 名免费药具管理员进行计划生育、生殖健康培训；全年举办生殖健康宣传、咨询活动 3 场，受益人数 750 余人。

（王　春）

【特色重点项目】　3 月 1 日,原丰台区卫生计生委、丰台区社区卫生服务管理中心与北京天坛医院开展合作，正式启动北京天坛医院丰台区社区智慧家医工作室项目，项目遴选丰台区各社区卫生服务中心全科医生 26 人，通过天坛医院社区智慧家医工作室定期开展诊疗工作，为签约患者提供转诊预约、门诊诊疗、住院期间诊疗、住院后康复及后续诊疗等服务。

（王　春）

医疗保障

【概　况】 3月22日，北京市丰台区医疗保障局（简称区医保局）挂牌成立，位于北京市丰台区西站南路168号，编制12人，内设办公室、医疗保障科、医药服务监管科3个行政科室，下属参照公务员法管理事业单位“丰台区医疗保险事务管理中心”、事业单位“北京市丰台区新型农村合作医疗管理中心”。主要负责贯彻执行国家和北京市有关医疗保险、生育保险、医疗救助等医疗保障制度的法律法规和待遇政策，负责医保基金监督管理、医疗保障经办服务管理等工作。年内与225家定点医疗机构、35家定点零售药店签订《北京市基本医疗保险定点零售药店服务协议书》，与7家工伤医疗、康复机构签订《北京市工伤医疗、康复机构服务协议书》，与140家定点医疗机构签订医保服务补充协议。完成2018年度新增定点医疗机构市区两级评估审定工作，北京西京中医医院等10家定点医疗机构纳入北京市医疗保险定点，完成《北京市基本医疗保险定点医疗机构服务协议书》签订工作。参与组织实施国庆70周年群众游行活动，并提供服务保障。

（齐　岳）

【药品集中采购】 3月至4月，按照《关于落实国家药品集中采购和使用试点工作医保配套措施的通知》（京医保发〔2019〕5号）文件要求，组织辖区310家定点医药机构对中选药品进行集中带量采购和使用试点，涉及带量采购任务金额1914.89万元。

（齐　岳）

【打击欺诈骗保专项行动】 4月25日，在丰台区方庄体育公园举办丰台区“打击欺诈骗保·维护基金安全”主题宣传月活动，全区医疗保障系统、21个街乡镇社保所和294家定点医药机构参加，活动发放打击骗保宣传资料3万余份。6月至7月，开展“打击欺诈骗保专项工作”宣传进街乡活动，将21个街乡镇分为东、中、西3大片区，组织宣传交流会3场，各片区街乡镇主管领导、社保所所长及医保专管员、部分参保企业、村民代表参加座谈，实地调研打击骗保宣传工作落实情况。6月至10月，联合区卫健委、区市场监管局对辖区定点医疗机构开展打击欺诈骗保专项检查，发现问题机构117家，发现率43.5%；接到各类投诉举报线索119件，现场调查率100%。强化参保个人违规行为监管，筛查参保人员65728名，约谈、上报市级打击骗保案件“联席会”464名。追回82家定点医疗机构、264名参保个人违规金额406万元，向区公安分局移送参保人违法线索1件。

（齐　岳）

【落实医耗联动综合改革】 6月始，联合区卫健委制定医耗联动综合改革区级工作方案，组织全局政策学习会和全区政策培训会，做到改革培训全覆盖，全局89名干部职工组成35个小组深入医疗机构开展全覆盖、全方位督导。15日零时，医耗联动综合改革正式启动，零点零五分234家参改定点医疗机构完成信息系统切换及联通。18日，调整住院封顶线版本系统上线。23日，完成超封顶线人员待遇补支和补支明细打印工作。

（齐　岳）

【“医保进社区”主题党日活动】 6月21日，联合花乡党委、花乡社保所党支部开展“送政策·送温暖·送服务——医保进社区”主题党日活动，花乡140余名基层医保工作人员和新发地村部分村民参加活动。区医保局围绕基本医疗保险、生育保险报销基础知识，打击欺诈骗保、维护基金安全等内容进行宣讲，帮助基层医保工作人员提升业务能力和服务水平。

（齐　岳）

【预算管理指标测算】 6月至7月，坚持收定支、收支平衡、略有结余原则，根据各定点医疗机构费用发生、服务数量和管理质量情况，对辖区124家预算管理定点医疗机构进行总额预算指标测算，制定《丰台区关于 2019 年基本医疗保险费用预算管理指标测算分配方案》。

（齐　岳）

【“四个全覆盖”监管机制建立】　9 月至 10 月，在总结打击欺诈骗保专项整治工作基础上，建立“四个全覆盖”监管机制。现场检查全覆盖，在专项行动开展期间，区医保局与各相关委办局对辖区 310 家定点医药机构开展全联动现场监督检查；数据分析全覆盖，为 234 家定点医疗机构定制《数据健康体检报告》，分析费用异常情况，为打击欺诈骗保提供数据参考；监督约谈全覆盖，对定点医疗机构建立“一对一、点对点、面对面”约谈机制，4 个现场检查组按划片责任包干，小问题“回头看”，大问题“驻院督”；专项审计全覆盖，聘请第三方会计师事务所开展医保基金专项审计，抽调业务骨干组成现场检查小组全程协助参与，引入审计“双随机”模式做好风险防控。

（齐　岳）

【“不忘初心、牢记使命”主题教育活动】　年内，围绕优化营商环境、打击欺诈骗保、困难群体医疗救助、深化提质增效主题，进行 12 次基层调研，召开 11 次专题座谈会，走访服务对象 17 家，发放问卷 290 份，查找“堵点、难点、痛点”问题 46 个，收集意见、检视问题 105 条，并逐条梳理、整改。组织学习《习近平关于“不忘初心、牢记使命”重要论述选编》《习近平新时代中国特色社会主义思想学习纲要》等学习书籍 10 本，印发《主题教育工作简报》15 期，开展专题交流研讨 12 次，开办专题讲座 2 场，开展主题党日活动 8 次。

（齐　岳）

【公务员职级并行制度实施】　11 月 4 日，组织召开公务员职务与职级并行制度实施动员部署会，培训职数设置、职级套转、职级晋升等内容，全局工作人员参加。年内完成职级套转工作，涉及公务员 58 名，其中二级主任科员 4 名、四级主任科员 30 名、一级科员 24 名。开展职级晋升工作 2 次，晋升一级调研员 1 名、三级调研员 1 名、一级主任科员 8 名、三级主任科员 31 名、四级主任科员 20 名。

（齐　岳）

【城乡居民参保缴费工作调研】　11 月 5 日，市医保局局长于鲁明到太平桥街道社保所、卢沟桥乡社保所调研丰台区城乡居民参保工作，考察城乡居民参保服务情况，针对政策落实过程中个人缴费享受政府补贴的困难群众认定、社保信息系统中参保标识复杂，以及群众反映较为集中的其他问题进行研讨，并提出相关意见建议。区医保局局长陪同调研。

（齐　岳）

【集中参保缴费工作培训会】　11 月 7 日至 8 日，联合区人保局召开集中参保缴费工作培训会，全区 21 个街乡镇社保所、各级各类学校主管负责人和经办专管员参加。会上，对参保缴费、政策调整和答复口径进行统一培训，并制定出《丰台区 2020 年城乡居民医保参保缴费工作方案》，发放服务指南、政策文件及宣传折页 12 万份。

（齐　岳）

【违规定点医疗机构约谈】　11 月 7 日，对存在基金指标使用超支、打击欺诈骗保问题，被投诉举报、在第三方审计中存在问题的 113 家定点医疗机构进行集体约谈。约谈会上通报 2019 年基金指标运行情况、2019 年“打击欺诈骗保”专项行动情况、第三方会计师事务所审计发现的问题以及对违规行为的处理结果，对被约谈定点医疗机构存在非实名就医、挂床住院、分解收费、空挂号和不合理诊疗等 20 余项问题做深入剖析。

（齐　岳）

【审核辅助人员招聘】　11 月 28 日，启动 50 名审核辅助人员招聘工作，12 月完成资格审查、笔试、面试环节。

（齐　岳）

【联合执法工作站成立】　12 月 23 日，丰台区成立全市首家打击欺诈骗保联合执法工作站，区环食药旅中队和区医保局派驻人员开展联合办公，双方定期制定计划、统一行动，在各自职责范围内，对医保欺诈违法犯罪案件依法加大惩处力度。

（齐　岳）

【医保药品报销目录调整培训会】 12 月 28 日，组织召开落实北京市医保药品报销目录调整工作培训会，全区 310 家定点医药机构相关人员参加。会议对目录调整情况和药品信息库维护操作进行培训，指导定点医药机构比对调整的 1632 条药品条目，确保 2020 年 1 月 1 日医保药品目录调整工作顺利实施。

（齐　岳）

丰台区红十字会

【概　况】 2019 年，丰台区红十字会以习近平新时代中国特色社会主义思想为指导，围绕全区中心工作和重点任务，坚持“为党分忧、为民谋利”，牢记“为国奉献、为民造福”，突出“三救三献”主责主业，大力弘扬“人道、博爱、奉献” 的红十字精神，为丰台区发展做出了应有的努力。

（李宏善）

【开展主题教育活动】 年内，区红十字会党组以“不忘初心、牢记使命”主题教育活动为契机，把政治建设摆在首位，教育引导党员干部切实增强“四个意识”、坚定“四个自信”、做到“两个维护”。认真抓好“不忘初心、牢记使命”主题教育，以学促干；强化党纪党规意识，落实党建工作责任制，研究细化从严治党主体责任清单，逐级签订党风廉政建设责任书和意识形态安全责任书；深入扎实开展政治理论学习，严格制度约束，努力做到“六学”：个人学、集体学、辅导学、研讨学、结对学、实践学等活动。

（李宏善）

【博爱宣传周活动】 5 月 8 日，第 72 个世界红十字日。区红十字会开展以“爱心相伴‘救’在丰台”为主题的宣传日活动，向为红十字事业做出突出贡献的 9 名个人和 5 支志愿服务组织予以表彰，7 家社会爱心企业代表捐赠价值 200 余万元的款物。博爱周期间，对区域内因遭遇突发事件、意外伤害、重大疾病等导致生活困难的 210 个家庭实施人道救助，累计发放救助款 21 万元。组织 10000 人参加中国红十字总会举办的“红十字知识答题”，获得优秀组织奖。开展“5.8”红十字博爱周宣传活动，引导广大人民群众“关爱生命、保护健康”，凝聚更多的社会力量参与和支持红十字事业　。

（李宏善）

【应急救护培训】 年内，加大救护培训力度。结合“三下乡”、“科技周”等活动，加大救护知识的宣传普及，根据社会需求，重点在学校、农村、社区、机关、企业事业单位开展自救互救技能培训，在中小学校、消防部队建立培训长效机制。全年累计开展各级各类救护培训班 110 期，参训人员 18000 余人，宣传普及人数 10 万余人。以北京第十八中学为依托，在全校开展应急避险演练，增强师生应急意识，提高应急处置能力。组队参加全市红十字救护大赛，获得优秀组织奖。

（李宏善）

【博爱募捐救助】 年内，制作拉杆笔、书签、便携餐具等宣传品 9 万余元，为基层开展募捐宣传动员提供支持，全年接收社会捐款 210 余万元。开展“红十字博爱送万家”、“元旦春节”送温暖活动，向全区 732 户因病致困家庭发放救助款物 53.8358 万元；对 2 例大病患者和 1 例突发事件患者实施救助，发放救助款 1.36 万元；与北京嘉禾妇儿医院合作，为 8 个街乡提供免费体检 673 人次；与北京美尔目眼科集团合作，在 5 个街乡举办 17 场义诊活动，630 人接受筛查，有 3 人成功手术并得到“北京红十字白内障复明基金”的救助。

（李宏善）

【造血干细胞志愿者行动】 年内，大力推动献血捐髓行动。举办专题讲座 23 期，普及造血干细胞知识，组织 18 期造血干细胞志愿者血样采集活动，招募造血干细胞血样采集志愿者 151 名，对配型成功的 2 名志愿者（丰台区第 15 例、第 16 例捐献者）进行慰问，发放慰问金 1.04 万元；新增 2 名造干科普讲课老师。

（李宏善）

【结对对口帮扶】　年内，开展城乡结对,与房山区红十字会开展城乡“手拉手”精准帮扶活动,签订了《城乡“手拉手”帮扶框架协议》,捐助6万元用于救助房山区因病致贫、因病返贫和遭受重大意外伤害的60户困难家庭。继续开展与河北涞源、内蒙古林西和扎赉特旗红十字会的对口帮扶工作，为50名老师进行免费体检，对业务工作加强指导，并开展帮扶慰问，救助350户贫困家庭，发放帮扶救助资金22.5万元，帮扶物资0.8万元，举办急救知识普及讲座，200余人受益。

（李宏善）

【志愿服务组织建设】　年内，积极培育红十字志愿服务组织。全区现有红十字志愿服务队伍5支,红十字志愿服务基地1家。启动“丰台区关爱老年人心理健康项目”，开展心理健康讲座9期，志愿服务2次。

（李宏善）

【继续拓展红十字青少年工作模式】　年内，指导十八中教育集团开展知识竞答、学校演讲、疏散演习、入会第一课等活动，学校7名师生，代表北京市红十字会参加“2019京津冀三地中学生红十字青少年交流营”，与四川省红十字会就红十字青少年、志愿服务工作进行交流研讨。丰台区3所学校的“红十字特色青少年活动”和12名“优秀红十字青少年”荣获北京市红十字会组织的2018年度“十佳百优”称号。

（李宏善）

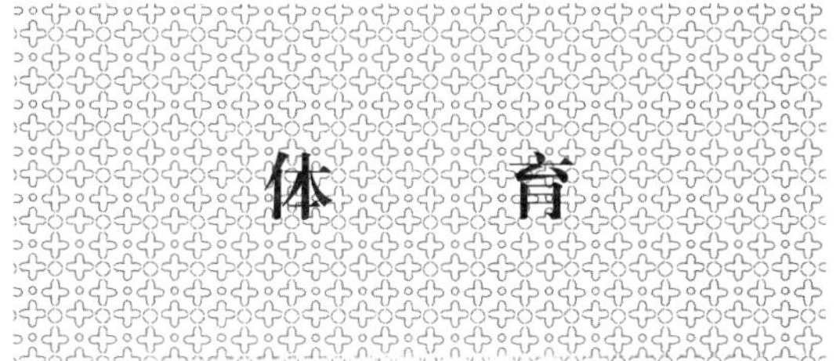

体　育

【概　况】　2019年，丰台区体育局根据《2019年北京市百公里全民健身健走步道建设项目实施方案》，承担了不少于15公里健走步道铺设任务，主要为步道塑胶面层铺设，标识牌制作及安装等。在5个公园绿地内铺设18.5公里健走步道。组织承办第四届欢乐冰雪季、冰雪大篷车、丰台区第十二届全民健身体育节、第七届北京国际风筝邀请赛暨京津冀风筝联谊赛、北京市体育公益活动社区行暨丰台区第十二届全民健身体育节第四届承者风范武林万人争霸赛、北京国际铁人三项赛、“健康丰台人”运动素质公开赛等赛事，共计举办各种赛事200余场次、参与人数约50万次。组队参加北京市青少年锦标赛，447人参加19个夏季项目比赛，获得金牌27枚、银牌42枚、铜牌46枚。组队参加北京市篮球锦标赛青年组、中年组比赛，获得青年组第四名、中年组第二名。参加全国第二届青年运动会体校组和俱乐部组比赛，获得拳击项目银牌和第四名、曲棍球第八名、高山单板滑雪女子甲组平行大回转第六名、平行回转第八名。完成行政许可审批、行政处罚、安全三级达标工作。全年，区体育局执法人员（含专职安全员）共出动1914人次，检查体育经营单位957家，共处罚辖区内13家高危险性体育经营单位。

（赵艳涛）

群众体育

【第四届欢乐冰雪季】　区第四届欢乐冰雪季系列活动,自2018年12月至2019年3月，共历时90天,由区人民政府主办,区体育局、区体育总会承办，区总工会、区教委、区园林绿化局、区水务局、长辛店镇、王佐镇及相关企业等多家单位协办。活动期间在万龙八易滑雪场、冰之宝滑冰馆、水魔方冰雪嘉年华、长辛店冰雪嘉年华、南宫冰雪嘉年华、晓月湖冰场、丰台花园冰场、莲花池冰场、槐房冰雪谷等冰雪场地分别开展以“全民健身迎冬奥、快乐冰雪圆梦想”为主题的丰台区第四届欢乐冰雪季启动仪式、万人滑雪大课堂、冰雪项目社会体育指导员培训、大众冰雪趣味赛、群众趣味滑冰比赛等系列活动。参加冰雪季的人员既有零基础的市民，也有高水平的滑雪爱好者，涵盖儿童、青少年、成年人、老年人等不同年龄段人群，以及区内 110 家机关单位，21 个街乡镇，参与总人数 38 万人次。

（赵艳涛）

【“冰雪大篷车”进基层活动】　年内，大力开展“冰雪大篷车”冬季冰雪项目宣讲及体验活动，把冰雪运动项目送到街道、社区、单位、企业、学校、公园，活动场所设置仿真冰场、滑雪机、旱雪毯、VR 体验、冰壶、冰蹴、旱地冰球运动及冬季运动相关专业知识、冬奥知识问答等互动环节、冰雪器材展等冰雪项目。该活动项目覆盖 21 个街乡镇，惠及 323 个社区，64 个行政村，10 个社区健身广场，7 所学校，6 个开放式公园，3 家商业广场，共计 44 场，参与活动群众达 2 万人。

（赵艳涛）

【北京市第一届冬季运动会群众项目比赛】年内，组织参加北京市第一届冬季运动会群众项目比赛，获 3 个一等奖，分别是：冰车男子团体、冰蹴球条形场地、冰蹴球方形场地，4 个三等奖风别是：冰车女子团体、滑雪比赛单板团体、滑雪双板团体、大众趣味冰雪团体，全市排名第三。

（赵艳涛）

【京津冀风筝联谊赛】　5 月 3 日至 7 日，由北京市体育局、北京市体育总会、天津市体育总会、河北省体育总会、北京市人民对外友好协会、区人民政府共同主办，北京市风筝协会、区体育局、区体育总会、园博园管理中心等单位联合承办的第七届北京国际风筝节国际风筝邀请赛暨京津冀风筝联谊赛，在永定河西岸的园博园举行。

（赵艳涛）

【第四届武林万人争霸赛】　4 月 17 日，北京市体育公益活动社区行暨丰台区第十二届全民健身体育节第四届武林万人争霸赛集体项目的比赛，分别在龙源景扬体育中心和丰台花园举行，来自各街乡社区的 160 支队伍，1831 人参加了太极拳、健身气功、健身艺术、民间非遗及民族体育和传统武术集体项目比赛。此项赛事同时作为丰台区第十二届全民健身体育节启动仪式。

（赵艳涛）

【卢沟桥醒狮越野跑】　7 月 13 日，为纪念全民族抗战爆发 82 周年，北京第三十三届卢沟桥醒狮越野跑活动在园博园举行。市政协，市体育局、丰台区有关领导，市区两级政协委员、民革市委党员、大中小学生等社会各界人士 3000 余人参加活动。

（赵艳涛）

【北京国际铁人三项赛】　10 月 20 日，由区体育局主办，区体育总会和美国国际管理集团（IMG）承办的北京国际铁人三项赛圆满完赛。30 多个国家和地区的 1000 多名专业和业余运动员参加了奥运距离和半程奥运距离的比赛。奥运距离比赛中，西班牙的马里奥·莫拉（Mario Mola）获得男子职业组冠军。女子职业组方面，百慕大的弗洛拉·达菲（Flora Duffy）夺得冠军。

（赵艳涛）

青少年及竞技体育

【组团参加北京市第一届冬季运动会】　年内，丰台区 91 名运动员参加北京市第一届冬季运动会，角逐花样滑冰、高山滑雪、短道速滑、冰球比赛，竞技项目获得了 1 金 7 银 6 铜的好成绩，位列全市奖牌总数第四位。

（赵艳涛）

【冰雪运动注册情况】　年内，冰雪运动注册人数 363 人，聘有各项目领队和教练员 15 人，参训人数 220 余人，其中短道速滑 52 人、花样滑冰 24 人、高山单板滑雪 7 人、高山双板滑雪 24 人、冰球 98 人、冰壶 16 人。

（赵艳涛）

【体育后备人才学训启动仪式】　年内，在北京市第十二中学体育分校举行了“欢庆祖国华诞，共建体育强区”北京市丰台区体育后备人才学训启动仪式。

（赵艳涛）

【冰雪运动特色学校评估及青少年赛事】年内，区教委完成北京市第十二中学、北京市第十八中学、北京小学丰台万年花城分校 3 所学校第二批冰雪运动特色学校的评审和北京市第十八中学附属实验小学首批北京市冰雪运动特色学校评估。举办了篮球、排球、足球、长跑、游泳、田径、篮球、足球、空手道等比赛。

（赵艳涛）

体育设施建设

【健身步道】 年内，根据国家体育总局等12部委联合印发的《百万公里健身步道工程实施方案》（体经字〔2018〕116号）和市政府相关文件精神，确定了18.5公里健身步道建设地点，分别在花乡白盆窑绿地内、宛平城地区绿堤公园、东高地公园、岳各庄花园、丰宜公园，11月底已完成健身步道建设。

（赵艳涛）

【建设“绿•动”公园】 26处公园绿地内建设健身步道12条，共6公里，篮球、笼式足球等专项活动场地18片及320余件全民健身路径器材。

（赵艳涛）

【国家冰雪运动训练科研基地】 年内，国家体育总局为全力备战北京冬奥会，与中车集团签订了战略合作协议，利用二七机车公司已关停厂房，改建成为集训练、科研为一体的国家冰雪运动训练科研基地。项目规划初期，总建设面积14万平方米，总投资7亿元，建设内容包括1个大道速滑馆、3个冰球馆、风洞实验室和跳台滑雪、越野滑雪、U型槽、空中技巧、雪上技巧、雪车雪橇等专项训练设施，并配套改造建设运动员生活区。在建项目以国家短大队为核心的场馆为大道速滑馆、轮滑馆、运动员公寓、游泳馆，以及科研训练场馆为综合风洞、跳台风洞、六自由度模拟训练装备等。速滑馆9月底竣工投入使用，并于10月10日至12日举行“泰山体育杯”速度滑冰和短道速滑国家队直通国际比赛选拔赛。

（赵艳涛）

【体育场所安全检查】 年内，35家体育经营单位购买安责险，完成10家体育经营单位的三级安全达标工作，共处罚辖区内13家高危险性体育经营单位，处罚金额41.9万元；完成26家经营单位的行政许可工作。根据国家体育总局第七次体育场地普查要求，对全区各体育公共系统、教育系统、经营性单位、各街道社区、企事业单位等各类体育场地进行普查。主要普查内容为体育场地所属单位基本情况，场地基本情况，大型场馆运营情况等，并撰写出《丰台区体育场地普查报告》。召开4次体育经营单位安全生产工作会，350余家体育经营单位400余人参会。在元旦、春节、清明、端午、五一等节假日及重大活动期间开展重点执法检查，出动1914人次，检查体育经营单位957家，对334家体育经营单位下达限期整改通知书及安全生产督查检查通知单。

（赵艳涛）

社 会 生 活

民 政

【概　况】 2019年，丰台区民政局在区委区政府的领导下，落实市、区两级工作部署，坚守“为民服务初心、践行执政为民”的使命，严格落实政策，注重工作创新，深化改革发展，民政事业取得新成效。丰台区委社会工委与区民政局合署办公举行揭牌仪式。稳步推进社会建设工作。重新启动了丰台区行政区划调整研究工作，制定了《丰台区行政区划调整方案》。落实《丰台区特困人员救助供养实施细则》《丰台区临时救助制度》，出台了《丰台区困难群众救助服务所实施方案》。全年共办理婚姻登记、出具（无）婚姻登记记录证明20572件，执法合格率100%。在全市率先完成全区婚姻历史档案的电子化整合工作，建立婚姻档案管理系统。开展丰台区散坟乱葬专项治理工作，制定了《丰台区开展违法违规私建“住宅式”墓地等突出问题摸排工作方案》和《丰台区散葬坟墓专项治理工作方案》。认真贯彻落实《北京市老年人养老服务补贴津贴管理实施办法》。鼓励社会力量开展养老照料中心和社区养老服务驿站建设。落实见义勇为人员权益保护政策，依法确认见义勇为行为一起一人。开展“慈善丰台 你我同行”主题宣传活动。全年接受各类捐赠款71.7万元，接收捐赠衣物14.9万件。推进福利彩票事业规范化发展，全年销售福利彩票4.66亿元。建立区级社会心理服务站点督查工作机制，制定明确的督查计划时间表和督查内容。保障残疾人权益，在全市率先使用北京市残疾人两项补贴信息化管理平台，进行业务数据的审批、管理及资金发放。扎实做好流浪乞讨人员救助工作，全年接待并救助流浪乞讨人员 1578人。

（韩丽敏）

【行政区划管理】 7月，重新启动了丰台区行政区划调整研究工作，聘请北京市行政区划与区域发展研究会专家团队，通过调查、研究、收集数据和不断修改完善，形成了《丰台区行政区划调整方案》。完成南苑街道驻地迁移工作，这是《行政区划条例》颁布以来北京市第一个街道办事处驻地的迁移。

（韩丽敏）

【社会救助】 年内，城乡低保标准从家庭月人均1000元调整为1100元，城乡低收入家庭认定标准从家庭月人均 1410 元调整为2200元。落实《丰台区特困人员救助供养实施细则》，特困人员基本生活费标准由每人每月 1500元调整为1650元，照料护理费标准依据有生活自理能力、部分丧失生活自理能力和完全丧失生活自理能力，按照最低工资标准20%–60%的比例分别给予救助，整体提升 56%，最高可享受照料费 1320 元。《丰台区临时救助制度》有效落实，根据疾病、教育等 7 类情况，按照 1–6 个月低收入认定标准给予救助，将每人一次性最高救助标准由 8460 元提高到 13200 元。全年全区救助城乡低保对象 5081 户、8874 人，累计支出 1.25 亿元；城乡特困供养人员 133 人，累计支出 389.067 万元；城乡低收入家庭认定 157 户、308 人，其中领取生活补贴 66 人，累计发放生活补贴 21.48 万元；享受临时救助对象 1956 人次，累计支出 380.53 万元；享受教育救助 54 人次，累计支出 23.87 万元；享受供暖救助 3680 户，累计支出 502.54 万元；超转人员 9753 人，累计支出 3.36 亿元。出台了《丰台区困难群众救助服务所实施方案》，建立区、街乡（镇）级协调会议机制，全年组织召开协调会议 25 次，研究解决社会救助工作中出现的重点难点问题。开展“个案帮扶、爱心之旅”“护佑童年”“特爱无边”等 15 个精准救助服务项目，为困难群众提供助困、助残、助教等精准化服务。

（韩丽敏）

【婚姻登记】 年内，以 5A 级婚姻登记机关为标准打造为民服务优质品牌，全年共办理婚姻登记、出具（无）婚姻登记记录证明 20572 件，执法合格率达到 100%。在全市率先完成全区婚姻历史档案的电子化整合工作，建立婚姻档案管理系统；与区司法局、车管所、公证处等单位建立信息核查机制，累计核查 1000 余人次婚姻登记信息。开展多样化婚姻家庭服务，为 7000 余对新人举行免费颁证仪式服务；发挥党员的模范带头作用，为行动不便的特殊困难人群上门办理 23 件次；开展婚姻家庭情感及法律辅导服务 2000 余件。联合丰台区邮电局举办爱情与集邮文化主题活动、“今生今世 陪你到老”纪念邮折发放等公益活动，宣传积极向上的婚姻家庭文化。

（韩丽敏）

【殡葬服务管理】 年内，开展丰台区散坟乱葬专项治理工作，制定《丰台区开展违法违规私建“住宅式”墓地等突出问题摸排工作方案》和《丰台区散葬坟墓专项治理工作方案》，指导各乡镇、街道有序开展散坟乱葬专项治理。开展殡葬领域执法巡查，对辖区公墓、太平间、殡葬用品销售网点进行检查，全年行政检查 20 件，行政处罚 10 件。完成对全区 21 个街道乡镇 497 名无丧葬补助居民丧葬补贴审批工作，发放资金 248.5 万元。开展“节地生态安葬、平安文明祭扫”的清明祭扫服务保障工作，3 月 16 日至 4 月 7 日，全区 5 个公墓、4 个骨灰堂共接待扫墓群众约 53.4 万人，扫墓车辆约 8.5 万辆，在岗服务人员累计约 2.3 万人次。

（韩丽敏）

【居家社区养老服务】 年内，认真贯彻落实《北京市老年人养老服务补贴津贴管理实施办法》，召开新政策解读培训会，制作发放《工作手册》和宣传折页 40 余万份。全区有 60 周岁及以上户籍老年人口 374255 人，占全区户籍总人口的 32.08%，其中 80 周岁及以上高龄老年人 70491 人，占全区户籍老年人口总数的 18.8%。全年发放各类老年人补贴津贴 829191 人次，累计金额 9687.5 万元。开展老年人能力综合评估，对 8 家 2019 年度区级入围评估机构的近 70 名工作人员实施岗前培训，推动建立规范化、专业化、职业化的评估队伍；加强区级监督检查，指导各评估机构有序开展评估工作，全年完成 3181 人评估。巩固养老服务改革试点成果，完善政策体系，统筹各类资源，加强服务供给，通过搭建平台、购买服务，支持社会力量充分参与。全年为 745 名签约老年人提供“喘息服务”7907 次，面向 600 余名养老服务人员开展专业培训 8 期，为照料中心和驿站增配老年人辅助出行设备 16 台，建设街道（社区）老年人线下学习服务点 32 个，线上老年文化交流平台访问量达 17.33 万人次，形成《“低龄帮高龄”志愿服务指南》等多个制度性文件，促进带动了居家和社区养老服务的长效发展。

（韩丽敏）

【养老服务设施建设与管理】 年内，鼓励社会力量开展养老照料中心和社区养老服务驿站建设，新建养老照料中心3家、社区养老服务驿站15家，让居家老年人能够就近享受到生活照料、家政服务、康复护理、精神慰藉等养老服务。开展养老机构星级评定和服务质量专项活动，对16家养老机构开展星级评定，其中南苑社会福利中心、康助护养院获评4星；对全区40家养老机构实施115项服务质量大检查，对发现问题督促整改落实，有效提升了养老机构的服务质量。

（韩丽敏）

【儿童福利和保护】 年内，开展儿童福利领域重大风险防范化解问题排查，未发现收留抚养儿童的民间机构，困境儿童生活费均能按时足额发放；摸排出困境儿童和留守儿童1200余名，加强档案管理和信息台账建设，实现“一人一档、动态管理”。加强儿童督导员和儿童主任队伍建设，举办2019年丰台区基层儿童工作队伍暨社区（村）儿童主任培训班，参训人员440人。全区各街道（乡镇）和社区（村）均配备儿童督导员、儿童主任，儿童主任持有社工师资格证书的比率达到53.58%。积极推进基层社区（村）示范性儿童福利和保护设施街乡镇全覆盖，完成21个基层社区（村）示范性儿童福利和保护设施的确定工作。通过购买服务等形式引入11家社会工作、法律援助、心理咨询机构参与儿童福利和保护工作；委托第三方机构开展散居孤儿和事实无人抚养儿童入户巡视工作。加强“五位一体”的保护机制建设，成功处置3起侵害儿童合法权益事件。为2名遭受侵害儿童提供临时救助保护，承担2名儿童的临时监护人职责。

（韩丽敏）

【孤残儿童养育】 年内，共接回长期滞留流浪乞讨儿童14名、家庭寄养重残儿童和大龄女童10名。院内儿童实现分区养育。强化对延庆寄养家庭的管理，采取实时网络监督和每月实地探访的方式，确保寄养儿童健康成长。截至年底，儿童福利院在院管理儿童116名，散居困境儿童35名，全年共发放困境儿童生活费270.68万元。

（韩丽敏）

【见义勇为行为保护】 7月，开展以“弘扬见义勇为精神，让社会充满正气正义”为主题的见义勇为宣传月活动。落实见义勇为人员权益保护政策，依法确认见义勇为行为一起一人。12月，开展第十二届首都见义勇为好市民丰台区候选人和先进集体推荐工作，周玉锁、毕占瑞荣获第十二届首都见义勇为荣誉市民称号，见义勇为权益保护科荣获第十二届见义勇为权益保护工作先进单位。

（韩丽敏）

【开展慈善事业宣传】 开展“慈善丰台 你我同行”主题宣传及图片巡展活动，张贴及发放慈善宣传材料2000余份、宣传纪念品1500余份，参观人数2400余人，提高公众对慈善的认知。参加“2019北京公益慈善汇展”活动，设慈善协会和北京康助养老照料中心两个展位，引导观众感受公益慈善新模式、新方法，让更多的人了解慈善事业、走进慈善事业、参与慈善事业，组织辖区爱心企业及居民700余人赴会观摩。组织开展2019年“首都慈善奖”推荐工作，丰台区推荐的安钟岩、戎威远保安服务（北京）有限公司分别名列“慈善个人”和“爱心企业”表彰名单。

（韩丽敏）

【社会捐赠】 年内，共接受各类捐赠款71.7万元，其中定向捐赠款36.242万元，“爱心暖阳”系列捐助活动捐赠款35万余元；全年接收捐赠衣物14.9万件。新建10家规范化捐助站点，其中利智康复中心为创新型捐助站点。清理规范10家慈善超市，完成与北京爱心超市管理有限公司的合同解约及配备物资清点工作。落实精准扶贫工作，支援帮扶内蒙古扎赉特旗巴达尔胡镇扶贫款30万元；帮扶完成丰台区政府“精准扶贫1+1”项目走进内蒙古扎赉特旗，项目资金15万元，帮扶捐助内蒙古林西县老君沟村互助幸福院亮化项目资金20万元，捐赠10000件过冬物资；帮扶捐赠河北涞源县10000件过冬棉服、羽绒服。

（韩丽敏）

【福利彩票管理与发行】 年内，推进福利彩票事业规范化发展。实施福彩形象提升计划，完成60个销售站形象化建设的选点、配备设施测量、安装工作。规范彩票合同签订，与339个站点签订授权协议书。严厉打击非法彩票销售，净化彩票市场环境。年内配合公安机关查获非法私彩投注设备一台，抓获嫌疑人3人，涉案金额50万元。截至年底，全区共有福彩销售站点324个，全年销售福利彩票4.66亿元，其中电脑票销售4.34亿元，即开票销售0.32亿元，累计销售额占全市11.85%，累计销售全市排名第二。

（韩丽敏）

【残疾人福利保障】 年内，持续深化落实残疾人两项补贴制度，加强统筹协调，实现与社会救助、社会福利、社会保险制度有效衔接，切实保障残疾人权益。全年审核生活补贴申请材料500余份，护理补贴900余份，居民经济状况核对报告376份，发放生活补贴5.5万人次、3041.48万元，发放护理补贴16.4万人次、2324.68万元。严格执行复审制度，为100名残疾人办理了跨区转移手续，及时、准确完成困难残疾人调标、补发工作，确保政策覆盖人员应享尽享、应补尽补。在全市率先使用北京市残疾人两项补贴信息化管理平台，进行业务数据的审批、管理及资金发放。向温馨精康园拨付中央财政残疾人福利专项资金100万元，用于开展机构建设及基础设施改造。

（韩丽敏）

【地退超转人员服务】 年内，全面落实地退超转人员各项补贴补助，为地退超转人员发放工资、过节费、丧葬费抚恤金、取暖补贴等共计4437.33万元。

（韩丽敏）

【流浪乞讨人员救助】 全年接待并救助流浪乞讨人员1578人，其中离站1464人，长期滞留114人。圆满完成新中国成立70周年全区街面流浪乞讨人员的集中救助和站内服务保障工作，街面巡视80余车次，出动人员320人次。通过全国救助寻亲网、《今日头条》等途径发布寻亲公告19条，14人成功找到家人。

（韩丽敏）

社会建设管理

【概　况】 2019年，丰台区委社会工委在区委区政府的领导下，落实市、区两级工作部署，坚守“为民服务初心、践行执政为民”的使命，严格落实政策，注重工作创新，深化改革发展，社会建设工作取得新成效。丰台区委社会工委与区民政局合署办公举行揭牌仪式。统筹推进街道工作和“吹哨报到”改革工作。组织实施了第十一届村民委员会和第十届社区居民委员会选举工作，为全市首次实行村（居）委会同步换届选举。稳步推进社会建设工作。加强社区服务建设，举办丰台区首届“社区邻里节”活动。全区有社会组织492家，完成社会组织行政许可事项65项。全面落实社会组织退出机制。完成全区379个党组织换届工作。推进区域党建工作，全区社区党组织全部成立社区党建工作协调委员会。推进社会工作者队伍建设，加强社区工作者能力建设。

（韩丽敏）

【丰台区委社会工委与区民政局合署办公揭牌】 3月29日，中共北京市丰台区委社会工委、北京市丰台区民政局合署办公揭牌仪式在北京西站南路168号举行，标志着丰台区社会民生领域改革迈出了重要一步，掀开了丰台区社会建设和民政民生事业的新篇章。市委社会工委副书记、市民政局副局长陈建领，丰台区委常委、区政府常务副区长肖辉利，市委社会工委、市民政局办公室副主任张志良，丰台区委社会工委、丰台区民政局领导班子成员和各科室负责人等参加了揭牌仪式。

（韩丽敏）

【统筹推进街道工作和“吹哨报到”改革】 5月18日，召开丰台区“落实新时代街道工作会议精神”工作推进会，就贯彻落实全市街道工作会议精神、加强丰台区新时代街道工作和深化党建引领“街乡吹哨、部门报到”改革进行集中动员部署。牵头起草《丰台区2019年关于落实市委<关于加强新时代街道工作的意见>的工作方案》，以两办名义正式印发。组建改革专班，设立专班秘书组，秘书组设在区委社会工委区民政局，统筹推进街道工作和“吹哨报到”改革。全面走访28个委办局和21个街乡镇，圆满完成丰台区2019年度街道工作和“吹哨报到”改革重点任务43项清单。

（韩丽敏）

【基层民主建设】 1月至4月，组织实施了第十一届村民委员会和第十届社区居民委员会选举工作，为全市首次实行村（居）委会同步换届选举。全区57个行政村和337个社区，除因整建制转居不参选的2个村和新成立不满一年的12个社区外，其余55个村和325个社区全部一次选举成功，为推进丰台区城乡基层民主政治建设奠定了坚实的组织基础。加强村委会监督委员会建设，全区55个参选行政村均进行了村务监督委员会换届，其中54个村实现了村党组织纪检委员兼任村务监督委会主任。加强对全区村务监督委员会工作指导，组织全区村务监督委员会主任培训，提升村务监督委员会成员履行职责能力。完成撤村工作，经2019年第62次区政府常务会研究，原则同意按照法定程序撤销卢沟桥乡西局村、东管头村；花乡造甲村、白盆窑村；南苑乡石榴庄村、新宫村、大红门村等7个村民委员会。

（韩丽敏）

【社会建设稳步推进】 年内，制定“七有”“五性”监测评价指标体系，以区社会建设工作领导小组名义草拟《丰台区“七有”“五性”监测评价指标体系实施方案(试行)》。对指标体系进行细化和完善，共设置27个监测评价指标,覆盖教育、卫生、民政、社保、文化体育、生态环境、公共安全、政务服务等领域。推进社区减负增效，进一步清理社区工作事项、清理规范社区印章使用、清理社区表格，区级社区填报表格事项由79项精简为4项；规范各类挂牌、达标评比和工作机构，社区办公场所外只悬挂“两委一站”组织机构牌子。全年公开招录社区服务站工作人员和参照社区工作者管理的社会领域党务专职工作者310人。协调落实社区办公和服务用房，完成区级自筹资金建设7处社区用房的移交工作；为街道解决72处社区用房租赁项目，涉及经费1337.184万元；申请区级专项资金350余万元，对10处新接收社区用房进行装修改造。开展“社区之窗”清理整治工作，拆除社区宣传屏347块。

（韩丽敏）

【社区服务建设】 年内，举办丰台区首届“社区邻里节”活动，全区337个社区举办活动634场次，参与居民5万余人次，打造了具有丰台区域特色的系列“邻里节”活动。新建2个“一刻钟社区服务圈”，服务圈共覆盖327个社区，覆盖率达到98%，推进试点向城乡地区延伸。新建成20个社区之家示范点，累计完成57个。深化基层治理创新，在马家堡街道嘉园二里社区探索建立“楼委会”自治模式，形成“我爱我嘉”治理共同体；总结推广新村街道怡海花园“1+4+1”多元化新型社区治理模式、方庄地区“掌上四合院”、宛平城地区“院儿长制”、东高地街道多方联动机制、云岗街道“民情前哨”等可复制的经验。

（韩丽敏）

【社会组织发展】 年内，全区共有社会组织492家，其中社团69家、民非423家，完成社会组织行政许可事项65项，行政执法合格率100%。强化社会组织年度检查，依法依规对丰台区412家应检社会组织实施年度检查，完成检查369家，年检率90%。完成61家社会组织规范化建设评估，持续保持五年内累计评估率100%。全面落实社会组织退出机制，结合年检、评估工作开展行政约谈、实地检查、重点抽查等方式，对逾期仍未整改的社会组织进行行政处罚。全年注销登记8家、行政检查91家、行政处罚22家。开展培育孵化专题研修培训，利用市建设专项资金482万元扶持31个社会组织服务项目、聘请第三方对项目进行监管及完成了向枢纽型社会组织派驻社工工作。推进社会组织党建工作，严格按照关于加强社会组织党的建设工作实施意见的要求，将社会主义核心价值观和党建内容按照章程范本内容纳入章程，引导社会组织及时建立党组织。稳步推进行业协会商会与行政机关脱钩，制定《丰台区行业协会商会与行政机关脱钩工作实施方案》，对16家行业协会商会脱钩工作进行了安排部署。

（韩丽敏）

【社区党建】 年内，完成全区379个社区党组织换届工作，社区（村）书记和主任“一人兼”占比92.9%，书记、主任人选吻合度100%。推进区域党建工作，全区社区党组织全部成立社区党建工作协调委员会，做实“三项清单”“四个双向”机制。发挥社区党建工作协调委员会作用，采取召开协调会、研讨会和入户走访等方式，全年解决环境治理、小区停车、“门前三包”等难题1140件。开展分类培训，组织新一届社区（村）党组织书记集中培训班和街乡镇主管领导、科室负责人、社区专职副书记参加社区党建工作培训班。推荐先进社区党组织8个和优秀社区党组织书记8名，获市委社会工委市民政局表彰。拍摄以党建引领社会治理为主题的《我和我的祖国》MV短片，展现丰台区基层党员群众奋发向上的精神风貌，在“学习强国”北京市平台、丰台区融媒体等媒介发布，并在街道乡镇党员群众中广泛宣传。

（韩丽敏）

【社会心理服务站点建设】 年内，建立区级社会心理服务站点督查工作机制，制定明确的督查计划时间表和督查内容。完成丰台街道社会心理服务中心、右安门街道东滨河社区社会心理服务站、东铁匠营街道社会心理服务站、长辛店街道社会心理服务站、卢沟桥地区社会心理服务站等5个心理站点建设工作，超额完成市局下达建设3个站点的任务。

（韩丽敏）

【社会工作队伍建设】 年内，完成2019年度社会工作职业水平证书登记工作，共有效受理登记999人，其中首次登记415人、再次登记504人、补登记66人和补证14人。加强社区工作者能力建设，开展新任社区工作者能力素质提升培训班和全区社区居委会副主任专题培训班。实施“三社联动”社会工作，参与基层社会治理创新。举办丰台区社工机构专业督导培训班，培育7家社工机构；通过购买项目的方式，扶持9家2018至2019年间新建的专业社工机构，支出资金40万元；购买街乡镇专业社会工作岗位18个、服务示范岗位3个、社区专业社工社区服务督导岗位12个，支出资金108万元，实现专业社会岗位21个街乡镇全覆盖。做好建国70周年重点社区志愿服务组织工作。制定印发重点社区志愿服务工作方案，确定19个城市社区作为社区志愿服务活动重点场所，招募社区志愿者1900名，培训志愿者骨干38名。9月1日至10月30日，共举办志愿服务活动402场，参与志愿者8258人，累计服务17817小时，服务群众65197人，推送82条特色活动信息。

（韩丽敏）

人力资源管理

【概　况】 2019年，人力资源管理工作坚持稳中求进总基调，注重人才的选拔培养，完善规章制度，建立“人人就业”信息系统，深化人事制度改革，开展清理整顿人力资源市场秩序专项行动，各项工作取得新进展。

（李飞飞）

【聚才引智】 年内，丰台区广纳贤才，区属科研工作站新招博士后13人，全区设站企业17个，在站博士后45人。办理工作居住证新办、续签业务1604余人次，其中新办1134人次，新办量为上年的3.4倍。非京生源毕业生引进319人。办理人才引进41人，为上年的2.4倍。积极稳妥推进积分落户工作，申请提报3656人次，实现积分落户208人。

（李飞飞）

【培育高端人才】 年内，全区共举办市级高研班1期，区级高研班3期，培训专业技术人员和管理干部200余名。推荐15名高级专业技术人员参加国家级、市级高研班，为各专业领域人才搭建学习交流的平台。推进高端领军人才职称评审直通车工作，强化政策宣传、部门联动、工作指导，实施三个“一对一服务”，择优推荐7人进入市级评审环节。

（李飞飞）

【深化人事制度改革】 年内，为将人事制度改革落地，成立机构改革人员转隶工作专班，完成转隶科级以下人员1611人。结合丰台区实际，形成《丰台区纳入规范管理事业单位改革过渡方案（试行）》，有序完成规范事业单位岗位等级套转并开展晋升工作。会同区教委制定2019年度中小学幼儿园职称评审工作方案，进一步推进非公办学校教师队伍建设，开展非公办学校教师职称评审工作。让134家非公办学校（幼儿园）566名教师享受到职称改革制度红利。完善教育和卫生系统绩效工资工作。

（李飞飞）

社会保障

【概　况】 2019年，社会保障工作认真落实中央和市、区工作部署，注重促发展与惠民生相结合，保障改善民生，提升服务效能，优化营商环境，各项工作取得新进展。成立丰台区就业工作领导小组。组织首届“创业丰台2019”创新创业大赛。提升社会保障待遇。构建社会保障网上综合平台。加强基金安全防控。劳动关系和谐稳定。健全劳动争议调解处理机制，在乡镇（街道）设立劳动争议调解中心，实现乡镇（街道）劳动争议调解组织全覆盖。

（李飞飞）

【成立丰台区就业工作领导小组】 年内，统筹协调全区就业工作，研究解决就业工作重大问题。做好市、区促进就业政策的宣传和落实，帮助3239名农村劳动力就业增收，审核审批市、区促进就业资金5.9亿元。量身定制“个人就业援助方案”，明确个性化就业帮扶措施，帮助10355名困难人员实现稳定就业。建立精准对接机制，组织40名帮扶地区人力社保局干部、深度贫困乡镇主管领导、村支部书记来京培训。开展两次帮扶地区致富带头人培训，167名小微企业主、农业合作社经理人、种养植大户、技能教师来京参训。赴河北涞源、内蒙古扎赉特旗召开对口扶贫招聘会3场，提供岗位8154个。

（李飞飞）

【推动中外合作办学项目】 年内，着力打造北京市首家中外合作家庭服务培训机构，努力为家庭服务业培训业态发展做出高引领、高标准、高起飞的可复制模式。

（李飞飞）

【建设“人人就业”信息系统】 年内，围绕大数据、云计算、人脸识别等移动互联网技术的深度应用，加快推进业务流程优化再造工作，建设成集就业失业管理、统计分析、人力资源公共服务（求职地图）等功能为一体的“人人就业”信息管理服务系统，为群众提供更加便捷高效的就业服务。

（李飞飞）

【创业带动就业】 年内，加强创业服务平台建设，认定北京启城科技有限公司和北京中泰和科技企业孵化器有限公司为2019年丰台区优秀创业服务机构。组织创业培训课堂8期，直接参与培训学员265人。组织首届“创业丰台2019”创新创业大赛，共征集128个项目，评选出9个获奖项目。

（李飞飞）

【扩面征缴工作】 全区共有参保单位5.66万家，城镇基本养老保险、医疗保险、失业保险、工伤保险、生育保险累计参保人数分别为101.67万人、110.31万人、74.85万人、73.25万人、67.77万人，分别同比增长4.21%、3.84%、5.48%、4.60%、5.20%。切实做好社保降费减负工作，城镇职工基本养老保险单位缴费比例由 20%降至 16%。

（李飞飞）

【提升社保待遇】 年内，落实提高退休人员养老金待遇，企业退休人员平均养老金 3996.56 元/月，同比增长 5.14%；城乡居民平均养老金 869 元/月，同比增长 12.87%；老年保障福利养老金标准提高到人均 735 元/人/月。

（李飞飞）

【落实各项待遇审批】 年内，规范退休核准，严格审批标准，审批退休 11905 人，其中特殊工种审批 1823 人。对 932 名职工进行了劳动能力鉴定，做出工伤认定结论 1164 件。

（李飞飞）

【构建社保网上综合平台】 年内，依托社保业务网上预约系统开发社保预审模块，建立预约取号、先行预审、记录查询等多功能网上综合服务平台，提供失业金、生活补助申领等业务预审服务；搭建电话咨询“云平台”，升级智能语音导航。将移动端综合服务平台嵌入微信平台，提供社保缴费、跨省就医医院等各类社保信息查询服务。

（李飞飞）

【加强基金安全防控】 年内，加大社保稽核查处力度，全年共处理投诉举报案件 5762 人次，补缴各项社会保险费 1583.88 万元,追回社会保险欠费 4217.07 万元。利用四险监督系统技术手段，按月对疑似数据进行认真分析，深入排查，防范基金风险，审核排查 1256 条疑似数据。

（李飞飞）

【劳动关系和谐稳定】 年内，深入街乡镇、科技园区，围绕“签合同、上保险、保工资”主题，实现劳动法规宣传全普及、全覆盖。强化辖区企业劳动合同签订监控，重点监控农民工劳动合同签订情况。辖区监控企业劳动合同签订率 99.82%，续订率 98.96%。集体合同覆盖企业 4386 家，职工 247693 人，本年度签订工资专项协议企业 3861 家。针对疏解、拆迁、改制、重点项目等原因造成的用工单位劳动关系变动，深入企业对劳动合同变更、解除、人员安置等用工行为进行具体指导，劳动关系和谐稳定。

（李飞飞）

【加大监察执法力度】 年内，成立扫黑除恶工作领导小组，开展清理整顿人力资源市场秩序专项行动、整治非法使用童工打击违法犯罪专项行动、农民工工资支付等专项检查，取缔未经许可和登记擅自从事职业中介活动 16 家。对全区所有 142 个在建工程建设项目进行检查，建立劳动用工档案。受理欠薪投诉、举报案件 1426 起，涉及职工 3970 人，追发工资 679.419 万元，妥善处理集体访 170 起，处理突发事件 8 件;举报投诉案件同比上升 1.86%，集体访同比下降 11.92%，没有发生越级上访等恶性事件。

（李飞飞）

【提升仲裁调解效能】 年内，健全劳动争议调解处理机制，在 21 个乡镇（街道）设立劳动争议调解中心，实现乡镇（街道）劳动争议调解组织全覆盖。建成仲裁管理系统，实现仲裁案件全程电子化，确保各环节公开透明。联合法学会劳动法学分会、街道乡镇，旁听仲裁案件庭审，以案说法，宣传劳动保障政策。全年受理劳动争议案件 7158 起，人均办案量 562 件。结案 7125 起，结案率为 99.54%，其中调解 3476 件，调解率为 64.06%。

（李飞飞）

居民生活

【居民收入持续增长】 年内，丰台区居民人均可支配收入 65215 元，比上年增加 5072 元，增长 8.4%，增速比上年扩大 0.8 个百分点，低于全市增速 0.3 个百分点。其中，人均工资性收入 37653 元，比上年增加 2937 元，增长

8.5%，工资性收入对可支配收入增长的贡献率为 57.9%；人均转移净收入 16279 元，比上年增加 1409 元，增长 9.5%，其中人均离退休金收入增长 5.9%；人均财产净收入 10281 元，比上年增加 888 元，增长 9.4%；人均经营净收入 1003 元，比上年减少 162 元，下降 13.9%。工资性收入和转移净收入仍然是可支配收入的主体，占比 82.7%，是拉动收入增长的重要因素。

（李 绚 许媛媛）

【居民消费增速放缓】 年内，丰台区居民人均消费支出 43468 元，比上年增加 2541 元，增长 6.2%，增速比上年回落 1.1 个百分点。其中，人均食品烟酒支出 8697 元，比上年增加 673 元，增长 8.4%；人均衣着支出 2263 元，比上年增加 126 元，增长 5.9%；人均居住支出 14781 元，比上年增加 227 元，增长 1.6%；人均生活用品及服务支出 2199 元，比上年增加 29 元，增长 1.4%；人均交通和通信支出 5160 元，比上年增加 291 元，增长 6.0%；人均教育、文化和娱乐支出 4573 元，比上年增加 225 元，增长 5.2%；人均医疗保健支出 4515 元，比上年增加 876 元，增长 24.1%；人均其他用品及服务支出 1281 元，比上年增加 95 元，增加 8.0%。

（李 绚 许媛媛）

民族宗教

【概 况】 2019 年，民族宗教工作以党的十九大以及习近平总书记系列重要讲话精神为指导，全面贯彻党的民族宗教工作方针和政策，以提升民族宗教工作为主线，加强和创新民族宗教事务管理，维护民族宗教领域和谐稳定。全区有 51 个少数民族，约 7.2 万人（第六次人口普查数据），人口较多的少数民族为满族、回族。宗教场所有 8 个，其中天主教堂 2 个，基督教堂 2 个，清真寺 3 个，道观 1 个。

（李思颖）

【重大活动服务保障】 4 月，完成第二届“一带一路”国际合作论坛等重大国事活动的清真肉食供应工作。8 月中旬，组织 50 名群众参与国庆 70 周年民族团结方阵群众游行排练，完成国庆群众游行任务。

（李思颖）

【民族团结宣传日活动】 5 月 6 日上午，区民宗办联合中央音乐学院附中组织开展“5·6”民族日系列活动，邀请方庄街道、东铁营街道等属地群众参与、观看北京民族团结进步创建成果图片展，欣赏少数民族优秀音乐作品，增强民族团结共同体意识。

（李思颖）

【推进宗教中国化进程】 年内，组织各宗教团体开展国旗、宪法和法律法规、社会主义核心价值观、中华传统优秀文化走进宗教活动场所活动，巩固发展党同宗教界的统一战线。丰台区各宗教团体负责人以研讨会、学习会、解经会等形式为载体，将社会主义核心价值观与宗教信仰有机结合，以具有中国特色的中国化宗教理论体系引领教旨解读，以善行修身、开展丰富的慈善活动，共建社会主义和谐社会。

（李思颖）

【专题培训】 9 月，举办民族宗教干部专题培训班。培训围绕提高民族宗教工作干部队伍能力开展，内容包括学习全国、北京市民族宗教工作会议精神，党的民族宗教工作政策法规等。全区各街道、乡镇主管领导及科室负责人共 50 人参加培训。

（李思颖）

【治理宗教领域突出问题】 年内，取缔韩国背景的地下教会 1 处，负责人移送至公安机关；遣送韩国耶和华见证人传教人员 2 名，并依法给予限制入境处罚；依法处置以旅游为名入境传教的马来西亚籍人员 2 名；响应街乡“吹哨报道”，依法查处涉嫌非法传教的个人企业 3 家、校外培训机构 1 家。

（李思颖）

残疾人事业

【概　况】 2019年，区残联在编人员36人。其中，行政编制9人、事业编制27人；全区持证残疾人46365人；全面实施残联改革；开展了“不忘初心 牢记使命”主题教育；完成了残疾人小康进程综合评估工作；举办了第29次“全国助残日”和第3次“全国残疾预防日”主题活动；实施市、区政府助残实事肢体残疾人社区和居家康复服务项目919人；无障碍环境建设2019—2021年专项行动计划全面启动；职业技能培训320人，新安置残疾人就业520人；居家服务900户，残疾人享受两项补贴18708人，走访慰问残疾人家庭8062户；动态更新入户调查3007人；市级以上信息网络载体刊发信息152篇；残疾人专门协会开展各类活动110余次；区残联被评为2015-2018年全国残疾人体育先进单位，曾斌被评为2015-2018年全国残疾人体育先进个人；丰顺集团董事长安钟岩被评为全国助残先进个人。

（闫根旺）

【观礼新中国成立70周年庆典】 10月1日，庆祝中华人民共和国成立70周年大会在北京天安门广场举行，丰台区15名残疾人、残疾人工作者代表参加观礼活动，他们认为到现场感受气势恢宏、威武雄壮的庆典场面，是一种荣耀，更是一种激励，盛赞祖国繁荣富强，祝福祖国明天更美好！

（闫根旺）

【中国残联主席张海迪走访残疾人家庭及康复机构】 1月31日，中国残疾人联合会主席张海迪到方庄街道芳群园四区走访慰问了2户困难残疾人家庭和一家养老康复机构颐康养老照护中心。市残联理事长吴文彦，丰台区副区长韩嵩等领导参加走访慰问活动。

（闫根旺）

【区残联七届二次主席团会议】 5月9日，丰台区残联七届主席团第二次全体会议召开，会议审议通过了赵勇理事长代表执行理事会作的工作报告，区委常委、常务副区长肖辉利出席会议并讲话。

（闫根旺）

【区残工委扩大会议】 5月9日，2019年区政府残工委扩大会议暨全区残疾人工作会议召开，区残工委委员、成员单位联络员，街乡镇政府主管领导、残联理事长，区残联主席团委员及残联班子成员参加会议。区政府残工委副主任、区残联理事长赵勇作工作报告，总结了2018年残疾人工作，部署了2019年重点任务。通报了区残工委组成人员调整情况，审议了《丰台区政府残工委工作规则》和《丰台区政府残工委成员单位职责分工》。区委常委、常务副区长肖辉利出席会议并讲话。

（闫根旺）

【全国助残日活动】 5月18日，为庆祝第二十九次“全国助残日”，丰台区在北京园博园举行了“牵手同行，情暖丰台”大型主题活动。市残联副理事长王响平，区长助理李俊蓉，市残疾人福利基金会副理事长兼秘书长张亮，以及区残工委相关单位、街乡镇残联、助残社会组织、专门协会、爱心企业、残疾人及亲属、助残志愿者数百人参加活动。区残联理事长赵勇致辞，残疾人的奋发自强典型人物宗强分享了他在党和政府的好政策下，通过自强努力走上工作岗位自食其力的故事，全国助残先进个人安钟岩讲述了她开办残疾人驾驶培训班的事迹。与会领导向十家爱心单位颁发了爱心牌和捐赠证书，二百余名残疾人及亲属、助残志愿者开展了助残大步走活动。

（闫根旺）

【改革方案落地】 2019年是“残联改革年”，区残联制定了《丰台区残疾人联合会改革方案》，7月3日经第十二届区委常委会第127次会议审议通过，7月9日以区委办名义印发，8月6日区残联改革动员部署会召开。全年区残联党组强“三性”、去“四化”，理职能、转作风，抓服务、推举措，残联改革方案七方面、

21项改革措施基本落实。

（闫根旺）

【党建工作】　年内，区残联召开2019年度党建工作暨党风廉政建设工作大会，逐级签订了党风廉政责任书；召开民主生活会2次，组织生活会2次；开展主题党日系列活动12次，组织残联机关党员开展一针一线绣党旗活动；召开党员大会3次，党总支和支部会15次；党员参加社区“吹哨报到”178次；通过召开党建及党风廉政工作会、分析会推进反腐倡廉工作；2家助残社会组织党支部被评为市助残社会组织党建工作示范阵地。

（闫根旺）

【不忘初心牢记使命主题教育】　9月开始，丰台区残联围绕“四个贯穿始终”“四个到位”，开展了“不忘初心 牢记使命”主题教育。残联党组坚持以党的政治建设为统领，教育党员干部牢固树立“四个意识”，不断增强“四个自信”，坚决践行“两个维护”，推出了“不忘初心 牢记使命，残联党员我来说”和主题教育党员承诺栏，采取邀请市残联宣讲团宣讲、“一人一村一社区一家园”联系点助残，液晶显示屏播出主题教育内容，微信公众号开通《初心使命》专栏等举措，引导党员干部自觉肩负起残疾人事业发展的政治担当，并在加强残联机关党建“两墙、两室、一家”党建阵地建设的基础上，结合主题教育，实现了党建阵地建设的再升级。全年集体学习30次、专题研讨宣讲4次、讲党课2次，建章立制5项，班子成员基层调研30次，完成温馨家园、基层信息化调研课题2个。

（闫根旺）

【残疾人小康进程评估】　年内，根据《丰台区加快残疾人小康进程实施方案》职责分工，区残联牵头对区加快残疾人小康进程指标及项目内容实施情况进行了总结与综合评估，提出了进一步强化实施的对策与建议，形成了丰台区残疾人小康进程评估报告，15项小康进程指标，已完成12项，其它三项指标有序推进。

（闫根旺）

【全国残疾预防日活动】　8月23日，丰台区在丰台花园和平广场开展了第三次“全国残疾预防日”暨“残疾预防，从生命源头做起”主题宣传活动，区残工委成员单位、助残社会组织、街乡镇残联、专门协会、职康站、残疾人及亲属、助残志愿者及区妇幼保健院、区疾控中心、区精防院等医疗卫生部门数百人参加活动。活动围绕预防出生缺陷和发育障碍致残、优生优育知识、残疾儿童康复救助政策和强化残疾预防核心知识等内容，采取教做骨节操及发放宣传材料、政策咨询服务、宣传展示、辅具产品展示、职康技能展示和义诊、应急救助等形式，进行了主题宣传教育活动。

（闫根旺）

【无障碍2019—2021年专项行动启动】　12月初，区政府成立工作组，牵头督促行业主管部门按照职责分工，对本行业、本区域重点领域开展自查，建立无障碍设施台账，分别录入“北京市无障碍环境建设信息管理系统”，梳理归纳各类问题并制定整改措施。11日，区政府召开丰台区无障碍环境建设专项行动调度推进电视电话会，对无障碍专项行动全面部署安排。通过运用“接诉即办”机制、发挥社会监督作用和开展无障碍宣传体验等方式，督促问题整改。全年排查建账4172条，涉及无障碍元素25372个，梳理问题元素15047个，上账13条，销账2条。北京公交总公司客运三分公司对2008辆运营车辆无障碍改造进行排查、维修和维护。

（闫根旺）

【接诉即办】　年内，区残联党组高度重视“接诉即办”工作，坚持高位调度，“一岗双责”， 主要领导直接过问，直接部署，直接督办；坚持规范“接诉即办”程序，改进工作方法，民有所呼、我有所应，凡是残疾人诉求媒体曝光、12345服务热线反映的残疾人问题，都闻风而动、接诉即办；全年“接诉即办”192件，八、九、十一月综合考核为满分。

（闫根旺）

【残疾人社会保障】　年内，开展残疾人居家服务900户；审批残疾人享受生活补贴4678

人、护理补贴 14030 人、助残券 7319 人；对 1 户残疾人家庭给予一次性危房改造补贴；4148 名困难残疾人建立“一人一案”精准帮扶台账；全年走访慰问残疾人家庭 8062 户，慰问资金 655.29 万元，近 2 万名残疾人享受到教育就业、社会保障、托养照料等方面的服务。

（闫根旺）

【残疾人教育就业】 年内，对 136 名残疾儿童开展了温暖助学，帮助 129 名适龄残疾儿童建立学籍，对 54 名残疾人学生和生活困难残疾人子女开展扶残助学；职业技能培训 320 人，新安置残疾人就业 520 人；3052 名城乡残疾人参加社会养老保险；审核安排残疾人就业单位 1847 家，按比例分散就业 5750 人；区残工委成员单位安置残疾人就业 24 人，残保金征缴 5.4 亿元；1572 名残疾人获得自主创业和灵活就业扶持；建设残疾人帮扶性就业基地 19 个，85 名残疾人实现帮扶性就业，辐射服务残疾人 456 人。

（闫根旺）

【残疾人康复服务】 年内，完成市、区政府助残实事肢体残疾人社区和居家康复服务项目 919 名。其中，完成市级项目 500 名，区级政府项目 419 名；铁营医院完成康复医院转型；严重精神病患者免费服药 5393 人，6749 人享受监护人补贴；政府购买服务项目 5 项；残疾儿童康复补助 195 人；建日间康复照料站 11 个；辅具申请 29551 人，适配辅具 71929 件。

（闫根旺）

【残疾人组联维权】 年内，新聘专职委员 44 人；新办残疾人证 1935 人；无障碍监督体验 12 次；燃油补贴发放 3281 人；残疾人冯秀玲入选 2019 北京榜样九月第三周周榜，丰顺集团董事长安钟岩被评为全国助残先进个人；残疾人法律服务 170 人次，举办“庭院式”法律服务讲座 25 场。

（闫根旺）

【残疾人事业宣传】 年内，对第 29 次全国助残日、第三次全国残疾预防日主题活动、无障碍环境建设行动计划全面启动等重要节日、重点工作和残疾人自强典型、助残先进进行了及时宣传；市级以上载体刊发信息 152 篇，今日头条等新媒体平台发布丰台区残疾人活动新闻 33 条。

（闫根旺）

【残疾人文体活动】 年内，举办了“喜迎国庆 共享芬芳”——2019 丰台区残疾人、残疾人工作者书画摄影作品展和丰台区第三届残疾人模拟冰壶球赛；区智残人旱地冰壶球队获全国残疾人旱地冰壶球赛第八名；区残疾人代表队在市首届残疾人旱地冰壶比赛中获轮椅组和听力组双冠军；区残联获 2015-2018 年全国残疾人体育工作先进集体称号，区残联宣文部干部曾斌获2015-2018年全国残疾人体育先进个人。

（闫根旺）

【残疾人专门协会】 年内，各专门协会开展各类活动 110 余次。在“学习习近平新时代中国特色社会主义思想和习近平总书记关于残疾人事业的重要论述，团结带领广大残疾人听党话、跟党走”(简称“学听跟”)专项活动中，区专门协会通过庆祝新中国成立 70 周年、学雷锋日、“全国助残日”等重要节日节点“学听跟”活动的开展取得实效，在市残联专门协会“学听跟”活动评比中，区智协一项活动被评为最佳案例，区聋协、区肢协两项活动被评为优秀案例，在京津冀专门协会工作交流中丰台区残联代表北京市残联作典型发言。

（闫根旺）

【对口帮扶协作】 年内，对河北、内蒙古、青海、湖北五个受援点开展对口帮扶；帮扶对接 10 次，实施帮扶项目 3 个，涉及残疾人帮扶项目资金 79.8 万元，5310 名贫困残疾人受益；建立长效协作机制，举办帮扶区县培训班，6 家助残社会组织参与帮扶工作；援建的湖北省十堰市张湾区家和苑温馨家园项目正式运行；区体坛中医院为受援地涞源县北石佛乡卫生院捐赠彩超诊断仪一台；人民网、中国日报、中新社、央广网、千龙网等多家媒体报道了丰台区残联援建十堰市张湾区温馨家园工作。

（闫根旺）

【开展残疾人温馨家园情况调研】 年内，丰台区残联对全区21个温馨家园建设情况进行调研。全面了解温馨家园和工作者队伍建设基本情况，形成有关温馨家园场地建设、运行机制、服务项目、党建工作、残疾人构成、工作人员构成、志愿服务等相关情况的调研报告。

（闫根旺）

人口管理

【概　况】 2019年，北京市公安局丰台分局人口管理和基层工作大队（以下简称人口基层大队），按照市局和分局的总体工作部署，在分局党委的集中统一领导下，在相关职能部门的协同配合下，以“精益求精，万万无一失”的标准，紧密结合当前反恐维稳和社会治安形势，牢固树立大局意识、忧患意识和责任意识，圆满地完成了全国“两会”“一带一路”国际合作高峰论坛、国庆70周年庆祝活动等一系列重大安保任务。在维护社会面稳定、提升社区基础打防管控建设上实现了“两升四降”，即全区入室盗窃案件立案830起，同比上年的1307起减少477起，下降36.5%；全区391个社区（村）中，146个社区实现零发案，达到了37%。全市从丰台区共抓获违法犯罪人员7695人，同比下降4.9%；在出租房屋内抓获的2072名流动人口违法犯罪人员中，已登记1281人，登记率为61.9%，同比上年上升5.7个百分点；全区出租房屋发生入室盗窃案件271起，同比上年下降43.1%，其中已纳入系统登记175处，登记率为64.6%，同比上年上升5.4个百分点。

（李占文）

【推进“民警副书记”专业化建设】 继2018年开展391名党员社区民警兼任社区（村）党组织副书记工作以来，人口基层大队结合公安改革各项要求,从考核、培训、典型推树三方面着手，制定了《丰台分局关于社区民警任社区（村）党组织副书记工作考核办法》，采用多种形式组织开展二、三级专业化培训，持续挖掘宣传“民警副书记”的典型事迹，有效激发了社区民警扎根社区、服务基层的主动性和积极性，助推了党建引领下的社区党组织精治共治法治一体化建设，为“平安丰台”“平安社区”建设提供了坚强组织保障。

（李占文）

【开展“大走访 大核查”工作】 2月至10月，按照“三清、三个一批”工作要求，人口基层大队牵动各派出所开展“大走访、大核查”工作，重点加大对违法群租、日租、短租等重点房屋的检查频次，对高发案社区（村）、区级挂账城乡结合部重点村等四类地区进行挂账督办，最大化挤压违法犯罪空间，增强辖区群众的自我防控意识，确保“案件、窝人”双下降。专项工作开展期间，全局共集中开展清理整治行动145次，出动警力4529人次、政府部门工作人员1635人次、辅警力量6367人次；共走访检查出租房屋68345户，在系统内新登记出租房屋5278户、核销4427户；新登记流动人口13001人、核销17217人、更新71818人；在社区核录各类人员67079人，其中流动人口58640人,占比87.4%,同比上升7.1个百分点；新排查列管重点人员81人、面对面“拍肩膀”教育635人、化解重点人矛盾纠纷9件；关停取缔违法（违规）房屋33处、排查整改问题隐患62件、查获劝返各类涉访人员16人；抓获违法犯罪人员574人（刑拘178人、治拘396人）。

（李占文）

【城乡结合部地区安全隐患问题整治】 年内，按照《北京市城乡结合部地区安全隐患问题综合整治工作实施意见》（京政法发〔2019〕6号）整体工作要求，制定《北京市公安局丰台分局关于进一步加强城乡结合部地区安全隐患问题综合整治工作方案》。2月始，组织相关派出所与属地街道（乡）镇配合，全力加强丰台区10个重点村公共安全基础设施建设，全年各重点村全部完成“三站三室”建设，并建立视频监控系统与街乡镇联网，安装各类安防设施 717 个，实现警情、案件“双下降”，群众安全感满意度“双上升”的工作目标，整治工作成效显著。

（李占文）

【组织开展重点人员排查管控专项行动】 2 月至 10 月，按照市局、分局“三重大排查”总体部署，组织开展重点人员排查管控专项行动。制定下发专项工作方案，并牵动 11 个职能部门和 33 个派出所，以“人”的排查管控为核心，以“房”的检查管理为重点，全面强化重点人员排查、评估、化解、管控、处置、打击六个方面措施的有效落实。并在全局范围内集中开展以“安全防范宣传、入户走访排查、重点人员教育管控”为主题的五个波次集中清理整治行动，推进专项工作新高潮。专项工作中，排查教育各类重点人员 8288 人、走访排查出租房屋 10 万余间、化解重点人员矛盾纠纷 259 件，圆满完成了一系列安保工作。

（李占文）

【组织开展“双百工程”工作】 为有效破解复杂社区治安问题，提升整体防控工作，8 月起，开展百名领导干部包片抓点推进百个社区打防管控专项工作，即“双百工程”。制定了专项工作方案，在分局党委班子成员带领下，牵动 17 个职能部门和 32 个派出所共计 100 名领导干部开展对 100 个案件高发、治安问题突出的社区（村）进行包片。工作中突出抓好“五个一”工作，即（查一查、议一议、促一促、帮一帮、评一评）。在为期三个月的专项行动中，各类警情和可防性案件得到明显下降，盗非案件 51 件，上年同期 68 件，下降 25%；黄赌警情 25 件，上年同期 33 件，下降 24.2%；电信诈骗 49 起，上年同期 62 起，下降 20.9%；入室盗窃 32 起，上年同期 36 起，下降 11.1%。

（李占文）

【完成丰台区人大代表补选安保工作】 8 月，丰台分局启动针对补选丰台区第十六届人民代表大会代表选举的安保工作。人口基层大队作为牵头单位，制定《丰台分局关于 2019 年补选丰台区第十六届人民代表大会代表选举投票日期间安保工作方案》，20 日选举当日，组织协调局属 10 个职能部门以及 15 个派出所，精心策划、周密部署，圆满完成补选投票安保工作。

（李占文）

【组织开展人口基层系统扫黑除恶专项工作】 年内，为全面贯彻落实市局、分局自 2018 年开始开展为期三年的扫黑除恶专项斗争部署要求，推动落实扫黑除恶专项斗争在全区社区内深入开展，人口基层大队制定下发《丰台分局人口基层系统扫黑除恶专项斗争工作方案》，以营造斗争氛围、全面滚动排查、涉黑前科人员管控、加强安全检查、建立排查考评机制为抓手，全面推进人口基层系统扫黑除恶专项工作的有序开展。

（李占文）

【建立社区综合安全宣传室】 为推进平安丰台建设，进一步深化 7×24 小时警务机制，打造社区民警副书记工作阵地，5 月始，组织各户籍派出所依托 7×24 小时社区警务室，开展社区综合安全宣传室建设工作。以樊家村派出所三环新城社区、西罗园派出所第一社区、蒲黄榆派出所第二社区、东高地派出所万源东里社区、南苑镇派出所合顺家园社区为试点，开展综合安全宣传室创建，24 日，在樊家村派出所三环新城社区举行全区建设启动仪式，邀请市局总队、分局主要领导以及属地街道领导参加揭牌仪式。综合安全宣传室按照一级标准和二级标准划分，每个派出所至少建设 1 个一级标准（参照试点建设模式），10 个市级挂账重点村的综合安全宣传室均要达到一级标准。全年初步建设 15 处综合安全宣传室。

（李占文）

【组织开展“枫桥式公安派出所”创建活动】 年内，组织各派出所结合市公安局规定的 6 项评选标准，开展“枫桥式公安派出所”创建活动，经分局第 122 次、123 次局长办公会议研究并报请区委政法委批复，同意向市局进行推荐。最终在创建单位审查推荐、市局实地检查、业务部门排序、职能部门审核、集中评审等工作基础上，经市局党委研究，丰台分局西罗园派出所被评定为市局创建“枫桥式公安派出所”活动示范单位。

（李占文）

【组织发动群防群治力量】 年内，按照重大安保期间工作要求，在区委政法委的指导下，制定《丰台区社会面防控工作方案》，细化工作标准，拓展力量来源，全年共组织发动群防群治力量350万余人次，组织企事业、门店、丰台环卫中心保洁员等社会力量21017人，共同参与重大安保社会面防控，累计搜集服务公安实战的情报线索1149条，抓获违法犯罪人员1921人（刑拘315人、治拘1606人）、破获案件198起（刑事56起、治安142起）。共对271名发挥突出作用的社会信息员给予奖励，奖励金额达34.77万元。

（李占文）

【日租群租房整治】 年内，人口基层大队搭建治安、人口、警务支援大情报联动平台，强化互联网阵地控制，落实分局、派出所两级网上巡检责任，对违法日租房开展精准打击。会同区政法委、房管局等部门，牵动属地街乡（镇）、各派出所共同开展违法群租房关停取缔工作。全年先后下发8批次共计7.2万条重点房屋点位数据，组织派出所开展走访核实，同比上年6批1.6条分别上升33.3%、350%；共打击违法日租房101处、拘留违法人员103人，同比分别上升68.3%、66.1%；会同政府部门关停取缔违法群租房2586处，完成全年整体任务的103.4%；处罚出租房主、中介机构1082家，罚款131万元，违法（违规）房屋整治效果显著。

（李占文）

【户口登记管理清理整顿】 1月至5月，按照公安部、市局部署要求，以“七项”工作为重点，持续开展户口登记管理清理整顿专项工作。全年共核查20731人，其中补报往年出生核查4758人、市外迁入1207人，市内迁移14766人。

（李占文）

【开展智能化治综平台电子地图标汇工作】 年内，按照公安部、市局部署，开展智能化治综平台电子地图标绘专项试点工作，组织各户籍派出所分批次对本所管界内的公安及行政地图在治综平台逐一进行标汇，为进一步夯实基层基础工作打下了坚实的基础。

（李占文）

【全力落实市局审批权下放】 10月，按照“放管服”“减证便民”的工作要求，市局人口总队，推行审批权限下放改革，人口基层大队认真研究、细化部署，先后出台《丰台分局落实精简下放户口审批审核工作的实施意见》《北京市公安局丰台分局户口审批轮岗培训学习工作方案》等文件，形成专题简报，发给全市局宣传落实。

（李占文）

【人口基层系统实战大练兵】 11月起，开展人口基层系统实战大练兵工作，先后制定“一主两辅”专项方案，即在《分局人口管理和基层工作大队实战大练兵工作方案》的总体框架下，针对社区民警和户政窗口岗位的练兵需求，细化形成《关于组织开展派出所社区警务实战大练兵工作分方案》和《关于开展户口审批轮岗培训工作分方案》，推行“三送两考一培训”工作模式。全年累计现场指导相应岗位民警83人次，针对丰台镇、樊家村等6个所75名社区民警开展重点人稳控和群防群治组织发动培训，组织2场重点派出所或社区（村）现场会，会商研究措施，送智送策到一线，完成第一批次户政岗培训工作，为群众送达进京户口准签证及户口本等证件300余件次，户政息访减诉40余起，为群众解决户政方面的困难27件。

（李占文）

【圆满完成国庆安保工作】 年内，为圆满完成国庆70周年活动安保任务，采取系列重要举措。以严防人员失管漏控为重点，强化重点人员排查管控。成立专班，细化工作方案。成立分局决战决胜阶段重点人员排查管控工作专班，制定下发《丰台公安分局国庆70周年安保决战决胜阶段重点人员排查管控专项工作方案》，明确了各部门的职责任务；加强沟通，形成联合发力。对外，加强与区维稳办、司法局的沟通，从重点人员底数核对、矛盾化解、教育管控等方面联合开展工作。对内，牵动 11 个职能部门及派出所分批次召开重点人员管控会商会，部门间就工作难点进行会商。对上，及时与市局人口基层总队联系，切实做到市局精神第一时间传达到基层、落实到基层；与专项结合，强化排查管控。结合“大走访、大核查”“基础信息采集”专项工作，指导各派出所，发动各类力量对辖区进行滚动排查。结合“社区民警任职副书记”工作，指导社区民警要联合社区（村）、司法所成立评估小组，对辖区重点人员进行准确评估；结合“矛盾纠纷大排查”“重点人员走访化解活动”专项，组织民警对重点人员进行“面对面”拍肩膀教育，在教育转化的同时，力争发现线索，精确打击。以强化社区基础为牵动，扎实打牢防控阵地。开展“双百工程”；开展社区综合安全宣传室建设。强化群防群治力量组织发动。以强化实有人口、实有房屋走访检查为抓手，紧盯隐患问题排查清零。持续开展“三重大排查”工作；加强城乡结合部地区安全隐患问题整治工作；深化日租、群租房打击整治工作。以专项督导检查为形式，强化基层基础工作责任落实。安保以来，共出动 86 车次、组织民警 751 人次对户籍派出所的窗口服务、“双百工程”推进情况等 9 个方面工作情况进行实地检查，累计发现各类问题 247 件，下发各类督办单 114 份，均已落实督促整改。

（李占文）

消费者权益保护

【概　况】 2019 年，丰台消协紧紧围绕中消协“信用让消费者更放心”的年主题，以“预付式消费、个人信息保护”为重点内容开展宣传教育活动，加强消费维权理论研究。全年受理消费者投诉 8056 件，解决 7816 件，解决率 97.02%，挽回经济损失 130.28 万元；受理消费者咨询 1881 人次，收到锦旗或表扬信 22 面（封）。丰台区消费者协会秘书长任军被国家市场监管总局（中国消费者协会）评为全国消协组织消费维权先进个人。

（马彩莲）

【督导检查诚信服务承诺活动有序开展】 年内，为进一步营造放心消费环境，加强对商品和服务的监督，推动行业自律，提高经营者社会责任意识，更好地树立“诚信经营、规范服务”的典型，促进社会信用体系建设，按照市消协要求，着力加强诚信服务承诺单位评比活动，对辖区内 14 家开展诚信承诺活动的企业进行日常督导检查，确保各企业高效有序的开展诚信服务承诺相关活动。在区消协的监督和指导帮助下，各诚信服务承诺单位在经营活动中能够不忘诚信经营的初心，持之以恒做好诚信服务工作，自觉遵守法律法规要求和行业道德，强化企业自律意识，不断完善服务保障体系和消费争议解决机制，为消费者提供质价相符的商品和服务。

（马彩莲）

【开展普法宣传活动】 年内，以丰台区消费教育基地为依托，对《消费者权益保护法》《网络交易管理办法》，工商法律法规、重点法律法规等开展普法宣传活动，组织社会法治宣传专业力量和专业人才到基层工商所、消费调解站和社区、商超、市场进行系统普法宣传，发放宣传材料 8000 余册（份）。对大型商超、有形市场和社区的专兼职法治宣传员和消费纠纷调解员进行重点培训，不断培养、壮大、储备社会法治宣传骨干。在“放心消费在丰台”公众号、头条号发布消费知识和消费教育警示信息 275 条。活动的开展，促进了市场主体诚信守法意识，提升了广大消费者的法治观念和依法维权的能力。

（马彩莲）

【推动区域消费环境建设】 年内，加大宣传传播力，在商业聚集区悬挂宣传横幅、社区电梯间张贴宣传海报、商超播放消费维权宣传片，邀请公益人士斯琴高娃老师录制彩虹维权系列广播，制作发布微信 H5、短视频等宣传材料，提高消费者权益保护工作的公众知晓度和参与度。扩大宣传影响力，积极做好央视“3·15”晚会应急预案，针对媒体曝光问题，第一时间组织执法人员对丰台区相关企业进行摸排检查，及时上报情况。同时，结合消费维权形势，及时调整宣传方向，宣传受众向老年人、残疾人等弱势群体倾斜，宣传内容向网络交易、预收款等维权热点领域倾斜。提高宣传公信力，结合“信用让消费更放心”消费维权年主题，开展系列宣传活动，推动、指导更多的优质企业参与到诚信服务承诺活动中，提升企业的诚信经营水平和责任主体意识。

（马彩莲）

【挖掘消费维权新动能】 年内，组织开展消费调解能力提升班培训班、基层消保人员的经验交流会。对于责权不明晰的投诉问题，依据相关法律给予解答，并通过消费维权微信工作群，解答疑难投诉问题。深化“丰台彩虹 315”消费维权服务特色品牌建设，开展消费维权志愿服务活动，走访投诉重点企业，降低行政投诉数量。

（马彩莲）

街乡（镇）

丰台街道

【概 况】 丰台街道位于丰台区中部，是区委、区政府所在地,东起西三环南路和造甲街,西至程庄路和京山铁路线与卢沟桥乡接壤,南临丰台南路和看丹路与新村街道毗邻，北至丰北路和丰体南路与卢沟桥街道相连，西四环、东大街、地铁九号线、地铁十号线贯穿辖区。2019年，辖区面积9.18平方公里，设25个社区，常住人口14.2万人，流动人口3.5万人。有回、蒙、藏等16个少数民族和信仰伊斯兰教、佛教、基督教、天主教、道教的信教士。驻辖区单位3000余家，中学5所，小学5所，少年宫1所，幼儿园8家，医院6家，卫生服务站6个，敬老院2家，清真寺1座，火车站1处，花园2个,市级保护二级古树6棵。

（金 芳）

【平安建设】 年内，街道完成“庆祝新中国成立70周年”法治保障；开展“扫黑除恶”专项斗争宣传工作，在25个社区悬挂硬质和软质条幅150条,张贴宣传海报1000张,发放“致居民的一封信”1.5万余份。制作8套铁路线示意图，悬挂8块宣传横幅；开展“拒酒千里外、安全万里行”“礼让斑马线 我们在行动”“集中打击整治违法停车、僵尸车”等交通安全宣传活动，提高交通安全意识;组织2019年“国际民防日”“12•4”国家宪法日宣传活动。强化重点时期“红袖标”巡逻，动员治安志愿者、辖区单位内保人员、非公企业楼宇志愿者、小门脸经营者等4000余名各类社会志愿者参与巡逻值守30万余人次；成立专业夜间巡防队，落实晨巡夜查制度；完成“疏整促”地下空间整治21处17578平方米，规范整治自用性宿舍2处，普通地下室再利用3处；完成13个社区的人防工程正规化建设；整治违法群租房143处，完成率202%，发放治理违法群租房安全提示4000张和宣传海报125张。检查生产经营单位4672家次，下发整改单823家次，发现隐患1028处，复查817家，全部完成整改；开展城市隐患治理行动，挂账隐患复查29处，全部整改销账；开展危险化学品安全综合治理行动，确保辖区“两气一油”企业生产安全；开展31次消防安全专项夜查工作，检查灭火器377个，增配37个灭火器和1个灭火毯，制作电动自行车消防安全提示牌1009块，印发《消防安全一封信》《消防安全提示》等1.5万余份、《丰台街道消防安全日常工作手册》《丰台街道火灾隐患风险指南》《防保迎工作手册》等3500册、消防安全海报1000张、折页7000张、横幅175条、宣传袋1万个；开展消防安全培训、逃生疏散演练；开展“防风险 保平安 迎大庆”专项工作10余次；检查易燃易爆场所、人员密集场所、“三合一”场所、养老福利机构等重点单位45家；为辖区60岁以上符合条件的老人家庭安装报警器7600个；为18个点位安装电动自行车充电桩21个、充电柜13组；完成在账8324平方米彩钢板销账工作。

（金 芳）

【城市管理】 年内，街道开展联合执法行动160次，查处各类违法形态1000余件；查处工地施工各类违法形态117件、露天烧烤14件；开展燃气管理安全及餐厨垃圾专项执法17起，罚款24160元；食品药品安全执法立案69件、结案64件，罚没款187853元，执行率100%，受理行政许可144件，审批通过143件，完成快检500样次，合格率100%，完成阳光餐饮181家，完成率100%；治理无证经营45户，罚没金额130507元。拆除上账违法建设42处60299平方米，完成辖区418条背街小巷、12个旱厕保洁清扫及自管小区生活建筑垃圾的收运；整治背街小巷环境7条，旱厕改造13个；拆除楼顶牌匾43处55块，拆除违规门头、灯箱80余处310余平方米；街巷长开展日常巡查4243次，发现处置无照经营、堆物堆料、占道经营、非法广告、游商等环境秩序问题417起；拆除私装地锁393个；完成丰台桥南棚户区电力增容改造任务1287户；开展55家餐饮单位餐饮油烟专项整治工作；立案处罚工地28起64.22万元；处罚违规渣土车65辆6.6万元；完成巡河3117人次；配合区水务局开展20个老旧小区供水管网改造工作。发放超价用水指标单51个单位、用水指标调查单480份；修剪危死病树58株，近园路补种黄杨1150棵。开展垃圾分类工作，涉及90余个小区，覆盖3.2万户，组织宣传活动130余场，完成垃圾分类创建示范片区检查验收工作。

（金 芳）

【社区建设】 年内，街道完成第十届居委会选举工作，社区书记、主任“一肩挑”率100%，两委交叉任职率57.6%，居委会中党员比例50.25%，本土化比例40.1%。推进丰管路办公用房加固解危及装修工程，游泳场北路社区办公用房装修改造工程，为前泥洼等4个社区屋顶做防水工程、北16修道闸换栅栏、彩虹南等3个社区办公用房改造供暖系统。指导北大地西区社区开展市、区党建引领物业管理试点工作；组织指导南开西里社区南开西里小区、东安街头条社区西幸福街小区等无物业管理老旧小区开展停车封闭管理试点；引进第三方加大对社区环境治理考核。完成人口抽样检查工作，登记1308户3893人，其中常住人口2603人。组织100名机关、社区干部进行为期3个月的舞蹈训练，参加庆祝新中国成立七十周年联欢活动，组织500名居民到园博园参加国庆游园活动。组织开展27场周末百姓大舞台、播放电影50场，受众人数8万余人次；组织舞蹈、合唱指挥、声乐、朗诵、摄影及文教委员培训活动；开展“我们的中国梦”暨“文化四进”演出活动；组织“跃动丰街”丰台街道第二届地区全民运动会和第二届国家体质锻炼标准测试赛；开展冰雪嘉年华、冰雪“大篷车”等街道级体育赛事；组织开展“活力丰街 追梦前行”的骑行赛；指导25个社区开展社区运动会、社区健步走、登山、趣味运动会等全民健身运动，组织1.5万余名居民参加各类体育活动。为20个社区安装全民健身器材133件，为3个社区安装乒乓球桌6套，对存在隐患的7件器材，进行维修。辖区有健身队伍89个，人员2000余人，体育人口98020人，体育指导员489名。开展“推普周”活动宣传，张贴宣传画报52张，发放宣传品300份。

（金 芳）

【民生服务】 年内，街道开展“就业政策惠民企，就业服务促发展”主题宣传活动，举办以“优化营商环境，促进就业增收”为主题的“百姓就业”就业困难人员专场招聘会，完成全年就业指标1030人，其中困难人员就业指标525人，实际完成680人。企业建档动态保持90户，完成指标率100%。空岗信息采集指标2400个，实际完成3129个。实现自主创业指标160人，实际完成180人，带动就业全年指标204人次，实际完成214人次。办理新申请享受市区两级灵活就业社会保险补贴政策680人，其中区灵活就业79人，市灵活就业601人。新办残疾人证268个，温馨家园法律咨询服务12人次。完成2019年度独生子女伤残、死亡家庭特别扶助申报审核361人；“残疾人一卡通”延期激活2000余人。受理无障碍改造申请41户，申请辅助器具27人，儿童康复补助21人，组织10名残疾人参加就业援助月招聘会。汇总辖区573名精神障碍患者的管理台账，审核413名精防患者监护人的看护管理手册，统计看护补贴金46.23万元。完成非京籍适龄儿童入学审核216人，通过178人。受理保障性住房申请344户，市场租房补贴申请72户，公租房入住补贴申请42户；对取得备案资格因各类情况涉及到变更的389户家庭提交表格和材料进行审核及系统录入和更改；出具申请和变更家庭所需公示单805套。完成公租房入住家庭年度复核418户。完成丰台区公租房项目快速配租发放选房通知单253户，入住排序单75户；市场租房补贴复审244户；保留资格家庭188户，其中变更资格家庭41户、暂停家庭31户。发放60岁～64岁老年人养老助残卡1065张，临时卡92张，办理老年证70张，核发80岁以上老人养老助残券41万元；为6900名90岁高龄老人发放高龄津贴67.8万元，为23名95岁以上的高龄老人报销医药费4.2万余元；为13名失能老人申请第三批喘息服务；为高龄老人提供精神慰藉、政策上门等服务13932人次；完善“连心通”各项台账，平台服务商61家，志愿者932人，党员志愿者624人。全年为持有“连心通”腕表的2869名老人，提供理发、医疗、送餐、家政、保洁、维修等多项服务1.14万余人次。走访慰问200余户生活困难的社会化退休家庭；完成低保复审415户687人。办理退养人员医疗救助6人2.5万元。发放低保金3656户692.8万元，医疗救助498人114.3万元，慰问低保人员8户，电价补贴1185户2.6万元，临时救助27人79.26万元，大额救助14人12万元。为16户困难家庭大病救助17万多元，一次性救助28名困难返城知青和困难家庭2.4万元；接受“春风送暖”活动捐款6780元，捐赠衣物106包8900件；慰问因重大疾病致困家庭17户1.7万元。

（金　芳）

【接诉即办】　年内，市民诉求处置中心接收热线案卷6083件，其中12345来源案卷5187件、街道服务电话来源案卷896件，排在前五位的是施工管理、住房修缮、小区环境、物业管理、违法建设问题；市民诉求处置中心接环境类、秩序类网格案卷4682件，排名前五位的问题是乱堆物堆料、积存垃圾渣土、暴露垃圾、非法小广告、无照经营游商；接区长信箱、市级督办件、人民网地方政府留言板案卷70件，均办结；接收网络舆情案卷45件，均办结并答复。完成11个社区的智能民情图建设工作，建设覆盖率72%；围绕12345网格举报开展整治活动，处罚店外经营、堆物堆料20起8900元。指导科室所队、社区发挥“吹哨报到”机制，解决群众身边热点、难点问题；建立日交办、周调度、月分析制度，整理重点、高发、群众集中反映案卷，明确责任人并加强规律性研究强化预警防范，实行12345市民热线超20件红线预警机制，强化应对措施。

（金　芳）

【基层党建】　年内，街道定期开展党员活动日，每月制定一个学习教育主题，学习十九大报告、党风廉政警示教育、政府工作报告、新党章、“学习强国”软件知识等。基层党支部推行“一规两册”，每月定期进行党员学习，调整党建协调委员会，开展党建共建促进发展工作。社区党组织通过党建工作协调委员会，形成党组织领导下的居委会、物业企业、驻区单位多方联动机制，凝聚多方合力，提升基层社会治理能力。社区党委发挥社区党建协调委员会的优势，利用和整合地区资源，协调开展群众性、公益性的活动；推进“片区吹哨、部门报到”机制落实。上半年社区开展在职党员活动200余次。按照《丰台街道社区党费和党建活动经费的使用管理规定》，立足支部、服务基层、统筹安排、专款专用，每季度召开党员大会，对经费使用情况、支出金额进行通报，纳入党务公开内容，小额自主经费简化审批程序，对社区内出现的突发情况，可以快速的做出应对，及时解决社区的“小、散、急”等难题，提升党组织服务居民能力；“两新”组织党支部坚持“三会一课”制度，每月组织党员集中学习，定期召开组织生活会和民主评议党员。北京环球亚泰工程咨询有限公司党支部利用手机建立党员QQ群、微信群，便于党员学习、交流讨论，推进支部各项工作的开展。

（金　芳）

卢沟桥街道

【概　况】　卢沟桥街道始建于1968年，位于丰台区北部，东至丽泽桥、莲花桥一线，与太平桥街道接壤；南至丰北路及丰台西路，与丰台街道、新村街道交界；西至张仪村路，与宛平城地区相连；北至莲石路，与石景山区、海淀区毗邻。西三环、西四环、京港澳高速、莲宝路、大成路、卢沟桥路、青塔西路、丰北路等路线贯穿整个辖区。2019年，辖区面积59.73平方公里。下辖社区37个，与卢沟桥乡12个行政村相融交错，常住人口23万人，流动人口88299人,属于典型的城乡结合部街道。辖区内国家机关、文化、教育、商业、企业单位分布相对集中。有中建一局、中铁电气化集团公司、中国电子工业出版社等中央、市属单位100余家，企事业单位6900余家。

（许承炜）

【平安建设】　年内，街道树立“安全责任重于泰山”的思想，落实安全生产责任制，更新并建立11类生产经营单位台账1951家，签订各类安全责任书1917份，制定经营、生产、消防、交通、食品、药品安全、预防煤气中毒等应急预案。检查辖区生产经营单位4424家次，下达整改通知书1157份，发现隐患4107处，隐患整改率100%。开展消防安全“自知自查自改”活动，发放宣传海报13071份，组织培训演练活动95场次,清理可燃物5.41吨，督促整改隐患206处，活动宣传覆盖14000名居民。在“两节”“两会”“新中国成立70周年”“一带一路”、亚洲文明对话大会、世园会等重点敏感时期，细化城管、综治、安全、信访、武装等应急行动预案，量化重点人、重点区域监控台账，发动志愿者32万人次，强调“十桥一线”重点守护，确保“街面平安，社区无事”。推广“枫桥经验”，开展“无诉讼社区”建设，接待群众来信、来电、来访449件次，解决诉求问题128件，开展“司法大讲堂”200余场，2019年度群众安全感满意度98.6%，排名全区第六位。

（许承炜）

【城市管理】　年内，街道推动“2+X”治理提升模式，以青塔、五里店2个片区为抓手，兼顾青塔桥、西翠路、莲怡园一区环境提升等“X”个点位，制定提升项目17个，促进区域整体优化。推进专业化停车管理，清理“僵尸车”89辆，7条道路2637个车位实现静态停车管理，20个小区引进专业停车管理公司。探索党、政、社、民多方发力的基层治理模式，整合17支志愿团队，成立“卢街帮帮帮”志愿服务联盟，组织近2万名志愿者形成辖区治理合力，变“被动治理”为“主动治理”。落实“街长制”“河长制”，街道、社区巡河2230人次3425.78公里，发现、处理问题20余处。开展垃圾分类宣传动员，实施垃圾分类示范片区创建。环境整治常态化，引进专业环境保洁队伍，辖区223条22.504万平方米背街小巷落实专业公司清扫保洁，5座旱厕完成冲水改造。处理市容卫生类网格案卷5000余件，清运垃圾渣土杂物、生活垃圾2300余车，督导80家餐饮企业完成油烟净化设施改造。开展污染源日常巡查，动态更新污染源台账，每半月覆盖重点污染源单位，对发现的问题立查立改，全年PM2.5累计浓度40.4微克每立方米，改善率位居全区第四。

（许承炜）

【社区建设】　年内，街道改善社区办公、服务、活动用房，引进社会事务所参与社区建设，推进社区规范化、专业化、精细化管理。

落实市、区规范化建设评比标准，完善 37 个社区民情图，开展“双争创、四权实践、社区之家”等争创活动，社区“知民情、集民意、解民忧”品牌各具特色，“新闻直播间”“议事大巴车”“四社联动促进多元共治”“智慧社区建设”等服务品牌升级。

（许承炜）

【民生服务】 年内，街道落实社会救助各项政策，统筹民政、计生、妇联、残联、社保五大系统，规范建设政务服务中心，落实各类专项救助、优抚、退保、老龄、超转、慰问等民生保障资金 3297 万余元，开展“春风送暖”“共产党员送爱心”活动，募捐善款近 15 万元、衣物 271 包 7674 件。紧急救助困难人员 542 人次 97.14 万元，核对发放严重精神障碍监护人监护补贴、残疾人护理补贴、生活补贴 425.14 万元。采集空岗信息 2777 个，实现城乡劳动力就业 1328 人，困难人员就业 971 人，创业 196 人，创业带动就业 244 人，社区就业 1075 人。督查重点用工单位 1286 家，审核追讨建筑工地、加工制造、餐饮服务等企业拖欠工资 174 万元，责令补签劳动合同 197 份，取缔非法职业中介机构 3 家。完成 11 家企业建会，办理工会会员服务卡 1144 张，帮扶 19 个基层企业工会建立健全职工之家和职工暖心驿站，街道职工子女暑期托管班获“全国工会爱心托管班”称号。完善养老服务，“低龄帮高龄”“连心通”“喘息服务”“慈善便民超市”提供服务 4579 人次，7 家“养老驿站”投入运营。“一刻钟便民服务圈”“五分钟蔬菜服务圈”辐射功能不断扩展，群众获得感、安全感、幸福感不断提升。

（许承炜）

【接诉即办】 年内，街道落实市委、区委街道工作会议精神和《关于加强新时代街道工作的意见》，完成街道机构综合设置改革，推进“四个街道”建设目标。利用“融媒体”技术，引入“党建引领、街乡吹哨、部门报到”工作平台，实现“线上吹哨、部门报到”。将“吹哨报到”延伸至社区，以“接诉即办”工作为主线，探索“社区全程跟踪、科室包案解决”工作理念，建立“双值守、双包案、双走访、双调度、双反馈”机制，开展“深入户、大走访”破题攻坚行动，全年受理居民诉求 10038 件，解决 5120 件。

（许承炜）

【基层党建】 年内，街道组织党员干部学习宣传贯彻党的十九届四中全会精神，深化党员领导干部“学习强国”和“网上在线”学习教育，培训机关社区干部 2362 人次。推进基层党组织标准化规范化建设，完成社区“两委”换届，督导基层党组织开展为民办实事项目 67 项，落实党组织服务群众经费 368.7 万元。发挥党员先锋模范作用，开展“庆七一”“党员先锋岗”“三亮三比”争创活动，民主评议党员 10609 人。探索党建引领物业和业委会参与社区治理，明确 1+3+X 社区治理框架，成立紫台物业党支部，作为模版在全区试点小区推广。开展作风建设、“接诉即办”“扫黑除恶”工作专项检查，自查整改问题 10 条，约谈 10 人次。深化党风廉政建设主体责任和监督责任，坚持每季度召开党风廉政建设专题分析会，明确街道领导班子党建责任清单 5 项 15 条，领导班子成员党建责任清单 16 项 55 条，纪工委监督责任清单 3 项 8 条。完善街道作风、纪律、廉政、办公、保障、财务、投诉等管理制度 80 多项。推进监察体制改革向社区延伸，组织社区纪检委员开展纪检监察业务培训。

（许承炜）

【行政效能管理】 年内，街道定期组织“两代表一委员”开展学习调研、鼓励建言献策。推行机关会前学法培训，规范财务预算、项目评估、投资评审、律师进驻、内部审计、运行机制。加强依法行政、政务公开和督查督办，量化机关效能目标 12 项 183 条，制定为民办实事项目 11 项，公开政务信息 112 条，督查督办事项 105 件，60 篇实用信息和经验做法被《丰台信息》《丰台政务》刊发，86 条外宣信息被区级以上报刊和新闻媒体采用。

（许承炜）

【疏解整治促提升】 年内，街道将“疏解整治促提升”专项行动同人口调控、拆违控违、环境治理工作结合起来同部署、同推进，调整疏解整治促提升领导小组，建立处级领导包片督查机制，量化任务清单 11 项，拆除违法建设 3.8 万平方米，封堵“开墙打洞”167 处。清理整治占道经营重点点位 11 个，无证无照 114 处，人防工程 10 处，群租房 182 处，完成 5 条背街小巷综合整治，3 处便民商业网点建成使用，群租房、新生违建、“散乱污”企业等实现“动态清零”。

（许承炜）

【扫黑除恶】 年内，街道成立“扫黑除恶”专项斗争领导小组，投入专项资金 10 万余元，结合“扫黑除恶”专项督导检查工作，开展“扫黑除恶”宣传活动，制作横幅 237 条、宣传海报 1000 余张、《致居民朋友的一封信》10 万余张，发放应知应会知识学习手册、知识问卷学习套餐，在机关和 37 个社区安装“扫黑除恶”举报箱 42 个，营造舆论氛围。

（许承炜）

【精神文明建设】 年内，街道围绕新中国成立70周年庆祝活动，拓展“北京榜样”创建途径，结合“六个卢沟”文化品牌，开展“礼赞新中国、奋斗新时代”“歌颂伟大祖国、共圆中国梦”“走进童心”等大型文化活动5场；组织周末百姓大舞台演出16场。为37个社区配备统一规范的文化设施标识牌和管理制度，推动公共文化设施建设提档升级，提升社区文化室、图书室的管理质量。

（许承炜）

【结对帮扶】 年内，街道建立与河北涞源县、青海治多县结对帮扶机制，组织企业、部门前往涞源南马庄乡和治多治渠乡进行扶贫对接 5 次，投入帮扶资金 20 余万元，向南马庄乡贫困户捐赠扶贫物资 311 份，惠及贫困人口 988 人。组织消费扶贫进社区系列活动，发放海报 40 张，现场展销营业额 10473 元，助力扶贫产品走进百姓餐桌。引导 4 家企业投资近 10 万元开展产业帮扶和农副产品消费帮扶，推进生态畜牧业合作帮扶项目落地实施，实现资金扶贫、消费扶贫、产业扶贫“三统一”。

（许承炜）

太平桥街道

【概　况】 太平桥街道位于丰台区的中北部，地处二、三环之间，京石高速、地铁 7 号、9 号线从辖区穿过，有北京西站、莲花池长途汽车站等交通枢纽。东与西城区接壤，北与海淀区毗邻，西南分别与卢沟桥、新村、右安门街道和南苑乡搭界，并与卢沟桥乡 6 个村交叉相连，是典型的城乡结合部地区，下辖 16 个社区。2019 年，辖区面积 9.81 平方公里，常住人口 74429 人。辖区内有中央单位及市属企业 42 家，非公企业 366 家。有电力医院、三路居医院、清华大学附属丰台学校等医疗教育资源。年内，街道被评为“首都城市环境建设样板单位”，三路居社区被评为“首都绿化美化花园式社区”。

（成　茗）

【平安建设】 年内，街道完善物防、技防建设，推广启用“互联网+”智慧门禁系统 144 台，惠及 1.2 万余人，新增社区监控点位 18 个，维保监控点位 516 个。开展“扫黑除恶”专项斗争，建立电话、邮箱、微博等“多位一体”举报平台，集中整治 4 次。开展预防煤气中毒、非法集资、反恐、禁毒等专项检查、演练及宣传活动 40 余次，组织 2.3 万人次消防大培训，安装感烟报警器 2900 个、集中充电站 20 余处，检查辖区生产单位 7300 余家次，排查各类隐患 2800 余项，清理杂物 300 余吨，拉动演练 70 余次，发动治安志愿者、巡防队员、专业警力、民兵等群防群治力量 10 万余人次。加强社区微型消防站建设，投入 18 万元为社区配置消防器材和消防用品。开展交通安全普法宣传，发放电动自行车临时标识 12046 块、宣传材料 1000 余份，18 种交通安全责任书签订率 100%。受理并按期答复市区转办信访 97 件。处级领导干部接待来访 176

次，约谈约访36次，了解民情、化解矛盾30次。以新中国成立70周年庆祝活动为主线，完成国庆游行、群众联欢、莲花池公园游园活动和城市志愿者组织协调等工作。参演团队成为群众联欢活动全区第一支学完全部集体舞且完成音乐和队形合练的参演团队、第一支承接中心区表演任务的街乡团队。作为全区承接国庆游园活动的2个街道和承接空中梯队迫降场保障任务的4个街道之一，完成演出、看守等各项保障任务。

（成　茗）

【城市管理】　年内，街道规范“门前三包”1200余次，集中整治太平桥路、西三环路、西客站南路违规广告牌匾，清理违规牌匾标识、山寨指路牌及临窗广告等300余处，没收乱设广告牌200余块，规范店外经营、占道堆物堆料等违反市容环境秩序的违法行为700余次。完成绿化及环境提升工程项目8项。开展垃圾分类示范片区创建工作，建设完成16个社区396处垃圾桶站。建设提升5处便利店，解决群众“买菜难”等问题。推进大气污染防治精细化管理，PM2.5日均值44微克每立方米，TSP日均值122微克每立方米。依法治理“散乱污”企业，完善14类污染源台账。加强餐厨企业油烟管控，完成辖区90家餐饮企业、单位餐饮废气净化设备升级改造，实现三项污染物排放达标。推进无烟单位创建工作，获得“北京市控烟示范单位”称号。

（成　茗）

【社区建设】　年内，街道完成社区居委会换届选举，114名社区工作者当选。创建“社区之家”1个，完成16个社区“一刻钟服务圈”建设、“四经普”“五性”生活调查、人口摸查等工作。落实社区减负增效，推行“1+N+X”自管模式，指导太东里社区创建北京市级协商议事厅，社区治理能力提升。改造社区全民健身活动场地7处；投入3万余元完善地区文化设施标识标牌，引入社会力量开展文化活动项目18个，惠及辖区群众近4万人次。打造“悦动莲花”主题文化体育活动品牌，组织开展百姓大舞台、“文化四进”等一系列文艺演出活动30余场，举办全民健身体育节8场，社区级体育活动98场。举办文化组织员和团队培训20次，举办全区首个街道级全国广场舞讲座1场。落实退役军人登记工作，采集信息2501人，建成街道级退役军人老兵之家1个，社区级退役军人服务站16个，成立丰台区首支“老兵志愿服务队”。

（成　茗）

【民生服务】　年内，街道救助流浪乞讨人员2名，走访慰问低保、残疾人、计生困难家庭、高龄老人等特殊人员400余名，发放慰问资金31万余元。新建社区养老服务驿站3家，通过政府购买的方式，为老人提供“居家养老巡视探访”“低龄帮高龄”“老年人家庭适老化改造”“连心通”“喘息服务”等专业服务项目，为2233位高龄、失能、困难老人发放养老服务补贴津贴39万余元。通过购买家政服务、开展书法培训、组织各类活动、签约家庭医生等，为特殊家庭送服务、送文化、送关怀。完成就业330人，推荐困难人员就业161人，为失业人员召开各类招聘会12场次，达成意向录用149人次。为180名农民工追讨工资550万元。规范窗口设置，政务服务中心所有窗口升级为综合服务窗口，将21个窗口整合为15个综合办理窗口，实现一窗通办、一号通办，窗口服务被北京市人社局评为优质服务窗口。登记一孩生育168人、二孩生育74人，计划生育政策符合率100%。完成三路居社区市级“健康社区”示范单位和莲花池社区等5个区级“健康社区”示范单位创建工作。开展社区“智慧家医”服务，为居民开展义诊、免费体检等活动，建档10727人，有家医8063人，智慧家医3020人。完成131名非本市户籍儿童入学审核工作，开展非法幼儿园联合监督检查9次，对辖区7所幼儿园、小学、中学开展走访慰问，赠送价值6万元的图书、玩具、健身器材等。

（成　茗）

【接诉即办】　年内，街道启动12345数据实时分析系统平台建设，整合辖区774台视频监控系统，形成街道、社区、物业“两站三地”

共管格局。建立街道级“社区吹哨、部门报到”二级联动综合治理平台，深化“跨区吹哨、联合报到”的边界线共治机制，促进区域共治共建、共商共享。

（成　茗）

【基层党建】　年内，街道规范党支部建设，对设置不规范、活动不经常的党支部进行更名3个、撤销6个；拆分超大党支部，新增9个。强化组织保障，16社区实现小额经费自主使用，解决一批急、难、散的问题。整合辖区80余家成员单位，共建项目清单17个。指导太中里社区成立党建引领物业联合党支部、物业服务党支部，开展活动20场次。探索实践“党建+5D”工作模式，打造首科、财富广场党群服务中心，推动党建引领服务企业向纵深发展。年内，发展党员24名，其中非公企业16名。开展“不忘初心、牢记使命”主题教育活动，组织各类学习活动616次，受教育7699人次，征求意见建议180余条，解决群众实际困难100余个，解决社区治理、老旧小区改造、环境提升等方面问题91个，各级党组织解决问题174个。

（成　茗）

【群团建设】　年内，街道发展工会会员535人，建立独立工会5家，联合工会1家，完成工会服务站改造，完善相关配套设施建设。完成第六届街道社区妇联换届选举工作，妇联主席进入社区两委班子率100%，评选街道级“最美家庭”代表18户，其中4户家庭获“丰台区最美家庭”称号，1户家庭被评为“首都最美家庭”。打造“青课堂”“青公益”等青年喜闻乐见的品牌活动73次。

（成　茗）

【作风建设】　年内，街道开展形式主义、官僚主义问题自查自纠和整改落实，强化“接诉即办”等重点工作的督查督办和监督检查。以区委巡察反馈问题为重点，强化落实和监督。以“强作风、勇担当、讲大局、做贡献”为主题，开展集中整顿活动。制定街道强化运用监督执纪“第一种形态”工作办法，运用“第一种形态”7次，其中提醒谈话6次、诫勉谈话1次。开展廉政书画展、诗歌朗诵、歌曲演唱、影片放映等纪律教育活动，收集廉政格言200余条，廉政展板20余块。归类整理近两年市、区曝光典型案例，开展街道“以案为鉴、以案促改”警示教育活动。

（成　茗）

【疏解整治】　年内，街道拆除违法建设15221平方米，清理整治占道经营重点点位7处、无照经营重点点位9处，依法取缔违法群租房115处，疏解人口256人，拆除人防工程内部隔断10处，综合整治普通地下室13处，维修公益化利用人防工程3处，完成太西里小区老旧小区综合整治屋面保温部分工作。

（成　茗）

【结对帮扶】　年内，街道赴河北省涞源县留家庄乡、内蒙古扎赉特旗努文木仁乡开展走访调研2次，签订扶贫结对协议书。组织辖区餐饮、便利店等20余家单位，开展帮扶地区农副产品进京对接洽谈会，动员机关和社区干部、辖区单位购买扶贫地大米3万公斤。

（成　茗）

新村街道

【概　况】　新村街道位于丰台区中南部，与花乡基本重叠，北至南三环以内，丽泽商务区南侧铁路线，与太平桥、右安门街道相邻；最东至草桥，与马家堡街道相邻；南至京良路，与大兴区接壤；西至丰台西站，与宛平地区相邻。2019年，总面积50.28平方公里，国有土地约37平方公里。管辖8.9万户21万余人，流动人口7.7万余人，有34个社区、2个筹备组。辖区有大学3所，普通高中1所，初中3所，小学8所，幼儿园7所,社区医疗卫生机构8个。

（徐立松）

【平安建设】　年内，街道签订地下空间安全管理责任书210份，约谈地下空间承租人、产权人 51 次，入户清理、宣传 86 次，组织人力 950 余人次；清理整治市区挂账地下空间 18 处，其中人防工程 17 处、普通地下室 1 处；配合区民防办对街道 12 个防空袭警报器进行维护维修，建立 10 个防空减灾社区。接待群众来电来访 128 人次；办理网信 39 人次、纸信 92 件次 169 人次；来访 26 批次 68 人次；其中市信访办转访件 11 批次 21 人次；上级交办件 6 批次 25 人次；自收 8 批次 28 人次。完成 25 家小微企业创建工作；完成城市安全隐患治理三年行动上账隐患 27 家；安全生产责任险工作考核任务 251 家,完成 288 家；一般制造业退出 5 家。安全生产检查 900 余家单位，发现隐患 125 条，出动人员 1850 余人次。安装烟感报警器 5600 个、充电桩 60 处；清理、规范电动自行车停放及充电行为 400 台次，督促辖区餐饮单位清理油烟道 80 余处，疏通消防过道 54 次；组织宣传培训活动 40 场次，发放《一封信》等宣传品 3000 余份。完成超标二轮电动车临时标识核发工作，发放 18134 个牌照；清理“僵尸车” 85 辆。开展社会化宣传 28 次，发放宣传材料、宣传品 1200 余份。

（徐立松）

【城市管理】 年内，街道完成万柳园小区门前路、丰台南路 118 号门前路、北京科技园建设发展有限公司路、韩庄子西侧路等 11 条背街小巷环境整治工程，其中，韩庄子西侧路被评为“北京市十大最美街巷”。完成丰台南路 116 号院、华林家园和富丰园小区内 19 个微提升项目工程。治理“开墙打洞” 32 处，其中封堵 11 处、整治 21 处。在丰台区城乡环境建设管理年终考评中排名第三。组织动员 34 个社区 1750 人参加全民义务植树日活动，设立宣传站 25 个。新建富丰园 10 号楼西侧口袋公园、桥二社区东北侧口袋公园 2 处。出动人员 1020 人次，清理雨水管线干线 354 公里、支线 952 公里，清理雨污合流管涵 298 公里、雨污混接点 680 处、雨水口（雨篦子）9308 处，清理检查井 515 处、拦污坎 79 处，清理垃圾 256.4 吨。完成垃圾分类示范片区创建工作，所辖 127 个居住小区实现垃圾分类全覆盖。召开垃圾强制分类推进会 2 次，为各居住小区配置垃圾分类容器 4500 余个，发放宣传折页、海报 8.4 万余份，垃圾袋 250 余万个。完成主题宣传、业务培训 120 余次。PM2.5 年平均浓度 45 微克每立方米，TSP 平均浓度 126 微克每立方米。完成提升整治 40 家餐饮单位油烟减排改造。

（徐立松）

【社区建设】 年内，街道指导银地社区的颐和养老驿站、银地物业、丰台妇幼保健院建设“社区之家”示范点，为明春苑、电力机修缮办公用房，支出 58.59 万元；社区服务与办公用房租赁涉及 10 个社区 13 个租赁项目，支出 2325760.4 元；为韩二社区、韩一社区、桥二社区、明春苑社区安装扶手，投入资金 70 万元；完成韩二社区养老服务驿站，富丰园社区养老服务驿站建设。指导社区开展议事协商会议 400 余次，通过收集议事协商会议资料，整理议事协商典型案例 8 篇。召开物业企业联合会扩大会一次、现场交流观摩会一次。组织参加培训 8 次 147 人，为 76 名社区工作者报销继续教育培训费 4.81 万元，为 129 名社工调整专业技术等级。非京籍儿童入学审核 591 人，通过 588 人，上民办校 6 人。开展文化活动 110 余场、体育活动 90 余场，放映电影 50 场，开展“周末百姓大舞台”文艺演出 12 场，举办街道舞蹈大赛、合唱大赛、羽毛球比赛、乒乓球比赛、趣味运动会、体质监测等活动，丰富居民精神文化生活。

（徐立松）

【民生服务】 年内，街道为辖区 523 名老年人开展“连心通”服务、“低龄帮高龄”志愿者服务、“喘息服务”等。对 256 名老年人开展电话、入户精神慰藉等服务。为 60 周岁及以上优抚对象，特困、低保、低收入家庭，计生困难家庭和纯老年人家庭提供居家照护者“喘息服务” 36 人。受理老年人呼叫服务 1869 人次，其中党员服务 1754 人次、生活服务 2 人次、养老服务 106 人次、家医服务 7 人次。受理 80 岁以上高龄津贴业务 3043 人，发放补助 4636050 元。办理高龄医疗补助申请 8

人，发放医疗补助 8749.06 元。5 人被评选为孝星，“两节”慰问各类人员 205 人次 34.82 万元。办理优抚人员集中供热采暖补助、超转自供暖补贴 35 万余元。低保家庭 294 户 507 人，发放低保金额 59.3 万元，办理新申请低保 15 户 40 人。医疗救助 384 人次 39.5 万元（含城市特困人员），重大疾病救助 171 人次 53.12 万元，住院押金减免 8.8 万元，大额支出 28 人次 20.46 万元，临时救助 249 人次 34.82 万元，低保家庭供暖补助 42 户 5 万元。组织“春风送温暖”“冬衣送暖”活动，捐衣物 8272 件。在各大节日期间走访慰问低保、低收入家庭、超转残疾人、优抚人员、计生特殊困难家庭、90 岁以上高龄老人、贫困母亲，发放慰问金 91.7 万元。对 4 户因病致贫家庭发放补助 8000 元。受理公租房新申请 179 户、市场补贴申请 14 户、公租房补贴申请 17 户；保障房变更、终止、解锁 198 户，其中公租房变更 100 户、终止 56 户、解锁 42 户。完成保障房复核 409 户，其中公租房租金补贴复核 142 户，市场补贴复核 36 户。发放选房单 90 户，整理档案 247 册。“八一”建军节慰问部队 3 支和义务兵家庭 50 户，发放 12 万元慰问品；慰问百岁老人 2 人，发放慰问金 4000 元；慰问军退人员 102 人次 9.37 万元；慰问低保人员 8 人。辖区有残疾人 3030 人。发放生活补贴 295 人 14 万元，发放护理补贴 966 人次 135.3 万元，发放精神残疾监护人补贴 434 人次 25.5 万元，发放燃油补贴 216 人 5.72 万元，为 153 人办理城镇残疾人个体保险报销 76%补贴。春节期间，走访慰问 370 户困难残疾人家庭，发放慰问金和慰问品折合 30.55 万元。为 16 名 16 岁以下残疾儿童发放康复补助 214467 元，救助贫困残疾 370 人。劳动保障监察员日常巡查 2600 家，为 1 家企业补办社保登记证。完成农民工工资专项执法大检查，走访检查单位 2600 家，发放宣传资料 2500 余份；办理知青返城 1 人，上报材料合格率 100%。办理独生子女父母年老时一次性奖励 330 人，发放一次性经济帮助 15 人，办理流动人口生育联系单 1073 份，计生特别扶助 128 人，伤残扶助 132 人，家庭医生签约 1200 人。社保业务下沉工作完成 3279 笔；完成医保报销 454 人次 1463266.6 元；变更医院 5357 人次；补卡 9113 张；申请灵活就业 773 人，城镇居民医疗保险新参保 1748 人，新发社保卡 1659 张；城乡居民养老保险参保 348 人。

（徐立松）

【接诉即办】 年内，街道受理市 12345 热线交办诉求 8481 件，集中诉求主要包括物业管理 1598 件、施工管理 799 件、违法建设 633 件、小区配套 538 件、群租房 505 件。“接诉即办”响应率 100%，解决率 33.33%以上，满意率 56.90%以上。

（徐立松）

【基层党建】 年内，街道开展“不忘初心、牢记使命”主题教育，组织各党组织、广大党员按照主题教育《方案》集中学习研讨，开展理论中心组集中学、班子成员带头领学、专题研讨交流学、专题教育促进学、先进事迹带动学、观看电影观影学、参观学习借鉴学。围绕新中国成立 70 周年服务保障工作，推进疏解整治促提升专项行动调研。梳理《丰台区“不忘初心、牢记使命”主题教育专项整治工作方案》中的 9 项任务、24 项问题，细化分解为 22 项整改问题，制定 54 条整改措施。调整党建协调委员会成员，与区政协、妇联、红十字会、地震局、汽车博物馆组成结对共建单位。组织召开辖区党建工作协调委员会联席会，传达街道重点工作，围绕“七一”主题活动、对口扶贫、资源对接等进行交流座谈，观摩怡海达丰物业防汛演习。动员各单位参与区地震局在国家地震紧急救援训练基地举办的 2019 年防震减灾培训，提高各单位防震减灾工作人员的能力素质和责任意识。组织各单位参与同唱《学习雷锋好榜样》快闪活动，引领辖区精神文明建设。

（徐立松）

【“两委”换届】 年内，街道完成 32 个社区“两委”换届选举工作。新村街道 34 个社区党委委员 178 人，其中党委书记 34 人，党委副书记 38 人。党政“一肩挑”人员 30 人，占比 88.2%，比上届提高 38.2%。交叉任职 92 人，占比 51.7%，比上届提高 24.8%。新村街道第十届社区居民委员会委员 272 人，其中居委会主任 34 人，副主任 50 人。居委会中的党员 134 人，占比 49.3%，比上届提高 19.6%。居委会中的妇女委员 214 人，占比 78.7%。本土化 109 人，占比 40.2%。34 个社区“两委”大专以上学历 344 人，占比 96.1%。平均年龄 39.8 岁。

（徐立松）

【妇幼工作】 年内，街道联合司法所开展“三八”妇女维权月活动，开展 20 场妇女权益法治讲座和 12 场《妇女权益保障法》宣传活动。开展“童运动 · 同成长——放下手机一起乒乓”社区亲子运动家年华活动。以“首都巾帼心向党 · 喜迎妇女十四大”为主题开展三八国际妇女节纪念活动。“六一”国际儿童节，发动社区，以“阅读悦成长”活动为主题，组织辖区儿童开展丰富多彩的文体活动。组织辖区家庭参与最美家庭评选，两户家庭被评为“首都最美家庭”。组织社区开展“家庭、家教、家风”主题活动，开展巡讲讲座、倡导绿色生活、宣讲绿色环保知识。开展“党建引领同心圆，凝心聚力半边天”爱国主义教育活动。

（徐立松）

【疏解非首都功能】 年内，街道销账违法建设 82692 平方米，实现新生违法建设零增长。疏解一般性制造业 5 家，改造提升区域性市场 1 个，新建便民服务网点 20 个。完成清理整治人防工程 17 处、群租房 316 处、占道经营 12 处、无证无照点位 53 处，封堵帝京路 27 家“开墙打洞”商户。完成 11 条背街小巷环境整治提升，完成彩钢板整改 13199 平方米，普通地下室整治 1 处。

（徐立松）

【便民服务体系建设】 年内，街道通过蔬菜直通车进社区、社区之间便民网点共享、便利店（超市）邮局搭载蔬菜零售等多种方式完善“五分钟”便民蔬菜网络体系建设；创新发展“互联网+生鲜、餐饮、洗染、家政”等新型业态业种，实现物流配送、生鲜水果、洗染等便民服务线上线下整合；蔬菜零售、早餐、家政、洗染、美发、维修等业务，通过综合超市搭载、建设便民综合体和“E 中心”等方式，开展便民服务，逐步替代“小散乱”等低端业态。完成 3 家社区菜店财政资金的申报和 3 家社区菜店、1 家社区菜市场的第三批运营补助资金的续拨核验工作；完成怡海生活性服务业精品示范街区建设；新建、规范 20 个便民商业服务网点，所有新建网点均为品牌化、连锁化企业，便民服务网点连锁化率 53%。截至 2019 年底，新村街道基本便民服务网点 590 家，其中蔬菜零售网点 81 家。

（徐立松）

右安门街道

【概 况】 右安门街道成立于 1956 年。位于丰台区中东部,东至北京南站与东城区相邻，南至京山铁路与西罗园街道相连，西至菜户营与卢沟桥乡、太平桥街道接壤，北至护城河与西城区隔河相望。2019 年，辖区总面积 4.7 平方公里，下辖 16 个社区居委会。户籍人口 20737 户 5.01 万人，有汉族 47605 人，其他民族 3212 人；常住人口 7.8 万人，流动人口 1.39 万人，外籍人口 55 人，新出生 349 人，出生率 0.7%。辖区有法人单位 1350 家，其中人大生活出版社、国内贸易工程设计研究院等中央单位 9 家；市残联、首都医科大学、凉水河管理处等市属单位 36 家；妇幼保健院等区属单位 46 家。经济发展以第二产业和第三产业为主，批发和零售业约占 34%；服务业约占 30.8%；社会科学文化约占 16.3%；住宿餐饮业约占 14.8%。辖区有大学 1 所，中学 3 所，小学 3 所，幼儿园 4 所，养老机构 1 个。途经辖区公交线路 30 余条。2019 年实现留区税收 8639 万元，同比增长 5.2%。

（富 晶）

【平安建设】 年内，街道动员社区群防群治力量参与治安巡逻，完成两会、“一带一路”峰会、世界园林展、亚洲文明对话、70周年国庆庆典等重要时间节点的综合维稳任务。加大南站周边“黑车”治理力度。完成东庄智慧社区建设一期工程，对7个主要出入口采取封闭措施，加装智能门禁和车辆管理系统,推动“雪亮工程”及智慧小区建设。组建一支由巡防队、环卫保洁员及志愿者300余人组成的专、兼职巡逻队，加强日间巡逻，增加民警夜间巡逻频次，提高见警率。完成翠林三里22号楼铁路扰民补偿费发放，解决多年信访积案问题，接待信访人员387人次。开展各类安全检查2274次，整改隐患657处。对100余家餐饮企业进行消防安全检查，查处隐患40余处；对19家“五类”食堂做到检查全覆盖，罚没资金6.5万余元。督促物业公司或产权单位更换电梯15部。对25家小微企业进行安全生产标准化创建。组织88家商超、建筑、餐饮和住宿行业投保安全责任险，清理277栋楼房楼道、3万多户阳台可燃物，清运杂物800多车2000余吨。

（富　晶）

【城市管理】 年内，街道规范背街小巷和渣土运输管理，落实“门前三包”责任，加强南厢绿地及周边非法露天市场管控。制定印发《右安门街道居住区装修垃圾和大件垃圾管理专项工作方案》，探索大件垃圾清理管理新模式，引入专业清运公司，建立常态化管控机制。推进生活垃圾分类示范片区创建，开展“小手拉大手”活动，推动垃圾分类进社区、进学校。启动全天候、拉网式检查，夜查渣土车121次，处罚渣土车80辆5.2万元，查处施工工地12起，罚款9.3万元， PM2.5和TSP浓度达到全区平均水平。开展河道综合整治和改造提升，落实“河长制”，出动5763人次，排查化解水环境问题102起，清理沿岸非法张贴小广告3500余张。细化绿地养护保洁工作责任，草坪还绿增绿2处87平方米。

（富　晶）

【社区建设】 年内，街道完成16个社区居委会换届选举工作，选出社区居委会成员122人，平均年龄38岁，本科以上学历63人。社区党组织书记和居委会主任一肩挑比例100%，居委会成员中党员（含预备党员）50人，占40.98%，较上届提高24.85个百分点。指导社区合理设置社区工作者工作岗位，提高为居民服务的工作效率，建立居务监督委员会，对居务监督委员会成员进行资格联审。试点建立东滨河路社区社会心理服务站点，推动东庄社区之家示范点建设，开放东庄养老驿站内部服务设施、拓展社区服务项目，促进社会资源的优化整合利用,完善社区服务体系。完成2处便民服务网点升级改造，引进“康健疆援果蔬爱心车”解决开阳里第二社区、翠林三里社区居民“买菜难”问题。截至2019年底，辖区建有便民服务网点220家，规范“一刻钟”便民服务圈建设，实现社区便民早餐等七项基本便民服务功能全覆盖。改造提升街道政务服务中心，设立办事指引，实行“综窗受理、一号通办”，设置政务信息事项公开全清单，成立企业服务办公室，建立企业联络机制，举办职工沟通会102场，企业沟通会85场，通过深入企业座谈、走访等方式，为企业解决贷款难、场地紧缺等问题，优化营商环境。

（富　晶）

【民生服务】 年内，街道安置地区城镇失业人员463人，城镇登记失业率控制在1.9%以下，组织6场招聘会，320余家单位参与，260余人达成就业意向。维护劳动者合法权益，协调解决14起34人次欠薪，1起22人“恶意讨薪”事件。签约入住公租房129户，发放租房补贴226户377万余元。向享受最低生活保障待遇531人发放低保金、养老助残金及各类救助金1286万余元。为973户计划生育家庭免费投保意外伤害险，为111对育龄夫妻提供免费孕前优生健康检查，为77名特扶人员办理失独家庭住院护理补贴险，举办25场亲子活动、32场健康大讲堂，组织400名居民参加免费“两癌”筛查。探索城市“嵌入式养老”新模式，推进养老网点全覆盖和医养相结合。辖区养老床位146张，养老服务网点年均可为老年人提供 40 万余次助餐、助医、助洁等服务，形成“1+4+7+N”养老服务体系。推进“低龄帮高龄”志愿服务，512 名低龄老人志愿者向高龄老人提供上门服务 17000 余次 30000 余小时。推进退役军人信息采集和光荣牌悬挂工作，采集退役军人信息 1896 人次，悬挂光荣牌 1750 人。发放离休干部、发放军工人员工资 38.15 万元，向优抚对象定期发放抚恤金 74.9 万元。

（富　晶）

【接诉即办】 年内，街道建立“一把手全天候调度”机制，确保“哨响即应”、一卷一办、一办到底。办理案卷 6682 件，响应率 100%、解决率 90.42%、满意率 95%，其中 8 月至 12 月连续考核排名在全区位列第一梯队。

（富　晶）

【基层党建】 年内，街道发挥街道和社区两级党建协调委员会、党员民警兼任社区党组织副书记、党员广泛联系群众等机制作用，推进区域化党建发展，优化街道“街乡吹哨、部门报到”综合执法平台和“12345”市民服务热线运行处置机制。通过居民议事协商，引入市场机制，成立自管会和专业停车公司，破解无物业社区环境脏乱、停车乱象等问题；强化社区治理委员会和党建协调委员会功能；通过创建特色文化楼门，形成楼门自治体系；成立全市首家志愿服务培训组织“i 志愿大学・右安门学院”，打造出窦珍志愿服务联合会“花甲助耄耋”、右安门体育协会“当班河长”“指南针”志愿服务队等志愿服务品牌。

（富　晶）

【疏解整治促提升】 年内，街道清理地下空间 52 处，治理群租房 71 处，取缔无证无照经营单位 33 家，封堵“开墙打洞”74 处，拆除违法建设 6846 平方米，清拆彩钢板建筑 2803 平方米，地区常住人口控制在 7.8 万人以内。改造提升 4 条背街小巷、5 条重点大街，利用腾退空间建成近千平方米文化休闲广场、“留白增绿”1860 平方米。

（富　晶）

【对口扶贫】 年内，街道分别与内蒙古扎赉特旗好力保镇和河北省涞源县乌龙沟乡签订帮扶协议，推广好力保镇“‘一亩田’定制认领”项目，助推乌龙沟乡草莓培育项目落地生效。推进特色产品进超市，开展“消费扶贫进社区”农产品展销会，动员辖区餐饮行业、居民群众采购消费，帮助对口扶贫地区农产品打开市场、拓宽销路。组织“扶贫日我参与—捐赠图书献爱心”活动，捐赠图书 8000 余册。

（富　晶）

【文体活动】 年内，街道修建西铁营广场健身步道 760 平方米，整修翠林二里乒乓小广场地面 120 平方米，改造提升翠林体育文化广场。助力“北京冬奥会”，开展“七彩”体育文化活动，将“冰雪大篷车”开进辖区，普及冰雪运动知识，营造冰雪文化氛围。为街道综合文化中心图书馆增加电子阅览席位，配备“一卡通”借阅系统，更新图书上万册，订阅期刊、杂志 50 余种。开展“以邻为伴、幸福社区”为主题的社区邻里节活动。在重大节日期间，组织“百姓周末大舞台”文艺演出 11 场。组织居民参加各类文体活动百余场。聘请专业教授开展“右安今昔对比”系列讲座，传承保护金中都历史文化。举办“2019 年京台基层文化交流拜年赴台之旅”和“京台社区元宵文化大舞台暨视频连线交流”活动。主办第十三届“马西右文化艺术节”，丰富居民文化生活。

（富　晶）

【精神文明创建】 年内，街道开展“北京榜样•最美丰台人”等群众性精神文明创建活动，成立 1 个新时代文明实践所、16 个新时代文明实践站，巩固文明城区创建成果。组织“我和祖国共成长”演讲、“我和我的祖国”视频拍摄、“壮丽七十年文明我践行”百姓宣讲等群众喜闻乐见的活动，宣传新中国成立 70 周年发展成果。以学雷锋推动月和“12・5”志愿服务为契机，倡导雷锋精神，弘扬志愿文化，推动学雷锋志愿服务常态化。完成文明城区测评工作。结合街道中心工作，加强宣传引导，发布微博890条、微信公众号141期，区级以上媒体刊发报道81篇，在区“两办”信息排名均位于第一梯队。

（富　晶）

马家堡街道

【概　况】　马家堡街道位于丰台区东南中部，东与西罗园街道、大红门街道接壤，西与新村街道相邻，南与南苑街道交界，北与右安门街道隔路相望。辖区内南三环中路、角门北路、角门路、嘉和路、枫竹路、南四环路、马家堡路、马家堡中路、马家堡西路和嘉园路贯穿东西南北，构成便利的交通网。辖区呈长方形，东西宽1.53公里，南北长3.21公里。2019年，辖区面积4.95平方公里，居民小区73个，居民56538户，常住人口117383人，流动人口29838人，设16个社区居委会。

（金中波）

【平安建设】　年内，街道结合“五大安保”任务，完善反恐周宣传、月演练和月考核机制，落实禁毒宣传、社康社戒和反邪教工作。完成17名社区服刑人员、60名刑释解教人员管理；开展平安建设宣传日活动20余次，发放宣传品1.2万张，治理黑摩的17次，处理44辆。加强日常巡逻防控，36名安保人员分组巡视，16个社区警务站24小时有人员值守，可防性案件发案率下降，群众安全感满意度同比提升3.1%。

（金中波）

【城市管理】　年内，街道拆除违法建设95处17870平方米，腾退土地6700平方米，完成率136.4%；新生违法建设动态清零。清理占道经营重点点位8个，治理“开墙打洞”9处，整治人防工程17处、普通地下室38处，完成率100%，实现占道经营、“开墙打洞”“散乱污”企业动态清零，完成2处人防工程公益化使用；建设提升基本便民商业网点9个，完成6条背街小巷整治工作；整治无证无照经营31处，完成率206.7%，治理群租房260处，坚持排查发现、群众举报、媒体曝光动态清零。制定大气污染防治、扬尘管控、生态环境保护等工作方案7个，完成11次空气污染和26次大风雷电等预警应对工作；加大14类污染源巡查工作，取缔涉污违法单位3家；完成55家餐饮单位废气净化设备升级改造任务。全年PM2.5平均浓度45.6微克每立方米；查处各类违法行为1413起，开展各类宣传274次；处理占道经营举报570件，同比下降46.8%。完成市区级台账任务1024项，整治、规范店外经营商户600余处次；开展建筑物屋顶广告牌匾专项行动，拆除违规广告65块；完成58条背街小巷的保洁工作，落实“街巷长”工作制度，招募47名志愿者担任小巷管家；定期开展城市清洁日活动，清理堆物堆料1300余吨、垃圾渣土519车；开展垃圾分类宣传活动320次，完成142家餐饮单位建账工作，辖区有证有照餐饮单位餐厨垃圾规范化收运率100%。整治亮化背街小巷6条，拆除地锁350余个，发现和处理污水排放问题4起，加强汛期责任管理，确保安全度汛。

（金中波）

【民生服务】　年内，街道在嘉囿公园西侧建成政务便民服务中心、市民和党群活动中心、市民诉求处置中心集中办公区，面积2000余平方米，形成集政务服务、党群活动和健身、休闲、文化活动等多位一体的为民服务“旗舰店”。7月至12月，一层9个部门的82项公共服务，服务群众9864人次；二层的党群服务中心承接各类党群活动300余次，惠及群众3600余人次。开展“两节”送温暖活动，走访慰问困难家庭980户、失业人员118名、高龄重病老人430名；分类开展特困群体突发性、临时性生活困难的救助工作，提供医疗救助425人次111万元，提供临时救助90人次29万元，为低保家庭提供新生救助1.35万元，提供大额医疗救助27人14.3万元。开展“敬老月”送温暖活动，推荐2人获“北京市孝星”

称号，完成四个养老驿站和一个养老照料中心的建设工作；做好“连心通”腕表发放和服务签约工作，响应老人呼叫服务288人次。开展捐赠慈善，募得衣物2603件、捐款2371元，慈善助学高中生2名。加强劳动用工单位检查力度，追缴拖欠工资40余万元，劳动投诉举报案件办结率100%；为849户办理生育服务登记，发放独生子女奖励金48万余元；帮助621人实现再就业、363人实现灵活就业，鼓励137人实现自主创业，创业带动就业174人；保持“零就业家庭”100%安置率；城镇登记失业率1.10%，低于年度任务指标；为385户644人发放低保金75万元，为125位重残困难人员提供家政服务，完成46户肢体残疾人家庭无障碍改造任务。完成公租房保障服务2815户。

（金中波）

【社区建设】 年内，街道完善议事协商工作机制，协商解决群众反映问题11件；新建嘉园三里“社区之家”，服务居民1000余人；开展公益行活动120项；指导玺萌丽苑小区、枫竹苑一区、二区、未来名流大厦的业委会换届和成立工作；改善双晨、嘉园二里、欣汇、星河苑、镇国寺5个社区的办公及服务用房，更新办公电脑71台，提高社区服务群众能力。2月，指导街道16个社区居委会完成换届选举工作，全部一次性选举成功。

（金中波）

【接诉即办】 年内，街道坚持每周主要领导调度和例会通报制度、每月专题推进培训制度，借助全时服务热线、“@书记”“大走访 大摸排”、代表“接待日”等，多渠道汇集民意民智；在即时响应“群众哨”的基础上，吹好“社区哨、楼宇哨、街道哨”，吹哨解决马家堡67号院自来水管道改造、嘉园一里停车难等群众的烦心事。全年吹哨87次，回应处置“最后一公里”问题14597件。市民处置中心受理案件14823件。其中，12345市民投诉热线4711件；丰台区网格化城市管理服务平台处理案卷10112件；通过社区网格管理员、网格信息员发现并上报各类问题、隐患11037件。响应率100%。

（金中波）

【基层党建】 年内，街道落实书记讲党课、集中学习研讨、参观红色教育基地、开展志愿服务等要求，推进调查研究、检视整改和“8+2”专项整治，围绕新中国成立70周年庆祝活动服务保障、推进区域高质量发展、12345市民服务热线反映集中的问题、全面从严治党薄弱环节等发现解决问题108个。制定联系群众工作制度，开展“礼赞新时代、筑梦新丰台”实践活动，党员干部志愿服务8520余人次。完善一站式楼宇党群服务中心建设，不断扩大时代风帆楼宇党建统战领域的优势。落实市“奔跑追梦”行动，推进新联会、留联会建设，推动“两个覆盖”量质齐升，健全楼宇党委“一键响应吹哨报到”机制，通过预约方式，科信、商务、金融等15个部门行政服务“随叫随到”。打造10座红色孵化器楼宇，“线上+线下”改善营商环境。全年吸引5家企业入驻丰台科技园区和孵化器楼宇。推进“一社区 一品牌”区域化党建工作，开展党务工作和党组织建设检查3次，规范各级党组织运行。发挥党建协调委员会作用，在嘉园二里、富卓苑等老旧小区，推广党委带物业、先锋带党员、党员带群众联系服务机制，引导物业和居民参与私搭乱建拆除、绿化美化、上下水设施改造、杂物清理等“共治共享共建”中来，提升党组织的组织动员能力。

（金中波）

【安全生产监管】 年内，街道推进城市安全隐患治理三年行动，完成整改任务25项；开展社会单位安全检查3111家次，整改隐患1257处；清理“僵尸车”108辆；建设电动车充电站40处，安装充电桩55台，充电口511个；指导4家企业完成“一企一标准、一岗一清单”编制工作，超额完成26家小微企业标准化创建和210家单位安责险投保任务；为60岁以上户籍老人家庭安装独立感烟报警装置4200套；拆除彩钢板建筑65处6050平方米；开展火灾隐患排查治理，发放宣传品1.97万张，以“六小单位”为重点夜查21次，建立

11类场所消防安全台账138家，培训重点单位安全员470人，完成4处消防通道整治，整改消防安全突出隐患139处。

（金中波）

【结对扶贫】 年内，街道与河北省保定市涞源县涞源镇、金家井乡建立结对帮扶机制，签署扶贫协作结对帮扶协议书，对涞源县涞源镇、金家井乡分别开展智力扶贫捐赠图书及消费扶贫4万余元。

（金中波）

【精神文明建设】 年内，街道开展爱国主义教育，组织“时代新人说——我和祖国共成长”演讲大赛、“我爱祖国、同唱国歌”活动和新中国成立70周年主题征文活动等。在“最美马家堡人”评选活动中，推选道德楷模12名，组织开展“榜样精神我先行”百姓宣讲活动17场。建立新时代文明实践站、所，开展文明实践日，“礼让斑马线”“文明街巷文明商户”评选、“美丽街巷我的家”摄影作品征集等，引导党员群众爱国、爱家，塑造马家堡城市品格。

（金中波）

【文化体育】 年内，街道围绕“戏曲文化进社区”等品牌活动，开展各类文化活动140余场，参与群众1.6万余人次，完成11场周末百姓大舞台演出，免费为辖区群众放映电影50场。落实《全民健身条例》，街道、社区两级开展健康培训、体质监测、冬奥会宣讲体检、健身运动会等，惠及群众15510人次。

（金中波）

【法治建设】 年内，街道开展“七五”普法宣传教育活动16次，全年律师参与调解各类矛盾纠纷459件，调处率100%。在街道和社区微信平台开办“马家说法”栏目，实施会前学法、以案说法，提高干部居民法治意识。聘请律师审查合同131件，参与诉讼和行政复议案件11个。依申请信息公开事项3件，梳理公共服务事项124个，全程代理网上审批562件。

（金中波）

西罗园街道

【概　况】 西罗园街道位于丰台区东北部，东起木樨园立交桥中心线，西到右安门外大街草桥路口，北起北京南站东南侧，南至角门路。凉水河由西北向东南蜿蜒过境，境内长2公里，马草河经海户西里汇入凉水河。辖区西北紧邻北京南站，南三环中路、马家堡东路、马家堡路、角门路纵横交错，交通便利。2019年，辖区面积2.86平方公里，设17个社区居委会，常住人口8.3万人，流动人口2.4万人,新出生239人，出生率2.88‰。有中小学校5所、职高1所、托幼园10所，少年宫1所,医院2家，社区卫生服务中心1家、卫生服务站5家，养老院1所，驻区部队2个。有中央及市属企业6家,驻京外地办事机构7家。中国评剧院和北京京剧院坐落于辖区内，中国评剧大剧院是集戏剧、歌舞、音乐、演出为一体的一所多功能文化场所。全年留区税收10060万元。年内，完成机构改革，形成“六室一队三中心”新格局。

（董　雪）

【平安建设】 年内，街道完成角门东里三社区、西罗园街道第三社区一期智慧社区工程建设。巡查辖区铁路沿线，保障京沪线正常运行。推进街道禁毒工作，对社戒社康人员摸排、疏导、管控，细化社戒社康人员档案。净化食品药品市场，116家餐饮单位全部实现“视频阳光”，食品、药品抽检合格率100%。打击非法行医，对首座绿洲小区非法行医现象进行专题研究，开展联合行动6次。聘请第三方以电话采访、街面走访形式，汇总居民提出的各类问题，为相关问题的研判、整改提供依据。辖区安全感满意度排名升至全区第三名。安全生产检查各类企业2232家次，“京安工程”检查系统企业覆盖率95.83%。指导规模以上企业自行组织应急演练活动 67 次。拆除彩钢板房 122 处 7179.5 平方米，拆除点位数同比增长 2.3 倍，拆除面积增加 42.8%。开展洋桥村平房区消防安全综合治理，为 126 户家庭配备消防设施。为 5100 户 60 岁以上户籍老年人家庭配发、安装独立式感烟报警器。完成 200 家企业隐患分级评估并建立西罗园隐患分级管控体系及隐患分布图。处理各类信访 90 件，街道领导接待群众来访 28 批 700 余人次。开展“七五”普法工作，举办法治宣传教育活动 20 余场。调处纠纷 190 件，成功率 98%。社区法律顾问提供法律咨询服务 987 人次。

（董　雪）

【城市管理】 年内，街道创建基本无违法建设街道，新生违法建设动态清零，拆除违法建设 26114 平方米，完成率 108.3%，腾退土地 2.6 公顷。完成“开墙打洞”治理任务 11 处，完成率 100%。完成群租房整治 204 处，完成率 110%；清理人防工程 49 处、普通地下室 6 处，完成率 100%。协助城管执法局清理整治占道经营重点点位 3 个，打造“动态清零街乡镇”；协助工商分局整治无照经营 5 处，完成率 100%；立案处罚街头无照经营 937 起 57250 元；清理无证餐饮经营单位 12 处，完成率 100%；完成便民服务网点 4 处，完成率 100%。拆除违规户外广告牌匾标识 276 块；“散乱污”企业治理实现“动态摸排、动态清零”。打造“文化惠民”工程，完成街道综合文化中心建设。洋桥北里社区获“首都花园式社区”称号。开展大气污染治理工作，PM2.5 平均浓度 44.4 微克每立方米，达到 51 微克每立方米的年度目标。落实“河长制”，推广“当班河长”模式，水岸共治，巡河和环境治理结合，实现市级考核断面水质达标。

（董　雪）

【社区建设】 年内，街道成立北京市丰台区西罗园街道角门东里三社区居民委员会。社区东至福海小区，南邻临泓路，西至旱河，北至角门甲 4 号院，有 9 栋楼 1123 户，面积 0.045 平方公里。根据职务、能力侧重、入职年限为社工定制个性化培训课程 9 场，参加 300 余人次。组织社工参与市、区级各类学习培训 20 余人次。打造“全能社工”及“预约服务”，开展“线上线下”全天候服务工作方式。利用“错时+延时”时段为群众办事 480 件，预约服务 423 次，上门服务 5826 次，代办服务 1541 次。对洋桥西里社区和第三社区办公用房进行修缮；为洋桥村社区、海户西里南社区、鑫福里社区联合办公区续租，保障办公条件。为社区购置办公电脑 51 台、打印机 10 台，空调 12 台。组织志愿者在“志愿北京”平台上注册及项目发布更新工作，30 名机关干部和 70 名社工参与，发布志愿服务项目 29 个、开展活动 743 次，参与志愿活动 7017 人次，志愿服务 47793 小时。

（董　雪）

【民生服务】 年内，街道低保在册 303 户 486 人。其中新增 19 户 23 人、退出 11 户 15 人，发放低保金 689.02 万元；为特困家庭 2 人、孤儿 1 人发放救济金 87600 元；发放优抚金 54 户 56 人 784788 元；发放悬挂退役军人光荣牌 2382 块；发放残疾人慰问金 2288 人 22.05 万元；为享受护理补贴 337 人、生活补贴 229 人发放两项补贴 270.5776 万元；为 120 名残疾人申请自主创业就业社会保险补贴，为 3 名残疾人申请一次性补缴医疗保险补贴 117 万余元；为 91 人办理城乡居民养老保险。办理流动人口生育服务登记 210 个、独生子女光荣证 24 个，为 205 人发放一次性奖励金 20.5 万元。在册失独家庭 85 户 163 人、伤残 112 户 128 人，发放失独家庭市级慰问金 110.592 万元、伤残家庭慰问金额 115.404 万元、区级慰问金额 25.6 万元。在册公租房 1466 户、廉租房 43 户、享受市场租房补贴 44 户。严重精神障碍患者在册 327 人，其中持证 281 人，发放慰问金 72.83 万元。对 450 位 90 周岁以上的老年人发放高龄津贴 23.63 万元，发放困难老年人养老服务补贴 241 人 9.39 万元、失能老年人护理补贴 413 人 39.77 万元；为 21 人申请“红十字”慰问金 2.3 万元。医疗救助低保人员 111 人 22.04 万元；重大疾病救助 59 人 24.56 万元；大额医疗救助 2 人 8.18 万元；特困家庭救助

29户45人18.18万元；高中生及大一新生救助8人2.7万元。节前慰问残疾儿童17名，发放慰问金5100元；元旦、春节走访慰问困难残疾人255户，发放慰问金22.05万元；为6名残疾儿童申请残疾儿童康复训练补助金9.32万元，为65名肢体残疾人提供100小时的居家康复服务；开展“连心通”服务1484人次。475名失业人员实现就业，完成率95%，采集就业空岗信息1633条，组织免费招聘洽谈会4场，开展项目展示2场。完成18个退役军人服务站规范化建设。

（董　雪）

【接诉即办】　年内，街道接收群众服务热线5659件，其中12345热线4521件、96005热线978件、微信微博160件，“区长信箱”来件15期24件，“人民网地方领导留言版”16期25件，“市级重点督办件”4期4件。涉及环境卫生类825件，占14.5%；停车管理和私装地锁类686件，占12.12%；违法建设类681件，占12%；小区配套设施类639件，占11.3%；住房修缮类407件，占7.1%。解决率78.9%，满意率50.9%。街道吹哨100次，处理问题102起；解决率和满意率分别为89%和93.82%。

（董　雪）

【基层党建】　年内，街道组织“不忘初心、牢记使命”主题教育，处级领导集中学习80学时，120个党支部集中学习4105学时。领导班子成员及各社区书记结合实际工作和“不忘初心、牢记使命”主题教育，对党员干部进行专题党课讲解。完成第十届社区居民委员会换届选举工作，17个社区实现一次性选举成功。招聘党务专职工作者14人，调整岗位3人。对辖区120名党支部书记开展主题教育培训，组织内蒙古扎赉特旗阿尔本格勒镇考察人员参观香山革命纪念馆。开展处级领导下社区、人大代表在倾听、社会单位专项调研，召开51次座谈会、71次实地走访、发现并解决问题104件。举办“五星红旗下我成长”“勿忘初心”花椒树故事会活动，基层党支部开展“喜迎国庆，守护家园”“我为党旗添光彩”志愿服务活动。拍摄党员电教片《不忘初心再出发，牢记使命永向前》，制作主题教育主要内容和应知应会知识展板84块。在北京头条、区级期刊、微信公众号等媒体发布信息8篇。

（董　雪）

【文体活动】　年内，街道举办西罗园街道迎新春文艺汇演、元宵晚会、文化“四进”活动、清明诵诗会、“礼赞新时代——庆祝新中国成立70周年”群众合唱节、中秋文艺汇演及11场周末百姓大舞台活动。组织居民声乐培训4次，参与68人次；组织基层文化骨干合唱指挥培训4次，参与28人次；儿童绘本讲座8场，参与240人次。组织48节大讲堂讲座，其中老年人健康讲座15节，消防安全、防火防盗9节，禁毒知识讲座10节，法律知识讲座8节，其余6节为手工、传统文化及中医讲座。开展各类运动会23场、乒乓球赛10场、棋牌赛7场、大步行13场、体育知识竞赛5场、羽毛球赛3场、青少年体育活动8场。为124名非京籍适龄儿童办理申请小学入学资格审核。

（董　雪）

【对接帮扶】　年内，街道开展“万企帮万村”扶贫活动，完成公益保洁员项目和扶贫鸡舍项目建设。举办消费扶贫进社区——农副产品推介会1场，开办扶贫产品销售点4个。资助内蒙古贫困学生80名2.4万元；为61户深度贫困户捐棉被61套，价值2.44万元；为河北涞源10户贫困户发放慰问金5000元。发动地区商会、企业到对接地进行帮扶，帮扶资金4万余元。接受捐赠衣物110包3828件；募捐现金11787元。举办“爱心暖阳　扶贫济困”慈善捐助仪式，企业为7户因病致贫家庭捐赠3万元。

（董　雪）

东铁匠营街道

【概　况】　东铁匠营街道是新中国成立后

北京市第一批街道之一，是北京市在丰台区的老工业基地，具有鲜明的时代特征。街道位于丰台区最东部，辖区面积 12.9 平方公里,辖区北部与东城区（原崇文区）、方庄地区相邻，东部与朝阳区接壤，南部与大红门街道、南苑乡搭界，西部与东城区、西罗园街道相连，北部毗邻京津城际高速铁路，京广铁路，南二环路，南护城河。南三环路东西贯通辖区，地铁 5 号线、10 号线、14 号线、亦庄线纵贯辖区，蒲黄榆路、榴乡路南北横跨辖区，紧邻京津塘高速公路。2019 年，社区居委会 26 个，常住人口 15.54 万人，户籍人口 9.54 万人，流动人口 6 万人。有北京市同仁堂科技发展股份有限公司、北京地铁车辆装备有限公司、北京保安服务总公司、方庄污水处理厂、方庄供热厂、劳动午报社、北京联合大学特殊教育学院等中央、市属和非公企事业单位 4800 余家。2019 年度辖区单位获市级交通安全先进单位。

（冯　垚）

【平安建设】　年内，街道以疏解整治促提升为抓手，持续推进群租房治理，推进普通地下室和人防空间整治。围绕庆祝新中国成立 70 周年等活动完成五大安保维稳工作，维护辖区的政治安全和社会平安稳定，各类安保活动发动群防群治力量 7 万余人次。组织召开“扫黑除恶”专项斗争工作会议 20 余次，协助派出所摸排 500 多条涉乱线索,街道社区摸排 30 条线索，移交线索 4 条。超额完成群租房整治、人防地下空间及普通地下室的整治任务。提升群众安全感满意度，为辖区派出所配备治安巡逻电瓶车和巡防队员，建立“定时、定点、定路线”的巡查管控机制。完成 10344 平方米彩钢板消除任务，发放独立感烟式报警器 7900 个。受理和接待群众来信来访事项 68 件,坚持每月和重点时段进行矛盾纠纷排查，矛盾排查 8 次。

（冯　垚）

【城市管理】　年内，街道完成清理整治既有违法建设台账年度任务，实现新生违法建设零增长。完成“开墙打洞”120 处，拆除既有违法建设 33727 平方米。清运垃圾渣土 50 余吨、生活垃圾 220 余吨，清除小广告 1000 余起；处理举报 603 次，检查规范环卫设施 90 处，规范“门前三包”2700 余处。开展联合执法行动，出动 2500 余人次，专项整治点位 160 个，拆除地锁 1200 余个，拆除违规户外广告牌 160 块，对安乐林路等 5 条道路进行交通疏堵。完成蒲黄榆二里路等 10 条道路整治工作；对石榴庄南侧空地开展联合整治，进行绿化硬化处理；对蒲黄榆路等 5 条道路开展路侧停车电子收费居民认证工作，为 700 余位居民办理停车优惠资格申请。完成辖区 18 个旱厕改造工作，设置移动公厕 1 个。全年城管执法队出动 5000 余人次开展联合执法 300 余次，处理违法建设、占道经营、黑摩的、渣土车、夜间施工及施工扬尘等各种违法行为 900 余起。

（冯　垚）

【社区建设】　年内，街道完成 26 个社区换届选举工作，直选率 64%，新当选居委会成员 193 人，其中党员占 51.81%，社区本土化占 40.41%。落实基层减负工作，推行“综合窗口”“全能社工”模式和社工服务错时延时、全程代办、预约服务的试点工作。完成木樨园第一社区创建 2019 年“社区之家”示范点，横七条第二社区“心理服务站”示范点建设。制定物业管理纳入社区治理工作方案，推进物业管理与社区治理一体化。坚持居民议事协商制度，以刘家窑第二社区 7 个楼门为试点，针对居民诉求定期或不定期组织议事协商，共商治理之法。组织志愿者服务活动项目 487 项，活动 1736 场次，38740 名志愿者参与各项服务工作，服务 125763 人。以创建公共文化示范区为契机，新增文化场地 2830 平方米，完成街道综合文化中心的改造工作。结合“疏整促”工作，利用四方景园二区地下空间建设四方景园第二社区文化活动室。新建华苇景苑社区羽毛球场地、木一社区多功能球场、成仪路社区健身步道和儿童活动场地等 1400 余平方米，为横七二、木一、成仪路等 10 个社区安装健身器材。策划组织“壮丽 70 年 奋进新时代”东铁匠营街道合唱比赛、“拥抱春天”摄影采风活动、冰雪大篷车、娃娃冰壶等 100 余场文体活动。协调职能部门集中审核儿童入学资料，完成儿童入学电脑派位，审核通过 151 人，6 名儿童家长补缴社保后进入民办校就读。

（冯　垚）

【民生服务】 年内，街道发放各类补贴 4136 人次 2852814 元；新增 80 岁老年人 1377 人；为年满 60 周岁的老年人办理《老年人优待证》184 张，90 岁以上老人新增 180 人，完成 60 岁以上老年人“喘息式服务”67 户，适老化改造 15 户。完成运行推广“互联网+老年文化”服务模式学习活动。全年办理北京市生育登记 626 个；办理《独生子女证》47 个；为 1185 人发放独生子女父母奖励费 68210 元；为 576 人发放独生子女父母年老时一次性奖励费 57.6 万元，为 15 人发放独生子女意外死亡的一次性经济帮助款 15 万元，为 18 岁以下独生子女家庭投保 553 人。完善流动人口基础信息库，优化流动人口服务管理工作，办理流动人口生育服务登记 585 人次，享受特别扶助 109 个家庭 169 人，享受独生子女伤残家庭特别扶助 169 个家庭 248 人。街道“儿童早教基地”正式启动，完成流动儿童疫苗查漏补种及外来务工人员疫苗接种工作；无偿献血 2.1 万毫升。为 753 人发放居家助残服务补贴 75300 元；发放护理补贴 1400 余人 235 万余元；发放生活补贴 396 人 259 万余元；为 475 名残疾人发放燃油补贴 12.35 万元；为 19 名残疾儿童提交康复申请，涉及资金 373005 元；为 4099 名残疾人申请助器具 5402 件。开展 6 次劳动用工情况专项执法大检查活动，3 次劳动法律法规的宣传活动，对 122 家用工单位进行劳动规范，完成 78 家用工单位的网上书面审核工作。

（冯　垚）

【接诉即办】 年内，街道建立街道“接诉即办”专项考核办法及重点事项跟踪督办制度，实现快速接件、快速办理、快速回复。全年受理 12345 市民服务热线 7546 件，诉求响应率 100%，其中物业管理类诉求 2182 件，市场管理类诉求 1162 件，违法建设类诉求 706 件，群租房类诉求 418 件，施工管理类诉求 332 件，市容环卫类诉求 323 件，修缮类诉求 265 件，民政事务类诉求 249，交通管理类诉求 201 件；受理网格化管理平台案件 7791 件；发放便民手册 5 万余册，接听来电 7000 余次，受理便民服务电话诉求 4049 件。

（冯　垚）

【基层党建】 年内，街道开展“不忘初心、牢记使命”主题教育，确保做到“五个一”全覆盖。落实支部工作条例，优化基层支部设置，将 192 个支部调整拆分为 309 个。加强“两新组织”党建，成立非公企业、社会组织党支部各 1 个。推进街道党群服务中心暨文化中心建设。发挥党建引领作用，以“接诉即办”为导向，通过党建工作协调委员会解决“乐秋园”提升改造等重难点问题，整治特教学院周边地区、京投集团闲置空地，整治蒲黄榆一小、一幼周边环境秩序，完成庆祝新中国成立 70 周年等重大活动的服务保障工作。

（冯　垚）

方庄地区

【概　况】 方庄地区位于丰台区东部，成立于 1985 年 5 月。东起分钟寺桥，南起南三环辅路，西至蒲黄榆路，北至南二环辅路。2019 年，辖区总面积 5.53 平方公里。下辖 16 个社区居委会。户籍人口 21313 户 50968 人，常住人口 82058 人，外籍人口 275 人，其中汉族人口占 95.5%，新出生 52 人，出生率 0.12%。有法人单位 2144 个，其中中央单位 8 家，市属单位 6 家，区属单位 15 家；有医院 2 所，社区卫生服务中心 1 个、社区卫生服务站 5 个；有技校 2 所，中学 4 所，小学 6 所，小学初中一贯制学校 1 所，幼儿园 11 所；有养老机构 5 家，其中养老驿站 4 家，养老照料中心 1 家。途经辖区公交线路 26 条，地铁 5 号、14 号线贯穿辖区。年内，实现区级财政收入 3.44 亿元，代征房产税 367.17 万元。年内，获首都环境建设样板单位、北京市就业创业工作先进集体、示范侨之家、北京市禁毒工作示范街道以及首都文明街巷奖。

（乌兰塔娜　马瑶瑶）

【平安建设】　年内，街道开展“扫黑除恶”专项斗争，联合北京市第二中级人民法院、方庄法庭开展以“重拳出击扫黑除恶、助力创建和谐家园”为主题的宣传教育活动和“套路贷”宣讲；组织开展安全生产检查 12 次，检查单位 4672 家，企业覆盖率 100%，摸排隐患点位 3060 处，整改 3060 处，地区 146 栋居民楼无可燃物堆积；持续开展彩钢板建筑清理整治、城中村出租房安全专项治理，整改销账彩钢板建筑隐患点位 23 处 2008 平方米，整改宅基地出租房屋 41 处；新建充电场所 17 处，充电桩（柜）152 个；开展“无证餐饮”“四品一械”等专项整治行动，取缔无证餐饮 7 户，检查经营单位 860 余户次，企业监管覆盖率 75%。完成全国“两会”、新中国成立 70 周年、“一带一路”国际合作高峰论坛、北京世界园艺博览会和亚洲文明对话大会等重要节点稳控工作；接待群众来访 120 人次，同比下降 20%，接办信访件 47 件，按期结案 38 件；开展社会矛盾纠纷排查，加强对群体性矛盾的发现、研判和应对。

（乌兰塔娜　马瑶瑶）

【城市管理】　年内，街道对古园中路、方庄六号北侧路进行治理改造，打造突显方庄特色的“美丽街巷”；拆除违法建筑 4.81 万平方米，拆除楼顶违建 114 处 1350 平方米、护栏防盗窗 3596 个；查处违规店外经营 70 处、无照经营 550 起、擅自摆摊设点 20 起；清拖“僵尸车”122 辆；建成空气监测小微站 18 个，PM2.5 累计浓度 40.6 微克每立方米，TSP 累计浓度 116 微克每立方米，2 条道路积尘负荷监测位列全区最好 10 条道路之内；推行“当班河长”巡河模式，巡河 236 人次 360 余公里。

（乌兰塔娜　马瑶瑶）

【社区建设】　年内，街道推进社区“两委”换届，地区 16 个社区党组织和居委会全部一次性选举成功，16 个社区全部实现党委书记、居委会主任“一肩挑”；探索社区工作者全面成长机制，组织 163 名党组织书记、256 名社工培训。改造社区办公和活动环境，维修改造 4 个社区 404 平方米；深化社区服务建设，建成“社区之家”5 个，实现“一刻钟社区民生服务圈”全覆盖。完善社会组织与志愿服务体系建设，备案社会组织 70 个，志愿者服务组织 52 个，实名注册志愿者 5810 人。建立社区民主协商机制，引导群众参与老旧小区改造、小区停车管理、楼门门禁安装等社区建设事项的协商。开展以芳城园二区和方庄物业第一分公司作为试点的党建引领物业服务企业和业委会参与社区治理工作。开展社区表格、挂牌、微信工作群清理规范工作，社区报表只保留市委确定的 7 项和区委确定的 4 项，微信工作群由原来 29 个，精简到 6 个。

（乌兰塔娜　马瑶瑶）

【民生服务】　年内，街道挖掘企业空岗信息 2861 个，组织招聘会 6 场，92 家企业参会，提供就业岗位 2250 个，1780 名求职人员参加，推荐就业 130 人，达成就业意向 534 人，实现灵活就业 354 人、失业再就业 479 人，超额完成全年 370 人的就业指标，保持地区无零就业家庭。推进全民参保，参保 4767 人、变更医院服务 5000 多人次，报销医疗费 961 人次 317.7 万元，提供社会化管理服务 4559 人。深化居家和社区养老服务工作，依托 4 家养老驿站和区派第三方养老企业，成立“低龄帮高龄”志愿者服务队，210 名低龄志愿者为 105 名高龄老人提供服务。发放 80 岁以上居家养老金 165 万余元，发放 90 岁及以上高龄津贴 15.8 万元，为 95 岁以上老人报销医药费 8.3 万元。办理医疗、教育、临时救助等 106 人次，发放救助金 23.78 万元；开展集中救助行动 20 次，疏导流浪乞讨人员 15 人次。落实残疾人保障政策，走访慰问困难残疾人 562 户，发放慰问金 129 万余元。开展“一日、两月、三主题”系列捐赠活动，收到捐款 6730 元、衣物 5280 余件。

（乌兰塔娜　马瑶瑶）

【接诉即办】　年内，街道召开“接诉即办”日例会 167 次，周调度会 43 次，月点评会 7

次。实行领导干部座席制，27位领导干部座席值守市民热线，接听电话73个，回访124个，解决重难点问题61个。统筹社区、物业和社会单位资源，重点建立“办事处+物业”“办事处+相关委办局”12345联动平台，推动“吹哨报到”机制与“未诉先办”工作结合。强化6办3中心1队和16个社区“接诉即办”考核排名机制，实行“双派单、双包干”制，建立社区小额自主经费快速使用机制。全年接诉6024件，回访4796件，解决2316件，解决率60.30%，满意率74.92%。

（乌兰塔娜　马瑶瑶）

【基层党建】 年内，街道开展“不忘初心、牢记使命”主题教育，组织地区工委理论中心组学习14次，会前学法4次，研讨交流4次，开展专题调研90余次。落实管党治党责任，建立党建“三级责任清单”；落实“三会一课”、组织生活会、民主评议党员等制度，组织163名基层党支部书记开展分层次、分主题实训；推广党员“三亮”活动和积分管理，开展基层党支部党建项目“1+1”、评星定级、主题党日等活动。深化地区、社区两级党建协调委员会和“双报到”机制，组织开展地区、社区党建协调委员会活动130余次，与二中法机关党委签订“12345”《合作共建协议书》。发展党员52人，组织预备党员及党员发展对象培训100余人。集中开展志愿服务活动50次，形成“蓝马甲”党建品牌。加强“两新”组织党建，开展“两个覆盖”专项行动，党组织覆盖率86%，有党员的非公企业党的组织覆盖始终保持100%。整合辖区企业资源，做实“党政企直通车”项目，创建非公企业“方庄通”服务项目，丰富“楼宇党建服务圈”内涵。

（乌兰塔娜　马瑶瑶）

【疏解整治促提升】 年内，街道腾退土地5.36公顷，整治背街小巷2条，提升便民商业网点3处，清理占道经营7处，清理无照经营26处，老旧小区改造3个，整治普通地下室25处、人防工程17处、群租房123处，棚户区改造签约676户，实现新生违法建设、“开墙打洞”“散乱污”动态清零，确保“疏整促”专项行动取得进展。

（乌兰塔娜　马瑶瑶）

【老旧小区、平房区改造】 年内，芳城园一区、芳城园三区、芳古园一区第二社区3个社区列入老旧小区改造，涉及22栋楼6660户居民73万平方米，占全区任务的86%，改造工程完成80%；推进分钟寺平房区改造，涉及居民679户1639人，建筑面积约5万平方米，完成预签约676户，签约比例99.6%,为规划实现48公顷方庄城市公园奠定基础。

（乌兰塔娜　马瑶瑶）

【垃圾分类】 年内，街道召开垃圾分类推进会11次，组织开展各类宣传活动230场次，入户1.09万户，发放宣传册1万份、一封信9.6万份、绿色湿垃圾袋30万个。规范分类收集容器设置，购置垃圾桶2549个，在16个社区推广定点分类投放，拓展垃圾分类实施范围，实现垃圾分类全域覆盖、全民参与的目标，打造垃圾分类“方庄试点模式”。

（乌兰塔娜　马瑶瑶）

【文教卫生】 年内，街道举办元宵节、迎中秋、百姓大舞台以及方庄地区第十一届文化体育节等全民文化健身活动98场；推进“文图”两室建设，打造“汇悦读”全民阅读季等特色品牌，携手新华文轩开展“书香方庄”读书节活动；审核通过非京籍适龄儿童入学173人，同比增加9人；组织慢性病及危险因素流行状况调查200人次，开展流动人口关怀关爱活动，组织辖区企业职工、社区居民350人无偿献血，8人加入造血干细胞志愿者招募队伍；发放各类卫生防病宣传册及海报2500本。

（乌兰塔娜　马瑶瑶）

【精神文明建设】 年内，街道组织开展“送理论、下基层、进家门、入人心”教育活动56次，举办“方庄大讲堂”84场。围绕国庆期间群众庆祝活动，以“与祖国同乐·展地区‘方’华”主题，制作国庆宣传横幅68条、宣传海报300余张。组织拍摄方庄版《我和我的祖国》快闪视频，在“方庄生活”平台点击量近2万。建立方庄媒体微信群，推送地区各类新闻线索，多次召开媒体记者座谈会，推介“周末环境清洁日”“方庄讲习堂”“掌上社区”等创新工作。

（乌兰塔娜 马瑶瑶）

南苑街道

【概 况】 南苑街道位于京城正南,丰台区东南部，人称“天安门前第一镇”。历史上是元、明、清三代的皇家苑囿旧址，元称飞放泊，明称南海子，清称南苑。1954年南苑镇政府改为南苑镇办事处，1990年改为南苑街道办事处。东与东高地街道相接，西至南苑乡新宫村，北与和义街道为邻，南与大兴区交界。2019年，辖区面积13.62平方公里，下辖12个社区居委会。居民28221户，常住人口70617人，户籍人口16460户36997人，流动人口18699人，其中包括汉族、回族、满族、蒙古族、朝鲜族等13个民族。辖区内有市属单位9家、区属单位15家，驻区部队37支；有清真寺和基督教堂各1座；有幼儿园4所、小学4所、中学2所、中专1所；有医院1所，社区卫生服务站2个；有养老照料中心1个，养老驿站3个。途经辖区公交线路22条。

（张 画）

【平安建设】 年内，街道完善《“街乡吹哨、部门报到”1+9工作方案》；创新工作机制，街道、社区主动吹哨148次，解决群众安全隐患、堆物堆料、排水故障等156件；对1639名在职党员定岗定责，实现党员所能与群众所需对接。全时全域打造“平安南苑”。推进城市安全隐患治理三年行动，建立常态化街道领导带队夜查机制，对辖区生产经营单位开展日常检查2903家次；禁毒工作的先进经验得到市禁毒办通报表扬；开展“扫黑除恶”专项斗争，推进雪亮工程，提高群众安全感。2019年群众安全感满意度全区排名第一。

（张 画）

【城市管理】 年内，街道完成全年拆违任务23839平方米，追加任务上账13261平方米。完成13家无证无照经营单位整治任务以及9家追加任务，开展“僵尸车”“私装地锁”专项整治，清理“僵尸车”37辆，拆除“私装地锁”103个，治理3处占道经营重点点位。完成“龙河春绯”“玉兰香雪”两个“留白增绿”公园建设，实现绿化17300平方米。拆除户外违规广告牌匾21块,规范整治5块。摸排治理裸地4处4270平方米。清河行动、黑臭水体治理等任务完成率100%。完成21家餐饮油烟净化装置升级改造。查抄散煤5吨，落实“无煤化”管控要求。设置53名街巷长，招募“小巷管家”57名，实现辖区重点街巷全覆盖，开展辖区142条背街小巷日常环境卫生保洁工作。推进西宏苑老旧小区综合治理，在辖区范围内开展垃圾分类工作。

（张 画）

【社区建设】 年内，街道为槐房、机场、西宏苑社区安装便民座椅、便民晾衣架等设施设备；通过协商议事平台，为槐房社区居民增设减速带，解决教工幼儿园门前不规范停车问题、群租房整治、蔬菜直通车进社区等多项实事；开展“社工宣传周”“雷锋活动月”“邻里文化节”“图书交换、文字流转”“童心向党读书会”“织布绘画DIY”等活动，提升居民对社区的归属感和认同感；对社区工作者开展17场次培训，参与2000人次，提高社区干部担当意识和为民服务本领；开展“社区之家”建设工作，西宏苑社区与五爱屯小学签订共建协议，开放五爱屯小学公共资源供居民活动。完成社区居委会换届选举工作，12个社区选举产生居委会成员108人，居民小组379组，居民代表1012人。

（张 画）

【民生服务】 年内，街道对辖区45家重点社会单位进行检查；为独生子女家庭上意外伤害保险2068户6125人，组织143人进行“两癌”筛查及长效体检工作；开展“低龄帮高龄”志愿服务等活动，受众1000余人；全年受理保障性住房申请51户，规范生活性服务业网点5家。完成非京籍入学审核工作，接待电话、现场咨询600余次，审核通过86人。举办专场招聘会3场，城镇登记失业率1.29%，城乡劳动力实现就业452人，完成率110.24%；慰问重大疾病困难家庭20户，发放慰问金2万元，为9个困难家庭发放“红十字博爱周”救助金9000元。

（张 画）

【接诉即办】 年内，街道开展“大走访大入户、办实事解难题”活动14次，发现问题275件，解决162件，针对性协调解决机场路灯、诚苑沉淀池污染等挂账问题59件。建立群众诉求全响应机制，创建“众眼靓南苑”随手拍微信群，“未诉先办”各类问题1050件。全年解决率排名丰台区第三，满意率排名丰台区第四，全年综合评分84.59，全区排名第三。

（张 画）

【基层党建】 年内，街道党建协调委员会召开议事会2次，更新三个清单59项；组织“先学、先查、先改”活动，查找问题24项，整改11项。开展调研209次，解决问题196件；完善党员联系群众台账，529名党员干部与462名困难居民建立结对帮扶，在职党员开展志愿活动5017人次。梳理更新街道96个党组织台账，完成56个支部换届选举；审核发展13名党员，按期转正11名；对2461名党员的14项基本信息进行维护更新，网上转接党员组织关系310人次。

（张 画）

【双拥共建】 年内，街道以争创全国双拥模范城“七连冠”标准要求持续开展辖区双拥共建活动，并代表丰台区接受全国双拥模范城“七连冠”的检查验收。利用春节、建军节、清明节、烈士纪念日等重要时机，通过国防知识讲座、形势报告、开展军民联欢、文艺演出、军地体育项目友谊赛等形式，宣传南苑双拥文化，开展爱国拥军、拥政爱民教育进社区、进学校、进部队等系列宣传教育活动。完成退役军人信息采集工作，为优抚对象提供医疗救助。定期组织无军籍退休职工开展文体活动。

（张 画）

【文教建设】 年内，街道建设三个口袋公园并安装健身设施，规划建设阳光星苑南区及合顺家园社区综合文化室，为阳光星苑南区社区、红房子社区、合顺家园社区、机场社区安装体育健身器材。举办“新中国成立七十周年”系列主题活动，周末百姓大舞台演出11场，放映电影50场，普及发放家庭书房阅读卡。完成庆祝中华人民共和国成立70周年群众联欢活动组织工作。组织献血296人次。为157人发放监护人补贴，申领比例82.99%。

（张 画）

大红门街道

【概 况】 大红门街道位于丰台区东部，分布于南中轴路两侧，面积9.56平方公里，东接东铁营地区和朝阳区，西邻西罗园办事处、马家堡地区，北至南三环，南至南四环，与南苑乡6个行政村有区域重叠。2019年，有建制居民小区134个，划设32个社区，管辖户数94342户，常住人口18.8万人,流动人口86134人。辖区内有大红门派出所、石榴园派出所2个派出所，以及大红门交警队和大红门工商所；有1支消防大队和3支消防中队；有民办医疗机构3家，社区卫生服务中心、社区医院、社区卫生服务站14家；有中学2所、小学10所、幼儿园25所；有法人单位5600余家。

（康晓燕）

【平安建设】 年内，街道治理违法群租房282处，清理整治人防工程32处、普通地下室4处，整治无证无照经营134处。完成36处“住改商”整治工作，开展对2018年整治完毕的602处“住改商”、58处仓储点位的日常巡查工作，防止反弹。检查生产经营单位8940家次，发现整改隐患7230项，下达各类检查文书3824份。拆除彩钢板建筑22049.01平方米。对京深海鲜市场内“多合一”、彩钢棚开展摸排清理，对643家商户954条安全隐患整改完毕。为60岁以上老人家庭安装独立式感烟报警装置7800套。完成19处电动自行车充电桩（柜）建设。发放电动自行车临时牌照18463块。完成25家小微企业标准化创建任务。592家生产经营单位投保安责险。推动7处区政府办挂牌督办区域性火灾隐患整治工作。清理上账“僵尸车”66辆。安装双向机动车道分离护栏847.75米，人行道与机动车道分离护栏1010.9米、交通指示牌13套。为部分小区安装进出口隔离桩以及视频监控探头。开展动态矛盾排查6次，发现和解决苗头隐患46件，转送交办35件。解决1件国家级在账信访积案和6件市级在账信访积案，接收处理各类信访件176件。发挥群防群治力量开展“扫黑除恶”专项斗争舆论宣传、线索收集工作。组织60余场次培训活动、710余次集中宣传，发放宣传品4万余份，张贴海报1万余份，悬挂横幅200余条，设置“扫黑除恶”专项斗争举报信箱40个，收集交办相关线索3条。受理食品经营许可申请260户，快检450样次，立案45件，结案32件，罚没金额21万元。

（康晓燕）

【城市管理】 年内，街道拆除违法建设119处11万平方米，腾退土地面积87113.88平方米，打造无违建社区石榴庄东街第二社区。完成京铁鸿都国际轻纺市场、大红门纺织品批发市场、红门网批、南顶早市、南顶路22号等商市场违法建设的拆除工作。完成马家堡东路108号院西北街、西街及东侧路3条背街小巷的整治工作，对道路进行重新铺设、规划，并完成绿化、外立面粉刷等环境提升工作。通过封闭开凿门窗、砌墙恢复原貌或增加围挡、护栏等措施开展集中整治，清理违规底商，完成12处“开墙打洞”整治工作。完成12个市级挂账占道经营重点点位的清理整治，全年占道经营举报1640件，同比下降55.2%。拆除户外违规广告牌匾280余处，拆除市级挂账楼顶广告牌匾15处。拆除地桩地锁700余个、其他占道障碍物600余个。取缔无照游商1800余起，店外经营堆物堆料600余起。整治占道收废品200余次，规范“门前三包”3500余次。强化大气污染治理，对重点污染源开展全面排查，加强对汽修、餐饮油烟等行业的日常监督检查。综合行政执法立案2463起，处罚金额790440元。检查施工工地400余次，辖区空气细颗粒物年均浓度46.5微克每立方米。清理小广告500余处，联合相关职能部门集中整治黑摩的非法运营52次，暂扣黑摩的78辆、销毁28辆。对因地势较低，往年受灾较严重的双庙110号院完成竖井改造工程，阻止凉水河水倒灌。

（康晓燕）

【社区建设】 年内，街道完成第十届社区居民委员会换届选举工作，指导32个社区完成居务监督委员会选举、居民公约和自治章程的修订工作。完成260余名基层党组织书记、110名新入职社工和96名社区副职干部的培训工作。组织58名社工参与继续教育培训。指导32个社区以居民诉求为导向，利用社区议事厅平台发动物业企业、辖区单位、居民群众开展议事协商工作，推动多元主体共同参与社区治理。推动华谊兄弟影院“社区之家”示范点创建工作。新建便民服务网点15家，规范改造3家,辖区便民商业网点300余家,其中便利店搭载蔬菜及菜车65处。组织开展“戏曲进社区”“红领巾读书”等活动，举办基层文化骨干合唱指挥培训班、广场舞小教员培训等。完成12场“百姓周末大舞台”文艺演出，组织6支舞蹈队参加“我的丰台，我的家”广场舞大赛。完成非京藉儿童入学资格审查370人。开展全民健身示范街道创建活动，成立体育协会、武术协会、健身俱乐部协会、操舞协会4个健身组织。

（康晓燕）

【民生服务】 年内，街道保障低保户644户1153人、低收入6户13人的日常审核和规范救助管理，核定发放低保金1568.2万余元。发放残疾人生活补贴4762人240.6万余元、护理补贴14654人213.8万余元。完成辖区494名严重精神障碍患者管理工作及看护管理补贴发放工作，全年发放补贴114.24万余元。开展“春风送温暖”活动，救助生活困难群体25

人次 2.5 万元，组织辖区居民为红十字会捐款 4640 元，献血 65300 毫升。为 7 名事实无人抚养儿童及 3 名低保家庭残疾儿童提供生活救助。救助困难高中生 10 名 3 万元。对苗东社区无人监管未成年少女、南顶路社区生活困难老人、建欣苑东区社区无人看护病人进行帮扶。开展“春风送暖、冬衣送暖”的捐赠工作，捐款 7091 元，捐衣 106 包 3872 件。帮助 1111 名失业人员和 725 名就业困难人员就业。个人求职登记 374 人次，职业指导 388 人次，跟踪回访 485 人次，摸查 885 人次。用人单位建档 91 家，跟踪服务 273 户次，登记空岗信息 2418 个 152 个工种。办理城乡居民基本医疗保险 1614 人，新办理城乡居民养老保险 431 人。办理申请灵活就业社会保险 835 人、退休审批 55 人。退休人员档案新增 1965 份，办理领取福利养老金 605 人次。为退休人员更改医院 5460 人次，发放医保存折、办理医疗补缴、超龄补缴、办理异地安置手续等 960 人次。受理查阅档案、开具证明、协助外地认证、政策咨询等 1740 人次。申请清洁能源自采暖补贴 634 人。报销各类人员医药费 1021 人次 653 万余元。“一老一小”卡首发 2096 张。协调处置 24 起欠薪事件，涉及 149 人 395.62 万元，组织清理整顿黑职介活动 3 次，取缔 1 家。办理残疾人各项业务 645 人次，为 9 名残疾儿童办理康复训练申请及康复训练费用报销，为 73 名残疾人办理新增发放养老助残卷，为 435 名持有“北京市机动轮椅车行驶证(IC 卡)”的下肢残疾人，办理燃油补贴发放手续。帮助 244 名残疾人申请城镇自主创业社会保险补贴。帮助 8 名残疾人实现就业。上报新生儿 587 人，计划外 1 人，计划生育率 99.8%。办理户籍人口一孩登记服务单 347 人，二孩登记 142 人，再生育确认单 5 份，办理独生子女父母光荣证 46 个。办理流动人口一孩登记服务单 570 人，二孩登记 210 人，流动人口再生育确认 3 人 。发放独生子女父母一次性奖励 602 人 60.2 万元，独生子女父母一次性经济帮助 15 人 15 万元。初审各类保障房申请家庭 741 户，取得市级备案资格 487 户，廉租房实物配租资格复核 152 户，公租房补贴资格复核 182 户，各类资格变更 306 户、终止 201 户，各类资格复核 689 户，廉租房补贴资格转公租房资格 52 户，公租房备案家庭 2010 户，入住 580 户。完成退役军人信息采集和光荣牌发放工作，采集信息 3229 条。

（康晓燕）

【接诉即办】 年内，街道开发“接诉即办”大数据管理平台，实现居民诉求落图落点，为科学决策提供精确数据支撑。强化“接诉即办”督导力度，创新建立“六清单、一专班”机制，组织包片领导干部定期到社区督导“接诉即办”工作，对群众反映集中的问题重点研究解决，并定期公示社区“接诉即办”情况。收到 12345 诉求件 11786 件，均办结。针对群众诉求集中的问题，持续深化“吹哨报到”工作机制，吹哨 167 次。

（康晓燕）

【基层党建】 年内，街道开展“不忘初心、牢记使命”主题教育活动，与“接诉即办”等中心工作结合，助推主题教育活动提质增效。组织 30 个社区党委下辖的党支部统一进行换届，202 个社区党支部选举产生 554 名支部书记和委员。组织基层党委书记、党支部书记 255 人参加为期 2 天的基层党支部书记培训，开展 242 名基层党支部书记讲党课等活动。发展预备党员 64 名。深化“双报到”工作，报到党组织 47 家，报到党员 5843 名，认领志愿公益、互帮互助、检查巡视等各类服务岗位 2150 个，开展“双报到”活动 539 次，在职党员参加 5834 人次。1013 名党员与困难群众结对，联系服务 2822 人次。打造党建创新项目 3 个，与北京林业大学马克思主义学院建立共建关系，开展新时代党建工作大讲堂和社区党务工作者全科培训“每月一讲、一年十二讲”；指导怡然家园社区党委发动党员、志愿者、居民等开展党建引领社区“微自治”活动，该项目被《人民日报》专题报道 2 次；完成党群服务中心建设与新时代文明实践所、综合文化中心建设融合，建成 1390 平方米集党组织活动、群众教育、文娱生活等多种功能为一体的主站点。

（康晓燕）

【经济普查】 年内，街道成立经济普查工作领导小组，抽调 227 名力量，完成 5612 家法人单位、1243 家个体的普查登记工作。经济普查办公室被国务院评为“第四次全国经济普查先进集体”。

（康晓燕）

【新中国成立70周年庆祝活动服务保障】 年内，街道抽调114人参加新中国成立70周年庆祝活动群众游行及联欢活动。开展安全治理专项行动，联合行业部门开展执法检查50余次，组织网格员培训3067人次，指导重点场所进行自查自改2218家次，督促整改风险点1062处。清理可燃物252.44吨，清理废弃电动车876辆，打通消防车通道39处，清洗油烟道196处，发放宣传资料58160份，举办培训讲座20次1101人。

（康晓燕）

东高地街道

【概　况】 东高地街道位于丰台区东南部。1959 年 9 月从南苑办事处分出，单独成立街道办事处。东南与大兴区接壤，西与南苑毗邻，北与和义相接。辖区总面积约 3.27 平方公里。下辖 10 个社区居委会。2019 年，有常住人口 4.6 万人，汉族约占 97%，有满、蒙古、朝鲜、苗、瑶、侗、藏、白、土家、锡伯、维吾尔、壮等少数民族；有医院 1 所，社区卫生服务中心 1 个、社区卫生服务站 6 个。驻地主要单位有航天科技集团公司第一研究院等中央在京企事业单位。辖区有中学 2 所，小学 4 所，幼儿园 4 所，养老驿站 2 个。地区是新兴的城镇，布局合理，区划分明，以南大红门路为界，路东为居住区，路西为科研生产区。地区交通方便，过境路有 3 条。南苑东路西接南苑路，通向市区和丰台镇，南大红门路是 104 国道的北起点，万源北路向东通往大兴。公共汽车线路有 10 余条。辖区有 3000 平方米地区文化中心、1 处文化广场和 1 处 24 小时自助图书馆，地区绿化面积达 100 万平方米以上，被评为“北京市花园式街道办事处”，驻地航天科技集团公司第一研究院被评为“全国绿化先进单位”。

（刘禹郗）

【平安建设】 年内，街道推进城市安全隐患治理三年行动，拆除彩钢板 11 处 3789 平方米，完成任务量的 203.6%，发现并消除安全隐患 1795 处。完善社区微型消防站建设，开展微型消防站演练，提高社区微型消防站“救早、救小”能力。加强重大活动、防汛等应急值守。整治群租房 6 处，疏解人口 24 人，完成年度整治任务的 120%。开展“扫黑除恶”专项行动，加强禁毒赌、防诈骗等宣传活动，提高群众防范意识和能力。通过提高见警率、“红袖标”上街值守等方式，提高群众安全感满意度，连续三个季度安全感满意度全区排名第一。发挥社区居委会、楼门长、禁毒志愿者、网格员等基层群防组织，巡逻各社区和重点区域。全年发动群防群治力量 10 万余人次，遏制毒情的入侵和发酵。增设、调试摄像头 60 个，实现辖区无死角全覆盖，为治安案件、寻找走失老人等提供线索。

（刘禹郗）

【城市管理】 年内，街道完成南苑东路航天一院围墙美化，为南苑东路北侧 31 栋、74 栋底商统一门店牌匾，绿化西洼地社区等处约 9000 平方米，栽种花卉、树木 27000 余株。拆除违法建设 7997 平方米，完成任务量的 103.6%。新生违法建设零增长。封堵“开墙打洞”商户 9 家，协助园林局建成东高地公园，面积 7.21 万平方米。完成丰台区第一个垃圾分类示范片区创建工作，通过北京市考核验收。防控各类污染，提升地区空气质量，全年 PM2.5 平均浓度 45.5 微克每立方米，TSP 为 125 微克每立方米。落实河长制工作，完成巡河 2500 余次，发现和处理严重污染问题（污水管线破损）2 起。市区两级断面考核全部达标。未出现土地污染情况。

（刘禹郗）

【社区建设】 年内，街道完成社区换届选

举。实施“请进来，走出去”的培训模式，分层次、有重点地对新一届社区班子成员开展集中培训。创新服务居民机制，推进社区议事协商，组织社区议事协商会 103 次、听证会 11 次，处理居民关心的热点和难点问题 64 件。发挥社区治理“加油站”作用，助力社区治理创新，将“加油站”与“议事厅”结合，为社区建设提供必要的智力支持和社会资源，帮助社区解决在治理中遇到的困难。建立物业联席会议制度，加强居委会、物业沟通互鉴，开展以“共享读书魅力，营造书香社区”为主题的赠书活动、社区之家“文化共享时尚艺术体验”系列活动，推动“社区之家”建设，实现辖区内资源共享。以社区社会组织联合会和社会组织孵化中心为服务平台，推动精品社会组织建设，与乐助事务所共同开展社区公益微创投项目，推进社区社会组织服务规范化、常态化。

（刘禹郗）

【民生服务】 年内，街道完成角二社区养老驿站建设并投入使用。实施低保人员动态管理，做到“应保尽保”。开展“精准帮扶”、失能老人“喘息服务”“邻里守望”“巡视探访”“低龄帮高龄”志愿服务活动。新增及规范八项便民服务网点 4 家，优化网点分布，所有社区达到八项便民服务网点全覆盖。解决劳动投诉案件 12 起，为农民工讨回工资约 120 万元。有优抚对象 64 人，定期发放抚恤金、防暑降温费、“八一”慰问金以及春节慰问金。根据优抚对象医疗费用减免政策为一名伤残军人置换出行轮椅和矫正鞋。退役军人及其他优抚对象信息采集 4429 条，其中异地 127 条，悬挂光荣牌 4299 块。

（刘禹郗）

【接诉即办】 年内，街道实行职能科室与“街乡吹哨 部门报道”综合执法平台双派件、双办理办法，提高办件效率。由街道纪工委牵头，通过随时抽查和重点督办两种形式，督促“接诉即办”工作高效运行。在“未诉即办、未呼先应”上下功夫。发放实名《民情联系卡》，收集社情民意；建立“随手拍”微信群，处理各类环境问题；利用长征电视台、长征报加大宣传力度，实现发现问题提前一步，解决困难向前一步。在 2019 年度的“接诉即办”工作中，五次被蔡奇书记点名表扬，在 6 月份的考核中排名全市第一。“接诉即办”工作经验和处置群众诉求事例被《人民日报》《北京日报》《北京晚报》、北京电视台宣传。“接诉即办”工作 4 次进入全市排名前十，7 月份“接诉即办”的“三率”综合得分 100 分，全市排名并列第一，年度总成绩全区排名第一。

（刘禹郗）

【基层党建】 年内，街道召开党建工作协调委员会联席会议，通过区域化党建协调委员会搭建起与航天院和驻区各单位间协商共建平台，形成“一台五柱三单多点”的基本运作模式。即一个区域化党建协调委员会平台，党建分会、城市管理分会、社区建设分会、民生保障分会、平安建设分会五个下属分会，通过每年建立动态性资源清单、需求清单和项目清单，协商建立多个协作项目。在党建引领机制下，统筹协调地区单位等相关部门，加强对物业服务企业的监督与协调，建立《东高地街道物业管理联席会议制度》，形成常态化交流沟通机制。落实物业项目负责人到社区报到制度，引导物业服务企业主动参与社区议事和共建共治活动，精准对接群众需求，与社区合力解决居民群众的“痛点”“难点”问题，提升服务水平，化解业主与物业服务企业的对立局面。

（刘禹郗）

【文化活动】 年内，街道举办“福满京城·春贺神州”迎春文艺汇演、“不忘初心 牢记使命”红色诗文朗诵会、绘就“70 米长卷”献礼祖国母亲生日等活动，组织地区干部群众观看爱国纪录片《港珠澳大桥》，传承中华优秀传统文化，弘扬社会正能量；鼓励社区居民文艺团队编排形式多样文艺节目，满足居民文化生活的需求。

（刘禹郗）

【对口帮扶】 年内，街道与内蒙古扎赉特旗胡尔勒镇签署框架协议，开展结对帮扶工作。帮扶河北涞源白石山镇完成西龙虎桥建设，设立 100 名护林防火员公益岗位，惠及贫困群众。角一、西洼地、东里、西里、东营房五个社区与挂钩帮扶的嘎查村开展扶贫活动，筹集资金 10 万元为贫困人员购买生活用品。

（刘禹郗）

【便民服务】 年内，街道就业困难人员 116 人，摸查 116 人。建立用工需求档案 40 个并进行跟踪服务，联系单位 25 家 20 类岗位，采集空岗信息 2259 个。城乡劳动力推荐人数指标 100 人，成功推荐 103 人。开展“就业扶助在身边”系列活动。针对地区 45 名高校大学生开展就业状况调查摸底。两会、“一带一路”及亚洲文明对话大会期间进行企业军转退休人员稳定情况报告工作。完成企业退休人员大额药费报销工作，选择社保所报销药费的退休人员为 3200 余人，手工报销药费 26 人次 117025.35 万元，为退休人员更改医院 1681 人次。通过精简整合窗口及业务，将正式编制工作人员根据工作分前后台，前后台定时轮换，保障窗口无缺位。每日安排三名协管员协助前后台办理业务，负责资料的流转、业务沟通及与后台的衔接。正式编制人员轮流值守总服务台，保障服务台政策咨询及业务解释到位；每日由 1 名协管员负责进行群众引导分流工作。

（刘禹郗）

【廉政督察】 年内，街道在工作任务转换、节假日等重要时间节点开展廉政提示，对社区换届、“接诉即办”、社区减负等重点工作开展专项检查，对非京籍入学审核工作进行全程监督。组织机关和社区干部参加丰台区纪委区监委廉政宣讲团“守纪律、砺党性、践初心”廉政主题巡回宣讲活动，对社区书记、副书记、纪检委员和财务人员开展“以案为鉴、以案促改”教育活动，编写、排演舞台剧《梦想成真》。开展提醒谈话 13 人次，诫勉谈话 1 人次，发出纪律检查建议 1 份，监察建议书 2 份，收集信访信息 1 条，核查问题线索 2 条，立案 1 件。

（刘禹郗）

和义街道

【概　况】 和义街道位于丰台区东南部，东与大兴区旧宫镇树桥村、朝阳区小红门乡毗邻，东南与东高地街道相邻，西南与南苑街道接壤，北与南苑乡、大红门街道为邻，形成“你中有我、我中有你”“犬牙交错”的地域特点。和义地区原为大兴县行政区域，主要是北京市南郊农场用地，成立于 1998 年 12 月，并于 1999 年 2 月划入丰台区。街道东西最大距离约 3.9 公里，南北最大距离约 2 公里，辖区面积 7.38 平方公里，下辖 9 个社区。2019 年，辖区常住人口 4.3 万人，户籍人口 2.9 万人，流动人口 1.4 万人；新出生 153 人，计划生育率 100%。有 6 条城市道路，其中南苑路和槐房路为主干路，大红门南路为次干路，通久路、久敬庄路和龙河路为支路。设有初中 1 所，小学 2 所，幼儿园 4 所，医疗卫生机构 3 家，公共图书馆（室）11 个，爱心家园 1 个，社区服务站 9 个，文化体育活动室 10 处，驻区部队 4 支。

（续　珊）

【平安建设】 年内，街道检查生产经营单位 2488 家次，督促整改隐患 1021 处，开展涉危企业、特种设备等专项检查，约谈重大隐患单位 31 家。定期组织消防夜查、应急演练及火灾隐患“自知、自查、自改”活动，拆除彩钢板建筑 3.2 万平方米，为 1500 户老年人家庭安装烟感报警器，定期入户走访弱势群体。开展燃气安全专项检查并建立点位台账。开展道路“环境治理”67 次，签订交通安全责任书 77 份，开展宣传活动 70 余场次，重点拥堵路段交通违法停车处罚 600 余辆，追查违法未处理车辆 30 余辆，发放电动自行车临时号牌 1.5 万余块。开展食品药品日常监督检查 748 户次，快速检测 600 样次，处理投诉举报 128 起，开展联合执法 110 余次，发现违法行为并立案处罚 51 起 14 万余元，完成 17 户“阳光餐饮”工作及重大活动期间食品供应安全保障。

（续　珊）

【城市管理】　年内，街道制定实施《蓝天保卫战行动方案》《空气重污染应急预案》和《扬尘管控工作方案》，实现 PM2.5、TSP 浓度双下降目标。完成 11 家餐饮单位油烟净化设施升级改造，执法部门查处工地扬尘、违规渣土车、夜间施工、露天烧烤等违法问题 100 余起。治理松林庄平房区污水直排问题，消除黑臭水体。落实“河长制”，各级河长巡河 490 次，上报解决围挡破损、水质发污等问题。巩固辖区单位、餐饮企业餐厨垃圾规范化处理成果，9 个社区全面推进生活垃圾分类处理，通过厨余垃圾小桶分装试点工作，引导居民积极参与。实施“街巷长制”，推动城市管理向街巷胡同延伸，完成 53 条背街小巷日常清扫维护。加大环境秩序执法，处置无照游商、店外经营等问题 1000 余起，规范“门前三包”3000 余家次。依托“5+N”综合执法力量整治私装地锁、“僵尸车”等违法行为。

（续　珊）

【社区建设】　年内，街道加强基础设施建设，完成 10 个旱厕改造任务，更换小区楼门 93 个、楼道窗户 505 个，更换世嘉丽晶小区护栏，修补西二、东二等社区路面，安装北一、六合庄路灯及东里探头等。完善社区物技防建设，在各社区监控盲点补装 49 个监控探头，在久敬佳园小区安装人脸识别监控系统。东里社区成立停车管理自管会，西一社区完成世嘉丽晶小区新旧物业交接，解决西三社区办公用房问题。开展扫黑除恶专项斗争，完成 5 处乱象区域和部位的整治工作。召开社区议事协商会 109 次，解决环境、市政、物业、治安等重难点问题 60 余件。依托孵化中心开展“金点子”志愿服务 100 余场，直接服务 2000 人次；建立志愿服务队伍 10 支、志愿者 1642 名，开展志愿服务 5000 余次。重新修订社区考勤管理及休假制度、考核管理办法、社区经费使用规定等。完成 95 名非京籍适龄儿童在京入学审核。完成街道政务服务“一门、一窗、一次”改革，设置 10 个综合窗口，梳理 147 项政务服务事项；办理各项业务 1.5 万件，服务居民 3 万人次。

（续　珊）

【民生服务】　年内，街道完成入住廉租房年度复核 94 户、入住公租房年度复核 80 户；新申请公租房、公租补贴及市场租金补贴 150 户；通知保障房各房源项目选房 70 户；家庭解锁 25 户、变更 65 户、终止 27 户；廉租房续签合同 12 户，发放补贴 1.44 万元；市场补贴复核及签合同 61 户，发放补贴 57.57 万元；三房轮候家庭申请公租房 15 户。在西三社区新建养老驿站一处，结合东三社区养老驿站，完成“智慧家医”签约 11866 人；为 60 周岁以上老年人办理老年证 62 张；发放高龄津贴 16.23 万元；为 80 周岁以上老年人办理充值待遇审批 15859 人次，充值 160 万余元；审批发放精神看护补贴 36 万余元；完成 13 名街乡镇儿童督导员、儿童主任等培训 3 次；“春风送暖”“冬衣送暖”活动募集捐款 6123 元、衣物 26 包 580 件。低保救助 297 户 543 人 732 万余元；城乡特困家庭保障 5 户 5 人 16.76 万元；生活困难家庭补助 10 户 11 人 19.21 万元；559 名困难人员电价补贴 2.7 万余元；医疗救助 398 人次 54.46 万余元；临时救助 39 户次 16.85 万元；重大疾病救助 66 人次 39.47 万元；大额救助 17 人次 7.15 万元；住院押金垫付 11 人次 3.19 万元；燃煤补贴 18 户 1.8 万元；清洁能源自采暖补贴 14 户 1.87 万元；高中生教育救助 5 人 1.5 万元，慈善大病救助 2 人次 5.5 万元。户籍人口生育登记 153 人，流动人口两孩以内生育登记 159 人；发放独生子女家庭各类奖励费及帮助金 23.56 万元；为 1139 户独生子女家庭办理意外伤害保险；完成独生子女“特扶家庭”及伤残家庭扶助对象年审申报 126 人；两节走访慰问“特扶家庭”29 户 46 人，发放“暖心行动”慰问金和慰问品每人 2000 元；走访慰问 47 户伤残扶助家庭，发放慰问品 9400 元；依托“心灵家园”活动阵地开展手工活动 4 场，健康讲座 5 场；组织各类亲子活动 10 余场，讲座10余场。

（续 珊）

【接诉即办】 年内，街道建立主要领导日督办、周调度、月总结机制，分管领导、社区专员、部门、社区包片负责，立即办理居民身边的“小散急愁”诉求，挂账督办难点问题，推进解决历史遗留问题。受理市民诉求2116件，响应率100%，排名位居全区中游。利用“吹哨报到”机制34次，协调市、区水务局、区城管、交通、住建、规土、园林等部门，研究解决松林庄污水管线改造、外贸集团宿舍供水、东里停车管理、“僵尸车”清理、公园保洁、违规施工、违建认定等事项。

（续 珊）

【基层党建】 年内，街道研究制定街道工委和班子成员从严治党责任清单，开展社区党委书记党建工作述职，对9个社区党建责任落实情况进行民主评议。开展理论中心组学习12次，组织主题党日活动10余次。完成社区“两委”换届选举，推行党委书记、居委会主任“一肩挑”；制定社区干部培训计划，开展全覆盖、全方位培训；修改完善社区管理制度，制定全响应服务工作机制。完成42个党支部换届选举，开展党员直接联系群众工作，党员干部与困难群众结对率100%；对208家非公企业进行“大走访、大摸排”，扩大“两新”领域党建覆盖。建立社区小额自主经费使用管埋制度，建设街道党群服务中心、和义文化产业园党群工作站。开展形式主义、官僚主义突出问题自查，查找4个问题，制定9项整改措施进行整改。加强监督执纪，开展提醒谈话8人次，诫勉谈话1人次，要求限期整改2个，实施监督约谈10人次。加强廉政教育，组织干部参观反腐倡廉警示教育基地，开展纪工委书记讲党课活动，强化纪律规矩意识，提升拒腐防变能力。

（续 珊）

【庆祝新中国成立70周年活动服务保障】年内，街道制定《“新中国成立70周年”庆祝活动服务保障工作方案》，成立7个工作组，组织55名党员参加群众游行、联欢活动，完成观礼人员组织保障；检查生产经营单位824家次，整改隐患131处，投入专业力量、志愿者1000余人，保障社会安全稳定；开展城市环境整治，悬挂灯笼、升挂国旗，清理堆物堆料；组织开展“我和我的祖国”等群众性主题教育实践活动，组织1000余名干部群众参观“中华人民共和国成立70周年大型成就展”。

（续 珊）

【矛盾排查】 年内，街道针对市场疏解、拆违等工作，逐项开展社会稳定风险评估。接收处理信访件92批次100余人次，调处民间纠纷196件，成功率96%。定期走进社区开展法治宣传，社区法律顾问覆盖率100%，开展法律讲座和普法宣传20余场次，律师接待群众法律咨询700余人次。

（续 珊）

【“不忘初心、牢记使命”主题教育】 年内，街道按照“守初心、担使命、找差距”要求，处级领导班子开展集中学习148学时，聚焦“四个讲清”讲好主题党课；调研解决群众关心的事项，发现问题120项，解决88项，挂账督办32项；针对调研、检视、“8+2”专项整治发现的228项问题跟踪进展、推动落实，销账169项；召开专题民主生活会，开展批评与自我批评。各基层党组织主题教育集中学习2300学时，并组织专题研讨。

（续 珊）

【精神文明建设】 年内，街道严格网站、微信、微博等新媒体信息审查，提高网络舆情应对处置能力；利用各类宣传阵地，处置网络舆情10件，宣传发布微信报32期、官方微博667条，《北京日报》等媒体报道典型工作经验30余篇。

（续 珊）

【疏解整治促提升】 年内，街道拆除违法建设95761平方米，腾退土地105700平方米，超额完成年度拆违任务，拆除量位列全区街道第二名。拆除国际监狱南侧、太和大院、优信拍检测场等7处大体量违法建设，拆除南苑森林湿地公园起步区大泡子9处出租大院和赵王庄11户村民违建房屋，解决历史遗留问题。对中铁兴都大院、世嘉丽晶公寓房、长城日化出租公寓进行集中整治，关停和义五金市场，整治无证无照经营企业47家、群租房28户，实现占道经营、“散乱污”企业等动态清零，开展“住改商”及违规仓储物流专项整治，加强管控避免反弹。建设世嘉丽晶、久敬佳园、北一社区3个“口袋公园”，购置月季花6万余株，“见缝插绿”织补裸露土地。

（续　珊）

【工会服务】　年内，街道新增建会单位3家，新增会员115人、办理京卡115张，新增“职工暖心驿站”1家；签订集体合同1份，工资集体协商19份，涉及116家企业，工资集体协商签订率98%；开展各类职工活动60余场，惠及职工1000余人次，接待咨询1500余人。

（续　珊）

【助残服务】　年内，街道两节走访慰问贫困残疾人217人，发放慰问金、慰问品19.85万元；发放残疾人机动轮椅车燃油补贴3.72万元；发放残疾儿童少年康复补贴11.86万元；为63人申请残疾人自主创业社会保险补贴；为困难残疾人家庭发放居家服务券52份，开展各类康复服务60余次，参与2000余人次。

（续　珊）

【社会保障】　年内，街道办理退休审批手续23人，接受社会化退休人员304人，医疗补缴198人，工伤劳动能力鉴定3人。为退休人员办理手工报销药费360人次82.74万元；为城乡居民办理新参保503人，医疗修改500人次，报销药费102份120万元；发放低保金318户717万余元；办理社保卡服务网点业务2237人次，退休人员定点医疗机构修改894人次，城镇居民死亡清算7人、发放丧葬费6.48万元；发放退休死亡丧葬费27人13.5万元；为71名领取失业金人员发放“送温暖”费3.55万元；发放工伤护理补贴10人次3.54万元。

（续　珊）

【拥军服务】　年内，街道新增2名优抚人员，为2名优抚对象报销药费2.5万元；发放义务兵优待金、慰问金，完成年度征兵任务；推进双拥模范城创建并完成迎检。“七一”与驻区部队座谈并送慰问金5万元；采集退役军人信息890条，发放光荣牌851块；受理上报退役军人保险接续材料6份；组织2批14名无军籍退休军工疗养、2次军休外出活动。

（续　珊）

【劳动就业】　年内，街道城乡劳动力就业314人，困难就业235人，城镇登记失业率2.28%，企业建档动态保持34户，空岗信息采集1536人次，实现创业62人，带动就业90人，充分就业社区77%，推荐成功就业162人，社区安置就业230人。

（续　珊）

【文体建设】　年内，街道文化中心活动场所对居民免费开放，在北里社区健身园添置户外休闲设施，修缮东二社区图书室，为文体队伍购置演出服装500余套，新增室外健身器材150余件，组织周末大舞台等活动40余场次，举办街道体育节全民运动会和首届科学嘉年华活动，辖区职工在“五月的鲜花”歌咏比赛中获得三等奖。

（续　珊）

【公共卫生服务】　年内，街道免费为78名适龄妇女进行“两癌”筛查，满意率100%；完成义务献血248人次；组织44人次参加“红十字”应急救护培训；为1名白血病患者申请市级救助5万元；对10户困难家庭开展“红十字”救助1万元；3名严重不可控精神障碍患者送医治疗；取缔关停非法行医小诊所4家，开展游医执法整治6次；免费为120余名妇女儿童进行健康检查；完成9个社区健康社区创建申报、复检、验收及健康指导员队伍管理培训工作。

（续　珊）

宛平城地区

【概　况】　宛平城地区位于丰台区中西部，

东与新村街道、卢沟桥街道交界，南与大兴区接壤，西与房山区、长辛店街道、长辛店镇交界，北与石景山区毗邻，辖区面积42.67平方公里。2019年，有户籍居民人口19753户49413人、农业人口455户898人。下辖晓月苑社区、晓月苑二社区、城南社区、城南二社区、城北社区、宛平城社区、沸城社区、老庄子社区、景园社区和东关社区10个社区和永合庄村、北天堂村2个行政村，居民主要分布在高速路以南的楼房区和东关楼房区，农民集中居住于卢沟桥西、北天堂村、永合庄村，人口分布不均衡，73%以上人口居住在晓月苑地区。属于典型的城乡结合部。整个区域沿永定河呈西北至东南狭长地带，城内交通发达，路网密集，铁路、公路、城轨纵横交错，京广、京九、京石、京山、丰沙等专线贯穿境内。宛平地区是西山-永定河文化带的重要组成部分，也是永定河绿色生态发展带丰台段的核心区域。辖区内宛平城、卢沟桥、赵登禹墓、抗日战争纪念馆和雕塑园，是重要的爱国主义教育基地，作为国家级历史文物保护单位，景区年游客接待量达百万人次，多次承接国际性、国家级纪念活动。

（任媛媛）

【平安建设】 年内，街道完成新中国成立70周年庆祝活动服务保障，组织8名机关事业单位干部参加国庆游行、51名社区干部参加群众联欢，完成国庆游行、群众联欢及社会面防控重点任务。坚持群防群治，党员干部全部到社区、村入户，对重点点位进行蹲点值守，1389名社会治安志愿者佩戴“红袖标”开展全天候巡逻，设置“群防群治守望岗”。服务保障全民族抗战爆发82周年纪念活动及中秋“卢沟晓月”活动。运用宛平城网络实时3D地图，完成城内街平房院落管理，打造网络时代的新民情图。重大活动保障期间，加强对城内街及周边企业和重点场所摸排工作，协调市燃气公司逐户开展煤气罐隐患排查，更换居民燃气设备。开展“防保迎”专项工作，突出对辖区电动自行车充电、宅基地和出租大院、地下空间、危化企业、文博单位等9个领域的安全治理工作，领导带队检查28次1600余家次，发现隐患265项，消除隐患255项。加强社区、村微型消防站人员力量及消防器材配备，强化社区、村日常消防安全宣传与隐患防范治理。在重大活动保障期间完成8次矛盾排查，随时发现问题随时解决。群众安全感97.5%，较上年提高5.7个百分点，上升6个名次。建立完善矛盾排查制度，调解劳资纠纷事件37起，涉及1500人1500余万元，接待个人来访243批247人次，矛盾化解率90%以上。公益法律服务社区、村覆盖率100%。

（任媛媛）

【城市管理】 年内，街道拆除违法建设111处83120平方米。其中既有违法建设96处80493平方米，新生违法建设15处2627平方米。疏解整治群租房24处、制造业3家，无证无照30家，全部实现动态清零。拆除彩钢板10260平方米。建成3个口袋公园。将晓月苑小区东侧历史遗留20年的渣土山绿化改造，建成占地27600平方米的晓月山体健身公园，建设“晓阅时光”书屋，成为继“宛平记忆”书屋后第二个与首图实现通借通还的阅览室，打造百姓家门口的公共阅读和文化交流空间。配合卢沟桥农场对河道内5个大院开展清退拆除。完成公园配套用房出租问题治理工作，拆除问题图斑1000余平方米。解决违建别墅清理整治和河道“清四乱”工作，依法拆除北天堂水厂、庄子花园、开创者赛鸽俱乐部等违法建设6600平方米。在汛期来临前对刘庄子洪泰庄危房进行排水管线及附属排水设施改造，解决11处危房院落积水难题。PM2.5累计浓度41.5微克每立方米，TSP累计浓度121微克每立方米。整治上账裸地7万余平方米。各级河长巡河2234公里，上报问题18处，自行处理解决问题21处。加大对施工工地及渣土车、堆物堆料、露天烧烤等处罚力度，全年处罚案件1011起，罚款额比上年增长22%。

（任媛媛）

【社区建设】 年内，街道聘请专业物业公司对卢沟桥北里2、3、4号楼进行准物业管理，建立长效管理机制，打造宛平城东关社区老旧小区服务管理的“新样板间”。把物业服务纳入基层治理体系，建立共建共商共议机制。四、六里绿植停车场建成并正式投入使用，八里立体停车场服务项目完成审批并入场施工。城南二社区通过安装闸机、引入物业等方式推进解决老旧小区停车管理问题。完成第十届社区居委会 9 个社区换届选举工作。

（任媛媛）

【民生服务】 年内，街道开展第二届“月圆卢沟 情浓宛平”中秋系列活动及以迎国庆为主题的诗词书法、文化交流、亲子共享、艺术鉴赏等丰富多彩的文化活动。作为丰台区主会场，举办首届“社区邻里节”活动，活动 15 场，涉及 13 类项目，10 个社区 1000 人参加活动。举办“宛平大舞台 想上您就来”等文化活动 98 场及健步走、趣味运动会等体育活动 13 场。对北天堂村、永合庄村两个挂账重点村从村容村貌、治安秩序、隐患治理等多角度开展整治，督促整改环境问题 807 项。完成 10 处“大棚房”问题清理整治。实行政务服务中心“一站式”办公，91 项服务事项进驻大厅，开设全市首家街乡级不动产登记业务办理窗口。新增 2 处便民商业网点、4 处蔬菜网点。在景园社区建设完成 1 家养老驿站，委托专业养老服务机构为40名老人进行定期巡视探访。宛平城社区卫生服务站正式营业。对口帮扶林西县统部镇和涞源县走马驿镇，消费扶贫 25 万余元；通过社会化动员等方式对水源地十堰市消费扶贫 10 万元。城镇登记失业率控制指标 2.1%以内，城镇登记失业率实际控制 0.84%。完成社会保险参保和续保 3233 人。春节期间为 156 户贫困残疾人家庭发放慰问金 12.7 万元；办理医疗救助申请 109 次；组织“爱心暖阳”捐赠活动，收集捐款 7347 元、衣物 7452 件。开展“连心通”服务 258 次，献血 313 袋。

（任媛媛）

【接诉即办】 年内，街道建立“日汇报、周调度、月专题”的主要领导调度机制，做实领导包片社区、村及科长担任社区、村专员工作，每日跟进社区、村热线诉求办理情况，有困难“吹哨”“举手”。针对诉求中居民身边的“小散急愁”问题开展快速办理。接收 12345 直派、96005 转办诉求 2324 件，接到网格件 5004 件。吹哨 87 次，日常综合执法 65 次、专项协调会 22 次。2019 年地区“接诉即办”工作全区综合排名第四。下半年社区、村“接诉即办”综合评分中，老庄子社区 3 次获得第一名。

（任媛媛）

【基层党建】 年内，街道召开工委会 50 次，主任办公会 19 次，组织理论中心组学习 12 次。开展主题教育，领导班子集中学习 84 学时，交流研讨 4 次，召开调研成果交流会和对照党章党规找差距专题会。班子成员开展现场调研 95 次，发现问题 102 个，现场解决问题 99 个，挂账督办 3 个。领导班子检视问题 13 条，班子成员检视问题 83 条，并提出努力方向和整改措施。构建“1+12+X”多元主体新模式，形成“大事共议、实事共办、要事共决、急事共商、难事共解”的格局，将成员单位分别纳入各社区、村级党建工作协调委员会，宛平城社区探索实行“社区+景区”统筹模式，助力红色文化传播；晓月苑社区探索实行“社区+商圈”统筹模式，助力环境建设。制定“三个清单”和“四个双向”制度，开展“红色课堂传党音”等 8 个项目。举办社区、村党组织培训班，开展参观学习、授课辅导、专题研讨等活动，永合庄村实现软弱涣散“摘帽”。制定《“四必联四必访”连心服务单》，社区党员联系困难群众 900 余次，两村党员联系农户 1600 余次。坚持和发展新时代“枫桥经验”，12 名党员民警兼任 10 个社区、2 个村党组织副书记，做到“小事不出社区村、大事不出宛平城”。推进支部规范化建设，落实“三会一课”等组织生活制度，对超过 50 名党员的党支部进行优化重组，新成立党支部 16 个，21 个党支部按期换届。撤销机关原 5 个党支部，重新调整成立 3 个党支部。注重扩大非公“两个覆盖”面，探索创新非公有制经济组织党建工作方式。打造基层党建品牌，沸城社区“馨联图书室”服务周边社区读者，每周定期开展“发起·爱”志愿服务项目，“双报到”工作入选《北京市党建引领“双报到”工作案例选编》。城南社区利用“学时吧”，创新开展“一带一学”和“一听一讲”活动，辖区党员学习参与率 100%。加强党员干部教育管理，对日常管理过程中发现的苗头性、倾向性问题“拉警报”，开展提醒谈话 42 人次。对绿地认建认养及公园配套用房出租、规划和自然资源领域突出问题进行监督检查，开展常态化监督检查 30 余次、专项监督 4 项，发现问题 18 个。

（任媛媛）

【宣传报道】 年内，街道在市级以上媒体报道新闻 36 条、区级媒体报道 15 条，“宛平政务服务大厅”“晓月山体健身公园”等信息均在市区重要媒体上刊登并被多次转载。发布微信公众号 65 条，设置“新时代•宛平说”专栏，对地区特色亮点工作进行宣传。工作经验信息在《丰台信息》《丰台政务》刊登数排名全区前五。开展“青春心向党 建功新时代”系列主题教育、妇女维权知识讲座等活动。

（任媛媛）

长辛店街道

【概 况】 长辛店街道地处丰台区西南部，位于卢沟桥西侧。东临永定河、哑巴河、小清河、大宁水库，西至镇岗塔，与云岗街道、王佐镇相邻，南接王佐镇南岗洼，北到园博园，与石景山区、门头沟区接界。辖区面积 46.63 平方公里，南北长、东西窄，西侧有南北走向的两道丘陵。地势西高东低，属城乡结合部。辖区内有京广铁路、京九铁路、京港澳高速、京周公路南北向穿过。街道以古镇文化、红色文化、铁路文化和军事文化著称，下设 29 个社区，辖区内有长辛店大街、朱云路、玉陈路等主要道路，442 条背街小巷，牤牛河、九子河、小清河三处河道。2019 年，有户籍人口 77509 人，常住人口 98517 人，流动人口 15788 人。辖区内有医院 2 家，13 家部队建制单位，国家级文物保护单位 7 处。

（燕晓涛）

【平安建设】 年内，街道启动社会面不同等级防控 81 天，发动治安志愿者 7.5 万余人次。出动专职巡防队员 600 余人次，配合辖区专业警力 29 人，完成重点人管控。召开 7 次“扫黑除恶”专题会，发现并上报线索 10 条，梳理辖区治乱重点点位 27 处。发放“扫黑除恶”宣传一封信 5 万份、宣传折扇 3.6 万把。接待、办理各类信访案件 28 件次、涉及 4822 人次。推进“智慧社区”建设，为张家坟小区安装 2 套车辆识别道闸系统，为长馨园、杜家坎 9 号院安装 6 套人脸识别监控系统。加大“雪亮工程”覆盖面，为各社区更换高清监控 98 路。全年检查发现隐患 2279 处、消除隐患 2096 处，整改率 92 %。完成 26 家小微企业安全生产标准化创建，121 家投保安责险 。投入资金 41 万元，印制发放《居民安全知识手册》。开展清理街巷、楼道、阳台堆物堆料、天然气安全隐患排查等专项行动。清理可燃物 160 吨，拆除彩钢板 7426 平方米，安装 6200 个感烟报警器。清理“僵尸车”15 辆，发放电动车牌照 6051 块。

（燕晓涛）

【城市管理】 年内，街道推进国家冰雪科研基地周边整治工作，朱北路 51 所周边环境整治竣工。完成朱南社区公共空间 “小空间•大生活——百姓身边微空间改造”点位初步设计工作。新建车棚 6 处，智能车棚 5 处。提升扶轮小学周边环境，建设围墙、铺设便道、光纤入地。与物业单位签订《住宅小区市容环境卫生责任书》。按照垃圾分类标准，改造 33 座地搓站式垃圾房。全年 PM2.5 累计浓度 39 微克每立方米，全区排名第三；TSP 累计浓度 115 微克每立方米，全区排名第四。依托河长制 APP，各级河长巡河 4156 人次 11303.125 公里，清理河道周边垃圾 12 处 90 立方米。巡河完成率 100%，全区排名第一。棚户区改造签约 4714 户，签约率 92%。疏解一般制造业

6家，拆除违法建设44082平方米，清理整治“开墙打洞”70处，无证经营50处，无照经营23处，查处占道经营点位3处，完成“生态惠民”提升人居环境1处。

（燕晓涛）

【社区建设】 年内，街道26个社区完成第十届社区居委会换届选举,登记选民59667名，推举选民小组长688名，居民代表1898名。整体投票率93.17%,选举出居委会主任26人，副主任41人，委员139人。成立车辆厂社区心理服务站，组织专场活动14场，提供个体辅导30小时，覆盖人群3000余人。新建装技所“社区之家”示范点，与驻地单位签订协议，挖掘3类6项便民生活资源。完成2万余平方米的朱南健身场地改造，涵盖健身区、儿童娱乐区、乒乓球长廊、羽毛球场、足球场。

（燕晓涛）

【民生服务】 年内，街道新建东山坡养老驿站，普亲养老照料机构投入试运行，街道依托“1+5+N ”养老服务模式，服务群众18万余人次。开展20余项“敬老月”系列活动，打造长辛店特色的居家养老服务项目。新建东南街“温馨家园”，辐射服务大街片、桥西片多个社区的残疾人。采集退役军人及优抚对象信息5114条，实现数据上传率100%。优化便民服务中心布局，设置8个综合受理窗口、1个综合出件窗口、1个综合咨询台,实现基层群众“进一门、找一窗”办成事。统一工作人员着装，配带胸卡、党徽，建立政务服务电话总客服，实现业务咨询“一号对外、一号解答”。优化就业帮扶，提供空岗信息1200个，举办招聘会4场，800多人应聘。1013人实现灵活就业，失业率控制在1.7%。依照政策，完成300名二七机车厂分流职工就业安置及保险接续。

（燕晓涛）

【接诉即办】 年内，街道接到非紧急求助热线6672件，回退3685件，完成2987件，办结率100%，解决率72.2%，满意率81%。创新工作方法，探索出“1231”工作法加强版，即“一会、二次派、三结、一追责”，每日召开热线案件研判会，派遣至各相关科室和社区，优化处理方式和方法。同一社区同一天接件三件以上，由主要领导亲自督办，强化督查督办力度。召开热线调度专项会议41次。协调区城管委、云岗供电所开发商、物业公司保障珠江御景小区夏季高峰用电。现场调度朱南、陈庄社区花园北里、杜家坎甲19号楼等3处供暖锅炉通燃气工作，管线提前改造完毕并接通燃气，保障冬季供暖。实现33.1万平方米供热面积供热，惠及住宅楼宇97栋4826户。

（燕晓涛）

【基层党建】 年内，街道开展“大走访大调研”活动，推进“8+2”专项整治任务，制定《长辛店街道专项整治工作方案》。党工委理论中心组集中学习21次，学习各类文件制度42份。依托党建红色文化研究会，配合区委宣传部完成“中国工人运动与党的初心和使命”主题展览的布展及保障工作，展览期间，接待中央及市区单位160家，6100余人参观。

（燕晓涛）

【帮扶救助】 年内，街道与涞源县东团堡乡、治多县立新乡2个贫困乡结成对口帮扶关系，完成朱西社区与汤子岭村、槐树岭社区与北辛庄村、朱南社区与扎西村、装技所社区与岗察村、装工院社区与叶青村结对帮扶。投入80万元用于受援地扶贫攻坚,跟进后续资金监管，保障资金规范使用。组织辖区党组织为治多县捐款97014元，用于治多县贫困户家庭学生助学。

（燕晓涛）

云岗街道

【概　况】 云岗街道位于丰台区西南部,东与长辛店街道、长辛店镇为邻，西与王佐镇相连，北与门头沟区接壤。2019年，辖区面积8.53平方公里，常住人口4.8万人，辖区内主要有航天科工集团第三研究院、北京京丰燃气热电有限公司和新兴际华应急救援科技有限公司等47家中央、市区属单位；有1所中学，1所小学，1所北京市丰台区职业教育中心学校（云岗校区），1个青少年科技站，3所幼儿园以及航天三院教育中心。下设9个社区居委会。

（何 丹）

【平安建设】 年内，街道完成“两会”和第二届“一带一路”国际合作高峰论坛、北京世界园艺博览会、亚洲文明对话大会、“新中国成立70周年庆祝活动”等安保维稳社会面防控工作。在危化企业、学校、幼儿园、背街小巷安装46个高清摄像头，其中40台高清红外枪机，6台人脸识别摄像机。完成20家小微企业安全生产标准化创建工作，80家投保安责险，组织辖区单位30人参加安全生产大培训。完成437家生产经营单位及建筑施工领域、人员密集场所隐患排查，出动检查力量6300余人次检查门店3136家次，开具检查记录单3136份，发现隐患1324项，整改隐患1324项，整改率100%。安装电动自行车充电桩4处，独立烟感报警器2800户。

（何 丹）

【城市管理】 年内，街道投资100余万元改善辖区局部环境，硬化5处严重破损且裸露的地面。整治1000余平方米的裸地，清理自行车修理摊点，拆除私搭乱建，改造社区居民健身小广场。整治云岗一招东侧背街小巷和云岗科技站围墙外破损人行道；对云岗700米的铁路沿线进行碎石铺装；发挥产权单位的主体责任，协调赛欧和丰茂公司，铺装云岗文化活动中心北侧和南区1号楼西侧沿街门店前破损路面。摸排1500余处疑似违法建设并建立台账。拆除新生违法建设1处和既有违法建设9400平方米，封堵“开墙打洞”22家。整治规范云岗路羊涛沿街门店、一招东侧路和镇岗塔路鸭绿江餐馆等沿街门店广告牌匾，协调督查拆除731医院、物美大卖场等6处楼顶大型天际线，规范广告牌匾38块。受理群众来电来访60余次，处理12345居民举报件164件、网格平台案卷371件。全年吹哨15次，解决居民群众反映难以处理的问题。摸排污染源，建立辖区14类污染源台账。协调航天三院和新兴际华等企业，苫盖裸地面积6万余平方米。投资2万元，购买密目网和专业吸尘器，配备4名专职人员对翠园和云西路社区两个市级TSP监测站点，时时洒水管控。完成30家餐饮单位升级改造油烟治理任务。

（何 丹）

【社区建设】 年内，街道制定《云岗街道第十届社区居民委员会选举工作方案》和《云岗街道第十届社区居民委员会选举日程安排表》，九个社区登记选民24123人，划分居民小组262个，经民主推荐产生居民代表776名；九个社区选举产生居委会主任9人，副主任15人，委员55人。执行市级部门、区级部门社区表格保留清单11项，街道各科室涉及社区微信群缩减为9个，统一制作社区室内外挂牌。完成新中国成立70周年联欢演出任务。开展“献礼祖国华诞，唱响美好生活”千人合唱节大合唱比赛，9个社区、地区单位、辖区中小学的19支代表队1000余人参加比赛，北里社区“爱之声”合唱团和“飞航之声”合唱团、南二社区航天三院老年大学合唱团获一等奖。举办“健身广场操舞大赛暨丰台区广场舞大赛”海选分会场活动，13支操舞团队近300人参赛。落实意识形态工作责任，签订《意识形态工作安全责任书》74份。召开意识形态工作联席会4次，检查9个社区意识形态工作。

（何 丹）

【民生服务】 年内，街道新增、提升蔬菜零售等便民商业网点14个，实现五分钟蔬菜圈。社会公益性就业组织办理退休11人，离职2人，新增12人，续签合同4人，为公益性岗位人员申请区经费391.713万元、市经费281.45万元。15名农村劳动力申请食宿补贴18万元、劳务费84万元。与内蒙古扎赉特旗阿拉达尔吐苏木种畜场签订扶贫协作结对帮扶协议，支持帮扶资金60万元，引导社会力量参与扶贫事业。帮助383名失业人员实现就业，完成全年任务指标的132%；192名就业困难人员实现社区就业，完成全年任务指标的

120%；75 人创业带动就业 129 人，为 194 名城镇登记失业人员申领、发放失业金 184.2 万元，报销失业期间门（急）诊药费、住院医疗费 1.36 万元；社会化管理退休人员 1179 人，“五七工”退养 79 人；享受城镇老年人福利养老金待遇 462 人；享受城乡居民养老保险待遇 148 人，享受城乡居民医疗保险待遇 5755 人，其中“一小”4519 人、“一老”902 人、残疾和无业居民 334 人；办理社保卡挂失补换领卡手续 6893 人次；修改变更定点医院 1216 人次；为退休人员、“一老一小”人员报销年度门（急）诊药费、住院医疗费 305 人次 134.88 万元。受理审核公共租赁住房新申请家庭 132 户、市场租房补贴家庭 17 户、公共租赁住房租金补贴家庭 5 户、三房轮候家庭转公租房 4 户、市场租房补贴转公租补贴 3 户、廉租补贴转公租补贴 3 户、廉租补贴转市场租房补贴 4 户。为市场租住平房家庭安排房屋安全鉴定 9 户，审核并发放廉租住房、公租房及市场租房三种租金补贴 154 万余元、资格复核与复查 270 余户家庭。13 户家庭资格终止取消和停发、4 户被举报家庭进行约谈取证核实、对 1 户 12345 热线居民进行情况回复。110 户公租房轮候家庭参加快速配租登记选房，18 户家庭入住。帮助 1 户因病致贫致困家庭提前解决公租房配租问题。开展“连心通”服务 2111 人次；发放养老补贴、高龄津贴、95 岁医疗补助 2.5 万余人次 264.9 万元。开展老年人巡视探访 338 次；为 120 名老年人进行乐理基础知识、老年唱歌基础、零基础旅游英语等培训，完成 136 名老年人一对一的权益体检法律服务项目。扶贫济困、献爱心捐赠衣物 225 包 8179 件。新增严重精神残疾监护人补贴 13 人，发放补贴 129 人 29.5 万元；为地退、军休、超转、优抚对象发放工资 121 万元。为 193 户 297 人办理享受低保待遇手续；新增 4 户 13 人；终止 18 户 28 人；变更 4 户 9 人。发放低保金 344.3 万元；城乡临时救助 23 户 85760 元；医疗救助 397 人次 92.1 万元。办理生育服务登记 566 户，流动人口生育服务登记 71 户，发放独生子女父母光荣证 37 个，上报出生新生儿 631 人。为 57 人发放独生子女父母年老时一次性奖励费 5.7 万元，为 777 名无业人员发放独生子女父母奖励费 45675 元，为 7392 人办理意外伤害保险。为 92 人申报办理特别扶助金，为“特扶家庭”发放“亲情关怀暖心行动”慰问金 29 人 5.8 万元。举办 170 户家庭约 600 多人参加的第八届“幸福家庭 健康宝宝”亲子运动会。巡查用人单位 83 家次，涉及 441 人次，解决举报、投诉案件 12 起，涉及 10 家单位 16 人，监督发放工资、保险金、经济补偿金等 6.9 万余元。有持证残疾人 1024 人，新办残疾人证 38 个，残疾证补办、更新 658 人次，新办理养老助残券 25 张，享受残疾人生活补贴增加 17 人，减少 12 人，享受护理补贴增加 22 人，减少 16 人。全年发放两项补贴 132.26 万元，残疾新生救助 1.35 万元。

（何　丹）

【接诉即办】 年内，街道受理市民热线诉求 687 件，其中直派 500 件、区转 187 件，解决率 75.94%，满意率 88.28%，市长热线年度考核成绩位于全区第二。

（何　丹）

【基层党建】 年内，街道开展“不忘初心，牢记使命”主题教育，结合学习研讨、基层调研、问题整改，领导班子集中学习时长 70 小时，围绕国庆服务保障、党的建设、基层治理等开展专题调研 214 次。指导 40 个基层党组织进行换届选举，产生新一届委员会委员 124 名。调整街道党建工作协调委员会设置，召开全体会议 2 次。接收北京京丰燃气发电有限责任公司第二、三离退休支部整建制转入南一、南二社区。为 315 名党员办理接转手续。新发展党员 13 名，预备党员转正 10 名。编写《2015 年—2018 年基层党组织服务群众经费项目案例集》。指导各社区使用小额自主经费 22.69 万元，各基层党组织使用党建活动经费 46.47 万元。走访慰问市级区级困难党员、困难党务工作者 41 人次 9.05 万元。“共产党员献爱心”捐款 5.59 万元。

（何　丹）

【团委工作】 年内，街道举办丰台区“小 V

蜂”志愿服务，启动云岗街道“爱满京城”学雷锋活动。24支志愿者队伍近200名志愿者参与宣传活动，提供便民服务20多项；发放宣传资料1000多份，服务居民600多人次；接收150余名团员回社区报到参与社区志愿服务工作，开展各类志愿服务80余次。孙兰芹家庭、张彩琴家庭、李顺祥家庭、胡利民家庭。被评为丰台区“最美家庭”。

（何　丹）

【宣传报道】　年内，街道信息在中央电视台、北京电视台、《新京报》、人民网、央视网、《北京日报》、支部生活等纸媒、新媒体、app或电视新闻刊登61篇，今日头条刊登27篇，区广电视频报道18次，《丰台报》刊登34次。丰台区融媒体中心视频直播2次，“学习强国”刊登3篇，新华社短视频播放3部。发布“幸福云岗”微信公众号报道30篇，官方微博58篇。处理网络信息5条，完成452场次照相录像任务，留存影像资料30801件。

（何　丹）

【精神文明建设】　年内，街道完成新时代文明实践所揭牌工作和新时代文明实践站挂牌，开展新时代文明实践相关活动近70场。与航天三院、京丰燃气、七三一医院等辖区单位的协作联动，围绕“北京榜样”选树、文明新风培育等共同开展志愿服务、宣传展示、推荐评选，上报“北京榜样”推荐候选人12名。其中街道报送的李晓彬入选2019年7月第3期“北京榜样”周榜。完成迎接北京市2019年文明城区测评工作。

（何　丹）

【群、团体活动】　年内，街道代表丰台区总工会参加2019年“佛雷斯杯”第十届北京市职工羽毛球联赛南区赛及总决赛，获得团体冠军，女双冠、亚军；在首都师范大学附属云岗中学门前开展“暖心伴考”活动，发放矿泉水23箱，铅笔、橡皮、尺子等文具若干，伴考500余人次；组织优秀职工赴北戴河疗养12人；开展在职职工职业发展助推计划，助推5人，发放助推金额9200元；工会互助保险投保续保1655人次，保险总额71064元；保险理赔21人16692.43元；“暖•互助”二次报销247人次36531.01元；建立职工暖心驿站2家，配备4800元设备设施；“金秋助学”资助1名职工子女，助学金额4000元；慰问基层困难职工4名，发放慰问金2500元；慰问在档困难职工1名，发放慰问金1.3万元；开展“夏送清凉 冬送温暖”抢送活动3万元；2019年首都学雷锋志愿服务“五个100”先进典型评选活动中，云西路社区便民服务大集志愿服务项目被评为“最美志愿项目”。

（何　丹）

卢沟桥乡

【概　况】　卢沟桥乡是丰台区5个乡镇之一，地处京城西南、丰台区中部，地跨西二环至西五环，与海淀、西城、石景山三区接壤，2019年，辖区面积56.3平方公里。下辖4个社区，17个行政村，8个直属公司，5个事业单位，常住人口9万余人。建成36个回迁小区，4.2万人实现回迁上楼，1.5万人完成农转居，占全乡农业总人口的41.7%。乡党委下设6个二级党委，25个党总支，213个党支部，党员4150名。全乡实现留区税收7.3亿元，同比增长5.8%。引入注册资金亿元以上企业14家，千万元以上企业163家；年内完成建安投资42.2亿元，排名全区第一位。

推动新思想指导实践。始终把学习贯彻习近平新时代中国特色社会主义思想作为首要政治任务，开展党委理论中心组集中学习20次，指导督促全乡各级党组织学习宣传贯彻党的十九届四中全会精神，坚持学思用贯通、知信行合一，教育引导全乡各级党组织和广大党员干部提高政治站位，把思想和行动统一到全会精神上来，把学习贯彻习近平新时代中国特色社会主义思想引向深入。加强“学习强国”学习平台推广使用，教育引导广大党员干部学懂弄通做实。

开展“不忘初心、牢记使命”主题教育。按照“守初心、担使命，找差距、抓落实”总要求，完成各项教育任务，推动学习教育、调查研究、检视问题、整改落实有机融合、贯穿始终。坚持问题导向，深入全乡21个社区村，开展调研152次，发现问题115个，现场解决91个；对照市区委“8+2”专项整治任务，梳理整改问题18项，制定整改措施34项，巩固和深化主题教育成果。对机关企事业单位、窗口单位、社区村、“两新”组织实行差异化指导，开展“礼赞新时代、筑梦新卢沟”实践活动，将“五个一”要求落到实处。

提升基层党组织组织力。推进乡镇机构改革试点工作，制定《卢沟桥乡机构改革试点实施方案》，整合原有内设机构，综合设置为“七办、一队、五中心”，确保“人随事走、职责不变、待遇不减”。坚持示范引领，依托北京市第一个农村党支部大瓦窑村党史馆等新时代文明实践基地，开展十九届四中全会宣讲、“铭记入党初心，传承红色精神”主题党日活动，打造地区“红色名片”。深化“两新”工作，创建中都科技大厦党建联盟“一中心多站点”示范模式，挂牌成立北京市女企业家协会党支部，提升党组织覆盖率，实现党建工作与企业发展同频共振。

建设干部队伍。完成社区、村“两委”换届和集体经济组织换届选举工作，农村基层党组织凝聚力和战斗力增强。聚焦提升社区、村干部的履职能力，培养优秀年轻干部，深化乡村两级干部“双培”机制，实现后备干部快速成长。推行公务员职务和职级并行制度，加强专业化建设，激励公务员干事创业、担当作为。

强化监督执纪问责。坚持党要管党、全面从严治党，以整治“四风”为突破口，构建推进“不敢腐、不能腐、不想腐”的“三不”体制机制，解决党内存在的突出问题。建立乡纪委、派出监察办-监督检查小组-派驻监督员-专职纪检委员四级监督体系，聚焦“接诉即办”、换届选举、市委巡察等重点工作，将监督延伸到基层一线，注重从源头处、过程中倾听群众声音，发现问题、解决处理问题。

推进基层民主建设。加强党委对群团组织的领导，发挥民主参政、民主监督和联系群众的作用。定期听取乡人大、乡政府工作汇报，召开乡人大第十六届第五次、六次会议，支持乡人大围绕“接诉即办”、环境整治、文化建设等中心工作提出意见建议，发挥监督作用，为地区发展建设管理凝聚智慧。加强统一战线工作，推进京辰瑞达商务楼宇统战工作示范点建设，凝聚共识，共谋发展大局。

经济运行平稳。坚持稳中求进工作总基调，培育新的经济增长点，逐步在全乡形成“多点发力、齐头并进”的发展格局，推动集体经济健康持续发展。2019年，全乡实现留区税收7.32亿元，同比增长5.8%。持续优化营商环境，畅通企业服务绿色通道，引入注册资金亿元以上企业14家，千万元以上企业163家；坚持贯彻落实高质量发展理念，聚焦精准有效投资，年内完成建安投资42.2亿元，排名全区第一位。

产业结构不断优化。明确高精尖产业发展方向，推动经营理念、创新能力、服务水平逐步满足高质量发展要求，实现发展质量和效益稳步提高。参与丽泽建设，区级重点项目金唐西联大厦（D10）启动竣工验收；西局丽泽天地（xj-09）完成竣工验收。首汇健康科技产业园实现转型，中都科技大厦获“2019年丰台区优秀创业服务机构”称号，和谐广场、京荟文化产业园、恒泰广场等商业综合体运营良好，区域发展品质不断提升。

三资管理规范提升。完成20个村的集体经济组织换届选举工作，建设集体资产台账及动态管理制度，加强对集体经济组织的监管。加大对重大项目和专项资金监管力度，完成22家乡（村）一级企业清产核资及17个村纳入征地补偿费专储账户情况统计工作。完成乡建委财务收支、资产管理清查审计及岳各庄村等7个农村集体经济组织常规经济责任审计工作，推动集体经济合法依规发展。

推进城市化进程。围绕北京新规和丰台分区规划，推动《卢沟桥乡城市化建设工作方案》

落地实施。持续加快棚户区改造，完成城乡结合部改造拆迁腾退50.61万平方米，丽泽北区菜户营、金鹏天润、丽泽景园实现回迁上楼；小井村二期回迁房开工建设。

加快产业项目落地。推进集体土地租赁房建设，第一批集体土地租赁房5处，建筑面积32.6万平方米，西局集体租赁住房项目实现开工。推进土地一级开发项目，大瓦窑一级开发项目通过成本审核会，周庄子二期项目通过市里的成本预审会，万泉寺村A区一级开发项目取得钉桩成果。加快岳各庄村、大瓦窑村产业项目手续办理进度，助推项目建设，缓解基层经济压力。

促进社会和谐稳定。完成新中国成立70周年庆祝活动服务保障工作，投入治安志愿者、社会安保力量12.2万人次，确保活动期间地区社会安全。深化“平安卢沟”建设，开展城市安全隐患治理三年行动，排查整改安全隐患。推进“雪亮工程”建设，构筑立体化、信息化治安防控体系。落实信访“三率”工作要求，信访案件办结率100%。落实食品安全属地责任，全年受理食品经营许可522户，开展日常监督检查2656户次，清理取缔无照无证商户77户次，快速抽样检测食品合格率100%。深化“扫黑除恶”专项斗争，强化重点领域专项整治，摸排、整治乱点乱象线索2处，清退金融风险较高公司8家，营造安全稳定的社会环境，群众安全感满意度提升。

推进“疏整促”专项行动。拆除原太平桥丽泽长途客运站、小瓦窑东方会馆等既有违法建设24.3万平方米；退出一般制造业企业1家；整治“开墙打洞”4处，新生违建、“散乱污”企业、违法群租房实现“动态清零”。完成“留白增绿”任务8.11公顷，实现规划绿地15公顷；新改建公园2处；建设提升生活性服务业便民网点6家，基本便民商业服务功能实现全覆盖。拆除绿地认建认养及公园管理用房超建、违建1.02万平方米；清理整治“大棚房”5.89万平方米。认领市委规自领域巡视反馈问题，逐项制定整改方案，完成整改落实。

开展人居环境整治。按照《北京市农村人居环境整治考核验收评分标准》，对村容村貌治理及生活污水治理等方面开展专项环境整治，拆除私搭乱建2.3万平方米；清理堆物堆料1712车次；清理、新增绿化地面积2.2万平方米；规范停车场2万余平方米。利用边角空地，补充建设电动车充电桩、健身器材等便民设施，增强群众获得感，太平桥村、岳各庄村、小屯村、卢沟桥村通过市级人居环境专项整治验收。

提升城市环境品质。开展城市环境巡查，清理整治无照游商等环境问题6450处，完成11条胡同街巷环境综合整治提升。完成新一轮百万亩造林任务225亩。落实“河长制”，水质监测考核断面达标。完成天元公园空气质量监测子站周边环境治理和洒水降尘工作，PM2.5平均浓度43微克每立方米，同比下降17.3%；粗颗粒物（TSP）年平均浓度122微克每立方米,同比下降31.1%。

强化“接诉即办”。把“接诉即办”作为破解城市化及基层治理“最后一公里”难题的抓手，打通基层群众诉求反映渠道，推广万泉寺村综合信息服务厅等基层治理经验。依托12345市民热线和卢沟桥乡城市指挥中心服务热线，建立每日“接诉即办”案卷推进会机制、“1+4+1”大辖区共治机制及案件二次回访机制,做到知民情、解民忧、暖民心。2019年，受理群众诉求5413件,响应率100%,解决率、满意率逐步提升。

补齐民生短板。落实为老服务，城乡居民养老、医疗保险参保率100%。加大就业指导力度，帮助894人成功就业。组建智慧家医团队，签约重点人群5688人。推进社会救助体系化，为特困群体发放救助金158.78万余元。开展扶贫协作，投资2亿余元建设内蒙古赤峰市林西县农副产品交易中心；支援湖北十堰西沟乡项目资金100万元，助力西沟乡社会民生事业发展。全乡扶贫工作获“2018年北京市扶贫协作组织工作奖”。

加强文化建设。完成新中国成立70周年群众游行及联欢活动演出任务。整合优势资源，成立新时代文明实践所1个、实践站21

个、实践基地8个、实践先锋队10支，涵盖红色教育、党群服务、文化传承、志愿服务等方面，满足群众多样化的文化服务需求。举办“中国农民丰收节”专场郭庄子农时荟、“璀璨卢沟”群众文化节系列活动、“万丰晓月杯”京剧票友大赛、“五月鲜花”歌咏比赛等系列活动，打造农时文化、非遗传承、乡风淳朴、绿色健康相融合的“卢沟文脉”品牌。

（耿玉倩）

花　乡

【概　况】 花乡位于北京城区西南部，距天安门10余公里，区域面积50.3平方公里，东临南苑乡，西接宛平城地区，北与丰台街道、卢沟桥乡相邻，南与大兴区接壤。下辖黄土岗、草桥、新发地、郭公庄、六圈、羊坊、高立庄、葆台、纪家庙、樊家村、看丹、榆树庄12个村，草桥欣园第一社区、草桥欣园第二社区、纪家庙社区、天伦锦城社区、郭公庄幸福家园社区、四合欣园社区、白盆窑天兴家园、刘孟家园社区、三乐花园社区9个社区和1个总公司，下辖工业公司、农业公司、经贸公司和物资公司4个分公司。有户籍农业人口2.35万人，常住人口9.1万人。有基层党委10个、党总支20个、党支部169个，党员3392名，其中非公党支部22个。辖区内有1个总公司党委，11个村级党组织和8个社区党组织。花乡种养花卉的历史有800年之久，是“中国花木之乡”和“国家重点花文化示范基地”。全年集体经济总收入约为57.9亿元，人均收入32587元。

以“不忘初心、牢记使命”主题教育为契机，学习贯彻习近平新时代中国特色社会主义思想和党的十九大精神，组织乡党委理论学习中心组集中学习12次，提升乡领导班子的政治理论水平和推动转型发展的能力。开展主题教育，集中学习114小时，开展各类专题研讨6次；班子调研122次，发现问题133处，解决131项。完善“清单制”工作法。按月、季度制定社区村党建工作及乡处级领导抓基层党建责任清单。落实党员直接联系群众制度，实现党员联系困难群众、农户全覆盖。完成社区村“两委”和集体经济组织换届工作，班子整体结构得到优化。组织社区村“两委”班子成员、党支部书记300余人轮训。全乡168个支部学习时长5327.5小时。59个支部按期完成换届。加强“两新”组织党建，成立樊家村人才大厦楼宇党支部；推进党群服务中心建设，依托乡文化活动中心成立花乡党群活动服务中心。完善落实审查把关、风险研判和日常巡查机制，继续加强“丰台花乡”微信公众号的运行、维护、推广。2019年“丰台花乡”微信公众号推送60余期，发布信息290余篇。做好舆情应对工作，处理拆迁腾退、城市管理、民生保障等方面舆情80余起。完成全国文明村，首都文明乡镇、文明村、文明社区、文明单位的推荐工作。贯彻落实“扫黑除恶”专项斗争工作部署。针对中央、北京市督导组《督导问题清单》中的共性问题，组织工作研讨，并结合花乡实际，就查找出的11个问题，制定专项整改措施，通过专项督导检查验收。强化党风廉政建设，推动从严治党全覆盖。依托“微权力运行监督平台”，加强干部监督管理，健全长效机制。开展提醒谈话或批评教育30人次。综合运用监督执纪“四种形态”41人次，其中给予11人开除党籍、严重警告、警告、诫勉等党纪处分或政务处理。2019年接收信访举报件52件，办结率100%。建设国数基地统战示范点，开展台海同胞交流互访活动，推进民族宗教工作，新发地市场获“全国民族团结进步模范集体”称号。支持人大、工青妇等群团组织依法开展工作，调动各方力量参与地区建设的积极性。

坚持整提并举，完成“疏整促”专项行动任务。花乡国际家居建材市场和草桥汇丰汽配城完成升级改造任务；拆除既有违法建设43.3万平方米，实现新生违法建设零增长；取缔无照经营150家，整治无证餐饮46家；消除占道经营挂账重点点位10个,实现占道经营“动态清零”；取缔整治群租房151处；整治普通地下室2处；新发地、黄土岗两个城乡结合部挂账重点村通过区级验收。拓展城市绿色生态空间，实现“留白增绿”178.27亩，完成新一轮百万亩造林400亩,清理整治郊野公园配套出租用房56处、整改管理用房16处。北京口腔医院新址完成地上物拆迁。黄土岗土壤遗址公园、六圈村富锦嘉园“口袋公园”项目建成对外开放；白盆窑15公里全民健身步道建成使用。

创新发展路径。花乡花木集团完成北京世园会花卉供应、布展，花车巡游及展区承建等任务。北京唯一一家国家数字出版基地先导区入驻及注册企业310家。郭公庄2万平方米共享社区正常运营,樊家村天坛生活广场正式运营。樊家村、高立庄、四合庄近40万平方米产业项目开工建设。完成重点税源企业的精准对接服务，走访辖区企业100余家。新发地市场获“北京十大商业品牌”“改革开放四十年北京商业卓越贡献奖”两个奖项。在世园会竞赛中，乡花卉企业选送的牡丹芍药等作品获得奖项157项，占全区179项的88%，其中特等奖14个、金奖36个。调整乡集体资产管理委员会机构设置，落实集体土地和房屋监管实施细则和工作流程。加强农村集体“三资”管理，完成对全乡16个集体经济组织、234家集体企业的清产核资工作。与青海省治多县做好对口帮扶支援。新发地宏业投资中心、造甲村骐骥投资公司分别与索加乡当曲村、莫曲村签署帮扶协议。给予加吉博洛镇、索加乡帮扶资金70万元。新发地市场获2019全国脱贫攻坚“组织创新奖”和“北京市扶贫协作奖”称号。中部组团规划实施方案和安置房设计方案报市规自委审议。配合完成丰台火车站改扩建工程，看丹村、榆树庄村完成供地任务。郭公庄三期B地块、造甲村南地块上市；葆台村集体土地租赁住房项目开工建设。新机场线草桥站开通运营。柳村路南段完成7万平方米拆迁工作；张新路施工建设进入前期准备阶段。白盆窑村、造甲村完成撤村建居任务。开展农村人居环境专项整治行动。消除户外广告牌匾考评督办点位36处，清理“僵尸车”62辆，升级改造环保公厕53座,完成背街小巷整治提升2处。编制《关于花乡TSP数值原因分析的报告》等系列精细化管理方案。落实重污染预警工作，实现“散乱污”企业动态清零。完成78家餐饮服务单位油烟设备升级改造工作。落实河长制,开展“当班河长专项行动”,巡河1501次3712公里,发现并整改问题89件。成立1000人的抢险队伍，强化汛期应急抢险。

劳动力就业、困难人员就业超额完成全年任务。社会保障工作推进，全年办理参保缴费7951人。实现新型农村合作医疗制度与社保体制并轨。为全乡102户困难人员实施资金帮扶13万元。依托“连心通”服务平台，为49位老人服务272次；组建志愿者队伍，以草桥欣园、天伦锦城社区、三乐花园为试点开展“低龄帮高龄”活动。加强精神文明建设和文化建设。造甲村五虎少林会被评为优秀传统文化项目；刘孟家园文化室被评为“优秀文化室”；乡综合文化中心图书馆挂牌成立丰台区图书馆分馆，实现市、区图书通借通还。世界公园举办“2019北京新春元宵灯会”丰台主会场灯会活动。组织“全民健身趣味徒步闯关”、丰台区“冰雪大篷车”冬季冰雪项目等系列活动。新建樊家村绿洲便民生活超市等6家生活性服务便民网点。完成四合欣园社区“一刻钟便民服务圈”建设,镇国寺北街被评为全国首个“全国15分钟便民示范商圈”。

维护辖区安全稳定。完成“两节”、全国“两会”、第二届“一带一路”、国际合作高峰论坛、“亚洲文明对话大会”“世界园艺博览会”“国庆70周年”等重大活动的服务保障。成立20人的花乡社会治安立体巡防专职队伍，实现全天候、全方位、立体化社会治安综合巡防控制。落实安全生产目标责任制，拆除彩钢板建筑30处11.1万平方米。巩固食品安全示范区创建成果，完成482个单位“阳光餐饮”建设,食品快检530样次,合格率100%。接待受理群众来信来访801件次，办结率100%；化解历史积案3件。落实党建引领“街乡吹哨、部门报到”机制。制定《花乡接诉即办工作方案》《花乡 2019 年周调度、月点评工作方案》，坚持“闻风而动、接诉即办”，为群众排忧解难，实现“民有所呼，我有所应。”

（闫晓辉）

南苑乡

【概　况】 南苑乡位于丰台区东部，距离天安门 5 公里，北起南二环路、南至南五环路、西起京开高速路、东至丰台区东边界。乡域总面积约 60.2 平方公里，其中乡辖面积约 16.4 平方公里，与南苑、东高地、和义、大红门、东铁营、马家堡、西罗园、方庄、右安门 9 个街道相邻。全乡下辖 9 个行政村，1 个乡级经济组织，7 个村级经济组织和 7 个社区。截至 2019 年年底，全乡常住人口 73321 人，其中户籍人口 20713 户 38601 人，流动人口 34720 人。全年实现集体总收入 34.7 亿元，同比上升 13.4%；人均劳动所得 5.25 万元，同比增长 9.9%；实现留区税收 8.2 亿元，同比增长 23%；细颗粒物年均浓度下降到 46 微克每立方米，同比改善 11%。

完成疏解整治促提升专项行动任务。全年拆除违法建设 40.15 万平方米，取缔违法群租房 224 处；整治无证餐饮 143 户；城乡结合部改造拆迁 11.18 万平方米、腾退土地 33.6 公顷；实现新生违法建设、占道经营、散乱污企业治理“动态清零”。276 条街巷保持“开墙打洞”无新增、无反弹。区级考核 13 项任务中，6 项超额完成。其中“留白增绿”、城乡结合部改造绿化排名全区第一。

深化南苑—大红门地区市场疏解成果，守好南中轴。对“住改商”“住改仓”、仓储物流点位全面排查，全时段开展大货车路侧交易整治，打击隐蔽、残存、零星的“小批发”业态，防止传统业态反弹回潮。坚持把“疏整促”作为解决首都发展问题的“金钥匙”，多次赴河北省沧州市考察对接，对承接市场进行走访、为外迁商户排忧解难。

腾退空间再利用。果园村福成大厦加速转型区级政务服务中心。推进南苑森林湿地公园项目建设。建设三营门公园、红门佳荫公园等生态惠民公园 9 个，打造百姓家门口公共开放空间。新建蔬菜零售等便民服务网点 4 家，“一刻钟便民服务圈”体系不断完善。实现各类绿化面积 49.4 公顷，“留白增绿”16.8 公顷，完成新一轮平原造林 14.53 公顷，获“北京市全民义务植树先进单位”。

坚持规划引领，维护规划的权威性。对接中规院，配合完成南中轴地区规划设计方案编制工作。落实减量发展要求，通过拆违、棚改、重点村整治等路径，腾退用地 41.2 公顷，新增规划绿地 49.4 公顷，为南苑森林湿地公园和南中轴地区战略留白提供空间保障。落实规划自然资源领域专项巡查整改，细化涉及全乡的 10 项整改任务。完成“大棚房”违法占地违法建设、绿地认建认养及公园配套用房出租清理整治。

推进重点项目建设。石榴庄三期土地上市交易，实现成本回收 21.9 亿元，产业用地项目 11 万平方米主体结构封顶。槐新组团第 11 宗上市土地完成地上物腾退。进行新宫村 5 万平方米产业指标的整合研究工作。分钟寺村土地一级开发项目 1 期地块上市工作，取得进展。右安门村棚改项目明确实施方案。东铁营村棚改项目确定征地补偿标准。南苑村棚改项目设计方案通过市级部门审批。

强化管理标准，保障民生工程。成寿寺集体租赁房项目主体结构封顶，果园村集体租赁房项目实现开工建设。东铁营村棚改项目回迁房安置房建设完成。大红门村居民安置对接房源确定，分批签订购房协议。分钟寺一级开发项目 E 地块 17 万平方米回迁房验收。保障轨道交通建设，落实工地日常管理，地铁十九号线 09 标段、10 标段工程推进。实现开复工总面积 265.3 万平方米。

加强“三资”管理，落实“村地区管”。

强化集体经济组织重大经济事项决策管理，全年审批通过重大经济事项 37 件，涉及资金 23.85 亿元。按照区委“一号文件”要求，制定乡级实施细则，全年乡级审核项目 10 批 39 个，面积 31.67 万平方米。其中报区联席会审批通过项目 29 个，实现增收 1.03 亿元。开展审计整改工作，常规经责审计“一年一审”，完善基层单位内控管理。梳理乡域经济社会发展底账，完成清产核资工作。

推动既有楼宇产业提质增效。福海大厦、大红门服装商贸城转型升级，马家堡立业大厦引入北航科技产业园及智能酒店，西铁营还建昆仑中心、新时代国际中心项目，打造文化、科技、金融现代商务楼宇。集体经营性资产租赁逐步告别租期长、租金低、业态低端的历史，年内 30 个新租项目实现业态提升、税收增加，租金收入大幅增长。争取各类政策奖励资金，侧重扶持转型期的集体经济组织完成过渡，全年争取市、区奖励及补贴资金 8800 余万元。

营商环境持续优化。依托第四次全国经济普查数据，对 3000 余家法人单位、2000 余家个体经营户情况进行梳理，完成基础企业台账更新。源头把控，利用创新政策优势，吸引优质企业项目落地，全年实现新登记注册企业 252 家，新迁入企业 155 家，注册资金 10.81 亿元。走访重点税源企业，宣传政策，问需服务，帮助企业解决实际问题，争取税收落地。全年实现留区税收 8.2 亿元，留区税收总额和增量均位列乡镇第一。

生态环境改善。推进大气污染防治精细化管理工作，出台《南苑乡扬尘污染专项整治方案》。对 21 个环保监测点位周边环境优化提升，推动 77 家餐饮单位进行废气净化设备升级改造。开展工地环保专项检查 300 余次，出动人员 2900 余人次。巩固 144 块裸地治理成果，实现裸地治理全覆盖。加大对扬尘等违法行为的执法监管力度，全年立案 1245 起，罚款 309.5 万元，罚款额排名全区第二。南苑乡“绿色环保联盟”获市级“优秀环保公益组织”称号。细颗粒物年均浓度下降到 46 微克每立方米，同比改善 11%。

完善城市管理。乡村两级配合、齐抓共管，对 29 条主要大街、214 条小巷，开展精细化治理，街巷全部实行“街长制”并设立街巷长公示牌。加大垃圾分类宣传引导，实现知晓率 100%。设置分类垃圾桶站 503 处、分类垃圾桶 2000 余个，成为全区首家农村地区垃圾分类示范区。落实“河长制”，全年巡河 11900 余公里，处理各类河道问题 50 余件，综合排名全区第二。环境管理“日常管、管日常”的机制不断完善，乡域环境面貌持续提升，城乡环境建设管理工作排名全区第一。

人居环境持续优化。以提升群众生活条件为根本，以环境整治为抓手，开展农村人居环境整治专项工作。全年投入力量 18900 余人次、资金 2900 余万元。每日调度会商，各村党总支书记负责，坚持“一村一策”机制，对私搭乱建、堆物堆料、生活污水直排等问题进行治理。下“绣花功夫”，建“美丽乡村”。全乡 9 个村的村域环境通过考核验收。其中时村村、东罗园村以满分成绩，通过人居环境整治市级验收。

坚持“接诉即办”，力求“未诉先办”。优化乡级城市管理指挥平台，坚持问题导向，健全案件受理、反馈、复核、回访的闭环工作机制。创新热线办理“321”工作机制，处级领导干部日调度、党政主要领导周点评、基层单位一把手负总责。建立 4 个乡级、23 个基层单位的党建协调委员会，健全 7 个社区民主协商议事平台。全年“吹哨”84 次，解决顶秀金颐家园门口乱停车，锦苑一、锦苑二社区公交运行等一批群众关心的热点问题，群众满意率提升。北京电视台以“做群众及时雨、定心丸”为题，报道南苑乡“接诉即办”工作。

推进安全社区创建工作。开展地下空间、电动车专项整治，新建电动车集中充电站 5 处。为 60 岁以上老人家庭安装烟感报警器 1400 个，更新消防器材 766 件。指导 20 家小微企业完成标准化创建，组织 336 名企业负责人参加安全生产“大培训”。357 户餐饮单位全部实现阳光餐饮，开展快检 1380 次，合格率 100%。加强非洲猪瘟防控，无重大农产品质量安全事件和动物疫情发生。推进“扫黑除恶”专项斗争，开展群众安全感宣传活动，张贴“苑苑说话”海报3250份。全年安全生产事故、消防安全事故和地下空间安全事故“零发生”。

完成重大活动服务保障。成立南苑乡“新中国成立70周年庆祝活动”安保维稳工作领导小组，按照“精精益求精，万万无一失”的工作要求，组织112名党员干部参加群众游行、联欢庆祝活动。建立86处治安志愿者值勤岗，对186处高大建筑物进行实名管控。落实10处民兵看桥护路任务。开展主题宣传工作，动员群防群治力量1.5万余人次，完成“两会”“世园会”“新中国成立70周年庆祝活动”等重大活动服务保障任务。

开展居家养老服务，新增“连心通”服务商2家。开展“敬老月”系列活动，评选出2019年度乡级“孝顺之星”45名。为全乡600余名80岁以上老人发放高龄生活补助金43.9万元。采集退役军人及优抚对象信息1057条，悬挂光荣牌1018块，发放优抚补助36万元。推行“前台综合受理、后台分类审批”的政务服务新模式。新增规范就业630人，目标任务完成率105%。深化社会救助专项整治工作，发放各类补贴及慰问金120万元。发放计划生育扶助资金228万余元。发动25家企业帮扶内蒙古扎赉特旗10个贫困村，确定各类帮扶资金275万元，推进“万企帮万村”行动。

规范社区管理，完成双石一、双石二社区智能化民情图基础数据建账工作。搭建社区民主协商议事平台，提高社区治理能力。推进“三社联动”，开创孵化培育社区社会组织新模式，投入16万元启动“金点子微创投”项目，培育10支具有社区特色的社会组织。开展为老、助残、助幼、环保、治安等不同类型活动60场，受益1000余人。举办首届社区邻里节，增强邻里亲情感和社区认同感，营造共建共治共享的社区治理氛围。举办“唱响新时代、放歌新南苑”社区文化节活动，打造南苑地区社会组织参与社会治理新思路，提升居民的获得感和幸福感。

推进文化惠民。以庆祝新中国成立70周年为主线，开展“时代新人说——我和祖国共成长”演讲比赛，“壮丽70年、舞动新南苑”舞蹈大赛等活动。推广全民阅读，开展第二届“阅文化、阅南苑”系列活动，发放“家庭书房”阅读卡5600余张。完善体育场地建设，为德馨嘉园社区新建器材项目1处。举办南苑乡2019全民健身体育节，开展乒乓球赛、登山比赛、趣味及亲子运动会等赛事。突出迎冬奥主题，培育冰雪社体指导员百余名。各类文体活动覆盖人群2.5万人次，获“北京市全民健身体育节”优秀组织奖。

开展“不忘初心、牢记使命”主题教育，落实“一岗双责”和全面从严治党主体责任。加强党风廉政建设，开展联系点领导“八个一”工作，建立“八小时以外”廉政监督防线。坚持依法行政，办结督查督办事项58件。健全财务内控体系，落实区委“1号文件”及“三重一大”制度。落实基层减负，减少各类会议活动，控制发文数量，按照“7+4”要求规范表格，关闭微信群37个，清理各类牌匾34块。接受人大和社会监督，办理市人大建议1件；区人大建议、政协提案7件；乡人大建议11件，办复率100%。

（龚子潇）

长辛店镇

【概　况】 长辛店镇位于北京市区西南、丰台区西部的永定河西岸。东距卢沟桥1公里，北隔永定河与石景山区相望，西北隔山和门头沟区相邻，西南与王佐镇和房山区接壤。长辛店镇是北京西南的交通咽喉，京石、京周、京原等公路，京广、京原、京九复线等铁路皆在镇域内穿过。长辛店镇属于燕山山脉浅山区，是北京中心城区地貌特征显著的丘陵地带。2019年，全镇总面积62.44平方公里，有9个行政村、37个自然村，农民人口约1.5万人。

农村集体经济总收入实现3.42亿元；人均可支配收入25793元，同比上升5.79%；留区税收完成1.4868亿元。

强化思想建设。发挥党委理论中心组学习的示范带动作用，结合“不忘初心、牢记使命”主题教育，开展集中学习25次，围绕“十九届四中全会精神”“建设绿色生态长辛店”“加快棚改推进，做好民生服务”等主题开展专题研讨12次，党员领导干部讲专题党课79场，分层分类强化理论武装，镇村两级联学联动，组织理论中心组学习21次，开展新一届村“两委”干部、支部书记、党员轮训、发展对象培训班等各类培训6次，村书记月度拉练4次，聚焦基层治理、物业服务、社区建设、廉政教育等主题查不足，学经验，理清发展思路。组织“幸福生活讲师团”百姓宣讲、主题教育宣讲19场。

推进全面从严治党。强化党委统筹，落实党委抓党建主体责任，召开35次党委会、13次党委专题会，对经济发展、生态文明、社会民生、城市治理、党的建设等方面进行研究决策、安排部署。落实“四议一审两公开”制度，推进村级重大事项决策制度化、民主化、科学化、规范化。聚焦农村土地管理、基层组织建设和村干部管理等方面问题查漏补缺，研究制定重大经济事项及“三务公开”监督检查制度、农村合同管理指导意见等11项制度。完善“驻村工作日”制度，落实分管领域党建责任，履行“一岗双责”。选派村第一书记7人、村集体经济组织外派监事9人，施行村企一把手个人事项申报备案和出国（境）证照管理审批制度，加强村级干部管理和监督　。

巩固意识形态防线。强化责任落实，把意识形态工作纳入党委重要议事日程，每季度专题研究。结合“两会”“一带一路”高峰论坛、亚洲文明对话大会、国庆70周年活动等重大活动，加大宣传阵地巡视检查力度，开展巡查30次、不定期抽查50次，确保意识形态宣传阵地安全。进行舆情应对，引导正确舆论导向，处理网络舆情5件。

加强干部队伍建设。遵守干部选拔任用标准和工作流程，完成公务员职级晋升11人，公开招考公务员1人，事业编4人，乡村振兴协理员2人，机关干部交流轮岗14人。加强村后备干部培养，结合各村实际，选拔46名年轻干部纳入后备干部库，强化村级干部队伍的梯次培养。把握党员“入口关”，审批转正党员23名，发展预备党员13名。推行“六个一”工作法，落实村党员直接联系群众制度，706名党员直接联系7341户，提高党员组织群众、宣传群众、凝聚群众、服务群众的能力。

推进纪律建设和反腐败斗争。落实党委主体责任和纪委监督责任，强化纪律意识和规矩意识，办理信访件40件，办结34件，立案5人次，处理违纪党员17人，批评教育3人。聚焦换届选举、环境整治、公款旅游、“扫黑除恶”、漠视侵害群众利益问题、利用名贵特产特殊资源谋取利益专项行动等重点问题进行专项监督，开展提醒谈话36人次，教育批评3人，通报22人。从正反两方面开展典型教育、警示教育和组织纪律教育，组织观看警示教育片4次，组织参观从严治党教育基地1次。抓好形式主义、官僚主义方面突出问题整治，结合工作实际查找17项突出问题，列出问题清单并制定整改措施。

坚持规划引领，加快推进城乡统筹。对标对表北京市新版总体规划和丰台区分区规划，找准长辛店镇发展功能定位，开展镇域规划实施方案编制工作。推进利用集体土地建设租赁住房及张家坟、张郭庄、李家峪、东河沿、辛庄村棚改项目腾退工作，5个棚改项目腾退3142宗，整体腾退比例97.64%，安置人口约1.4万人。完成统筹利用集体产业用地试点方案编制工作。推进城乡建设用地减量工作，开展土地整理项目，实现新增耕地面积120亩。落实规划自然资源领域巡察整改，治理违法占地和违法建设，拆除违建77宗、恢复林地耕地3块，健全长效监管机制。

借势“疏整促”，改善城乡面貌。超额完成拆违销账任务，拆违38.5万平方米，拆除铁路沿线违建1347平方米。规范企业59家，调整退出一般制造业2家。整治无证照经营136处，完成率331%。加强出租房屋管理，清退出租公寓和大院，减少流动人口5070人，完成率129.07%。开展农村人居环境整治，重点对大灰厂、太子峪及赵辛店村全面整治，完成京周路两侧及北宫森林公园门前等地环境整治和景观提升，整治问题点位6000余个，拆除私搭乱建约4万平方米，清理堆物堆料约8万吨。完成新一轮百万亩平原造林任务，实现各类绿化面积50.33公顷，“留白增绿”4.46公顷，新建城市绿地公园1座，小微绿地3处，提高腾退空间利用效率，森林覆盖率38.84%，林木绿化率47.41%。重点打击环境领域违法乱象，加强清、降、苫、管及生产生活排放减量等工作，实现PM2.5累计浓度37.5微克每立方米，TSP粗颗粒物累计浓度111微克每立方米，均排在全区前列。

坚守平安底线，持续巩固社会安定。推进“接诉即办”，以12345热线办理为主线，成立“接诉即办”专班，建立日调度、月分析、季度总结及主管领导督办机制，全年受理群众诉求4261个，响应率100%，解决率、满意率由30%和55%分别上升到70%和80%。推进平安建设，开展城市安全隐患治理三年行动，完成彩钢板房清拆工作，安装简易喷淋做好消防安全综合治理工作。开展综合整治，关停黑公寓、黑足疗43家，清理违法出租大院30余处。推进“雪亮工程”建设，开展城乡结合部重点村整治工作，建立“三站三室”，全面抓防控，组织群防群治力量及治安志愿者参与辖区治安巡逻，群众安全感满意度排名全区第三。完善矛盾纠纷机制，开展矛盾纠纷隐患大排查活动，排查影响安全稳定的各种苗头性、倾向性不稳定因素，制定调处方案，落实调处责任。发挥第一道防线作用，开展矛盾纠纷排查100余次。

提档民生工作，不断增进民生福祉。开展就业摸底调查，了解村民意愿搭建求职平台，举办多种形式的招聘会，开展职业技能培训，提升劳动力综合素质，登记人员失业率2.5%，空岗信息采集1020个，就业困难人员摸查376人，劳动力转移就业582人，实现自主创业16人，带动就业27人，城乡劳动力推荐161人，公益性岗位托底安置22人。完成办理城乡居民养老保险缴费3914人，城乡居民基本医疗保险实际参保10821人，参保比例100%。组织残疾人参加就业招聘会，业务培训19人次。推动养老服务发展，为17名重度失能（失智）老人申请居家照护者“喘息服务”。组建家庭医生团队20个，全面推进智慧家医工作。建立便民商业网点2个、便民菜站3处，协调开通专线公交车，提高便民服务质量。改造长辛店镇文化活动中心及全民健身室内活动场地，强化公共服务功能，培育壮大地区文化团队。丰富群众文化生活，开展百姓大舞台、星火工程活动。联合街道举办“融合杯”运动会，打造长辛店地区品牌性体育活动；组织“千森杯”国际自盟公路越野职业一级赛，带动地区体育事业发展；举办第五届冰雪嘉年华、第二届旱地冰球邀请赛，营造迎冬奥氛围。

营造法治环境，助力解决难题。以微信工作群为载体搭建代表知情知政和人大监督工作两个平台，拓宽代表知情知政和监督渠道。加强新修改的涉农法律法规培训和新知识新理论培训，从区人大各专委聘请特约监督员，对镇域法律法规的落实进行监督。组织代表视察村委会换届选举工作和人居环境整治情况。整合市区镇代表资源纵向助推发展和协调政府项目与代表建议融合横向助推发展，以建议件的形式，打通基层通往市政府机关的瓶颈，助力政府解决难题。通过市人大代表向市政府提出增加东河沿小区外道路红绿灯解决出行不便问题的建议。

改进工作作风，加强政府建设。持续提升履职能力，开展“不忘初心、牢记使命”主题教育。落实从严治党主体责任，落实中央八项规定及其实施细则精神，整治形式主义、官僚主义。推进政务公开，加强依法行政。完成民族宗教、外事侨务、对台等工作，工会、青少年、妇女儿童、残疾人保障、红十字会等事业取得新进步。

（郭　帅）

王佐镇

【概　况】 王佐镇地处丰台区河西地区，北部毗邻门头沟区，南部、西部与房山区相连，东部与云岗街道、长辛店镇交界，镇域面积61.33平方公里，下辖8个行政村（36个自然村）、3个社区。2019年，常住人口5.16万人，户籍人口16611户33901人，其中农业户籍人口1.11万人。

统筹稳增长、促改革、调结构、惠民生、防风险，把各项目标任务细化、实化、具体化。年内，全镇集体经济总收入9.21亿元，政府财政收入1.46亿元；农民人均收入24831元，经济运行保持在合理区间。依托资源、区位优势，将乡村旅游、休闲农业等特色产业作为落实乡村振兴战略的重要突破口和抓手，加快重点项目的建设进度，带动关联产业的发展，围绕群众关心的热点难点问题，提升就业、医疗、教育、养老服务水平，不断满足人民日益增长的美好生活需要。

强化创新驱动，区域发展动能持续增强。执行分区规划，编制完成控制性详细规划。协助开展两线三区、两图合一及分区规划的编制工作。

产业集聚优势凸显。以旅游业、现代观光农业、文化创意产业为代表的第三产业为引擎助推镇域经济增长的动力不断增强，产业结构不断优化，发展质量持续提升。接待旅游173万人次，同比增长12%。申报支农、产业引导、科普益民惠农等项目，全年申报4个支农项目，完成怪村、魏各庄村2019年科普益民惠农项目资金拨付，3个2020年科普益民项目的申报。

营商环境持续优化。坚持招大引强选优原则，受理工商营业执照登记、变更155家，新注册企业86家、个体32家，变更37家，其中注册资金过亿的1家，过百万的29家。

开展“疏整促”专项行动。完成“疏整促”专项活动任务。退回不符合产业准入目录的企业11件，完成疏解一般制造业企业3家，动态清零“散乱污”企业，清退畜禽养殖283户，拆除清理违法建设171092.6平方米，超额完成区级拆违任务。完成对台账内47家无证无照企业的清理整顿。巩固“大棚房”整治成果，完成32宗浅山区一般违法图斑整改，保障土地依法合规利用。

利用疏解腾退空间，新建和提升便民网点9处。完成平原造林土地复垦835亩，栽植565亩，“留白增绿”2.16公顷。推进青龙湖棚户区改造及环境整治项目。

回应群众诉求，城市品质全面提升。“吹哨”51次，出动各类执法人员621人次，其中综合执法45次，解决各类问题35项。通过12345热线系统平台处理各类群众诉求案件4020件，处理市容问题、秩序问题、环保问题等案件2054件，网格员自处理各类问题32000余件。

强化监管生态环境。利用监测数据平台，消除污染隐患，完成重大活动空气质量保障工作。依托村、社区，对14类污染源逐街逐巷开展巡查检查。细化住建、城市管理、水务、园林绿化要求，强化扬尘管控的制度化、标准化建设。加强污染源头防控，集中整治联合执法4次，执法检查各类车辆110辆，查处各类违法行为48起。餐饮废气净化设备升级改造19家。镇域细颗粒物（PM2.5）累计浓度38微克每立方米。PM10、SO_2、NO_2累计浓度分别为82微克每立方米、5微克每立方米、36微克每立方米。

推进街巷长制及小巷管家工作，加强全镇1373条138万平方米背街小巷精细管理。明确镇村河长职责，强化工作措施，加强对辖区内河道、支沟的巡查。建立村庄道路保洁、污水处理、垃圾清运等基础设施运维长效管理机制。

聚焦难点改善环境。全镇8个村全部通过市人居环境检查验收，南宫村被列为“百分示范村”。继续推进“厕所革命”，完成287户户厕改造任务，79座新建公厕项目投入使用。落实新修订的生活垃圾管理条例，生活垃圾分类示范区创建比例90%以上。推进美丽乡村建设，按照“一村一策”原则，8个村完成规划编制工作。

基本民生优先保障。加大就业保障力度，开展“春风行动”“带岗入村”“扶贫攻坚”专场招聘会。加强城乡居民养老保险、城乡居民医疗保险、社会救助、社会化退休、残疾人补贴、适老化改造、巡视探访、困难老年人“喘息声照护服务”等工作。完成王佐镇养老照料中心建设。加强职康站管理，在镇办事大厅设立残疾人办证窗口。

完善村级文化设施，为西王佐村申报舞台建设项目。开展各种演出70场,组织各类培训20场，放映电影590场。加强非物质文化遗产的保护和传承，开展文物保护工作。完成2019年北京铁人三项赛自行车赛段保障工作。

突出重点织补短板。按照王佐镇路网规划及实施需求，加大道路建设实施力度。配合完成京西铁路电气化改造等重点工程前期资金测算及手续申报。协调推进东王佐东路、南宫村北路等镇域内主次干道建设。

健全综治、安全、信访、涉法涉诉等安全稳定工作机制，维护社会稳定。贯彻落实“扫黑除恶”专项斗争，查处“黑赌黄”场所40处，取缔无照经营场所26家。清整外来非正常上访人员38人。检查企业1734家次，消除各类安全生产隐患940条。针对人密场所、危化企业、建筑工地、学校幼儿园等行业进行专项检查22次，消防安全夜查27次，检查单位1400余家次。存量彩钢板清拆、销账4.4万平方米。完成86家安责险参保，完成15家小微标准化创建，三年行动整治计划完成整改28处。开展道路交通综合整治23次，处罚各类交通违法行为347起，排查并上报道路及设施隐患20处。

按照区发改委对口支援、万企帮万村工作要求，加强企业与支援单位间的沟通，分别到河北涞源县和玉树治多县开展对口支援对接，并与治多县扎河乡签订对口帮扶协议。

改进工作作风，提升政府履职能力。加大政务公开力度，自觉接受人大监督，办理市、区、镇人大代表建议、政协委员提案13件。主动接受社会和舆论监督。加大对政府采购、工程招投标等重点领域财政监管力度。督促完成区委、区政府及镇党委各项决策以及群众普遍关注的相关事宜的落实。

（刘　静）

人物　荣誉

先进人物

全国先进人物

全国助残先进个人

丰台区残疾人联合会　　安钟岩

2015—2018 年全国残疾人体育工作先进个人

丰台区残疾人联合会　　曾　斌

全国依法维护妇女儿童权益十大案例

丰台区检察院第一检察部未检办案组

检察题材书画、摄影、音乐作品评选活动“书画作品类”三等奖

丰台区检察院　　　　　吕　轲

检察题材书画、摄影、音乐作品评选活动“书画作品类”纪念奖

丰台区检察院　　　　　吕　轲

“全国检察自媒体二十强”评选活动优秀个人

丰台区检察院　　　　　韩　雪

第四届“五个一百”网络正能量精品评选活动荣获“百部网络正能量动漫音视频作品”

丰台区融媒体中心　李悦、乔晓鹏、王君璐、欧阳树辰策划的《最新发现！北京大爷送您回家过年》

丰台区融媒体中心　李　悦、乔晓鹏、王君璐、谷玥、吴庆亮策划的《拉的都是家里人，这样的公交司机真少见!》

全国五一劳动奖章

北京三兴汽车有限公司　关新民

中国自然科学博物馆学会科学技术奖（贡献奖）

北京汽车博物馆　　　　杨　蕊

全国巾帼建功标兵

北京汽车博物馆　　　　杨　蕊

丰台区妇女联合会　　　高淑琴

2019 年百姓学习之星

北京汽车博物馆　　　　封　雷

2018 年度环境执法大练兵表现突出个人

丰台区生态环境局　　　马淑乾

全国消协组织消费维权先进个人

丰台区市场监督管理局　任　军

全国维护妇女儿童权益先进个人

丰台区妇女联合会　　　蔡宝婷

全国公安局机关 70 周年大庆安保维稳工作成绩突出个人

太平桥派出所　　　　　汪建飞

全国模范教师

丰台区教育委员会　　　洪　彦、李　颖

全国法院先进个人

丰台区人民法院　　　　齐　军

2019 年春运“情满旅途”先进个人

宣传部　　　　　　　　任海东

全国优秀宣讲员
马家堡街道办事处　　韩　青
全国模范司法所长
卢沟桥街道办事处　　付紫雁

北京市先进人物

北京市专门协会优秀主席
丰台区残疾人联合会　王秀钰（区智协主席）
北京市专门协会优秀副主席
丰台区残疾人联合会　魏　然（区聋协副主席）
第十二届“首都见义勇为好市民”
丰台区残疾人联合会　马　震
“北京榜样”大型主题活动举荐榜
丰台区检察院　　刘　亮
“大国小家最美时刻”短视频征集活动二等奖
丰台区检察院　　周晓娟
“大国小家最美时刻”短视频征集活动三等奖
丰台区检察院　　郭　鑫
北京市检察机关“青春心向党、建功新时代”主题演讲比赛三等奖
丰台区检察院　　王　垚
北京市广播影视协会2018年度优秀广播电视节目
丰台区融媒体中心播音作品：2月14日《丰台新闻》（崔红霞）
2018年度北京日报社记者站好新闻（通讯）三等奖
丰台区融媒体中心　李娜创作的刊登在《北京日报》之《“北京榆构”搬迁河北——产值提高60%》一文
2018年度北京日报社记者站好新闻（消息）三等奖
丰台区融媒体中心　邵亦晴创作的刊登在《北京日报》之《棚改垃圾 就地消纳》一文
首都劳动奖章获得者
丰台区税务局　　李　哲
丰台区司法局　　付紫雁
丰台区房屋经营管理中心　　安　萌
丰台区教育委员会　　马　芬
卢沟桥街道办事处　　付紫雁
2018年度绿色生活好市民
丰台区税务局　　黄振杰
最美退役军人
丰台区税务局　　王良田
北京市税务局党委第二轮巡察优秀巡察干部
丰台区税务局　　张勇、黄静、常福阳
北京市司法行政系统2019年全国“两会”维稳安保工作个人三等功
丰台区司法局　王兴凯、佟颖、杜刚、潘丛军
北京市司法行政系统国庆70周年维稳安保工作先进个人
丰台区司法局　唐正毅、田舒鑫、周建国、田兴陆、孙霞、蔡利萍、张翠茹、朱亚芬、周颖超、芦岩峰、艳华、陈欢琴、袁世嵩、王万山、吴倩、刘宏智、郭乃东
北京市司法行政系统信息化工作成绩突出个人
丰台区司法局　　梁　洋
北京市“应急先锋”
丰台区应急管理局　　蔡　捷
北京市青年安监卫士重大活动保障先锋
丰台区应急管理局　　贾　尧
北京市最美安监巾帼获得者
综合投资公司　　王　娟、张　晨
北京市安康杯竞赛安全卫士
北京汽车博物馆　　孔祥忠
2018年度北京市百姓宣讲工作“优秀宣讲员”
北京汽车博物馆　　曾红娟
第13届标准化论文一等奖
北京汽车博物馆　　杨　蕊
首都职工素质建设工程“寻找职工好讲师”教学基本功竞赛一等奖
北京汽车博物馆　　曾红娟
首都职工素质建设工程“寻找职工好讲师”教学基本功竞赛二等奖
北京汽车博物馆　　张振虹
北京市金牌讲解员
北京汽车博物馆　　曾红娟、张　涛
“不忘初心 牢记使命”主题教育“优秀共产党员”
北京汽车博物馆　　胡可义
首都城市环境建设突出贡献个人
丰台区环境保护局　　刘　超
卢沟桥街道办事处　　刘　涛、白志明

丰台城管执法局　张梓博、张张、孙杰、蒙海永

庆祝新中国成立70周年筹备和服务保障工作先进个人

丰台区司法局　吴　阳、周颖超
丰台区市场监督管理局　张　珑
丰台区消防支队　刘永利、崔　康、王开苗、张嘉伟、王　雷、孙　卓
丰台区政法委　丁玉洁、解　娜
丰台公安分局看丹派出所　苏　雛
丰台公安分局四合庄派出所　王　刚
丰台公安分局西罗园派出所　张　涛
丰台公安分局刑侦支队　王继楠
丰台公安分局岳各庄派出所　韩志强
丰台公安分局张郭庄派出所　李　伟
丰台公安分局政治处　张　章
丰台公安分局法制支队　李　楠
丰台公安分局科技园派出所　张思祺
丰台公安分局治安支队　窦剑雷
丰台公安分局和义派出所　郭保涛
丰台公安分局云岗派出所　张晓航
长辛店镇政府　郭　帅、薄　姗
和义街道办事处　陈欢琴
卢沟桥街道办事处　刘际飞、王毅硕
丰台区人民法院　韦清泉

优秀气象服务先进个人

丰台区气象局　宋　甫

2019“北京青年榜样·时代楷模”年度人物

丰台区消防支队　孙　卓

2019“安监之星·北京榜样”

丰台区消防支队　马小卫

北京市侨联工作先进个人

丰台区归国华侨联合会　洪　鑫、王文悦

首都最美家庭

丰台区税务局　何茜家庭
丰台区妇女联合会　陈荣超、齐双、聂晓莎、王媛、何茜、李凤云、冯琦、吴丽娟、苏培、于世华、解淑齐、郝保尔、吴伟英、王秀英、董桂珍、张绍贵、韩青、夏振红、蓝保生

2019年首都公安青年榜样

丰台分局警务支援大队　佟光耀

百名全科医生挑战赛三等奖

丰台区疾病预防控制中心西罗园中心　卢秀丽

北京市营养与食品安全先进个人

丰台区疾病预防控制中心　张建军

北京卫生健康系统“我和祖国共成长”主题宣讲活动决赛二等奖

丰台区疾病预防控制中心　冯海超

北京市流感监测先进个人

丰台区疾病预防控制中心　刘　璐

北京市呼吸道多病原工作先进个人

丰台区疾病预防控制中心　李若曦

2019年北京市成人烟草调查先进个人

丰台区疾病预防控制中心　宋喜丽、吴淑霞、李迎迎

北京市自然疫源性疾病防控工作先进个人

丰台区疾病预防控制中心　孟　艳、杨　洋

北京市肠道传染病防控先进个人

丰台区疾病预防控制中心　武　晶

2019年度北京市口腔公共卫生服务项目先进个人

丰台区疾病预防控制中心　田丽娜

死因登记报告工作先进个人

丰台区疾病预防控制中心　谢俊卿、白俊梅

HIV抗体检测先进个人

丰台区疾病预防控制中心　霍瑾茹、孔　玲

艾滋病检测工作先进个人

丰台区疾病预防控制中心　张　玲

2019年北京市疫苗管理工作先进个人

丰台区疾病预防控制中心　张　斌

2017-2018年度首都精神文明建设奖

丰台区疾病预防控制中心大红门中心　刘红兰

北京市社管系统2018年度统计分析报告评比活动二等奖

丰台区疾病预防控制中心社管中心　曾　丹

北京市肠道传染病防控先进个人

丰台区疾病预防控制中心王佐中心　高新雪

北京市法院第三十届学术讨论会组织工作先进个人

丰台区人民法院　张燕玲

北京市法院办案标兵

丰台区人民法院　舒　翔、刘　婷

北京市法院调研宣传标兵

丰台区人民法院　杨伟竹

北京市法院综合保障标兵

丰台区人民法院　　　　　　吕一凡

北京法院第五届司法业务技能标兵

丰台区人民法院 张立建、罗兆英、张炎、舒翔、郭威、田硕宁、张宁宁

北京市三八红旗奖章

中国航天空气动力技术研究院研究员 程晓丽

北京市优秀健康生活方式指导员

宛平城地区办事处　　　　　朱翠萍

气象服务贡献奖

太平桥街道办事处　　　　　张　娜

2019 年度优秀街巷长

卢沟桥街道办事处　　　　　王玉成

2019 年度首都绿化美化先进个人

卢沟桥街道办事处　　　　　魏贺岭

大红门街道　　　　　　　　吴先超

市级交通安全优秀管理干部

卢沟桥街道办事处　　　　　任云壮

北京市第四次全国经济普查先进个人

卢沟桥街道办事处　　　　　陈红英

北京市离退休干部先进个人

老干部局　薄树德、王艳秋、李富国、董　华、滑淑荣、李春生

北京市先进老干部工作者

老干部局　　　　姚　远、蒙明建

北京市优秀社区党组织书记

和义街道办事处　崔素华

“强基础、转作风、树形象”专项行动表现突出个人

方庄地区办事处　刘小凤

先进集体

全国先进集体

2015—2018 年全国残疾人体育工作先进单位

丰台区残疾人联合会

全国供电系统文明单位

丰台供电公司

全国社保系统 2017-2019 年度优质服务窗口

丰台区社会保险基金管理中心

2019 年全国清理整顿人力资源市场秩序专项执法行动取得突出成绩单位

丰台区劳动保障监察队

2019 年度人民调解宣传工作先进集体

丰台区司法局

“七五”普法中期先进集体

丰台区

全国法治工作先进单位

丰台区司法局

2019 年度价格监测先进集体

丰台区发展和改革委员会

“雷锋宣讲”志愿服务项目“最佳志愿服务项目”

北京汽车博物馆

2019 年全国最具创新力博物馆

北京汽车博物馆

2017-2018 年度全国青年文明号

北京汽车博物馆

2019 年文博新媒体创新传播总评榜“年度文博飞跃奖”

北京汽车博物馆

“益轩奖”—中国汽车企业社会责任文化艺术公益实践奖

北京汽车博物馆的“雷锋——一个汽车兵的故事”

牵手历史—第十届中国博物馆优秀志愿服务项目

北京汽车博物馆的“雷锋宣讲”志愿服务项目

2018 年度环境执法大练兵表现突出集体

丰台区环境监察支队

全国市场监管系统先进集体

丰台区市场监管局丰台街道市场监管所

全国先进商标受理窗口

丰台区市场监管局商标监督管理科

2018-2019 年度全国“五好”县级工商联

丰台区工商业联合会

全国巾帼文明岗

丰台科技园企业服务中心

卢沟桥街道社会保障事务所

卢沟桥街道办事处便民服务中心
全国维护妇女儿童权益先进集体
丰台区妇联信访接待室
“净网 2018”专项行动成绩突出集体
丰台分局警务支援大队互联网监控中心
2019 年度“优质服务基层行”活动中表现突出、达到推荐标准机构
方庄社区卫生服务中心
西罗园社区卫生服务中心
卢沟桥社区卫生服务中心（原丰台社区卫生服务中心）
马家堡社区卫生服务中心
全国法院学术讨论会三十年组织工作突出贡献奖金奖
丰台区人民法院
“互联网+智慧法院”先进单位
丰台区人民法院
全国政法智能化建设智慧法院优秀创新案例
丰台区人民法院
全面停止军队有偿服务工作先进集体
丰台区人民法院民事审判二庭
“基本解决执行难”工作集体嘉奖
丰台区人民法院
全国新的社会阶层人士统战工作实践创新基地
马家堡街道办事处时代风帆楼宇党委
实现矛盾不上交试点工作表现突出集体
卢沟桥街道办事处人民调解委员会
第四次全国经济普查先进集体
大红门街道第四次全国经济普查领导小组办公室

北京市先进集体

党建工作示范阵地
丰台区馨翼教育中心
丰台区育慈儿童疗育中心
首届“新时代·新检察·新影像”检察视频作品大赛三等奖
丰台区人民检察院
“全国检察新媒体栏目”二十强
丰台区人民检察院
北京市区县机关档案工作市级优秀单位
丰台区环境卫生服务中心
2018 年度北京市区级行业部门履行安全生产监管（管理）职责示范单位
丰台区住房和城乡建设委员会
北京市房地产开发企业资质审批工作标兵单位
丰台区住房和城乡建设委员会
2018 年度安全生产管理先进监督单位
丰台区住房和城乡建设委员会
2018 年度北京市住建系统优秀信息工作单位
丰台区住房和城乡建设委员会
2018 年度首都城市环境建设样板单位
丰台区住房和城乡建设委员会
首都绿化美化先进集体
丰台区园林绿化局
首都文明单位标兵
丰台供电公司
北京市交通安全先进单位
丰台供电公司
北京市广播影视协会 2018 年度优秀广播电视节目
丰台区融媒体中心　专题：光阴的足迹（王慧平、杨秀丽、王金元）
丰台区融媒体中心　新媒体创意互动：《点亮家灯——传递幸福》（乔晓鹏、李三鹏、骆建宏、徐旭、闫欣、郭竞元、芦冲）
2019 年度第一季北京市广播电视创新创优节目
丰台区融媒体中心　报送：《学习雷锋》快闪
2019 年度第二季北京市广播电视创新创优节目
丰台区融媒体中心　报送：《丝路追梦人》公益短视频
2019 年北京市党员教育电视片观摩交流活动三等奖
丰台区委组织部、丰台区融媒体中心　报送的《宛平有位“红人”老院儿长》
北京市第十二届全民健身体育节优秀报道奖
丰台区融媒体中心
2018 年北京市安全生产月优秀新闻报道奖
丰台区融媒体中心
首都职工志愿服务岗
丰台区税务局第一税务所

北京市司法行政系统国庆70周年维稳安保工作集体三等功

丰台区司法局　花乡司法所、新村司法所、卢沟桥乡司法所、长辛店镇司法所、长辛店街道司法所、丰台司法所

2018年度全区脱贫攻坚京蒙扶贫协作优秀单位

丰台区发展和改革委员会

2019年度北京市价格监测工作先进单位

丰台区发展和改革委员会

2018年度市级工会财务工作先进单位

丰台区总工会

歌华有线杯·2019北京文化创意大赛北京赛区最佳支持单位

北京汽车博物馆

歌华有线杯·2019北京文化创意大赛文博创意设计赛区决赛第一名

北京汽车博物馆

歌华有线杯·2019北京文化创意大赛总决赛创新类项目“行业引领奖”

北京汽车博物馆

首都职工素质建设工程“寻找职工好讲师”教学基本功竞赛优秀单位组织奖

北京汽车博物馆

“北京品牌计划·文化品牌新势力”TOP30

北京汽车博物馆

2019年度首都地区未成年人思想道德建设工作创新案例

北京汽车博物馆

十佳博物馆志愿服务队

北京汽车博物馆

“游客心中最喜爱的博物馆”称号

北京汽车博物馆

北京2019年度“特色书店”称号

北京汽车博物馆

“第二届北京市生态环境监测专业技术人员大比武”综合比武团体三等奖

丰台区环境保护监测站

北京市工人先锋号

丰台区房屋经营管理中心应急抢险队

丰台区丰台第二中学物理组

北京市安全生产先进单位

丰台区房屋经营管理中心供暖服务所

新村街道办事处

首都学雷锋志愿服务站

丰台区市场监管局消费者权益保护科

国有企业财务会计决算工作先进单位

丰台区财政局

北京市交通安全先进单位

丰台区财政局

2019年度优秀气象服务先进集体

丰台区气象局

庆祝新中国成立70周年筹备和服务保障工作先进集体

丰台区委政法委员会

北京市侨联工作先进集体

丰台区归国华侨联合会

首都劳动奖状

丰台区职业教育中心学校

北京丽泽金融商务区管理委员会

2012-2018北京市疾控中心健康大课堂活动先进单位

丰台区疾病预防控制中心

性病、艾滋病实验室检测和管理工作优秀实验室

丰台区疾病预防控制中心临检科

2018年北京市基层卫生技术人员岗位练兵活动全科医生团队决赛二等奖

西罗园社区卫生服务中心

2018年度控烟工作先进集体

丰台区疾病预防控制中心

方庄社区卫生服务中心

北京市社管系统2018年度统计分析报告评比活动二等奖

丰台区社区卫生服务管理中心

2019年北京市结核病临床诊疗技能竞赛团体三等奖

丰台区卫生健康委员会

北京市流感监测先进单位

丰台区疾病预防控制中心

2019年北京市居民家庭健康技能大赛最佳组织奖

丰台区疾病预防控制中心

现场观摩专业奖

北京市丰台区卫生健康监督所

北京市癌症早诊早治项目优秀组织奖

丰台区卫生健康委员会

北京市心血管病高危人群早期筛查和干预项目优秀组织奖

丰台区卫生健康委员会

北京市癌症早诊早治项目优秀管理奖

丰台区疾病预防控制中心

北京市心血管病高危人群早期筛查和干预项目优秀管理奖

丰台区疾病预防控制中心

北京市呼吸道多病原先进单位

丰台区疾病预防控制中心

2019 年北京市小学生健康素养优秀绘画巡展活动优秀组织奖

丰台区疾病预防控制中心

北京市居民健康提素线上竞赛推广活动优秀组织奖

丰台区疾病预防控制中心

2019 年北京市疫苗管理工作先进集体

丰台区疾病预防控制中心

首届世界 5G 大会“5G 应用设计揭榜赛”三等奖

北京丽泽金融商务区管理委员会

北京市绿色生态示范区

北京丽泽金融商务区管理委员会

北京丽泽金融商务区控股有限公司

第十二届首都见义勇为权益保护工作先进单位

丰台区民政局见义勇为权益保护科

北京市法院第三十届学术讨论会组织工作先进单位

丰台区人民法院

北京市法院学术讨论会工作三十周年组织工作突出贡献奖

丰台区人民法院

北京市法院优秀创新项目

丰台法院机关党委“七月丰法”党建项目

丰台法院立案庭（诉讼服务中心）党总支“点站式矛盾化解最后一公里”党建项目

北京市法院优秀党小组

丰台区人民法院方庄法庭党支部李蕊审判团队党小组

北京市法院司法改革“微创新”优秀案例

丰台区人民法院

北京市就业创业工作先进集体

花乡

方庄地区办事处

2017 年度北京市“疏解整治促提升”专项行动先进集体

花乡

2018 年北京市安全生产月优秀组织奖

花乡

2015-2017 年度首都文明乡镇

花乡

丰台区首都职工志愿者招募工作先进单位

长辛店镇总工会

2019 年中国北京世界园艺博览会丰台参展花卉组织工作先进单位

长辛店镇人民政府

北京市司法行政系统国庆 70 周年维稳安保工作先进集体

长辛店镇人民政府

北京市先进社区党组织

新村街道办事处芳菲路社区

大红门街道西马场南里社区委员会

北京市第十三届“和谐杯”乒乓球比赛优秀组织奖

新村街道办事处万年花城第二社区

2019 年度专职安全员队伍“最具影响力”微信公众号

新村街道安全生产检查队

首都全民义务植树先进单位

宛平城地区办事处

北京市控烟示范单位

宛平城地区办事处

北京市非公有制经济组织党建示范单位

马家堡街道时代风帆楼宇党委

统战社团时代风帆党群服务中心基地

马家堡街道时代风帆楼宇党委

北京市扶贫协作组织工作奖

卢沟桥乡人民政府

北京市离退休干部工作先进集体

老干部晓月诗社

丰台区老教育工作者协会
卢沟桥乡机关第五党支部
东高地街道社区新闻发声人
北京市老干部工作先进集体
丰台街道工委党群工作办公室
太平桥街道工委党群工作办公室
首都环境建设样板单位
方庄地区办事处
丰台城管执法局
示范侨之家
方庄地区办事处
首都文明街巷
方庄地区办事处
北京市禁毒工作示范街道
方庄地区办事处
优秀科研工作组织奖
丰台区委党校
北京市区机关档案工作测评“市级优秀单位”
丰台区委党校
北京市党建研究会优秀课题三等奖
丰台区委党校
第十四届北京市思想政治工作优秀单位
大红门街道工作委员会
秩序环境突出贡献单位
丰台城管执法局
2018 年度北京市城管执法系统优秀调研成果三等奖
东铁营执法队

附　录

组织机构负责人名单

中共北京市丰台区委员会

书　记　汪先永（5月免）　徐贱云（6月任）
副书记　王力军（12月免）高　峰（6月任）
常　委　肖辉利（7月免）　梁家峰（4月任）
　　　　吴继东　李正斌　李　岚（女）
　　　　李树元　葛海斌（4月任）
　　　　周新春（10月任）

丰台区委工作机构负责人

区委办公室主任　李　岚（女）
组织部部长　张巨明（4月免）
　　葛海斌（4月任）
宣传部部长　梁家峰（4月任）
统战部部长　李　岚(女)
台湾工作办公室主任　房书勇(女，7月免)
　　薛　红(女，7月任)
区编办主任　许　民（5月免）
　　纪福平（5月任）
区委区政府政策研究室主任　冯志成（2月免）
　　赵鹏飞（5月任）
区委区政府信访办公室主任　王　凯（女）
区网信办主任　杨晓辉
区直机关工委书记　刘淑钰（女，3月免）
　　李振茹（3月任）
区委老干部局局长　朱运昌（5月免）
　　李海秋（5月任）

中共北京市丰台区纪律检查委员会

书　记　李正斌
副书记　王和友（12月免）　马若怡（女）
　　董明月(女，满)
常　委　鲍书田（女）李　振　云　强(9月免)
　　刘金鹏　蒋加强　曹　汐(女，挂职)
　　李　浩（挂职，5月免）

北京市丰台区监察委员会

主　任：李正斌
副主任：王和友　马若怡（女）
　　董明月（女，满）
委　员：李　振　云　强（9月免）刘金鹏
　　倪贵东　穆　健

丰台区第十六届人民代表大会常务委员会

主　任　张巨明
副主任　王建斌　王振华　李　屹
　　王百玲（女）　刘　颖（女，不驻会）

丰台区人大工作机构负责人

办公室主任　赵万军
研究室主任　刘藏生（女）
代表联络室主任　李　军
财政经济办公室主任　张世伟

法制办公室主任　巴恩来（满族）
教育科技文化卫生体育办公室主任　毕永丰
城市建设环境保护办公室主任　俞亚茹（女）
农村办公室主任　尚振国

丰台区人民政府

区　长　王力军
副区长　肖辉利（11月免）　吴继东（11月免）
王新元　张　婕(女)　周新春
李春滨　张　鑫
韩　嵩（挂职干部，9月免）
周宇清（11月任）　刘永宗（11月任）

丰台区政府工作机构负责人

政府办公室主任　杨　杰
区政务服务管理办主任　杨善华（2月免）
区政务服务管理局党组书记　郝　博（5月任）
局长　郝　博（7月任）
国有资产监督管理委员会党委书记　李大维
主任　王玉昌（2月免）
李大维（5月任）
民政局党组书记　裴玉珍（女，3月免）
局长　裴玉珍（女，3月任）
社会工作委员会书记　裴玉珍(女，3月任)
人力资源和社会保障局党组书记、局长　肖　敬
投资促进服务中心党组书记、主任
时　祥（10月任）
商务局党组书记　郭晓一（女，12月免）
凌佩利（12月任）
局长　凌佩利（12月任）
文化和旅游局党组书记　史文彬（3月任）
局长　樊　维（女，3月任）
住房城乡建设委员会党组书记、主任　颉换成
城市管理委员会党组书记、主任
姜东升（7月免）
纪亚辉（7月任）
科学技术委员会党组书记、主任
张永梅（3月免）
科学技术和信息化局党组书记、局长
张永梅（3月任）
区委教育工委书记　薛　红（女，7月免）
房书勇（7月任）
区教委主任　张　洋
房屋管理局党组书记、局长　苏　军
生态环境局党组书记、局长　隆　重（2月免）
芮元鹏（6月任）
北京市规划和自然资源委员会丰台分局
党组书记、局长
李文忠（3月任）
园林绿化局党组书记、局长　王世义
绿化办主任　王世义
气象局党组书记、局长　冯永芳(女)
水务局党组书记　苏　烨（1月免）
阎一平（1月任）
局长　苏　烨（5月免）
赵　钢（5月任）
体育局党组书记、局长　纪亚辉（9月免）
副局长　李　伟（主持工作）
中关村科技园区丰台园工委书记、管委会主任
周新春
丽泽金融商务区工委书记、管委会主任
刘　郦(女，10月免)
颉换成（10月任）
金融办党组书记　张尚玉（5月免）
游　海（5月任）
主任　张尚玉（5月免）
游　海（7月任）
发展和改革委员会党组书记、主任
刘怀生（11月免）
郭晓一（女，11月任）
应急管理局党组书记、局长　贾效明（3月任）
统计局党组书记　刘庆文
局长　韩　伟
审计局党组书记　陈　燃（2月免）
刘月梅（女，3月任）
局长　陈　燃（2月免）
刘月梅（女，5月任）
财政局党组书记　段德珍（女，2月免）
陈　燃(2月任)
局长　段德珍（女，3月免）

陈　燃（3月任）
市场监督管理局党组书记、局长
李广隆（3月任）
区委农工委书记　肖文燕（女）
农业农村局局长　肖文燕（女，5月任）
税务局党委书记、局长　金志雄（满族）
医疗保障局党组书记、局长　李云鸿（3月任）
外事港澳事务办公室主任　梁彦梅（女）
民族宗教事务办公室主任　马士有
城市管理综合行政执法监察局党组书记、局长
苏爱军
丰台区城市管理监督指挥中心党组书记、主任
姜东升
北京南站地区管委会书记、主任　李春滨

政协北京市丰台区第十届委员会

主　席：刘　宇
副主席：连　宇、冯晓光、段德珍（女）、张兆旗（回族）、张振军、徐朝辉
秘书长：赵冬辰

区政协机构及负责人

区政协办公室主任　张永金
区政协研究室（文史资料委员会）主任杜彦奎
区政协专委会工作一室（教文卫体委员会）主任
解明珠（女）
区政协专委会工作二室（经济科技委员会）主任
刘少华
区政协专委会工作三室（城乡建设和管理委员会）主任　付学江
区政协专委会工作四室
（社会法制委员会民族宗教和港澳台侨委员会）主任　王卫军
区政协专委会工作五室（提案委员会）主任
许　翔（女）
区政协专委会工作六室（学习委员会）主任
文姜丽（女）

丰台区各民主党派负责人

民革丰台区工委主委　张兆旗(回族)
民进丰台区工委主委　徐朝辉
民盟丰台区工委主委　张振军
民建丰台区工委主委　张　婕（女）
农工民主党丰台区工委主委　韩秀娟（女）
九三学社丰台区工委主委　刘　颖
致公党丰台区工委主委　王艳霞(女)

丰台区社会团体负责人

丰台区总工会主席　王建斌
共青团北京市丰台区委员会书记　杨　勇
丰台区妇女联合会主席　姜　萍（女）
丰台区工商联主席　田秀华
党组书记　施晓义
区归国华侨联合会主席　洪　鑫
区红十字会会长　张　鑫
区红十字会党组书记、常务副会长　田秀文（女）
丰台区文学艺术界联合会主席　张小龙
科学技术协会党组书记、常务副主席
邓继林
残疾人联合会主席　张　鑫
残疾人联合会党组书记、执行理事会理事长
赵　勇

丰台区事业单位负责人

区委党校校长　高　峰（6月任）
常务副校长　管洪波
党史工作办公室(地方志办公室)主任　刘怀广
机关事务管理处党组书记、处长　白子荣
档案馆馆长　李建刚（8月免）
王　野（9月任）
地震局党组书记、局长　李桂喜
融媒体中心党组书记、主任　乔晓鹏（5月任）
环境卫生服务中心党组书记、主任杨桂红(女)
房屋经营管理中心党组书记　苏　军（10月任）
主任　隗乐明（12月任）
农村合作经济经营管理站党组书记、站长
卢大文
房屋征收中心党组书记、主任　李国龙
文化创意产业促进中心（戏曲文化发展中心）
党组书记、主任　吴婧（女，4月任）
国家统计局丰台调查队党组书记、队长　朱　南
北京汽车博物馆党组书记、馆长　杨　蕊
北京园博园管理中心党组副书记、主任　花伟军
卢沟桥文化旅游区办事处党组书记、主任李卫

丰台区企业负责人

丰台区烟草专卖局（公司）党组书记、局长（经理）
曹　盛

北京丰贸投资经营管理有限公司党委书记、董事长　张　达
总经理　孔媛媛（11月任）

丰台区国有资本经营管理中心党组书记　裴　红（10月任）
总经理　刘江伟（11月任）

丰台区综合投资集团有限公司党委书记、董事长　郝永昶
总经理　朱京强(4月任)

世界公园总经理　王　文

中国邮政集团公司北京市丰台区分公司
党委书记兼经理　刘　震

丰台区政法军事机构负责人

区委政法委书记　高　峰（11月免）
吴继东（11月任）

检察院检察长　叶文胜（6月免）
李继胜（5月任，代检察长）

法院院长　张　雯（12月免）
祖　鹏（1月任）

区人民武装部部长　朱德友
政委　李树元

区人民防空办公室主任　刘　涛

司法局党组书记、局长　廉　峰（3月任）

公安分局局长　王新元
政委　孟晓威

交通支队支队长　赵宏伟
政委　许春生

消防支队支队长　刘永利
政委　雷永利

丰台区街道、乡（镇）负责人

大红门街道办事处
工委书记　赵胜利
主　任　张晓光（2月免）
肖　斌（2月任）

东高地街道办事处
工委书记　杨　云（3月任）
主　任　高　松（12月免）

东铁匠营街道办事处
工委书记　凌佩利（12月免）
李雪松（12月任）
主　任　李雪松（12月免）

方庄地区办事处
工委书记　孙学伟（2月免）
李华罡（2月任，9月免）
主　任　戴伟明

丰台街道办事处
工委书记　李广民
主　任　孙绪勇

和义街道办事处
工委书记　王　野（9月免）
赵春丽（女，9月任）
主　任　熊柏华

卢沟桥街道办事处
工委书记　高文娟(女)
主　任　李　岩

马家堡街道办事处
工委书记　徐爱华
主　任　王　涛

南苑街道办事处
工委书记　刘立宏
主　任　杨建林

太平桥街道办事处
工委书记　何岳飞
主　任　杨国强（9月免）
付国铜（10月任）

西罗园街道办事处
工委书记　刘海东
主　任　梁晓芳（女，5月免）
杜哲明（5月任）

新村街道办事处
工委书记　穆志军（6月免）
刘治国（9月任）
主　任　刘治国（9月免）
高　松（12月任）

右安门街道办事处
工委书记　赵长河
主　任　卢英博（12月免）

长辛店街道办事处
工委书记　芦　杰（9月免）
彭松涛（9月任）
主　任　苏晓文

云岗街道办事处

工委书记　李　忠
主　任　夏远峰
宛平城地区办事处
工委书记　薄　澜（女，2月任）
主　任　薄　澜(女，2月免)
杨　勇（2月任）
卢沟桥乡党委书记　李春生
人大主席　骆增全
乡长　郭新占
南苑乡党委书记　刘永宗（12月免）
刘怀生（12月任）
人大主席　辛殿军
乡长　杨　云（2月免）
张晓光（2月任）
花乡党委书记　王　华
人大主席　康至宁
乡长　彭松涛
长辛店镇党委书记　蔡志强（6月免）
穆志军（6月任）
人大主席　陈国林
镇长　张晓东
王佐镇党委书记　陈　阳
人大主席　郑春华（9月任）
镇长　魏　楠(女，9月免)
杨国强（9月任）

中共北京市丰台区委主要文件目录

中共北京市丰台区委文件目录

京丰发〔2019〕1号　中共北京市丰台区委北京市丰台区人民政府印发《关于加强农村集体土地和房屋管理工作的意见》的通知

京丰发〔2019〕2号　中共北京市丰台区委关于成立北京市丰台区第十六届人民代表大会第六次会议临时党委的决定

京丰发〔2019〕3号　中共北京市丰台区委关于成立政协北京市丰台区第十届委员会第三次会议临时党委的决定

京丰发〔2019〕4号　中共北京市丰台区委关于印发《区委常委会2019年工作要点》的通知

京丰发〔2019〕5号　中共北京市丰台区委关于印发《区委常委会2019年议题计划》的通知

京丰发〔2019〕6号　中共北京市丰台区委北京市丰台区人民政府关于印发《北京市丰台区机构改革实施方案》的通知

京丰发〔2019〕7号　中共北京市丰台区委关于印发《中共北京市丰台区委常委会深化落实全面从严治党主体责任清单》《区委书记落实全面从严治党主体责任清单》的通知

京丰发〔2019〕8号　中共北京市丰台区委关于区委常委调整分工的通知

京丰发〔2019〕9号　中共北京市丰台区委印发《中共北京市丰台区委关于落实〈中共北京市委贯彻《中共中央关于加强党的政治建设的意见》的措施〉的任务分解方案》的通知

京丰发〔2019〕10号　中共北京市丰台区委北京市丰台区人民政府关于加快推动丰台教育上台阶的若干意见

京丰发〔2019〕11号　中共北京市丰台区委北京市丰台区人民政府关于全面深化新时代教师队伍建设改革的实施意见

京丰发〔2019〕12号　中共北京市丰台区委关于印发《丰台区开展“不忘初心、牢记使命”主题教育实施方案》的通知

京丰发〔2019〕13号　中共北京市丰台区委关于成立丰台区“不忘初心、牢记使命”主题教育领导小组办公室临时党委的决定

京丰发〔2019〕14号　中共北京市丰台区委关于新时代加强和改进人大工作的意见

京丰发〔2019〕15号　中共北京市丰台区委关于印发《中共北京市丰台区委常委会深化落实全面从严治党主体责任清单》《区委书记落实全面从严治党主体责任清单》的通知

京丰发〔2019〕16号　中共北京市丰台区委关于成立丰台区第十六届人民代表大会第七次会议临时党委的决定

京丰发〔2019〕17号 中共北京市丰台区委关于成立政协北京市丰台区第十届委员会第四次会议临时党委的决定

中共北京市丰台区委办公室文件目录

京丰办发〔2019〕1号 中共北京市丰台区委办公室关于印发《丰台区社区（村）党员直接联系群众制度》的通知

京丰办发〔2019〕2号 中共北京市丰台区委办公室关于印发《区领导带队督查2018年全面从严治党工作落实情况的方案》的通知

京丰办发〔2019〕3号 中共北京市丰台区委办公室关于印发《丰台区区级领导直接联系服务专家工作制度》的通知

京丰办发〔2019〕4号 中共北京市丰台区委大事记

京丰办发〔2019〕5号 中共北京市丰台区委办公室关于印发《丰台区政协2019年协商工作计划》的通知

京丰办发〔2019〕6号 中共北京市丰台区委大事记（2019年1月）京丰办发〔2019〕7号 中共北京市丰台区委办公室北京市丰台区人民政府办公室关于印发《丰台区与房山区结对协作推动生态涵养区建设年度任务分解方案》的通知

京丰办发〔2019〕8号 中共北京市丰台区委办公室关于转发《中共北京市丰台区委党的建设工作领导小组2019年工作要点》的通知

京丰办发〔2019〕9号 中共北京市丰台区委办公室北京市丰台区人民政府办公室印发《关于深化街道机构综合设置改革的实施方案》的通知

京丰办发〔2019〕18号 中共北京市丰台区委办公室北京市丰台区人民政府办公室关于印发《中共北京市丰台区委社会工作委员会北京市丰台区民政局职能配置、内设机构和人员编制规定》的通知

京丰办发〔2019〕20号 中共北京市丰台区委办公室北京市丰台区人民政府办公室关于印发《北京市丰台区人力资源和社会保障局职能配置、内设机构和人员编制规定》的通知

京丰办发〔2019〕23号 中共北京市丰台区委办公室北京市丰台区人民政府办公室关于印发《北京市丰台区文化和旅游局职能配置、内设机构和人员编制规定》的通知

京丰办发〔2019〕25号 中共北京市丰台区委办公室北京市丰台区人民政府办公室关于印发《北京市丰台区应急管理局职能配置、内设机构和人员编制规定》的通知

京丰办发〔2019〕26号 中共北京市丰台区委办公室北京市丰台区人民政府办公室关于印发《北京市丰台区市场监督管理局职能配置、内设机构和人员编制规定》的通知

京丰办发〔2019〕28号 中共北京市丰台区委办公室北京市丰台区人民政府办公室关于印发《北京市丰台区政务服务管理局职能配置、内设机构和人员编制规定》的通知

京丰办发〔2019〕29号 中共北京市丰台区委办公室北京市丰台区人民政府办公室关于印发《北京市丰台区医疗保障局职能配置、内设机构和人员编制规定》的通知

京丰办发〔2019〕30号 中共北京市丰台区委办公室北京市丰台区人民政府办公室关于丰台区2018年党建工作考核综合评价（政府绩效考评）结果的通报

京丰办发〔2019〕32号 中共北京市丰台区委办公室北京市丰台区人民政府办公室关于印发《北京市丰台区人民政府办公室职能配置、内设机构和人员编制规定》的通知

京丰办发〔2019〕35号 中共北京市丰台区委办公室北京市丰台区人民政府办公室关于印发《北京市丰台区科学技术和信息化局职能配置、内设机构和人员编制规定》的通知

京丰办发〔2019〕36号 中共北京市丰台区委办公室北京市丰台区人民政府办公室关于印发《北京市丰台区城市管理委员会职能配置、内设机构和人员编制规定》的通知

京丰办发〔2019〕37号 中共北京市丰台区委办公室北京市丰台区人民政府办公室关于印发《北京市丰台区水务局职能配置、内设机构

和人员编制规定》的通知

京丰办发〔2019〕38号　中共北京市丰台区委办公室北京市丰台区人民政府办公室关于印发《北京市丰台区商务局职能配置、内设机构和人员编制规定》的通知

京丰办发〔2019〕39号　中共北京市丰台区委办公室北京市丰台区人民政府办公室关于印发《北京市丰台区卫生健康委员会职能配置、内设机构和人员编制规定》的通知

京丰办发〔2019〕40号　中共北京市丰台区委办公室北京市丰台区人民政府办公室关于印发《北京市丰台区人民政府国有资产监督管理委员会职能配置、内设机构和人员编制规定》的通知

京丰办发〔2019〕42号　中共北京市丰台区委办公室北京市丰台区人民政府办公室关于印发《北京市丰台区园林绿化局职能配置、内设机构和人员编制规定》的通知

京丰办发〔2019〕43号　中共北京市丰台区委办公室北京市丰台区人民政府办公室关于印发《北京市丰台区人民防空办公室职能配置、内设机构和人员编制规定》的通知

京丰办发〔2019〕44号　中共北京市丰台区委办公室北京市丰台区人民政府办公室关于印发《北京市丰台区信访办公室职能配置、内设机构和人员编制规定》的通知

京丰办发〔2019〕45号　中共北京市丰台区委办公室北京市丰台区人民政府办公室关于印发《中共北京市丰台区委北京丽泽金融商务区工作委员会北京丽泽金融商务区管理委员会职能配置、内设机构和人员编制规定》的通知

京丰办发〔2019〕46号　中共北京市丰台区委办公室北京市丰台区人民政府办公室关于印发《北京市丰台区档案馆职能配置、内设机构和人员编制规定》的通知

京丰办发〔2019〕47号　中共北京市丰台区委办公室北京市丰台区人民政府办公室关于印发《北京市丰台区地震局职能配置、内设机构和人员编制规定》的通知

京丰办发〔2019〕48号　中共北京市丰台区委办公室北京市丰台区人民政府办公室关于印发《北京市丰台区农村合作经济经营管理站职能配置、内设机构和人员编制规定》的通知

京丰办发〔2019〕49号　中共北京市丰台区委办公室北京市丰台区人民政府办公室关于印发《北京市丰台区融媒体中心职能配置、内设机构和人员编制规定》的通知

京丰办发〔2019〕50号　中共北京市丰台区委办公室北京市丰台区人民政府办公室关于印发《中共北京市丰台区委丰台街道工作委员会北京市丰台区人民政府丰台街道办事处职能配置、内设机构和人员编制规定》的通知

京丰办发〔2019〕51号　中共北京市丰台区委办公室北京市丰台区人民政府办公室关于印发《中共北京市丰台区委卢沟桥街道工作委员会北京市丰台区人民政府卢沟桥街道办事处职能配置、内设机构和人员编制规定》的通知

京丰办发〔2019〕52号　中共北京市丰台区委办公室北京市丰台区人民政府办公室关于印发《中共北京市丰台区委太平桥街道工作委员会北京市丰台区人民政府太平桥街道办事处职能配置、内设机构和人员编制规定》的通知

京丰办发〔2019〕53号　中共北京市丰台区委办公室北京市丰台区人民政府办公室关于印发《中共北京市丰台区委新村街道工作委员会北京市丰台区人民政府新村街道办事处职能配置、内设机构和人员编制规定》的通知

京丰办发〔2019〕54号　中共北京市丰台区委办公室北京市丰台区人民政府办公室关于印发《中共北京市丰台区委右安门街道工作委员会北京市丰台区人民政府右安门街道办事处职能配置、内设机构和人员编制规定》的通知

京丰办发〔2019〕55号　中共北京市丰台区委办公室北京市丰台区人民政府办公室关于印发《中共北京市丰台区委西罗园街道工作委员会北京市丰台区人民政府西罗园街道办事处职能配置、内设机构和人员编制规定》的通知

京丰办发〔2019〕56号　中共北京市丰台区委办公室北京市丰台区人民政府办公室关于印发《中共北京市丰台区委马家堡街道工作委员会北京市丰台区人民政府马家堡街道办事处职能配置、内设机构和人员编制规定》的通知

京丰办发〔2019〕57号　中共北京市丰台区委办公室北京市丰台区人民政府办公室关于印发《中共北京市丰台区委大红门街道工作委员会北京市丰台区人民政府大红门街道办事处职能配置、内设机构和人员编制规定》的通知

京丰办发〔2019〕58号　中共北京市丰台区委办公室北京市丰台区人民政府办公室关于印发《中共北京市丰台区委东铁匠营街道工作委员会北京市丰台区人民政府东铁匠营街道办事处职能配置、内设机构和人员编制规定》的通知

京丰办发〔2019〕59号　中共北京市丰台区委办公室北京市丰台区人民政府办公室关于印发《中共北京市丰台区委方庄地区工作委员会北京市丰台区人民政府方庄地区办事处职能配置、内设机构和人员编制规定》的通知

京丰办发〔2019〕60号　中共北京市丰台区委办公室北京市丰台区人民政府办公室关于印发《中共北京市丰台区委南苑街道工作委员会北京市丰台区人民政府南苑街道办事处职能配置、内设机构和人员编制规定》的通知

京丰办发〔2019〕61号　中共北京市丰台区委办公室北京市丰台区人民政府办公室关于印发《中共北京市丰台区委和义街道工作委员会北京市丰台区人民政府和义街道办事处职能配置、内设机构和人员编制规定》的通知

京丰办发〔2019〕62号　中共北京市丰台区委办公室北京市丰台区人民政府办公室关于印发《中共北京市丰台区委东高地街道工作委员会北京市丰台区人民政府东高地街道办事处职能配置、内设机构和人员编制规定》的通知

京丰办发〔2019〕63号　中共北京市丰台区委办公室北京市丰台区人民政府办公室关于印发《中共北京市丰台区委宛平城地区工作委员会北京市丰台区人民政府宛平城地区办事处职能配置、内设机构和人员编制规定》的通知

京丰办发〔2019〕64号　中共北京市丰台区委办公室北京市丰台区人民政府办公室关于印发《中共北京市丰台区委长辛店街道工作委员会北京市丰台区人民政府长辛店街道办事处职能配置、内设机构和人员编制规定》的通知

京丰办发〔2019〕65号　中共北京市丰台区委办公室北京市丰台区人民政府办公室关于印发《中共北京市丰台区委云岗街道工作委员会北京市丰台区人民政府云岗街道办事处职能配置、内设机构和人员编制规定》的通知

京丰办发〔2019〕68号　中共北京市丰台区委大事记（2019年3月）京丰办发〔2019〕71号　中共北京市丰台区委办公室印发《关于调整区纪委区监委派驻机构及其监督单位的方案》的通知

京丰办发〔2019〕72号　中共北京市丰台区委办公室北京市丰台区人民政府办公室关于印发《丰台区贯彻落实市委〈关于深化党建引领“街乡吹哨、部门报到”改革的实施意见〉的若干措施》的通知

京丰办发〔2019〕73号　中共北京市丰台区委办公室关于印发《丰台区推进新时代文明实践中心建设工作方案》的通知

京丰办发〔2019〕74号　中共北京市丰台区委大事记（2019年4月）京丰办发〔2019〕75号　中共北京市丰台区委办公室北京市丰台区人民政府办公室关于印发《丰台区关于落实〈中共北京市委北京市人民政府关于加强新时代街道工作的意见〉的工作方案》的通知

京丰办发〔2019〕78号　中共北京市丰台区委办公室北京市丰台区人民政府办公室关于印发《北京市丰台区民族宗教事务办公室职能配置、内设机构和人员编制规定》的通知

京丰办发〔2019〕79号　中共北京市丰台区委办公室北京市丰台区人民政府办公室关于印发《北京市丰台区财政局职能配置、内设机构和人员编制规定》的通知

京丰办发〔2019〕80号　中共北京市丰台区委办公室北京市丰台区人民政府办公室关于印发《北京市丰台区住房和城乡建设委员会职能配置、内设机构和人员编制规定》的通知

京丰办发〔2019〕81号　中共北京市丰台区委办公室北京市丰台区人民政府办公室关于印发《北京市丰台区体育局职能配置、内设机构和人员编制规定》的通知

京丰办发〔2019〕82号　中共北京市丰台区委办公室北京市丰台区人民政府办公室关于印

发《北京市丰台区统计局职能配置、内设机构和人员编制规定》的通知

京丰办发〔2019〕83号　中共北京市丰台区委办公室北京市丰台区人民政府办公室关于印发《北京市丰台区金融服务办公室职能配置、内设机构和人员编制规定》的通知

京丰办发〔2019〕84号　中共北京市丰台区委办公室北京市丰台区人民政府办公室关于印发《北京市丰台区房屋管理局职能配置、内设机构和人员编制规定》的通知

京丰办发〔2019〕85号　中共北京市丰台区委办公室关于印发《丰台区分管系统党建工作组调整方案》的通知

京丰办发〔2019〕87号　中共北京市丰台区委办公室北京市丰台区人民政府办公室关于调整部分区属议事协调机构及领导成员有关事项的通知

京丰办发〔2019〕89号　中共北京市丰台区委大事记（2019年5月）

京丰办发〔2019〕90号　中共北京市丰台区委办公室北京市丰台区人民政府办公室关于印发《丰台区党政领导干部安全生产责任制实施细则》的通知

京丰办发〔2019〕91号　中共北京市丰台区委办公室关于印发《中共北京市丰台区委农村工作领导小组工作规则》和《中共北京市丰台区委农村工作领导小组办公室工作细则》的通知

京丰办发〔2019〕92号　中共北京市丰台区委办公室北京市丰台区人民政府办公室关于印发《区级领导“接诉即办”督导组及工作专班组建方案》的通知

京丰办发〔2019〕94号　中共北京市丰台区委大事记

京丰办发〔2019〕95号　中共北京市丰台区委办公室印发《丰台区关于解决形式主义突出问题为基层减负的工作措施》的通知

京丰办发〔2019〕96号　中共北京市丰台区委办公室北京市丰台区人民政府办公室印发《关于卢沟桥乡机构改革试点实施方案》的通知京丰办发〔2019〕98号　中共北京市丰台区委办公室关于印发《丰台区基层微权力运行监督试点工作实施方案》的通知

京丰办发〔2019〕100号　中共北京市丰台区委大事记

京丰办发〔2019〕101号　中共北京市丰台区委办公室关于印发《中共北京市丰台区委常委会开展“不忘初心、牢记使命”主题教育工作方案》的通知

京丰办发〔2019〕102号　中共北京市丰台区委办公室关于印发《“以案为鉴、以案促改”警示教育任务分工》的通知

京丰办发〔2019〕104号　中共北京市丰台区委办公室关于印发《2019年丰台区全面从严治党（党建）工作考核实施方案》的通知

京丰办发〔2019〕106号　中共北京市丰台区委办公室关于印发《中共北京市丰台区委教育工作领导小组工作规则》和《中共北京市丰台区委教育工作领导小组办公室工作细则》的通知

京丰办发〔2019〕107号　中共北京市丰台区委办公室印发《关于进一步构建亲清新型政商关系的意见（试行）》的通知

京丰办发〔2019〕108号　中共北京市丰台区委大事记

京丰办发〔2019〕109号　中共北京市丰台区委办公室关于印发《中共北京市丰台区委退役军人事务工作领导小组工作规则》和《中共北京市丰台区委退役军人事务工作领导小组办公室工作细则》的通知

京丰办发〔2019〕110号　中共北京市丰台区委办公室关于印发《中共北京市丰台区委巡察工作领导小组工作规则》《中共北京市丰台区委巡察组工作规则》和《中共北京市丰台区委巡察工作领导小组办公室工作规则》的通知

京丰办发〔2019〕112号　中共北京市丰台区委办公室北京市丰台区人民政府办公室关于印发《丰台区安全生产督察方案（试行）》的通知

京丰办发〔2019〕113号　中共北京市丰台区委大事记（2019年9月）

京丰办发〔2019〕115号　中共北京市丰台区委办公室关于调整丰台区关心下一代工作委

员会机构组成人员的通知

京丰办发〔2019〕116 号　中共北京市丰台区委大事记（2019 年 10 月）

京丰办发〔2019〕117 号　中共北京市丰台区委办公室关于印发《中共北京市丰台区委关于落实市委第五巡视组规划自然资源领域专项巡视反馈意见的整改方案》的通知

京丰办发〔2019〕118 号　中共北京市丰台区委大事记（2019 年 11 月）

丰台区人民政府主要文件目录

丰台区人民政府文件目录

丰政发〔2019〕1 号　政府工作报告

丰政发〔2019〕3 号　关于印发丰台区 2019 年重要民生实事项目的通知

丰台区人民政府办公室文件目录

丰政办发〔2019〕1 号　关于印发《关于完善集体林权制度促进丰台林业发展的实施方案》的通知

丰政办发〔2019〕3 号　关于区长副区长区长助理政府办主任工作分工的通知

丰政办发〔2019〕4 号　关于对存在突出、区域性火灾隐患单位实施挂牌督办的通知

丰政办发〔2019〕5　号　　关于对 4 处区级挂账火灾隐患销账的通知

丰政办发〔2019〕8 号　关于印发《丰台区污染防治攻坚战 2019 年行动计划》的通知

丰政办发〔2019〕10 号　关于废止《丰台区禁止和限制新增产业的目录（2015 版）》及《丰台区产业创新发展基金管理办法》的通知

丰政办发〔2019〕11　号　关于印发《丰台区 2019 年本市户籍无房家庭适龄儿童接受义务教育证明证件材料审核实施细则》的通知

丰政办发〔2019〕12　号　关于印发《丰台区 2019 年非本市户籍适龄儿童少年接受义务教育证明证件材料审核实施细则》的通知

丰政办发〔2019〕14 号　关于区长副区长区长助理政府办主任工作分工的通知

丰政办发〔2019〕15 号　关于区长副区长区长助理政府办主任工作分工的通知

丰政办发〔2019〕16 号　关于印发《丰台区全面推行行政执法公示制度执法全过程记录制度重大执法决定法制审核制度实施方案》的通知

丰政办发〔2019〕17 号　关于废止《关于印发整合设立丰台区经济发展专项资金意见的通知》及《关于促进丰台经济发展综合政策的意见》的通知

丰政办发〔2019〕18号　关于印发《丰台区全面推进市场监管领域部门联合“双随机、一公开”监管工作实施方案》的通知

统 计 资 料

丰台区 2019 年国民经济和社会发展统计公报

2019 年，全区人民在区委、区政府的坚强领导下，全面贯彻落实党的十九大和十九届二中、三中、四中全会精神，以习近平新时代中国特色社会主义思想为指导，以庆祝新中国成立 70 周年活动为契机，紧紧围绕首都城市战略定位，扎实推进城市南部地区加快发展行动计划，统筹改革、发展、稳定和改善民生各项工作，经济平稳健康发展，人民生活水平稳步提高，社会和谐稳定。

一、综合

经济发展：初步核算，全年实现地区生产总值 1829.6 亿元，比上年增长 6.3%。其中，第一产业增加值 0.9 亿元，下降 2.9%；第二产业增加值 271.7 亿元，增长 2.4%；第三产业增加值 1557 亿元，增长 7%。三次产业结构为 0.05：14.85：85.1。按常住人口计算，全区人均地区生产总值达到 8.9 万元，比上年增长 11.1%。

图1 2015—2019年地区生产总值及增长速度

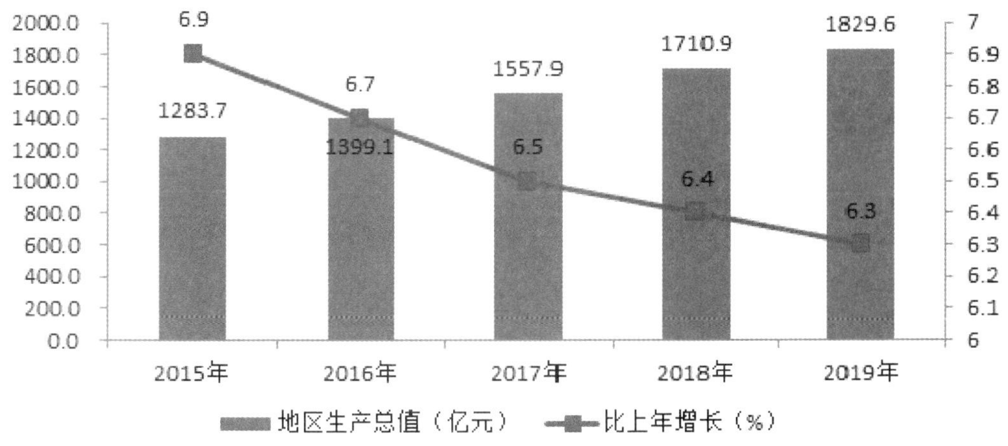

表1　2019年地区生产总值

指　　标	绝对数（亿元）	比上年增长（%）
地区生产总值	1829.6	6.3
按产业分		
第一产业	0.9	-2.9
第二产业	271.7	2.4
第三产业	1557.0	7.0
按行业分		
农、林、牧、渔业	0.9	-6.5
工业	108.3	1.8
建筑业	164.3	2.8
批发和零售业	157.9	3.3
交通运输、仓储和邮政业	84.5	5.3
住宿和餐饮业	37.7	1.5
金融业	215.2	6.8
房地产业	260.2	32.7
其他服务业	800.7	1.6

人口：年末全区常住人口202.5万人，比上年末减少8万人。其中，常住外来人口64.1万人，比上年末减少5.7万人，占常住人口的比重为31.7%，比上年末下降1.5个百分点。在常住人口中，城镇人口202.1万人，占常住人口的比重为99.8%。全区常住人口出生率为6.73‰，死亡率为5.41‰，自然增长率为1.32‰。常住人口密度为每平方公里6628人，比上年末减少262人。年末全区户籍人口116.6万人，比上年末增加1.7万人。

图2 2015—2019年常住人口及增长速度

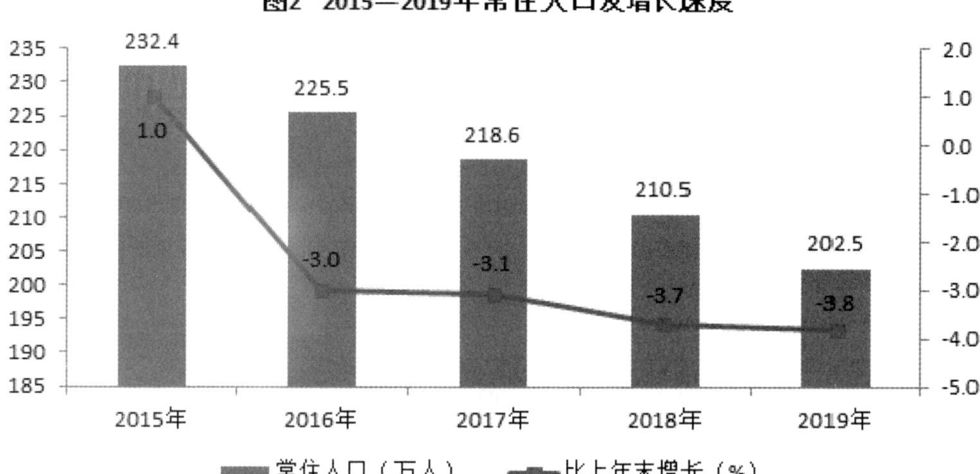

表2 2019年年末常住人口及构成

指 标	人数（万人）	比重（%）
常住人口	202.5	100.0
按城乡分		
城镇	202.1	99.8
乡村	0.4	0.2
按性别分		
男性	101.8	50.3
女性	100.7	49.7
按年龄组分		
0-14岁	19.4	9.6
15-59岁	148.0	73.1
60岁及以上	35.1	17.3
其中：65岁及以上	23.7	11.7

财政：全区完成一般公共预算收入127.7亿元，比上年增长5%。其中，增值税41.4亿元，增长0.8%；企业所得税26.4亿元，增长17.3%；房产税18.2亿元，增长9.6%；城市维护建设税10.2亿元，增长3.8%。一般公共预算支出252.7亿元，比上年增长2%。其中，用于科学技术、一般公共服务、文化体育与传媒、城乡社区的支出分别增长24%、21.6%、19.3%和12%。

图3 2015—2019年一般公共预算收入及增长速度

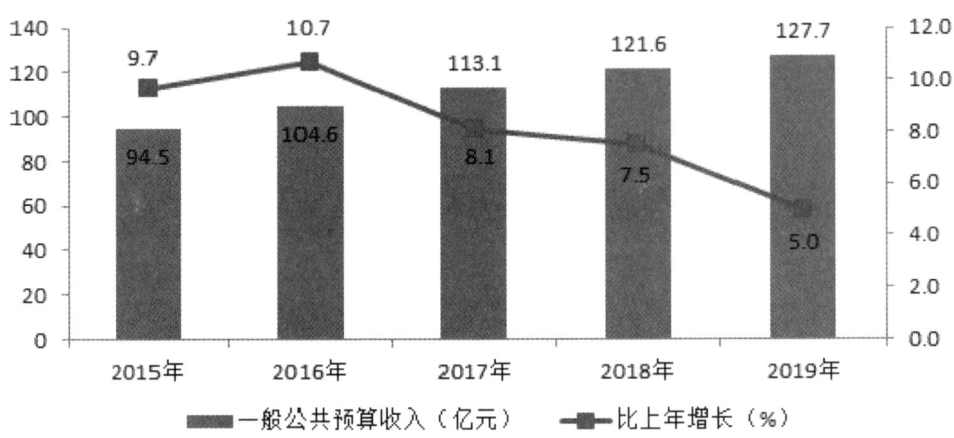

二、农业

全年实现农林牧渔业总产值2亿元，比上年下降9.2%。其中，林业产值1.5亿元,增长5%；农业产值4759万元,下降17.7%。

全区11个农业观光园全年共接待181.4万人次，比上年下降31%；实现总收入1.8亿元，下降8.1%。

三、工业和建筑业

工业：全年规模以上工业企业实现工业总产值303.7亿元，比上年增长3%。从主要行业看，医药制造业增长8.9%，非金属矿物制品业增长5.9%，专用设备制造业下降13.6%，计算机、通信和其他电子设备制造业下降8.6%。

全年规模以上工业企业实现销售产值294.5亿元，比上年增长1.6%。其中，内销产值288.5亿元,增长3.1%;出口交货值6亿元，下降39.9%。

表 3 2019 年规模以上工业总产值

指 标	绝对数(亿元)	比上年增长(%)
工业总产值	303.7	3.0
其中:现代制造业	147.5	-1.3
其中:高技术产业	81.2	-7.9
其中:电力、热力生产和供应业	44.9	1.5
非金属矿物制品业	41.9	5.9
铁路、船舶、航空航天和其他运输设备制造业	41.1	0.8
医药制造业	33.5	8.9
计算机、通信和其他电子设备制造业	23.3	-8.6
专用设备制造业	21.3	-13.6
电气机械和器材制造业	19.7	10.3
仪器仪表制造业	16.9	12.5
通用设备制造业	15.4	65.9
印刷和记录媒介复制业	14.5	19.4

全年规模以上工业企业实现利润总额 29.2 亿元，比上年增长 2.7 倍。从主要行业看，计算机、通信和其他电子设备制造业实现利润 5.5 亿元，医药制造业实现利润 5.3 亿元，电力、热力生产和供应业实现利润 4.5 亿元，印刷和记录媒介复制业实现利润 4.3 亿元，铁路、船舶、航空航天和其他运输设备制造业实现利润 3.2 亿元，非金属矿物制品业实现利润 2.6 亿元。

建筑业：全区具有资质等级的总承包和专业承包建筑业企业完成总产值 2487.8 亿元，比上年增长 29.8%。其中，在北京地区完成产值 443.9 亿元，增长 10.6%；在外省完成产值 2043.9 亿元，增长 34.8%。

四、金融

年末全区金融机构各项存款余额 7437.7 亿元，比上年末增长 14.7%。其中，储蓄存款 2596.4 亿元，增长 11.7%。各项贷款余额 5097.6 亿元，比上年末增长 12.7%。

五、固定资产投资和房地产开发

固定资产投资：全年固定资产投资（不含农户）比上年下降 6.1%。其中，建安投资增长 12.3%，基础设施投资下降 5.7%。分产业看，第一产业投资比上年下降 53.1%；第二产业投资下降 39.1%；第三产业投资下降 5%。

房地产开发：全年房地产开发投资比上年下降 5.9%。其中，住宅投资下降 8%；办公楼投资下降 31.1%；商业营业用房投资增长 36.1%。

年末全区商品房施工面积 1419.6 万平方米，比上年末下降 7.3%。其中，本年新开工面积 153.4 万平方米，下降 21.2%。全年商品房竣工面积 176.9 万平方米，增长 70.3%。

表 4 2019 年房地产开发和销售主要指标

指 标	单 位	绝对数	比上年增长(%)
商品房施工面积	万平方米	1419.6	-7.3
其中：住宅	万平方米	645.7	-12.0
其中：本年新开工	万平方米	153.4	-21.2
商品房竣工面积	万平方米	176.9	70.3
其中：住宅	万平方米	98.9	143.9
商品房销售面积	万平方米	148.8	103.2
其中：住宅	万平方米	131.1	143.1
商品房待售面积	万平方米	171.2	20.7
其中：住宅	万平方米	65.0	1.4

六、市场消费

全年实现社会消费品零售额 1224 亿元，比上年增长 4.5%。其中，实现网上零售额 113.7 亿元，增长 14.5%。在限额以上批发和零售企业中，中西药品类实现零售额 156.7 亿元，比上年增长 7.4%；汽车类实现零售额 185 亿元，下降 13.1%。

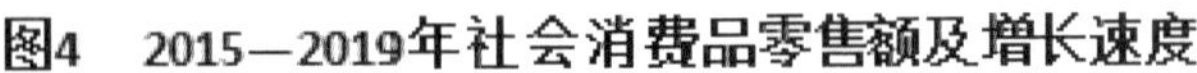
图4 2015—2019年社会消费品零售额及增长速度

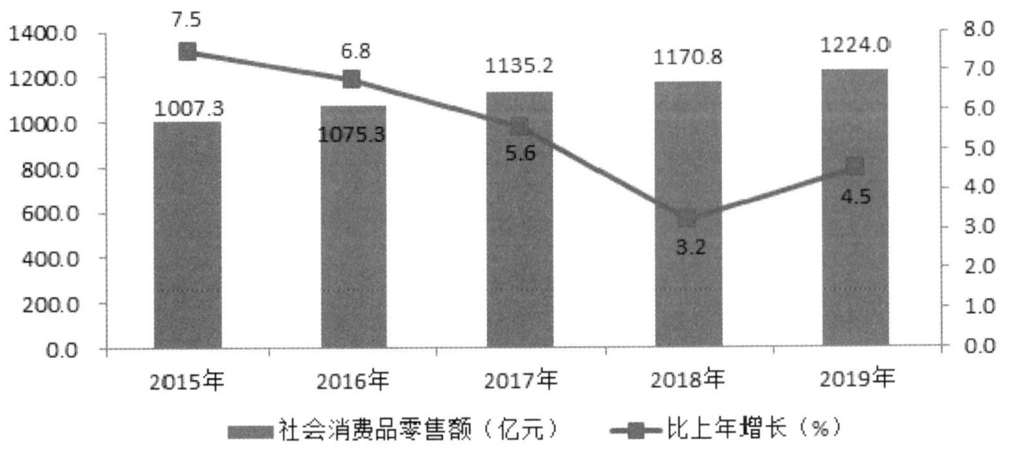

表 5 2019 年社会消费品零售额

指 标	零售额（亿元）	比上年增长（%）
社会消费品零售额	1224.0	4.5
按限额标准分		
限额以上	904.2	2.6
限额以下	319.8	10.5
按行业分		
批发业	275.7	4.0
零售业	848.2	4.4
住宿业	8.1	3.8
餐饮业	92.0	7.4

全年限额以上批发和零售业实现商品购销总额 5008.8 亿元，比上年增长 11.2%。其中，商品购进总额 2402.7 亿元，增长 9.4%；商品销售总额 2606.1 亿元，增长 12.9%。

七、对外经济和旅游

对外经济：全年进出口总额 174.9 亿美元，比上年下降 12.7%。其中，进口 123.9 亿美元，下降 18.8%；出口 51 亿美元，增长 6.7%。

图5 2015—2019年进出口总额及增长速度

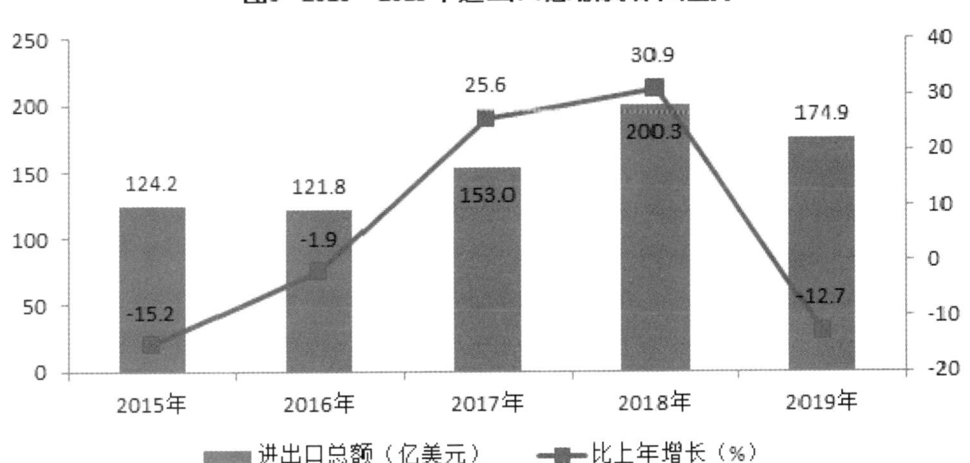

旅游：全区 A 级及以上和其他主要旅游区（点）全年接待游客 1589.8 万人次，比上年增长 25%。其中，入境游客 8.3 万人次，增长 9.3%。实现总收入 2.8 亿元，比上年增长 14.9%。其中，门票收入 1.8 亿元，增长 6%。

八、人民生活、就业和社会保障

人民生活：全年全区居民人均可支配收入65215元，比上年增长8.4%。全区居民人均消费支出43468元，比上年增长6.2%；恩格尔系数为20.0%，比上年提高0.4个百分点。全区居民人均住房建筑面积29.9平方米。

图6　2015—2019年全区居民人均可支配收入及增长速度

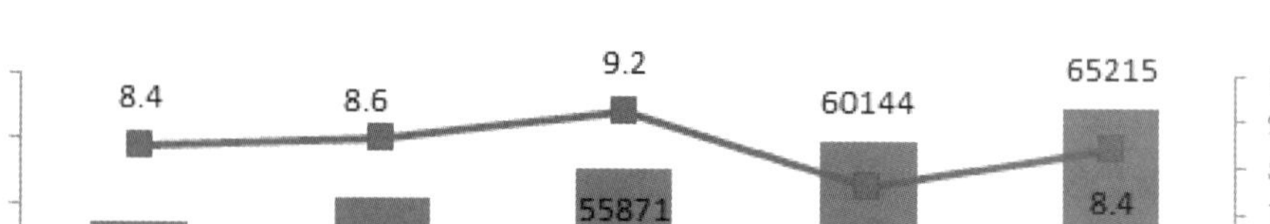
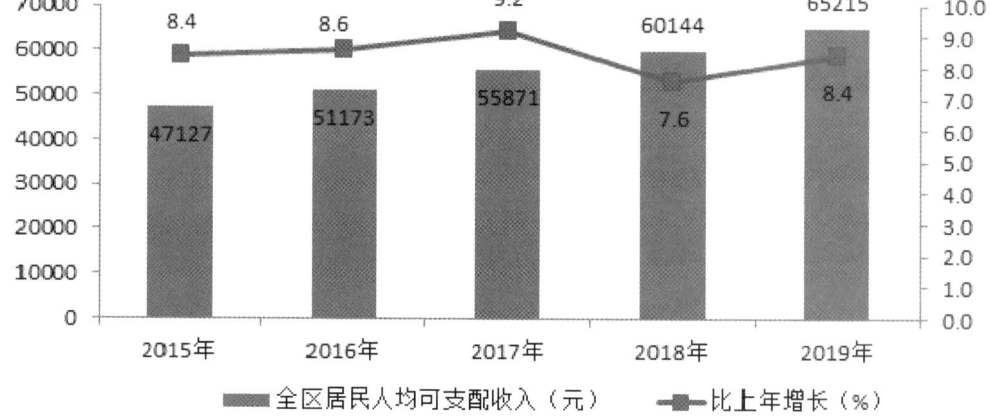

就业：全年城镇新增就业3.8万人。年末城镇登记失业率为1.29%，比上年末下降0.15个百分点。

图7　2015—2019年城镇新增就业人员

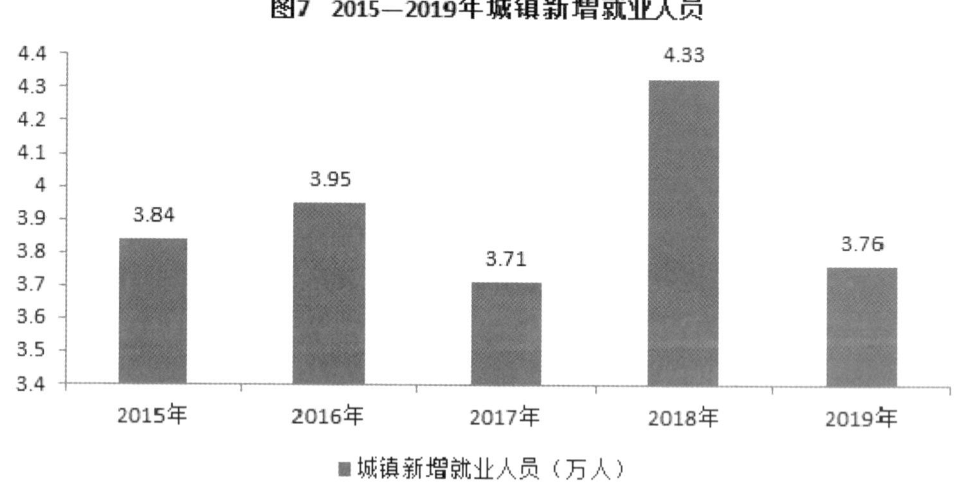

社会保障：年末全区参加基本养老、基本医疗、失业、工伤和生育保险人数分别为101.9万人、110.5万人、75万人、73万人和67.9万人，分别比上年末增加3.6万人、3.9万人、3.4万人、2.2万人和2.9万人。年末参加城乡居民养老保险的农村居民为9.5万人，比上年末增加410人。

全区享受城市最低生活保障的人数为8733人，享受农村最低生活保障的人数为140人。

表 6 社会保障相关待遇标准变化情况

单位：元/月

指　　标	2019 年	2018 年
城市居民最低生活保障标准	1100	1000
农村居民最低生活保障标准	1100	1000
职工最低工资标准	2200	2120

年末全区有各类收养性单位 41 家，床位 10310 张，年末在院人数 5172 人。全区有社区服务中心 17 个。

九、科技、教育、文化、卫生、体育

科技：全年专利申请量与授权量分别为 12681 件和 7225 件，分别比上年增长 11%和 7.1%。其中，发明专利申请量与授权量分别为 5875 件和 2164 件，分别增长 8%和 18%。签订各类技术合同 3830 项，比上年增长 10.4%；技术合同成交总额 1005.8 亿元，增长 20.4%。

年末中关村示范区丰台园投产开业企业 1900 家，全年实现总收入 6250 亿元，比上年增长 9%。其中，技术收入 850 亿元，增长 19.3%。全年实缴税费 170 亿元，增长 7.8%。出口总额 95 亿元，增长 12.2%。

教育：全区普通高中招生 2728 人，在校生 7540 人，毕业生 2254 人。初中招生 6555 人，在校生 16635 人，毕业生 3872 人。小学招生 12111 人，在校生 64663 人，毕业生 10003 人。幼儿园入园幼儿 14475 人，在园幼儿 41797 人。职业教育招生 499 人，在校生 1696 人，毕业生 494 人。成人教育招生 432 人，在校生 911 人，毕业生 163 人。

文化：年末全区有公共图书馆 2 个，馆藏图书 115 万册；档案馆 1 个，馆藏案卷 14.5 万卷件。文化馆（站）23 个，文化广场 31 个，各类群众文化团体 1429 个。非物质文化遗产保护项目 44 项，其中国家级 2 项。

卫生：年末全区共有卫生机构 535 个，比上年末增加 8 个；其中医院 78 个。医疗机构共有床位 12622 张，比上年末增加 305 张；其中医院 12168 张。全区卫生技术人员 23329 人，比上年末增加 984 人；其中执业（助理）医师 9536 人，注册护士 9586 人。全区医疗机构共诊疗 2265.4 万人次，健康检查 66.6 万人次。

体育：年末全区有体育场馆 1275 个，全民健身工程 535 个，社会体育指导员 8118 人。大力推进冰雪运动，欢乐冰雪季、冰雪大篷车活动蓬勃开展。成功举办北京国际铁人三项赛、全民健身体育节等赛事活动。我区运动员在全国和市级体育比赛中共获奖牌 158 枚，其中金牌 41 枚。

十、环境、能源和安全生产

环境：全区有密闭式清洁站 238 座，生活垃圾无害化处理率为 100%。城市道路日清扫保洁面积 2179 万平方米。全区细颗粒物（PM2.5）和可吸入颗粒物（PM10）年均浓度值分别为 42 微克/立方米和 71 微克/立方米，分别比上年下降 20.8%和 14.5%。二氧化硫和二氧化氮年均浓度值分别为 4 微克/立方米和 36 微克/立方米，分别比上年下降 33.3%和 16.3%。

全区林木绿化率为 40.37%，比上年提高 0.08 个百分点。城市绿化覆盖率为 47.34%，比上年提高 0.46 个百分点。人均公园绿地面积 9.3 平方米，比上年增加 0.6 平方米。

能源：全年能源消费总量 455.3 万吨标准煤，比上年增长 2.54%。万元地区生产总值能耗 0.2489 吨标准煤，按可比价格计算，比上年下降3.55%。

安全生产：全年共发生道路交通死亡事故67起，比上年减少3起；死亡67人，减少5人。发生生产安全死亡事故7起，比上年增加1起；死亡7人，增加1人。发生火灾257起，比上年减少22起；死亡1人，减少1人。

公报注释：

1.本公报中数据均为初步统计数。

2.地区生产总值及各产业、各行业增加值绝对数按现价计算，增长速度按可比价格计算。

3.规模以上工业企业是指年主营业务收入2000万元及以上的全部法人工业企业。

4.限额以上批发零售企业是指年主营业务收入2000万元及以上的批发企业和年主营业务收入500万元及以上的零售企业。

5.恩格尔系数是指居民食品支出占消费支出总额的比重。

6.体育场馆数为第六次全国体育场地普查数据（时点为2013年12月31日），包括标准和非标准的所有体育场地。

7.因四舍五入关系，本公报数据存在分项与合计不等情况。

资料来源：

本公报中财政数据来自丰台区财政局；进出口数据来自丰台区商务局；就业数据来自丰台区人力资源和社会保障局；社会保障数据来自丰台区人力资源和社会保障局、丰台区民政局；专利数据来自丰台区市场监督管理局；技术合同数据来自丰台区科学技术和信息化局；教育数据来自丰台区教育委员会；文化数据来自丰台区文化和旅游局；档案数据来自丰台区档案局；卫生数据来自丰台区卫生健康委员会；体育数据来自丰台区体育局；环境卫生数据来自丰台区环境卫生服务中心；环境保护数据来自丰台区生态环境局；园林绿化数据来自丰台区园林绿化局；道路交通和生产安全数据来自丰台区应急管理局；火灾数据来自丰台区消防支队；其他数据来自丰台区统计局和国家统计局丰台调查队。

索 引

说 明

本索引采取主题索引也称内容分析索引法编纂。主题词以《北京丰台年鉴（2020）》正文中出现的专业名词、名词词组为主。

本索引按汉语拼音音序排列，汉字打头的标目按首字母的音序音调依次排列，首字相同时，则以第二字排序，依此类推；以阿拉伯数字打头的主题词，排在最前面；以英文字母打头的主题词，列在其后。

索引词条后的阿拉伯数字表示内容所在的页码，数字后的英文字母（a、b）表示正文中的栏别（从左至右）。

同一主题的内容在文中多处出现的，在索引中按页码顺序依次列出。

本刊的《特载》《专文》《大事记》《人物》《统计资料》《附录》栏目内容不在索引范围内。

C

D

E

F

G

H

J

K

L

M

N

P

Q